Judith Krämer
Lernen über Geschlecht

Pädagogik

Judith Krämer (Dr.in phil.) lebt in Berlin. Ihre Arbeitsschwerpunkte sind geschlechterreflektierende Bildung, Lernprozesse über intersektionale Ungleichheitsverhältnisse, kritische Psychologie(n) sowie feministische Schulforschung.

JUDITH KRÄMER
Lernen über Geschlecht
Genderkompetenz zwischen (Queer-)Feminismus,
Intersektionalität und Retraditionalisierung

[transcript]

Gedruckt mit Unterstützung der Rosa-Luxemburg-Stiftung.

Bibliografische Information der Deutschen Nationalbibliothek
Die Deutsche Nationalbibliothek verzeichnet diese Publikation in der Deutschen Nationalbibliografie; detaillierte bibliografische Daten sind im Internet über http://dnb.d-nb.de abrufbar.

© 2015 transcript Verlag, Bielefeld

Die Verwertung der Texte und Bilder ist ohne Zustimmung des Verlages urheberrechtswidrig und strafbar. Das gilt auch für Vervielfältigungen, Übersetzungen, Mikroverfilmungen und für die Verarbeitung mit elektronischen Systemen.

Umschlagkonzept: Kordula Röckenhaus, Bielefeld
Satz: Marie Bickmann, Judith Krämer
Printed in Germany
Print-ISBN 978-3-8376-3066-4

Gedruckt auf alterungsbeständigem Papier mit chlorfrei gebleichtem Zellstoff.
Besuchen Sie uns im Internet: *http://www.transcript-verlag.de*
Bitte fordern Sie unser Gesamtverzeichnis und andere Broschüren an unter: *info@transcript-verlag.de*

Inhaltsverzeichnis

Vielen Dank! | 7

1. Einleitung | 9
1.1 Lernen in Widersprüchen | 13
1.2 Zielebenen | 21
1.3 Methodische Anlage, Begriffe, Schreibweisen | 22
1.4 Aufbau der Studie | 27

2. Lernen über Geschlechterverhältnisse im Kontext: theoretische Perspektiven, historischen Entwicklungen, neuere Ausprägungen und bildungsinstitutionelle Rahmungen | 33
2.1 Theoretische Ausrichtung der Studie | 35
2.2 Geschichte(n) geschlechterreflektierender, feministischer Pädagogik: Mädchenarbeit und Frauenbildung in historischer Interdependenz mit den Frauenbewegungen | 54
2.3 Aktuelle Perspektiven und Ansätze in der geschlechterreflektierenden Pädagogik | 67
2.4 Status-Quo der Geschlechterreflexivität in den Bildungsinstitutionen | 86
2.5 Resümee | 96

3. Geschlechtertheoretische Ergänzungen zum Komplex ›Subjekt und Handlungsfähigkeit‹ | 99

4. Lernen aus der Perspektive des Subjekts zwischen intentionalen Akten, Widerfahrnissen und Interessegenese | 111
4.1 Intentionales Lernen als Erweiterung von Handlungsfähigkeit und Bedrohungsabwehr: Subjektwissenschaftliche Fundierung | 114
4.2 Inzidentelles und durchschnittliches (Mit-)Lernen: informelles Lernen | 123
4.3 Leiblichkeit im Lernprozess: Hingabe und Passion in phänomenologischen Lernkonzeptionen | 128
4.4 Äußere Einflüsse und Selbstbeteiligung im Verlauf von Lernprozessen: Zufall und Selbstbestimmung in der Interessegenese | 134
4.5 Anknüpfungspunkte für Lernprozesse über Geschlechterverhältnisse | 139

5. Methodologie, Methode, Material, Forschungsprozess | 143
5.1 Ethische Fragen zur Methodologie | 144
5.2 Grounded Theory als ein standpunkttheoretisch fundiertes Forschungsvorgehen | 149

5.3. Erhebung und Material | 158
5.4. Auswertungsprozess | 186

6. Auswertungen | 207

6.1 Erste Gründe für die Auseinandersetzung mit Gender und Feminismus: geschlechtliche Identitätskonstruktionen, Vorstellungen von Gerechtigkeit, Berufliches | 210

6.2 Lernwiderstände im beginnenden Lernprozess: zwischen Gegenargumenten und inneren Zwiespälten | 247

6.3 Handlungsmöglichkeiten im fortgeschrittenen Lernprozess: zwischen Ressourcenerhalt und Widerstand | 284

6.4 Fazit | 321

7. Schluss: Lernen über Geschlechterverhältnisse als individueller und politischer Balanceakt in gesellschaftlichen Spannungsfeldern | 333

7.1 Rückschau | 333

7.2 Spannungsfelder | 341

7.3 Anschlussstellen und Ausblicke für gender- und erwachsenenpädagogische Theorie und Praxis | 353

8. Literaturverzeichnis | 359

Vielen Dank!

Ich danke allen, die mich auf dem Weg von den ersten Überlegungen bis zum Erscheinen dieses Buches inspirierten, unterstützten und begleiteten.

Der Rosa-Luxemburg-Stiftung danke ich für die materielle und ideelle Förderung. Für den fachkundigen Rat und den Beistand durch alle Phasen des Forschungsprozesses danke ich besonders Prof. Anke Grotlüschen, Prof. Jürgen Budde, Prof. Peter Faulstich und Prof. Gabriele Winker danke ich für wissenschaftlichen Austausch, Kritik und (interdisziplinäre) Anregungen und meinen Interviewpartner_innen für ihr Vertrauen und ihre Offenheit.

Zahlreiche Menschen haben wissentlich oder unwissentlich, direkt oder indirekt zur Entstehung dieser Studie beigetragen, durch Feedback, konstruktive Kritiken, fruchtbare Kontroversen, Korrekturen, Diskussionen, Übersetzungen, Inspirationen, Weisheiten, gemeinsame Forschungsaufenthalte, Zuhören, emotionalen Support, liebevolles Umsorgen oder einfaches Dasein in schwierigen Phasen. Insbesondere danke ich Andreas Hechler, Andrea Wurst, Dr. Alisha Heinemann, Anna Krämer, Antonia Gogin, Dr. Bettina Schmidt, Dr. Jennifer Gronau, Johanna Splettstößer, Kai Müller, Larbi Abdenebaoui, Meike Jens, meinen Eltern, Dr. Micha Cremers, Dr. Monika Urban, Rieke Schilling, Dr. Silke Chorus, Dr. Thomas Guthmann, Tobias Linnemann, Mika Rusterholz, Jessica Ring und Ya'ar Hever. Für das sorgfältige Lektorat danke ich ganz besonders Cato Schirmer, Elisa Zenck und Kirsten Vittali und schließlich für die Unterstützung im Veröffentlichungsprozess Marie Bickmann.

Berlin, April 2014   Judith Krämer

1. Einleitung

Untersuchungsgegenstand meiner Studie ist das Lernen über Geschlechterverhältnisse. Dieses Lernen vollzieht sich heute in einem widersprüchlichen und gesellschaftlich umkämpften diskursiven Feld. Das zeigen zum einen Erfahrungen in der pädagogischen Praxis, das zeigen ebenfalls subjektive Erlebensweisen, aber auch soziologische und ökonomische Analysen. Diametrale gesellschaftliche Strömungen, wie Gleichstellungspolitiken, Konservativismen, Rassismen, Anti-Feminismen, neue Feminismen und emanzipatorische Diskurse, prägen das derzeitige Denken von Geschlecht. Die verschiedenen Diskurse gründen sich in gegenläufigen Auffassungen über Geschlecht und stellen somit spannungsreiche Anforderungen an die Subjekte. Diese sind gezwungen, sich vor dem Hintergrund ihrer höchst unterschiedlichen Positionierungen innerhalb miteinander verwobenen Herrschaftsverhältnissen und zwischen den Anforderungen von gleichstellungspolitischen Praxen wie z.B. Gender Mainstreaming, traditioneller Geschlechterzuschreibungen und ökonomischen Zwängen zu verorten. Mit meiner Studie gehe ich andhand von historischen und theoretischen Betrachtungen und einer empirischen Interviewstudie der Frage nach, wie Lernen über Geschlechterverhältnisse gefasst werden kann. Dabei betrachte ich im ersten Teil die Entwicklungen geschlechterreflektierender Bildung und feministischer Perspektiven. Auf dieser Basis untersuche ich im zweiten Teil, wie Lernprozesse über Geschlechterverhältnisse subjektiv aus der Sicht mehrjährig feministisch interessierter Akteur_innen[1] rekonstruiert werden. Im Fokus der an die Grounded Theory angelehnten Interview-Auswertungen stehen die Lerngründe, Lernwiderstände und Handlungsmöglichkeiten aus der Perspektive der von mir Befragten. Durch die Auswertungen der Reflexionen erhoffe ich mir Wissen über Genderkompetenzlernprozesse bereitzustellen und damit Anregungen für eine genderreflektierte und subjektorientierte (Erwachsenen-)Bildungsarbeit und

---

1 Zur Schreibweise des Unterstrichs z.B. in Akteur_innen siehe auch Abschnitt 1.3.

auch für individuelle und kollektive (queer-[2])feministische Handlungspraxen zu geben.
In der folgenden Einleitung umreiße ich das Forschungsfeld entlang der einleitend bereits erwähnten widersprüchlichen Diskurse. Ich arbeite drei aktuelle gesellschaftliche Entwicklungslinien als zentral heraus: Gleichstellung/Feminismus, (Re-)Traditionalisierung/Anti-Feminismus und Individualisierung/Ökonomisierung. Entlang dieser Linien stelle ich Thesen darüber auf, in welchem Zusammenhang diese teilweise widersprüchlichen, teilweise sich ergänzenden Entwicklungen mit meinem Forschungsinteresse stehen und skizziere anfolgend die Zielebenen meiner Forschung. Anschließend gebe ich einen Überblick über die verwendeten Forschungsmethoden und den Aufbau der Studie. Zum Schluss folgen einige Worte zu meiner Forschungshaltung, die im Methodenkapitel jedoch noch weiter expliziert wird.

In der Bildungsarbeit mit Jugendlichen und Erwachsenen, in der ich seit knapp zehn Jahren tätig bin (in schulischen wie außerschulischen Kontexten), erlebe ich bei den Teilnehmer_innen häufig Widerstände oder Abwehrhaltungen, wenn die Themenfelder ›Geschlecht‹ und ›Geschlechterverhältnisse‹ berührt werden. Geschlechtsbezogene Widerstände von Männern aber auch von Frauen gegenüber dem Thema fallen mir in meiner Bildungsarbeitspraxis (z.B. in meinen Lehrveranstaltungen oder Workshops) immer wieder auf. Ich erlebte und erlebe sie als eine besondere Herausforderung in der Zusammenarbeit mit den Seminarteilnehmer_innen. Diese Widerstände kennzeichnen sich sowohl durch spezifische Unsicherheiten der Teilnehmenden, das Fernbleiben von Veranstaltungen, eine kaum zu überwindende skeptische Voreinstellung oder ein offensiv bekundetes Desinteresse.
Die feministische Bildungsforschung, die seit einigen Jahrzehnten Arbeiten vorgelegt hat, die sich mit der Bedeutung von Geschlecht für das Lernen und Lehren, für Bildungszugänge, Curricula u.A. auseinandergesetzt hat, brachte bislang nur wenige empirische Studien hervor, die sich mit dem spezifischen Ausschnitt des Lernens über Geschlechterverhältnisse befassen. Die praxisorientierte pädagogische Literatur arbeitet mit vielen Vorannahmen darüber, wie dieses Lernen stattfindet. Sie stellt Wissen und Methoden für die geschlechterreflektierende Bildungsarbeit bereit, offen bleibt darin jedoch, wie sich diese Lernprozesse aus der Subjektperspektive vollziehen, welche Hindernisse und Chancen sich in der Auseinandersetzung mit dem Thema für die Lernenden auftun. Nur wenige Handbücher zum Thema Gender-Training oder geschlechterreflektierende Bildungsarbeit greifen das

---

2   Mit dem Zusatz ›queer‹ in den Begriffen ›(queer-)feministisch‹ oder ›(Queer-)Feminismus‹, weisen Feminist_innen darauf hin, dass auch dekonstruktivistische und intersektionale feministische Perspektiven und Strategien in den Kampf gegen hierarchische Geschlechterverhältnisse einbezogen werden sollen (siehe auch Kapitel 1.1).

Thema der (subjektiven) Lerngründe und Lernwiderstände explizit auf. Nach Gerrit Kaschuba braucht es deshalb »Untersuchungen und theoretische Weiterentwicklungen zu Kompetenzen unter zentraler Berücksichtigung der Gender-Kompetenz, zu Lernwiderständen und Emotionen in Lernprozessen unter Gendergesichtspunkten, […].« (Kaschuba 2007, 364)

Hierin sind nach Kaschuba grundständig erwachsenenpädagogische Aufgaben zu sehen. Neben der feministischen Bildungsforschung rahmt die Erwachsenenbildung die Blickrichtung meiner Fragestellung, da die von mir Befragten in der Erwachsenenbildung tätig sind und ich mir erhoffe, dass die Ergebnisse meiner Studie in die Arbeitszusammenhänge der Erwachsenenbildung zurückfließen. Obwohl meine Studie gleichermaßen Anknüpfungspunkte für die Schul- und Jugendbildungsforschung bietet und sich an vielen Stellen auf diese bezieht, betone ich Verbindungslinien zur Erwachsenenbildung, da die Bearbeitung von Genderthemen in der Erwachsenenbildung (noch) als ein Forschungsdesiderat gelten kann (vgl. Venth 2006: 11).

Als Erwachsenenbildung wird heute, entsprechend der Fassung des Deutschen Bildungsrates (Deutscher Bildungsrat 1970) die »Fortsetzung oder Wiederaufnahme organisierten Lernens nach Abschluss einer unterschiedlich ausgedehnten ersten Bildungsphase« (ebd. 197) definiert. Verschiedene Bereiche sind darin eingeschlossen: betriebliche und berufliche Weiterbildung, politische Bildung, Fortbildung und Umschulung, gewerkschaftliche Bildung, Allgemeinbildung und kulturelle Bildung. Erwachsenenbildung umfasst ein weites Spektrum an Angeboten, von einzelnen Abendveranstaltungen bis zu mehrjährigen Ausbildungsgängen, Institutionen und Anbietern mit sehr unterschiedlichen Zielrichtungen, Rechtsformen, Arbeitsweisen, »sowie soziale und personelle Zusammenhänge ganz unterschiedlicher Provenienz« (Becker/Krüger 2010: 329).

Meine Untersuchung schließt an existierende Arbeiten zu den Themen

- Gender und Lebenslanges Lernen (z.B. Venth 2006, Venth 2007, Budde/ Venth 2010),
- Bildung und Geschlecht (z.B. von Felden 2003),
- (Doing) Gender in der Schule (z.B. Faulstich-Wieland/Weber/Willems 2009, Faulstich-Wieland 2008b),
- Genderkompetenz-Lernen/Genderkompetenz-Fortbildungen (z.B. Kaschuba 2007, Kaschuba 2006),
- Überlegungen zu feministischer Handlungsfähigkeit (z.B. Maurer 1996)

an.

Auch Literatur zu den spezifischen Abwehrmustern und Lernwiderständen ist als Hintergrund für meine Studie von Relevanz (z.B. Schüßler 2002, Schramm in:

Schultz 1979, Hartmann in: Hartmann/Langguth/ Thiel 1994, Hain 1993) oder zum Zusammenhang von hegemonialem Männerbild und lebensbegleitenden Lernen (z.B. Venth 2011).

Meine Studie ergänzt diese Quellen um eine subjektwissenschaftliche Perspektive und versteht sich als qualitativer Forschungsbeitrag unter Einbezug biografischer Aspekte.

›Lernen‹ über Geschlechterverhältnisse wird in dieser Studie dabei vor dem Hintergrund von subjektwissenschaftlicher Lerntheorie (in Komplementierung durch andere Lerntheorien) als ein begründetes Handeln begriffen, mit dem das Individuum seine gesellschaftliche Partizipation und damit seine Handlungsfähigkeit erweitert. Lernen steht in einem solchen Verständnis dabei immer in Bezug zu situierter Erfahrung und zu den Biografien der Lernenden. So kann sich die didaktische Gestaltung eines Lernprozesses (Zeit, Raum, Support, Angebot etc.) förderlich oder hemmend auf den Lernprozess auswirken, ebenso wie unter anderem soziale Herkunft, berufliche Stellung, Alter, Geschlecht und familiäre Lage. Nach der Holzkamp'schen Lerntheorie, auf die hier rekurriert wird, finden sich gesellschaftliche Widersprüche als Ausdruck von Herrschaftsinteressen auch innerhalb von Lernprozessen wieder und können bei den Lernenden zu Lernwiderständen führen (vgl. Holzkamp 1987: 6).[3] Beispielsweise entstehen Lernwiderstände dadurch, dass in der Schule und in der Arbeitswelt ein Widerspruch zwischen Prinzipien von Konkurrenz und Individualisierung (z.B. Selektion über Noten, Beurteilungen, Beförderungen) und Werten von Gerechtigkeit und Kollektivität (Fairness, Gruppenarbeit, ethische Werte) besteht. Dadurch kann es passieren, dass das Positive am Lernen, wie die Weltaneignung, Entfaltungsmöglichkeiten und Inspiration, für die Lernenden in den Hintergrund tritt und es, z.B. durch Notendruck und Anwesenheitszwang, als Zumutung erfahren wird. Dann treten Unlust oder Konzentrationsschwierigkeiten als Lernwiderstände auf, nach dem Motto »Jetzt *muss* ich schon wieder lernen«.

---

3   Da mit dem Lernbegriff der Kritischen Psychologie jedoch nur intentionale Lernprozesse erfasst werden, ist es des Weiteren sinnvoll, ihn für meine Arbeit noch breiter zu fassen. Besonders im Hinblick auf Lernprozesse zum Thema Geschlecht ist es notwendig, die erst ausschnittsweise, nachträglich bewusst gewordenen, über eine längere Lebensspanne hinweg erfolgten informellen Lernprozesse mitzudenken (vgl. Kaschuba 2005, Haug 2003). Nicht nur das intentionale und nachträglich bewusst gemachte, sondern auch das affektive und daher noch unversprachlichte Widerfahrnis von Brüchen in der Alltagswahrnehmung hat eine zentrale Relevanz (vgl. Meyer-Drawe 2008).

1.1 LERNEN IN WIDERSPRÜCHEN

Vor diesem Hintergrund kann eine Betrachtung von gesellschaftlichen Widersprüchen und Spannungsfeldern, die im Bereich der Geschlechterverhältnisse existieren, mein Untersuchungsfeld noch differenzierter rahmen. Innerhalb der Diskurse und gesellschaftlichen Strukturen in der BRD, die das Denken über und das Handeln in Geschlechterverhältnissen beeinflussen, lassen sich gegenwärtig verschiedene Tendenzen ausmachen. Aus ihnen sollen hier schließlich zentrale Entwicklungsrichtungen herausgearbeitet werden.

Der erste Bereich, den ich hier betrachte, kann als ›Diskurse um Feminismus, Gleichstellung und Gender‹ betitelt werden. In der heutigen Zeit hat Feminismus zum Teil an kritischem Gehalt verloren und ist bezüglich der Kerninhalte verschwommen. Feministische Bewegung ist öffentlich selten wahrnehmbar.[4] In den Medien wird dem feministischen Handeln häufig eine Hochkonjunktur unterstellt, die sich auf einen ganz bestimmten ›elitären‹ Feminismus bezieht: die sogenannten Alpha-Mädchen, die ›neue F-Klasse‹. Begründet wird dieser teilweise auch durch die Unterstützung von Frauenrechten und das Anklagen von Homophobie in anderen Ländern. Dieser Umstand ist jedoch nicht mit der tatsächlichen Umsetzung zu verwechseln, sondern dient häufig Legitimationszwecken z.B. von militärischen Interventionen.

Bei Betrachtung der Entwicklungen der letzten Jahrzehnte lassen sich Prozesse anführen, die als Institutionalisierung von Feminismus gefasst werden können. Sie sind zum einen als politische Errungenschaften und Konsequenzen der Kämpfe von feministischen Bewegungen, LGBTI[5]-Bewegungen, so wie der Schwarzen[6] Frauen-

---

4   Ausnahmen bilden in den letzten Jahren punktuelle Bewegungen wie die Twitterdebatte ›#aufschrei‹, die sich gegen alltäglichen Sexismus richtet; die Aktionskonferenzen ›Who Cares‹ und ›CareRevolution‹, welche die gesellschaftliche Krise der sozialen Reproduktion und die Vernetzung von Carearbeiter_innen zum Thema haben; die umstrittenen Aktionen der Gruppe Femen, die mit freiem Oberkörper protestiert um auf sexistische Missstände hinzuweisen; die ›Ladyfeste‹, feministische Musik- und DIY-Festivals; Proteste gegen Abtreibungsgegnerinnen oder weltweite Aktionen wie die seit 2011 stattfindenden sogenannten Schlampenmärsche (Slutwalks) gegen Lookism und Sexismus und die globale Kampagne ›OneBillionRising‹. Diese Ansätze unterscheiden sich stark hinsichtlich der Reichweite ihrer Gesellschaftskritik und hinsichtlich ihrer Organisierungsformen (z.B. NGO- oder Basis-Organisierung).

5   Die Abkürzung LGBTI steht für Lesben-Schwule-Bisexuelle-Trans*-Intergeschlechtliche. Sie birgt eine Problematik auf die hier hingewiesen werden soll: Sie kann suggerieren, dass Schwule, Lesben und Bisexuelle nicht gleichzeitig trans* oder intergeschlechtlich sein können oder andersherum, dass Trans* oder Intergeschlechtliche keine eigene

bewegung zu begreifen, stehen zum Teil aber auch mit veränderten ökonomischen Anforderungen im Postfordismus in Zusammenhang z.B. mit der vollen Ausschöpfung des Arbeitskräftepotentials. Institutionalisierungsprozesse führten unter anderem zu der Etablierung feministischer Forschung an den deutschen Universitäten, der Abschaffung diskriminierender Gesetzgebungen[7] und der Einführung von Gleichstellungsgesetzgebungen, -beauftragten und -behörden. Seit Mai 1999 trat die gleichstellungspolitische Strategie des Gender Mainstreaming EU-weit in Kraft.[8] Gender Mainstreaming sollte über die Implementierung im Top-Down-Prinzip, d.h. von den Chef- und oberen Organisationsetagen hin zu den Angestellten, Gleichstellung auch in den Bereichen ermöglichen, die sich bis dahin resistent gezeigt hatten. Eine Folge war die Entstehung eines umfassenden Informations- und Beratungsbedarfs auf Seiten von Organisationen und einer erhöhten Nachfrage nach genderorientierter Weiterbildung und Beratung (vgl. Smykalla 2010: 11). Gender Trainings haben nach Smykalla entsprechend in diesem Weiterbildungsmarkt Hochkonjunktur. Die Top-Down-Strategie des Gender Mainstreaming, hier als Beispiel für institutionalisierten Feminismus, steht in einem Gegensatz zu den Bottom-Up-Prinzipien (von der Basis hin zu den oberen Etagen wie in der Regierungspolitik) eines Bewegungsfeminismus. Das angerissene Spannungsfeld zwischen institutionalisiertem und bewegungsorientiertem Feminismus ist nicht nur für die hier begonnene Kontextualisierung des Lernens über Geschlechterverhältnisse relevant, sondern auch für die Wahl der Begrifflichkeiten. Es gibt zahlreiche Bezeichnungen für das, was ein Ziel von Lernen über Geschlechterverhältnisse sein kann. Die Fähigkeit, Geschlechterverhältnisse aufzudecken, zu kritisieren, die eigene Verstrickung darin zu reflektieren und sie so aufzulösen, wurde historisch innerhalb von feministischen Bewegungen entwickelt. Sie lässt sich dementsprechend als ›Feministische Handlungsfähigkeit‹ bzw. ›(queer-)feministische Handlungsfähigkeit‹ fassen. Sie trägt heute aber nicht nur diesen Namen, sondern wird kontextabhängig auch als ›Genderkompetenz‹ bezeichnet. Genderkompetenz zählt mittlerweile zu den offiziellen Bildungs- und Lernzielen und gilt als sogenannte Schlüsselqualifikation (Council of Europe 1998, Metz-Göckel/Roloff 2002: 2). In Gender- oder Diversity-Trainings und in der Anti-Diskriminierungs-Arbeit, aber auch als Quer-

---

Sexualität haben, welche lesbisch, schwul, bi oder hetero sein kann (vgl. HaritALorn 2007: 272).

6 ›Schwarz‹ ist hier und im Folgenden bewusst groß geschrieben. Zur Erklärung Schreibweise siehe Abschnitt 1.3.

7 Jüngste Veränderungen: Seit 2013 gibt es einen gesetzlichen Anspruch auf Kita-Plätze, die eingetragene Lebenspartner_innenschaft wurde steuerlich der heterosexuellen Ehe gleichgestellt.

8 Verankert und umgesetzt über die Amsterdamer Verträge.

schnittsaufgabe innerhalb von Schul- und Weiterbildung, soll das Erlernen von Genderkompetenz nach offiziellen Dokumenten erklärtermaßen erfolgen. Genderkompetenz und feministische Handlungsfähigkeit bezeichnen jedoch nur bis zu einem gewissen Grad und abhängig vom Kontext das Gleiche, oft stehen sie in einem Spannungsverhältnis zueinander, welches auf jenes zwischen Gleichstellungspolitik und feministischen Bewegungspolitiken zurückzuführen ist. ›Feministisch‹ schließt als normatives Moment zumeist kollektives Handeln und die politische Auseinandersetzung mit gesellschaftlichen Bedingungen begriffsgeschichtlich mit ein. Historisch standen feministische Handlungsweisen häufig in Opposition zum gesellschaftlichen Mainstream. Im Kontrast zu Gleichstellungspolitik beinhalten feministische Bestrebungen (meist) die Annahme, dass eine gerechte gesellschaftliche Partizipation und Ressourcenverteilung nicht ohne einen grundlegenden Wandel der gesellschaftlichen Machtverhältnisse umzusetzen ist. Der Terminus ›queer‹ im Wort queer-feministisch betont darüber hinaus eine Kritik der Kategorie Geschlecht bzw. eine Kritik an kategorialem und disziplinärem Denken und greift so die Kritik der Schwarzen Frauenbewegung und der lesbischen Frauenbewegung auf. Diese haben angemerkt, dass die Belange Schwarzer und lesbischer Frauen innerhalb der Frauenbewegungen marginalisiert und auf diesem Wege rassistische und heterosexistische gesellschaftliche Strukturen reproduziert wurden. Während die Bezeichnung ›feministisch‹ zum Beispiel im Begriff von ›feministischer Handlungsfähigkeit‹ auf diese kollektive, politische und kämpferische Bewegungsgeschichte bezogen bleibt, lässt sich Genderkompetenz je nach Definition auch individuell fassen, ohne dass gesellschaftskritische Implikationen im Begriff mitschwingen. Angesprochen ist das Wollen, Wissen und Können von Individuen (vgl. Kapitel 2.3). Das hat Vor- und Nachteile, wie im Kontext der folgenden Kapitel und meiner Auswertungen deutlich werden wird.

Neben Gleichstellungspolitik, Geschlechterforschung[9] und Bewegungsfeminismus in ihren unterschiedlichen Logiken muss jedoch vermerkt werden, dass feministische Positionen nicht alleine stehen, sondern auch reaktionäre Stimmen und Tendenzen zu verzeichnen sind. Bewegungen von Männerrechtlern, die sich selbst als Maskulisten bezeichnen (vgl. Gesterkamp 2010, Kemper 2011), sowie religiöse, z.B. evangelikale Fundamentalisten (Lambrecht/Baars 2009), sind in diesem Kontext zu erwähnen.[10] Ein Blick in größere Tageszeitungen und Zeitschriften sowie

---

9 Zur Verwendung des Begriffs ›Geschlechterforschung‹ in dieser Arbeit siehe Abschnitt »Grundlagen dieser Arbeit« in diesem Kapitel.

10 Frey (vgl. Frey 2013: 10f.) unterscheidet insgesamt fünf Gruppen von Gendergegner_innen: 1. die journalistische Gender-Gegnerinnenschaft, 2. Wissenschaftlichkeitswächter, 3. christlicher Fundamentalismus, 4. explizit antifeministische Akteurinnen und Akteure 5. rechte Organisationen. Da die Publikation erst nach Beendigung meiner Re-

auch die Liste der Bestseller (besonders in der Ratgeberliteratur) bestätigt, dass immer wieder auch konservative Diskurse lanciert werden (Klaus 2008: 176). Verschiedene Publizist_innen verschafften sich mit Thesen Gehör, die durch Re-Traditionalismen, Biologismen und Anti-Feminismen gekennzeichnet sind. In großen anerkannten Magazinen mit hohen Auflagenzahlen werden antifeministische Stimmen lanciert. Einen Angriff auf Emanzipationserfolge und Gleichstellungspolitiken lieferte z.b. Eva Hermann in ihrem Buch »Das Eva Prinzip« (Hermann 2006) oder Barbara Rosenkranz in ihrem Buch »MenschInnen. Gender Mainstreaming auf dem Weg zum geschlechtslosen Menschen.« (Rosenkranz 2008). Konservativismen scheinen ebenso mainstreamfähig zu sein wie das Gender Mainstreaming selbst, ein Beispiel dafür sind auch die Bestseller der Ratgeberliteratur (Pease/Pease 2000), Evatt 2004).[11] Eine besondere Ausprägung erhalten Anti-Feminismen im World Wide Web, wo die Szene der Männerrechtler in zahlreichen Foren und Netzwerken aktiv ist. Ihre Strategie ist eine Informationsguerilla und das gezielte Kommentieren von Webartikeln mit antifeministischen bzw. beleidigenden Kommentaren, Hatespeech bis hin zu Morddrohungen (vgl. Homann 2013). Der norwegische rechte Attentäter Anders Breivik, der in Norwegen 2011 für den Mord an zahlreichen Menschen in Oslo und auf einem linken Feriencamp auf der Insel Utoya verantwortlich gemacht wurde, war als antifeministischer Blogger in der Maskulisten-Szene bekannt, wo er auch deutsche Follower hatte.

Obwohl Antifeminimus bereits seit der ersten Frauenbewegung existiert, trägt er in den neueren Männerrechtsbewegungen ein modernisiertes Gewand: Neu ist, dass heute konservative, biologisierende Argumente und Vorwürfe der Unwissenschaftlichkeit gepaart sind mit selbstviktimisierenden und verschwörungstheoretischen. Die Maskulisten beschreiben sich heute als Opfer einer ›Femokratie‹[12] und einer feministischen Verschwörung.

Weitere Entwicklungen im medialen Mainstream, die zwar längst nicht so reaktionär sind, aber die dennoch konservierende und latent antifeministische Positionen mit sich bringen, sind zum einen die Debatte, die in Deutschland nach der Veröffentlichung der ersten PISA-Ergebnisse begann und bis heute anhält: Diese wird auch als ›Arme-Jungs-Diskurs‹ bezeichnet und ist durch einen ›larmoyanten Grund-

---

cherche erschienen ist, kann sie hier leider nicht mehr eingearbeitet werden, soll an dieser Stelle jedoch ausdrücklich zur Vertiefung der Thematik empfohlen werden.

11 Eine Übersicht zentraler aktueller antifeministischer Quellen z.B. Zeitungsartikel, Bücher, Netzwerke und Internetdokumente befindet sich in der Studie von Hinrich Rosenbrock (Rosenbrock 2012).

12 Die antifeministische Plattform WikiMANNia, deren selbsterklärte Aufgabe es ist »feminismusfreies Wissen« zu teilen, beschreibt die Femokratie als eine »Degeneration einer demokratischen Gesellschaft« (http://de.wikimannia.org/Femokratie, zuletzt gesichtet 27.4.2014).

ton‹ (Faulstich-Wieland im Interview Spiewak, Otto 05.08.2010) gekennzeichnet. Beklagt wird die Schlechterstellung der Jungen, in Vergessenheit gerät darin, dass Bildungszugänge für Mädchen und Frauen historisch noch nicht lange existieren und dass sich die besseren Bildungsabschlüsse von Mädchen noch lange nicht in einer gleichen Teilhabe an ökonomischen gesellschaftlichen Ressourcen widerspiegeln. Auch bei Studien zum Selbstbewusstsein schneiden Mädchen immer noch sehr viel schlechter ab als Jungen (vgl. ebd.). Eine Auseinandersetzung mit den gesellschaftlichen Geschlechterhierarchien und den damit verbundenen Sozialisationsanforderungen findet im Zuge der Diskussion um die Bildungsbenachteiligung von Jungen und Männern kaum statt.

Zum anderen gibt es immer wieder Stimmen, die dem sogenannten neuen Feminismus zugeschrieben werden, welche jedoch zum Teil »unter dem Deckmantel der Gegnerschaft zu Eva Hermans rechtsaußen Gedanken, [...] manche konservative Positionen als feministische Parteinahme etablieren« (Klaus 2008: 176).

Elisabeth Klaus analysierte dreizehn Sachbücher, die sogenannte ›neue‹ feministische Positionen vertreten und stellt dabei zwei auffällige Parallelen mit neoliberalen gesellschaftspolitischen Positionen fest: zum einen der Fokus auf Führungspositionen und zum anderen die Abgrenzung von der ›alten‹ Frauenbewegung. »Erstaunlich selten trifft man [darin] auf einen Feminismus, der patriarchale gesellschaftliche Strukturen analysiert und kritisiert und sich in die Tradition von feministischen Frauenbewegungen und Gender Studies stellt.« (ebd. 177)

Nicht nur antifeministische Diskurse und Konservativismen haben Einfluss auf die aktuellen Konstellationen der Geschlechterverhältnisse. Auch die ökonomischen Transformationsprozesse westlich-kapitalistischer Gesellschaften, die sich im Zuge der sogenannten Globalisierungsprozesse ereignen, zeigen Wirkung. Hier spielen zum Beispiel die wachsende Subjektivierung von Arbeit und die Entgrenzung von Erwerbsarbeitsleben und Privatleben, Individualisierungstendenzen, Überholung des Modells des männlichen Alleinernährers, demografischer Wandel und die Erosion der traditionellen Kleinfamilie in Richtung sogenannter Patchworkfamilien eine Rolle. Diese Entwicklungen verändern die dominierenden Muster für den geschlechtlich konnotierten Umgang mit Emotionen. Damit transformieren sie traditionelle Geschlechterstrukturen (dazu z.B. Jurczyk 2009). Wie traditionelle Männlichkeits- und Weiblichkeitsbilder ins Wanken geraten, das spiegelt sich in den medialen Anrufungen: Neben nach wie vor anzutreffenden traditionellen Inszenierungen, in denen Männer kräftig, muskulös, kompetent, erfolgreich und in Führungsposition und Frauen als fürsorglich, schön, anlehnungsbedürftig und einfühlsam dargestellt werden, finden sich Bilder der ›neuen‹ Frau und des ›neuen‹ Mannes: Die ›neue‹ Frau ist selbstverständlich berufstätig, macht Karriere, kann sich durchsetzen und erzieht gleichzeitig ihre Kinder. Der ›neue‹ Mann ist ein fürsorglicher

Partner und Vater,[13] gleichzeitig narzisstischer Konsument[14] und weiterhin erwerbstätig. Dabei bleibt er in seinen Eigenschaften seltsam unbestimmt, hebt sich aber vor allem vom ›fremden‹, ›anderen‹ und ›vormodernen‹ Mann ab (vgl. Klaus i.V.: 12). Es muss deshalb »eher von einer Modernisierung als von einem radikalen Wandel« (ebd.) der herkömmlichen Frauen- und Männerbilder gesprochen werden. Die modernisierten Rollenbilder gelten dabei nicht für alle, sondern richten sich vor allem an als weiße, mittelschichtsangehörige, heterosexuelle Konsumenten und Konsumentinnen.[15] In einer durch Migration und soziale Ungleichheit geprägten Gesellschaft werden vormals hauptsächlich über vergeschlechtlichende[16] Zuweisungsmuster an Mittelschichtsfrauen verteilte Sorgearbeiten (z.B. Pflege- und Reinigungsarbeiten, Kinderbetreuung) zunehmend nach klassistischen, ethnisierenden, kulturalisierenden bzw. rassifizierenden[17] Maßstäben Migrant_innen zugewiesen.

Hervorheben lässt sich aus diesen Ausführungen, dass die Zielrichtung der ökonomischen Veränderungen *nicht* die gerechtere Verteilung im Fokus hat, auch wenn teilweise eine Verflüssigung der Geschlechterdichotomien aus ihr hervorgeht, sondern, dass es vielmehr um die Verwertbarkeit *aller* vorhandenen Arbeitskräfte geht. Das zeigt sich an Folgendem: Kapitalistische neoliberale Verschärfungen, Effektivitätszwang und Standortlogik haben Kürzungen im sozialen Bereich, d.h. auch Kürzungen im Bereich der Gleichstellungs- und Frauenförderpolitiken, zur Folge. Im Zusammenwirken mit antifeministischen und rechten Diskursen bilden sich die

---

13 Barbara Hämmerle (2004) zeigt dies anhand einer Analyse des sich wandelnden Vaterbildes in der Zeitschrift ›Eltern‹ innerhalb der letzten vierzig Jahre. Väter entwickeln danach heute eine eigenständige emotionale Bindung zu den Kindern und übernehmen Verantwortung und Aufgaben im Bereich Schwangerschaft und Geburt, und sie werden weiterhin ausschließlich als berufstätig dargestellt.

14 Diese Modifikationen im Männerbild wurden eine Zeit lang unter dem Begriff des ›metrosexuellen Mannes‹ diskutiert. Der Mann als ›narzisstischer Konsument‹ pflegt sein Äußeres, benutzt Parfüm und Kosmetika und legt Wert auf Kleidung und Aussehen. Dieses Bild »ermöglicht eine viel weitergehende Einbindung von Männern in die kapitalistische Konsumindustrie als es im Rahmen des traditionellen Männerbildes möglich war.« (vgl. Klaus i.V.: 13)

15 Hier bewusst ohne Unterstrich (siehe 1.3 zur Schreibweise).

16 Der Begriff ›Vergeschlechtlichung‹ betrifft die sozialen Herstellungsweisen von Geschlecht. Er bringt zum Ausdruck, dass alle Individuen innerhalb einer zweigeschlechtlichen Kultur, entweder der Kategorie ›Mann‹ oder ›Frau‹ zugeordnet werden. Dazu gehört auf der anderen Seite die Anforderung, dass sie für sich selbst, sozial angebrachte Handlungsweisen, Wünsche und Begehren, berufliche wie persönliche Interessen in Übereinstimmung mit diesem Geschlecht entwickeln (siehe auch Abschnitt ›Feministische Paradigmen‹).

17 Zu den Begriffen der Kulturalisierung, Ethnisierung und Rassifizierung siehe auch 6.1.5.

Konsequenzen auch darin ab, dass vielerorts feministische Errungenschaften (wie z.b. Frauenhäuser und -notrufe) von radikalen Kürzungen betroffen oder bedroht sind, Frauen- und Geschlechterforschungsstudiengänge abgeschafft werden, oder aber im pädagogischen Bereich z.b. Mädchenarbeitsprojekte, Mädchentreffs weggekürzt werden oder bedroht sind. Pädagogische Projekte der geschlechterreflektierenden Bildungsarbeit fallen dem sogenannten Sozialabbau durch Mittelkürzungen zum Opfer.[18]

Zusammenfassend möchte ich hier aus den skizzierten Diskursen abschließend die drei Entwicklungsrichtungen wiederholen und pointieren, die teilweise in Widerspruch zueinander stehen und die sich teilweise gegenseitig stützen:

- Feminismus/Gleichstellung: Heute sind sexistisch diskriminierende Gesetze weitgehend abgeschafft. Viele Forderungen der feministischen Bewegungen wurden von Regierungsparteien aufgegriffen und werden von ihnen vertreten. Das Thema ›Gender‹ ist im Mainstream angekommen, ein Beispiel dafür ist, dass Genderkompetenz[19] als offizielles Bildungsziel in den Curricula von Schule und Erwachsenenbildung genannt wird oder Unternehmen teilweise ihren Mitarbeiter_innen Genderkomptenzfortbildungen finanzieren.
- (Re-)Traditionalisierung/Anti-Feminismus: In der Öffentlichkeit werden nach wie vor auch Konservativismen, Biologismen und Traditionalisierungen von sogenannten Männerrechtlern, religiösen Fundamentalist/innen (verschiedener Glaubensrichtungen) und Rechtskonservativen lanciert. Feminismen werden darin diffamiert, althergebrachte Stereotype und Rollenverteilungen herbeigerufen.
- Individualisierung/Ökonomisierung: Die veränderten Anforderungen an Arbeitnehmende und Konsument_innen, die mit einer globalisierten kapitalistischen Wirtschaftsweise und neoliberalen Transformationen einhergehen, führen zu einer zunehmenden Individualisierung, die teilweise alte, starre geschlechtsspezifische Muster der Arbeitsverteilung und Fähigkeitszuschreibungen auflöst und neue konsum- und leistungsorientierte Bilder und damit

---

18 So musste beispielsweise die Heimvolkshochschule ›Alte Molkerei Frille‹, die in Deutschland eine der ersten Bildungseinrichtungen war, die konsequent geschlechterreflektierend arbeitete und die ›Friller Schule‹ prägte (z.B. Glücks/Ottemeier-Glücks 1994; Rauw/Reinert 2001; Rauw/Jantz/Reinert/Ottemeier-Glücks 2001; Jantz/Grothe 2003; Busche/Stuve 2010 [vgl. Gender Institut Bremen]), zum Jahr 2012 ihre Tore schließen. Nach der immer prekärer werdenden finanziellen Situation beschloss das Leitungsteam, dass die bisherige Arbeit unter diesen Bedingungen nicht mehr weiter fortzuführen sei. Die Friller Pädagog_innen prägen die Weiterentwicklung der geschlechterreflektierenden Mädchen- und Jungenarbeit in Deutschland bis heute maßgeblich.

19 Zur Definition von Genderkompetenz siehe 1.3.

neue Belastungen (wie die Doppelbelastung von Mutterschaft und ›Karrieremachen‹) produziert.

Ich gehe davon aus, dass die hier skizzierten dominanten Entwicklungsrichtungen Konsequenzen für die Lernprozesse und die Lernbedingungen wie z.B. die Lernorte haben. Verschiedene Thesen können daraus für meine Studie abgeleitet werden:

- Bei Betrachtung der Entwicklungslinie Gleichstellung lässt sich feststellen, dass es kaum noch Gesetzgebungen gibt, in denen die Geschlechter formal nicht gleichgestellt sind. Feministische Bewegung entsteht punktuell und sporadisch (z.b. im Rahmen von Kampagnen oder Protestaktionen). Verglichen mit der zweiten Frauenbewegung der 70er und 80er mit ihren Selbsterfahrungsgruppen (siehe auch Kapitel 2.2) ist anzunehmen, dass sie als Moment einer kollektiven Bewusstseinsbildung eine geringere Rolle spielt. Die Herstellung von Geschlechterverhältnissen vollzieht sich heute subtil, für das Individuum kaum merklich und schlecht zu erfassen durch die Inkorporierung von Diskursen bzw. der darin vermittelten Normen (im Alltagsbewusstsein) und in der alltäglichen Wiederholung und Herstellung von Geschlecht in zwischenmenschlichen Interaktionen (Doing Gender). Daraus lässt sich für ein Lernen über Geschlechterverhältnisse schließen, dass sich neben einem Wissen um Fakten (z.B. über den Status quo und Methoden der Gleichstellung) insbesondere ein Wissen um individuelle Herstellungsprozesse von Geschlecht anzueignen ist. Somit gehe ich davon aus, dass in einem Genderkompetenz-Lernprozess die eigene Verortung innerhalb Geschlechterstrukturen zentral ist und in Relation zum Erlernten verändert wird.
- Feministische und gleichstellungsorientierte Lernprozesse von Genderkompetenz sind aktuell mit verschiedenen quer- und gegenläufigen Diskursen von (Re-)Traditionalisierung konfrontiert. Die Lernenden begegnen widersprüchlichen geschlechtsbezogenen Anrufungen. Darunter befinden sich Stimmen, die Feminismus und Gender Mainstreaming diffamieren und an ›wahre‹, und ›natürliche‹ Weiblichkeit und Männlichkeit appellieren. Diese ebenso mainstreamfähigen Stimmen lassen vermuten, dass Genderkompetenzlernprozesse heute (noch immer) nicht selbstverständlich in der Schule oder in Einrichtungen der Erwachsenenbildung angestoßen werden, sondern mehr oder weniger zufälligen Kriterien wie etwa dem Engagement (oder der Ausbildung) der jeweiligen Lehrer_innen und Dozent_innen bzw. der jeweiligen Schul- oder Einrichtungsleitung unterliegt. Aus diesen Gründen ist auch davon auszugehen, dass ebenso informelle Lernorte für das Lernen und Handeln derjenigen, die sich heute als ›genderkompetent‹ oder ›feministisch‹ bezeichnen, eine hohe Relevanz hatten und haben und dass diese in den Interviews und Auswertungen systematisch mit berücksichtigt werden müssen.

- Nicht nur die formale Gleichstellung sondern auch die Entwicklungslinie Individualisierung legt die These nahe, dass es für Individuen schwerer wird, fortbestehende Geschlechterungleichheiten und problematische Geschlechterzuschreibungen auszumachen, da diese einerseits komplexer werden und anderseits die Verantwortung und Schuld für Gelingen und Misslingen von Lebensentwürfen an das Individuum verwiesen werden. Hinzu kommt die Verwobenheit der vergeschlechtlichten Lebensweisen mit ökonomischen Zwängen und anderen Ungleichheitsverhältnissen. Anzunehmen ist, dass kollektive Organisierungsprozesse und das Denken und Organisieren von Kollektivität aufgrund von Diversifizierung und Individualisierung erschwert werden.

Die hier skizzierten Thesen sind in den methodischen Aufbau meiner Forschung eingeflochten, sie bestimmen das Forschungsdesign z.b. hinsichtlich der Ausgangsauswahl der Interviewpartner_innen und der Interviewfragen. Im folgenden Kapitel werfe ich unter 2.4. gesondert einen Blick auf die formalen Lernorte: Weiterbildungseinrichtungen und Schule. Dieses sind Orte, an denen offiziell d.h. gemäß EU-Richtlinien und deutschen Gleichstellungsgesetzgebungen ein gleichstellungsorientiertes Lernen über die Geschlechterverhältnisse stattfinden soll.

1.2 ZIELEBENEN

Insgesamt verfolgt meine Forschung eine Annäherung und Skizze von Problemstellungen geschlechterreflektierender Lernprozesse.

Die ersten Kapitel zielen auf eine theoretische Annäherung geschlechterreflektierender Bildungsarbeit und eine Einbettung dieser in ihre historischen Entwicklungszusammenhänge. Insbesondere die Intersektionalitätsdebatte, die im Kontext der Genderstudies/geschlechterreflektierenden Ansätze noch recht neu ist, ist in der Erwachsenenbildungsforschung selten ausgearbeitet worden. Der kurze, auf Lernprozesse ausgerichtete Überblick kann so ein Beitrag zur aktuellen Verortung einer (geschlechterreflektierenden) Erwachsenenbildung werden.

Gleichzeitig liefern die ersten Kapitel das theoretische Sampling für meine Interviewstudie. Es werden kapitelübergreifende Dimensionen herausgearbeitet, die den (queer-)feministischen, lerntheoretischen und methodischen Horizont markieren, vor dem ich mein Vorgehen strukturiere und reflektiere sowie meine Forschungsergebnisse interpretiere: gesellschaftliche Entwicklungsrichtungen, Objektivitätskritik, Bedeutung von Subjektivität.

Im empirischen Teil meiner Studie nähere ich mich dem Lernen über Geschlechterverhältnisse mithilfe von biografisch-rekonstruktiven Schilderungen subjektiver Lern- und Handlungsbegründungen. Mittels der Forschungsstrategie der Grounded Theory wird von diesen abstrahiert, um verallgemeinerbare Kern- und Schlüsselkategorien von Lernprozessen über Geschlechterverhältnisse zu ermitteln.

Nicht zuletzt ist mir daran gelegen, in meinen Interviews kritische Reflexionsräume zu schaffen, die den Befragten ein Innehalten, ein Heraustreten aus der Alltagsroutine ermöglichen und sie somit in ihren (fortdauernden) Lern- und Interessenprozessen unterstützen.

Schließlich ist meine Forschung auf die Praxis gerichtet bzw. nicht losgelöst von ihr zu betrachten. Deshalb zielt sie auf die Einordnung der beschriebenen Erfahrungen und der ermittelten Kategorien in den Kontext aktueller (pädagogischer) Entwicklungen und Debatten. So können Rückschlüsse für das individuelle oder auch kollektiv organisierte Lernen über Geschlechterverhältnisse, beispielsweise in der geschlechterreflektierenden Bildungsarbeit oder den intersektionalen pädagogischen Ansätzen möglich werden.

1.3 METHODISCHE ANLAGE, BEGRIFFE, SCHREIBWEISEN

Um die Prozesshaftigkeit von Lernen und insbesondere, um nachträglich bewusst gewordene informelle Lernprozesse zu erfassen, habe ich anhand von leitfadengestützten, narrativen biografischen Interviews die subjektiven Begründungsmuster der Befragten erkundet. Datengrundlage der ersten Empiriephase sind Interviews mit Menschen, die ein selbstbenannt starkes Interesse an (Queer-)Feminismus, Gender Mainstreaming bzw. der Auflösung von Geschlechterverhältnissen mitbringen. Die Auswahl der Befragten fiel bewusst auf feministisch interessierte Menschen und nicht auf maskulinistisch orientierte, da in meiner Forschung ›geglückte‹ Lernprozesse über Geschlechterverhältnisse, welche auf feministische Handlungsfähigkeit und Genderkompetenz[20] zielen, untersucht werden sollen. Diese normative Vorgabe wird von mir, wenn auch nicht unbegründet und unreflektiert,[21] gesetzt. Eine Studie, die maskulinistische und feministische Auseinandersetzungsprozesse mit Geschlechterverhältnissen vergleichend nebeneinander stellt, wäre sicherlich eine aufschlussreiche Ergänzung und Erweiterung.

Den Interviewten ist somit gemeinsam, dass sie sich mehrjährig mit Themen wie Gender, Feminismus und/oder Geschlechterverhältnissen auseinandergesetzt haben und bereits, wenn auch in unterschiedlichen Ausmaßen, in der feministischen oder genderreflektierenden Bildungsarbeit zu diesem Themenfeld tätig waren.

---

20 Zur Definition siehe Kapitel 1.3.
21 Zu ethischen Fragen der Methodologie und Kritik am Objektivismus siehe Kapitel 5.1.

Im Folgenden werden abwechselnd und synonym ›geschlechterreflektierende‹, ›genderreflektierende‹ und ›feministische‹ Bildung als Oberbezeichnung verwendet. Diese Begriffe sind meines Erachtens am besten geeignet, um pädagogische Ansätze zu umschreiben, in denen emanzipatorische Lernprozesse über Geschlechterverhältnisse stattfinden können bzw. in denen eine Vermittlung und Aneignung von feministischer Handlungsfähigkeit und Genderkompetenz stattfindet. Über den Begriff ›feministisch‹ wird das gesellschaftskritische politische Potenzial von geschlechterreflektierenden Praxen in historischer Rückgebundenheit deutlich (vgl. ebd.) und im Begriff ›geschlechterreflektierend‹[22] der aktive, selbstreflexive Eigenanteil der Lehrenden und Lernenden.

Bei den Interviewten handelt es sich um (queer-)feministische Aktivist_innen, Gender-Bildungsarbeiter_innen bzw. Gender-Professionelle, d.h. Menschen, die einer Erwerbsarbeit oder Teilerwerbsarbeit im Bereich der Gender-Trainings oder der geschlechterreflektierenden Pädagogik nachgehen. Die interviewten Personen haben unterschiedliche soziale Hintergründe, Herkünfte, Familien- und Lebenssituationen, Geschlechter (Mann/Frau/Trans*) und Altersstufen.

Die Schreibweise Trans* ist eine verkürzende Schreibweise, die Transgender,[23] Transsexuelle, Crossdresser_innen, Drag Queens und Kings, Transvestiten, Transidente u.a. umfasst. Die Bezeichnungen werden zum Teil synonym benutzt, zum Teil sehr stark voneinander abgegrenzt. Die Sternchen-Schreibweise umgeht dabei die Frage, welcher Begriff als Oberkategorie verwendet werden könnte und ob eine solche Zusammenfassung in einer Oberkategorie sinnvoll wäre. Gegenüber Lesben und Schwulen ist die Sichtbarkeit von Transgender immer noch marginal (vgl. Hartmann 2012: 165). Diese Selbstverortung hat keine lebenslange Gültigkeit, unterliegt jedoch für die meisten Menschen einer relativen Trägheit und Kontinuität. Im Fokus der Erhebung stehen Aussagen die Auskünfte über unterschiedliche Qualitäten und Perspektiven innerhalb von Genderlernprozessen geben.

Ein Vorgehen nach der Grounded Theory bedeutet, ausgehend von dem empirischen Datenmaterial theoretische Aussagen herauszuarbeiten, jedoch nicht anders herum Theorien am Interviewmaterial zu überprüfen. Aus einem kritischen Forschungsverständnis, in dem, wie von der Grounded Theory und der feministischen Methodologie Debatte eingefordert, Beforschte und Forscher_innen sich als Subjekte gegenübertreten, resultiert unter anderem die Bedeutung der Vor- und Lerner-

---

22 Im Gegensatz zu der Bezeichnung ›geschlechterreflektierte‹ Pädagogik weist der Begriff ›geschlechterreflektierend‹ darauf hin, dass die Reflexion niemals abgeschlossen oder vollendet, sondern ein integraler Bestandteil ist.

23 »Der Begriff ›Transgender‹ steht im Gegensatz zur Diagnose ›Transsexualität‹ im deutschsprachigen Raum für die Kritik an dem vorherrschenden System der heteronormativen Zweigeschlechtlichkeit, für die Kritik an der von Staat und Medizin beanspruchten Definitionsmacht über den Geschlechterwechsel.« (Autor_innenkollektiv 2011: II/13)

fahrungen der Forscherin, also den Subjektstandpunkt der Wissenschaftlerin offen zu legen. Das heißt die eigenen Gründe für die Forschung und daran anknüpfend die theoretischen Bezugspunkte sind nicht zu verschweigen, sondern sie sind im Forschungsprozess zu reflektieren und ihre Relevanz für die Wahl der Fragestellung und Blickrichtung transparent zu machen. In meinem Fall sind das berufliche Erfahrungen im Bereich von geschlechterreflektierender Bildung und (queer-)feministischer Bewegung. Sie beeinflussen bewusst und unbewusst meinen Umgang mit dem Material, den intersubjektiven Austausch in den Interviewgesprächen und den Zugang zum Feld.

Des Weiteren sind folgende (geschlechter-)theoretische Grundannahmen und sich daraus ableitende Begriffe für die Studie zentral: Die hierarchischen Geschlechterverhältnisse, verwoben mit weiteren Herrschaftsverhältnissen (insbesondere rassistische, kapitalistische und bodyistische), sind nicht nur über Strukturen und Symbolwelten in der Gesellschaft verankert, sondern zugleich von den Individuen inkorporiert und mit ihren Identitäten verwoben. Das heißt, sie haben sich psychisch und körperlich in die Individuen eingeschrieben. Daraus folgt, dass es sich bei Lernprozessen um langwierige und kleinteilige Prozesse handelt, da sie nicht in ihrer Gänze mit dem bewussten Verstand erfassbar und somit in Interviews vollständig erzählbar sind. Die eigene Körperlichkeit und Psyche bleiben dem Menschen immer zu einem bestimmten Anteil verschlossen. So ist davon auszugehen, dass geäußerte Beobachtungen des Lernens immer nur die Spitze des Eisberges darstellen, d.h. nur einen Teilausschnitt zeigen, welcher wiederum Anlass und Startpunkt für weitere Aufschlüsse bietet. Da Erkenntnis und darauf möglicherweise folgende emanzipatorische Selbst- und Weltveränderungen, auf die pädagogisches Handeln und somit auch feministische oder geschlechterreflektierende Bildung zielt, immer über das Bewusstsein der Subjekte erfolgt, sind diese kleinen Teilausschnitte so interessant für meine Studie.[24]

Grundlage dieser Studie ist eine Definition von Geschlecht, nach der Geschlecht als ein soziales Konstrukt bestimmt wird. Darin bildet das bipolare Geschlechtersystem einen Ausdruck historisch gewachsener, hierarchisch organisierter gesellschaftlicher Prozesse und Strukturen (Butler 1989, Lorber 1999). Eine kritische Verwendung der Kategorie Gender – also damit auch der Bezeichnungskategorien Mann/Frau; Junge/Mädchen befindet sich in der geschlechterreflektierten Wissenschaft/Pädagogik in dem Paradox, dass sie neben der Benennung und Sichtbarmachung von Diskriminierungen und Privilegien gleichzeitig auf den Bedeutungsverlust der Kategorie, im Sinne von »Using Gender to Undo Gender« (Lorber 2000) zielen. Dies gilt auch für alle anderen Bezeichnungen, die innerhalb von Herrschaftsverhältnissen reale Benachteiligungen anzeigen, wie die Bezeichnungen *weiß*/Schwarz, bürgerlich/proletarisch, bildungsnah/ bildungsfern etc. Dieses Para-

---

24 Aus diesem Grunde führte ich selbstreflexive biografische Interviews.

dox kann vorerst nicht aufgehoben werden, deshalb wird es im Verlauf der Studie, soweit es möglich ist, immer wieder benannt und hervorgehoben.

Heteronormativität und die damit einhergehende Zwangszweigeschlechtlichkeit werden in sozialen Interaktionen wiederholt, aber auch über medizinisch-operative Zwangsmaßnahmen an intergeschlechtlichen Menschen hergestellt. Im Folgenden verwende ich für intergeschlechtliche Menschen bzw. intergeschlechtlich die Bezeichnung Inter* bzw. inter*. Sie wurde von der Inter*bewegung eingeführt, da sie durch die mit dem Sternchen gekennzeichnete Offenheit der Kategorie die Vielzahl der Selbstbezeichnungen umfasst, die Inter* für sich wählen (z.b. Zwitter, Hermaphroditen, Intersexuelle, Zwischengeschlechtliche). Inter* unterlagen häufig schon in früher Kindheit gegen ihren Willen Operationen ihrer Genitalien. Vor ›medizinischem‹ und scheinbar ›gesundheitlichem‹ Hintergrund wird eine Einpassung in die herrschenden zweigeschlechtlichen Normen durchgeführt, die weitreichende Konsequenzen für das Leben der Betroffenen hat. Viele beschreiben dieses Prozedere als Erfahrung von Folter, Traumatisierung, Genitalverstümmelung und Entfremdung vom eigenen Körper. Gesellschaftliche und familiäre Tabus führen häufig zu Gefühlen von Einsamkeit. Zuordnungszwänge innerhalb der bipolaren Zweigeschlechtlichkeit haben Diskriminierung in allen Lebensbereichen zur Folge.[25] Die Lebensrealitäten von Trans* und Inter* sind bislang in der geschlechterreflektierenden Pädagogik stark marginalisiert, auch wenn es in den letzten Jahren erste Ansätze gibt, sie als eigenständige Gruppen sichtbar zu machen (vgl. Pohlkamp/Hechler 2012b).

Für das Sample meiner empirischen Studie bedeutet diese hier skizzierte Verfasstheit der Geschlechterverhältnisse, dass männliche, weibliche und trans* Personen interviewt wurden, da davon ausgegangen werden kann, dass sich das bipolare Geschlechtersystem und die damit einhergehenden Strukturen und Normen maßgeblich auf die Erfahrungswelten und somit die Lernzugänge bezüglich der Geschlechterthematik auswirkt. Jedoch, wenn in dieser Forschungsarbeit von Männern oder Frauen die Rede ist, dann ist damit die gegenwärtige Selbstbezeichnung der Interviewten definiert. Hinsichtlich der orthografischen Genus-Darstellung wird hier der Unterstrich_i‹ verwendet, eine Schreibweise, die alle Geschlechter, auch diejenigen jenseits der bipolaren, zweigeschlechtlichen Norm, repräsentiert. Eine geschlechtssensible Schreibweise ist im Kontext der feministischen Auseinandersetzung mit gesellschaftlichen Macht- und Herrschaftsverhältnissen notwendig, wie insbesondere Vertreter_innen der feministischen Linguistik gezeigt haben (z.B. Pusch 1984, Trömel-Plötz 1997, Spender 1981). Die durch Trans*Aktivist_innen in den 2000ern eingeführte Schreibweise mit dem Unterstrich_i (z.B. Student_innen)

---

25 Erst seit den 1990ern gibt es im deutschen Sprachraum die ersten Filme zu dem Thema (z.B. »Das verordnete Geschlecht«, »Die Katze wäre lieber ein Vogel«, »XXY«), insgesamt gibt es nur wenige Studien (vgl. Hechler 2012b).

sucht auch diejenigen Menschen zu berücksichtigen, die sich nicht in die binäre Logik von ›Mann‹ und ›Frau‹ einordnen können oder wollen (vgl. Hermann 2005, Hornscheidt 2007: 104f., Hornscheidt 2012). Durch das Schriftbild werden im Unterschied zum Binnen-I (StudentInnen), oder der Schrägstrichlösung (Student/-innen) Räume jenseits der Zweigeschlechtlichkeit sichtbar. Ziel dieser teilweise umständlich oder anstrengend wirkenden Mitberücksichtigung ist es, den Zuhörer_innen und Leser_innen die Möglichkeit zu geben, über spontane normalisierte und als selbstverständlich erlebte Bilder und Assoziationen, die mit Personenbezeichnungen wie Handwerker oder Handwerkerin einhergehen, hinaus zu denken. Gerade mit dieser Umständlichkeit der Formulierung und Lesbarkeit ist eine Irritation und Störung herrschender Diskurse verbunden (vgl. Elverich/Kalpaka/Reindlmeier 2006: 16) und tradierte Normalvorstellungen werden irritierbar (vgl. Hornscheidt 2007: 104). Dort wo sich z.B. durch die Artikelbildung Unleserlichkeiten ergeben (die_der), werden die weibliche Schreibweise und teilweise geschlechtsneutrale Endungen im Plural (z.B. ›die Studierenden‹, ›die Teilnehmenden‹) benutzt. An Stellen, an denen eine weibliche Artikelverwendung patriarchale bzw. historische Mehrheitsverhältnisse verschleiert, wird auf die weibliche Artikelverwendung verzichtet.

Hinsichtlich der kategorialen Verwendung der Begriffe ›Rasse‹ und ›Weißsein‹ habe ich mich in meiner Studie für die deutsche Schreibweise entschieden. In vielen deutschen Publikationen werden bewusst die englischen Schreibweisen *Race* und *Whiteness* benutzt, aufgrund der rassistischen Implikationen und geschichtlichen Assoziationen, die im Deutschen mitschwingen. Hier soll jedoch die Sprachwahl gerade ermöglichen, einen Bezug zur deutschen Geschichte und Gesellschaft herzustellen (vgl. Eggers 2005a: 12). Um den Konstruktionscharakter der Kategorie sichtbar zu machen, wird hier, wenn die biologische Konstruktion ›Rasse‹ gemeint ist, der Begriff in Anführungsstriche gesetzt. In Abgrenzung dazu wird der Begriff kursiv geschrieben (*Rasse*), wenn ein Bezug auf die Wissens- und kritische Analysekategorie erfolgt (ebd. 13). Der Konstruktionscharakter der Kategorie *weiß* wird durch Kursivschreibung angezeigt. Hier erfolgt eine bewusst gewählte Abgrenzung zu der Großschreibung der Kategorie ›Schwarz‹. Diese markiert die »Bedeutungsebene des Schwarzen Widerstandspotentials, das von Schwarzen und People of Color dieser Kategorie eingeschrieben worden ist.« (ebd.)

»Der ›People of Color‹-Begriff entstammt der Selbstbenennungspraxis rassistisch unterdrückter Menschen. Er wurde im Laufe der 1960er Jahre durch die ›Black Power‹-Bewegung in den USA als politischer Begriff geprägt, um die Gemeinsamkeiten zwischen Communitys mit unterschiedlichen kulturellen und historischen Hintergründen zu benennen. Dadurch sollte eine solidarische Perspektive quer zu den rassistischen Einteilungen in unterschiedliche Ethnien und ›Rassen‹ eröffnet werden, die antirassistische Allianzen befördert.« (Nghi Ha 2009)

Ich benutze in meiner Studie die Bezeichnungen ›feministische Wissenschaft‹, ›Frauen- und Geschlechterforschung‹ und ›Genderstudies‹ synonym. So verzichte ich bewusst auf eine Zuordnung dieser Begriffe zu verschiedenen Phasen oder Ausrichtungen. Damit grenze ich mich von einer Perspektive ab, die die feministische Sichtweise einer frühen Zeit zuschreibt und den Begriff ›Geschlechterforschung‹ in der Gegenwart verortet (vgl. Althoff/Bereswill/Riegraf 2001: 13). Aufgrund der Widersprüchlichkeit und Ungleichzeitigkeit der Entwicklungen, der Tatsache, dass feministische Forschung sich schon immer mit der Kategorie Geschlecht auseinandergesetzt hat und Geschlechterforschung ohne feministische Bewegung und Perspektiven keine Entwicklungschancen gehabt hätte, lassen sich die beiden Begriffe nicht eindeutig voneinander abgrenzen (ebd.). Fragen aus den Anfängen der Frauen- und Geschlechterforschung, wie die nach dem Verhältnis von Wissenschaft und Politik und der Positionierung der Forschenden, sind bis heute aktuell. Solange die kritische Reflexion des Geschlechterverhältnisses noch nicht überall selbstverständlich vorausgesetzt werden kann, halte ich die Kennzeichnung einer feministischen Forschungsperspektive für notwendig.

Insgesamt sollen Sprache und Aufbau, soweit dies im Rahmen einer wissenschaftlichen Studie möglich ist und das fachliche Niveau nicht schmälert, verständlich und einfach gehalten sein, um sowohl feministisch Interessierten als auch nichtakademischen Kolleg_innen aus Bildungsarbeitszusammenhängen ein barrierefreies Lesen zu ermöglichen.

1.4 AUFBAU DER STUDIE

In der vorliegenden Studie sind theoretische Ausarbeitungen und Empirie etwa gleich stark gewichtet, da die ersten Kapitel nicht nur zur Vorbereitung der Empirie und zum theoretischen Sampling dienen, sondern eigenständig zur Verortung geschlechterreflektierenden Lernens beitragen. So gliedert sich die Studie zu Beginn in drei theoretische Kapitel (1-3), die zur Rahmung und Verortung des Untersuchungsgegenstandes und dem theoretischen Sampling beitragen, ein Methodenkapitel (4), ein empirisches Auswertungskapitel (5), und ein Schlusskapitel, in dem eine Synthese erfolgt.

Um den Hintergrund des heutigen Lernens über Geschlechterverhältnisse deutlich werden zu lassen und so Anhaltspunkte für die Forschungsfrage zu gewinnen, werden zu Beginn der Studie im ersten Kapitel die historische Genese und die aktual-empirischen, widersprüchlichen, bildungsinstitutionellen Rahmungen des Lernens über Geschlechterverhältnisse betrachtet. Das Kapitel beginnt mit einer Klärung grundlegender Begrifflichkeiten und Konzepte wie von Emanzipation und Feminismus. Hinsichtlich letzterem werden die unterschiedlichen feministischen

Paradigmen Gleichheit, Dekonstruktion und Differenz, in ihren jeweiligen Verhältnissen zu pädagogischem Handeln vorgestellt. Deutlich wird hier die Relevanz von Subjektivität und Objektivitätskritik, sowie sich daraus ableitend die Bedeutung des Begriffs des Subjekts für eine Bestimmung von Handlungsfähigkeit. Seit den 1990er Jahren wird im Kontext feministischer Forschung der Ansatz der Intersektionalität diskutiert. In den Erziehungswissenschaften hielt er im letzten Jahrzehnt vermehrt Einzug in Forschungsdesigns und Theoriebildung, während er in der Erwachsenenbildung erst selten systematisch debattiert und eingeführt wurde. Deshalb stelle ich unterschiedliche Ausformulierungen ausführlicher dar und unter dem Stichwort ›social (re-)turn‹ daran anfolgend auch Kritiken. Kritiker_innen von Intersektionalitätsforschung betonen eine Stärkung der Makroebene angesichts sich wandelnder weltwirtschaftlicher Verhältnisse.

An den ersten Abschnitt knüpft unter 2.2 eine Skizze der Geschichte von feministischer Bildung als Mädchen- und Frauenbildung an, von ihrem Beginn in der ersten Frauenbewegung bis heute. Den heutigen (neueren) Fokussierungen, wie Genderkompetenzfortbildung/Gender Training, Männerbildung/Jungenarbeit, Queerer Pädagogik und intersektionaler pädagogischer Ansätze wird ein eigener Abschnitt gewidmet (2.3). Abschließend erfolgt im ersten Kapitel ein Überblick über die aktuellen institutionellen (Lern-)Rahmenbedingungen für ein Lernen über Geschlechterverhältnisse in der Schule und in der Erwachsenbildung, zum einen über Ergebnisse der Genderschulforschung (z.B. Budde 2005, Faulstich-Wieland 2003), zum anderen über solche der Weiterbildungsforschung (z.B. Pravda 2003, Venth 2006).

Anknüpfend an den ersten Abschnitt des ersten Kapitels, in welchem die Bedeutung des Subjektverständnisses deutlich wird, steht im zweiten Kapitel die Frage im Fokus, welche Ergänzungen zum Subjektbegriff aus einer feministischen Perspektive gemacht werden können. Anhand einer Skizze geschlechtertheoretischer Subjektdebatten wird die Frage behandelt, welche Annahmen darin über den Zusammenhang von Subjekt und (politischer) Handlungsfähigkeit bestehen und welche Schlüsse letztlich für eine feministische Ergänzung bzw. Rahmung des Subjektbegriffs herangezogen werden können. Ausgangspunkt der feministischen Debatte sind Ausschlüsse aus dem Subjektbegriff der Aufklärung, denn dieser galt praktisch nur für weiße, männliche Bürger. In der feministischen Theoriebildung folgte daraus zum einen die positive Ausformulierung einer weiblichen Subjektivität und zum anderen die Debatte um die Dezentrierung des feministischen Subjekts. Sie wird hier entlang der Position von Judith Butler nachgezeichnet, da Butler in den deutschen Erziehungswissenschaften aktuell einen wichtigen Referenzpunkt darstellt (vgl. Ricken/Balzer 2012). Als zentrales Ergebnis dieses Kapitels wird die bereits unter 1.1 angeklungene für die theoretische Fundierung der Studie zentrale Objektivitätskritik als Werkzeug kritischer Analyse und gesellschaftsverändernden Handelns verfeinert. (Selbst-)Reflexivität und Mehrperspektivität als Werkzeuge feministischer Analyse und Kritik werden vor dem Hintergrund der Subjektdebatte unterstrichen.

Im vierten Kapitel der Studie wird das theoretische Verständnis des Vorgangs Lernen herausgearbeitet. Fragen über die generelle Beschaffenheit von Lernen und Lernprozessen stehen hier im Vordergrund. Die subjektwissenschaftliche Lerntheorie der Kritischen Psychologie (Holzkamp 1993) bildet hier den geeigneten Ausgangspunkt, denn sie stellt den Standpunkt des Subjekts in seiner Unverfügbarkeit, seiner Handlungsfähigkeit und seiner Fähigkeit zur gesellschaftlichen Partizipation in den Mittelpunkt der Theoriebildung. Sowohl von einer pädagogischen Perspektive als auch von dem Blick auf emanzipatorische (Gender-)Lernprozesse bietet sie damit ein adäquates begriffliches Werkzeug. Ein Nachteil der Holzkamp'schen Begriffsinstrumentarien ist jedoch, dass damit nur intentionale Lernprozesse in den Blick genommen werden können. Die Thesen, die sich in der Einleitung aus den skizzierten spannungsgeladenen gesellschaftlichen Entwicklungsrichtungen ergeben, als auch die in Kapitel 1 und 2 dargelegte Kritik an einer dualistischen Objektivitätsannahme und Bedeutung von Subjektivität, verweisen auf die Notwendigkeit (vorerst) unbewusste Prozesse in ein Verständnis von Lernen einzubeziehen, da Gesellschaftlichkeit in das lernende Subjekt verwoben ist und dieses immer wieder aufs Neue mitproduziert. Für die Analyse länger und breiter angelegter Lernprozesse ist es deshalb unumgänglich, die erst ausschnittsweise nachträglich bewusst gewordenen informellen Lernprozesse mitzudenken (Haug 2003). So werden auch Verlernen, Vergessen, Gewohnheit und Selbstzweifel, als Teil von Lernprozessen sichtbar. Aber auch die Bedeutung von Emotionen vor dem Hintergrund ihrer Erklärungskraft für langandauerndes (teilweise lebenslanges) Lernen wird noch stärker in den Blick gerückt (Meyer-Drawe 2008). Phänomenologische Theorien des Lernens haben große Überschneidungsflächen mit der subjektwissenschaftlichen Theorie, wenn sie auch mit ihrem Blick auf das ›Widerfahrnis‹ als Lernauslöser einen anderen Schwerpunkt setzen. Sie werden komplementierend hinzugezogen um die Bedeutung von Emotionen und Körperlichkeit auszuführen. Eine weitere sinnvolle Ergänzung bietet die Zusammenführung von Zufälligkeit/Mitlernen und Intentionalität in länger angelegten Lernprozessen im Modell der Interessegenese (Grotlüschen 2011). Durch eine habitustheoretische Betrachtung werden ›Zufälle‹ und die Wahrnehmung von Zufälligkeit und das Vergessen von Einflüssen erklärbar. Auf einer pragmatischen (Zeitachse) durchläuft die_der Lernende unterschiedliche Phasen der Auseinandersetzung mit einem Lerngegenstand, die an verschiedenen Bewusstseins- und Lernhaltungen deutlich werden.

Im fünften Kapitel stelle ich meine methodologischen Bezugspunkte, mein Forschungsvorgehen und den Umgang mit dem Material vor. Ich positioniere mein methodisches Vorgehen entlang von (forschungs-)ethischen Fragen der feministischen Methodologiedebatte. Anschließend stelle ich die Grundlagen der Grounded Theory als Forschungsstil vor, der sich für die Untersuchung meiner Forschungsfrage eignet. Sowohl die feministische Methodologiedebatte, als auch die Grounded Theory schließen an die verbindenden Dimensionen ›Kritik an Objektivität‹ und ›Relevanz von Subjektivität‹ an und untersuchen sie hinsichtlich ihrer methodologischen Bedeutungen. An die theoretischen Erörterungen in Abschnitt 5.1 und 5.2 anknüpfend beantworte ich in Abschnitt 5.3 Fragen zu meinem konkreten Forschungsvorgehen. Im letzten Abschnitt werden zentrale Etappen des Auswertungsprozesses dargestellt. Zentrale Thesen des Kapitels beziehen sich auf die Chancen und Grenzen meines Forschungsvorgehens sowie mögliche Fallstricke entlang der Achsen ›Nähe und Fremdheit‹ sowie ›Vielzahl und Grenzen der Perspektiven‹.

Das sechste, empirische Kapitel ist dreigeteilt. Ausgewertet werden die in den Interviews ausfindig gemachten, von den Befragten genannten Gründe, Widerstände und Handlungsfähigkeiten in unterschiedlichen Phasen ihrer je eigenen biografischen Lernprozesse über Geschlechterverhältnisse. Entlang von Interviewzitaten werden die im Auswertungsprozess entstandenen Kategorien expliziert, teilweise werden sie über Beiträge aus der Fachliteratur kommentiert und ergänzt.

Wie bereits in der Schilderung des Forschungsprozesses beschrieben, orientiere ich mich dabei unter Bezugnahme auf die erneuerte Interessetheorie an drei Hauptphasen, die ich als Erstkontakt, beginnenden Lernprozess und fortgeschrittenen Lernprozess bezeichne. Im ersten Unterkapitel stehen die zentralen Begründungen im Fokus, die aus heutiger Sicht der Befragten zum Lernen über Geschlechterverhältnisse führten: vergeschlechtlichte, politisch-ethische und berufliche Begründungen. Im zweiten Unterkapitel stehen die Gründe nicht zu lernen in der Phase des beginnenden Lernprozess im Fokus. Dabei wird unterschieden in erste Abwehrargumente und innere Konflikte. Die Prozessdimension wird besonders entlang von zwei Ebenen deutlich: der nach außen geäußerten Abwehrargumentation und dem als innerer Widerspruch empfundenen Konfliktdialog. Das dritte Auswertungskapitel nimmt die Handlungsoptionen in der fortgeschrittenen Lernphase in den Blick und zwar in Form von (Nicht-)Positionierungen, professionellen Positionierungen, politischen Positionierungen sowie nachdenklichen Positionierungen.

Im Schluss, dem siebten Kapitel der Studie, werden Erkenntnisse aus den einzelnen Kapiteln rekapituliert und miteinander verbunden. Statt einer wiederholenden Zusammenfassung der empirischen Forschungsergebnisse erfolgt unter 6.2 eine Ausarbeitung verschiedener Spannungsfelder, die Verbindungs- und Querlinien zwischen den Auswertungskategorien aufzeigen. Die Spannungsfelder markieren Verortungsmöglichkeiten und -notwendigkeiten der Lernenden und Lehrenden innerhalb gesellschaftlicher Rahmungen, die das Lernen über Geschlechterverhältnisse maßgeblich beeinflussen. Gleichzeitig verweisen die zentralen Spannungsfelder auf die Bedeutung sozialer Anerkennung für ein Verständnis von Lernen. So wird deutlich, dass die Forschungsergebnisse der Studie nicht nur Erkenntnisse für das Lernen über Geschlechterverhältnisse liefern, sondern einen Beitrag zu einer empirischen Fundierung von Lernen bereitstellen, insbesondere dort wo es um Lernen hinsichtlich sozialer Differenzkategorien geht. Abschließend werden unter 6.3 Forschungsdesiderata formuliert und mögliche Anschlussstellen für nachfolgende Forschungsprojekte ausgelotet. Schließlich erfolgt ein Ausblick auf die Konsequenzen für gender- und erwachsenenpädagogische Praxen, die sich aus den Ergebnissen der Studie ableiten lassen.

2. Lernen über Geschlechterverhältnisse im Kontext: theoretische Perspektiven, historischen Entwicklungen, neuere Ausprägungen und bildungsinstitutionelle Rahmungen

In pädagogischen Diskursen finden sich heute eine Vielzahl an Fokussierungen und Bezeichnungen der Bildung und Erziehung, die Orte für Lernprozesse über Geschlechterverhältnisse bereitstellen, wie z.b. Frauenbildung (Gieseke 2000, Derichs-Kunstmann 2000, Schiersmann 1993), feministische Frauenweiterbildung (de Sotelo 2000), Frauenarbeit (Faulstich-Wieland/Faulstich 2006), Männerbildung (Nuissl 1999), Männerarbeit (Brandes/Brandes-Bullinger 1996, Faulstich-Wieland/Faulstich 2006) Mädchenarbeit (Rauw 2001, Schmidt 2002) und Jungenarbeit (Jantz/Grote 2003), feministische Mädchenarbeit (Busche 2010), geschlechtsbezogene Gender-Pädagogik (Rauw 2001), (Plößer 2005), Genderkompetenzfortbildung (Derichs-Kunstmann et al. 2009), Gender-Training (Kaschuba/Lächele 2004, Kulau 2003), geschlechtergerechte/gendergerechte Didaktik (von Blittersdorff/Strack 2006), geschlechterreflektierende Bildungsarbeit (Autor_innenkollektiv /DGB-Jugend Niedersachen /Bremen/Sachsen-Anhalt 2011), geschlechterreflektierte Arbeit/Bildung (Debus 2012), genderorientierte Bildung (Frey et al. 2006). Hinzu kommen Ansätze, die nicht die Kategorie Geschlecht in den Mittelpunkt stellen, jedoch ebenso explizit Räume zur Reflexion der Geschlechterverhältnisse bereitstellen, z.b. schwul-lesbische Aufklärungsprojekte (Timmermanns 2003, Rieske 2009), Ansätze Queerer[1] Pädagogik/Bildungsarbeit (Autor_innenkollektiv /DGB-Jugend Niedersachen /Bremen /Sachsen-Anhalt 2011), sowie intersektionale Ansätze. Zu den intersektionalen pädagogischen Ansätzen zählen, z.B. das Anti-Bias-Training

---

1   Zur Herkunft und Bedeutung des Begriffes *queer* ausführlicher unter 1.1 Abschnitt ›Feministische Paradigmen‹ -> Dekonstruktion, und 1.3 Abschnitt ›Queere Pädagogik‹).

(Schmidt 2009), Diversityansätze und Social-Justice-Trainings (Czollek/Weinbach 2007). Zwischen den oben genannten Ansätzen bestehen teilweise Überschneidungen, Gemeinsamkeiten und Simultanitäten, z.B. was Methoden anbelangt, jedoch auch Unterschiede und Abgrenzungen, vornehmlich hinsichtlich ihrer Entstehung, inhaltichen Ausrichtung (Bezugnahme auf intersektionale Differenzkategorien etc.) und Settings, in denen sie angewandt werden (siehe 2.3). Nicht zuletzt unterliegt ihre Ausgestaltung in der Praxis den jeweils einzelnen Pädagog_innen. Geschlechterreflektierende Bildungsansätze lassen sich kaum nur einem der Bereiche der in der Erwachsenenbildung üblichen Einteilungen in berufliche, allgemeine, kulturelle und politische Bildung, zuordnen. Ein explizites Lernen über die Geschlechterverhältnisse wäre am ehesten dem Bereich der politischen Bildung zuzuordnen.

Obwohl es keine allgemeingültige Definition für politische Bildung gibt, so umfasst diese nach dem praktischen und didaktischen Konsens in der BRD eine Bildung, die darin unterstützen will, ein Verständnis für politische Sachverhalte zu entwickeln, ein demokratisches Bewusstsein zu festigen und die Bereitschaft zur politischen Partizipation zu stärken (vgl. Becker/Krüger 2010: 636) oder anders ausgedrückt: die Vermittlung von Eigenschaften wie Autonomie, Kritikfähigkeit, Mitbestimmung, Mündigkeit und Politikbewusstsein (Deichmann 2004). Zu den Schlüsselbegriffen und bildungspolitischen Leitlinien der außerschulischen politischen Bildung und der politischen Erwachsenenbildung gehören nach Klaus-Peter Hufer und Dagmar Richter (2013) noch immer »Emanzipation, Selbstbestimmung und Demokratisierung« (Hufer/Weißeno 2013: 17). Jedoch, so merken sie kritisch an, haben ihnen neuerlich »Forderungen nach Kompetenzen, Evaluation, Qualität und Wirkungsforschung [...] in der Bedeutung der pädagogisch Handelnden weitgehend den Rang abgelaufen« (ebd.).

In diesem Kapitel werden Ausgangsbedingungen und historische Fundamente für geschlechterreflektierende Bildung betrachtet. Im Zentrum steht die Frage: Wie kam es dazu, dass ›Geschlecht‹ zum Erkenntnisgegenstand, zum Inhalt von Pädagogik, zum offiziell anerkannten Lerngegenstand und damit auch zum Thema dieser Untersuchung werden konnte? Welche aktuellen Schwierigkeiten, Herausforderungen und Leitsätze sind mit den so entstandenen Rahmungen verbunden?

Vorweg ist anzumerken, dass es vielfältige Erzählungen und Verständnisse von Feminismus und Pädagogik gibt, die ineinander verwoben sind. Deshalb kann es sich bei einem Text, der Ereignisse und Theorieentwicklungen in chronologische Bezüge stellt, immer nur um eine Konstruktion und Reduktion handeln. Geschichte wird hier begriffen als Ergebnis eines gemeinsamen Konstruktionsprozesses, ohne Anspruch auf Wahrheit und Vollständigkeit (vgl. Althoff/Bereswill/Riegraf 2001: 12). Obwohl es teilweise komplizierter zu lesen ist und Wiederholungen beinhaltet, werde ich die Genese der feministischen, pädagogischen Ansätze gemeinsam mit der Entwicklung der Bewegungen behandeln, um ein nuanciertes Bild der polyphonen Diskurse zu zeichnen. Die kategorialen Trennungen zwischen Theorie, Bewegung und Pädagogik dienen der Übersichtlichkeit, stellen jedoch auch künstlich Grenzen her, wo fließende Übergänge existier(t)en.

Zu Beginn des Kapitels erfolgt zunächst die Bestimmung der theoretischen Perspektiven, die ich hinsichtlich des Lernens über Geschlechterverhältnisse als zentral erachte: Fokussiert werden Verständnisse von Emanzipation sowie theoretische feministische Strömungen (mit ihren teilweise arbiträren Bedeutungsgehalten). Deutlich wird die Notwendigkeit eines Nebeneinanders von unterschiedlichen Paradigmen, die verschiedene Perspektiven auf emanzipatorisches Handeln und die Kategorie Geschlecht liefern. Schließlich verweist dieser Abschnitt so auf die Relevanz von Objektivitätskritik und Subjektivität für ein geschlechtertheoretisch rückgebundenes Forschungsprojekt. Daran knüpft unter 2.2 ein Abschnitt über die Genese der geschlechterreflektierenden Bildung in Deutschland in ihrer Interrelation mit den Frauen- und anderen sozialen Bewegungen sowie anderen gesellschaftlichen Entwicklungen wie etwa der Institutionalisierung von Gleichstellungspolitik an. Hier erfolgen notwendig immer wieder Bezugnahmen auf und Überschneidungen mit den feministischen Paradigmen (wie sie unter 2.1 dargestellt wurden). Die in der Einleitung (1.) der Studie umrissenen spannungsgeladenen gesellschaftlichen Entwicklungslinien zeichnen sich in Schwierigkeiten und Fragen aktueller geschlechterreflektierender Bildungspraxen, wie Genderkompetenzfortbildungen/Gender Training, Männerbildung/Jungenarbeit, Queerer Pädagogik und Intersektionalen Ansätze, ab. Diese werden unter 2.3 skizziert. Abschließend werden die aktuellen (Lern-)Rahmenbedingungen betrachtet, d.h. konkrete Ausschnitte aus dem Status quo an der Bildungsinstitution Schule und in Bereichen der Praxis der Erwachsenenbildung (2.4). Im Fazit fasse ich die Schlussfolgerungen, Ergebnisse und Konsequenzen zusammen, die sich für meinen Untersuchungsgegenstand und für den Aufbau meiner Studie ergeben, und nehme damit einen Ausblick auf die weiteren Kapitel vor (2.4).

2.1 THEORETISCHE AUSRICHTUNG DER STUDIE

Um das ›Wie‹ und ›Wohin‹, also Qualitäten, Zielrichtungen und Problemstellungen, geschlechterreflektierender feministischer Bildung zu bestimmen und die Perspektive des Forschungsvorhabens zu umreißen, werden in diesem Kapitel der Begriff der Emanzipation, die feministischen Paradigmen ›Gleichheit‹, ›Differenz‹ und ›Dekonstruktion‹, Intersektionalität und der sogenannte ›social (re-)turn‹ der feministischen Theoriebildung skizziert und in Bezug zu meiner Fragestellung gestellt.

Emanzipation: Mündigkeit und Erkenntniskritik

»Emanzipation bedeutet ›Freilassung‹ und meint die Befreiung von Individuen und gesellschaftlichen Gruppen aus einem Abhängigkeitsverhältnis. […] Einer [emanzipatorischen] Bildungsarbeit geht es um Bewusstseinsbildung, Selbstverfügung und Utopiefähigkeit der Menschen. Ihre Vorgehensweise ist die Erschließung der Zusammenhänge und Interessen durch Aufklärung. Damit steht sie im Widerspruch zu Formen der Fremdbestimmung durch Herrschaftsausübung. Diese zu erkennen, ihnen zu widerstehen und zugunsten besserer Lebensverhältnisse zu überwinden, ist das Ziel emanzipatorischer politischer Bildung.« (Hufer/Weißeno 2003: 55)

In obigem Zitat gibt Hufer eine Definition, der entlang der folgenden Begriffsdiskussion weitgehend hinsichtlich des Aspekts von Befreiung und hinsichtlich der Vorgehensweise von Bildungsarbeit von mir zugestimmt werden soll, die jedoch auch hinsichtlich einiger Aspekte kritisch ergänzt werden muss:

Das Anliegen die Geschlechterverhältnisse (oder auch andere gesellschaftliche Ungleichheitsverhältnisse) in Richtung von mehr struktureller und symbolischer Gleichheit, Entfaltungsmöglichkeiten und Freiräumen für die Individuen zu verändern, wird in dieser Studie als ein ›emanzipatorisches‹ Anliegen bezeichnet. Die Verwendung des Begriffs ›Emanzipation‹ ist verbreitet, z.B. ›Emanzipation in der politischen Bildung‹ (Mende 2009) ›emanzipatorische Erwachsenenbildung (Hufer 2003), jedoch ist die Bezeichnung nicht unproblematisch und bedarf deshalb einer näheren Klärung.

Das Wort ›Emanzipation‹ hat eine lange Geschichte der Verwendung im Deutschen mit unterschiedlichen Bedeutungen. Ursprünge für die Begriffskonzeption im heutigen Sinne können in Kants Verständnis der Aufklärung als »Ausgang des Menschen aus seiner selbstverschuldeten Unmündigkeit« (Kant 1784) gesehen werden. Im 19. Jahrhundert wurde der Begriff von den politischen Bewegungen im Sinne von legitimer Selbstbefreiung von Herrschaft verwendet und als Nenner für alle Forderungen, die auf Beseitigung rechtlicher, sozialer, politischer oder ökonomischer Ungleichheit zielten, benutzt. Unterdrückung, Zwang, Leid und Hemmung von Bedürfnissen dienen dabei als Indikatoren für notwendige Emanzipationsprozesse (vgl. Ruhloff 2004: 280). Eine Bedeutung für das Verständnis von Emanzipation hat bis heute auch die weitreichende Definition, die der Ökonom und politische Philosoph Karl Marx liefert. Er sieht die »vollständige Emanzipation aller Menschlichen [sic] Sinne und Eigenschaften« in der Aufhebung des Privateigentums (vgl. Marx/Engels 1983: 540).[2] Nach Marx liegt das Ziel von Emanzipation in der

---

2 »Das Privateigentum hat uns so dumm und einseitig gemacht, dass ein Gegenstand erst der unsrige ist, wenn wir ihn haben, [er] also als Kapital für uns existiert.« (Marx 1844 in: Hillmann 1966: 80)

Selbstbestimmung. Um diese zu erreichen, müssen wir »alle Verhältnisse umwerfen, in denen der Mensch ein erniedrigtes, ein geknechtetes, ein verlassenes, ein verächtliches Wesen ist« (Marx/Scheibler/Engels 1976: 385).

In der deutschen Pädagogik blieb ›Emanzipation‹ bis 1965 ein seltener Begriff. Erst im Zuge der Entwicklungen der 1968er Jahre gewann er an Popularität. Als Konzept wurde er durch Klaus Mollenhauer (1968) in seiner Aufsatzsammlung »Erziehung und Emanzipation« eingeführt, worin dieser die These aufstellt, »dass der Gegenstand der Erziehungswissenschaft die Erziehung unter dem Anspruch der Emanzipation sei« (Mollenhauer 1968: 10). Damit wendete er sich gegen einen erfahrungswissenschaftlichen Begriff von Erziehung, in dem Erziehung als naturhafte Eigenschaft der menschlichen Gesellschaften verstanden wird. Nach Mollenhauer habe emanzipatorische Erziehung die Mündigkeit der menschlichen Subjekte zum Ziel, d.h. die »Befreiung [...] aus Bedingungen, die ihre Rationalität und das mit ihr verbundene gesellschaftliche Handeln beschränken« (ebd.).

In Mollenhauers Definition erfolgt eine Unterscheidung von Politik und Pädagogik als Ideal.[3] »Im pädagogischen Handeln sollen die individuellen empirischen Bedingungen hervorgebracht werden, unter denen rationales politisches Handeln allererst möglich ist.« (Mollenhauer 1972: 15)

Diese Unterscheidung resultierte aus der kritischen Analyse, dass die Pädagogik nicht frei von politischen Interessen ist, diese jedoch unter dem Deckmantel ›Neutralität‹ verschleiert werden.[4] Emanzipatorische Aufklärungsprozesse zur Mündigkeit, hier zur Befähigung des vernünftigen und rationalen Handelns, sollten explizit von lenkenden Interessen frei gehalten werden. Gerade aber die im Verständnis von Emanzipation häufig benutzten Konzepte von Rationalität und Vernunft wurden in der feministischen, aber auch in anderen Wissenschafts- und Erkenntniskritiken hinterfragt. Es wurde angemerkt, dass auch rationale Erkenntnis nicht frei von Interesse ist und immer schon von den herrschaftlichen (patriarchalen) Normen der sie umgebenden Gesellschaft durchzogen ist. Allein die herrschaftliche Prägung der zur Verfügung stehenden Begrifflichkeiten verdeutlicht dies (z.B. Seebohm 1972: 138). Eine Vorstellung von einer mit sich selbst übereinstimmenden Identität und von autonomer (vernunftbegabter) Subjektivität ist angesichts poststrukturalistischer Kritik problematisch geworden (siehe auch 4.3). Eine Opposition von Zwang und Freiheit bzw. von Fremdbestimmung und Selbstverfügung, wie sie im Eingangszitat von Hufer impliziert wird, kann danach als obsolet gelten. Eine metaphysische Überhöhung von Emanzipation zur Bedingung von Wahrheitsansprüchen birgt daher totalitäre Gefahren.

---

3   Sie wurde oft in der schlagwortartigen Verwendung des Begriffs insbesondere in den 1960er, 1970er Jahren verwaschen.
4   Ein Beispiel ist die in der Nachkriegszeit nicht erfolgte Aufarbeitung der NS-Geschichte.

Ein aktuelles Verständnis von Emanzipation muss diese Problematiken berücksichtigen. Der Begriff der Emanzipation ist meines Erachtens jedoch immer noch sinnvoll, da bislang kaum ein anderer Begriff (außer vielleicht der der ›Kritischen Pädagogik‹[5]) das Wissen um die Verwobenheit der Bildungsinteressen mit Herrschaftsinteressen und die Kritik an selbigen auszudrücken vermag.

Die Kritik am universellen Vernunftbegriff, wie sie aus der feministischen Perspektive unerlässlich ist, hat jedoch Konsequenzen für die Praxisdefinition emanzipatorischer (feministischer) Bildung, die der eingangs angeführten Definition von Hufer hinzugefügt werden müssen. Bildungsarbeit muss einen Raum für den skeptischen Blick auf die Grenzen der Vernunft schaffen. Ebenso ist in ihr eine Überprüfung der Gefahr zu ermöglichen, dass mit Befreiung von Abhängigkeiten nicht ein Zurück zum normativen Verständnis des autonomen (männlichen, *weißen*) Subjekts gemeint ist.

Jener durch die Vernunftkritik aufgemachte Widerspruch zwischen den emanzipatorischen Zielen, wie dem Interesse der Freilegung von herrschaftlichen Mythen, und der Konstitution von neuen, nur verschobenen, objektivitätsverzerrenden Wahrheitsregimen unter neuem Namen bleibt virulent.

An verschiedenen Stellen in dieser Studie tritt eben jenes, jeder kritischen Wissenschaft inhärentes Dilemma von Objektivität und Subjektivität, zutage, so z.B. im feministischen Paradox (nächster Abschnitt), in der Debatte um das feministische Subjekt (Kapitel 3), in der feministischen Methodologiedebatte (Kapitel 5.1) und der Definition von Identität (Abschnitt 5.4.1).

Feministische Paradigmen[6]

»Wenn sich feministische Politik aufgrund des […] [feministischen] Paradoxes in einer Situation befindet, die sie dazu nötigt, zwischen allen Stühlen zu sitzen, sollten wir wenigstens wissen, zwischen welchen.« (Gildemeister/Wetterer 1992: 250)

Das im obigen Zitat benannte, jedoch nicht konkretisierte Paradox feministischer Praxis, soll im Folgenden entlang der Theorie greifbarer werden. In diesem Abschnitt wird ein kurzer Überblick über zentrale Paradigmen der feministischen Theoriebildung gegeben, aus denen sich differierende Perspektiven auf Geschlecht und damit auch unterschiedliche Handlungsmaximen und Spannungsfelder ergeben. Die daraus resultierenden praktisch-pädagogischen Konsequenzen werden im folgenden Abschnitt 2.2 weiter ausformuliert.

---

5   Trotz aller Problematiken wird der Begriff der Emanzipation dem der Kritik hier vorgezogen, da er eine Zielorientierung beinhaltet.

6   Teile aus diesem Abschnitt habe ich bereits veröffentlicht in: Krämer 2006, Krämer 2007, Autor_innenkollektiv /DGB-Jugend Niedersachsen /Bremen /Sachsen-Anhalt 2011.

Feminismus bezeichnet zunächst die (wissenschaftlichen) Theorien über die Themen, die die Frauenbewegungen und Bestrebungen nach Emanzipation mit sich gebracht haben. Dabei ist zu beachten, dass es viele Feminismen und nie den einen Feminismus gegeben hat und gibt. Allen Strömungen ist jedoch gemeinsam, dass sie von einer Ungleichheit in den Geschlechterverhältnissen ausgehen, die sich zum Nachteil von Frauen auswirkt und dass sie das normative Bestreben beinhalten, diese zu überwinden. Die verschiedenen theoretischen Ansätze entwickelten sich historisch zum Teil nacheinander, jedoch bestanden und bestehen in jeder Epoche mehrere Handlungsansätze, die mit den unterschiedlichen Paradigmen zu verbinden sind, weshalb eine chronologische Darstellung nicht unproblematisch ist. Alle im Folgenden dargestellten Theorieansätze, bezeichnet als *Gleichheitsparadigma, Differenzparadigma und Dekonstruktionsparadigma, und auch das Konzept der Intersektionalität* sind bis heute (noch) relevant und gültig (vgl. Frey/Dingler 2001: 141ff). Sie sind im Austausch mit und unter Einfluss von sozialen Kämpfen und Bewegungen in *historischen geografischen Kontexten entstanden.*

Das Gleichheitsparadigma gilt als der erste und älteste Ansatz. Darin wird von der prinzipiellen Gleichheit von Männern und Frauen ausgegangen. Seine Wurzeln liegen in der liberalen Vertragstheorie, die allen Menschen auf der Grundlage ihrer Vernunftbegabung, unabhängig von ihrer Geschlechtszugehörigkeit gleiche Rechte zukommen lassen will (Frey/Dingler 2001: 144f). Eine zentrale Vertreterin des Gleichheitsansatzes ist Simone de Beauvoir. Sie hat den berühmten Satz »On ne naît pas femme: on le devient« (»Man kommt nicht als Frau zur Welt, man wird es«) geprägt. Geschlechtsspezifische Sozialisationsprozesse und gesellschaftliche Aufgabenverteilungen sind demnach die Ursache für Geschlechterungleichheiten und Ungerechtigkeiten. Seit der Französischen Revolution engagieren sich Gleichheitsfeminist_innen für gleiche Zugänge und Ressourcen für Frauen, z.B. für Zugänge zu Bildung und für das Wahlrecht. Sie kämpften zu einer Zeit für die Anerkennung von Frauen als Rechtssubjekte, in der nur *weiße*, bürgerliche, nichtbehinderte Männer diesen Status innehatten. In der zweiten (west-)deutschen Frauenbewegung seit den 1960ern streben Gleichheitsfeminist_innen danach, diskriminierende Gesetzgebungen abzuschaffen und die trotz formaler Gleichberechtigung beobachtbaren Unterschiede in der Lebensrealität anzugehen: Dazu zählt z.B., dass sich prozentual weitaus mehr Mädchen und Frauen bei der Studien- und Ausbildungsplatzwahl für die meist schlechtbezahlten sogenannten Frauenberufe entscheiden, dass Frauen und Mädchen sich tendenziell weniger zutrauen, wenn es um das Agieren im öffentlichen Raum geht (z.B. das Sprechen auf der Bühne, das Einnehmen von Führungspositionen etc.). Unterschiede zwischen den Geschlechtern werden im Gleichheitsfeminismus als gesellschaftlich erlernt und damit veränderbar angesehen. Der Fokus liegt auf den Unterschieden und auf strukturellen Verteilungsverhältnissen. Auf der politischen Ebene resultierte daraus die Frauenförderpolitik, die die Ressourcenverteilung zwischen Männern und Frauen in den Blick nimmt, Quotenregelungen festlegt oder spezielle Berufseinstiegsprogramme für Frauen entwickelt.

Kritiker_innen des Gleichheitsansatzes und der daraus folgenden Defizitorientierung sahen in ihm die Gefahr einer Anpassung an männlich dominierte Strukturen, Vereinheitlichung und einer Affirmation des existierenden Androzentrismus.[7] Es entwickelte sich das Differenzparadigma, welches positive Aspekte von Weiblichkeit und eine weibliche Moral in den Vordergrund hebt (z.B. Friedan 1966, Gilligan 1982). So entwirft Carol Gilligan (ebd.) ein Modell weiblicher Care-Ethik konträr zu einer männlich geprägten Ethik der Gerechtigkeit. Frauen sind nach Gilligan stärker in den sozialen Kontext eingebunden und orientieren sich demnach in Problemsituationen eher an interpersonalen Beziehungs- und Verantwortungszusammenhängen als an abstrakten Rechten und Pflichten. Dekonstruktivistische Differenzfeministinnen verwarfen bereits in den 1970er Jahren unter Bezugnahme auf (feministische) französische Philosoph_innen, wie Luce Irigaray, Hélène Cixous, Julia Kristeva, Jacques Derrida und Michel Foucault, die Idee des Universalismus der festen Identität, des fixen Subjekts der Vernunft (siehe auch Kapitel 3). Als Konsequenz setzten sie Differenzen und das Denken von Vielfalt als Wert. Im Zentrum der Strategien des Differenzfeminismus steht, den Wert der sogenannten weiblichen Eigenschaften anzuerkennen und positive Aspekte von Weiblichkeit in den Vordergrund zu stellen. Weibliche Eigenschaften werden von Differenztheoretikerinnen unterschiedlich erklärt: Teilweise werden sie biologisch begründet, z.B. über den Umstand, dass Frauen potenziell gebären und Mütter werden können, friedliebender, bindungswilliger und sorgender sind, teilweise werden unterschiedliche Eigenschaften über Sozialisationsprozesse und Interaktions- und Konstruktionsprozesse begründet. Gemeinsam ist differenzfeministischen Ansätzen, das Anliegen symbolischer Repräsentationssysteme der Geschlechterverhältnisse auf der Basis einer grundlegenden Änderung gesellschaftlicher Bewertungssysteme zu transformieren. Als politische Forderung resultiert daraus, dass reproduktive, sorgende, soziale Tätigkeiten, sogenannte Care-Arbeiten, wie z.B. Kranken- oder Altenpflege, Grundschullehre, Sexarbeit, Dienstleistungen im Gesundheitsbereich, Reinigungsarbeiten, die bis heute hauptsächlich von Frauen ausgeführt werden, ebenso entlohnt und abgesichert werden wie Tätigkeiten in den MINT[8]-Bereichen, Politik und Wirtschaft. Italienische Feministinnen forderten eine Umstrukturierung des Denkens von ›Politik für Frauen‹ hin zu einer ›Politik von Frauen‹. Für radikale

---

7   Androzentrismus bezeichnet eine Perspektive, bei der das ›Männliche‹ die Norm ist und alles andere als weniger wertvolle Abweichung gilt oder unsichtbar gemacht wird. Es handelt sich um ein ausschließlich an Männern und an männlichen Bedürfnissen orientiertes Weltbild.

8   Abkürzung für: Mathematik, Informatik, Naturwissenschaften, Technik.

Differenzfeministinnen, etwa die Bielefelderinnen,[9] geht ein Ausstieg aus patriarchalen Logiken mit dem Ausstieg aus kapitalistischen Verwertungssystemen einher: Sie streben eine von Frauen organisierte nachhaltige Subsistenzwirtschaft an.

In den 1980er und 1990er Jahren wurde ›Gleichheit und Differenz‹ eine weitere theoretische Betrachtungsweise der Geschlechterverhältnisse hinzugefügt: die der Konstruktion oder Dekonstruktion. Dieser Ansatz wird häufig auch unter ›Queer Theory‹ oder ›cultural‹ bzw. ›linguistic turn‹ gefasst.[10]

Vor dem Hintergrund der Kritiken der Schwarzen Frauenbewegung (siehe auch nächster Abschnitt zu Intersektionalität und 2.2), der Lesbenbewegung, der Arbeiter_innenbewegung und der Behindertenbewegung, die auf Differenzen zwischen den Frauen aufmerksam machen und sich gegen eine Vereinnahmung wehren, erfolgt mit dem Dekonstruktionsansatz die grundlegende Kritik an zweigeschlechtlichem Denken und Heteronormativität.

Wissenschaftlich findet die Entwicklung dieser Kritik vornehmlich in zwei Disziplinen statt: zum einem im aus der Ethnomethodologie stammenden konstruktivistischen Diskurs und zum anderen in dem eher der Philosophie und den Kulturwissenschaften zuzuordnenden poststrukturalistischen Diskurs der Dekonstruktion. Die erste, sozialwissenschaftliche, konstruktivistische Perspektive betont die performative Herstellung von Geschlecht im Rahmen der Zweigeschlechtlichkeit. Die Eigenaktivität der Individuen und der performative Beitrag des Subjekts werden in den Fokus gerückt. Don H. Zimmermann und Candace West sprechen hier vom *doing gender*[11] (West/Zimmermann 1987), wonach Geschlecht etwas ist, das Individuen ›tun‹ oder ›machen‹ und so dazu beitragen, dass nur zwei Geschlechter sichtbar werden. Das geschieht über Alltagshandlungen, Gestik, Mimik, Sprache, Kleidung, Tonfall etc., die jemanden entweder als männlich oder als weiblich darstellen. (Vor dem Hintergrund der konstruktivistischen Sichtweise wird in anderen Bereichen ungleichheitskritischer Forschungen, z.B. im Kontext von rassismuskritischer, von doing difference (West/Fenstermaker 1995) bzw. doing ethnicity (Diehm 2000) gesprochen.

In erkenntniskritischen Dekonstruktionstheorien, die dem poststrukturalistischen Denken zuzuordnen sind, steht der Zusammenhang zwischen Textualität und Geschlechtlichkeit im Fokus (Butler 1991/2003, Butler 1993/2007). Judith Butler, die häufig als Referenzpunkt für den dekonstruktivistischen Feminismus herangezogen wird, bezieht sich auf die schon für den dekonstruktiven Differenzfeminismus weiter oben angeführten französischen Philosoph_innen (siehe oben). Die Be-

---

9 Darunter werden Bielefelder Autorinnen z.B. Maria Mies, Claudia von Werlhof und Veronika Bennholdt-Thomsen zusammengefasst.
10 Eine übersichtliche Einführung zu Queer Theorie gibt Combahee River Collective 1979.
11 Im Folgenden werde ich die deutsche Verwendungsweise ›Doing Gender‹ (großgeschrieben) benutzen.

schaffenheit des Denkens in dichotomen Kategorien, wie Mann/Frau, Schwarz/ *Weiß*, Natur/Kultur etc., konstruiert demnach auch das Verständnis der Biologie. Nach Ansicht dekonstruktivistischer, feministischer Theoretiker_innen wirken Dualismen, wie der Dualismus der Geschlechterdifferenz, immer hierarchisierend. Deswegen ist die Zweigeschlechtlichkeit an sich zu hinterfragen.[12] Butler kritisiert die Aufteilung in *sex* (biologisches Geschlecht) und *gender* (soziales Geschlecht), die von Feministinnen benutzt wurde, um den Konstruktionsprozess von *gender* zu veranschaulichen und eine Kritik an essentialisierenden Geschlechterbildern greifbar zu machen. Sie zeigt auf, dass es sich bei *sex* um eine sozial-kulturelle Interpretation des Körperlichen handelt (siehe auch Kapitel 3), und dass bei einer Trennung von sex und gender beide aufeinander verweisen.

Der Einfluss von verschiedenen innerfeministischen Kritiken und der theoretische Einfluss des Poststrukturalismus hat bewirkt, dass die Kategorie ›Frau‹ heute differenzierter als konstruiert betrachtet wird. Damit wurde für viele die Grundkategorie feministischen Denkens in Frage gestellt und an den feministischen Grundfesten gerüttelt. Im Rahmen von feministischer Forschung bewirkte dies, dass heute vielmehr Differenzen und Privilegien unter Frauen in den Blick rücken und auch die Auswirkungen von Klasse, Rasse, Ethnizität und Sexualität stärker in die Forschung mit einbezogen werden (vgl. Hughes 1995).

Politisch folgte aus dem Dekonstruktionsansatz die Idee des strategischen Essentialismus (Lutz 1999), welcher bedeutet, sich nur vorübergehend, z.B. im Kontext von multiplen Bündnissen, auf Identitäten zu beziehen. Identitäten werden dabei als veränderbar und ›im Wandel begriffen‹ verstanden. Eine weitere Strategie ist die des ›Queerens‹. Letztere bedeutet, normative Lesarten zu durchbrechen und zu einer Irritation und Verwirrung der dualistischen (heteronormativen) Matrix beizutragen. ›Queer‹ bezeichnet eine allgemein identitätskritische Politik,[13] denn ›queer‹ betont gleichzeitig, »die Notwendigkeit wie Unmöglichkeit soziale Zugehörigkeiten in Begriffe zu fassen« (Rieske 2009: 181f)[14] (siehe auch 2.2). Aber auch die gewaltförmigen Zurichtungspraxen, die Intersexuelle und Transgender erfahren, lassen

---

12 Landweer/Knapp (Knapp/Landweer 1995: 35) fassen anschaulich zusammen: Der Dekonstruktivismus richte sich gegen: Ontologisierungen (z.B. biologisierende Beschreibungen von ›weiblicher Identität‹), Politisierungen von Identitätsvorstellungen, Moralisierungen der Differenz (z.B. Care-Ethik, Maternal Thinking), Naturalisierungen der Geschlechterdifferenz (z.B. dass Zweigeschlechtlichkeit ein biologisches Faktum sei), Mythisierungen (z.B. die Vorstellung, dass für das Begehren diese Art von Spannung zwischen den Geschlechtern konstitutiv sei).

13 Siehe auch Engel 2002, Combahee River Collective 1979.

14 ›Queer‹ impliziert so »eine kritische Haltung gegenüber Regulierungen von Lebensformen und deren Instrumentalisierung für die Legitimation sozialer Ungleichheit.« (ebd.)

sich vor dem Hintergrund von Butlers Zweigeschlechtlichkeitskritik aufgreifen und in den Kontext der hierarchischen Geschlechterverhältnisse stellen.

Intersektionalität

»Die Zeit ist aber reif, in größeren Zusammenhängen und schubladenübergreifend zu denken, Gräben zu überspringen und Verflechtungen zu verdeutlichen [...]. Die Debatte um Intersektionalität erscheint uns dafür als geeignetes Terrain, da es dort um Zusammenhänge und Wechselwirkungen sozialer Differenzierungen geht.« (Winker/Degele 2009: 8)

In den vergangenen fünfzehn Jahren hat der Ansatz der Intersektionalität in der feministischen Theoriebildung bzw. den Genderstudies an Popularität gewonnen.[15] Er wird zuweilen als neues Paradigma bezeichnet, bewegt sich jedoch dabei auf einer anderen Ebene als die Paradigmen Gleichheit, Differenz und Dekonstruktion. Zuweilen wird Intersektionalität auch als die aktuell wichtigste theoretische Hervorbringung der Genderstudies (vgl. McCall 2005) oder als ›Buzz-word‹ benannt (Davis 2008). Da bislang in der Erwachsenenbildung kaum Publikationen existieren,[16] die Intersektionalität einführen, wird die Entwicklung des Ansatzes unterschiedlicher Positionen und seiner Kritik (siehe nächstes Kapitel) hier gründlicher dargestellt.

Die Debatte um Intersektionalität, die zum Teil parallel und in Überschneidung mit Dekonstruktionsdebatten geführt wird, thematisiert vor allem Verknüpfungen von Theorieansätzen, welche gesellschaftliche Ungleichheitsverhältnisse zu erfassen suchen. Grundlegend ist die Erkenntnis, dass bisher unterschiedliche Theorien, zum Beispiel über Sexismus und Rassismus, gegeneinander diskutiert und weniger ihre Überschneidungspunkte und Zusammenhänge thematisiert werden. Intersektionalität bezeichnet eine (recht grobe) Klammer für alle Ansätze, die versuchen, unterschiedliche Differenzlinien oder auch unterschiedliche Diskriminierungen und Benachteiligungen in ihrer Verwobenheit in den Blick zu nehmen.

Ursprünge und Begründungen des Intersektionalitätsansatzes liegen, wie bei dem Dekonstruktionsansatz (siehe oben), in der Feststellung von Differenzen auch unter Frauen. Diese Differenzen wurden bereits in der ersten Welle der Frauenbewegung von Schwarzen Feministinnen und der proletarischen Frauenbewegung angemahnt. Die Schwarze Frauenrechtlerin Sojourner Truth sagte bereits 1851 auf ei-

---

15 Verschiedene Publikationen und Tagungen stellen Intersektionalität in den Mittelpunkt, so z.B. die Tagung »Celebrating Intersectionality« in Frankfurt 22.-23.1.2009 (http://www.cgc.uni-frankfurt.de/intersectionality/index.shtml (zuletzt gesichtet am 24.3.2009) und beispielsweise die Publikationen von Degele, Winker 2007, Lutz 2010, Winker, Degele 2009, Erel et al. 2007.
16 Eine der wenigen Ausnahmen z.B. Heinemann 2014.

nem Frauenkongress in Ohio vorher, dass »der weiße Mann bald ganz schön in der Klemme sitzen wird« (Ankele 2010: 47), in Anbetracht der politischen Organisierungen für Frauenemanzipation und gegen Sklaverei. Sie kritisierte die Unterschlagung der Belange von Schwarzen Frauen, indem sie ebenso fragte: »Bin ich denn keine Frau?« (ebd.). Die proletarische Frauenrechtlerin Clara Zetkin klagte in ihrer Schrift »Zur Geschichte der Frauenbewegung« (1928) die bürgerliche Frauenbewegung dafür an, dass diese den fundamentalen Zusammenhang von Geschlecht und Klasse leugnete (vgl. Walgenbach et al. 2007: 25).

Ein zweites Beispiel für einen Ansatz, der die unterschiedlichen Dimensionen in den Fokus nimmt, ist nach Katharina Walgenbach (ebd.) die Soziologie von Mathilde Vaerting (1884-1977) in den 1920er Jahren. Sie entwickelte die Vorstellung von drei verschiedenen Machtkreisen innerhalb derer Individuen existieren und denen sie sich biografisch nicht entziehen können. Während Zetkin mutmaßlich nur den Zusammenhang von Klasse und Geschlecht im Blick hatte, gibt es bei Vaerting neben Geschlecht, Alter und sozialer Schicht außerdem noch die ›Rassenherrschaft‹ und die ›Vorherrschaft des Volkes‹.[17] Diese emanzipatorischen Ansätze, die die Differenzen zwischen den weiblichen Subjekten, also innerhalb der Kategorie Frau, herausstellen, sind im deutschsprachigen Raum über die Zeit des Nationalsozialismus hinweg in Vergessenheit geraten. In den 1970er Jahren führt vor allem die Kritik durch die Schwarzen Feministinnen in den USA zu einer Weiterentwicklung feministischer Ansätze in Richtung Intersektionalität. Von ihnen stammen auch die ersten Überlegungen, diese Unterschiede (zunächst vor allem *Rasse* und Klasse) in die Analyse zu integrieren. So plädieren die Autorinnen von »A Black Feminist Statement« 1977 (Combahee River Collective 1979) für die Entwicklung einer integrierten Analyse und Praxis, die auf der Tatsache beruht, dass die zentralen Unterdrückungssysteme miteinander verwoben sind. »The synthesesis of these opressions creates the conditions of our lives. As Black women we see Black feminism as the logical political movement to combat the manifold and simultaneous opressions that women of color face.« (Combahee River Collective 1979: 210)

Die Rede ist hier von *interlocking* und *simultaneous systems of oppression*. Statements wie dieses des Combahee River Kollektives, das sich als Schwarz, lesbisch und sozialistisch versteht, forderten die feministische Bewegung und Theoriebildung zu einem Prozess der »reaktiven Selbstkritik« und »Neumodellierung« heraus (vgl. Walgenbach et al. 2007: 112).

Es entstanden die sogenannte *triple-oppression*-Ansätze (z.B. Meulenbelt/Lange 1988). Kritiker_innen dieser Ansätze merken jedoch an, dass Unterdrückung weder additiv noch aneinander gereiht gedacht werden kann. Ihnen zufolge hat das Schema der dreifachen Diskriminierung große Nachteile, wenn es darum geht, Identitäten und Erfahrungen, die mit bestimmten gesellschaftlichen Positionierungen ein-

---

17 Genauer nachzulesen bei Walgenbach 2007: 26f.

hergehen, verständlich zu machen (vgl. Erel et al. 2007: 242). Denn bei den Diskriminierungserfahrungen, die zum Beispiel Schwarze Frauen auf dem Arbeitsmarkt machen, handelt es sich nicht um eine Doppelung der negativen Erfahrungen von *weißen* Frauen, sondern ganz andere Erfahrungen. Um dieser Kritik entsprechend dynamische und ineinandergreifende Unterdrückungsverhältnisse analytisch erfassen zu können, wurden Ansätze der Intersektionalität erarbeitet.[18]

Der Begriff der Intersektionalität wurde erstmals in einem Aufsatz von Kimberlé Crenshaw (1989)[19] benutzt. Sie betrachtet die Mehrfachdiskriminierung von Schwarzen Frauen als Rechtswissenschaftlerin. Die Verstrickungen der Kategorien *race* und *gender* veranschaulicht sie am Beispiel von Gerichtsverhandlungen bezüglich sexualisierter Gewalt (vgl. 1991) und an der Wirkweise der amerikanischen Anti-Diskriminierungs-Gesetze, die je zugunsten von Schwarzen Männern oder zugunsten *weißer* Frauen wirken. In ihrer Analyse einiger ähnlicher Fälle stellt sie dar, wie sich Muster der Subordination (*patterns of subordination*) überkreuzen. Mit der Metapher einer Straßenkreuzung (*intersection*) beschreibt sie die Überschneidung der verschiedenen Ungleichheitsverhältnisse: Wenn Schwarze Frauen sich an einer Kreuzung befinden, an der multiple Formen der Exklusion zusammenkommen, ist es sehr wahrscheinlich, dass sie von beiden ›erwischt‹ werden. Doch weder der ›Gender-Rettungsdienst‹ (der Feminist_innen) noch der ›Race-Rettungsdienst‹ (der Anti-Rassist_innen bzw. Bürgerrechtsbewegungen) kann ihnen helfen, da diese nicht wissen, ob sie zuständig sind (vgl. Crenshaw 2004).[20] Das Beispiel macht zudem deutlich, dass Subjekte auch spezifische intersektionale politische Anliegen oder Bedürfnisse haben.

Crenshaw benutzt den Begriff der Intersektionalität für verschiedene Zwecke.[21] Nämlich,

1. um das Interagieren von verschiedenen Herrschaftsverhältnissen zu umschreiben (bei ihr z.B. in ›Mapping the Margin‹ *racism* und *patriarchy*). Sie

---

18 Wichtig hierfür waren unter vielen anderen vor allem die Publikationen von bell hooks, Patricia Hill Collins, Hazel Carby, Chandra Talpade Mohanty, Avtar Brah, Floya Anthias. Einen hilfreichen kurzen Überblick über die Schwerpunkte der genannten Autorinnen geben (Erel et al. 2007: 242).

19 Titel: Demarginalizing the Intersection of Race and Sex: A Black Feminist Critique of Antidiscrimination Doctrine.

20 Auf Prozesse des Not-belonging und Unsichtbarwerdens innerhalb von Frauen und Bürgerrechtsbewegung hatten bereits in den 1960er und 1970er Jahren Chicana- und Women-of-Color-Feministinnen in den USA hingewiesen.

21 Deutlich wird hier, dass bereits CrenshAL den Begriff nicht nur auf Identitätskategorien bezieht, wie manchmal dem Intersektionalitätsbegriff vorgeworfen wird (z.B. Brown 1997 in McCall).

benutzt hierfür auch den Begriff der strukturellen Intersektionalität (*structural intersectionality*).
2. um die Subjektposition und soziale Lage Schwarzer Frauen innerhalb überlappender Systeme zu beschreiben: »to describe the location of women of color within overlapping systems of subordination and at the margins of feminism and anti-racism.« (Crenshaw 1991: 1296)
3. um multiple[22] (politische) Identitäten zu benennen. Diese sollten jedoch nicht gegen die Notwendigkeiten von politischen Gruppenidentitäten gerichtet werden, also nicht im Sinne eines »vulgarisierten« Anti-Essentialismus (vgl. Crenshaw 1991: 1297). Durch solche »*vulgarized social construction theses*« (ebd.), wie sie zum Teil aus dem poststrukturalistisch feministischen Ideen abgeleitet werden, wird die Bedeutung von sozialen Konstruktionen verkannt.

Für Crenshaw bedeutet der Ansatz also vor allem auch, innerhalb der Spannung zwischen multiplen Identitäten und Gruppen (Identitätspolitik) zu vermitteln. »Yet intersectionality might be more broadly useful as a way of mediating the tension between assertions of multiple identity and the ongoing necessity of group politics.« (ebd. 1991: 1296). Crenshaws Ansatz wurde häufig vorgeworfen, sich nur auf Identität zu beziehen. Leslie McCalleine weitere zentrale Vertreterin[23] des amerikanischen Intersektionalitätsansatzes entwickelte für eine größere Komplexität von Intersektionalität ein Modell, das eine Unterscheidung der unterschiedlichen Forschungsmethodologien, vor dem Hintergrund vornimmt, dass nicht eine Theorie alles erklären kann, sondern jede Forschungsmethode ihren Forschungsgegenstand hat.

Dabei identifiziert sie drei verschiedene Umgänge einer kritischen Analyse:[24]

1. inter-kategorial (richtet das Augenmerk auf Differenzen zwischen den Kategorien)
2. intra-kategorial (der Fokus liegt auf den Differenzen innerhalb einer Kategorie) und

---

22 Multiple Identitäten sind Identitäten, die sich aus vielfältigen, sich widersprechenden und ambivalenten Fragmenten zusammensetzen.

23 Dagmar Vinz benennt zudem Publikationen von Iris Marion Young 1996 und 1997 als bedeutsam für den Intersektionalitätsdiskurs (vgl. Vinz). Zu ihrem Ansatz siehe Vinz 2009.

24 Wobei sie weder behauptet, damit restlos alle Ansätze erfassen zu können, noch dass manche Ansätze nicht mehreren Kategorien (z.B. Intra- und Anti-kategorial) zugeordnet werden können.

3. anti-kategorial (richtet sich gegen binäre Kategorien als Ungleichheitsproduzenten) (vgl. McCall 2005).

Deutlich wird, dass sich in dieser Untergliederung die in den feministischen Paradigmen deutlich gewordene Unterscheidung von Analyse- und Bedeutungskategorien wiederfindet. McCall selbst ist Empirikerin und verfolgt einen interkategorialen Ansatz. Mit diesem assoziiert sie »scholars [who] provisionally adopt existing analytical categories to document relationships of inequity among social groups and changing configuration of inequity along multiple and conflicting dimensions.« (McCall 2005:1773) Das heißt, sie nimmt eine nicht-essentialisierende Bezugnahme auf Identitäten im Sinne eines strategischen Essentialismus vor (Lutz 1999). McCall beschreibt, wie Wissenschaftler_innen in diesen drei Ansätzen versucht haben, die Komplexität von Intersektionalität aufzugreifen und was dabei gewonnen und verloren wurde. Sehr unterschiedlich wird generell die Frage behandelt, wie viele Kategorien darin wichtig sind. Crenshaw bezieht sich auf *Rasse*, Klasse und Geschlecht, betont aber gleichzeitig, dass die Zahl der Diskriminierungskategorien damit nicht abgeschlossen ist. Helma Lutz und Norbert Wenning (Lutz/Wenning 2001: 20) benennen folgende 13 bipolare hierarchische Differenzlinien, die in sozialen Interaktionen strukturierend sind: Geschlecht, Sexualität, ›Rasse‹/Hautfarbe, Ethnizität, Nation/Staat, Klasse, Kultur, Gesundheit, Alter, Sesshaftigkeit/Herkunft, Besitz, Nord-Süd/Ost-West, gesellschaftlicher Entwicklungsstand.

Das dekonstruktive Paradigma kombiniert mit dem Ansatz der Intersektionalität ermöglicht, die Eigenbeteiligung der Frauen an der Herstellung der (heteronormativen) Geschlechterverhältnisse, auf neue Weise in den Blick zu nehmen und ungleiche Ressourcenzugänge in Bezug auf soziale Herkunft sowie die ungleiche Verteilung von Erwerbsarbeit unter Migrant_innen und deutschen Staatsbürger_innen, differenziert zu betrachten. Vor dem Hintergrund poststrukturalistischer und postkolonialer Theorien gerät nun neben struktureller Gewalt der Geschlechterverhältnisse auch epistemologische Gewalt in den Blick, also die Wirkweisen, mit denen über Vorstellungen und Behauptungen von Wahrheit normative Setzungen geschehen. Diskurse zu Emanzipation und Gleichberechtigung werden intersektional und dekonstruktivistisch kritisch hinsichtlich ihrer Legitimationsfunktionen für rassistische und nationalistische Distinktionen beleuchtet. So wird das Bild der homophoben und sexistischen, nicht-gleichberechtigten und deshalb unzivilisierten, barbarischen (muslimischen) Mirgrant_innen oder Staaten (des globalen Südens) genutzt, um ein Image einer überlegenen, denn (bereits) emanzipierten (weißen), deutschen Leitkultur zu zeichnen. In den deutschen Medien (und den Medien anderer westlicher Staaten) wird dem feministischen Handeln teilweise eine Hochkonjunktur unterstellt. Begründet wird dies z.B. durch die Unterstützung von Frauenrechten in anderen Ländern; beispielsweise kann mit einer intersektionalen Brille die politische Kritik geübt werden, dass dieser Umstand nicht mit der tatsächlichen Umsetzung zu verwechseln ist, sondern häufig Legitimationszwecken z.B. von militärischen Interventionen oder Verschärfungen von Asylgesetzgebungen dient.

Intersektionale Ansätze veranschaulichen, dass sich jeder Mensch in einer (unabgeschlossenen) Vielzahl von Ungleichheitsverhältnissen bewegt. Eine Betrachtung der Diversität der Hierarchieverhältnisse kann pädagogisch jedoch auch durch ein Augenmerk auf die Möglichkeitsräume erfolgen: Trotzdem ein Individuum an einer bestimmten Stelle innerhalb eines Hierarchieverhältnisses einer niedriger bewerteten Kategorie zugeschrieben wird und ihm damit an dieser Stelle weniger gesellschaftliche Ressourcen und Handlungsmöglichkeiten zustehen (z.B. Frau, Person mit Behinderung), kann das Individuum in Bezug auf andere gesellschaftliche Verhältnisse in einer machtvollen Position sein (reiches Elternhaus, Weißsein, Zugang zu Bildung, Aufwachsen in Westeuropa). Durch Bewusstwerdung und Reflexion der eigenen Positionierungen können Kapazitäten nutzbar gemacht und Handlungsoptionen sichtbar werden.

McCall stellt mit ihrer Unterscheidung der inter-, intra- und anti-kategorialen Analyse ein begriffliches Werkzeug zur Verfügung, mit dem die Perspektiven Gleichheit, Differenz und Dekonstruktion mit der intersektionalen Analyse verbunden werden können.

Social (Re-)turn und Kritik an Intersektionalität

»Veränderte Verhältnisse, wie sie mit dem Aufbrechen der durch Systemkonkurrenz geprägten Nachkriegskonstellation, den ökonomischen, kulturellen und politischen Entgrenzungsschüben der Globalisierung sowie der innerwissenschaftlich vernehmlichen Kritik an der Marginalisierung bestimmter Problemlagen einhergehen, nötigen zu Revisionen.« (Knapp/Wetterer 2003: 7)

Mit den Worten des obigen Zitats leiten Gudrun Axeli-Knapp und Angelika Wetterer kritische Betrachtungen feministischer, intersektionaler Theorieansätze der 1990er Jahre ein. In der letzten Dekade wurde von feministischen Theoretiker_innen häufig darauf hingewiesen, dass sich rapide transformierende ökonomische Verhältnisse zu neuen Betrachtungen sozialer Ungleichheiten und zu neuen kritischen Theoriebildungen auffordern (vgl. Knapp/Wetterer 2003).

Obwohl kapitalistische Wirtschaftsformen nicht erst seit wenigen Jahren brisante Situationen mit sich bringen[25] und trotz historischer Ereignisse der letzten beiden Dekaden, in denen der Zusammenbruch des amerikanischen Bankensystems nur ein Element der Veränderung der ökonomischen Situation (insbesondere in europäi-

---

25 Die Analyse der Überschneidungen der unterschiedlichen Kategorien wurde bereits von Clara Zetkin und das Combahee River Collective eingefordert (siehe Zitate im vorangegangenen Abschnitt zu Intersektionalität).

schen Ländern und den USA) ist, entstand (erneut) eine öffentliche Aufmerksamkeit für den Themenkomplex Ökonomie.

Knapp bezeichnet diese neue Perspektive auch als paradigmatische Wende in der feministischen Theorie (vgl. Knapp 2007, 2008): Der Blick wird darin auf die Makro-Strukturen gelenkt, auf Anforderungen und Mechanismen gesellschaftlicher Produktion und Reproduktion und ihre Interdependenz mit dem Subjekt (vermittelt über die Identitäten). Es findet eine Wendung vom ›cultural turn‹ zum sogenannten ›social (re)turn‹ statt. Zu den Publikationen dieser Richtung zählen z.B. Klinger 2003, Knapp 2003, Klinger/Knapp 2008, Groß/Winker 2007, Pieper/Rodriguez 2003, Walgenbach 2007, Soiland 2008 und Habermann 2007. Alle genannten Autor_innen verfolgen dabei eine intersektionale Perspektive, deshalb ist die vorgetragene Kritik an Intersektionalität, auf die im Folgenden weiter eingegangen wird, eher im Sinne einer Kritik an den existierenden Perspektiven in den Debatten gehalten. Obwohl sich diese Kritik vom Ausgangspunkt der Ökonomie hier vornehmlich auf Ansätze der Intersektionalität bezieht (dargestellt in dieser Studie unter 2.1), ist darauf hinzuweisen, dass diese Kritik ebenso mit einer Kritik an der Debatte um Dekonstruktion verbunden ist, da die beiden Diskussionen durch das Anliegen der De-Essentialisierung miteinander verwoben sind.

Die Metapher einer Kreuzung, so wie Crenshaw sie vorstellt (siehe vorangegangener Abschnitt), richtet das Augenmerk spezifisch auf den Punkt der Überschneidung. So suggeriert dieses Bild jedoch nach Walgenbach, dass die Kategorien getrennt voneinander existieren (vgl. Walgenbach 2007: 49). Der Blick wird weggelenkt von *Rasse*, Klasse und Gender, verstanden als gesellschaftliche Strukturkategorien, die in Verwobenheit miteinander existieren und Identitätskategorien produzieren. In den Identitäten werden Überschneidungen sichtbar und beschreibbar. Das Bild der Kreuzung macht einen Unterschied in Bezug auf die sich darauf beziehende Theorie. Um nicht nur die Position des Subjekts, sondern auch den Zusammenhang zwischen gesellschaftlichen Subjektpositionen erfassen zu können, braucht es nach Walgenbach einen anderen Fokus und andere Begrifflichkeiten. Walgenbach schlägt vor, Gender und andere Ungleichheitskategorien begrifflich als ›interdependente Kategorien‹ zu konzeptionieren, damit sie auch sprachlich nicht mehr als losgelöste, nebeneinander her existierende Kategorien erscheinen (Walgenbach et al. 2007). Tove Soiland hingegen möchte aus ganz ähnlichen Gründen gar nicht mehr von Kategorien, sondern von ›interferierenden Verhältnissen‹ (vgl. Soiland 2008) sprechen.

Soiland kritisiert mit Verweis auf den Ursprung der Intersektionalitätstheorie bei Crenshaw, welcher in der Anti-Diskriminierungs-Arbeit (Policy-Ansätze) liegt, dass mit diesem Konzept keinerlei gesellschaftskritische Schritte zu begehen sind. Untersucht würden lediglich Effekte, »und daran anschließend die Frage, wie Gruppen zu konzeptionalisieren sind, um genügend komplex, das heißt den realen soziologischen Gegebenheiten angemessen zu sein.« (Soiland 2008) Weitere Kritik von anderen Autor_innen lautet: Sowohl die Debatte um Dekonstruktion als auch die um Intersektionalität, welche unter dem anti-kategorialen Strang (vgl. McCall 2005) zusammengefasst wird, brächten keine (oder kaum) Instrumentarien und begriffliche Mittel hervor, um die Grundmuster gesellschaftlich relevanter Ungleichheit zu erfassen. Eine gesellschaftskritische Analyse hingegen bedeute, auch Gewichtungen vorzunehmen und einen konkreten Analysegegenstand zu fokussieren, statt eine beschreibende Auflistung von Kategorien und Überkreuzungen sowie deren Überschneidungen ins Zentrum zu stellen (vgl. Klinger 2003, Soiland 2008, Walgenbach 2007).

Cornelia Klinger (2003) merkt an, dass die Debatten der 1990er Jahre sich zu lange an den scheinbaren Widersprüchen der unterschiedlichen Theorien und Ansätze wie denen zwischen Gleichheit, Differenz und Dekonstruktion und den Widersprüchen, aufgehalten haben. Für Klinger handelt es sich (nur) um eine dem modernen Denken eigentümliche Reflexivität der Wissensbildung (vgl. Klinger 2003: 17), welche in der dekonstruktivistischen Diskussion auf die eigenen Kategorien angewandt wurde.[26] Für Klinger liegt das Problem bei bestehenden Ungleichheitsverhältnissen selbst und nicht in den Debatten. Tove Soiland (2008) kritisiert eine vorrangige Sorge um Essentialismus, »die im deutschsprachigen Raum das Interesse um *intersectionality* leite« (ebd. 2008: 4). Sie führe dazu, dass eine Übersetzung von strukturgebenden Kategorien der Ungleichheit in Identitätskategorien erfolge, dass Eigenschaften statt Funktionszusammenhänge in den Fokus geraten. Sie betont: »Die Artikulation eines Verhältnisses ist keine *identity politics*« (ebd. 2008: 4).

Es geht bei den Ansätzen, die die Makroebene (Degele/Winker 2007, Klinger 2003, Walgenbach 2007, Habermann 2008) analysieren, darum, die historischen und materiellen Strukturen als festen Bestandteil mitzudenken, das heißt Dynamiken ökonomischer Profitmaximierung. Trotz der stattfindenden Veränderungen (Postfordismus, Globalisierung, Neoliberalismus) bleibt eine sich selbst erhaltende und perpetuierende Struktur bestehen.

So nimmt zum Beispiel Klinger die Entstehungsprozesse von hierarchisierenden Zuschreibungen in den Fokus: »Es ist sinnlos, auf die sich überlagernden oder durchkreuzenden Aspekte [dieser Kategorien] in den individuellen Erfahrungswelten hinzuweisen, ohne angeben zu können, wie und wodurch [sie] als gesellschaftliche Kategorien konstituiert sind.« (Klinger 2003: 25)

Klinger (2003), aber auch Degele/Winker (2007) und Walgenbach (2007) nehmen die Bezogenheit der Kategorien auf ›Arbeit‹ und ›Fremdheit‹ zur Bestimmung

---

26 Ein Beispiel für die reflexive Bewegung von Wissensbildung in der Moderne ist die Frauenbewegung. Sie sei den typischen Weg sozialer Bewegungen gegangen: Bekämpfung von Ungleichheit – Einklagen des Subjektstatus, anschließend Selbstaufwertung (Stolz) (vgl. Klinger 2003: 17).

und Unterscheidung von grundlegenden Strukturkategorien innerhalb kapitalistisch organisierter Gesellschaften. Entlang der Kategorie Arbeit entstehen Hierarchisierungen entlang von Bewertungen und Zuschreibungen, die mit bestimmten Arbeiten einhergehen (z.b. werden die sogenannten Care-Arbeiten traditionell Frauen zugeschrieben). Dies geschieht über Naturalisierungen der Fremdheit, in denen das ›Andere‹ als naturgegeben und unveränderbar charakterisiert wird. Die so naturalisierten Differenzen dienen zur Legitimation von Lohnunterschieden und der gesamtgesellschaftlichen Verbilligung der Ware ›Arbeitskraft‹. Über Fremdheit werden gesellschaftliche Wertigkeiten festgelegt. Sie messen sich an dem Idealbild des ›homo oeconomicus‹ (Habermann 2008) (der junge, *weiße*, leistungsstarke Mann). Emotionalität, Fürsorge, Körperlichkeit, Zuwendung, Zuneigung, Passivität, Reproduktivität gelten in der Logik des Ausschlusses als nicht-rational, nicht-effektiv, nicht-durchsetzungsfähig, respektive als Defizit oder zumindest als geringer zu entlohnende Qualitäten in der Arbeitswelt. Trotz der Veränderungen hinsichtlich der Betonung sogenannter ›Softskills‹ bleiben die Grundmechanismen und Wertigkeiten erhalten.

Klinger identifiziert nach diesem Prinzip Klasse, Geschlecht und *Rasse* als primäre Kategorien[27]. Gabriele Winker und Nina Degele fügen vor dem Hintergrund ihres dem Untersuchungsgegenstand angepassten Forschungsdesigns und aktueller soziologischer Analysen eine vierte, gesellschaftsbestimmende Kategorie ein: den Körper (darunter fällt die Bewertung nach Schönheitsnormen, Alter, Fitness, körperlichen Fähigkeiten). Nach Degele und Winker steht eine Anerkennung dessen, dass weltweit derzeit kapitalistische Wirtschaftsformen dominant sind, nicht im Widerspruch zu der Annahme, dass kein Herrschaftsverhältnis als dominant vorausgesetzt werden kann. Das Zusammenspiel der Ungleichheitskategorien erfolgt in wechselseitiger Abhängigkeit mit dem Wandel der historischen Konstellationen (vgl. Degele/Winker 2007: 7). Sie haben sich entschieden, für die Analyse empirischer Daten die Existenz kapitalistischer Akkumulationslogik vorauszusetzen und so den Kapitalismus ›vor die Klammer‹ zu setzen (ebd. 2007: 37). In ihrem Modell der intersektionalen Ungleichheitsanalyse gehen sie davon aus, dass Lohnabhängige gezwungen sind, ihre Arbeitskraft als Ware zu verkaufen. Sie legen ihren Untersuchungsschwerpunkt (aus einer arbeitssoziologischen Perspektive) auf die Frage, wie

---

27 Dadurch nimmt sie eine gesellschaftstheoretisch unterlegte Definition vor und umgeht das typische ›etc.‹ hinter der Aufzählung relevanter Kategorien. Gleichzeitig macht sie sich dadurch jedoch auch angreifbar. Ihr Bestimmungssystem über ›Arbeit‹ und ›Fremdheit‹ ist zunächst schlüssig, um gesellschaftliche Funktionszusammenhänge zu erfassen. Sie zieht meines Erachtens jedoch einen Fehlschluss, indem sie schließlich die Verhältnisse mit den Begriffen ›Patriarchat‹, ›Imperialismus‹ und ›Kapitalismus‹ wieder trennt. Die Eingrenzung auf die Kategorien Rasse, Klasse und Gender widerspricht der oben aufgezeigten Prozesshaftigkeit.

sich die kapitalistische Akkumulation immer wieder neu aufrechterhält, bzw. wie sie in bestimmten Bereichen auch destabilisiert wird (Degele/Winker 2007: 37). Eine Bestimmung der jeweils grundlegenden (Identitäts-)Kategorien wird bei ihnen jedoch aus dem Forschungsgegenstand abgeleitet, zum Beispiel mittels der *Grounded Theory* (Degele/Winker 2007, Habermann 2008). Denn nur im jeweiligen Forschungskontext kann deutlich werden, welche Kategorien wirklich relevant werden, welche Formen von Fremdheit und Arten der Arbeit bzw. welche Art sozialer Beziehungen und Zuschreibungsprozesse sich in einem Feld ausbilden. Degele und Winker (2009) haben einen Vorschlag für eine intersektionale Ungleichheitsanalyse vorgelegt, mit dem sie eine Option zur Verfügung stellen, um Handlungsmöglichkeiten aus empirischem Interviewmaterial herauszuarbeiten. Elemente daraus verwende ich für meine Datenanalyse (siehe Kapitel 5.4).

Für die Ausgangsfrage dieses Kapitel danach, welche Hinweise Theorien zu Emanzipation und Feminismus hinsichtlich der Zielrichtungen geschlechterreflektierender Bildung geben, und welche Problematiken bei der Formulierung dieser Zielrichtungen auftreten, kann hier mit Klinger und Soiland vermerkt werden, dass Gefahren darin liegen, immer mehr Ungleichheitskategorien ausfindig zu machen und diese gleichwertig nebeneinander zu reihen. So kann weder eine trennscharfe Verwendung von Kategorien der Verhältnisse und Identitätskategorien, noch eine Analyse der Mechanismen vorgenommen werden. Eine Bestimmung der jeweils relevanten Ungleichheitsverhältnisse muss jedoch erfolgen, um (politische und individuelle) Handlungsansatzpunkte ausfindig zu machen. In dieser Weise ist die Analyse von Überschneidungen und Verwobenheiten, wenn sie im Hinblick auf eine bestimmte Fragestellung erfolgen, notwendig und sinnvoll.

Ein wichtiger Hinweis der angeführten Kritiken ist, dass sich aus den zugewiesenen und selbst gewählten Formen der Arbeit Schlüsse über relevante gesellschaftliche Ungleichheiten ziehen lassen. Die Formen von Fremdheit bzw. Abweichungen von einem ökonomisch orientierten Ideal bestimmen mit über diese Ungleichheiten. Mit der Rezeption des ›social re-turn‹ und der darin bestehenden Stärkung makroökonomischer Sichtweisen an dieser Stelle wurde hier nicht die alte Frage um Haupt- und Nebenwiderspruch heraufbeschworen. Vielmehr ging es darum, aktuelle theoretische Entwicklungen nachzuzeichnen, die die Bedeutung der Ökonomie innerhalb der Konstitution von Ungleichheitsverhältnissen in den Blick nehmen.

Zwischenfazit: Paradoxien und Vielfalt der Perspektiven auf Geschlecht

In den obigen Ausführungen wurden unterschiedliche Sichtweisen auf Emanzipation und auf Geschlechterverhältnisse deutlich. Verschiedene Theoretiker_innen haben darauf hingewiesen und betont, dass es jedoch nicht darum gehen kann, eine ›richtige‹ Perspektive durchzusetzen. Vielmehr müsse immer wieder von neuem situativ entschieden werden, welche Perspektive wann anzuwenden ist (Nentwich 2006).

Emanzipatorische feministische Pädagogik bewegt sich im Spannungsfeld unterschiedlicher theoretischer Ansätze, die auf den ersten Blick widersprüchlich erscheinende politische Strategien mit sich bringen (Lorber/Beister/Teubner 1999, Gildemeister/Wetterer 1992). Vorangehend wurden zentrale Strömungen fokussiert, deren Fragestellungen und Kernthemen sich paradigmatisch in feministischen aber auch in anderen emanzipatorischen (herrschaftskritischen), anti-rassistischen (pädagogischen) Ansätzen abzeichnen. So besteht ein zentraler Unterschied darin, die Kategorie Geschlecht (oder eine andere Ungleichheitskategorie) als Analysekategorie oder als Bedeutungskategorie zu betrachten, zu einer Sichtbarmachung und Transparenz beizutragen, oder zu einer Vervielfältigung und Auflösung der Kategorie. Um Geschlechterverhältnisse zu thematisieren, muss immer wieder eine Bezugnahme auf Geschlecht als reale Existenzweise[28] (Maihofer 1995) stattfinden. Damit werden jedoch auch Stereotype und erlernte Handlungsweisen thematisiert und zitiert. Eine reflektierte Bezugnahme findet im Wissen darum statt, dass sie als Schablonen nicht erfüllbar sind und dass die zweigeschlechtliche Realität so wiederholt wird. Ebenso hat es Konsequenzen für Theorie und Praxis, die Geschlechterverhältnisse in ihrer Wandelbarkeit und Verwobenheit mit anderen Herrschaftsverhältnissen zu betrachten.

Dabei ist emanzipatorische Kritik immer in Relation zum hegemonialen Idealbild zu bestimmen und zu benennen. Die Wirkmächtigkeit von ökonomischen, gesellschaftlichen Konstellationen und den mit ihnen einhergehenden Idealen wie Effizienz und Leistungsfähigkeit stellen folglich innerhalb einer kritisch-feministischen Betrachtung bedeutsame Faktoren dar.

Die Verwobenheit von Herrschaftsverhältnissen, respektive die Intersektionalität der Kategorie Geschlecht, hat des Weiteren Konsequenzen für die Perspektive auf mein Datenmaterial, für die Zusammenstellung meines Samples wie für meine eigenen Reflexionen. Sie gibt Anregungen für das Verständnis von Lernen, Handlungsfähigkeit und Kompetenz. Lernende sind niemals ausschließlich Betroffene, sondern sie haben immer auch mindestens auf der Subjektebene (also auf der Identitätsebene) verschiedene Handlungsmöglichkeiten, das heißt Bereiche, in denen sie aufgrund ihrer Positionierungen auf der Seite der Handlungsmächtigen stehen.

Schließlich verweist das Dilemma der zu wählenden kritischen Betrachtungssowie der jeweils daraus abgeleiteten Handlungsweise, wie es in den Abschnitten zu Emanzipation und den feministischen Paradigmen angeklungen ist, auf die Frage

---

28 Geschlecht als eine historisch kulturell bestimmte Existenzweise anzuerkennen heißt, Geschlecht als eine »komplexe Verbindung verschiedener historisch entstandener Denk- und Gefühlsweisen, Körperpraxen und -formen, sowie gesellschaftlicher Verhältnisse und Institutionen« zu begreifen (Maihofer 1995: 85).

nach Objektivität und Subjektivität. Aus diesem Grund wird der Begriff des Subjekts in Kapitel 3 aus geschlechtertheoretischer Sicht ausführlicher untersucht.

2.2 Geschichte(n) geschlechterreflektierender, feministischer Pädagogik: Mädchenarbeit und Frauenbildung in historischer Interdependenz mit den Frauenbewegungen

In diesem Abschnitt wird betrachtet, wie die geschlechterreflektierende Pädagogik historisch in Interdependenz mit den Frauenbewegungen, zum Teil aber auch mit politischen bzw. ökonomischen Entwicklungen entstanden ist. Wie andere soziale Bewegungen auch, waren die Frauenbewegungen, um ihr Bestehen und ihre Erfolge zu sichern, an die Vermittlung des in ihnen vorhandenen und durch sie hervorgebrachten Wissens gebunden, d.h. Bildung und Erziehung sind und waren integraler Bestandteil. Jedoch erst die zweite Frauenbewegung entwickelte systematisch Konzepte der feministischen Bildung.

Zu rekonstruieren sind in diesem Kontext zwei Geschichten: Zum einen die der Bildungszugänge für alle Geschlechter und zum anderen die Entstehungsgeschichte der feministischen Pädagogik (und ihren späteren Ausprägungen und verwandten Ablegern). Beide sind relevant für das Forschungsthema ›Lernen über Geschlechterverhältnisse‹, da sie zu den aktuellen Rahmenbedingungen für dieses Lernen hinleiten und ihre Beschaffenheit und Charakteristiken aus der Geschichte heraus verdeutlichen. Sie sind miteinander verwoben, jedoch gehen sie nicht ineinander auf, ebenso wie die Epochen der ersten und der zweiten Frauenbewegung, der Institutionalisierung und der sogenannten dritten Wellen. Bei teilweise starken inhaltlichen Überschneidungen differieren sie in Strategien und Zielsetzungen, ihren theoretischen Grundsätzen und gesellschaftlichen Kontexten.

Erste Frauenbewegung ~ 1840er bis Weimarer Zeit

Die Forderung nach Bildung und deren Umsetzung (von Frauen für Frauen) war von Anfang an integraler Bestandteil der ersten Frauenbewegung. In den Schriften von Helene Lange, Gertrude Bäumer und Elisabeth Gnauck-Kühne galten Frauenbewegung und Frauenbildung fast als Synonyme (vgl. Metz-Göckel 1994: 84). Der Erfolgsweg der weiblichen Bildungsforderungen vollzog sich von der Einführung der höheren Mädchenschulen bis zur allgemeinen Zulassung von Frauen an den Universitäten 1908.[29] Zu Beginn des 20. Jahrhunderts wurde es in Deutschland durchgesetzt, dass Frauen und Männer formal den gleichen Bildungsweg durchlau-

---

29 In Preußen.

fen können. Da es damals jedoch ausschließlich bürgerliche Frauen waren, die die Bildungsleiter bis zu einem Universitätsabschluss erklommen, konnte von einem egalitären Bildungssystem dennoch nicht die Rede sein. (Wie in der PISA-Studie (Schulleistungsstudie der OECD) auch2009 erneut deutlich wurde, lässt sich trotz großer Fortschritte auch heute noch nicht von gleichen Bildungschancen sprechen.) Die Curricula für Mädchen- und Jungenschulen unterschieden sich dabei anfangs noch maßgeblich. 1908 wurden die Lehrpläne zuletzt auch in Preußen angeglichen. Im Vergleich zu der Geschichte der erkämpften Bildungszugänge für Frauen, die eine frühe Etappe auf dem langen Weg zu einer gesellschaftlichen Gleichstellung darstellt,[30] ist die Genese der geschlechterreflektierenden Bildung als ein Bereich der Frauenbildung nicht einfach zu rekonstruieren. Diese Schwierigkeit hat verschiedene Gründe: In der wissenschaftlichen Literatur zu der Geschichte feministischer Bildung werden hauptsächlich die universitäre Bildung, die ›Höhere Mädchenbildung‹ und die ›Lehrerinnenbildung‹ betrachtet (Eggemann/Hering/Schüßler 2000: 33 ff). Dies ist zum Teil darauf zurückzuführen, dass die Grundbildung im Zentrum der Forderungen der bürgerlichen Frauenbewegung stand. Der Begriff der Grundbildung wird in der deutschen Erwachsenenbildung zunehmend seit den 1990er Jahren verwendet, zuvor wurde vornehmlich von Alphabetisierung gesprochen (vgl. Abraham/Linde 2010: 890).[31] Der deutsche Volkshochschul-Verband definiert als Grundbildung die schriftsprachliche (literale) Kompetenz, »sich der Schrift als Kommunikationsmittel zu bedienen« (vgl. Deutscher Volkshochschul-Verband).

Dass Grundbildung im Fokus der Bildungsforderungen der ersten Frauenbewegung stand, könnte auch damit zusammenhängen, dass der 1890 gegründete Allgemeine Deutsche Lehrerinnenverein (ADLV) um 1900 den Kern der (bürgerlichen) deutschen Frauenbewegung bildeten (vgl. Schaser 2009: 99). Bis 1918 bestand die Frauenbildungsarbeit unter dem Anspruch einer nachholenden Allgemeinbildung (Eggemann/Hering/Schüßler 2000: 34). Die Frauenbildung der bürgerlichen Frauenbewegung war damals nicht mit den heutigen Kategorien feministischer Bildung (vgl. Abschnitt 2.1) zu beschreiben, sondern sie diente der Erziehung zu weiblichen, bürgerlichen Werten, gedacht als integrative Ergänzung zu den männlichen Werten. Es fand darin weitestgehend eine Trennung zwischen politischer Verantwortung und Bildung als Kulturhandlung statt.

Feministische Bildungsarbeit, die nicht nur Bildung für Frauen, sondern die Reflexionen über Geschlechterverhältnisse beinhaltet, begann mutmaßlich in Europa ab den 1790er Jahren, durch vortragsreisende oder publizierende Aktivist_innen

---

30 Sie ist bis heute nicht erreicht, siehe auch Genderdatenreport 2005.
31 Heute wird zudem im Rahmen der großen internationalen Studien (International Literacy Survey (IALS) und International Student Assessment (PISA) der Term Literalität benutzt (vgl. Abraham, Linde 2010: 890f).

(Eggemann/Hering/Schüßler 2000: 39), die sich für Frauenrechte als Menschenrechte einsetzen, so z.B. für das Recht auf politische Partizipation und auf Bildung. In Frankreich waren das z.b. Olympe de Gouge um 1790, zur Zeit der französischen Revolution und im deutschsprachigen Raum nach der Märzrevolution 1848 beispielsweise die bürgerlichen Feministinnen Louise Otto-Peters, Helene Lange, Gertrud Bäumer, die radikalen Feministinnen wie etwa Hedwig Dohm, Anita Augsburg und die sozialistischen wie z.b. Clara Zetkin, Ida Altmann, Emma Ihrer. Sie publizierten und reisten zum Teil als Vertreterinnen der Frauenvereine (z.b. Arbeiterinnen-, Bildungsverein) umher, hielten Vorträge in verschiedenen Städten mit dem Ziel, dass neue Ortsgruppen gegründet würden, und sie engagierten sich in den Gewerkschaften.

Nach Eggemann ist Erwachsenenbildung hier »gekennzeichnet durch eine Mischung aus Aufklärung und Agitation, welche typisch ist für den organisatorischen Aufbau aller sozialen Bewegungen« (Eggemann/Hering/Schüßler 2000: 40).

Um die Jahrhundertwende waren sozialistische und bürgerliche Frauengruppen etwa gleichstark, was eine Intensivierung der ›Frauenfrage‹ bewirkte. Mit dem Beginn des ersten Weltkriegs spaltete sich die erste Frauenbewegung in die Lager der Kriegsbefürwortenden und der Pazifistinnen und fand so ihr vorläufiges Ende.

Meike Eggemann, Sabine Hering und Ingeborg Schüßler führen Schwierigkeiten in der geschichtlichen Rekonstruktion der Frauenbildung darauf zurück, dass Erwachsenenbildung im 19. Jahrhundert für Frauen nicht öffentlich organisiert wurde und dadurch keiner Dokumentation oder Bestandsaufnahme unterlag (ebd. 40). Die Verbreitungen und Ausformungen von politischer Bildung im geschlechterreflektierenden bzw. feministischen Sinne lässt sich in dieser Zeitspanne deshalb nur schwer historiografieren, da sie nicht institutionalisiert oder vereinheitlicht stattgefunden hat. Ein weiterer Grund ist auch, dass geschichtliche Reflexion bis vor kurzem fast ausschließlich von Männern betrieben wurde und dadurch von männlichen Wertesystemen geprägt ist (ebd. 35). Bis heute gibt es in der Literatur über Frauenbildung unterschiedliche Einschätzungen über den Zeitpunkt der Politisierung der Frauenbildung und über die Genese einer feministischen Bildung. Faulstich-Wieland (2006) betont die Dominanz des Differenzgedankens bei den Vertreter_innen der Frauenbildung, die Konzepte der ›geistigen Mütterlichkeit‹ und der ›Kulturaufgabe der Frau‹ (z.B. bei Helene Lange). Andere Beiträge, wie der bereits erwähnte von Schiersmann (1993), sehen neben den weit verbreiteten Differenzgedanken einen keimenden Beginn einer Reflexion von Geschlecht als Strukturkategorie in den radikalen Schriften von Dohm (Schiersmann 1993: 17).

Die Weimarer Zeit nach dem Ersten Weltkrieg brachte einige Neuerungen für die Frauenbewegung und insbesondere auch für die (feministische) Frauenbildung mit sich. Obwohl lange nicht etabliert, beginnt nun auch eine Institutionalisierung der Frauenbildung in der Erwachsenenbildung. Zahlreiche Volkshochschulen und Heimvolkshochschulen boten Kurse und Seminare für Frauen an, teilweise mit Angeboten, die nach Programmankündigung vermutlich einer progressiven, feministischen Richtung zugeordnet werden können, zum Beispiel zur Auseinandersetzung mit der »veränderten Stellung der Frau« (vgl. Ciupke/Derich-Kunstmann 2001: 10). Jedoch ebenso zählten Nähkurse und die Beschäftigung mit Gesundheitsfragen zu diesen Programmen zur Frauenbildung (vgl. ebd.). Paul Ciupke und Karin Derichs-Kunstmann betonen, dass einige Erwachsenenbildner_innen damals bereits ganzheitliche Ansätze von Frauenbildung verfolgten und Frauenbildung mit politischer Bildung sowie allgemeiner Bildung mit einem emanzipatorischen Anspruch verbanden. Insgesamt lässt sich betonen, dass sich jedoch kaum historisch zufriedenstellend rekonstruieren lässt, wie hoch der Anteil derjenigen Frauenbildungsangebote war, bei denen der emanzipatorische Anspruch impliziert war (vgl. Eggemann 2001: 21).[32] Die historiografische Forschung ist hier noch in ihren Anfängen und zudem stark abhängig von »zufälligen Aufmerksamkeiten« und den damals »individuell verfügbaren Aufschreibsystemen« (Ciupke/Derich-Kunstmann 2001: 11).

Die feministische (Frauen-)Bildungsarbeit war weit entfernt von einer Standardisierung oder Institutionalisierung, die Existenz von feministischen Angeboten hing stark von engagierten Einzelpersonen ab. Die Versuche, Konsense über die Vorstellungen und Zielsetzungen von Frauenbildung zu erzielen, scheiterten innerhalb der Erwachsenenbildung vorerst. Die Theoriediskussion zur Erwachsenbildung war in der Zeit der Weimarer Republik in erster Linie von Männern bestimmt (vgl. Eggemann 2001: 22). Tagungen und Fortbildung zwischen 1930 und 1933, die explizit zur Frage nach den Zielen der Frauenbildung stattfanden, waren insbesondere durch die starken Kontroversen zwischen Männern und Frauen geprägt. Aus den Tagungsprotokollen (bis 1933) geht hervor, dass in großen Bereichen der Volksbildung ein Frauenbild angestrebt wurde, das sich später in der nationalsozialistischen Ideologie mit ihrem Mütter-, Familien- und Gemeinschaftskult in nicht unerheblichen Teilen wieder fand (vgl. ebd.). Es handelte sich um ein Frauenbild, das von Teilen der bürgerlichen Frauenbewegung kultiviert wurde. »Die Frauenverachtung, die der Nazi-Ideologie immanent war und die sich in der Reduzierung der Frau auf ihre ›natürliche‹ Funktion als Mutter und in ihrem Ausschluss aus dem öffentlichen, politischen Leben ausdrückte, wurde während dieser Diskussionen offensichtlich

---

32 »Zusammenfassend lässt sich feststellen, dass sich in der Zeit zwischen 1918 und 1933 eine Frauenbildungsarbeit entwickelte, die sich zum einen in ganz besonderer Weise an der gesellschaftlichen Realität der Frauen jener Zeit orientierte, zum anderen war diese Bildungsarbeit aber auch in hohem Maße von dem Frauenbild der jeweils Lehrenden geprägt. Wurde die Frau in erster Linie als Mutter und Familienfrau gesehen, lag der Schwerpunkt des Bildungsangebots auf Erziehungsthemen und der Ausbildung zur Hausfrau. Ging man von einem Bild der Frau als gleichberechtigte Staatsbürgerin mit dem Recht auf Berufsausbildung und Erwerbstätigkeit aus, so standen gesellschaftspolitische Themen im Vordergrund.« (Eggemann 2001: 21)

nicht erkannt.« (Eggemann 2001: 22) Mit der politischen Machtübergabe an die NSDAP 1933 sind viele der feministisch engagierten Frauen der Frauenbewegung ins Ausland emigriert (z.B. Anita Augsburg, Lida Gustava Heymann, Alice Salomon). Es gab jedoch auch Frauenbildungsstätten, die während der NS-Zeit weiterbetrieben wurden (Ciupke/Derich-Kunstmann 2001: 10).

Nachkriegszeit und zweite Welle (der westdeutschen) Frauenbewegung (~1968 – ~1980)

Die Demokratisierung Deutschlands stellte in der Nachkriegszeit ein wesentliches Ziel der alliierten Siegermächte dar. Da Frauen aufgrund ihrer kriegsbedingten Mehrzahl die zentrale Bevölkerungsgruppe bildeten, entwickelten die Militärregierungen der Besatzungsmächte in den Jahren nach Kriegsende spezielle politische Bildungsprogramme für Frauen (Ziegler 2001: 215).»Für die Erwachsenenbildung bot sich damit gleichzeitig die Chance, einen Beitrag zur politischen Neuorientierung und zu einem demokratischen Neuanfang zu leisten.« (Ziegler 2001: 215).

Bereits kurz nach Kriegsende hatten sich außerdem in vielen Städten Fraueninitiativen gebildet, die neben der Bewältigung akuter sozialer Not die größere Partizipation von Frauen an gesellschaftlicher Verantwortung zum Ziel hatte. Allerdings konnten sich die positiven Entwicklungen der erste Jahre nach Kriegsende nach der Staatsgründung der BRD 1949 nicht mehr entfalten, da ab diesem Zeitpunkt für eine eigenständige Entwicklung von politischer Frauenbildung keine finanziellen Mittel mehr zur Verfügung gestellt wurden (ebd., 24). So dauerte es zwanzig weitere Jahre, bis die durch die zweite Frauenbewegung in Westdeutschland bereiteten Startbedingungen für die Entwicklung einer, zunächst frauenspezifischen, politischen Bildungsarbeit zum Thema Geschlechterverhältnisse geschaffen wurden (zum Begriff der Politischen Bildung siehe Einleitung).

Der Beginn der ›neuen Frauenbildung‹ in Westdeutschland verlief parallel zu den Anfängen der zweiten westdeutschen Frauenbewegung (vgl. Derichs-Kunstmann 2000: 71). Konzepte der Frauenbildung, die als Ursprünge der feministischen Bildung heute herangezogen werden, wurden durch die westdeutsche Frauenbewegung geprägt. Nach der Wiedervereinigung von Ost- und Westdeutschland wurden sie auch für Bildungsmaßnahmen in den neuen Bundesländern benutzt. Deshalb wird hier im Folgenden zuerst die Geschichte der feministischen Bildung in Korrelation zur westdeutschen Frauenbewegung nachgezeichnet und anschließend in einem eigenen Abschnitt auf die Frauenbildung in der DDR eingegangen.

In der Geschichte der Angebote der ›neuen‹ feministischen Bildung sind verschiedene Phasen zu verzeichnen.

Die ersten Frauen, die in den Volkshochschulen Bildungsarbeit mit erwachsenen Frauen betreiben wollten, wussten damals nicht, dass sie einen zweiten Anfang machten, denn in der Geschichtsschreibung der Erwachsenenbildung war zu ihren Vorgänger_innen vor 1933 nichts zu finden (vgl. Eggemann 2001: 23). Die ›neue‹

Frauenbildung, die parallel und durch die zweite Frauenbewegung entstanden war, unterschied sich von Bildungsangeboten für Frauen bzw. frauendominierter Bildung. Sie knüpfte an die Alltagserfahrungen der Teilnehmenden an, Selbsterfahrungsbestandteile waren üblich, hierin besteht eine Parallele zu den autonomen Selbsterfahrungsgruppen der zweiten Frauenbewegung. Frauenbildung wurde explizit oder implizit immer auch als politische Bildung (vgl. ebd.) verstanden.

Von den 1970er Jahren an, zunächst in Verzahnung mit der zweiten Frauenbewegung, wurden in der westdeutschen Erwachsenenbildung Seminare angeboten. Zunächst bestand noch ein tief greifendes Misstrauen gegenüber jeglichen gesellschaftlichen Institutionen und jeglicher Form von Professionalität. Den Aktivistinnen war der Widerspruch zwischen der androzentrischen Prägung der bis dahin bestehenden Weiterbildungsangebote und ihren eigenen Ansätzen bewusst und so forderten sie zunächst die autonome Organisierung von Frauen(selbsterfahrungs-)gruppen (vgl. de Sotelo 2000: 19). Am Anfang stand also die autonome Bildung der autonomen Frauenbewegung. Frauen der Student_innenbewegung organisierten sich in den sogenannten ›Weiberräten‹, wo sie gemeinsam feministisches Wissen erarbeiteten, weitergaben, sich gegenseitig unterstützten und vor allem ihre Lebenssituationen als Frauen reflektierten. Die ersten Frauengruppen hatten großen Zulauf und gründeten, zum Teil selbst in den Kleinstädten, deutschlandweit autonome Frauengruppen und Frauenzentren. Die Bildung war hier vor allem von Selbstorganisierungs- und Selbsthilfeansätzen geprägt.

Im Verlauf der Bewegung entwickelte sich mit der Etablierung der Frauenforschung jedoch ein enger Bezug zwischen eben feministischer Theoriebildung und (der feministischen) Bildung. Diese bedeutete zunächst vor allem Frauen- und Mädchenarbeit, pädagogische Angebote wurden von Frauen für Frauen und Mädchen ausgerichtet. Identitätsfindung, Stärkung von Selbstbewusstsein und Selbstwertgefühl sowie eine Aufklärung über gesellschaftliche Herrschaftsverhältnisse gehörten zu den pädagogischen Zielen. Thematisiert wurden unter anderem die Strukturen der bürgerlichen Gesellschaft in ihren Auswirkungen auf persönliche Erfahrungen, z.B. Bewertung von Produktion und Reproduktion, aber auch Sexualität, Körper, Schönheitshandeln, Schwangerschaft, Selbstverteidigung, Berufs- und Zukunftsplanung, sexualisierte Gewalt, Freundschaft, Liebe, Parter_innenschaft und politische Partizipation. Viele Methoden, Inhalte und didaktische Ansätze, die zum Teil heute noch zu den zentralen Grundlagen der geschlechterreflektierenden Bildung bzw. zu einer geschlechtergerechten Didaktik zählen, z.B. der Biografieansatz (vgl. Zur Nieden et al. 2004: 6), wurden in der feministischen Mädchen- und Frauenarbeit entwickelt.[33]

---

33 Teile dieses Abschnitts habe ich bereits an folgender Stelle publiziert (Krämer 2013: 124).

Unter der Perspektive inhaltlich-theoretischer Ausrichtungen (siehe vorangehender Abschnitt), waren vor allem zwei Ansätze anzutreffen. Anfänglich dominierte vor allem der sogenannte ›Defizitansatz‹, der sich aus dem (im Abschnitt zuvor erörterten) Gleichheitsparadigma ableitete. In diesem wird davon ausgegangen, dass Frauen und Mädchen besondere Förderung, beispielsweise im Bereich des Selbstbewusstseins oder der mathematischen oder rhetorischen Fähigkeiten benötigen. Über Bildung und die Bereitstellung von Ressourcen sollen Frauen in ihren Interessen an Bereichen unterstützt werden, die gesellschaftlich höher bewertet und männlich konnotiert sind. Auch heute noch bestehen an der Frauenförderung orientierte pädagogische Programme fort z.b. in Maßnahmen wie dem ›Girls Day‹[34], bei denen Mädchen ermutigt werden, in klassische ›Männerberufe‹ hineinzuschnuppern.

Die Kritik am Gleichheitsfeminismus Ende der 1970er/Anfang der 1980er Jahre schlug sich in Form von neuen Leitprinzipien in der feministischen Bildungsarbeit nieder: ›Parteilichkeit‹ und ›gemeinsame Betroffenheit‹ und ›Ressourcenorientierung‹ standen nun im Fokus (Prengel 1983). Das Prinzip der feministisch-parteilichen Pädagogik (Horstkemper 2001: 49f.) gründet sich in der Annahme, dass sowohl Mädchen als auch Frauen von patriarchalen Strukturen betroffen sind. Männliche Domänen werden nicht länger als das für Mädchen Erstrebenswerte gesehen, sondern es soll vielmehr an den Stärken der Mädchen angesetzt und das *Weibliche* gefördert werden. Die Entwicklung von Fähigkeiten, die die männlich dominierten Bereiche und Fähigkeiten betreffen (z.B. MINT-Fächer, Selbstbewusstsein im öffentlichen Raum), wird folglich nicht mehr als zentraler Orientierungspunkt betrachtet, sondern Erfahrungen und Stärken, die Mädchen und Frauen mitbringen, dienen als Anknüpfungspunkt. In den 1970er Jahren bis in die 1980er Jahre wurden (geschlechterreflektierende) Angebote vor allem für Frauen angeboten. Es wurde in dieser Zeit selbstverständlich, der »Frauenbildung einen eigenen Platz im Rahmen der Erwachsenenbildung zuzuweisen« (von Felden 2004: 41).

In der schulischen Bildung entwickelten Pädagog_innen parallel zu der außerschulischen Mädchenarbeit (und später Jungenarbeit, siehe 2.3) die reflexive Koedukation. Sie basiert auf der Feststellung, dass trotz des (durch die Frauenbewegungen erkämpften) gemeinsamen Unterrichtens von Mädchen und Jungen (Koedukation) und damit einhergehender gemeinsamer Curricula, Geschlechterhierarchien in der Schule weiterhin reproduziert wurden. Eine Reflexive Koedukation bedeutet, alle pädagogischen Gestaltungen dahingehend zu reflektieren

»ob sie die bestehenden Geschlechterverhältnisse eher stabilisieren oder ob sie eine kritische Auseinandersetzung und damit ihre Veränderung fördern. Getrennte Gruppen sind dabei keinesfalls ausgeschlossen. Ihren Stellenwert erhalten sie jedoch nur dann, wenn eine Stärkung

---

34 Teilweise gibt es heute parallel Angebote für Jungen.

des Selbstbewusstseins von Mädchen und jungen Frauen bzw. eine antisexistische Entwicklung von Jungen tatsächlich erreicht werden. Beides stellt sich aber nicht von selbst her, quasi ›natürlich‹ durch das schlichte Zusammensein von Mädchen oder nur Jungen. Auf der Seite der Lernenden erscheint das Kriterium der Freiwilligkeit sehr hoch zu veranschlagen. Auf der Seite der Lehrenden erfordert die pädagogische Arbeit in solchen Gruppen neben hoher sozialer Sensibilität und didaktischer Kompetenz vor allem eine intensive Auseinandersetzung mit eigenen Rollenvorstellungen und Verhaltensweisen.« (Faulstich-Wieland/Horstkemper 1996: 583)

Frauenbewegung in der DDR

Die meisten Artikel der Erwachsenenbildungsforschung und der geschlechterreflektierenden Pädagogik beziehen sich in ihrer Darstellung der Wechselwirkung von Frauenbewegung und geschlechterreflektierender Bildung ausschließlich auf die westdeutsche Geschichte (z.b. de Sotelo 2000, Derichs-Kunstmann 2001, Gieseke 2000, Gieseke 2001). Die Entwicklung der Frauenbildung in der DDR bzw. in den neuen Bundesländern skizzieren wenige (z.B. Bramer 1995: 45ff, Brüning 2000: 150ff), die durchaus vorhandenen Forschungen zur Situation der Frauen in den Geschlechterverhältnissen der DDR beziehen die Rolle der Frauenbildung kaum mit ein (vgl. Opelt 2005, Döge/Griese 1991, Führ/Furck 1998).

Ein Grund für unterschiedliche Ansätze der Bildungsarbeit in Ost- und Westdeutschland zu DDR-Zeiten und auch noch nach der Wende liegt in den systembedingten, ideologischen und praktisch-politischen Differenzen innerhalb der Geschlechterpolitik der beiden deutschen Staaten, aber auch an den historisch gewachsenen grundlegend unterschiedlichen Traditionen der Erwachsenenbildung.

Die Gleichstellung und die Förderung der Gleichstellung durch den Staat wird 1949 in der Verfassung der DDR festgeschrieben und auch in den reformierten Verfassungen verankert.[35] Die Berufstätigkeit von erwerbsfähigen Frauen lag in der DDR bei über 90%.[36] Sie war im Gegensatz zu der Erwerbsarbeit von Frauen in der BRD ideologisch gewollt und staatlich gefördert. Daher bestand ein erheblich einfacherer und gleichberechtigterer Zugang zu den Bildungs-, Aus- und Weiterbildungseinrichtungen sowie zu Kinderbetreuungseinrichtungen. Frauen wurden in der DDR besonders hinsichtlich ihrer Bildungsbeteiligung bildungspolitisch gezielt gefördert. Für das weibliche Rollenverständnis der DDR war die Mutterschaft zwar

---

35 »Mann und Frau sind gleichberechtigt und haben gleiche Rechtstellung in allen Bereichen des gesellschaftlichen, staatlichen und persönlichen Lebens. [...] Die Förderung der Frau, besonders in der beruflichen Qualifizierung, ist eine gesellschaftliche und staatliche Aufgabe.« (Gesetzesblatt der DDR 1968 I, 1999-222, Artikel 20)

36 1989 lag die Erwerbsquote von Frauen in der DDR unter Berücksichtigung der in Ausbildung Befindlichen bei 91.2%. Im Vergleich dazu in der BRD ca. 50% (Konrad Adenauer Stiftung).

auch zentral, doch die Rahmenbedingungen für diese erforderten keine Entscheidung zwischen Beruf und Familie und auch keine ökonomische Abhängigkeit. Männer- und Frauenlöhne waren etwa gleich hoch. Da Frauenpolitik bzw. Gleichberechtigung seit den Anfängen zur Regierungspolitik gehörte, verinnerlichten viele Frauen in der DDR die propagierten Leitbilder und vertrauten auf die »Wirkungsmacht des Staates« (Nickel 2001: 543).[37]

Dennoch gab es auch in der DDR eine geschlechtsspezifische Arbeitsteilung inklusive der vertikalen und horizontalen geschlechtsspezifischen Segregation am Arbeitsmarkt, sexualisierte Gewalt, einschränkende Geschlechterbilder und sehr viele weitere Aspekte, die mit hierarchischen Geschlechterverhältnissen einhergehen.

Die Frauenbewegung in der DDR ist bislang kaum erforscht, häufig wird deshalb davon ausgegangen, dass sie nicht existiert habe. Die wenigen existierenden Forschungen zeigen, dass sich die Anfänge der Frauenbewegung in der DDR auf anderen Wegen und unter anderen Voraussetzungen vollzogen als in Westdeutschland: Als ihr Startpunkt wird häufig die Gründung autonomer feministischer Gruppen Ende der 1970er/Anfang der 1980er Jahren genannt. Sie lassen sich in theologische, friedensbewegte, literarisch-feministische und lesbische Gruppen unterteilen, die ihre partizipatorischen Interessen formulierten. Es gibt unterschiedliche Zeitangaben über die Gründungen der ersten Gruppen und auch unterschiedliche Einschätzungen darüber, ob von einer Frauenbewegung gesprochen werden kann. Samirah Kenawi (Kenawi 1995: 8-10), Eva Schäfer, Bärbel Adler und Astrid Landero (Schäfer et al. 2011: 7) kommen zu dem Schluss, dass sich aufgrund der Vielzahl der Gruppen durchaus auf eine Bewegung schließen lässt. Im Zentrum der Auseinandersetzungen und des Aktivismus der Gruppen stand die Bewusstseinsveränderung. Die Bewegung war zunächst vor allem auf die Veränderung der individuellen Denk- und Lebensweisen ausgerichtet (vgl. Kenawi 1995: 9). Wie in den westdeutschen autonomen Frauengruppen fand Frauen(selbst-)bildung statt, die jedoch bislang kaum ausgewertet wurde. Innerhalb dieser autonomen feministischen Gruppen, in denen (Selbst-)Bildung betrieben wurde, grenzten sich zunehmend jene Frauengruppen, die sich eher der Friedensbewegung zuordneten, von denen Gruppen ab, die sich ›nur‹ als feministisch bezeichneten, da diese ihnen unzureichend systemoppositionell waren.

Neben der feministischen (Selbst-)Bildung der autonomen Gruppen hat es in der DDR staatlich geförderte Maßnahmen zur Frauenbildung gegeben, deren Ziel es war, entsprechend gesetzlich verankerter Frauenleitbilder, die Vereinbarkeit von

---

37 Das gebetsmühlenartige Preisen von Erfolgen in der ›Lösung der Frauenfrage‹ einerseits und die Verdrängung und Tabuisierung von Problemen andererseits führten dazu, dass sich die Mythologie von der verwirklichten Gleichberechtigung auch in den Köpfen vieler Frauen festgesetzt hatte. (vgl. Nickel 2001: 546)

Familie und Erwerbsarbeit und die gesellschaftliche Partizipation von Frauen zu unterstützen. Dazu zählen Bildungsangebote des Demokratischen Frauenbund Deutschland (DFD)[38], wie z.b. Mütterabende, Haushaltskurse, Elternseminare, oder Qualifizierungskurse (durch Betriebe), Kaderschulungen der Parteien und Massenorganisationen. Auch die Maßnahmen der Betriebsfrauenausschüsse zur Umsetzung von Frauenförderplänen können als Frauenbildung gefasst werden.

Seit den 1960er Jahren existierte in der DDR offizielle Frauenforschung, veranlasst durch den Ministerrat. Bei der Deutschen Akademie für Wissenschaften zu Berlin wurde der wissenschaftliche Beirat »Die Frau in der sozialistischen Gesellschaft« gegründet. Aus dieser Forschung wiederum resultierten bildungspolitische Folgen für die Frauenbildung. Andererseits gingen aus der offiziellen Frauenforschung auch in- und halboffizielle Forscher_innenkreise zu Geschlechterfragen hervor, die sich von der staatlichen Forschung distanzierten (Nickel o.J.).

Seit 1989 entwickelt sich in den neuen Bundesländern eine Frauenbildung, die an eine berufliche Qualifizierung gekoppelt ist (Bramer 1995: 74). Denn die Frauen der ehemaligen DDR reagierten auf die Situation der hohen Arbeitslosigkeit, von der sie in erster Linie betroffen waren,[39] mit gezielter Weiterbildung (Brüning 2000). Ein wesentliches Merkmal der Bildungs- und Weiterbildungsarbeit für Frauen in den neuen Bundesländern besteht in der Verknüpfung von allgemeiner, beruflicher und politischer Bildung (Bramer 1995: 74).

Festhalten lässt sich für die Frauenbewegung und feministische Bildung in der DDR, dass die Frauen in der DDR einen Vorsprung in Sachen Gleichstellung genossen. In der Regel waren sie sich darüber auch bewusst. Die Kehrseite dieses ›Vorsprungs‹ war jedoch, dass es für viele Frauen in Ostdeutschland aufgrund der staatlichen Propaganda sehr viel schwieriger war als für die Westfrauen, ein geschlechterpolitisches Bewusstsein zu entwickeln. Die Frauen(selbst-)bildung ist in den grundlegenden Darlegungen der Erwachsenenbildung nicht besonders als eigener Schwerpunkt berücksichtigt. Dies gilt ebenso für die institutionalisierte, offizielle Frauenbildung der DDR, wobei diese zumindest jedoch noch in den Überblicken der DDR-Erwachsenenbildung erwähnt wird.

Dritte Welle (~ 1980er/1990er)

Im Folgenden wird der Versuch unternommen, die jüngeren Entwicklungen in der geschlechterreflektierenden Pädagogik nachzuzeichnen. Dabei liegt der Schwerpunkt auf den späten 1980ern und den 1990er Jahren, auch die ersten Jahre des 21. Jahrhunderts werden gestreift. Allerdings können hier über die Jahre nach 2005

---

38 Der DFD entwickelte sich aus dem »Antifaschistischen Frauenausschüssen«, die sich nach 1945 gründeten. Auch nach 1989 existierte er als eingetragener Verein fort.

39 Z.B. waren im Jahr 1992 von 1,2 Millionen arbeitslosen Menschen 2/3 Frauen (vgl. Bramer 1995: 53).

keine verallgemeinernden Aussagen gemacht werden, da die Entwicklungen zu jung sind, um sie angemessen in einen historischen Kontext stellen zu können.

In den späten 1980er und zu Beginn der 1990er Jahre verebbte die zweite Welle der Frauenbewegung. Viele der zuvor frauenbewegungsaktiven Frauen wechseln vor dem Hintergrund der Bedrohungsszenarien des Kalten Krieges in die Friedensbewegung oder angesichts drohender oder stattgefundener Umweltkatastrophen in die Ökologiebewegung, andere konzentrierten sich auf das Muttersein (›neue Mütterlichkeit‹) oder auf esoterische Inhalte, zum Teil mit differenzfeministischer Begründung. Wieder andere wurden in der damals noch sehr bewegungsnahen und jungen Partei DIE GRÜNEN aktiv und brachten feministische Inhalte in die Parteipolitik ein. Die Phase der Institutionalisierung feministischer Inhalte begann. Die gesetzlichen Rahmungen wie Gleichstellungsgesetze, die Etablierung der Frauen- und Geschlechterforschung bzw. Genderstudies[40] und die Ende der 1990er eingeführte gleichstellungspolitische Strategie des Gender Mainstreaming schafften teilweise neue Möglichkeiten zur Weiterentwicklung, Thematisierung und Finanzierung von Mädchenarbeit und der sich neu entwickelnden Jungenarbeit, teilweise führten sie jedoch auch zu Rückschritten bezüglich des gesellschaftskritischen Gehalts feministischer Pädagogik (siehe auch 2.3; 2.4). In der Erwachsenenbildung ist ein deutlicher Rückgang der frauenspezifischen Angebote zu verzeichnen. Auseinandersetzung mit der innerfamiliären, geschlechtshierarchischen Arbeitsteilung, zuvor ein Klassiker auch innerhalb der Frauenbildung den 1970er und 1980er Jahren, wird in den 1990er Jahren in Frauenseminaren fast nicht mehr nachgefragt und angeboten (vgl. Derichs-Kunstmann 2000: 122).

Die Entwicklungen in der geschlechterreflektierenden Bildung Ende der 1980er, Anfang der 1990er Jahre sind von einer großen Diversifizierung gekennzeichnet, deshalb kann es sich bei einer Nebeneinanderstellung der unterschiedlichen Ansätze nur um den Versuch einer Darstellungsweise handeln, die notwendigerweise Auslassungen beinhaltet und Verwobenheiten verschweigt.

Neben Institutionalisierungsprozessen von Feminismus und den daraus entstehenden neuen strukturellen Rahmungen wirkten sich auch neue theoretische Strömungen in der Geschlechterforschung und (queer-)feministische Bewegungen auf die geschlechterreflektierende Bildung aus wie die (de-)konstruktivistischen Diskurse, intersektionale Ansätze und die kritische Männerforschung. Letztere bildete sich im Zusammenhang mit einer erstmals, wenn auch fragil sich formierenden profeministischen Männerbewegung in Deutschland zu Beginn der 1990er Jahre (Ausdruck findet diese Bewegung z.B. in (Männer-Medienarchiv Hamburg 1993). Junge feministische Bewegungen, die sich auf (de-)konstruktivistische Diskurse und In-

---

40 Die Institutionalisierung und Etablierung der Genderstudies bzw. Frauen- und Geschlechterforschung ist teilweise bereits wieder rückläufig, d.h. an einigen Universitäten haben in den letzten Jahren Kürzungen in diesen Studiengängen stattgefunden.

tersektionalität bzw. postkoloniale Theorien beziehen, bezeichnen sich häufig als (queer-)feministisch (zum Begriff (queer-)feministisch siehe auch Kapitel 2.1) und/oder werden heute unter dem Label des ›Third Wave‹-Feminismus (Schrupp 2008) zusammengefasst. Die sogenannte Dritte-Welle-Feminist_innen haben bei all ihren Unterschiedlichkeiten nach Antje Schrupp folgende Grundlagen und Zielsetzungen gemeinsam: Sie beziehen sich positiv auf die zweite Frauenbewegung und ihre Errungenschaften, jedoch wehren sie sich gegen die gesellschaftlichen Diskurse, die behaupten, dass eine Emanzipation bereits erreicht sei. Sie bekämpfen neoliberale Individualisierungen, die Frauen (und auch Angehörigen anderer unterdrückten gesellschaftlicher Gruppen) suggerieren, sie seien selbst Schuld an ihrer misslichen Lage (z.B. auf dem Arbeitsmarkt).

Wie sich das dekonstruktivistische Paradigma ganz konkret in der pädagogischen Praxis niederschlägt (z.B. Fritzsche 2001, Plößer 2005, Boeser 2002, Ricken/Balzer 2012), wurde im deutschsprachigen Raum im letzten Jahrzehnt zunehmend in der pädagogischen Fachliteratur diskutiert. Einigkeit besteht weitgehend darüber, dass als Erbe der dekonstruktivistischen Diskurse von den Pädagog_innen immer wieder eine unvoreingenommene, nicht-essentialisierende Haltung bewusst eingenommen wird, das heißt, dass eine Reflexion über Begründungen, unter der Annahme einer Prozesshaftigkeit von Begründungen, stattfindet. Das bedeutet z.B. auch, dass Pädagog_innen bewusst auf heteronormative Zuschreibungen von Eigenschaften ihrer Teilnehmenden als Mädchen oder als Jungen, Männer oder Frauen verzichten. Das schließt jedoch, auch wenn es widersprüchlich erscheint, geschlechtshomogene Gruppen nicht aus. Melanie Plößer drückt eine durch dekonstruktivistische Diskurse inspirierte Haltung für die Mädchenarbeit so aus: »Weil ihr Mädchen seid« ~ »Weil wir nicht begründen können, wer ihr seid« (Plößer 2005: 180). Sie diskutiert, welche ethischen Implikationen eine solidarische, pädagogische Praxis der Pädagog_innen mit den Mädchen mit sich bringt, die von der dekonstruktivistischen Einsicht geprägt ist, dass durch identitäre Begründungen diejenigen Normen aus dem Blick geraten, die im Zuge von Deutungen zitiert und bestätigt werden. Statt einer essentialisierenden Solidarität steht in der dekonstruktiven Pädagogik[41] eine Solidarität im Vordergrund, die sich einer Festlegung der Bedürftigen verweigert.

»Das heißt, wenngleich der dekonstruktive Einwand berechtigt und notwendig ist, dass die Identität ›Mädchen‹ keine natürliche, sondern eine konstruierte Kategorie darstellt, lässt sich dieses ›Mädchen-Sein‹ auch als bedeutsame Verbindung zwischen Individuum und Struktur

---

41 Ich benutze hier in Anlehnung an Melanie Plößer bewusst den Term ›dekonstruktive‹ Pädagogik und nicht, wie im Kontext des Kapitel 1, die Bezeichnung ›dekonstruktivistisch‹. Zwar geht die dekonstruktive Pädagogik auf dekonstruktivistische Theorien zurück, jedoch hat sich hier der Begriff ›dekonstruktiv‹ durchgesetzt.

verstehen. Dadurch, dass sich in ›Identität‹ nämlich sowohl die Anrufungen gesellschaftlicher Diskurse als auch die Antworten der Subjekte auf die sie anrufenden diskursiven Strukturen verdichtet finden, erweist sich diese nicht allein als fluide und temporäre Konstruktion. Vielmehr kann sie auch als ›(auftrennbare) Naht zwischen Subjektposition/Anrufung und Strukturen des psychischen Apparates‹ (Mecheril 2004,b: 12) verstanden werden.« (Plößer 2005: 213)

Der Raum für eigenständige Verortungen der Jugendlichen sowie für eine Thematisierung der Vielfältigkeit der Geschlechter und Sexualitäten über die heteronormative Zweigeschlechtlichkeit hinaus kann so eröffnet werden. Das bedeutet jedoch nicht, dass der Kategorie Geschlecht ihre Relevanz aberkannt oder die Bedeutung von Identitäten für das (pädagogische) Handeln geleugnet wird. Plößer formuliert das oben (unter Abschnitt 2.1) beschriebene feministische Paradox von Gender als Bedeutungskategorie und als (identitätsherstellende) Analysekategorie in seiner Relevanz für eine pädagogische Praxis.

Zwischenfazit

Im 19. Jahrhundert wurde durch den erkämpften formalen Zugang zu Bildung eine Basis für weiteres emanzipatorisches Gedankengut und Handlungspraxen geschaffen. Frauen gelangten langsam aber zunehmend an die Universitäten und in die Bildungsinstitutionen. Die Kämpfe der ersten Frauenbewegung um Bildung zeigten, dass die erste emanzipatorische Bildung außerhalb der Bildungsinstitutionen stattgefunden hat und stattfinden musste. Die Kämpfe um die ökonomischen, sozialen und politischen Grundrechte von Frauen, zu denen das Recht auf Bildung und das Wahlrecht gehörte, standen im Vordergrund der (nicht-institutionalisierten) politischen Erwachsenenbildung durch vortragsreisende Frauen. Erst nachdem das Frauenwahlrecht 1918/1919 eingeführt wurde[42] und nachdem Frauen den Zugang zu Schulbildung bis zur universitären Bildung erlangt hatten (zwischen 1900 und 1910), konnten Frauen in der sich damals konstituierenden Erwachsenenbildung Fuß fassen und dort vermutlich erstmalig auch, wie vage dokumentiert ist, in einem institutionalisierten Rahmen Bildungsarbeit für erwachsene Frauen anbieten. Nach der Einstellung jeglicher emanzipatorischer Frauenbildung im Dritten Reich gab es in der Nachkriegszeit eine kurze Phase der politischen Frauenbildung (mit dem Schwerpunkt Demokratie), gefördert durch die Bildungspolitik der Besatzungsmächte, die sich jedoch mit der Gründung der Bundesrepublik und der darauf folgenden Kürzung der finanziellen Mittel nicht weiter entwickeln konnte. Erst Ende der 1960er entstanden mit der sich konstituierenden zweiten Welle der (westdeutschen) Frauenbewegung in Westdeutschland erneut Ansätze einer feministischen

---

42 Das Frauenwahlrecht wurde durch die Revolutionsregierung der Novemberrevolution – den Rat der Volksbeauftragten am 12. November 1918 verliehen (Schaser 2009: 97).

Pädagogik, die die ›Neue Frauenbildung‹ der politischen Bildung prägten. Konzepte, die aus dieser Phase stammen, wie das der Parteilichkeit, und Methoden wie die der Biografie-Arbeit, gelten noch heute als Grundlagen der geschlechterreflektierenden Pädagogik. Parallel zu der westdeutschen Frauenbildung entwickelte sich die Frauenbildung in der DDR jedoch aufgrund der differenten staatlichen Geschlechterpolitiken (z.B. hinsichtlich der Frauenerwerbsarbeit und der Familienpolitik), mit differenten Schwerpunkten und Selbstverständlichkeiten. Die dritte Phase im Zeitabschnitt der 1980er bis in die 2000er Jahre ist einerseits von feministischen Institutionalisierungsprozessen und damit einhergehend von einem Abflauen der selbstorganisierten (autonomen) Frauenbewegung gekennzeichnet und anderseits von einem feministischen Generationswechsel geprägt. In der Erwachsenenbildung kam es zu einer Abnahme der frauenspezifischen Angebote, die dadurch erklärt wird, dass der erkenntnistheoretische Dekonstruktionsgedanke und das (sozial)konstruktivistische Konzept des Doing Gender Eingang in die Rezeption der feministischen Bildungsarbeiter_innen fand und einen Widerspruch auf der praktischen Ebene der Frauenbildungsarbeit verdeutlichte: die Reproduktion und Verfestigung der binären Kategorien ›Mann‹ und ›Frau‹. Hierin spiegelt sich die im vorigen Abschnitt skizzierten theoretischen Entwicklungen. Neben den bis dahin bestehenden Ansätzen der feministischen Mädchenarbeit, der Frauenbildung und der reflexiven Koedukation, bildeten sich vor diesem Hintergrund weitere Ausprägungen der geschlechterreflektierenden Bildungsarbeit heraus, die hier im Folgenden näher betrachtet werden sollen.

2.3 Aktuelle Perspektiven und Ansätze in der geschlechterreflektierenden Pädagogik

Nachdem im vorangegangenen Abschnitt vor allem die Geschichte der Bildungszugänge für Mädchen und Frauen und die Entwicklung von Ansätzen wie Parteilichkeit, gemeinsamer Betroffenheit bis hin zu Ressourcenorientierung und dekonstruktiver Pädagogik in der Mädchenarbeit sowie die reflexive Koedukation fokussiert wurde, werden im Folgenden neue Ansätze der geschlechterreflektierenden Bildung betrachtet, die in den 1980ern, aber vor allem in den 1990ern hinzugekommen sind. Dabei steht die Frage im Vordergrund, wie sich zum einen die Institutionalisierungsprozesse und zum anderen die Paradigmenwechsel in der Geschlechterforschung nicht nur auf die Inhalte, sondern auch auf die Adressat_innen und Settings der geschlechterreflektierenden Bildungsarbeit auswirken.

Zunächst wird die in den 1990er Jahren implementierte, gleichstellungspolitische Strategie des Gender Mainstreaming und das in seinem Kontext geförderte Genderkompetenz-Training betrachtet und kritisch diskutiert. Hier erfolgt ein Exkurs zum Begriff Kompetenz, der zunehmend die Bildungsarbeit prägt (und sich nicht nur im Bereich der ›Genderkompetenz‹ niederschlägt). Der Perspektivwechsel von der Wissensvermittlung zur Kompetenzorientierung (vgl. Arnold/Schiersmann 2004) hat weitreichende Konsequenzen für alle Bereiche der pädagogischen Arbeit. Aus ihm leiten sich spezifische Frage- und Problemstellungen, insbesondere für die politische Bildung, ab.

Abschließend werden weitere ›neue‹ Bereiche, wie Männerbildung/Jungenarbeit und Queere Bildung, als jüngere Ansätze gesondert kurz skizziert, die sich ebenfalls in den 1990ern etablierten. Im Zwischenfazit werden gemeinsame und unterschiedliche Kritikpunkte und Problematiken zusammengefasst.

Genderkompetenzfortbildung/GenderTraining

Gender Trainings wurden erstmalig in der Entwicklungszusammenarbeit (und insbesondere im angelsächsischen Raum) in den 1980er Jahren in Organisationen durchgeführt, um die Mitarbeiter_innen für geschlechtsbezogene Diskriminierungen und Bewertungen zu sensibilisieren. Sie gingen der Entwicklung eines umfassenden Gender-Mainstreaming-Ansatzes voraus (siehe auch Frey 2003). Im Unterschied zur Frauen- und Mädchenbildung richten sich die Gender Trainings an Erwachsene aller Geschlechter, sie finden demzufolge in gemischten Gruppen statt, beinhalten jedoch auch teilweise geschlechtshomogene Gruppenarbeitsphasen. Sie sind inhaltlich an den Berufsfeldern der Teilnehmer_innen orientiert, so beschäftigen sich Erzieher_innen in einem Genderkomptenz-Training beispielsweise mit der Frage, wie sie den Kindern möglichst ohne Stereotypen begegnen und ihnen geschlechtsunabhängig Entfaltungsfreiheit gewähren können, während sich Verwaltungsangestellte eher mit der geschlechtergerechten Verteilung von beispielsweise finanziellen Mitteln und Raumausstattungen auseinandersetzen. Die Erarbeitung der sogenannten ›Genderkompetenz‹ ist das Ziel von ›Gender Trainings‹ oder ›Genderkompetenz-Trainings‹.

Der Begriff der Genderkompetenz (gender competence) gewann seit Mitte/Ende der 1990er Jahre in wissenschaftlichen und praxisorientierten Diskursen an Bedeutung. Er stammt aus der Entwicklungszusammenarbeit (Frey 2003). Als Konzept ist Genderkompetenz in erster Linie im Rahmen des Gender Mainstreaming-Prozesses in der BRD und anderen EU-Ländern forciert worden und muss daher zunächst in diesem Zusammenhang erläutert werden. Gender Mainstreaming wurde als ein gleichstellungspolitisches Instrument 1995 auf der Weltfrauenkonferenz in Beijing (Peking) verabschiedet und 1997 über den Amsterdamer Vertrag im EU-Recht verankert. Die BRD begann mit der Implementierung des Gender Mainstreaming über die Interministerielle Arbeitsgruppe Gender Mainstreaming (IMA GM) im Mai 2000.

Gender Mainstreaming bedeutet nach der Definition des Bundesministeriums für Familie, dass »bei allen gesellschaftlichen Vorhaben die unterschiedlichen Lebenssituationen und Interessen von Frauen und Männern von vornherein und regelmäßig berücksichtigt werden sollen, da es keine geschlechtsneutrale Wirklichkeit gibt.« (Bundesministerium für Familie 2012)

Nach der Definition des Europarates ist Gender Mainstreaming »the (re)organisation, improvement, development and evaluation of policy processes, so that a gender equality perspective is incorporated in all policies at all levels and at all stages, by the actors normally involved in policy-making.« (Gender Mainstreaming Webseite des Europarats, zuletzt gesichtet am 4.3.2014)

Es handelt sich um einen integrativen, gesamtgesellschaftlichen Ansatz, der nach fast drei Jahrzehnten Frauenbewegungspolitik über bisherige Konzepte der Frauenförderung und Gleichstellung hinausgehen soll. Mit der Einführung des Gender Mainstreaming ist die Idee verbunden, dass die Gleichstellung von Frauen und Männern als durchgängiges Leitprinzip anerkannt werden soll (vgl. Bundesministerium für Familie 21.12.2012). Von den Chefetagen ausgehend bis hin zu den Angestellten sollte das Gender Mainstreaming im Top-Down-Prinzip umgesetzt werden, z.B. über Genderkompetenz-Trainings oder das Gender Budgeting. Im Zuge der Implementierung von Gender Mainstreaming in der BRD wurde die Einrichtung des GenderKompetenzZentrums in Berlin im Jahr 2002 im Koalitionsvertrag zwischen Bündnis 90/Grüne und SPD beschlossen (vgl. GenderKompetenzZentrum). Das GenderKompetenzZentrum (GKZ) war eine anwendungsorientierte Forschungseinrichtung an der Humboldt-Universität zu Berlin, Juristischen Fakultät, die durch das Bundesministerium für Familie, Senioren, Frauen und Jugend bis 2010 finanziell gefördert (ebd.) wurde, um eine wissenschaftlichen Begleitung und Umsetzungsunterstützung im Implementierungsprozess zu sichern.

Nach der Definition des GenderKompetenzZentrums gilt Genderkompetenz als Voraussetzung und als Mittel der Umsetzung für ein erfolgreiches Gender Mainstreaming, respektive für einen kontinuierlichen Abbau von Geschlechterhierarchien. Gleichzeitig wird durch die Umsetzung von Gender Mainstreaming neue Genderkompetenz erzeugt. »Genderkompetenz ist die Fähigkeit von Personen, in ihren Aufgaben und Handlungsbereichen Geschlechteraspekte zu erkennen und gleichstellungsorientiert zu bearbeiten.« (ebd.)

Genderkompetenz wird vom GenderKompetenzZentrum in drei Ebenen geteilt. Die Motivation, auf das Ziel Gleichstellung hinzuarbeiten und einen Beitrag zur Umsetzung des Gender Mainstreaming zu leisten, wäre nach dem GKZ als das *Wollen* zu bezeichnen. Sensibilität für Geschlechterverhältnisse und Diskriminierungsstrukturen sind dafür eine Grundvoraussetzung. Dazu bedarf es eines *Wissens* um die Komplexität von Gender und grundlegende Erkenntnisse der Frauen-Männer- und Geschlechterforschung. Informationen zu Gender-Aspekten im jeweiligen Sachgebiet und Praxisfeld sollten vorhanden sein, ebenso wie Daten zu den Geschlechterverhältnissen. Als *Können* wird die Kenntnis und praxisbezogene Anwendung der Strategie des Gender Mainstreamings bezeichnet. In Tabelle 1 fasse ich die Definition des GKZ zusammen.

Tabelle 1: Ebenen der Genderkompetenz

Wollen	Wissen	Können
Gender Mainstreaming und Gleichstellung umsetzen wollen Eine individuelle Haltung bzw. ein politischer Wille, potenziellen Diskriminierungen entgegenzuwirken. Bereitschaft, sich für Gleichstellung einzusetzen, wird auch öffentlich vertreten.	Wissen über Lebensbedingungen von Frauen und Männern bzw. über die Wirkung von Geschlechternormen mit dem jeweiligen Fachwissen verknüpfen können. Wissen um Komplexität von Gender Grundlegende Erkenntnisse der Frauen-, Männer- und Geschlechterforschung Informationen zu Gender-Aspekten im jeweiligen Sachgebiet und Praxisfeld Daten zu Geschlechterverhältnissen existieren bzw. Datenlücken zu den Geschlechterverhältnissen sind bekannt und werden geschlossen	Geschlechteraspekte erkennen Anwendung und Umsetzung des Gender Mainstreamings Sensibilität für Geschlechterverhältnisse und Diskriminierungsstrukturen Zuständigkeiten sind festgelegt und es stehen Ressourcen sowie Fortbildungs- und Beratungsangebote zur Verfügung Gender Mainstreaming im eigenen Arbeitskontext durchsetzen. Methoden und Instrumente (Arbeitshilfen) werden angewendet, um Gender-Aspekte sowohl in Handlungsfeldern als auch in Sachgebieten zu identifizieren und, um die Arbeit gleichstellungsorientiert zu gestalten.

GenderKompetenzZentrum an der Humboldt Universität zu Berlin 2003-2010

Diese im Artikel »Genderkompetenz als Schlüsselqualifikation« von Sigrid Metz-Göckel und Christine Roloff 2002 hervorgehobene Definition verhandelt Genderkompetenz vor allem auf einer individuellen Ebene, da sie hauptsächlich Verhalten und Einstellungen fokussiert. »Genderkompetenz ist somit das Wissen, in Verhalten und Einstellungen von Frauen und Männern soziale Festlegungen im (privaten, beruflichen, universitären) Alltag zu erkennen und die Fähigkeit, so damit umzugehen, dass beiden Geschlechtern neue und vielfältige Entwicklungsmöglichkeiten eröffnet werden.« (Metz-Göckel/Roloff 2002: 2) Neben diesen Definitionen finden sich zahlreiche andere mit nur leichten Schwerpunktverschiebungen.

Wie hier durch die verschiedenen Definitionen deutlich wird, handelt es sich in der Theorie bei ›Genderkompetenz‹ um eine komplexe ›Kompetenz‹, die sich kaum in einem Satz griffig umschreiben lässt, und deren Inhalte sich an der feministischen Forschung und Theoriebildung orientieren.

Einige Gender-Trainer_innen bemängeln, dass der Begriff des Gender-›Training‹ allerdings irreführend sei. Reflexion und Sensibilisierungsprozesse, die für den Erwerb unumgehbar sind, so wie Prozesshaftigkeit im Allgemeinen, würden damit nicht assoziiert (vgl. Pfeifer 2006: 73,74). In der Erwachsenenbildung wird das ›Training‹ vor dem Hintergrund aktueller gesellschaftlicher Entwicklungen kritisch betrachtet, Rationalisierungen haben z.B. in der betrieblichen Weiterbildung einen Wandel von längeren Fortbildungen, umgesetzt von fest angestellten Mitarbeiter_innen, hin zu immer kürzeren Trainings, durchgeführt von externen Dienstleister_innen, bewirkt (vlg. Diekmann 2010: 945). Lutz von Rosenstiel zeigt anhand von Ergebnissen seiner Studie, in denen die Erfolge von Weiterbildung von Führungskräften untersucht wurden, dass einmalige Trainingsmaßnahmen kaum nachhaltige Effekte haben. Erst Weiterbildungen, die über einen fortlaufenden Zeitraum erfolgen, können langfristige Lerneffekte bewirken (vgl. von Rosenstiel 2010: 963).

Exkurs: gesellschaftliche und professionelle Kompetenzen
Nicht nur im Rahmen von Genderkompetenz-Trainings und -Fortbildungen sind Definitionen von Schlüsselqualifikationen und Kompetenzen relevant. Der Kompetenzbegriff spielt in meiner Forschung eine Rolle, da mit ihm die Zielebene von ›Lernprozessen über Geschlechterverhältnisse‹ im Sinne einer individuellen und gesellschaftlichen Handlungsfähigkeit näher in den Blick gerückt werden kann und Handlungsbeschreibungen der Interviewten, die zum Teil als Professionelle interviewt wurden, vor dem Hintergrund der Folie professioneller Kompetenzen gelesen werden können.

Der Begriff der Kompetenz ist seit den 1950er Jahren ein Modewort innerhalb der Sozial- und Erziehungswissenschaften geworden (vgl. Klieme/Hartig 2007: 11). Seit den 1970er Jahren wurde die Vermittlung von Kompetenzen, bedingt durch gesellschaftliche und ökonomische Entwicklungen, intensiv thematisiert. Bildungstheoretisch begründet werden Kompetenzen seit den 1990er Jahren auch in der Erwachsenenbildung diskutiert (vgl. ebd.). Kompetenzen haben bildungspolitisch aktuell auch international an Bedeutung gewonnen und wirken so auf die nationale Ebene zurück, beispielsweise entlang des europäischen Qualifikationsrahmens (vgl. Zeuner 2009: 261). Inhaltliche und arbeitsorganisatorische Anforderungen an Erwerbsarbeitende haben sich durch den Wandel von der Industrie- zur Dienstleistungsgesellschaft und durch Internationalisierungs- und Globalisierungsprozesse stark verändert. Die Diskussion um Schlüsselqualifikationen bezog sich vorrangig auf ökonomische Interessen, die auf Wettbewerbsvorteile zielen, während die Diskussionen über Kompetenzen teilweise in Konzepten mündeten, deren Spektrum von verwertungsorientierten Qualifizierungsansprüchen bis hin zur Aneignung von Bildung im emanzipatorischen Sinne, reicht (vgl. Zeuner 2008). Auch in den heutigen Diskussionen fächern sich Definitionen von Kompetenz von funktionsbezogenen Qualifikationsbegriffen über psychologisch begründete (Selbstlern-)Kompetenzen bis hin zu kritisch-emanzipatorischen Definitionen (ebd.) wie Demokratiekompetenz oder gesellschaftliche bzw. Gerechtigkeitskompetenz (vgl. Zeuner 2009: 260ff). Kompetenz umfasst die Ebenen von Wissen, Anwendungswissen, Lernkompetenz, Fachkompetenz, Methodenkompetenz, soziale Kompetenzen, Wertorientierungen sowie reflexive Kompetenz (vgl. Zeuner 2013: 87f). In Schematisierungen (siehe voriger Abschnitt ›Genderkompetenz‹ in Tabelle 1) wird Kompetenz häufig im Dreiklang aus einer Wissen-, Können- und Wollen-Dimension dargestellt.

Eine Schwierigkeit des Begriffs ist, dass er viele Eigenschaften gleichzeitig erfassen soll und dass unterschiedliche Begriffsdimensionen und -verständnisse existieren. Verschiedenen Kompetenzdefinitionen gemein ist, dass Fähigkeiten und Bereitschaft im Blick auf konkrete Situationen und Aufgaben betrachtet werden. Zugleich wird die Anwendbarkeit in einer Vielzahl solcher Situationen unterstellt. Mit dem Kompetenzbegriff wird so vor allem das Theorie-Praxis-Verhältnis in den Fokus gerückt. Nach Eckhard Kliemes Verständnis kann Kompetenz allgemein im Sinne eines je situativen Bewältigens von Anforderungen (Performanz), aber gleichzeitig auch als Disposition interpretiert werden. Kompetenz ist bei ihm kontext- und situationsspezifisch angelegt, ermöglicht aber auch Transfer und Verallgemeinerung (vgl. Klieme/Hartig 2007: 13).»Kompetenz bezieht sich sowohl auf Handlungsvollzüge, als auch die ihnen zugrunde liegenden mentalen Prozesse und Kapazitäten, zu denen Kognition, Volition, bzw. Wissen und Können gehören.« (ebd.)

Aufgrund der Perspektive meiner Forschung, die Essentialisierungstendenzen, wie sie im obigen Begriff naheliegen können, entgegenwirken will, grenze ich mich hier von Kliemes Verständnis ab.

Mein Forschungsanliegen ist im Bereich von Fragestellungen der politischen Bildung zu verorten, deshalb beziehe ich mich hier besonders auf eine Definitionen des Kompetenzbegriffes, wie Christine Zeuner ihn im Sinne von »gesellschaftlicher

Kompetenz« (Zeuner 2009) unter Bezugnahme auf Oskar Negt (1986) (Negt 1991) aus kritisch-erziehungswissenschaftlicher Perspektive aufgreift. Grundlegend ist in diesem Verständnis, dass Menschen über die Aneignung von Kompetenzen zu Mündigkeit, Emanzipation sowie gesellschaftlicher Partizipation fähig werden. Darin stehen die Kritik- und Urteilsfähigkeit im Zentrum. Kompetenz bedeutet hier die Fähigkeit, den Zusammenhang zwischen der eigenen Person und denjenigen politischen, sozialen und ökonomischen Faktoren herzustellen, die die eigenen Interessen und die gesellschaftliche Entwicklung bestimmen. Kompetenz heißt demnach, Handlungs- und Eingriffsmöglichkeiten zu erkennen und wahrzunehmen. Nach Negt befähigen gesellschaftlichen Kompetenzen dazu, die Welt durch gesellschaftliche, berufliche und politische Interventionen menschenwürdiger zu gestalten. Kompetenzen ermöglichen »Wesenszusammenhänge der heutigen Welt zu erkennen und die bestehende Wirklichkeit unter dem Gesichtspunkt ihrer notwendigen Umgestaltung der praktischen Kritik zu unterziehen« (Negt 1993: 662).[43] Mit dem hier vorgestellten Kompetenzbegriff sind die Lernenden nicht passiv in einem Belehrungsprozess, sondern Subjekte ihrer eigenen Lernprozesse und Handlungen (vgl. Zeuner 2009: 276) (vgl. auch Kapitel 4).

In Bezug zu den professionellen Kompetenzen innerhalb von Lehr-Lernzusammenhängen von (politischer) Erwachsenenbildung hat ein solches Verständnis von Kompetenz Implikationen für Seminarleitende. Um professionell handeln zu können, so Peter Faulstich und Christine Zeuner, sollten professionelle Erwachsenenbildner_innen »über Fachkompetenzen, Methodenkompetenzen, soziale Kompetenzen und reflexive Kompetenzen verfügen« (vgl. Faulstich/Zeuner 2008:

---

43 Freire (1978) fasst die Entwicklung von Fähigkeiten und Kompetenz in einem Dreischritt, indem er die Stufen 1. Sehen, 2. Urteilen, 3. Handeln benennt, welche wiederum drei verschiedenen Ebenen zugeordnet sind: 1. Naives Bewusstsein (Sehen), 2. Kritisches Bewusstsein, 3. »Kritische Praxis« (vgl. Freire 1978). Im ersten Schritt geht es darum, Dinge zu sehen, um sie dann in einem weiteren Schritt erklären und bewerten zu können. Erst im dritten Schritt werden diese Erkenntnisse in ein politisches Handeln umgesetzt. Der Zusammenhang dieser Kompetenzen oder Stufen im Aneignungs- und Handlungsprozess lässt sich nach Negt mit einer Kompetenz erfassen, die auf Sensibilität und Unterscheidungsvermögen zielt. »Diese Kompetenz [ist] eher als eine spezifische Denkweise zu bezeichnen, eine ausgeprägte theoretische Sensibilität, die sich auf die lebendige Entwicklung von Unterscheidungsvermögen gründet. Nicht Zusammengehöriges zu trennen, den suggestiven Schein des Unmittelbaren durchbrechen und als Vermitteltes nachweisen, oder, in begrifflichen Zusammenhängen, Grund und Begründetes entzerren – das wären konkrete Arbeitsregeln der Überprüfung des Gegebenen; was ja nichts anderes als Kritik bedeutet; die andere Seite dieses entwickelten Unterscheidungsvermögens wäre Urteilskraft im Sinne der Neubestimmung von Zusammenhängen.« (Negt 1990: 19)

21-23). Der Reflexionskompetenz kommt dabei, so Zeuner, »eine dreifache Aufgabe« zu (Zeuner 2013: 84).

»Erstens berührt sie das individuelle professionelle Handeln von Erwachsenenbildner/-innen in Bezug auf die durch sie verantworteten Tätigkeiten und schließt eine kritische Hinterfragung der jeweils übernommenen Rolle unter Berücksichtigung der jeweiligen strukturellen und organisationalen Rahmenbedingungen mit ein. Sie können unterschiedliche Ausprägungen haben und erfordern Verantwortungsübernahme. Der Handelnde sollte also eine distanzierte, beobachtende Haltung einnehmen.

Zweitens ist Reflexionskompetenz als methodische Kompetenz zu verstehen, die es Lehrenden ermöglicht, die Perspektiven der Teilnehmenden und Lernenden einzunehmen, um die sich bei ihnen ereignenden Prozesse nachzuvollziehen, ihre jeweiligen Lerninteressen, -begründungen und -strategien, oder auch ihre unter Umständen begründeten Lernwiderstände in Bezug auf den Gegenstand zu verstehen. Reflexion erfordert Empathie in Bezug auf die gegenüberstehenden Personen.

Drittens sollten Lehrende Lernende dabei unterstützen, individuelle Reflexionsprozesse zu initiieren und weiter zu entwickeln, also Bildungsprozesse in Gang zu setzen.« (ebd.)

In dem Zitat klingt der Begriff der Haltung an. Die dreifache Aufgabe der Reflexionskompetenz, wie Zeuner sie beschreibt, könnte auch als eine distanzierte, empathische und unterstützende Haltung der Lehrenden beschrieben werden. Jürgen Budde, Susanne Offen und Jens Schmidt mahnen an, dass die persönlichen und professionellen ›Haltungen‹ als Teil von professionellen Handlungskompetenzen bislang zu wenig in den Blick gerückt wurden (vgl. Budde/Offen/Schmidt 2013: 34). Basierend auf einer Interviewstudie mit Lehrenden und Teilnehmenden einer Lehrer_innenweiterbildung zum Umgang mit sozialer Ungleichheit, stellen sie fest, dass in diesem Themenbereich die persönliche Haltung in enger Verbindung mit dem pädagogischen Arbeitsbündnis/Beziehungsangebot eine zentrale Relevanz für die Auseinandersetzungen der Seminarteilnehmer_innen entfaltet (Budde 2013: 32). Innerhalb von Kompetenzschematisierungen, so wie z.B. die im vorigen Abschnitt zu Genderkompetenz die Kompetenz als Dreiklang aus einer Wissens-, Könnens- und Wollens-Dimension dargestellt ist, wäre ›Haltung‹ in der dritten Dimension des Wollens implizit mit angelegt (ebd.). Kritisch angemerkt wird jedoch auch, dass ›Haltung‹ in der Forschung und Praxis verschränkt mit Wissen und Handeln analysiert werden muss, da sonst eine De-professionalisierung stattfindet, indem persönliche Haltung als Frage des persönlichen Engagements behandelt wird.

Männerbildung/Jungenarbeit

Zeitlich versetzt, ausgehend von den Ergebnissen der Frauenforschung und später der kritischen Männlichkeitsforschung, entwickelte sich Ende der 1980er, Anfang der 1990er Jahre auch eine (antisexistische) Jungenarbeit und eine Männerbildung. Die Pädagogen,[44] die in diesem Bereich tätig wurden, hatten häufig einen Bezug zur Männerbewegung und waren in (profeministischen) Männergruppen aktiv. Ich fokussiere hier ausschließlich den Strang der Jungen- und Männerarbeit, der als Pendant feministischer geschlechterreflektierender Bildung gelten kann, da er aus profeministischen Beweggründen entwickelt wurde und sich in Bezugnahme auf aktuelle feministische Theorie und kritische Männerforschung konstituierte. Die geschlechtsbezogene Arbeit von Kursleitern aus der Richtung der esoterischen, mythopoetischen Männerbewegung, die ein Wiederentdecken echter und wahrer Männlichkeit anstrebt, und deren Anliegen es ist, zu hegemonialen, traditionellen Selbstbehauptungsriten einzuladen (vgl. Venth 2011: 36), bleibt hier deshalb ausgeklammert. Auch haben sie »in einer öffentlich verantworteten und gemeinwohlorientierten Erwachsenenbildung nichts zu suchen«, so schreibt Angela Venth, »denn Gemeinwohl ist heute […] nur geschlechterdemokratisch ausgerichtet denkbar« (Venth 2010: 239).

Neben der feministischen Kritik, die parallel zur parteilichen Mädchenarbeit auch eine ergänzende Jungenarbeit einfordert, und der Queer Theory wurde die Jungenarbeit in den 1990ern vor allem durch Kritische Männlichkeitsforschung inspiriert. Frühe theoretische Überlegungen und Reflexionen zu (antisexistischer) Jungenarbeit stammen in Deutschland z.B. von Lothar Böhnisch (Böhnisch, Münchmeier 1987), oder sind in dem Bericht zum ersten Modellprojekt zu Jungenarbeit der Heimvolkshochschule ›Alte Molkerei Frille‹ »Was Hänschen nicht lernt, verändert Clara nimmer mehr!« (Frille 1989) zu finden. Die deutsche kritische Männerforschung steht seit ihren Anfängen in einem engen Bezug zu den Erziehungswissenschaften, da sie sich über den Praxis-Transfer in die Jungen- und Männerarbeit durchgesetzt hat (vgl. Venth 2010: 239).

Exkurs: kritische Männerforschung

»Männerforschung [trägt] u.a. die substanziellen Komponenten zusammen, die dem hegemonialen Männerbild sein Profil geben und wirksam werden, indem sie wie Kettenglieder ineinandergreifen.« (Venth 2011: 6)

Zu den Zielsetzungen von kritischer Männerforschung gehört es, »in herrschaftskritischer Perspektive sowohl die Strukturen männlicher Hegemonie zu entschlüsseln

---

44 Hier und im Folgenden ohne Unterstrich geschrieben, da es sich in erster Linie um Männer handelte, die Jungenarbeit und Männerbildungsangebote leiteten.

als auch Möglichkeiten einer nicht hegemonialen Männlichkeit zu erkunden« (Meuser 2000: 49). Sie will »einen Beitrag zu einem Gesamtbild von geschlechtlich geprägten Gesellschaftsverhältnissen« leisten (vgl. Höyng/Jungnitz 2000: 19). Die Männerforschung ist eine relativ neue Entwicklung innerhalb der Geschlechterforschung, die zunächst fast ausschließlich von Frauen betrieben wurde. Die Auseinandersetzung mit Erscheinungsformen von Männlichkeit fand kaum statt. Erst seit den 1980er Jahren begann sich eine kritische Männerforschung herauszubilden. Der Schwerpunkt lag vor allem bei der Aufklärung von Mythen und Ideologien rund um Männlichkeitsvorstellungen, bis dato ein Tabu (Venth 2011: 5).

Besonders Raywin Connells Konzept der ›hegemonialen Männlichkeit‹ (Connell 1995, Connell/Müller 2006) und Pierre Bourdieus Studien zum ›männlichen Habitus‹ (Bourdieu/Bolder 2006) schufen eine Basis für ein herrschaftskritisches Nachdenken über männliche Positionen im Geschlechterverhältnis in der deutschen kritischen Männlichkeitsforschung (vgl. z.B. Döge/Meuser 2001, Meuser 2010, Bereswill/Meuser/Scholz 2007).

Als zentrale Erkenntnisse aus Connells wie auch Bourdieus Ansatz können gelten, dass die patriarchalen Strukturen nicht nur über Abgrenzung von Frauen und Weiblichkeit und deren Herabsetzung hergestellt werden, sondern auch über Hierarchisierungen unter Männern.

Comnell analysiert Beziehungsmuster von Männlichkeiten, die durch ihr Zusammenwirken maßgeblich zur Reproduktion der patriarchalen Geschlechterverhältnisse beitragen. Um die zeitgleiche Existenz verschiedener männlicher Handlungsmuster zu veranschaulichen, unterscheidet Connell in seinem Verständnis des Systems hegemonialer Männlichkeiten vier unterschiedliche Männlichkeiten: die hegemonialen, komplizenhaften, untergeordneten und die marginalisierten. Innerhalb dieser Rangfolge steht die hegemoniale Männlichkeit an erster Stelle. Sie kontrolliert, sorgt dafür, dass die hierarchische Anordnung bestehen bleibt. Der hegemonialen steht die komplizenhafte Männlichkeit zur Seite. Auch komplizenhaft agierende Männer sind Teilhaber an der patriarchalen Dividende, also der Macht, die sich aus dem hierarchischen Gefüge für die Angehörigen oberster Hierarchieebenen ergibt. Zweck ist die Aufrechterhaltung der Geschlechternormen. Diejenigen, die an den Mechanismen der Ein- und Ausgrenzung mitwirken, die Reihen ›sauber‹ und geschlossen halten, profitieren. Dabei stellt die hegemoniale Männlichkeit häufig nur ein Orientierungsmuster dar, das die wenigsten Männer in Gänze erfüllen können. Die meisten aller Männer bewegen sich vermutlich im Bereich der komplizenhaften Männlichkeit. Sie können die hegemonialen Ideale nicht verkörpern, unterstützen sie jedoch (vgl. Meuser 2006: 163). Als untergeordnete Männlichkeit bezeichnet Michael Meuser schwule Männlichkeiten und unter marginalisierter Männlichkeit versteht er Männlichkeiten untergeordneter Klassen und aufgrund von sogenanntem Migrationshintergrund als ›anders‹ wahrgenommene Männlichkeiten.

Bourdieu erweitert für die Männerforschung folgenreich den Blick auf die Geschlechterverhältnisse, indem er aufzeigt, dass nicht nur die mit dem Dualismus Mann/Frau einhergehenden Abwertungen des Weiblichen die Geschlechterverhältnisse reproduzieren, sondern auch die »ernsten Spiele des Wettbewerbs« (Bourdieu 1987: 203), von denen auch bzw. insbesondere Männer betroffen sind. Diese fungieren als wesentlicher Bestandteil ›männlicher Herrschaft‹ (Bourdieu/Bolder 2006, vgl. auch Meuser 2006). Sein ursprünglich auf die Analyse von Klassenverhältnissen ausgerichtetes Konzept des Habitus übertrug Bourdieu so auf die Geschlechterverhältnisse. Er führt den Begriff des ›männlichen Habitus‹ ein. Dieser wird, so Bourdieu, »konstruiert und vollendet... nur in Verbindung mit dem den Männern vorbehaltenen Raum, in dem sich, unter Männern, die ernsten Spiele des Wettbewerbs abspielen« (Bourdieu 1997: 203). Bourdieu arbeitet insbesondere zwei miteinander verwobene Bereiche heraus. Zum einen unterliegt die Produktion von Männlichkeit einer kompetitiven Struktur und zum anderen findet dieser kompetitive Wettbewerb, in dem Männlichkeit immer wieder hergestellt werden muss, innerhalb von homosozialen Feldern statt. Die Herstellung von Hierarchien unter Männern ist somit gleichzeitig ein Mittel männlicher Vergemeinschaftung. Wettbewerb und Solidarität sind somit aufs Engste miteinander innerhalb von Männlichkeit verknüpft. Hegemonie wird gegen Weiblichkeit konstruiert und konstituiert sich durch Angst und Abwertung von Weiblichem.

In diesem Punkt überschneiden sich die Analysen männlicher Hegemonie von Bourdieu und Connell. Beide zeigen eine doppelte Distinktions- und Dominanzkultur von Männlichkeit (vgl. Meuser 2006: 164).

Studien auf Basis dieser Konzepte haben untersucht, wie sich Jungen und Männer Geschlecht zu Eigen machen, wie sie sich gegenseitig beobachten, kommentieren und bewerten, wie die ›richtigen‹ Handlungen Statusgewinn bedeuten, aber auch, wie Handlungen und Männlichkeitsverkörperungen dazu führen, dass Jungen im Rahmen eines geschlechtsbasierten Bullying als ›Mädchen‹ oder ›schwul‹ abgewertet werden.

– Ende des Exkurses –

Zu den grundlegenden Zielsetzungen der Jungenarbeit gehört folglich eine Entlastung von rigiden Männlichkeitsbildern, z.B. indem im Kontakt mit den Jungen ihnen wertschätzend vermittelt wird, »dass ›Hilfe holen‹ und ›Hilfe annehmen können‹ ein Zeichen von Stärke und keine Schwäche ist.« (Bremer Jungenbüro 2012: 12). Jungenarbeit will Jungen

»deshalb darin unterstützten, ihre Potenziale unabhängig von einer geschlechtszuweisenden Kategorisierung und Bewertung zu sehen, wertzuschätzen und weiterzuentwickeln. [...] Ganz grundsätzlich will Jungen_arbeit aufwerten statt abwerten. Sie nimmt die Kompetenzen der Jungen als Ausgangspunkt und steht auch den Jungen_ zur Seite, denen vorwiegend mit dem

Defizitblick begegnet wird.« (Autor_innenkollektiv/DGB-Jugend Niedersachen/Bremen/ Sachsen-Anhalt 2011. III/14)

Zu den Themen von Jungenarbeit zählen z.b. ein achtsamer und sensibler Umgang mit den eigenen Körpersignalen und Bedürfnissen, Körpernormen und Körperideale von Jungen, das Spüren und Sichtbarmachen von Grenzen. Zu den Methoden gehören körperbezogene Übungen, Rollenspiele, biografische Methoden, Vertrauens- und Wahrnehmungsübungen, erlebnispädagogische Übungen, die Bewegungs- und Entspannungsmöglichkeiten jenseits von Fitness und Leistungssport ermöglichen.

Jungenarbeit ist besonders heute vor dem Hintergrund von aktuellen Statistiken, die zeigen, dass sich die Zahlen der Schulabbrecher, Gewaltopfer, verübten Suizide und Gewalttaten überwiegend aus Jungen und Männern zusammensetzen und vor dem Hintergrund der Ergebnisse der PISA-Studien, von institutioneller Seite häufig gefragt. Im Vergleich dazu hatte die Männerbildung ihre erste Hochphase (etwa Anfang der 1990er Jahre) bereits überschritten (vgl. Nuissl 1999: 42). Das in den Normen männlicher Sozialisationsanforderungen bestehende Diktum ›Männer haben keine Probleme‹, erschwert die Annahme der Männerbildung in der Erwachsenenbildung. Die geringe Verbreitung von Männerbildung wird auch auf die fehlende Rückbindung an eine entsprechend (starke) Männerbewegung zurückgeführt. Laut Ekkehard Nuissl spielte die Männerbildung im Vergleich zur Frauenbildung »in der gesamten Weiterbildungslandschaft eine geringere Rolle« (vgl. Nuissl 1999: 42).

Ziele der Männerbildung sind es, problematische bzw. einschränkende als auch privilegierende Bereiche männlicher Identitäten zu reflektieren und die Gleichsetzung der männlichen mit der allgemeinmenschlichen Norm zu hinterfragen. Themen der Männerbildung sind vor allem die Rolle der Väter in der Familie, die Abwesenheit von Vätern als Identifikationsfigur bzw. Männer als Söhne, Männer im Beruf und die Auseinandersetzung mit der innerfamiliären, geschlechtshierarchischen Arbeitsteilung.

Queere Pädagogik[45]

Da bis heute in der geschlechterreflektierenden Pädagogik Konzepte existieren, die in einer Dichotomie von gleich- und gegengeschlechtlichen Lebensweisen verharren und es versäumen, die zugrunde liegenden dualen Herstellungsmechanismen zu reflektieren (vgl. Hartmann 2012: 165), beziehen sich Akteur_innen von Mädchenarbeit/Jungenarbeit, die dekonstruktivistische Positionen aufgreifen, auf den Begriff der Queeren Pädagogik (z.B. in der Friller Schule Busche 2010, Autor_innenkollektiv/DGB-Jugend Niedersachen /Bremen /Sachsen-Anhalt 2011, Frey, et al 2006). Heteronormativität ist jedoch besonders auch in der anti-homophoben, bzw. ›quee-

---

45 Teile dieses Abschnittes habe ich bereits veröffentlicht in: Krämer 2013.

ren‹ Bildungsarbeit sowie innerhalb der lesbisch-schwulen LGBTI-Aufklärungsprojekte (LGBTI: englische Abkürzung Lesbian, Gay, Bi, Trans*, Inter* = Lesben, Schwule, Bisexuelle, Trans*, Intergeschlechtliche) seit Beginn der 1990er Jahre explizit ein Thema.

Im Alltagsverständnis wird ›queer‹ oft als Adjektiv z.b. in ›queere Jugendliche‹, synonym zu ›homosexuellen‹ bzw. synonym zu dem Kürzel LGBTI benutzt und wird so zu einem Sammelbegriff für lesbische, schwule, bisexuelle, trans* und inter* Lebensweisen. Eine Gefahr, ›queer‹ in diesem Kontext zu benutzen, ist, dass der Begriff einen potenziell Differenzen nivellierenden Charakter bekommen kann. Aber auch die In-Eins-Nennung in der Abkürzung LGBTI birgt eine Problematik: Sie kann suggerieren, dass Schwule, Lesben und Bisexuelle nicht gleichzeitig trans* oder inter* sein können, oder andersherum, dass Trans* oder Inter* keine eigene Sexualität haben, welche lesbisch, schwul, bi oder hetero sein kann (vgl. Haritaworn 2007: 272.). Im Englischen wurde ›queer‹ lange als abwertende Bezeichnung für LGBTI benutzt (im Sinne von: seltsam, sonderbar, pervers, deviant), bis der Begriff Anfang der 1990er Jahre im Kontext der Lesben- Schwulen-, Bisexuellen-Bewegung[46] in den USA strategisch umgedeutet und als positive Selbstbezeichnung verwendet werden konnte. Im Zuge der AIDS-Krise in den USA schlossen sich Ende der 1980er, Anfang der 1990er Jahre breite Bündnisse unter der Bezeichnung ›queer‹ zusammen[47], um gegen die homophobe, moralische Re-Regulationspolitik der Reagan- und Bush-Regierung zu mobilisieren.[48] Die Bezeichnung stand in Folge dessen für eine ›andere‹ Identität, auf die sich mit Stolz bezogen wurde. Auch heute wird *queer* häufig noch in diesem Sinne verwendet (ausführlicher Rauchut 2008).

Hintergrund für die Entstehung der schwul-lesbischen Bildungsprojekte bildete die Feststellung, dass LGBT(I)[49]-Lebensweisen in der Schule oft überhaupt nicht

---

46 Trans* und Inter* waren damals noch nicht organisiert und deshalb auch noch nicht sichtbar innerhalb der Bewegung.

47 Z.B. Act Up 1987 (AIDS Coalition To Unleash Power), Queer Nation 1990, Lesbian Avengers 1992.

48 Die politische Praxis dieser Bewegungen gründete sich nicht mehr auf nur eine gemeinsame Identität, sondern auf verschiedene Positionierungen der Beteiligten innerhalb der heteronormativen Verhältnisse (vgl. Wagenknecht 2007: 23).

49 Inter* werden in den meisten Bildungsprojekten nicht explizit benannt bzw. nehmen kaum an der Aufklärungsarbeit teil. Intergeschlechtlichkeit wird selten als Thema behandelt, deswegen führe ich das ›I‹ in der Aufzählung (LGBT) hier in Klammern an (eine Ausnahme ist zum Beispiel das Projekt ›TriQ‹ [TransInterQueer] siehe: http://www.transinterqueer.org/).

oder auf eine problematische Art und Weise thematisiert werden, und dass LGBT-Jugendliche eher diskriminiert als in der Bildung ihres Selbstbewusstseins gefördert werden. Weil Lehrkräfte nicht immer und in jeder Situation in der Lage sind, LGBT-Lebensweisen auf eine ansprechende und nicht-diskriminierende Weise zu thematisieren, haben Schwule und Lesben seit Anfang der 1990er Jahre zunehmend LGBT-Aufklärungsprojekte in Deutschland gegründet. Hintergrund für die Eigeninitiative bildet die Annahme, dass LGBT-Expert_innen in eigener Sache sind, ein Zusammentreffen mit schwul, lesbisch, bi oder als trans*[50] lebenden Personen Vorurteile abbaut und eine Wertschätzung von LGBT-Lebensweisen zur Folge hat.

Zu den Zielen einer anti-homophoben Bildungsarbeit zählt nach Jutta Hartmann (2002) das Aufheben von Schweigen und Verzerrungen gegenüber lesbischen und schwulen Lebensweisen durch die Beseitigung von Informationsdefiziten und den Abbau von Vorurteilen (vgl. ebd., 190). Während dieser Projekte, die entweder an alle Schüler_innen oder insbesondere an lesbische und schwule Schüler_innen gerichtet sind, kommen Teamer_innen in eine Klasse und bieten an, dass Schüler_innen persönliche Fragen stellen können. Meist geschieht dies innerhalb geschlechtshomogener Gruppen und wird begleitet von Kennenlernübungen und weiteren Methoden zum inhaltlichen Einstieg.[51] Erste Projekte waren das Berliner Projekt »Kommunikations- und Beratungszentrum homosexueller Frauen und Männer e.V.« (1981), das Hamburger Projekt »Sozialpädagogische Aufklärung mit homosexuellen Jugendlichen« (1989) und das Aufklärungsprojekt beim schwullesbischen Jugendnetzwerk Lambda (1990) (vgl. Rieske 2010: 183). Derzeit gibt es deutschlandweit 24 Aufklärungsprojekte (Stand 2010, ebd. 184).

Auch Trans*-Lebensweisen wurden erst in den letzten Jahren in der Aufklärungsarbeit in den ersten Projekten thematisiert (z.B. ABqueer [Aufklärung und Beratung zu lesbischen, schwulen, bisexuellen und transgender Lebensweisen], siehe: http://www.abqueer.de/).

50 »Der Begriff ›Transgender‹ steht im Gegensatz zur Diagnose ›Transsexualität‹ im deutschsprachigen Raum für die Kritik an dem vorherrschenden System der heteronormativen Zweigeschlechtlichkeit, für die Kritik an der von Staat und Medizin beanspruchten Definitionsmacht über den Geschlechterwechsel« (Autor_innenkollektiv 2011: II/13). Gegenüber Lesben und Schwulen, die in den letzten Jahrzehnten durchaus zur Zielgruppe avanciert sind, ist die Sichtbarkeit von Transgender immer noch marginal (vgl. Hartmann 2012: 165).

51 Die Schüler_innen nutzen diesen Rahmen, um Fragen zu formulieren, wie beispielsweise: »Wie und wann hast Du gemerkt, dass Du schwul/lesbisch bist?«, »Wie haben Deine Eltern/Freunde/Freundinnen reagiert?«, »Wie habt Ihr Sex?«, »Findest Du das nicht eklig?«, »Wärt ihr lieber hetero?« (vgl. Ellmenreich/Mester 1997, 29f, Rieske 2009: 183).

Intersektionale Ansätze in der außerschulischen Bildungsarbeit und in der Erwachsenenbildung

»Eine intersektionale Bildungsarbeit bearbeitet neben individuellen Fragestellungen auch diejenigen gesellschaftlichen Dominanzverhältnisse, die für die adressierten Jugendlichen [oder Erwachsenen] relevant sind.« (Stuve: 1)

Wie in obigem Zitat deutlich wird, zählen zu den intersektionalen Ansätzen und Bildungsarbeitsprojekten jene, die Verschränkungen von Herrschaftsverhältnissen meistens entlang der sichtbar werdenden Privilegien und Identitätskategorien thematisieren (vgl. Abschnitt Intersektionalität in 2.1). In den Methoden und Trainingsinhalten geht es um die Reflexion der eigenen zahlreichen Verstrickungen innerhalb von Ungleichheitsverhältnissen und die daraus resultierenden Handlungs- und Veränderungsmöglichkeiten. Die Reflexion von Geschlechterverhältnissen und die Vermittlung von Wissen, das ihre Reflexion und die Veränderung von Handlungsweisen und gesellschaftliche Interventionen ermöglicht, ist deshalb häufig, jedoch nicht immer, ein Bestandteil. Das Konzept der intersektionalen, pädagogischen Arbeit ist allerdings bisher kaum theoretisiert und »noch weniger praktisch umgesetzt« (Busche/Stuve 2007: 19, vgl. auch Leiprecht, Lutz 2005). Für bestimmte Differenzlinien liegen in der pädagogischen Diskussion Konzepte vor, so z.B. in Bezug auf Sexualität (Hartmann 2001) oder in Bezug auf Behinderung (Prengel 2006).[52]

Einen Überblick über intersektionale Methoden in der pädagogischen Arbeit sowie aktuelle Forschungsprojekte und Literatur zu intersektionalen, pädagogischen Ansätzen bietet das Portal Intersektionalität. Es ist »Forschungsplattform und Praxisforum für Intersektionalität und Interdependenzen« (Portal Intersektionalität) zugleich. Auf der Plattform diskutieren Praktiker_innen verschiedener pädagogischer Projekte Methoden, die Intersektionalität thematisieren, zum Beispiel im Rahmen von online stattfindenden Methodenkonferenzen. Um die noch sehr jungen Entwicklungen der intersektionalen pädagogischen Ansätze zu skizzieren, wird hier auf einige Projekte im Raum der BRD verwiesen. Auch wenn diese Projekte sich nicht explizit als intersektional bezeichnen, so verfolgen sie doch Ansätze, die bewusst unterschiedliche soziale Kategorien berücksichtigen. Die meisten Verschränkungen bestehen zwischen der inter- oder transkulturellen Mädchen- und Jungenarbeit (Busche/Stuve 2007: 21). Mart Busche und Olaf Stuve nennen folgende Projekte: das Projekt ›respect‹ (anti-rassistische Mädchen- und Jungenarbeit) (vgl. auch Pohlkamp 2004), das ›Interkulturelle Lernen‹ am Anne Frank Zentrum in Berlin, das Projekt ›PeaceXchange: Lernen im Dialog mit dem globalen Süden‹ und das Pro-

---

52 Jüngst erschienen Überlegungen zu den erziehungswissenschaftlichen Bezugnahmen auf soziale Differenzkategorien und Intersektionalität (Emmerich 2013).

jekt ›Girls Act‹- des Mädchentreffs Bielefeld (vgl. Busche/Stuve 2007: 26f).[53] Stuve und Busche stellen diese in den Kontext der intersektionalen Gewaltprävention.[54]

Als weitere Beispiele der intersektionalen Pädagogik können z.b. die intersektionale fallbezogene Pädagogik (Stuve), die Gender-Projektschultage der DGB-Jugend (Autor_innenkollektiv /DGB-Jugend Niedersachsen/Bremen/Sachsen-Anhalt 2011), die Arbeit des Bildungsteams Berlin Brandenburg angeführt werden.

Als Ansätze, die auch in der Erwachsenenbildung praktiziert werden, sind z.b. der Anti-Bias-Ansatz (Schmidt 2009) und das Social-Justice-Training (Czollek/Weinbach 2007) zu nennen.

Gudrun Czollek und Carola Perko stellen als eine gender- und diversitygerechte Didaktik als intersektionalen Ansatz für die Erwachsenbildung vor. Diese zielt auf Verbindungslinien zwischen dem Gender Mainstreaming mit denen des Allgemeinen Gleichbehandlungsgesetzes (vgl. Perko/Czollek 2008: 2).

Inwiefern ›Diversity‹-Ansätze in der innerbetrieblichen Weiterbildung auch im Kontext einer intersektionalen Erwachsenenpädagogik erwähnt werden müssen, ist umstritten. Eher kann davon gesprochen werden, dass sie Überschneidungen mit dem Social-Justice-Ansatz bzw. intersektionalen Perspektiven aufweisen. Problematisch an ›Diversity‹ ist, dass dieses Konzept eng mit einem ökonomischen Konzept assoziiert wird, durch das neue Absatzfelder durch das Ansprechen neuer Käufer_innengruppen erschlossen sowie die Bindung von Arbeitnehmer_innen an ihren Betrieb erreicht werden soll (vgl. Krell et al. 2007). Vielfalt wird darin vor allem als Wettbewerbsvorteil verstanden (vgl. Czollek/Perko/Weinbach 2009: 1). Zwar geht es bei dem Ansatz auch um das Wohlergehen der Angestellten, jedoch hat die Hinterfragung von Hierarchien und Machtverhältnissen sowie das Stellen von kritischen Fragen, die die Ressourcenverteilung anbelangen, ihre Grenze, wenn die Profitinteressen des Unternehmens oder kapitalistische Verteilungslogiken berührt werden (vgl. ebd.). Um das Prinzip von ›Diversity‹ (verstanden als Vielfalt, Heterogenität, Verschiedenheit) in Institutionen zu verwirklichen, fordern Czollek, Perko und Heike Weinbach deshalb »einen der Profitmaximierung enthobenen Entwurf eines radikalen, politisierten Diversity-Konzepts zu etablieren« (ebd.).

Zwischenfazit: Verbindungslinien zwischen den Ansätzen bestehen in Spannungsfeldern und Problematiken

In diesem Unterkapitel wurde eine Übersicht über aktuelle Ausprägungen der geschlechterreflektierenden Bildungsarbeit gegeben. Anstelle eines Rückblickes möchte ich hier resümierend auf theoretische Problemlagen und Gefahren und Schwierigkeiten eingehen, die in der praktischen Umsetzung auftreten, und die

---

53 Die Projekte sind heute zum Teil abgeschlossen bzw. ihre Förderung ist ausgelaufen.
54 Siehe auch Handbuch der intersektionalen Gewaltprävention (Dissens e.V. 2011).

teilweise in den verschiedenen Ansätzen unterschiedlich starke Ausprägungen haben. Die im Folgenden skizzierten Problemlagen gelten nicht nur für die Ansätze, die in diesem Abschnitt als neuere Ansätze skizziert wurden, sondern auch für die Koedukation sowie die Mädchenarbeit und die Frauenbildung, wie sie im Abschnitt 2.2 beschrieben wurden. Sie sollen hier parallel gedacht werden, da sie nachwievor einen elementaren Bestandteil geschlechterreflektierender Pädagogik darstellen. Fragen und Problematiken betreffen folgende Aspekte:

- institutionelle Logiken: Geschlechterreflektierende Bildung hat einen herrschaftskritischen Ursprung. Heute wird sie jedoch auch von Settings und Konzeptionen geprägt, die teilweise gegensätzlichen Logiken folgen (vgl. Bereswill 2005). Die Institution Schule beispielsweise, in deren Kontext Angebote zur Jungen- und Mädchenarbeit erfolgen, beinhaltet neben ihrer Aufgabe, (Demokratie-)Lernen zu ermöglichen, auch einen Selektionsauftrag (über Notengebung) und damit eine Vorbereitung auf die Werte einer Leistungsgesellschaft. Nach Mechthild Bereswill wird Genderkompetenz im Rahmen des Gender Mainstreaming aus managementorientierten und bürokratischen Logiken heraus heute auch als Selbstoptimierungstechnologie für Organisationshandeln angepriesen und die Kategorie Geschlecht als Humanressource verstanden (Bereswill 2005: 218). Sie spricht davon, dass in diesen Logiken einerseits Komplexität reduziert wird und andererseits eine Umdeutung von Politik in Management erfolgt (vgl. Bereswill 2005: 225).55 Es besteht die Gefahr, dass Fragen sozialer Gerechtigkeit zwischen den Geschlechtern zu Kriterien des Wettbewerbs, der Qualitätssicherung und der Humanpolitik werden. Obwohl die Optimierung von Humankapital im äußeren Erscheinungsbild (also z.B. Maßnahmen gegen Diskriminierung am Arbeitsplatz) die gleichen Ergebnisse haben kann wie herrschaftskritisch moti-

---

55 Sie verdeutlicht Ökonomisierungstendenzen im Genderdiskurs durch ein Zitat der damaligen Familienministerin Ulla Schmidt, die sich mit folgenden Worten zur Eröffnung des GenderKompetenzZentrums in Berlin an Vertreter_innen der Wirtschaft wand: »Der unternehmerische Ansatz, die individuellen Fähigkeiten so intensiv wie nur möglich nutzbar zu machen, verbietet per se die Schlechterstellung eines Geschlechts, denn damit würde das Ziel der höchstmöglichen Potenzialausschöpfung der Belegschaft nicht erreicht, der Betrieb bliebe dann unter seinen Möglichkeiten und das ginge zu Lasten des Unternehmens« (Schmidt 2003, Eröffnungsrede des GenderKompetenzZentrums HU 27.10.2003, in: Bereswill 2005: 219). Die emanzipatorische Argumentationslogik, wie sie in der Frauenbewegung bestand und auch in einigen gleichstellungspolitischen Ansätzen zu finden ist, wird hier in ihr Gegenteil verkehrt. Es geht nicht mehr darum, dass das Unternehmen den Bedürfnissen der darin Arbeitenden gerecht werden soll, sondern Gleichstellung wird hier zur Frage der besseren Verwertbarkeit der Arbeitskräfte.

vierte Bestrebungen, unterscheiden sie sich doch in ihrer Quintessenz, da sie einem anderen Menschenbild folgen. Wenn die ökonomische Argumentation überwiegt, so sind bestimmte Aspekte eines feministischen Anliegens ausgehebelt.

- Freiwilligkeit: Das Maß an Freiwilligkeit und damit in Zusammenhang stehend das eigene Interesse der Teilnehmenden ist für den Erfolg von Bildungsmaßnahmen relevant (vgl. Augsburg 2013). Freiwilligkeit ist in der Erwachsenenbildung ein grundsätzliches Prinzip, zurückgehend auf die Traditionen der Volkshochschulen (vgl. Süssmuth/Sprink 2010: 473). Dieses Prinzip wird jedoch insbesondere in der beruflichen Weiterbildung nicht immer eingehalten. In Bezug auf die geschlechterreflektierende Pädagogik kann insbesondere im Rahmen von angeordneten Gender Trainings, aber natürlich auch bei schulischen Gender-Bildungs-Maßnahmen (z.B. Aufklärungsprojekte), nur eingeschränkt von einer Freiwilligkeit der Teilnahme gesprochen werden, da die Teilnehmer_innen Anwesenheitspflichten und Schüler_innen der Schulpflicht unterliegen.
- Adressat_innen: Derzeit kommen nicht allen Menschen die gleichen Zugangsmöglichkeiten zum Lernen über Geschlechterverhältnisse zu. Beispielsweise richten sich Gender Trainings häufig nur an berufstätige Menschen. Erwerbslose, Menschen mit ungesichertem Aufenthaltsstatus etc. sind ausgenommen.
- Komplexität von Geschlecht: Vor dem Hintergrund gängiger Methodenhandreichungen und der Kürze der zur Verfügung stehenden Zeit (häufig weniger als ein Tag), lässt sich daran zweifeln, dass es in Genderkompetenz-Trainings und anderen Maßnahmen der geschlechterreflektierenden Bildungsarbeit immer gelingt, die Komplexität der Kategorie Geschlecht zu vermitteln (Bereswill 2005, Wetterer 2003, Pfeifer 2006: 56). Es besteht die Gefahr, zweigeschlechtliche und heteronormative Denkweisen zu reifizieren. Die Herausforderung liegt darin, dass einer Dramatisierung von Geschlecht eine Ent-Dramatisierung von selbigem folgen muss. Es ist zusammenzudenken, dass »soziales Handeln und gesellschaftliche Strukturzusammenhänge, den Prozess der beständigen Neu-Konstruktion von Geschlecht und die Tatsache, dass die Zweigeschlechtlichkeit als grundlegendes Strukturmoment des Sozialen immer schon da ist, bevor sich die Konstrukteure des Geschlechts neu an die Arbeit machen [...].« (Wetterer 2002: 25) Dieses paradoxe Unterfangen erfordert sehr viel Abwägen und Sensibilität darüber, in

---

56 Frey et al. nennen als Beispiel für ein, vor dem theoretischen Hintergrund eher als kontraproduktiv zu bewertendes, Konzept das ›Genderteam‹. Damit ist das gemeinsame Leiten eines Trainings durch einen Mann und eine Frau gemeint (ebd. 2006: 3).

welchen Momenten eine Bezugnahme auf Geschlecht verfestigend oder aber emanzipatorisch wirkt.
- Kritisch anzumerken ist auch z.b. hinsichtlich schwul-lesbischer Bildungsarbeit, dass allein durch die Darstellung lesbischer und schwuler Lebensweisen und durch die Begegnung von Jugendlichen mit LGBT noch keine queere Pädagogik im geschlechtertheoretischen (dekonstruktivistischen) Sinne der Bezeichnung ›queer‹ ausmacht. Eine kritische Auseinandersetzung mit der Duallogik von Homo-Hetero und den Herstellungsweisen von dichotomen und hierarchisierenden Geschlechternormen wird dadurch nicht automatisch ermöglicht (vgl. Hartmann 2001: 190).
- Enthistorisierung: Eine Gefahr ist, dass die Kategorie Geschlecht durch Individualisierungsprozesse eine einseitige Ausdeutung als eine diskursive Differenzkategorie erfährt. »Damit wird suggeriert, dass soziale Ungleichheit durch individuelles Streben verändert werden kann« (Bereswill 2005: 225f). Angelika Wetterer (2003) bezeichnet diese Problematik als ›rhetorische Modernisierung‹ (Wetterer 2003). Die geschlechterreflektierende Bildungsarbeit steht vor der Aufgabe, eine gesellschafstheoretisch fundierte Konzeptualisierung von Geschlecht zu vermitteln, die das Zusammenwirken von diskursiver und struktureller Ebene beinhaltet. Eine Bezugnahme auf feministische Bewegungen und kollektives (politisches) Handeln ist deshalb notwendig.
- Intersektionalität: Nicht allen Ansätzen gelingt es, Intersektionalität und ihre Bedeutung für Identitätskonstruktionen mit einzubeziehen, manchen Konzepten fehlt die Integration einer intersektionalen Denkweise gänzlich (vgl. Kaschuba 2007: 265). Eine weitere Gefahr ist, dass unterschiedliche Herrschaftsverhältnisse simpel addiert, oder aber gegeneinander ausgespielt werden. Auf der anderen Seite wird jedoch von Wissenschaftler_innen und Praktiker_innen immer wieder vermutet, dass es über Diversity- und Intersektionalitätsansätze auch zu einem erneuten Unsichtbarmachen von Geschlecht bzw. einem Bedeutungsverlust von Gender kommen kann (Bereswill 2005, Wetterer 2003).

Deutlich wurde hier, wie sich in den benannten Problemlagen der geschlechterreflektierenden Bildung die bereits in der Einleitung skizzierten Spannungsfelder zwischen den drei gesellschaftlichen Entwicklungsrichtungen (Gleichstellung/Feminismus, Re-Traditionalisierungen/Anti-Feminismus und Individualisierung/Ökonomisierung) sowie das Dilemma der Objektivität und der daraus folgenden Handlungsstrategien von Dramatisierung- und Entdramatisierung wieder finden. So bildet sich unter dem ersten Spiegelstrich, bezeichnet als Problematik der ›institutionellen Logiken‹, das Spannungsfeld zwischen dem Bereich Gleichstellung/Feminismus und Individualisierung/Ökonomisierung ab. Auch die Problemfelder von Freiwilligkeit, Adressat_innen und (Ent-)historisierung kann in diesem

Bereich verortet werden. Die Problematik ›Komplexität von Geschlecht‹ unterliegt der objektivitätskritischen, reflexiven Spannung zwischen Dramatisierung und Entdramatisierung und gleichzeitig auch in der Spannung zwischen der Benennung (eine Form von [Re-]Traditionalisierung) und Auflösung in Richtung feministischer progressiver geschlechtlicher Anrufungen d.h. Gleichstellung/Feminismus.

2.4 Status-Quo der Geschlechterreflexivität in den Bildungsinstitutionen

Räume zur kritischen Auseinandersetzung mit Geschlechterverhältnissen können durch unterschiedlichste soziale Umfelder und Medien eröffnet werden: Elternhaus, Freundeskreise, Internet, Zeitungen und Filme geben dafür Möglichkeiten. Dazu zählen auch die expliziten, formalen Lernorte, in erster Instanz die Schule, im weiteren Lebensverlauf die Aus-, Fort- und Weiterbildung. Innerhalb dieser kollektiven, da institutionalisierten Rahmenbedingungen, sind Menschen einerseits gezwungen, ihr Geschlecht täglich aufs Neue zu konstruieren, andererseits werden innerhalb dieser Rahmenbedingungen mehr oder weniger Chancen geboten, Brüche wahrzunehmen und auf einer abstrakten Ebene die Reflexion über Geschlechterverhältnisse aufzunehmen.

Während in den vorherigen Abschnitten Entwicklungen und Konzepte der geschlechterreflektierenden Bildungsarbeit betrachtet wurden, werden hier die aktuell existierenden Bedingungen für das Lernen über Geschlechterverhältnisse in den Bildungsinstitutionen skizziert. Sie geben Auskünfte über Wahrscheinlichkeiten des Kontaktes mit bereit gestellten Räumen zur kritischen Reflexion und über die Beschaffenheiten dieser Räume.

Die Schule ist ein Ort, an dem, nach den offiziellen Bildungsrichtlinien nicht erst seit der Einführung des Gender Mainstreaming, reflektierendes Wissen über die Geschlechterverhältnisse gelernt werden soll. In der Erwachsenenbildung gibt es nur wenig übergreifende Richtlinien. Die Ansprüche können sehr unterschiedlich sein und differieren nach den Selbstverständnissen der Anbieter_innen. Ich werde mich im Folgenden, nachdem ich die Rahmenbedingungen der Schule als Lernort streife, auf die Erwachsenenbildung konzentrieren, da die Dissertation im Feld der Erwachsenenbildung angesiedelt ist.

Schule
Engagierte Sozialpädagog_innen und Lehrer_innen haben seit den 1970er Jahren im schulischen Kontext eine genderreflektierte Bildung protegiert und hervorragende Unterrichtsmaterialien und Unterrichtsfilme beispielsweise zu den Themen Frauenbewegung, Sexualität, Mobbing und Geschlechterrollen erstellt. Die Gender-

schulforschung (vgl. Faulstich-Wieland/Krüger 2003: 137) hat dazu beigetragen, die Konstruktion bzw. Rekonstruktion von Geschlechterverhältnissen über den heimlichen Lehrplan (Dick 1986, 1991; Fichera 1996) an der Schule wissenschaftlich zu enttarnen, die reflexive Koedukation zu lancieren (Faulstich-Wieland/ Horstkemper 1996, Kraul/Horstkemper 1999), die Schulentwicklung im Hinblick auf die Kategorie Geschlecht zu untersuchen (Koch-Priewe 2002), die hierarchischen Geschlechterverhältnisse in Schulbüchern offen zu legen (Fresse 1985, Dick 1991, Heidel 1999) oder die Relevanz der Geschlechtlichkeit der Lehrperson für die Lernprozesse zu betrachten (Flaake 1989, Terhart 1993, 1996).

Heute enthalten die schulischen Lehrpläne Rahmenrichtlinien, nach denen Schüler_innen die Mechanismen des und die Kritik am Geschlechterverhältnis in der Schule nahe gebracht werden sollen. So heißt es beispielsweise in den pädagogischen Leitideen für die Sekundarstufe I im Land Bremen:

»Im Spannungsfeld von Individuum und Sozialisation werden Mädchen und Jungen ermutigt, ihre Persönlichkeit kreativ und in kritischer Distanz zu Stereotypen bzw. Klischees zu entwickeln.«

»Die Schüler und Schülerinnen können den Weg zur rechtlichen Gleichstellung der Geschlechter wiedergeben und die Probleme der Gleichberechtigung von Mann und Frau definieren.« (Landesinstitut für Schule Bremen)

»Lehrerinnen und Lehrer müssen ihre eigene Sprache überprüfen. Es darf nicht angenommen werden, dass Mädchen sich bei der Verwendung der männlichen Sprachform mitgemeint fühlen. Sie speziell anzusprechen, muss zur Folge haben, auch immer die weibliche Sprachform zu verwenden.« (Landesinstitut für Schule Bremen)

Analoge Formulierungen finden sich teilweise in den Lehrplänen anderer Bundesländer. Kritische Distanz zu Stereotypen, also die Fähigkeit, selbige zu reflektieren, und eine Kenntnis der geschichtlichen Ursprünge von Gleichberechtigung gehören zu den Grundvoraussetzungen, zum Basiswissen, um hierarchische Geschlechterverhältnisse anzugehen. Jedoch, so haben verschiedene Studien der feministischen Schulforschung gezeigt, kann bei weitem nicht davon gesprochen werden, dass Gleichstellung im Allgemeinen und die Gleichstellung der Geschlechter im Besonderen bereits als systematische Schulaufgabe begriffen und praktiziert wird (vgl. Jösting/Seemann 2006: 26f). Es gilt nach wie vor, dass Schulen in Weltanschauungen und Werthaltungen der sie umgebenen Gesellschaft verhaftet sind. Werte werden vor allem in den verdeckten Curricula vermitteln. »Schulen können nicht lehren was die Gesellschaft nicht weiß« (Spender/Trömel-Plötz/Stein 1985: 20). Diverse Studien zum ›heimlichen Lehrplan‹ haben gezeigt, über welche Zuschreibungsmechanismen Geschlechter- und andere Ungleichheitsverhältnisse über Interaktionen,

Lehrkräfte, Unterrichtsmaterialien reproduziert werden. Die reale Situation in Bezug auf die Umsetzung von Geschlechterreflexion sieht anders aus als die viel versprechenden Sätze in den Rahmenlinien anmuten lassen. Themen wie Gender, Gleichberechtigung oder Geschlechterverhältnisse gelten in der Schule nach wie vor als Frauenthemen und feministische Positionen werden als veraltete, politische Haltungen wahrgenommen (vgl. Krämer 2007: 43f, Oechsle/Wetterau 2000). Gleichheitsrhetorik bzw. Ungleichheitstabus verhindern, dass Differenzen wahrgenommen und benannt werden (ebd.). Lehrpersonen verwenden selten genderreflektierte Sprache (vgl. Krämer 2007). Hinzu kommt, dass Geschlechterdifferenzen in erster Linie bei Schüler_innen mit Migrationshintergrund, insbesondere muslimischem, als problematisch thematisiert werden (Weber 2003: 117-180). Mit einer Zuweisung der Genderthematik auf den Aspekt der Migration vermeiden die Lehrer_innen eine Verknüpfung mit feministischen Ideen und Theorien. Die Relevanz des Themas ›Gender‹ wird von Lehrkräften oft nur bezüglich als muslimisch bzw. türkisch zugeordneter Schüler_innen hervorgehoben, wobei auf deren Unterdrückung (Stichwort ›Kopftuchmädchen‹) oder auf deren Sexismus und Homophobie (Stichwort ›Machojunge‹) hingewiesen wird (Weber 2003: 176, Krämer 2006: 41, Munsch 2007). Geschlechterdifferenzen unter den weißen Schüler_innen werden als irrelevant abgetan (Weber 2003: 175, Krämer 2006, Krämer 2007: 36f). Zugleich reproduzieren Lehrpersonen über geschlechtsspezifische Zuschreibungen und Erwartungen, adressiert sowohl an Schüler/innen[57] als auch Kollegen/innen, das geschlechterhierarchische System (Faulstich-Wieland/Weber/Willems 2009, Jösting/Seemann 2006). Es besteht eine gewisse Rezeptionssperre gegenüber den Ergebnissen der Frauen- und Geschlechterforschung, was sich daran zeigt, dass Dekonstruktion und Infragestellung von Zweigeschlechtlichkeit vielen Lehrpersonen kein Begriff ist. Sie finden weder in Beschreibungen der Inhalte noch der Praxen einen Platz (Krämer 2006, Krämer 2007). Die Genderthematik ist bislang noch nicht selbstverständlicher Bestandteil der Lehrer_innen- Aus- und Fortbildung (Kuhnhenne/Seemann 2009).

Individuell kann es für die einzelnen Schüler_innen natürlich stark variieren, ob zufällig ein Kontakt mit kritischem, geschlechtertheoretischen Wissen, z.B. über eine engagierte Lehrperson, stattgefunden hat. Evaluationen und Erfahrungsberichte des Gender Mainstreaming an Schulen heben hervor, dass sich wiederholt einzelne engagierte Individuen, meistens Frauen, für deren Umsetzung verantwortlich fühlen (Koch-Priewe 2002, Venth 2006, Kuhnhenne/Seemann 2009) und dass das Gender Mainstreaming mit deren Einsatz steht oder fällt. Gender-Mainstreaming-Prozesse werden häufig dadurch blockiert, dass ›Gender‹ an den Bildungsinstitutionen nach wie vor als ›Frauenthema‹ angesehen gilt. An der Schule wird das Geschlech-

---

57 Die Schreibweise wurde hier bewusst ohne Unterstrich_ gewählt.

terthema trotz der Anforderung offizieller Curricula häufig nicht in den Unterricht integriert.

Erwachsenenbildung

Eine weitere zu betrachtende Komponente der Lernrahmungen liegt im Bereich der Erwachsenenbildung. Über die Praxis der Erwachsenenbildung wurde gesagt, dass sie näher an den feministischen Zielen arbeiten könne als andere Bereiche der Pädagogik, da sie zum größten Teil keinen verbindlichen Lehrplänen und Beurteilungen unterliegt (Hughes 1995: 150) und ihr aufgrund ihres traditionell aufklärerischen Charakters bei der Vermittlung von Genderkompetenz eine zentrale Rolle zukommt (vgl. Fleige 2007: 228). Erwachsenenbildung wird nach Rolf Arnold verstanden als »die Bildung Erwachsener, d.h. die auf der interpersonalen Ebene stattfindenden organisierten Lernprozesse, durch die Erwachsenen Anleitung und Hilfen zur Bildung und Selbstentwicklung und damit auch zur Fortbildung und Umschulung gegeben werden.« (Arnold 1996) Der Arbeit der Erwachsenenbildung liegt, im Unterschied zu schulischen Lernprozessen, kein Selektionsauftrag zugrunde. Es liegen unterschiedliche Definitionen vor, inwiefern auch das nichtorganisierte, d.h. das informelle, Lernen unter die Definition von Erwachsenenbildung fällt.

Vorangehend habe ich die Entwicklung von emanzipatorischer, feministischer Bildung beschrieben, die zeigte, dass diese aus der Landkarte der Erwachsenenbildungspraxis nicht mehr wegzudenken ist. Auch die verschiedenen Forschungsgebiete der feministischen Erwachsenenbildungsforschung, die seit den 1990er Jahren die Kategorie *Geschlecht* als Analyse- oder als Bedeutungskategorie fokussieren (vgl. Pravda 2004: 33, Derichs-Kunstmann 2000: 113), sind mittlerweile anerkannt und beispielsweise auch zu finden in den Tertiärliteratur der wissenschaftlichen Disziplin (z.B. Tippelt 1999). Elisabeth Sotelo stellt die These auf, dass feministische Reflexionen heutzutage einen festen Platz in der Weiterbildung haben und der Marginalität enthoben sind (vgl. de Sotelo 2000: 29). Andere sind diesbezüglich skeptisch bzw. negieren diese Aussage wie zum Beispiel Venth und Derichs-Kunstmann:

»Die Frage nach der Geschlechterperspektive in der Erwachsenenbildung provoziert auch gegenwärtig noch eher emotionale und assoziativ eingefärbte Reaktionen als theoretisch deutliche und praktisch bedeutsame Antworten. Sie bringt Abwehr, Indifferenz, Irritation und Neugier ans Licht, aber keine klaren, wissenschaftlich gestützten und bildungsrelevant profilierten Positionen. Dennoch weisen einzelne Modellprojekte, Konferenzen und Seminare zum Thema auf die einsetzende professionelle Prüfung der Perspektive für bildungsspezifische Aufgaben hin. Allerdings wirkt der Diskurs darüber noch außerordentlich widersprüchlich und bleibt so tastend, dass das erwachende fachliche Interesse leicht wieder in Geschlechtsneutralität oder -blindheit abgleiten kann.« (Venth 2006: 11)

Derichs-Kunstmann fokussiert die politische Bildung als Teil der Erwachsenenbildung: »In der Theorie der politischen Bildung hat der Beitrag der Frauenbildungsarbeit bislang keineswegs seinen Niederschlag gefunden« (Derichs-Kunstmann 2000: 81). Bezogen auf die politische Bildung stellte Christiane Schiersmann bereits 1987 fest: Es gehe »langfristig nicht um die Entwicklung eines Konzepts politischer Bildung für Frauen, sondern um eine Theorie politischer Bildung, die die Beziehung der Geschlechter untereinander als zentrales Moment ihres Begründungszusammenhangs berücksichtigt.«(Schiersmann 1987: 9)

Um Aussagen über den Ist-Zustand der praktischen Erwachsenenbildung zu treffen, werde ich die Ergebnisse qualitativer und quantitativer Studien folgender Bereiche hinzuziehen:

a. Statistiken der Weiterbildungsbeteiligung
b. Programmanalysen (Borst, Maul 2001, Venth 2006)
c. Analysen von Lehr-Lernmaterialien (Pravda 2004)
d. Diskursanalytische Überlegungen zum fachöffentlichen Diskurs der Gesundheitsbildung (Venth 2006)

Die vorliegenden Arbeiten beziehen sich hauptsächlich auf Statistiken und Evaluationen der Volkshochschulen (im Folgenden ›VHS‹ genannt) und der betrieblichen Weiterbildung (Pravda 2004). Die VHS ist einer der größten Weiterbildungsanbieter in Deutschland, der durch die Institutionalisierung regelmäßige, einheitliche Evaluierungen betreibt und sich dadurch besonders gut für die Beforschung eignet. Ich möchte hier darauf hinweisen, dass durch die folgende Zusammenstellung an Forschungsergebnissen nur ausschnitthaft ein Einblick entstehen kann.

a) Weiterbildungsbeteiligung

Die Auswertungen der Weiterbildungsbeteiligung verweisen auf den Aspekt des geschlechtsbezogenen Zugangs zum institutionalisierten Lernen Erwachsener. Die Statistiken belegen ein Absinken der Beteiligung von Frauen an der Weiterbildung während der Mutterschaft, nicht nur in Westdeutschland, sondern mittlerweile auch in Ostdeutschland (Fleige 2007: 221).[58] Noch im Alter von 10-25 Jahren bringen nach der Umfrage des Statistischen Bundesamtes (Dallinger 2004: 440) Frauen mehr Zeit für Bildung auf als Männer. Im Alter von 25-30 Jahren verkehren sich die Proportionen des Zeitaufwandes diametral, also in der Lebensphase, die von Familiengründung geprägt ist: Bei den Männern steigt der Zeitaufwand für Beruf und Weiterbildung, bei den Frauen sinkt er. Die Langzeitstudie von Harry Friebel

---

58 Die Weiterbildungsbeteiligung junger Väter und Mütter im Vergleich verweist als Seismograph der Geschlechterverhältnisse in die Sphäre der (familien-)politischen Rahmenbedingungen.

(2004) zeigt, dass weibliche Berufsverläufe im Zuge der Kindererziehung in allen Milieus und Qualifikationsniveaus unter- oder abgebrochen werden. Die Beteiligung an Weiterbildung steigt bei Vätern nach dem ersten Kind auf über 80%, während sie bei den Müttern nach dem ersten Kind auf 23% sinkt (Friebel 2004: 140). Die Beteiligungszahlen könnten unter anderem darauf hinweisen, dass Weiterbildungsangebote nicht hinreichend auf Menschen mit Kinderbetreuungsaufgaben (derzeitig mehr Frauen) abgestimmt sind.

Auf die unterschiedlichen Bereiche der Weiterbildung aufgeteilt, fallen eindeutige Muster auf: Insgesamt beteiligen sich mehr Frauen an der Allgemeinen Weiterbildung (34% weibliche und 28% männliche Nutzer_innen), während sich an beruflicher Weiterbildung mehr Männer beteiligen (35% männliche und 26% weibliche Nutzer_innen). Im Bereich der Volkshochschule ist die Bildungsbeteiligung von Frauen in allen Bereichen höher als die von Männern. Am stärksten sind hier die Männer in der Grundbildung und im Bereich der Weiterbildungen für Arbeit und Beruf beteiligt (vgl. Venth 2006: 143, Faulstich-Wieland 2010: 843f).[59]

Innerhalb der allgemeinbildenden Bereiche ist der von Frauen meist besuchte der der Gesundheitsbildung. Die geschlechtsspezifischen Beteiligungszahlen an beruflicher und allgemeiner Bildung verweisen auf den alltäglich hergestellten, vergeschlechtlichten Zusammenhang zwischen Leben und Arbeit. In diesem werden inhaltliche Bereiche, die der Reproduktion zugeordnet werden können (Gesundheit, Soziales, Emotionales), geringer bewertet und als ›weiblich‹ verortet und Bereiche, die der Erwerbsarbeit zugerechnet werden, höher bewertet und als ›männlich‹ verortet. Die Reproduktion von Trennung und Bewertung von Arbeit und Leben untersucht Venth (2006) in ihren diskursanalytischen Reflexionen des fachöffentlichen Diskurses über Gesundheitsbildung.

Anzumerken ist, dass Statistiken zwar brauchbar sind, um die realen Auswirkungen von Zweigeschlechtlichkeit auf die Lebensrealitäten festzuhalten, jedoch gleichzeitig die binäre Einteilung in Männer und Frauen festschreiben. Deshalb eignen sie sich nur bedingt im Kontext dieser Studie. Die Erhebung demografischer Daten unterliegt jedoch generell dem Problem einer Komplexitätsreduktion. Um dieser Herausforderung Rechnung zu tragen, wurde in der Erwachsenenbildungsforschung dazu übergegangen, zudem Milieuforschung zu betreiben.

---

59 Die Differenz zwischen den männlichen und weiblichen Teilnahmequoten hat sich in den letzten 30 Jahren beständig verringert (von über 8% 1979 bis zu 2% 1997).

b) Programmanalysen

Insgesamt liegen fünf größere Studien vor.[60] Eine Zusammenfassung der vier großen im Jahr 2001 vorliegenden Programmanalysen liefern Eva Borst und Bärbel Maul (Borst/Maul 2001: 699ff). Sie betonen die geringe Anzahl einschlägiger Studien (vier Studien aus 1994 und 1995) und die Notwendigkeit weiterer Forschung. Venths Studie, die ich anschließend als fünfte vorstelle, ist aus dem Jahr 2006. Programmanalysen sind für die Beschreibung der Ist-Situation bedeutsam, denn sie können als Gradmesser für die gesellschaftliche Wahrnehmung von Geschlechterfragen, Feminismus und postulierten Gleichberechtigungsgrundsätzen dienen. Gleichzeitig unterliegen Programmanalysen verschiedenen Problematiken: Zum einen konturieren sie nur unzureichend die inhaltliche Gestaltung von Seminaren, denn mit ihnen können keine Aussagen über Durchführung oder Konzeptionen der Träger_innen getroffen werden. Sie bilden lediglich ab, was in den Veranstaltungsheften abgedruckt wird, und das kann oft auf den Titel begrenzt sein. Zum anderen muss bedacht werden, dass die Texter_innen der Ankündigungen, die Interessen und Einstellungen ihrer Adressat_innen oft vorwegnehmen, d.h. der Titel der Seminare entspricht nicht immer dem Reflexionsstand der Seminarleitenden und verrät nicht auf den ersten Blick, was in dem Seminar auf welche Weise thematisiert wird.[61] Eine weitere Problematik ergibt sich aus der Unterschiedlichkeit der Verzeichnisse, d.h. des Umfangs der zur Verfügung gestellten Informationen, die eine Vergleichbarkeit erschwert.

Der Vergleich der fünf vorliegenden Studien ist nicht einfach herzustellen, da sie in ihrer Kategorienbildung, Auswahl der Grundgesamtheit und in ihrem zeitlichen und räumlichen Umfang differieren. Für meine Fragestellung sind die Studien nur bedingt verwendbar, da sie meist ein begrenztes Verständnis von Gender bzw. geschlechterreflektierender Bildung voraussetzen, d.h. es folgt eine Bezugnahme auf die Paradigmen von Gleichheit und Differenz, aber nicht von De-Konstruktion und Intersektionalität.[62] Ein Grundproblem bei der Auswertung ist die Tatsache,

---

60 1. Schneider-Wohlfahrt/Vennemann 1994: Programmangebote der Frauenbildungsarbeit an Volkshochschulen und autonomen Frauenbildungseinrichtungen in Nordrhein-Westfalen, 2. Eberhardt/Weiher 1994: ›Arbeitsplananalyse‹, 3. Gieseke/HeuerUlrike 1995: Die Bremer Studie, Expertise zur Weiterbildung für Frauen, 4. Borst/Maul/Meueler 1995: Untersuchung zur Frauenbildung in Rheinland-Pfalz, 5. Venth 2006: Programmanalyse von insgesamt 51 Volkshochschulen im Jahr 2000.

61 Dieser Problematik könnte sich durch eine Befragung der Kursausschreibenden und Rezipierenden genähert werden. Solche Studien liegen meines Wissens nicht vor.

62 Generell, so Borst und Maul, zeigte sich die Schwierigkeit, Ausschreibungstexte zu erfassen, aus denen ein emanzipatorisches Anliegen spricht. Dies erwies sich als schwierig und häufig unmöglich. Zum Beispiel die Zuordnung von Frauenforen und Frauenge-

dass eine Veranstaltung, die nur für Frauen angeboten wird, oder Frauen und Männer spezifisch im Titel erwähnt, kein Indiz für geschlechterreflektierende Ansätze sein muss. Kurse zu Bauchtanz, Rhetorik und Selbstverteidigung und auch im Bereich Frauen und Gesundheit, könnten je nach Kompetenz der Kursleitenden auch einen Anreiz für die weitere Beschäftigung mit den Geschlechterverhältnissen geben und zur zukünftigen Wahl emanzipatorisch-politischer Bildungsangebote ermutigen.

Aus allen Studien geht hervor, dass Angebote im Sinne der geschlechterreflektierenden Bildung selten sind. Insgesamt ist ein Rückgang der politischen Frauenangebote zu verzeichnen, bei einem zeitgleichen auffälligen Anstieg des Frauenanteils in der politischen Bildung. Gerade im Bereich der beruflichen Bildung fehlen Weiterbildungen, die Räume für eine geschlechtsuntypische Berufswahl bieten (vgl. Borst/Maul 2001: 705).

Die Geschlechterverhältnisse werden in den Programmen der allgemeinen Weiterbildung in den seltensten Fällen zum Bildungsinhalt gemacht, »wenn überhaupt, dann im Zusammenhang mit Paarbeziehungen« (Fleige 2007: 228). Geschlechtsreflektierende Angebote der (politischen) Frauenbildung sind häufiger als entsprechende Angebote für Männer. Es gibt kaum Angebote, die Männern das Erlernen von ›Life-Skills‹ ermöglichen und sie auffordern, sich mit überholten Geschlechterrollenklischees auseinander zu setzen (ebd., 219). Angebote, »welche in lerngestützten Gegendiskursen das Potenzial für andere Auffassungen des Geschlechterverhältnisses zu erkennen geben« (Venth 2006: 190), sind nicht institutionell verankert, sondern hängen von einzelnen engagierten, pädagogisch tätigen Mitarbeiter_innen ab.

Unter den hier erwähnten Programmanalysen benennt nur die von Venth 2006 durchgeführte, in wieweit auch die aktuelle Geschlechterforschung, also der Gedanke von De-Konstruktion, in den Veranstaltungsheften sichtbar wird. Die Intersektionalität der Ungleichheitsverhältnisse wird auch bei ihr nicht mitreflektiert.

Venths Betrachtung der Kursangebote, Kommentare in Evaluationsstudien und Veranstaltungsdokumentationen offenbart, wie wenig der wissenschaftliche Diskurs der Geschlechterforschung in die Praxis der Volkshochschulen integriert wurde. Bildungsangebote zur Geschlechterfrage sind trotz »übergreifender gesellschaftlicher Reichweite nur partiell im Bildungsprogramm aufzufinden [...]. Geschlechtsrelevante Momente fehlen in Kursankündigungen einiger Fach- oder Sachgebiete gänzlich« (Venth 2006: 64). Venth betont, dass, obwohl das Geschlechterverhältnis nur in seltenen Fällen explizit Thema in den Kursinhalten ist, dennoch rollenspezifische Symbole und Synonyme aufgegriffen, reproduziert und transportiert werden. Die Art der Bezugnahme auf Geschlechterverhältnisse stimmt nicht mit dem gen-

---

sprächskreisen, klassischen Methoden der Frauenbildung, denen jedoch nicht per se ein emanzipatorischer Anspruch zugeschrieben werden kann (vgl. Borst/Maul 2001: 701).

dertheoretischen Diskussionsstand überein und steht sogar im diametralen Gegensatz dazu. Zum Teil werden darin alte Mythen von männlicher Dominanz und weiblicher Unterlegenheit sowie massive Traditionalismen transportiert. Sie tragen zu einer ontologischen[63] Verhärtung und einer Geschlechtsneutralisierung bei (vgl. ebd.). Insgesamt sind in den Kursankündigungen der Volkshochschulen keine Ansätze zur Dekonstruktion der binären Formel der Zweigeschlechtlichkeit zu finden. Dies muss, wie bereits eingangs erwähnt wurde, nicht notwendig eins zu eins mit den Inhalten der Seminare übereinstimmen, sondern kann ebenso der Adressatenorientierung in den Ankündigungstexten geschuldet sein.[64]

c) Analyse von Lehrmaterialien

Gisela Pravda (2003) unternimmt in ihrer Studie eine Analyse der Genderperspektive von Materialien des berufsbildenden Fernunterrichts. Sie betrachtet Unterlagen zur Prüfungsvorbereitung in den Fächern BWL, VWL, Recht etc. und Materialien zur Ausbilder_inneneignungsprüfung und zeigt sehr deutlich eine mangelnde Berücksichtigung von Geschlechterdifferenzen auf sprachlicher, inhaltlicher und didaktisch-methodischer Ebene, die sich vor allem für angehende Ausbilderinnen und für die weiblichen Auszubildenden negativ auswirkt. Ansätze zur geschlechterreflektierenden Bildung sind darin nicht enthalten. Anhand des Materials zeigt Pravda sehr anschaulich, dass in den Lehrmaterialien keine geschlechtersensible Sprache benutzt wird. Oft werden durch die Lehrbeispiele Klischeebilder von Männlichkeit und Weiblichkeit reproduziert, Erfahrungswelten und Perspektiven, die traditionell als die weiblichen gelten, werden nicht aufgegriffen. Die zentralen Dimensionen in Pravdas Auswertung sind von den Paradigmen der Gleichheit und Differenz bestimmt, das heißt, in ihrem Untersuchungsinstrumentarium fehlen, soweit sich dem Bericht entnehmen lässt, die Perspektiven von dekonstruktivistischen oder intersektionalen Ansätzen.

d) Diskursanalytische Überlegungen zum fachöffentlichen Diskurs der Erwachsenenbildung

Venth macht in ihrer Analyse des fachöffentlichen Diskurses der Erwachsenenbildung subtil wirkende Bewertungsmuster der Bereiche Arbeit und Leben aus, die zu einer Reproduktion hierarchisch wirkender Zuschreibungen beitragen.

Der Bereich der Gesundheitsbildung ist innerhalb der Erwachsenenbildung laut Venth besonders aufschlussreich für Geschlechterbilder und für Profile der Diffe-

---

63 ›Ontologisch‹ meint hier eine essentialisierende Sichtweise, die von vorgesellschaftlicher ›Natürlichkeit‹ oder einem ›Wesenskern‹ ausgeht.

64 Denkbar wäre, dass Seminarleiter_innen wohlwissend ›De-Konstruktion‹ von Geschlecht in ihren Ankündigungen umschiffen, da sie in Alltagsdiskursen kein Begriff ist und sich kaum in wenigen Worten erklären lässt.

renz zwischen den Geschlechtern (vgl. Venth 2006: 67). Anhand der Verbindung von Gesundheit und Geschlecht lässt sich ein symbolhaltiger Verständnishorizont eröffnen. Die unterschiedliche Beziehung von Männern und Frauen zum Thema Gesundheit steht in Verbindung mit der Abwertung, Zweitrangigkeit und Marginalisierung dieses Programmbereiches innerhalb der Fachöffentlichkeit. Gesundheitsbildung gilt, so Venths Analyse, immer noch als ›privat‹ und damit als ›Frauensache‹ So wird im professionellen Geschlechterdialog von männlicher Seite aus das Thema Gesundheit als gesellschaftspolitisch nachrangiges Thema reproduziert.

»Bisher unerkannt für die Erwachsenenbildung ist als Sachverhalt, dass sich entsprechend geschlechtlich codierte Konstruktionen von konkreten Personen lösen, abstrahieren und auf verallgemeinerter Ebene – hier fachöffentlichen – ihren symbolischen und strukturell wirksamen Einzug als immanente Wertemuster halten.« (Venth 2006: 138)

Die Deutungsmuster der fachöffentlichen Diskurse, in denen die Gesundheitsbildung nicht als ›echte Bildung‹ ernst genommen oder als Konkurrenz für andere Bereiche betrachtet wird, verweisen auf die Hierarchisierung der Bereiche Leben und Arbeit. Männer nehmen gegenüber der allgemeinen Weiterbildung eine Distanz ein, während sie in der beruflichen Weiterbildung stärker vertreten sind. Die binäre Differenzierung (in Arbeit und Leben) ist hegemonial geschlechtlich konnotiert und setzt sich bis in bildungspolitische Dimensionen durch.

Fachöffentliche Definitionen von ›wertvoller‹ und ›irrelevanter‹ Erwachsenenbildung, so Venth mit Verweis auf das Beispiel der Gesundheitsbildung, sind »darauf ausgerichtet, Kategorien für ›Männliches‹ und ›Weibliches‹ kulturell auf Abstand zu halten und diesen Prozess des Trennens unter der Oberfläche fachlicher Argumentations-Logik als gender durchzogen unsichtbar zu halten.« (ebd., 188)

Venth kommt in ihrer Studie zu dem Schluss, dass die Trennung von Öffentlichem und Privaten erwachsenenbildnerisch noch immer sehr wirksam ist. Sie drückt sich in der Trennung von beruflicher und allgemeiner Bildung aus und besonders in der Abwertung der alltagsbezogenen Bildung. Dadurch, so Venth, versperre die Erwachsenenbildung den Teilnehmer_innen die Option, »etwas für ein anderes Geschlechterverhältnis und eine neue Verteilung von Arbeit und Leben zu lernen« (Venth 2006: 193).

Zwischenfazit

Die Betrachtung der Ist-Situation hat gezeigt, dass es noch zahlreicher struktureller und symbolischer Veränderungen bedarf, bis davon gesprochen werden kann, dass in der Schule oder der Erwachsenenbildung flächendeckend ein förderliches Klima für kritische Auseinandersetzungsprozesse mit Geschlechterverhältnissen geschaffen werden kann. Angebote sind bisher stark durch die Initiative einzelner engagierter Pädagog_innen oder Einrichtungsleiter_innen strukturiert, jedoch nicht durch eine übergreifende und selbstverständliche Integration von geschlechterreflektirenden Inhalten. Bezogen auf meine Forschungsfrage weisen die Ergebnisse aus der Genderschulforschung und der feministischen Erwachsenenbildungsforschung darauf hin, dass ein Kontakt von Schüler_innen mit kritischem Wissen über die Geschlechterverhältnisse an der Schule sowie die Berührung mit diesem Komplex innerhalb von Angeboten der Erwachsenenbildung nicht selbstverständlich vorauszusetzen ist. Demnach ist nicht sichergestellt, dass meine Interviewpartner_innen, während ihrer Schulzeit oder innerhalb von beruflicher Ausbildung, bereits erste kritische Auseinandersetzungsprozesse mit dem Geschlechterthema führen konnten. Somit ist davon auszugehen, dass non-formales und informelles Lernen eine große Relevanz für das Lernen über Geschlechterverhältnisse haben. Aufgrund des Umfangs und der Komplexität der Bereiche, an denen non-formales und informelles Lernen stattfindet, verzichte ich hier auf eine dezidierte Analyse des Status quo informeller und non-formaler Lernorte. Informelles Lernen kann überall, zu jeder Zeit und in jeder zwischenmenschlichen Interaktion stattfinden. Das non-formale Lernen unterliegt keinem Kanon und kann an sehr unterschiedlichen Orten in unterschiedlichen Formen stattfinden. Zu betonen bleibt hier, dass für meinen Forschungsgegenstand insbesondere die Perspektive auf informelles Lernen in das lerntheoretische Verständnis aufgenommen und bei der Interviewauswertung berücksichtigt wird.

2.5 Resümee

Die Betrachtung und Diskussion von Definitionen von Emanzipation, feministischen Paradigmen, dem Ansatz der Intersektionalität und ihren Kritiken im Abschnitt 2.1 verweist auf Paradoxien, die sich sowohl in feministisch-theoretischen als auch in praktisch-politischen Diskursen niederschlagen. Zusätzlich wird hier eine Spur zu der feministischen Debatte um den Subjektbegriff sichtbar, welche im folgenden Kapitel aufgegriffen und ausführlicher erörtert wird.

Die verästelte Entwicklungsgeschichte feministischer Bildung in Interrelation mit den Frauenbewegungen (in Ost- und West), von den Kämpfen um Bildungszugänge für Frauen bis hin zu institutionalisierten Angeboten der politischen, geschlechterreflektierenden Bildung, veranschaulichte zudem Parallelen zwischen den voran skizzierten theoretischen Paradigmen und den praktisch-pädagogischen Entwicklungen. Relevant für den Kontext meiner Fragestellung lässt sich hier herausstellen, dass die Formen offizieller geschlechterreflektierender (politischer) Bildung in Westdeutschland noch relativ jung sind (Beginn in den 1980er Jahren). In der DDR hingegen gab es Ansätze zur politischen Frauenbildung, diese waren jedoch stark durch staatliche Propaganda und Leitbilder von Frauen in der sozialistischen Gesellschaft geprägt.

Im dritten Abschnitt des Kapitels wurden die aktuellen Entwicklungen im pädagogischen Feld der geschlechterreflektierenden Bildung betrachtet, indem die jüngsten Ansätze skizziert wurden, welche seit den späten 1980er, frühen 1990er Jahren Fuß fassen konnten. Sie fallen in die Zeit der Institutionalisierung von Geschlechterpolitik, einer (wenn auch von ihrer Stärke nicht mit der Frauenbewegung vergleichbaren) profeministischen Männerbewegung und der sogenannten ›dritten Welle‹ des Feminismus: das Gender(kompetenz-)Training, die Jungen/Männerbildung, Queere Pädagogik und intersektionale Ansätze. Verbindungen zwischen den einzelnen Bereichen der geschlechterreflektierenden Pädagogik zeigen sich durch gemeinsame Problem- und Fragestellungen: Mit den Institutionalisierungsprozessen sind verschiedene Herausforderungen verbunden, die mit Widersprüchen zwischen Effizienz- bzw. Verwertungslogiken (Individualisierung/Ökonomisierung) und herrschaftskritischem Denken (Feminismus) einhergehen. Besondere Anforderungen ergeben sich aus der objektivitätskritischen feministischen Perspektive und den daraus folgenden unterschiedlichen widersprüchlichen geschlechtertheoretischen Analyseansätzen. Zum Schluss wurden unter 2.4 die aktuellen Rahmenbedingungen für feministische Bildung untersucht, d.h. die Einbettung von Geschlechterreflexion in formale Lehr-Lernsettings. Es wird deutlich, dass eine große Kluft zwischen dem offiziellen, geschlechterreflektierenden bzw. gleichstellungsorientierten Anspruch und der jeweiligen Realität an der Schule und in der Erwachsenenbildung besteht. Starre Geschlechterzuschreibungen werden dort reproduziert, die Rezeption der aktuellen Geschlechterforschung und geschlechterreflektierte Lehre ist in den Bildungsinstitutionen und auch in der außerinstitutionellen Bildung kein Standard, obwohl (einzelne) Pädagog_innen ihr gegenüber sehr aufgeschlossen sind. Einerseits ist Genderkompetenz heute als offizielles Lernziel anerkannt und der Erwerb von Wissen über die hierarchischen Geschlechterverhältnisse ist in fast allen Curricula verzeichnet, sei es an Schule oder in Institutionen der Erwachsenenbildung. Gender Mainstreaming wird mittlerweile, zumindest gemäß den EU-Richtlinien, auch an den Bildungsinstitutionen durchgeführt. Anderseits zeichnen zahlreiche, breit angelegte Studien und Statistiken, die sich mit der Empirie von Geschlechterverhältnissen an Bildungsinstitutionen befassen, ein anderes Bild: Sie weisen nach wie vor einen bestehenden eindeutigen Gender Bias und die Reproduktion anderer sozialer Ungleichheit nach (Venth 2006, Pravda 2004, Lynch/Feeley 2009, Baumert 2001). Auch innerhalb von weniger institutionalisierten Settings als der Schule, wie etwa in der Erwachsenenbildung, lassen sich diese starren Geschlechteranordnungen ausmachen, sei es in den Repräsentationen von Geschlecht in den Lehrmitteln oder durch die horizontale und vertikale Trennung der pädagogischen Berufsrichtungen (in Männer- und Frauenberufe und -bereiche).

In diesem Kapitel wurde das Feld der geschlechterreflektierenden Bildungsarbeit in seinen theoretischen und konzeptionellen Grundlagen bestimmt. Dabei wurden reflexive, objektivitätskritische Logiken deutlich, die sich aus der Definition von Emanzipation und den geschlechtertheoretischen Paradigmen Gleichheit, Differenz und Dekonstruktion ergeben. Ein geschlechterreflektierender Ansatz bedeutet vor diesem Hintergrund die Notwendigkeit der Mehrperspektivität bzw. situative Entscheidungen über die jeweils ›richtigen‹ Strategien zu fällen (wie z.B. Dramatisierung- oder Entdramatisierung von Geschlecht). Neben dieser Herangehensweise, bildeten sich die in der Einleitung skizzierten diskursiven Entwicklungsrichtungen (Gleichstellung/Feminismus, [Re-]Traditionalisierung/Anti-Feminismus und Individualisierung/Ökonomisierung) und die sich daraus ergebenen Spanungsfelder in den aktuellen Herausforderungen geschlechterreflektierender Bildungsarbeit ab. Schließlich kann festgehalten werden, dass eine aus emanzipatorischer und geschlechtertheoretischer Perspektive notwendige Kritik an Objektivität, wie sie im Abschnitt 2.1 angeklungen ist, auf eine Klärung der Begriffe des Subjekts und von Subjektivität verweist. Durch eine solche Bestimmung, der im anfolgenden Kapitel Raum gegeben wird, lässt auch ›Handeln‹ präziser fassen.

3. Geschlechtertheoretische Ergänzungen zum Komplex ›Subjekt und Handlungsfähigkeit‹

In diesem Kapitel werden vor dem Hintergrund der feministischen Ausrichtung dieser Studie Ergänzungen aus geschlechtertheoretischen Diskursen um das Subjekt, Subjektivität und Handlungsfähigkeit vorgenommen. Diese Ausführungen dienen dazu, die zuvor im Abschnitt 2.1 eingeführten Fragen, die sich aus der Definition von Emanzipation sowie aus den feministischen Paradigmen ergaben, weiter auszudifferenzieren. Angesprochen sind Fragen wie: Wie kann, vor dem Hintergrund einer objektivitätskritischen, feministischen Haltung das Subjekt und Subjektivität gefasst werden? Was ist unter Handeln und Handlungsfähigkeit zu verstehen? Eine solche subjekttheoretische Fundierung kann für das lerntheoretische Verständnis, das in Kapitel drei dargelegt wird, und nachfolgend für den Auswertungsprozess fruchtbar gemacht werden.

Ausgangspunkt der feministischen Diskussionen um das Subjekt ist das Subjektverständnis der Aufklärung (siehe auch Begriff der Emanzipation in Kapitel 1). Hier bildet das Subjekt das Zentrum, von dem Weltbetrachtung und Weltveränderung ausgehen. Seine Vernunft gilt als Grundbedingung für gesellschaftsveränderndes Handeln. Philosophisch werden die Ursprünge des modernen Subjekt-Denkens häufig in der Philosophie von René Descartes und Immanuel Kant (bzw. im deutschen Idealismus) verortet.[1] Das Subjekt der Aufklärung grenzt sich von dem der Vormoderne ab. Sowohl bei Descartes als auch bei Kant stehen nicht länger dem Selbst ausgelagerte Instanzen, wie Sitte, Anstand, Tradition, Gott und Kirche für die Wahrheit ein. Sondern das Subjekt selbst ist es, welches beurteilt und bemisst, was als wahr gelten kann und was nicht.[2] Descartes bekannte Schlussfolgerung

---

[1] Ihre Theoriekonstruktionen unterscheiden sich, doch darauf soll hier zu Gunsten einer Übersichtlichkeit nicht fokussiert werden.

[2] Jedoch ist die Existenz Gottes im Denken von Descartes noch implizit im Subjekt enthalten »Denn [...] sogar das, was ich gerade als Regel angenommen habe, nämlich die Dinge, die wir uns sehr klar und sehr deutlich vorstellen, alle war sind [ist] nur gesichert,

»Cogito ergo sum.« »Ich denke, also bin ich.« (Descartes/Wohlers 2008, Meditationes de prima philosophia [1641]) verdeutlicht dieses Diktum. Das Subjekt entwirft sich selbst, ist dadurch Grundlage des Denkens einerseits und gleichzeitig durch das Denken das eigene Selbst konstruierend andererseits. So ist es in der Lage, sich aus dem determinierenden Glauben an ein von Gott vorgegebenes Schicksal und gegen die Ständegesellschaft zu richten. Ein neues Selbstbewusstsein der Menschen wird damit in der Philosophiegeschichte eingeleitet. Die (Neu-)Bestimmung des Subjekts der Aufklärung bzw. Neuzeit kann auch durch Kants viel zitierten Ausspruch und Anspruch veranschaulicht werden, dass sich das Subjekt mittels seines Verstandes aus den Fängen seiner selbstverschuldeten Unmündigkeit befreit.

»Aufklärung ist der Ausgang des Menschen aus seiner selbstverschuldeten Unmündigkeit. Unmündigkeit ist das Unvermögen, sich seines Verstandes ohne Leitung eines anderen zu bedienen. Selbstverschuldet ist diese Unmündigkeit, wenn die Ursache derselben nicht am Mangel des Verstandes, sondern der Entschließung und des Mutes liegt, sich seiner ohne Leitung eines anderen zu bedienen. Sapere Aude! Habe Mut, dich Deines eigenen Verstandes zu bedienen! ist also der Wahlspruch der Aufklärung.« (Kant 1784)

Hier wird, noch präziser formuliert, der Mensch zum Zentrum von Weltveränderung. Durch vernunftbegabtes und entschlossenes Handeln wird er zum Ausgangspunkt der eigenen Autonomie und Befreiung. Vernunft und Verstand bilden die Grundvoraussetzung der Erkenntnis. Damit wird das Subjekt zum Bezugspunkt für die moderne Vorstellung theoretischer Wahrheit und Reflexion, wie sie in der zu dieser Zeit sich entwickelnden modernen Wissenschaft vorherrschte.

Ein moraltheoretischer Aspekt der klassischen Subjektphilosophie ist Universalismus, der an die Annahme des Subjekts als Zentrum von Erkenntnis und Handlung anknüpft, wie Kants kategorischer Imperativ, auch ›Universalisierungs-Formel‹ genannt: »Handle nur nach derjenigen Maxime, durch die du zugleich wollen kannst, dass sie ein allgemeines Gesetz werde« (vgl. Kant 2003, IV, 421, 6).

Durch die Praxen zahlreicher sozialer Bewegungen, so auch des Feminismus und deren Theoriebildungen, wurde bemängelt, dass es vor allem ein bürgerliches, männliches, *weißes* Subjekt war, für das diese Autonomie zur Geltung kam. Nicht die Annahme, dass ein Subjekt Ausgangspunkt von Handeln ist, wurde beklagt, sondern anhand des Subjektbegriffes wurde ein Subjektstatus eingeklagt.

Ein zentraler philosophischer Bezugspunkt für die zweite Frauenbewegung ist in dieser Hinsicht die Theoretikerin Simone de Beauvoir. In »Le deuxième sexe« (1949) stellt sie dar, dass die Idee des vernünftigen und autonomen Mannes, der in

---

weil Gott ist oder existiert und weil er ein vollkommenes Wesen ist und allen in uns von ihm herkommt.« (Descartes, Von den Methoden des richtigen Vernunftgebrauchs und der wissenschaftlichen Forschung, 1997)

der Öffentlichkeit Entscheidungen fällt und handelt, nur durch die diametral gegenübergesetzte und unsichtbar gemachte Seite der Privatsphäre, der Sphäre der Reproduktion, die dem Weiblichen zugeordnet wird, bestehen kann. Der Mann gilt als scheinbar neutrale Norm des Subjekts und die Frau als die ›andere‹ Form. Sie »wird bestimmt und unterschieden mit Bezug auf den Mann, dieser aber nicht mit Bezug auf sie, sie ist das Unwesentliche angesichts des Wesentlichen. Er ist das Subjekt, das Absolute, sie ist das Andere.« (vgl. de Beauvoir 1999: 11, im Org. 1949).

Damit steht für Frauen die Erfüllung der Geschlechtsidentität, die für die gesellschaftliche Anerkennung zentral ist, der Erfüllung des Subjektstatus gegenüber:

»Der Vorteil, den der Mann besitzt und der für ihn von Kindheit an spürbar ist, besteht darin, dass seine Berufung als Mensch keinen Widerspruch zu seiner Bestimmung als Mann darstellt. Durch die Gleichsetzung von Phallus und Transzendenz ergibt es sich, dass seine sozialen und geistigen Erfolge ihm ein männliches Prestige verleihen. Er ist nicht gespalten. Von der Frau hingegen wird verlangt, dass sie sich, um ihre Weiblichkeit zu erfüllen, zum Objekt und zur Beute macht, das heißt, auf ihre Ansprüche als souveränes Subjekt verzichtet.« (de Beauvoir 1999: 844)

Dieser dualistische Konstruktionsmechanismus, in dem die Frau das ›Andere‹, nicht-souveräne, dem Subjekt gegenüber gestellt ist, steht in einem engen Zusammenhang zu der Bewertung und den Zuschreibungen der Sphären von Produktion und Reproduktion. Das Konzept des autonomen männlichen Subjekts ist zeitgleich mit der Entfaltung der kapitalistisch organisierten Produktionsweise im 18. Jahrhundert entstanden, die erstmals diese strikte Trennung von Produktion und Reproduktion aufstellt.[3] Durch die Trennung (und Bewertung) der Sphären werden Symbolwelten der Geschlechterdifferenz in der Aufklärung materialisiert und somit fortgeschrieben: Transzendenz, Vernunft und Rationalität werden der männlichen Seite zugeschrieben, während Immanenz, Naturhaftigkeit und Emotionalität in der weiblichen Sphäre verortet werden (vgl. z.B. de Beauvoir 1999). Die Beherrschung der inneren und der äußeren Natur (in ihrer unendlichen, linearen Zunahme) sowie die Dichotomisierungen wie Natur-Kultur, Körper-Geist, zählen zu den zentralen Gedanken der Moderne (Keupp/Hohl 2006 8). Das Naturhafte wurde dabei, wie an dem beschriebenen Symbolhaften bereits anklingt, in der Frau (oder anderen aus dem Prinzip des Subjekts ausgeschlossenen) gesehen und die Herrschaft des *weißen* Mannes somit auch nach einem aufklärerischen Weltbild legitimierbar gemacht.

---

3   Damit einher geht die Aufteilung des Lebens in Erwerbszeit und Freizeit, in einen öffentlichen und einen privaten Bereich, der in der Separation von Arbeits- und Wohnstätte auch räumlich vollzogen wurde (vgl. Breuss 2002 211).

Innerhalb der feministischen Diskussion bzw. der Frauen- und Geschlechterforschung wurden vor dem Hintergrund des Androzentrismus im Subjektverständnis, der hier mit de Beauvoir verdeutlicht wurde, vorrangig zwei theoretische Stränge entwickelt, in denen dem Subjekt unterschiedliche Plätze zugewiesen wurden. Neben Versuchen, weibliche Subjektivität positiv neu zu bestimmen (Gilligan 1982), entwickelten sich seit den 1970er Jahren die sogenannten poststrukturalistischen Ansätze in der feministischen Theorie (siehe auch 2.1 ›Feministische Paradigmen‹).[4] Sie verwerfen die Idee einer festen Identität und eines mit sich kohärenten Subjekts der Vernunft und des Universalismus.[5]

So merkte Luce Irigaray 1977 an, es könne nicht darum gehen, »eine neue Theorie auszuarbeiten, deren Subjekt oder Objekt die Frau wäre, sondern der theoretischen Maschinerie selbst Einhalt zu gebieten, ihren Anspruch auf Produktion einer viel zu eindeutigen Wahrheit und eines viel zu eindeutigen Sinns zu suspendieren.« (Irigaray 1979: 80)

Es erfolgte eine lautstarke und häufig polarisierte philosophische Diskussion über den Tod des Subjekts (Deuber-Mankowsky/Konnertz 1991: 5). Teilweise wurden darin immer wieder die gleichen Argumente angeführt (ebd.). Theorien wurden nicht als sich sinnvoll ergänzende Werkzeuge für den Aufschluss differenter Problematiken und Aspekte gehandhabt, sondern als Entweder-oder gegeneinander diskutiert (ebd.). Mona Singer schlägt vor, statt einer generellen Infragestellung des Subjekts als »die Möglichkeit, einen differenzierten Blick auf individuelle Handlungsspielräume zu bekommen«, Theorien der Macht, wie z.B. von Foucault oder vom Blick der Psychoanalyse auf die symbolische Ordnung, zu diskutieren (Singer 1991: 8).

Seit Beginn der 1990er Jahre geriet die Erkenntniskategorie ›Subjekt‹ als Ausgangspunkt für Handeln in Diskursen der deutschen Geschlechterforschung verstärkt in den Fokus. Als Impulsgeberin gilt hier Judith Butler, aber auch weitere Theoretiker_innen, die die Annahme einer vordiskursiven Geschlechtlichkeit als feministischen Ausgangspunkt kritisierten, wurden rezipiert (z.B. Haraway 1987, Fuss 1990).

---

4   Sie bezogen sich auf (französische) Philosoph_innen wie Gilles Deleuze, Hélène Cixous, Jean-Francois Lyotard, Luce Irigaray, Jacques Derrida, Michel Foucault und Julia Kristeva.

5   Chantal Mouffe und Ernest Laclau versuchen, den Marxismus (bei Gramsci) von seinen Essentialisierungen des Subjekts »Arbeiterklasse« zu befreien (Laclau/Mouffe 1991, Laclau/Mouffe 1990). Die Post-Colonial-Studies hingegen waren von Beginn an durch poststrukturalistische Gedanken beeinflusst (vgl. z.B. Hall, Hall, Stuart, Ideologie, Kultur, Rassismus, Ausgewählte Schriften 1, Hamburg 1989, Hall 1994, Hall 1996).

Butlers Thesen, auf die ich im Folgenden eingehe, lösten eine kontroverse und zum Teil hochemotional geführte Debatte unter feministischen Wissenschaftler_innen aus.

Butler: Dezentrierung des Subjekts

Hier soll eine Seite der Diskussion um die ›Dezentrierung des Subjekts‹ anhand von Judiths Butlers Positionen expliziert werden, da sie z.b. in erziehungswissenschaftlichen Diskursen als Referenzpunkt gilt (vgl. Abschnitt 5.4.1. ›Exkurs Identität [-skonstruktion]‹). In *Gender Trouble* (1989) richtet Butler Fragen an das Subjekt (›Frau‹) und erörtert sie in Bezug auf Handlungsfähigkeit. Sie fragt:

»Welche Diskurstradition setzt das ›Ich‹ und seine ›Anderen‹ in eine epistemologische Gegenüberstellung, die anschließend darüber entscheidet, wo und wie die Fragen der Erkennbarkeit und der Handlungsmöglichkeit zu beantworten sind? Welche Handlungsmöglichkeiten werden durch die Setzung eines epistemologischen Subjektes verhindert, weil die Regeln und Verfahren, die die Berufung auf dieses Subjekt anleiten und seine Handlungsmöglichkeit referieren, vorab als Orte der Analyse und des kritischen Eingriffs ausgegrenzt sind?« (Butler 1993: 211)

Ihr Ausgangspunkt ist die Kritik an der Zweigeschlechtlichkeit und die damit im Zusammenhang stehende Zwangsheterosexualität (siehe 2.1. unter der Überschrift ›Dekonstruktion‹).[6] Sowohl das dualistische Prinzip als auch das ontologisierende Prinzip sind nach Butler hinderlich für emanzipatorische Prozesse. Diese Annahme bezieht Butler auch auf Konzeptionen des Subjekts, die das Subjekt dem Diskurs oder der Gesellschaft gegenüber stellen. Butler lehnt sich dabei an die poststrukturalistischen[7] Theorien wie die der französischen Philosoph_innen (wie Foucault, Irigaray, Derrida) an. Sie fragt in ihren erkenntnistheoretischen Reflexionen danach, welcher Preis für die Autonomie des Subjekts gezahlt werden muss und sie zweifelt an, dass ein Subjekt mit Anspruch auf universelle Gültigkeit als Ausgangspunkt für (politisches) Handeln definiert werden muss. Grundlage ihrer Ausführungen ist das Bestreben, dem Problem der Ausschlüsse erkenntnistheoretisch näher zu kommen.[8]

---

6   Ihr Ziel ist es, essentialisierende und ontologisierende Vorstellungen von Geschlecht, auch des biologischen Geschlechts (*sex*), als kulturelle Konstruktionen aufzuzeigen. Die dualistische Einteilung des Geschlechts in biologisches Geschlecht (*sex*) und soziales Geschlecht (*gender*) ist dabei für sie schon ein Teil des Prozesses, der Geschlecht als Moment für gesellschaftliche Ungleichheit hervorbringt.

7   Eine gute Einführung und ein guter Überblick zu Poststrukturalismus in Verbindung mit Feminismus gibt Davis 2008:24-61

8   Dabei zielen ihre Überlegungen in »Gender Trouble« (1989) und »Körper von Gewicht« (1993) vor allem auf die De-Essentialisierung der Kategorie Geschlecht ab. Die Vorstel-

Butler stellt ähnlich wie Foucault die Zentralität und Fundamentalität des Subjekts in Frage, indem sie davon ausgeht, dass das Subjekt nicht durch die Diskurse situiert, sondern durch diese konstituiert ist, d.h. gleichursprünglich mit dem Diskurs.

»Das ›Ich‹, das zwischen den Positionen auswählt, ist immer schon durch sie konstituiert. Das ›Ich‹ ist der Durchgangspunkt dieses erneuten Durchspielens; doch ist die These, dass das ›Ich‹ situiert ist, einfach nicht stark genug; vielmehr wird das ›Ich‹, [...], durch diese Positionen konstituiert.« (Butler 1993: 40).

Damit merkt sie an, dass Zwänge und Diskurse dem Subjekt nicht nur äußerlich bleiben, sondern es ganz im Denken, Fühlen und Handeln durchziehen. Macht formt die Subjekte durch die Sprache hindurch. Die Verortung der Einflüsse im Außen gehört dabei gerade zu den Herstellungsprozessen des Subjekts: »Kein Subjekt ist sein eigener Ausgangspunkt. Die Phantasie, die es zu einem solchen erklärt, kann ihre konstitutiven Beziehungen nur verleugnen, indem sie sie zum entgegengesetzten Gebiet reiner Äußerlichkeit umformt.« (ebd. 41)

Das Subjekt konstituiert sich durch einen Prozess der Ausschließung, Differenzierung und möglicherweise auch Autonomie. Der Prozess selbst wird jedoch als Effekt der Autonomie verschleiert und verdrängt (vgl. ebd.). »In diesem Sinne stellt Autonomie die logische Konsequenz einer verleugneten Abhängigkeit dar« (ebd. 44). Das Subjekt ist ein brüchiges, jedoch stellt es das eigene Selbst aus dem Bruch her, also daraus, dass es seine eigenen Bedingungen verschleiert. Die Annahme, wie sie nach Butlers Interpretation seit der Philosophie der Aufklärung besteht, dass das Subjekt als Grundlage zu gelten habe und vorab gegeben sein muss, ist dabei ein Bestandteil der konstituierenden Bedingungen. (vgl. ebd. 40f). Handlungen, Individuen und Diskurse können demnach nur in einem Beziehungsgeflecht existieren. Das Subjekt ist darin eine ›kontingente‹ Grundlage, das heißt eine existierende, aber zufällige und nicht wesensmäßige oder substanzielle Gegebenheit. Letztbegründungen (*foundations*) als totalisierende Konzepte bewegen sich immer im Widerspruch zu emanzipatorischem, politischem Denken, das bemüht ist, Ausschließungen und Herrschaftsmechanismen zu vermeiden.

Der Zusammenhang zwischen Sprache und Macht spielt eine zentrale Rolle in dieser Konzeption der Subjektwerdung: Das Paradoxe der Subjektwerdung besteht darin, dass erst eine Machtunterwerfung die Subjekte konstituiert, also Handlungsfähigkeit gewährleistet, das bedeutet den Zwang zu einem ständigen Zitieren der Norm (*Performativität*), welche nie abgeschlossen ist. Dabei stehen die werdenden

---

lung von einem natürlichen, dem Diskurs vorgängigen, geschlechtlichen Körper als etwas durch Sprache Konstruiertes, führt auch zu einer Kritik des feministischen Subjekts ›Frau‹.

Subjekte unter der permanenten gewaltsamen Drohung des Ausschlusses aus dem kulturell Intelligiblen. Gleichzeitig ruft der Diskurs die Subjekte als freie Subjekte an, um ihre freiwillige Unterwerfung zu garantieren.

»Die Gewalt des Buchstabens, die Gewalt der Markierung, die festlegt, was Bedeutung hat oder nicht, was im Intelligiblen eingeschlossen ist und was nicht, erhält genau dann eine politische Bedeutung, wenn der Buchstabe zugleich das Gesetz oder die autoritative Gesetzgebung ist, die festschreibt, was als Materialität des Geschlechts gilt und was nicht.« (Butler 1993: 53)

Der Erkenntnisgewinn einer solchen Theorie des Subjekts ist, dass somit auch emanzipatorische Bemühungen (wie zum Beispiel feministische) innerhalb von Macht und Herrschaftsstrukturen verortet werden. Politische Subjekte sind ebenso durch die Sprache und den Text konstituiert, deren Materialisierungen sie bekämpfen, wie die Strukturen selbst. *Textuell* ist dabei nicht falsch zu verstehen: Auch Bilder und Repräsentationen haben eine textuelle Ebene, denn sie werden mit den Mitteln der kollektiven Sprache interpretiert und gedeutet.

Durch die Dezentrierung des Subjekts erfolgt auf einer theoretischen Ebene eine selbstbewusste (eher im Sinne einer reflexiven, »um sich selbst bewussten«) Relativierung von Handlungsfähigkeit. Gewaltförmigen Ausschlusspraxen, wie sie z.B. auch in den Frauenbewegungen produziert wurden und werden (z.B. gegenüber Schwarzen, lesbischen und ›proletarischen‹ Frauen und Trans* und Inter*), werden so der Reflexion zugänglich.

Die Verschleierung der gewaltsamen Konstituierung als Natürlichkeit wird dadurch gelüftet.

Die Kontroverse

Nachdem die viel zitierte »Rezeptionssperre« gegenüber (De-)Konstruktivistischen Theorien überwunden war, wurde die Diskussion um das Subjekt auch innerhalb der deutschen Frauen- und Geschlechterforschung (z.B. Feministische Studien 1993) geführt. Die Befürchtung, durch den Verlust einer (fixierten) Kategorie ›Frau‹ verliere der Feminismus an Stärke und Radikalität, stand dabei im Zentrum.

So kritisiert Sheila Benhabib (1993) im für die damalige Debatte wichtigen ›Streit um Differenz‹ (Benhabib et al. 1993) eine bestimmte Version von Postmoderne, in deren Kontext Butler von ihr gestellt wird: Butler untergrabe als theoretische Formulierung Emanzipationsbestrebungen von Frauen. Feminismus habe eine Verpflichtung »gegenüber der Handlungsfähigkeit und dem Selbstgefühl der Frauen«[9] (Benhabib 1993: 26). Sie argumentiert, dass dem ohnehin oft schwachen

---

9 »... die Verpflichtung gegenüber der Wiederaneignung der Frauengeschichte im Namen einer emanzipierten Zukunft und die Verpflichtung zu einer radikalen Gesellschaftskritik,

Selbstgefühl von Frauen durch Butlers Ansatz keine Abhilfe getan werde. Butler entziehe der Handlung die Handelnden bzw. schaffe den »Täter hinter der Tat« ab (vgl. ebd., 15). Als Beleg für diese Aussage führt sie ein Zitat Butlers aus Gender Trouble an: »Hinter den Äußerungen der Geschlechtsidentität (gender) liegt keine geschlechtlich bestimmte Identität (gender identity). Vielmehr wird diese Identität gerade performativ durch diese ›Äußerungen‹ konstruiert, die angeblich ihr Resultat sind.« (Butler 1991: 49)

Butler betont in ihrer Erwiderung an Benhabib, dass sie falsch verstanden wurde. Es gänge ihr nicht darum, den Täter[10] zu verabschieden, »sondern nur die Position dieses Täters ›jenseits‹ oder ›hinter‹ der Tat«(vgl. ebd, 125). Handlungsfähigkeit solle als ›Umdeutung‹ neu definiert werden. »Falls das Subjekt auf einem Durcharbeiten eben des diskursiven Prozesses beruht, durch den es funktioniert, dann ist die ›Instanz‹ des Handelns in den Möglichkeiten der Umdeutung, die durch den Diskurs eröffnet werden, zu lokalisieren.« (Butler 1993: 125)

Der Horizont, die Begrenzung der Umdeutung, welche bei Butler Performanz genannt wird, ist der Diskurs. Performanz dürfe in keinem Falle, so wie bei Benhabib geschehen, mit dramatischer Performanz (Inszenierung) gleichgesetzt werden. Butler benutzt Performanz eher im Sinne eines Zusammenspiels von politischer Performanz, die sich als Anrufung des Subjekts artikuliert, und theatraler Performanz, die versucht darzustellen, was zuvor benannt wurde. So ist der Ausspruch der Hebamme bei der Geburt eines Kindes, »Ein Mädchen!«, nicht nur einfach als kommentierende Äußerung zu verstehen, sondern auch als imperativer Sprechakt:[11] »Werde ein Mädchen!«.

Die Behauptung, dass das Subjekt konstituiert ist, bedeutet nach Butler nicht, dass es determiniert ist. »Im Gegenteil stellt der konstituierte Charakter des Subjekts gerade die Vorbedingung für seine Handlungsfähigkeit dar (vgl. Butler 1993: 44).

»Meiner Ansicht nach gehört der Begriff Handlungsfähigkeit zu einer Auffassung von Personen als instrumentell Handelnde, die einem äußerlich gesellschaftlichen Feld gegenübertreten. Doch auf der Ebene, auf der das Subjekt und seine Handlungsfähigkeit formuliert und ermöglicht werden, existieren Politik und Macht immer schon. Man sollte nicht vergessen, dass die ›Handlungsfähigkeit‹ keine formale Existenz hat bzw. dass dies keine Auswirkungen auf die

---

    die die Geschlechtsidentität in ›ihrer endlosen Vielfalt und monotonen Ähnlichkeit‹ offen legt.« Benhabib et al. 1993: 26, Anführungszeichen im Original)

10 Hier ist das Genus wie in der Übersetzung des Originals. Ich finde diese Übersetzung unzutreffend, verwende jedoch die Originalschreibweisen in Zusammenhang von und in Zitaten.

11 Butler bezieht sich auf John Langshaw Austins Sprechakttheorie und Louis Althussers Konzept der Anrufung bzw. Interpellation.

vorliegende Frage hat. Im gewissen Sinne weigert sich das epistemologische Modell, dass uns ein vorgegebenes Subjekt oder einen Handlungsträger anbietet, anzuerkennen, dass die Handlungsfähigkeit *immer und ausschließlich ein politisches Vorrecht ist*. In diesem Sinne ist es entscheidend, nach den Bedingungen der Möglichkeiten dieser Handlungsfähigkeit zu fragen und sie nicht als eine a priori feststehende Garantie für selbstverständlich zu nehmen. Wir müssen vielmehr fragen, welche Bedingungen für eine Mobilisierung auf der Grundlage der vorhandenen Diskurs- und Machtkonfigurationen hervorgebracht werden. Wo liegen die Möglichkeiten, gerade die uns konstituierende Matrix der Macht umzuarbeiten, das Erbe dieser Konstituierung zu rekonstruieren und gegen jeden anderen Regulierungsprozess anzugehen, der die vorhandenen Machtsysteme entstabilisieren könnte.« (Butler 1993: 45 ff).

Mit der Kritik am Subjekt als *foundation* wird jedoch nicht ein offenerer Begriff des Universellen eingeklagt, der dann in Richtung Beliebigkeit interpretiert werden könnte. Stattdessen versuche sie, so Butler, die Universalität von ihrem fundamentalisierenden Gewicht zu befreien und als Schauplatz von politischen Austragungen kenntlich zu machen (vgl. ebd.). Nach Butler schaffe die Kritik des Subjekts als Ausgangspunkt nicht das Subjekt ab, sondern sie möchte das ›Entweder-oder‹ der bisherigen Subjektdiskussionen überwinden, also weder ein Subjekt voraussetzen noch es verneinen (vgl. Butler 1993: 52). Der Vermerk, dass Handlungsfähigkeit keine formelle Existenz hat, sondern ein politisches Vorrecht ist, verweist gerade auf die Machtproblematik innerhalb des Subjektbegriffs.

In Bezug auf meine Fragestellung ist hier festzuhalten, dass hier letztlich auch die Debatte um das Subjekt auf die Bedeutung politisch-gesellschaftlicher Kräfteverhältnisse verweist. Diese bestimmen darüber, welche Anerkennung die Einzelnen als Subjekt erfahren.[12]

Ein weiterer Kritikpunkt an Butlers Thesen um das Subjekt ist auf den ersten Blick ausschließlich auf die formale Ebene gerichtet, hat aber im zweiten Schritt für feministische Handlungspraxen inhaltliche Konsequenzen. Diese Anmerkung trifft einen wichtigen Kern innerhalb der Kontroverse um die Konsequenzen aus der Subjektdebatte.

Die Sprache in Butlers Texten ist akademisch und komplex und so nur mit Übersetzungsarbeit und Aufwand für eine politische Praxis und konkretes feministisches Handeln zu vermitteln. Nach Nancy Fraser verfehlt Butlers Theorie daher die beabsichtigte Wirkung (vgl. Fraser 1993: 70ff). Butler erwidert, dass die Grundlagen bzw. Mittel der Alltagssprache schwer mit selbigen zu umschreiben sind, da

---

12 In »Gefährdetes Leben« (Butler 2006) verdeutlicht sie, wie die Aberkennung des Subjektstatus in Kriegssituationen von statten geht und es (z.B. anhand von nationaler Identität) zu einer Aufteilung in zu betrauernswertes und unbetrauernswertes Leben, für den Diskurs existierenden und nicht- existierenden Lebens kommt.

die transzendentale Reflexion der Sprache nicht alltäglich ist. Sie weist in Anlehnung an Habermas darauf hin, dass die Alltagssprache nicht die letzten Gründe dafür liefern kann, um den aufgestellten Behauptungen Gültigkeit zukommen zu lassen (vgl. Butler 1993: 129).

Cornelia Hauser merkt an, dass es nach Butler »aufgrund der Abstraktheit und Empirielosigkeit [...] der poststrukturalistischen Vorschläge« »zu neuen Weisen des Gehorsams« in Uni-Seminaren kommt (Hauser 1995: 55). Bei Student_innen ist vor der dekonstruktivistischen Theorie Butlers entweder Abschreckung, Versagensängste, Unverständnis oder aber Faszination beobachten. Teilweise sind sie »irgendwie begeistert, so als wäre allein die Rede von der Dekonstruktion eine Art Zauberstab, bei dessen bloßer Erwähnung die altmodische Geschlechterdifferenz die Flucht ergreift und Zeiten beginnen, die kreativer und subversiver [...] sind [...].« (Wetterer 1995: 224).

Diese Faszination kann in der ersten Begeisterung auf ein vorschnelles Fehlverstehen und eine Reifizierungsproblematik hindeuten. Da bei den meisten Studienanfänger_innen, aber auch bei anderen Weiterbildungsteilnehmer_innen bzw. Teilnehmenden an einem Gender Training, kaum profundes Wissen über Geschlechterverhältnisse (z.B. durch Kenntnisse der Geschlechterforschung) besteht, kann es zu der eifrigen Annahme kommen, die Dekonstruktion von Zweigeschlechtlichkeit bedeutete, dass allein durch individuelle Willenskraft oder Veränderungen in der Sprache die Zweigeschlechtlichkeit und die mit ihr einhergehenden Ungleichheiten verschwinden können.

Diese Annahme kann sehr problematische Folgen haben, wenn sie sich gegen die nach wie vor notwendige Benennung von Differenzen in realen empirischen Situationen richtet. So können verschiedene feministische Subjektverständnisse gegeneinander ausgespielt werden, indem sich mutmaßliche Dekonstruktivist_innen gegen bestehende Gleichstellungspolitiken aussprechen, weil sich diese auf die Kategorie ›Mann‹ und ›Frau‹ beziehen. Es besteht ein Spannungsfeld zwischen der Dramatisierung und der Ent-Dramatisierung von Differenz.

Mit Hauser bin ich der Meinung, dass solcherlei Problematiken jedoch nicht als Vorwurf gegen die Theorie zu richten sind (vgl. auch Hauser 1995: 55), sondern vielmehr auf das bereits in Kapitel 2.1 skizzierte Genderparadox bzw. Paradox feministischer Praxen verweisen. Zudem weist die Abstraktheit und Praxisferne der theoretischen Diskussionen an den Universitäten auch auf einen Mangel an sozialer Bewegung hin, welche die Theorie erst ›tragen‹ und sie »auf ihre Möglichkeiten hin befragen« können (vgl. ebd.). Die Krise der neuen sozialen Bewegungen in den 1990ern (Roth/Rucht 2008) hat auch die feministische(n) Bewegung(en) stark betroffen. Diese Krise jedoch vor allem den theoretischen Veränderungen anzulasten (vgl. Benhabib 1993), ist eine unzureichende Erklärung. Sie würde die wechselseitige Beziehung zwischen den historischen Begebenheiten und der Theoriebildung sowie die bisher herausgearbeitete Beziehung zwischen Subjekt und Handlungsfähigkeit verkennen.

Schlussbemerkung: Subjektbegriff dieser Studie

Entlang der feministischen Debatte[13] wurden Punkte deutlich, die im Verständnis des Subjekts berücksichtigt werden sollten. Mit einer feministischen Analysebrille kann also, wie hier beispielhaft entlang von Beauvoir erfolgt, die Aufmerksamkeit auf die Frage gelenkt werden, wann sich die Autonomie des modernen Subjekts durch Ausschlüsse und Unsichtbarmachung der unterdrückten, abhängigen, nichtautonomen ›anderen‹ Subjekte konstituiert. Eine Konsequenz aus dieser Kritik ist einerseits die Feststellung unterschiedlicher männlicher und weiblicher Subjektivierungsprozesse. Zunächst bedeutet dies, weibliche Subjekte[14] positiv zu bestimmen (Gilligan 1982) und Frauen als Subjekte (nicht als Objekte) politischer Bewegung zu denken (z.B. Abbà/Sattler/delle Donne Milano 1989). Die Zentralstellung von Ratio wird hier kritisiert und durch ein Denken in Beziehungen komplementiert (vgl. Gilligan 1982).

Eine weitere Blickrichtung ist diejenige, die hier exemplarisch entlang von Butler erfolgt. In der Behauptung des ›Eigenen‹ (wie in einer ›weiblichen Ethik‹ oder einem ›weiblichen Subjektstandpunkt‹) besteht die Gefahr (jedoch nicht die Notwendigkeit) der Essentialisierung und der Naturalisierung, welche wiederum Mittel zur Absicherung von Herrschaftsinteressen ist. Nach Butler gilt das Subjekt als kontingente, zufällige, nicht wesensmäßige Grundlage; das bedeutet, wie entlang des ›Streits um Differenz‹ skizziert, Handlungsfähigkeit hat keine formelle Existenz, sondern ist ein politisches Vorrecht. Die Debatte rückt auch die Bedeutung von Sprache in der vergeschlechtlichten Subjektkonstitution in den Blick: Macht formt durch die Sprache hindurch das (geschlechtliche) Subjekt. Es erfolgt eine Ausweitung des Politischen auf die Ebene der textuellen Repräsentationen. Aus einer solchen Kritik, die sich auf bis dahin als allgemeingültig vorausgesetzte Kategorien bezieht, kann eine reflexive Aufmerksamkeit für das Ausgeschlossene und das Verworfene (in Bezug auf Geschlecht, zum Beispiel Trans*, Inter*) sowie ein nicht

---

13 Ich habe hier, aufgrund der feministischen Ausrichtung der Arbeit, auf die (historische) Frauen- und Geschlechterforschung fokussiert. Andere Richtungen, die Ungleichheitsverhältnisse auch entlang des Subjektbegriffs nachgezeichnet haben, sind z.B. der historische Materialismus, die Post-Colonial and Cultural Studies, Disability Studies, Queer Studies,

14 Und in späterer Folge (1990er Jahre) auch männliche Subjekte (siehe 1.3 ›Exkurs: Kritische Männerforschung‹)

essentialisierendes, temporäres Verständnis von sich selbst als prozesshaft begreifenden Identitäten resultierten (vgl. Maurer 1996: 116 ff).[15]

Entlang der Kontroverse um die Butler-Rezeption wurden jedoch auch die zentralen Schwierigkeiten eines solchen Subjektbegriffs, bzw. des daraus resultierenden Verständnisses von Handlungsfähigkeit, deutlich. Das Spannungsfeld zwischen Ent-Dramatisierung (die Betonung von Prozesshaftigkeit und der ungleichheitskritischen Zielebene) und Dramatisierung (Betonung und Benennung von realen, strukturellen Ungleichheiten, materialisierten Machtformationen), also die Reifizierungsproblematik, zeigt sich auch als Spannungsfeld von Theorie und Praxis. Es muss in der Praxis von realen, empirischen Subjekten bewältigt werden.

Welche Konsequenzen lassen sich schließlich aus der feministischen Debatte um das Subjekt für das im Folgenden herauszuarbeitende lerntheoretische Verständnis festhalten?

Einerseits muss ein so rückgebundenes Verständnis von Lernen einem Subjekt Rechnung tragen, das die Verantwortung für das eigene Handeln übernehmen sowie dieses Handeln selbstbewusst initiieren oder lassen kann. Jedoch steht dieses eigenverantwortliche Handeln in einem stetigen Spannungsfeld zu der Tatsache, dass das Subjekt gleichzeitig eines ist, das von Prozesshaftigkeit und Brüchigkeit seines Selbst geprägt ist und kein essentielles ›Ich‹ besitzt. Es existiert in Interdependenz und Verwobenheit mit historisch gewachsenen und sich ständig verändernden gesellschaftlichen Rahmungen. Gesellschaftlichkeit durchzieht den Körper, die Sprache und damit auch das Denken und die Emotionen des lernenden Subjekts. Vor diesem Hintergrund rücken intentionale *und* unbewusste Lernvorgänge in den Fokus. Ein Verständnis von Lernprozessen sollte deshalb diese unterschiedlichen Dimensionen umfassen und sie sowohl als ineinander verwoben als auch dabei immer wieder in Spannung zueinander begreifen. Aus den den obigen Ausführungen zum Subjekt lassen sich verschiedene Handlungsfähigkeiten hinsichtlich der Veränderung gesellschaftlicher Ungleichheitsverhältnisse ableiten: Praxen der Dramatisierung und Entdramatisierung (Gleichheit und Differenz) sowie Praxen des Umdeutens oder Veruneindeutigens.

---

15 Dieser Gedanke stammt, wie bereits unter 1.1 unter den Überschriften Feministische Paradigmen und ›Intersektionalität‹ (1.1) angeklungen ist, nicht originär von Butler. Konzepte von hybriden, nomadischen und multiplen Identitäten wurden schon im Women-of-Color-Feminismus entwickelt (als auch in postmodernen und postkolonialen Kulturtheorien (Anzalúa, Bhabha, Hall, Welsch etc.).

4. Lernen aus der Perspektive des Subjekts zwischen intentionalen Akten, Widerfahrnissen und Interessegenese

Am Ende des vorangehenden Kapitels wurden Anforderungen ausgearbeitet, die aus dem Subjektverständnis dieser Studie an das lerntheoretische Verständnis gestellt werden sollen. Ein weiterer Aspekt ist bedeutsam: In meiner Untersuchung werden *retrospektive* Beschreibungen über lernende Auseinandersetzungsprozesse zu Gender bzw. Geschlechterverhältnissen analysiert. Deshalb ist es notwendig, Konzeptualisierungen von Lernen zu betrachten, mit denen dieser Untersuchungsgegenstand angemessen begrifflich fassbar wird.

»›Lernen‹ ist ein Omnibus-Begriff, dessen Bedeutung sich kontextabhängig konkretisieren muss.« (Markard 2005: 53)

Der Begriff des Lernens hat, wie Morus Markard in dem obigen Zitat anspricht, viele unterschiedliche Bedeutungen. In der Psychologie und in der Pädagogik, hier insbesondere in der Erwachsenenbildung, liegen zahlreiche Konzeptionen, Debatten und Publikationen zum Thema Lernen vor. Es handelt sich sowohl um einen psychologischen, pädagogischen als auch um einen bildungswissenschaftlichen Grundbegriff (vgl. Faulstich/Schmidt-Lauff 2012: 4). Da Lernen als solches »per se durch Unbeobachtbarkeit gekennzeichnet« ist (Carstensen 2012: 165), ist ein zentraler Gegenstand von Untersuchungen und Theoriebildung die Frage, wie sich dieses Lernen dennoch identifizieren lässt. Betrachtet werden Bedingungen von Lernprozessen, die Anlässe und die Rahmungen für das Lernen wie etwa materielle, soziokulturelle als auch subjektive Ressourcen wie z.B. Zeit (vgl. von Felden 2012: IX).

Eine Vielzahl von Dimensionen wird in Lernprozessen relevant. Sie stehen jeweils in unterschiedlichen Mischungsverhältnissen zueinander: Lernen kann eher selbstbestimmt oder eher fremdbestimmt, eher intentional (zielbezogen) oder inzidentell (als zufälliges Mitlernen) erfolgen. Es ist innerhalb formaler Bildungswege z.B. in Bildungsinstitutionen in Seminaren, Kursen oder Unterricht eingebettet oder aber vollzieht sich informell und non-formal innerhalb von sozialen Bezügen wie z.B. in Freundschaften, in der Familie oder am Arbeitsplatz. Es findet sukzessiv und unbemerkt verteilt über den Lebenslauf statt, oder in klar abgegrenzten einzelnen Lernphasen. Lernende Individuen kooperieren mit anderen Lernenden oder lernen eher für sich (kollektiv versus individuell). Sie nutzen im Lernprozess den Austausch mit anderen Menschen (personenbezogen) und/oder ziehen unterstützende Medien, wie Bücher, Filme, Computer heran (medienbezogen) (vgl. Faulstich/ Ludwig 2004: 69).

Deutlich wird entlang dieser Ausprägungen, dass Konzeptionen von Lernen geeignet sein müssen, um die Vielzahl der Möglichkeiten menschlichen Lernhandelns angemessen erfassen zu können. Anke Grotlüschen und Peter Faulstich drücken dies so aus: Eine Lerntheorie, der es

»um ein Begreifen menschlichen Lernens geht, ist einbezogen in Konzepte menschlichen Handelns und setzt sich ab gegen Theorien, welche Veränderungsprozesse abstrakter Systeme beschreiben. Lerntheorie ist deshalb gekennzeichnet durch Offenheit. Sie verfehlt ihren Gegenstand, wenn sie versucht, diesen kausalistisch oder gar mechanistisch zu modellieren. Vielmehr muss sie die Freiheit menschlichen Handelns berücksichtigen, in dem Aneignung immer auf die je eigene Entscheidung zurückzuführen ist. Insofern stehen im Zentrum von Lerntheorie immer konkrete Fälle menschlichen Lernens.« (Faulstich/Grotlüschen 2003: 153)

Sie heben hier die Bedeutung der Offenheit (»Freiheit menschlichen Handelns«) und der Subjektbezogenheit (in dem »Aneignung immer auf die je eigene Entscheidung zurückzuführen ist«) von Lerntheorie hervor. Allerdings kann auch eingewandt werden, dass bei einer zu großen Offenheit die Gefahr besteht, dass der Lernbegriff beliebig wird und »sich in einer ubiquitären Begriffsverwendung letztlich auflöst« (Faulstich/Schmidt-Lauff 2012: 3). Auch der gesellschaftliche Kontext, in dem diese Offenheit von Lernen und die Eigenaktivität der Lernenden betont werden, darf in einer Betrachtung von Lernen nicht hinter dem Horizont verschwinden. In den letzten Jahrzehnten haben in pädagogischen Diskursen starke Verschiebungen von einer emanzipatorischen Kritik der Verschulung hin zu einer Thematisierung von Lernen als gesellschaftliche Notwendigkeit unter ökonomischen Gesichtspunkten (z.B. Sicherung des Wirtschaftsstandorts) stattgefunden (vgl. Vater 2007: 2). Die Popularität des Begriffs lebenslanges Lernen und die damit einhergehende Ausdehnung erziehungswissenschaftlicher Forschung auf das informelle Lernen stellen vor dem Hintergrund neoliberaler Diskurse von Effizienz eine zweischneidige Entwicklung dar: Lernen erfährt eine Ausweitung auf alle Lebensbereiche und Lebensphasen. Im Sinne einer Kritik an Verschulung ist dies durchaus eine sinnvolle Erweiterung. Sie wird jedoch negativ eingeholt durch den zwingenden Charakter, den Lernen durch die Proklamation ökonomischer Anpassungserfordernisse erhält: Es wird zu einer Drohung und zu einer Überlebensnotwendigkeit. In aktuellen Bildungspapieren sind häufig nur noch »schale Anklänge an die emanzipatorische Terminologie der 1970er« (Vater 2007: 2) zu finden. Nach Käte Meyer-Drawe genießt der Diskurs des Lerners als Funktionär[1] »einer Gesellschaft, die lebenslang lernt« (Meyer-Drawe 2012: 192), Aktualität.

Neben der Kritik der neoliberalen Kontextualisierungen des lebenslangen Lernen erfolgt in den letzten Jahren zunehmend eine poststrukturalistisch inspirierte Kritik an Traditionen erziehungswissenschaftlicher Reflexion (Ricken/Balzer 2012, Ricken/Rieger-Ladich/Foucault 2004). Ihr werden »Gesten der Verklärung« und »Hagiografie« vorgeworfen und in ihr eine »ausgeprägte Vorliebe für oppositionale Problembeschreibungen und dichotome Argumentationsfiguren« identifiziert (Ricken/Rieger-Ladich/Foucault 2004: 9). Ihr Ziel ist es, das Dazwischen, die Übergänge, die Verflechtungen sowie Beziehungen von Wahrheit und Ideologie, Freiheit und Macht oder Subjektivierung und Gouvernementalität zu thematisieren (vgl. ebd.).

Hier soll nicht ausführlich auf die historische Entwicklung und die Kontextualisierung der Lern- und Bildungsdiskurse eingegangen werden (zur Vertiefung Hufer/Klemm 2002) und auch nicht auf die poststrukturalistische Kritik (hierzu ausführlicher Ricken/Balzer 2012, Ricken/Rieger-Ladich/Foucault 2004), sondern in diesem Kapitel stehen Lernkonzepte im Vordergrund, die für meine Vorhaben mögliche Anknüpfungspunkte liefern. Damit ist impliziert, dass diese nicht-dualistische Konzeptionen von Subjekt und Welt voraussetzen.

Der am Ende des vorangehenden Kapitels zum Subjekt und auch weiter oben im Zitat von Faulstich und Grotlüschen erwähnte Anspruch der Offenheit und der Beteiligung des Subjekts, dem ein Lernbegriff gerecht werden sollte, kann die Kritische Psychologie bzw. die subjektwissenschaftliche Lerntheorie von Klaus Holzkamp erfüllen, da sie die Handlungsfähigkeit des Subjekts ins Zentrum ihrer Theoriebildung stellt und sich so von kausalistischen und mechanistischen Lernkonzepten abgrenzt. Gleichzeitig liefert sie Kategorien mit denen sich der Vorgang des Lernens näher eingrenzen lässt. Dabei verortet diese Lerntheorie Lernen zum einen immer innerhalb von gesellschaftlichen Herrschafts- bzw. Machtverhältnissen und zum anderen sieht sie die Möglichkeit der Veränderung selbiger im Subjekt selbst angelegt.

Trotz der Nützlichkeit von Holzkamps Kategorien beinhalten sie eine Einschränkung: Holzkamp betrachtet ausschließlich intentionale Lernprozesse, da seiner Meinung nach ein inzidentielles Lernen bzw. Mitlernen (auch ›informelles Lernen‹) bei jeder Handlung stattfindet (vgl. Holzkamp 1993: 183). Alle Lernhandlungen, die vom Subjekt als unproblematisch oder als unausweichlich und zweifelsfrei notwendig erfahren werden (vgl. ebd.), werden ausgeklammert.

---

1 Die Genusendung ist hier wie im Original.

In Interviews können nur Bestandteile von Lernprozessen erhoben werden, die den Befragten im Nachhinein bewusst geworden sind. Jedoch können dabei auch Prozesse des nicht im Voraus intendierten Mitlernens im Rückblick auf die eigene Biografie nachträglich bewusst gemacht und dem Lernprozess zugeordnet worden sein. Bereits in den vorangegangenen Kapiteln wurde aufgrund von unbewusst sich vollziehenden Subjektivierungsprozessen (Kapitel 2.1 und 3) und einem Mangel an formalen Gender-Lernorten (Kapitel 2.4) die Bedeutung von informellem und nonformalem Lernen festgehalten.

Als Ergänzung des subjektwissenschaftlichen Lernbegriffs von Klaus Holzkamp werden hier deshalb Überlegungen zum Thema Lernen im Lebensverlauf aus der Erwachsenenbildungsdebatte hinzugezogen. Betrachtet werden Begriffe des inzidentellen informellen Lernens, Erfahrungslernen sowie Ausschnitte aus der erziehungswissenschaftlichen phänomenologischen Lerntheorie, welche die Bedeutung von Leidenschaft und Begehren sowie Emotionen im Allgemeinen beim Lernen hervorheben. Im letzten Abschnitt erfolgt eine Vorstellung der erneuerten Interessetheorie, mit der sich Lernprozesse in verschiedenen Dimensionen der Selbst- und Fremdbestimmung, aber auch bezüglich ihrer intendierten und inzidentellen Ebenen in ihrer zeitlichen Entfaltung betrachten lassen. Das Kapitel endet mit einer Zusammenfassung der zentralen Erkenntnisse. Es werden Begrifflichkeiten vorgestellt, die der Sensibilisierung für das empirische Material dienen können sowie die Fragestellung vor dem Hintergrund der Lerntheorie ausdifferenzieren.

Ich möchte voranstellend hervorheben, dass im Zusammenhang mit dem Holzkamp'schen Begriffsinstrumentarium Kategorien*paare* wie etwa ›Selbst- und Fremdbestimmung‹ oder das der ›restriktiven und verallgemeinerten Handlungsfähigkeit‹ genannt werden. Diese wurden in der Vergangenheit häufig fälschlich als dualistische Kategorien rezipiert. Es handelt sich, so hat auch Holzkamp häufig betont, jedoch um Qualitäten, mit denen zunächst keine Bewertungen einhergehen, und die zudem in Mischungsverhältnissen und Kontinua auftreten.

4.1 Intentionales Lernen als Erweiterung von Handlungsfähigkeit und Bedrohungsabwehr: Subjektwissenschaftliche Fundierung

»Resignation, woher sie auch kommen mag, bedeutet immer, dass man die Situation zu allgemein und zu global betrachtet, dass man nicht genau genug hinschaut oder hinschauen kann, um die eigenen Bestimmungsmöglichkeiten zu sehen.« (Holzkamp 1984:29)

Im Folgenden werde ich in Kürze den historischen Entstehungszusammenhang der Kritischen Psychologie skizzieren, da daran deutlicher wird, warum ich für die Klärung meiner Forschungsfrage die Lerntheorie der Kritischen Psychologie heranziehe. Darauf folgt die Vorstellung der zentralen, für meine Studie bedeutsamen Begrifflichkeiten der subjektwissenschaftlichen Lerntheorie.

Die Kritische Psychologie hat ihren Ursprung in der westdeutschen Student_innenbewegung. Anlässlich einer Unzufriedenheit mit dem bis dato im Hauptstrom der Wissenschaften existierenden Verständnis von Psychologie begannen Student_innen gemeinsam mit einigen Professor_innen, sich in Workshops und Seminaren Gedanken zum Verhältnis von Wissenschaft und Gesellschaft zu machen. Dabei forderten sie nicht nur eine wissenschaftliche, sondern eine tiefgreifende gesellschaftspolitische und weltanschauliche Umorientierung. Sie wandten sich gegen eine Psychologisierung von gesellschaftlichen Widersprüchen, die zur Absicherung und Beibehaltung von gesellschaftlichen Hierarchien beiträgt. Die Kritik richtete sich etwa gegen psychologisierende Betrachtungen von Lernprozessen, die Probleme von Lernenden auf psychologische ›Defizite‹ zurückführten. Diese ›Defizite‹ werden in den psychologischen Haupttheorierichtungen, wie etwa dem Behaviorismus, dem Kognitivismus, dem Konstruktivismus und der Hirnforschung unterschiedlich erklärt. Gemeinsam ist den Erklärungsweisen, und hier setzt die Kritik der Kritischen Psychologie an, dass sie der Handlungs- und Entscheidungsfähigkeit des Subjekts und seiner Eigenverantwortung keinen Raum zugestehen und sie somit als Wissenschaft nur eine Rekonstruktion derjenigen gesellschaftlichen Herrschaftsverhältnisse vornehmen, die sie selbst hervorgebracht haben. Gesellschaftliche Widersprüche bleiben damit im Verborgenen.[2] Diesen Perspektiven, in denen die Lernenden zu einem Objekt der Psychologisierung werden, stellt die Kritische Psychologie die Perspektive des Subjekts gegenüber.

Die »Grundlegung der Psychologie« (1983) von Klaus Holzkamp wird häufig als das zentrale Begründungswerk der Kritischen Psychologie oder auch ›Subjektwissenschaft‹ genannt. Ein weiteres zentrales Werk von Klaus Holzkamp ist die Monografie »Lernen« (Holzkamp 1993).[3]

Holzkamp gewinnt, so wie er es selbst beschreibt, die Kategorien seiner Theorie über den Ausbau marxistischer Theorie »nach innen« (vgl. Holzkamp 1984: S.12), indem das, was vorher ein »verschwindender Moment« in der marxistisch histori-

---

2 Da die ausführlich begründete Kritik dieser verschiedenen psychologischen Ansätze zu Lernen hier nicht genügend Raum haben kann, verweise ich auf Holzkamp (Holzkamp 1993: 39- 174).

3 Holzkamps Publikationen werden bis heute von zahlreichen Wissenschaftler_innen auch außerhalb der Psychologie rezipiert und der theoretische Ansatz beständig weiterentwickelt. So beispielsweise in der Psychologie in der Zeitschrift »Forum Kritische Psychologie« Haug 2003, Huck, Markard 2008, Markard 1991, Markard 2009, aber auch in der Erwachsenenbildung Faulstich et al. 2004, Grotlüschen 2003, Grotlüschen 2003, Grell 2006, Baldauf-Bergmann 2009, Hocke 2012).

schen Rekonstruktion des Gesamtgesellschaftlichen war, ausdifferenziert wurde: das Individuum und seine psychischen Bestimmungen (ebd.). So wurden die Begrifflichkeiten der Kritischen Psychologie aus einer historischen Rekonstruktion des Psychischen gewonnen. Die der Aktualempirie vorgelagerten Grundlagen werden somit überdenkbar. Die Subjektwissenschaft ist angetreten, um einen möglichen Ausweg aus dem, in den gängigen (Mainstream-)Lerntheorien vorherrschendem, instruktionspsychologischen Paradigma aufzuzeigen. Sie verstand sich von Beginn an als eine Wissenschaft, die im Dienst der Praxis bzw. der (mündigen) Subjekte steht. Eine subjektwissenschaftliche Handlungs- und Lerntheorie[4] will herausfinden, warum ein Individuum sich in den gesellschaftlichen Umständen einrichtet oder sich widerständig zeigt und so seine Teilhabe erweitert. Hierin besteht der Anschluss für meine Frage nach kritischen Auseinandersetzungsprozessen mit den Geschlechterverhältnissen.

Von diesem Ausgangspunkt wird im Folgenden die subjektwissenschaftliche Betrachtung von Lernen als Erweiterung oder Erhalt von Handlungsfähigkeit vorgestellt. Die Handlungsfähigkeit des Subjekts, bei Holzkamp verstanden als eine ›subjektiv begründete Verfügung über seine Lebens- und Entwicklungsbedingungen‹ (vgl. Holzkamp 1983a, Kap 6.3), ergibt sich aus seinen jeweiligen Lebensinteressen. Für die Ausübung von (subjektiver) Handlungsfähigkeit und die Wahrnehmung seiner Lebensinteressen muss das Subjekt die ihm zur Verfügung stehenden Aus- und Anschnitte der gesamtgesellschaftlichen Bedeutungsstrukturen individuell, z.B. mittels Lernen, erfassen. Holzkamp bezeichnet diese Bedeutungsstrukturen als »umfassende Synthese aus diskursiven und ikonischen Symbolwelten und Produktions- und Reproduktionsprozessen und den darin liegenden gesamtgesellschaftliche Denkformen« (vgl. ebd.).

Holzkamp konkretisiert Lebensinteressen psychologisch als emotionalmotivationale Qualität von Handlungsbegründungen. Eine begründungstheoretische Ausführung steht deshalb auf der gleichen Ebene wie eine emotional-motivationale. Der Beweggrund gleicht also der Handlungsbegründung des Subjekts. Sie leitet sich aus den gegenständlichen Bedeutungen ab, die der Welt bzw. den äußeren Begebenheiten zugesprochen werden. Gegenständliche Bedeutungen fungieren bei Holzkamp als das Bindeglied zwischen gesellschaftlichen Verhältnissen und dem Individuum.

Lernen bzw. Lernhandlungen werden nach Holzkamp dann ausgeführt, wenn bei der Realisierung der Lebensinteressen eine Handlungsproblematik auftritt, das heißt, eine antizipierte Handlung (noch) nicht ausführbar ist, oder die Bedrohung

---

4 Auch wenn hier aus Operationalisierbarkeitsgründen von der Lerntheorie der Kritischen Psychologie gesprochen wird, ist präsent zu halten, dass sich die Kritische Psychologie nicht als Schule oder Theorierichtung versteht, sondern vielmehr den Anspruch verfolgt, die eigenen kategorialen Grundlagen transparent und damit diskutierbar zu machen.

besteht, dass dem Subjekt Handlungsmöglichkeiten, die es bislang wahrgenommen hat, abhanden kommen. Das heißt, dass das Subjekt einen Bruch (bei Holzkamp ›Diskrepanz‹) zwischen dem intentional Gewollten und dem real Gekonnten erfährt. Aber nicht alle Handlungsproblematiken führen zu typischen Lernproblematiken (Holzkamp 1993: 182) und den bei Holzkamp so genannten Diskrepanzerfahrungen. Handlungsproblematiken lassen sich manchmal auch unproblematisch durch Mitlernen bewältigen. Diese Art der Handlungsproblematik klammert Holzkamp jedoch in seinen Betrachtungen aus. Handlungsproblematiken, aus denen intentionales Lernen rührt, sind nach Holzkamp durch Widersprüche, Behinderungen, Dilemmata gekennzeichnet, die nicht im Zuge des jeweiligen Handlungsablaufs selbst überwindbar erscheinen. Zur Bewältigung wird vom Subjekt eine Lernhandlung aus dem Handlungsablauf ausgegliedert und eine Lernschleife eingebaut (vgl. ebd., 183). In dieser Lernschleife werden z.B. Handlungen wiederholt, die zu lernende Handlung wird in verschiedene Bezugshandlungen zergliedert, die einzeln oder verlangsamt gelernt werden. Dabei richten sich die Bezugshandlungen nach dem Lerngegenstand, also dem inhaltlich-bedeutungsbezogenen oder auch thematischen Lernaspekt. Unterschiedliche Lerngegenstände erfordern auch unterschiedliche Lernbezugshandlungen und Lernprinzipien. Unterschiedliche Lerngegenstände erfordern unterschiedliche Lernstrategien. Ein Klavierstück lässt sich durch langsames Spielen erlernen und durch Wiederholung, während sich der Hochsprung vielleicht eher durch Technikbeobachtung und durch Wiederholung üben lässt. So können auch alltägliche Formen des Lernens mit dem Lernverständnis von Holzkamp erklärt werden. Die Zerteilung der Lernhandlung in Bezugshandlungen fasst Holzkamp auch als den operativen Aspekt des Lernens. Da sich operative Gründe nach dem thematischen Grund richten, sind sie gegenüber diesem sekundär (Holzkamp 1993: 189). Die Lernschleife geht nach Holzkamp dann ihrem Ende zu, wenn durch das Lernen die personalen Handlungsvoraussetzungen verbessert wurden. Sie mündet in den Bemühungen, nun die Handlungsproblematik direkt zu bewältigen bzw. zu der fortlaufenden Aktivität zurückzukehren (Beispielsweise das gesamte Klavierstück ohne Wiederholungen oder Verlangsamungen von vorne bis hinten durchzuspielen.).

Welche Art Diskrepanzerfahrungen das Subjekt macht bzw. welche Lerngründe sich dann wiederum für es dadurch ableiten, hängt mit den jeweiligen individuellen Lebensinteressen zusammen, die zu Lerninteressen werden. Dabei können diese Gründe einen defensiven oder expansiven Charakter haben. Defensives Lernen würde demnach der Gefahrenabwehr dienen, z.B. dass sich die eigene Lebenssituation verschlechtert bzw. die Aufrechterhaltung des Status quo. Expansives Lernen bedeutet die Erweiterung der eigenen Lebensqualität durch eine Verfügungserweiterung, also (Dazu-)Gewinnung von Handlungsfähigkeit.

Beide Lernformen haben unterschiedliche emotionale Auswirkungen/ Bedeutungen für das Subjekt. Sie »machen die allgemeine Lebensqualität subjektiver Befindlichkeit in ihren vielfältigen konkreten Erscheinungsformen aus« (Holzkamp 1993: 189).

Nach Holzkamp ist insbesondere innerhalb kapitalistischer Gesellschaftsformen mit der Möglichkeit der Verfügungserweiterung immer eine Gefahr der Existenzbedrohung verbunden. Ein Verlassen des Gewohnten, das Einlegen der Lernschleife, das Heraustreten aus einer Handlungsroutine, um eine neue Handlungsmöglichkeit zu erlernen, bedeutet immer auch, eine Verletzlichkeit zu wagen und das Risiko einzugehen, den Status quo der eigenen Weltverfügung zu gefährden. Die Bedingungen zu verändern, die einen selbst einschränken, also die eigenen Lebens- und Lerninteressen verfolgen, bedeutet immer auch ein Anlegen mit den ›Machthabenden‹. Dieser Konflikt ist, so Holzkamp, notwendig im Prozess der Handlungserweiterung. Defensives Lernen, das aufgrund von Bedrohungsabwehr und Statuserhalt erfolgt, scheut diesen Konflikt und bleibt aus Ängsten vor Existenzbedrohung der Unmittelbarkeit verhaftet.

In der Praxis sind defensives und expansives Lernen nicht leicht und häufig nicht trennscharf zu unterscheiden, denn der Zusammenhang zwischen den gesellschaftlichen Lernanforderungen und den subjektiven Lerninteressen ist häufig intransparent. Defensives und expansives Lernen können, insbesondere in schulischem Lernen, auf widersprüchliche Art und Weise miteinander verwoben sein. Gründe für defensives Lernen, wie zum Beispiel die Vergabe von Schulnoten, können auch an Lerngegenstände heranführen, die in einem eigenen Interesse liegen, oder für die ein eigenes Interesse entwickelt werden kann. Wenn die eigenen Interessen gegenüber den zwangsförmigen defensiven Lerngründen unbewusst bleiben bzw. der defensive Charakter des Lernens nicht bewusst ist, so kann es zu Lernwiderständen kommen. Diese können den Lernprozess bzw. die Verfügungserweiterung oder Bedrohungsabwehr verlangsamen oder behindern. In der Erwachsenenbildung sind Lernwiderstände Gegenstand von Forschung (Grotlüschen 2003, Faulstich/Grell 2005, Grell 2006, Schepers 2009). Konzentrationsschwierigkeiten, Müdigkeit, Ablenken, Blockieren sind z.B. typische Symptome von Lernwiderständen. Das Subjekt steht sich dabei selbst im Weg. Es schwankt zwischen dem Handlungsmachtbezug (Bedrohungsabwehr) über das Einrichten in den gegebenen Machtverhältnissen und dem unbewussten Widerstand aufgrund fehlender Bedeutsamkeit der Lerngegenstände für die Realisierung der eigenen Lebensinteressen. Denn in der restriktiven Handlungsfähigkeit, die zwar zugunsten der eigenen individuellen Interessen wie Machterhalt und der Bedrohungsabwehr erfolgt, liegt nach Holzkamp zugleich Selbstfeindschaft, die als solche unbewusst ist, »da niemand bewusst seine eigenen Interessen verletzen kann« (vgl. Holzkamp 1983a: 381).

Der restriktiven Handlungsfähigkeit, verstanden als Verharren oder Sich-Einrichten in den Abhängigkeiten, steht die verallgemeinerte Handlungsfähigkeit gegenüber als gemeinsame Erweiterung gesellschaftlicher Bedingungsverfügung. Sie besteht in der Möglichkeit, im Zusammenschluss und in »unmittelbarer Kooperation eine überindividuelle Gegenmacht von der Größenordnung zu gewinnen, die die Gefährdung der je individuellen Existenz aufheben kann« (Holzkamp 1983a: 373). Diese Möglichkeit der unmittelbaren Kooperation ist nach Holzkamp keineswegs nur auf klassische Formen politischer Organisierung bezogen, sondern nach ihm sind »in den lage- und positionsspezifischen Infrastrukturen der Bedeutungsbezüge selbst [...] mannigfache Möglichkeiten des Protests und des Widerstands« (ebd.) gegen die Einschränkung von Handlungsfähigkeit enthalten. Diese Möglichkeiten sind zwar durch die jeweils historisch bestimmten Verhältnisse determiniert, jedoch sind solche Möglichkeiten immer in irgendeiner Weise gegeben, denn sie sind gleichursprünglich mit den Einschränkungen und Bedrohungen der Selbstbestimmung.

Das Subjekt ist also immer in der Lage sich zu entscheiden, Bedrohungen bloß abwehren zu können oder bedrohliche Bedingungen selber zu verändern. Die verallgemeinerte und die restriktive Handlungsfähigkeit, subjektive und intersubjektive Bedrohungsabwehr, werden als die stets verfügbaren Pole, also als doppelte Option im doppelten Möglichkeitsraum, gefasst.

»Auch noch so eingeschränkte Handlungsalternativen bleiben immer noch Alternativen, und zu noch so gravierenden Unterdrückungsverhältnissen, objektiver Scheinhaftigkeit, ideologischer Beeinflussung etc. kann sich das Individuum als Subjekt bewusst ›verhalten‹.« (Holzkamp 1983: 345)

Gemeint ist damit die Relation zwischen den beiden Möglichkeiten, einerseits einen erweiterten Einfluss auf die gesellschaftlichen und damit auch individuellen Bedingungen zu gewinnen und sich andererseits mit den vorgefundenen Verhältnissen zu arrangieren und sich darin einzurichten.

»Das Individuum hat mithin, wie eingeschränkt sein ›Möglichkeitsraum‹ auch sein mag, mit der Möglichkeit der Abwendung der Handlungseinschränkung in Erweiterung der Verfügung über die Handlungsbedingungen immer auch die Möglichkeit des Verzichts darauf: Die Art der Wahl angesichts dieser Alternative charakterisiert (primär) nicht Menschen, ist also kein ›Persönlichkeitszug‹ o. ä., sondern charakterisiert bestimmte aktuelle Situationen, stellt sich nämlich prinzipiell jedem Menschen immer wieder, nämlich stets dann, wenn aufgrund einer aktuellen Einschränkung/Bedrohung der Handlungsfähigkeit die subjektive Handlungsnotwendigkeit zur Überwindung der Bedrohung besteht [...].« (Holzkamp 1983a: 370)

Das analytische Kategorienpaar der ›restriktiven‹ vs. ›verallgemeinerten‹ Handlungsfähigkeit soll, wie im Zitat deutlich wird, keine ›Typologie‹ zur Bewertung von ›restriktiv‹ bzw. ›verallgemeinernd‹ handelnden Menschen bereitstellen wie zum Beispiel ›Opportunist_innen‹ vs. ›Widerständler_innen‹. Stattdessen wird damit intrasubjektive alternative Handlungsmöglichkeit begrifflich fassbar (vgl. Holzkamp 1990: 37ff). Nicht die Relation zwischen ›restriktiv‹ vs. ›verallgemeinert‹ ist als widersprüchlich anzusehen, sondern vielmehr die Begründungsstruktur der ›restriktiven Handlungsfähigkeit‹. Das kommt darin zum Ausdruck, dass im restriktiven Handeln versucht wird, eigene Probleme auch auf Kosten anderer zu bewältigen, und damit das Fundament einer gemeinsamen Verfügungserweiterung unterwandert wird.

In der ›verallgemeinerten‹ Handlungsfähigkeit kommt die Handlungsalternative zum Ausdruck. Sie stellt zumindest eine Denkoption dar und der potenziell restriktiv selbstschädigende Charakter einer Begründungsfigur ist mir bewusst.

Über die gesellschaftliche Eingebundenheit der Subjekte werden die Handlungsmöglichkeiten somit nicht eliminiert, wohl aber determiniert. Das Außen stellt einen »Prämissenhorizont der eigenen Handlungen« dar (Faulstich/Ludwig 2004: 14). Die zentralen Begriffe, mit denen Holzkamp diesen Prämissenhorizont fasst, sind die der körperlichen, mental-sprachlichen und der personalen Situiertheit (siehe Holzkamp 1993, Kap 4.3).

Körperliche Situiertheit bedeutet bei Holzkamp, dass die eigene Perspektive immer an einen sinnlich-stofflichen Körper gebunden ist, d.h. das Subjekt befindet sich mit seinem Körper in einem lebenspraktischen Bedeutungszusammenhang und der Standpunkt des Subjekts ist ein räumlicher und zeitlicher. Respektive ist an jeder Lernhandlung auch der eigene Körper beteiligt. Die Überwindung einer Lernproblematik steht damit immer auch in Zusammenhang mit den eigenen körperlichen Verfügungsgrenzen und Undurchschaubarkeiten. Das Verhältnis zwischen dem intendierten Gegenstandszugang und »zurückhaltender« Körperlichkeit des Lernsubjekts stellt ein zentrales Spannungsfeld dar, denn die »allseitige Undurchdringlichkeit der stofflichen Realität setzt meinen Intentionen und deren Handlungsumsetzung Grenzen« (Holzkamp 1993: 254). Dabei steht Körperlichkeit nicht für sich, sondern ergibt sich aus der Lebensweltlichkeit in gesellschaftlichen sozialen Bezügen.

In die körperliche Situiertheit eingeschlossen ist die mental-sprachliche Situiertheit. Die mental-sprachliche Situiertheit ist die aktuelle Situiertheit des Subjekts. Durch die menschliche Fähigkeit zur differenzierten Sprache hat jedes Subjekt den Zustand des inneren Sprechens, der auch als Denken bezeichnet werden kann. Nach Holzkamp wird jedes Lernen durch dieses innere Sprechen begleitet. Dadurch, dass die Bedeutung unterschiedlicher Begriffe jedoch gesellschaftlich kulturell bestimmt ist, ergibt sich die hohe Relevanz der Lebenslage und der personalen Situierung für das innere Sprechen. Die gesellschaftlichen Bedeutungszusammenhänge vermitteln sich über Sprache, sie sind immer schon in die Sprache eingeschrieben. Mit dem inneren Sprechen wägen Subjekte ihre Entscheidungen ab. Einmal hört ein Subjekt die innere Stimme klar und deutlich, ja schreiend, und ein anderes Mal kann es nicht entscheiden und hört keine, gegensätzliche oder nur leise indifferente innere Stimmen. Ist es ein inneres Schreien einer einzelnen Stimme, so handelt es sich um eine klare Intention, einen deutlichen Willen, dem über das äußere Sprechen Ausdruck verliehen werden kann. Auch ambivalente und gegensätzliche innere Stimmen können ausgedrückt werden, dies benötigt jedoch mehr Reflexivität. Durch die mental-sprachliche Situiertheit, die jedem Menschen zu eigen ist, werden Hindernisse und Lerneinschränkungen abgewogen. Die mental-sprachliche Situiertheit steht in einem engen Zusammenhang mit der Aufmerksamkeitslenkung. Dabei hebt Holzkamp hervor, dass die innere Sprache »nicht Begleitmusik [ist], sondern eine selbstständige Melodie, eine selbstständige Funktion mit dem Zweck der geistigen Orientierung, der Bewusstmachung, der Überwindung von Schwierigkeiten und Hindernissen, die als eine Sprache für den Sprechenden selbst dem Denken [...] dient.« (ebd. 1993: 259)

Im inneren Sprechen werden die Anstrengungen zur Überwindung bestimmter Hindernisse und Schwierigkeiten mentaler Handlungsvollzüge artikuliert. Es steht dadurch in funktionalem Zusammenhang mit einer standortspezifischen-körperlichen Situiertheit zur Welt, da es dazu dient, Aufschluss über widerständige Beschaffenheiten zu erlangen. Inneres Sprechen als Beobachtungslenkung ist damit ein elementarer Teil des Lernprozesses.

Nach Holzkamp fasst die personale Situiertheit (»wo ich jetzt stehe«, ebd. 1993: 263) die Art und Weise, wie ich in die Vergangenheit blicke und welche Erwartungen und Vorstellungen ich von der Zukunft entwickele, geprägt und bedingt von meinen lebensgeschichtlichen Erfahrungen. Von personaler Situiertheit hängt überhaupt erst ab, was zu einem Lerngegenstand werden kann und wie Beobachtungslenkung erfolgt (mental-sprachliche Situierung). Dabei ist diese Situierung jedoch nicht einfach über eine Einordnung des Individuums mit Hilfe äußerlicher Kennzeichen von demografischen und lebensweltlichen Bezügen (Alter, Wohnort, Geschlecht, Beruf etc.) zu erfassen. Unter die personale Situierung fallen auch die »umfassenden gesellschaftlich-sozialen Bedeutungszusammenhänge« (ebd. 1993), wie sie in den jeweiligen individualgeschichtlichen Erfahrungshintergrund eingelassen sind, d.h. wie sie sich den Individuen als ihre jeweilige eigene Befindlichkeit darstellen (ebd.), also wie sie vom Subjektstandpunkt aus gewichtet und akzentuiert werden. So tritt z.B. die Erfahrung des Subjekts, dass seine (Lern-)Fähigkeiten begrenzt sind, als Akzent seiner personalen Situiertheit auf: Seine Fähigkeiten sind nicht etwas, das es hat, sondern etwas, das es sich zuschreibt, in seinem Erfahrungshintergrund im intersubjektiven Kontext. Fähigkeiten werden dann relevant, wenn Widerstände auftreten und sich die Frage aufwirft, ob die Intention, sich einen Lerngegenstand anzueignen, noch gerechtfertigt ist, oder aber die Lernhandlung aufgeben werden sollte. Weiter stellt sich nicht nur das Problem des Mutes: ›Werde ich dazu fähig sein?‹ ›Will ich mir das zutrauen?‹ – sondern ebenso das des Zumutens: ›Will ich mir das zumuten?‹ bzw. ›Kann ich es überhaupt lernen wollen?‹.

Bestimmte Zweifel sind endgültig berechtigt und haben einen Realitätsgehalt. Diese Zweifel hängen mit dem Erfahren der Welt vor dem Hintergrund der eigenen Biografie zusammen.

Abschließend möchte ich die zentralen Konzepte festhalten, die für den Lernbegriff dieser Studie Bedeutung haben.

- Holzkamps Begriff von Lernen ist unmittelbar mit dem der Handlungsfähigkeit verknüpft. Beide Begriffe stellen die Verwobenheit von Individuum und Gesellschaft als untrennbare Einheit heraus. Dabei bedingen diese sich jedoch nicht, sondern begründen sich. Die sachlich-soziale Welt vermittelt sich dem Subjekt über Bedeutungen, die wiederum mit spezifischen Handlungsmöglichkeiten einhergehen.
- Der Begriff des Lernens erfasst jenes intentionale Handeln, mit dem gesellschaftliche Handlungsfähigkeit erworben bzw. erweitert wird, unabhängig von einer institutionellen oder informellen Einbettung. Mit dem Konzept werden die Beteiligungsmöglichkeiten des Subjekts, der Eigenanteil des Subjekts am Erkenntnisprozess, an der Ausbildung von Handlungsfähigkeit, die Einflussmöglichkeiten, die das Subjekt selbst und gemeinsam mit anderen ausüben kann, aber auch die Einschränkungen, die es durch Fremdbestimmung erfährt, deutlich (d.h. die Dimension der Selbst- und Fremdbestimmung).
- Das ausschlaggebende Moment für handlungserweiterndes Lernen im holzkamp'schen Sinne ist, wie hier gezeigt wurde, die Diskrepanzerfahrung. Diskrepanzerfahrung bedeutet die Erfahrung eines ›Auseinanderkrachens‹, d.h. eines Widerspruchs oder eines Konflikts. Diese Konflikte (Diskrepanzerfahrungen) können im Kontext des defensiven oder widerständigen Lernens auch Lernbehinderungen bzw. Gründe nicht zu lernen, darstellen.
- Eine Gleichursprünglichkeit von Lerngrund und Lernbehinderung lässt sich mit dem doppelten Möglichkeitsraum beschreiben: Eine Handlungsproblematik zweiter Ordnung, also die Diskrepanz zwischen dem eigenen momentanen Stand der Handlungsfähigkeit und einem selbst antizipierten möglichen Verlust, kann zu einem abwehrenden (zwanghaft-intentionalen) defensiven Lernen führen, im Sinne der restriktiven Handlungsfähigkeit, oder aber, bei Bewusstmachung der Bedrohung, zu einem expansiven Lernen führen (oder zur verallgemeinerten Handlungsfähigkeit). Mit der kategorialen Unterscheidung in restriktive und verallgemeinerte Handlungsfähigkeit sowie daraus resultierend der Begriff des doppelten subjektiven Möglichkeitsraums, lassen sich mit den Kategorien der Kritischen Psychologie Zusammenhänge von individuellem und kollektivem (kooperierendem) Handeln fassen, aber auch zwischen selbst- und fremdbestimmtem Lernen.

- Die Widersprüchlichkeit von Lernen kann mit den Kategorienpaaren defensives und expansives Lernen im Blick behalten werden. Es geht nicht um eine dualistische Bewertung, sondern um einen analytischen Aufschluss der Lernsituation, denn die Aufteilung lässt sich empirisch nicht durchhalten, da Mischungsverhältnisse bestehen (hierzu mehr im Phasenmodell der Interessegenese, siehe 4.4).
- In Bezug auf die Situiertheiten des Subjekts wurden zentrale Punkte für ein Verständnis von Handlungsfähigkeit deutlich: Zum einen die *nur* analytisch existierende Trennbarkeit von mental-sprachlichem Lernen und körperlichem Lernen: Eine Beobachtungslenkung ist nicht ohne körperliche Bewegungen und Prozesse möglich. Mentale Sprachakte setzten körperliche Bewegungen voraus oder bringen sie hervor. Ich kann mich nicht mentalsprachlich zu etwas hinwenden, ohne dass dies auch körperliche Konsequenzen hat. Das bedeutet, Lernen, also der Prozess, in dem Handlungsfähigkeit erworben wird oder erhalten bleibt, kann nicht allein auf einer mentalen (also kognitiven) oder allein auf einer körperlichen Ebene betrachtet werden.
- Zum anderen konnte gezeigt werden, dass für die Analyse von Lernprozessen nicht nur die Bedeutungsstruktur eines Lerngegenstandes und die Lernhandlungen zu betrachten sind, sondern auch der lebenspraktische Bedeutungszusammenhang des Subjekts in seinen hier gezeigten Dimensionen.
- Entscheidend an Holzkamps Ausführungen sind für mich aber letztlich seine Frage- und Blickrichtung: die Perspektive des Subjekts zielt auf die Möglichkeit (eines Mehr) der Handlungsfähigkeit.

4.2 Inzidentelles und durchschnittliches (Mit-)Lernen: informelles Lernen

»Die Vorstellung des begründet handelnden Subjekts, das sich seine eigenen Lernziele setzt und organisiert, erlaubt es als heuristisches Modell, Einschränkungen, Behinderungen von außen und die entsprechende Abwehrstrategie von innen erkennbar zu machen. Aber sie schließt aus, dass die massenhafte Weise, wie die herrschenden Verhältnisse gewissermaßen in die Poren der je Einzelnen sich einnisten, wie Medien, Traditionen, Kulturelles angeeignet werden, wie Gewohnheiten zu Stande kommen, unter Lernen fassbar wird.« (Haug 2003: 29)

Obiges Zitat von Frigga Haug spricht die Möglichkeiten, aber auch die Begrenzungen von Holzkamps Lerntheorie aus ihrer Sicht an. Holzkamp fokussiert mit seinen Kategorien ausschließlich intentional, bewusst gerichtete Lernformen. Zufälliges Mitlernen, also Lernen, das integriert in eine anders ausgerichtete Handlung geschieht, klammert er aus seiner Lerntheorie explizit aus. Bei dem alltäglichen lebensbegleitendem Lernen handelt es sich um eine Mischform inzidentellen und auf einen Lerngegenstand gerichteten Handelns: Im Nachhinein, im Rückblick auf die eigene Biografie, lassen sich Handlungen in einen gerichteten Lernprozess einordnen. Das Lernhandeln wird so zu einem retrospektiv begründeten Handeln. Im Moment des Handelns ist dem Subjekt nicht bewusst, dass es gerade am Lernen ist.

Frigga Haug verortet sich mit ihrem Beitrag zu »Lernverhältnissen« (2003) selbst in der Subjektwissenschaft. Allerdings grenzen sich ihre sozialtheoretischen, empirisch-rückgebundenen Forschungen über die im obigen Zitat aufgegriffene Perspektive kritisch von Holzkamp ab bzw. ergänzen sie. Haug widmet sich mit ihrer Methode der »Erinnerungsarbeit« vor allem den »lernenden Subjekten mit ihren Blockierungen und Bewegungen« (Haug 2003: 38) und der Frage, wie unbemerkt »Gewohnheiten zu Stande kommen« (ebd. 29). Im Rahmen ihrer Auseinandersetzung mit Lerntagebüchern von Studierenden arbeitet sie die Krisenhaftigkeit von Lernen heraus und stellt dabei Gewohnheit und Verlernen als zentrale (Blockierungs-) Momente innerhalb von Lernprozessen dar.

Die Beiträge in Haugs Monografie bewegen sich hauptsächlich im Feld formaler und institutioneller (universitärer) Lernumgebungen. Nur wenige Beiträge zur Erinnerungsarbeit befassen sich explizit mit dem inzidentellen Lernen (z.B. im Kontext der Familie [ebd. 233ff] oder der Erwerbsarbeit [ebd. 276ff]). Ihr Verständnis von Lernen hebt verschiedene zentrale Aspekte hervor und zeigt die große Vielfalt und die Widersprüchlichkeit von Lernprozessen auf.

»Der lang währende Prozess der Aneignung von Welt, dabei die Produktion wie Reproduktion der Verhältnisse, gestaltender Eingriff wie Unterwerfung sind Bewegungen, die wir als Lernen erfahren, wenngleich die häufig nicht so trennscharf dingfest gemacht werden können. […] das schließt Formierung und Selbstformung ein, und es kann auf verschiedenen Ebenen je unterschiedliche Strategien erfordern, andere, wenn ich Ordnung lerne oder ein Sprache, andere, wenn ich mit anderen forschend tätig bin oder ein politisches Projekt verfolge, wieder andere, wenn ich lerne, Fahrrad zu fahren oder Geige zu spielen, Lernen also ist als widersprüchlicher Prozess zu fassen; es gibt darin nicht bloß eine ›richtige‹ Strategie. Und es gibt nicht bloß Zuwachs.« (Haug 2003: 288)

Als Ergebnis von Haugs Untersuchungen kristallisiert sich heraus, dass sich die Lernprozesse empirisch kaum fassen lassen.

»Irgendwie scheint Lernen keine Praxis zu sein, deren Bewegungen so einfach aufgezeichnet werden kann und die dann abrufbar ist. In der Erinnerung zeigen sich frustrierende Erfahrungen, wenn es nicht klappen will, und solche, die den Lernerfolg als schon erreicht zeigen, kaum aber der Vollzug selbst – kaum eine Auskunft zu Lernen als Prozess, als Bewegung. Lernen ist Selbstkritik. Lernen ist als Bewegung unabgeschlossen und zwiespältig.« (Haug 2003: 156)

Im Prozess ihrer Forschungsarbeit hat Haug deshalb von ihrem ursprünglichen Zielvorhaben, auch das inzidentelle Lernen kategorial zu bestimmen, abgelassen.

Das inzidentelle oder auch zufällige und durchschnittliche Mitlernen ist erst innerhalb der letzten beiden Jahrzehnte zunehmend ins Blickfeld der Erwachsenenbildungsforschung gerückt. Waren in den 1990er Jahren Studien zum ›informellen‹ Lernen noch ein Forschungsdesiderat (vgl. Reischmann 1995), so existiert heute insbesondere im Kontext der Debatte des lebenslangen Lernens in der Erwachsenenbildung eine breite Diskussion um das Lernen, das jenseits von Institutionen und pädagogischen Settings stattfindet, sowie ein Spektrum an Untersuchungen inklusive ausgearbeiteter Begriffsdefinitionen (vlg. ausführlicher zur Begriffsgeschichte und Definitionen Overwien 2009: 23ff, Livingstone 1999). Nicht nur in Deutschland, auch international hat das informelle Lernen in den letzten Jahren eine gesellschaftliche Aufwertung erfahren. Ein Großteil der Forschungen zu informellem Lernen beschäftigt sich mit der Bedeutung von informell erworbenen Kompetenzen in der Arbeitswelt (u.a. Dehnbostel/Lindemann/Ludwig 2007), aber auch andere Lernorte wie z.B. Bürgerinitiativen (Trumann 2010) oder Betriebsratsgremien (Hocke 2012) werden untersucht (zu den historischen Zusammenhängen – siehe Einleitung).

In den Definitionen wird von implizitem, beiläufigem, informellem, latentem, lebenslangem, lebensbegleitendem Erfahrungs- und Alltagslernen gesprochen. Teilweise stehen die verwendeten Begrifflichkeiten unvermittelt nebeneinander.

Durch die unterschiedlichen existierenden begrifflichen Schwerpunkte ist es nicht einfach, die Charakteristika der Mischform ›informelles Lernen‹ auf den Punkt zu bringen. Die Richtlinien der Europäischen Kommission (zit. n. Münchhausen 2010: 72) unterscheiden zwischen non-formalem und informellem Lernen, jedoch klingen Überschneidungen, die im Grad der Beabsichtigung liegen, darin an. Informelles Lernen wird darin gefasst als

»Lernen, das im Alltag, am Arbeitsplatz, im Familienkreis oder in der Freizeit stattfindet. Es ist in Bezug auf Lernziele, Lernzeit oder Lernförderung nicht organisiert oder strukturiert. Informelles Lernen ist in den meisten Fällen aus Sicht des Lernenden nicht ausdrücklich beabsichtigt.« (Richtlinien der Europäischen Kommission zur Validierung von formalem und informellem Lernen)[5]

Dem gegenüber wird non-formales Lernen beschrieben als:

»[...] Lernen, das in planvolle Tätigkeiten eingebettet ist, die nicht explizit als Lernen bezeichnet werden (in Bezug auf Lernziele, Lernzeit oder Lernförderung), jedoch ein ausge-

---

5 Zit.n. Münchhausen 2010: 72

prägtes »Lernelement« beinhalten. Nicht formales Lernen ist aus Sicht des Lernenden beabsichtigt.« (ebd.)

Bei Dohmen wird unter dem informellen Lernen jede Form des Selbstlernens gefasst, das außerhalb von Bildungsveranstaltungen oder Institutionen stattfindet (vgl. Dohmen 2001: 25). Es vollzieht sich ungeplant und unstrukturiert im Alltags- und Lebenszusammenhang (vgl. Dohmen 1996: 29) und kann implizit oder auch intentional erfolgen, womit er einen sehr weit gefassten Begriff vertritt. Für Reischmann fällt vor allem das unbemerkte Mitlernen ›en passant‹ unter informelles Lernen (Reischmann 2004). Kirchhöfer grenzt den Begriff stärker ein. Er fasst lediglich bewusste Lernvorgänge, die auf Problemlösung gerichtet sind (außerhalb von formalen Settings) unter informelles Lernen (Kirchhöfer 2004: 85). Auch Livingstone nimmt vor allem die bewussten informellen Prozesse in den Blick (z.B. Livingstone 1999). Carstensen schlägt vor, Begriffsdefinitionen von informellem Lernen nach dem Grad der Institutionalisierung und der Bewusstheit (vgl. Carstensen 2012: 165) zu unterscheiden.

Vor dem Hintergrund der subjektwissenschaftlichen Perspektive auf Lernen, die sich, wie im vorangegangen Abschnitt gezeigt, aufgrund ihrer Fokussierung der Subjektperspektive und der Handlungsfähigkeit des Subjekts geeignet zeigt, sind bestimmte Aspekte der Debatte um das informelle Lernen brauchbar und kombinierbar mit der Holzkamp'schen Perspektive, andere wiederum müssen verworfen werden.

- Während die Kategorien der Subjektwissenschaft es ermöglichen, das Handeln der Subjekte zu erfassen, fokussieren die Überlegungen zum inzidentellen und informellen Lernen auf Lernen als Begleiterscheinung von Handeln. Ein Begriff, mit dem informelle Lernprozesse erfasst werden können, die außerhalb von Bildungssettings in alltäglichen unmittelbaren Alltagszusammenhängen und sozialen Bezügen stattfinden, sollte in der Lage sein, verschiedene Ausprägungen von bewusst und unbewusst, gewollt und unbeabsichtigt zuzulassen. Für den Rahmen meiner Untersuchung eignet sich ein weit gefasster Begriff, der einen offenen Blick für verschiedene Formen und Ausprägungen ermöglicht. Zufälliges Mitlernen lässt sich demnach durch unterschiedliche Grade an Bewusstheit bestimmen.
- Der Diskurs um das informelle Lernen lenkt Aufmerksamkeit auf die Dimension der Zufälligkeit bzw. der (unbewussten, nicht intentional gewollten) gesellschaftlichen Bestimmung. Aus den Ausführungen zu Frigga Haugs Untersuchungen des Lernens lassen sich Gewohnheit, Verlernen und damit impliziert auch Selbstkritik als zentrale Momente innerhalb von Lernprozessen festhalten. Hier liegt ein Blick auf das Konzept des Habitus (als Zusam-

menwirken von gesellschaftlicher Lage und individuellem Lebensstil) bei
Pierre Bourdieu nahe, da in diesem ›Gewohnheit‹ und ›Vergessen‹ als Funktionen eine zentrale Rolle spielen. Jüngere Forschungsarbeiten und Ansätze beziehen sich anstelle von gouvernementalitätstheoretischen oder klassenantagonistischen Konzeptionen (wie sie bei Holzkamp vorliegen) auf solche habitustheoretischen Konzeptionen des Subjekts (Bremer 2007, Grotlüschen 2010). Anke Grotlüschen hat im Anschluss an die subjektwissenschaftliche Lerntheorie[6] ein Modell der (Lern-)interessenentwicklung durch Rückbindung an Pierre Bourdieu und den Pragmatismus vorgestellt (siehe Abschnitt 5.4.). Für einen Lernbegriff einer empirischen Studie kann ich aus dem Verweis auf Gewohnheit und Vergessen bzw. dem Verweis auf die Gesellschaftlichkeit des Subjekts vor allen Dingen die Schlussfolgerung ableiten, dass es für Forschende unabdingbar ist, sich die gesellschaftlichen Rahmenbedingungen bewusst zu machen, in denen Gewohnheit und Vergessen als Hindernisse und Qualitäten im Lernprozess entstehen. Dies geschieht in meiner Studie in den theoretischen und kontextualisierenden Kapiteln. Eine ausschließliche Fokussierung des informellen Lernens als Lernen wäre aus Perspektive des Subjekts nicht voranbringend, da informell bzw. ›en passant‹ (›im Vorbeigehen‹) immer wieder das gelernt wird, was die gesellschaftlichen Verhältnisse vorgeben und so kein Ausbruch aus dem Gewohnten erfolgen kann.

- Die Erwähnung und Betrachtung des informellen Lernens dient hier vielmehr als ein Hinweis und eine Bestärkung der Umstände, die Holzkamp als Situierung der Subjekte gekennzeichnet hat. Begrifflich liefern Studien zum informellen Lernen jedoch keine grundlegend neuen Analysekategorien zur Erfassung des Vorgangs Lernen. Vielmehr deuten sie darauf hin, dass die massenhafte Weise, wie die Gesellschaft in die Poren der einzelnen kommt (vgl. Haug 2003: 29) eine Dimension ist, die über die Reflexion von Gewohnheiten dem Bewusstsein zugeführt werden kann. Die Kategorien der Subjektwissenschaft bleiben jedoch für die bewussten Ausschnitte des nachträglich bewusstgemachten Lernens weiterhin relevant.
- Da die prinzipielle Unbeobachtbarkeit von Lernprozessen auch für das informelle (zufällige) Lernen gilt, können unterschiedliche methodische Vor-

---

6 In seinem späteren Werk arbeitet Holzkamp mit einer gouvernementalitätstheoretischen Konzeption des Subjekts unter Bezug auf Foucaults »Überwachen und Strafen« (Foucault 1977/2005). Das Subjekt kann nicht nur auf Gesellschaft Einfluss nehmen, es wird ebenso von gesellschaftlichen Herrschaftsverhältnissen durchzogen. Gesellschaftliche Normen werden von ihm unbemerkt internalisiert. Mit Rückgriff auf Foucault veranschaulicht Holzkamp die perfiden Regierungstechniken entlang des Beispiels des schulischen Unterrichts in seinem Schulkapitel des Buches »Lernen« (Holzkamp 1993: 486 ff).

gehen aus den obigen Ausführungen abgeleitet werden: Nachträglich bewusst gewordene, vormals informelle Lernprozesse lassen sich zum Beispiel in Interviews durch »Selbstanzeige, in der diese [die Interviewten] selbst einen Erkenntniszuwachs und damit ein Lernergebnis feststellen können«, erfassen (vgl. Carstensen 2012: 68). Zum anderen lassen sich aber auch Hinweise auf unbewusste Prozesse von ›außen‹ von der Forscherin über Zuschreibungen aus dem Material heraus rekonstruieren. Jedoch kann auf das »individuell-psychische Lernen immer nur verwiesen werden« (Dinkelaker 2008:19).

- Insgesamt stellt sich also viel weniger die Frage, ob das Lernen in seinem ersten Ursprung intentional oder inzidentell erfolgt ist, viel bedeutsamer ist der Aspekt, ob und wie weit es gelungen ist, sich den Lernprozess (nachträglich) bewusst zu machen.

4.3 Leiblichkeit im Lernprozess: Hingabe und Passion in phänomenologischen Lernkonzeptionen

»Die pädagogische Phänomenologie des Lernens betont das als (überwältigende, existentielle) Erfahrung konzeptualisierte Lernen. Sie hat dafür gute Gründe - und neigt dennoch bisweilen zu einer allzu stark generalisierenden Dramatisierung und überzogenen Pathetisierung des Lernens. Sie besitzt, so könnte man sagen, eine den Einseitigkeiten des handlungstheoretisch-subjektwissenschaftlichen Ansatzes komplementäre Schlagseite.« (Straub 2010: 90)

Eine geeignete Lerntheorie sollte die Bedeutung von leiblichen und emotionalen Bedingungen des Lernens erfassen können (vgl. Holzapfel 2006: 9). In der Erwachsenenbildung wurde wiederholt kritisiert, dass dies mit einem nur subjektwissenschaftlichen Lernverständnis nicht angemessen möglich sei (Schüßler 2004: 104 ff., 107; Arnold 2004: 245). Im Folgenden soll der Begriff ›Lernen als Erfahrung‹ welchen Käte Meyer-Drawe in »Diskurse des Lernens« (2008) beschreibt, näher betrachtet werden. Mit ihrem Lernverständnis von einem ›Lernen aus Passion‹ beabsichtigt sie, »einen Kontrapunkt gegen das ›Lernen en passant‹ zu setzen (Meyer-Drawe 2012: 9), und dennoch das Lernen als einen über einen längeren Zeitraum angelegten Prozess zu fassen. Wie auch in der Subjektwissenschaft wird beim ›Lernen aus Passion‹ oder auch ›Erfahrungslernen‹ von begründetem Lernen ausgegangen. Das phänomenologische Lernverständnis wurzelt in der Philosophie der Phänomenologie und wird hauptsächlich in den allgemeinen Erziehungswissenschaften rezipiert, während die subjektwissenschaftlichen Ansätze aus der Kritischen Psychologie stammen und auf materialistische Ansätze zurückgehen. Sie werden vornehmlich in der Erwachsenenbildung aufgegriffen. Trotz starker Ähnlichkeiten und

Ausgangspunkte unterscheiden sich die beiden Ansätze, wie oben im Zitat angeklungen, hinsichtlich der Blickrichtung und Schwerpunkte gewinnbringend, weshalb hier komplementierend eine Bezugnahme auf die phänomenologischen Lernansätze stattfindet.

Im Folgenden wird kurz auf die Gemeinsamkeiten der Ansätze eingegangen (sie sind ausführlicher zusammengefasst unter Meyer-Drawe 2012: 13ff), um darauf die Besonderheiten und Gewinne des Ansatzes zu betrachten, besonders das Verhältnis von Körper und Verstand, die Relevanz von Emotionalem: Hingabe, Liebe, Schmerz und Leidenschaft.

Sowohl im ›Lernen als Erfahrung‹ als auch im Lernbegriff der Subjektwissenschaft wird das Handeln, d.h. das Machen des Subjektes betont. Das Subjekt ist damit nicht nur ein passiv-erfahrendes, sondern es ist als Ganzes im Lernen aktiv. Das phänomenologische Lernverständnis, welches hier exemplarisch anhand von Meyer-Drawes Verständnis diskutiert wird, richtet sich, so wie die Kritische Psychologie, gegen mechanistische (z.B. neuropsychologische, kognitivistische) Lernverständnisse, die aus der empirischen Psychologie stammen. Der Phänomenologie geht es, wie auch der Subjektwissenschaft, um eine Komplexitätssteigerung wissenschaftlicher Perspektiven: Über die Hervorhebung des Standpunkts des Subjekts und seiner Erfahrung wird der sonst üblichen Perspektive auf das Subjekt als Objekt der Forschung eine weitere Perspektive hinzugefügt. Nach Meyer-Drawe geht es um eine »kritische Aufklärung der Besonderheit wissenschaftlichen Wissens«. Der Vernunftraum wird so erweitert. »Statt um das andere der Vernunft geht es um eine andere Vernunft« (Meyer-Drawe 2012: 15).

Eine Gemeinsamkeit besteht zwischen den Ansätzen auch hinsichtlich der Bedeutung dessen, was bei Holzkamp als Diskrepanzerfahrung und als Auslöser für das Einlegen einer Lernhandlung bezeichnet wird. Eine solche Diskrepanzerfahrung beschreibt die phänomenologische Konzeption von Meyer-Drawe so:

»Lernen in einem strengen Sinne beginnt dort, wo das Vertraute brüchig ist und das Neue noch nicht zur Hand ist, mit einer Benommenheit in einem Zwischenreich, auf einer Schwelle, die zwar einen Übergang markiert, aber keine Synthese von vorher und nachher ermöglicht.« (Meyer-Drawe 2012: 13)

Erst im Moment des völligen Unverständnisses erfolgt der Bruch mit der Gewohnheit (vgl. Meyer-Drawe 2008: 15) und es entsteht das Begehren, das verunsichernde Phänomen, die aus dem Konzept bringende Situation, begreifen zu wollen. Damit wird das Lernen sowohl in der Subjektwissenschaft als auch in der Phänomenologie als ein kreatives, leidenschaftliches Handeln begriffen, das vom Willen der Lernenden angetrieben wird. Doch welche Unterschiede bestehen zwischen den Ansätzen Holzkamps und Meyer-Drawes? Worin bestehen gewinnbringende, komplementierende Aspekte?

Für Meyer-Drawe besteht ein zentraler Unterschied zwischen Subjektwissenschaft und Phänomenologie darin, dass in der Subjektwissenschaft eine Selbstentfachung von Interesse und Neugierde (vgl. Meyer-Drawe 2008: 17) und eine die Zielrichtung erweiternde Weltverfügung (vgl. ebd. 18) im Vordergrund stehen, während in der Phänomenologie die Diskrepanzerfahrung durch ein unvorhersehbares Geschehen ausgelöst und die Lernleidenschaft von außen entfacht wird. Auch für Straub 2010 hängt die Kritische Psychologie »noch allzu sehr an der Idee eines auf gesteigerte Verfügungsmacht abzielenden Subjekts« (Straub 2010: 90).

Meyer-Drawe betont, »Lernen ist nicht lediglich Verfügung. Es meint ebenfalls Unterlassen, Hingabe, sowohl an den Anderen als auch an die Dinge.« (Meyer-Drawe 2012)

Ich schließe mich der Holzkamp-Rezeption Meyer-Drawes bezüglich der ›Selbstentfachung‹ nicht an. Das Holzkamp'sche Verständnis der körperlichen und personalen Situiertheit des Subjekts, wie ich sie weiter oben ausgeführt habe, zeigt, dass Holzkamp Lernen als sinnlich-stofflich gebunden begreift und sein Subjektbegriff einer symmetrischen Konzeption der Fremd- und Selbstbestimmung unterliegt. Daraus folgt, dass die Fokussierung auf intentionale Prozesse gleichsam etwas anderes ist als eine ›Selbstentfachung‹ von Interesse. Das Subjekt macht aus den von außen an es herangetragenen (aus seiner Perspektive nicht vorhersehbaren!) Bedingungen Bedeutungen, welche dann wiederum seinen Handlungs- und Lernraum konzipieren und das Widerfahrene begreifbar machen können. Durch das Bewusstmachen von Bedeutungen gelingt dem Subjekt ein Lernprozess, in dem es alleine oder gemeinsam mit anderen seine Handlungsfähigkeit erweitern kann.[7]

Hinsichtlich der Holzkamp'schen ›Zielrichtung der Verfügung‹ treffen Meyer-Drawe und Straub einen zentralen Punkt, der in die Richtung der eingangs erwähnten Kritik zielt, auch wenn sie Holzkamp polarisierender lesen, als ich ihn verstehe. Wichtige, sich unterscheidende Nuancen in der Umschreibung dessen, was bei Holzkamp als Diskrepanzerfahrung bezeichnet wird, ermöglichen hier meines Erachtens eine fruchtbare Erweiterung des Blickfeldes. Das Konzept der Diskrepanzerfahrung erweckt leicht die Assoziation, dass es einen realen, d.h. bestimmbaren Gap zwischen der Realität und dem zu erreichenden Ort der Handlungsfähigkeit gibt. Meyer-Drawes Ausführungen zu Hingabe und Leidenschaft im Lernprozess vermeiden meines Erachtens dieses problematische Verständnis der Diskrepanzerfahrung.

Im Folgenden möchte ich dies verdeutlichen.

---

7 Diese Fokussierung auf die intentionalen Einflussmöglichkeiten des lernenden Subjektes im Lernprozess macht die Eignung insbesondere für die Erwachsenenbildung, wo von der weitestgehend gewählten, freiwilligen Teilnahme an Bildungsveranstaltungen ausgegangen werden kann, und für politische Bildung, wo gesellschaftliche Partizipation bzw. kollektive Handlungsfähigkeiten fokussiert werden, aus.

Als zentraler Aspekt innerhalb des Lernprozesses wird im phänomenologischen Verständnis nach Meyer-Drawe das Moment der (Diskrepanz-)Erfahrung mit leichten, aber wichtigen Differenzen zur Holzkamp'schen Lerntheorie als ›Widerfahrnis‹ beschrieben.

»Während Erleben einen intentionalen Akt meint, zerspringt in der Erfahrung die Intention des Bewusstseins, indem sie von der Welt überrascht und beschlagnahmt wird.« (Meyer-Drawe 2008: 188)

»Das Bewusstsein kommt nicht allein für den Sinn auf. Es antwortet auf einen ihm fremden Anspruch, durch den es wie durch eine Ohrfeige getroffen werden kann. Bewusstsein ist nicht alles. Erfahrung meint die Öffnung zu einer Welt, die sich mitunter aufdrängt und fungierenden Erwartungen in die Quere kommen kann. In dieser Durchkreuzung zeigen sich dann allererst die Antizipationen, die zuvor unbemerkt in Geltung waren.« (Meyer-Drawe 2012: 18)

Diesem Moment des Erfahrens ist nicht unmittelbar mit dem Bewusstsein beizukommen, sondern in jenem Moment wird das Subjekt ganz und gar von dem was ihm widerfährt überschwemmt und eingenommen. Besonders wird Körperlichkeit im Lernen hervorgehoben und als nicht unmittelbar und auch im Nachhinein nie ganz dem Verstand zugänglich beschrieben. Als spezifische Emotionen, die unmittelbar mit dem Lerngegenstand verknüpft sind, werden solche des Begehrens und Liebens angeführt: »Wissen kann man weitergeben, das Begehren danach nicht. Der Wunsch zu wissen, ist selbst kein Wissen. Was man liebt, möchte man so genau wie möglich kennen. Darum ist es wichtig, etwas zu begehren, um zu lernen.« (Meyer-Drawe 2012: 17)

Dieser Punkt leitet zu einem weiteren, für die phänomenologische Auffassung von Lernen zentralen Aspekt: Liebe[8] und Wissen stehen in untrennbar enger Verbindung miteinander und werden nicht als dichotome Gegensätze gedacht. In der Phänomenologie ist Erfahrung eine eigenständige Form der Vernunft. Dabei ist die Bezugnahme auf das phänomenologische Verständnis vom Körper zentral, in welchem der »Leib als Bedeutungskern« fungiert (Meyer-Drawe 2012: 16). Der Körper geht unserem Handeln immer voraus (das wird bei Holzkamp nicht anders verstanden z.B. in der ›körperlichen Situiertheit‹). Eine Diskrepanzerfahrung erzeugt zu allererst schmerzliche emotionale Erfahrungen, die in der ersten Wahrnehmung nur über körperliche Empfindungen des Unwohlseins zu erfassen sind. Über den Leib sind wir der Mehrdeutigkeit unserer Sinnesempfindungen ausgesetzt. Wir stehen

---

8 Der Begriff der ›Liebe‹ und anderen Emotionen ist im wissenschaftlichen Kontext nicht unproblematisch. Emotionen haftet die Beschaffenheit einer nie vollständig darstellbaren Form an. Das Gefühl der Liebe z.B. präsentiert sich jedem Menschen unterschiedlich und es können ihm unterschiedliche körperliche Empfindungen anhaften.

den Aussagen, die andere Menschen an uns herantragen, nicht nur als Beobachter_innen gegenüber, sondern wir werden von diesen Aussagen erfasst. Mit dem Term Leiblichkeit (im Unterschied zu Körperlichkeit) wird in der Phänomenologie gefasst, dass keine Möglichkeit besteht, sich selbst von dem eigenen (lebendigen) Körper zu entfernen oder ihn vollständig zu kontrollieren. Mit Leiblichkeit ist der Zusammenhang von Körper und Bewusstsein angesprochen. Der Körper kann objektiv von außen bemessen und erfasst werden, er kann tot oder lebendig sein, während der Leib nur als subjektiv gespürter und lebendiger dem Bewusstsein zugänglich ist. Er dient dem subjektiven Wirklichkeitsaufschluss des Subjekts. Das Erfahren, das dem Begreifen durch den Verstand vorausgeht, geschieht mit unserem Leib, daraus resultiert eine Notwendigkeit leiblicher emotionaler Präsenz in einem Lernprozess,[9] d.h. eine Gewissheit der Erfahrenden ihrer Selbst und darin eingeschlossen ihrer eigenen Körperempfindungen. Dabei haben vor allem negative, unangenehme Körperempfindungen eine zentrale Bedeutung inne. Etwas Gewohntes wird vom Selbst nur ungern aufgegeben. »Etwas Neues hören ist dem Ohre peinlich und schwierig; fremde Musik hören wir schlecht.« (Nietzsche, Colli 1988: 113) Ein temporärer Selbstverlust geht mit Lernen einher. »Was der Leib gelernt hat, das besitzt man nicht wie ein wiederbetrachtbares Wissen, sondern das ist man.« (Bourdieu, Seib 1987: 135). Körper und Geist werden nicht voneinander getrennt gedacht. Die Vorstrukturen der Erfahrung, d.h. die bis zu dem jeweiligen Zeitpunkt existierenden Denkgewohnheiten, werden im Moment der Erfahrung als deren »vorreflexive Ermöglichung« (Meyer-Drawe 2008:189) zerstört oder zumindest stark ins Wanken gebracht. Fälschliche Vorannahmen werden in diesem Moment der Zerstörung sichtbar. Durch die sich öffnenden Klüfte und Spaltungen entfernt sich das Selbst während des Widerfahrnisses von sich selbst, wird aus seinem Gleichgewichtszustand gerissen. »Lernen bedeutet in diesem Sinne immer auch die Geschichte des Lernenden selbst, den konflikthaften Prozess seiner Veränderungen, deren Dynamik in diesem Selbstentzug wurzelt. Wir wissen mehr, ›als wir zu sagen wissen‹« (Polanyi 1985: 127, zit. nach. Meyer-Drawe 2008: 90)

Um die Kontrolle über die negativen Empfindungen wieder zu gewinnen, ist es notwendig, sie auf Distanz zu dem eigenen Selbst zu bringen. Dabei kann es sich jedoch immer nur um ein früheres Selbst handeln, zu dem die Distanz über eben jene Rückwendung der Erfahrung auf sich selbst hergestellt wird. Dieser Akt der Distanzierung geschieht über das Begreifen, für das eine Form von Sprache bzw. Ausdrucksweise benötigt wird. Diese Möglichkeit der Äußerung und des Begreifens verkündet zugleich einen Wandel des jeweiligen Erfahrenkönnens (vgl. Meyer-Drawe 2008: 189).

---

9 Zur Anthropologie des Leibes als Lernleib und zu der Geschichte des pädagogischen Zugangs zum Verhältnis von Lernen und Leib siehe (Göhlich/Zirfas 2007: 117ff).

Abschließend möchte ich die zentralen Punkte aus den vorangegangenen Ausführungen zusammenfassen, die die zuvor in Kapitel 4.1 und 4.2 dargestellten Überlegungen zu Lernen ergänzen können:

- Wo sich durch das Holzkamp'sche Lernverständnis vor allem die Verwobenheit des Subjekts in gesellschaftlichen Diskursen und Herrschaftsverhältnissen und gleichzeitig die Möglichkeit des Einflusses des Subjekts auf selbige denken lässt, kann ein phänomenologisches Lernverständnis komplementierend die Polarisierung zwischen Gefühl und Verstand, zwischen Herz und Kopf im Moment des Widerfahrens als überholt und ein Festhalten an einer solchen Dichotomie als hinderlich für das Verständnis von Lernprozessen und für den Vollzug von Lernen selbst aufzeigen.
- Mit dem phänomenologischen Blick lässt sich keine klare Abgrenzung zwischen (zeitlich begrenzten) Lernschleifen, wie sie konzeptionell hinsichtlich intentionaler Lernprozesse von Holzkamp erfasst werden, und den über die Lebensspanne erfolgenden (informellen) Lernprozessen aufrecht erhalten. Das Lernen als Erfahrung bezieht die Vorbedingungen des Subjekts und die Prozesshaftigkeit des über den Lebensverlauf angelegten Lernens mit in das Lernverständnis ein, ohne diese in der Zufälligkeit verbleiben zu lassen. Mit dem phänomenologischem Lernverständnis lässt sich erklären, dass eine einmal entbrannte Passion für einen Lerngegenstand auch nach dem Besuch einer Weiterbildungsveranstaltung nicht beendet sein muss.
- Obgleich insbesondere für eine politisch-emanzipatorische Perspektive Partizipation und Verfügung zentral sind, so kommt ein Verständnis von Lernen nicht ohne eine Betrachtung der emotionalen Bestandteile des Lernens aus, welche in phänomenologischen Ansätzen zum Lernen hervorgehoben werden. Der zentrale Rückschluss, der die Lerntheorie der kritischen Psychologie ergänzen kann, ist, dass hier den emotionalen, körperlichen Erfahrungen ein besonderer Raum zugestanden wird. Während Holzkamp das Agieren der Subjekte, ihre Gründe, ihr Dazutun und vor allem die Zielebene der Handlungsfähigkeit und der gesellschaftlichen Partizipation zentral setzt, so geht es Meyer-Drawe um einen empathischen Lernbegriff, der das Moment von Hingabe an die Dinge und das Ausgeliefertsein an das Gegenüber beschreibt. Lernen wird als ein kreativer Prozess begriffen, der seine Herkunft aufgreift und diese im Vollzug selbst überholt. Der Ansatz Meyer-Drawes mahnt, den Blick nicht zu schnell in die Zukunft und auf die Möglichkeiten der Verfügungserweiterung zu richten, sondern mit der Betrachtung der Widerfahrnisse zu beginnen. Sie zeigt die Notwendigkeit, die (Diskrepanz-)Erfahrungen als solche im Lernprozess ernst zu nehmen, jedoch ohne in einen Betroffen-

heitskult[10] zu fallen (vgl. Meyer-Drawe 2008: 160f). Als praktische pädagogische Schlussfolgerungen, aber auch als analytische (z.B. hinsichtlich der Auswertung von Interviews), leiten sich daraus Interventionen ab, »welche der konkreten Erfahrung eine Mitsprache einräumen« (Meyer-Drawe 2008: 212).

- Phänomenologische Begriffsbildungen nehmen jedoch nicht so stark die Verbindung zwischen Lernen und gesellschaftlichen Kräfteverhältnissen (Interessengegensätzen) sowie der Veränderbarkeit von Herrschaftsverhältnissen in den Blick. Diesbezüglich sind subjektwissenschaftliche Ansätze aussagekräftiger. Auch ein Verharren bei dem philosophischen Sprechen von undurchschaubarer Leiblichkeit wäre in pädagogischen Kontexten eher riskant, da Handlungs- und (kollektive und individuelle) Entwicklungsperspektiven zu wenig in den Blick genommen werden.

4.4 Äussere Einflüsse und Selbstbeteiligung im Verlauf von Lernprozessen: Zufall und Selbstbestimmung in der Interessegenese

»Das Interesse am Lerngegenstand ist auf komplexe, widersprüchliche und mystifizierte Weise mit den herrschenden Interessen verflochten.« (vgl. Holzkamp 1987: 6)

»Meinungen sind das Element unseres alltäglichen Umgangs. Die Meinung hat […] im Unterschied zum Interesse keine Gefühlsbasis. […] Meinungen weisen nicht über sich hinaus. Im Gegenteil neigen sie dazu sich zu behaupten. Das brennende Interesse unterläuft die Dualismen von aktiv und passiv sowie von Subjekt und Objekt.« (Meyer-Drawe 2012: 18)

Gründe zu lernen bestehen nicht als Auslöser für eine abzuschließende Lernschleife, sondern sie können über einen Lebensabschnitt hinweg oder sogar ein ganzes Leben lang anhalten und sich innerhalb dieser Zeit weiter ausdifferenzieren. Mit dem Modell der Interessegenese, das im folgenden Abschnitt vorgestellt werden soll, können Lernprozesse über eine längere Zeitspanne hinweg betrachtet werden. Die beiden obigen Zitate thematisieren Dimensionen und Eigenschaften von Interesse, die die Eigenbeteiligung und die gesellschaftlichen Beeinflussungen des Subjekts anbelangen. In dem ersten der beiden angeführten Zitate werden miteinander verwobene Interessen benannt, zum einen die (subjektiven) Interessen am Lernge-

---

10 Ein Betroffenheitskult würde hier die Inszenierung und Funktionalisierung von Betroffenheit bedeuten, ein als dem Lernen vorgeschaltetes Moment innerhalb von Lehr-Lernsettings. Erfahrung aber begleitet den Lernprozess beständig (vgl. Meyer-Drawe 2008: 160).

genstand und zum anderen die darin verwobenen ›herrschenden‹ Interessen. Im zweiten Zitat wird eine Unterscheidung von ›Meinung‹ und dem gefühlsbasierten ›brennenden‹ Interesse aufgemacht. Das Moment des ›Brennens‹ oder auch ›Begehrens‹ des Individuums ist es, das jenes zur verändernden Handlung leitende aktive Involviertsein des Subjekts anzeigt.

Das Modell der erneuerten Interessetheorie von Grotlüschen sucht die Dimension der Eigenbeteiligung sowie die Dimension der äußeren Einflussnahme gleichermaßen zu integrieren, zudem wird in ihm die Entwicklung von Lerninteressen als Prozess mit unterschiedlichen zeitlich aufeinanderfolgenden Qualitäten betrachtet. Besonders letzterer Aspekt ist für die Auswertung meiner Interviews zentral, da ich Retrospektiven meiner Interviewten auf ihre Lern- und Auseinandersetzungs*prozesse* hin untersuche. Diese Dimension des Prozesses ist mit den vorangehenden lerntheoretischen Ausführungen noch nicht ausreichend betrachtet worden. Es wurden darin wichtige lerntheoretischen Problematiken aufgeworfen z.B. die Frage danach, wie Lernen in seinen unterschiedlichen Intensitäten (z.b. emotionale Besetzungen, Aktivität, Passivität) und Qualitäten (intentionales, inzidentelles, informelles und formales, selbst- und fremdbestimmtes Lernen) gefasst werden können.

Das Modell zur Interessetheorie schließt an subjektwissenschaftliche Lerntheorie an und liefert einen Beitrag zur Ausdifferenzierung und Erweiterung dieser Fragen. Lerninteressen werden dabei von Grotlüschen als Pendant zu Lernwiderständen (dazu z.B. Grell 2006) verstanden (vgl. Grell 2006: 286). Auch sie sind von Herrschaftsverhältnissen durchzogen, begründen die Handlungen der Subjekte und sind dadurch gekennzeichnet, dass in ihnen auch unreflektierte (und unreflektierbare) Beweggründe wirksam sind (vgl. ebd., 286).

»Damit ist auch gesagt, dass die Verantwortung für Interesse an Bildung und Widerstände gegen Bildung nicht ausschließlich beim Subjekt, aber auch nicht ausschließlich bei der umgebenden Welt liegen kann: Es handelt sich um eine gemeinsame Verantwortung. Beide Begriffe [Lerninteressen und Lernwiderstände] treffen aber nicht nur aufgrund der symmetrisch konzipierten Selbst- und Weltverhältnisse aufeinander. Viel entscheidender ist eine Gemeinsamkeit auf der Ebene der Reflexion: Interessen sind nur vordergründig reflektiert, obgleich es hintergründige Status-, Schicht- oder sonstige Partikularinteressen gibt, die nicht immer benennbar sind. Eben diese Struktur findet sich auch bei Widerständen im subjektwissenschaftlichen Sinn […]. (Grotlüschen 2010: 286)

Als eine weitere Gemeinsamkeit führt Grotlüschen die in den Konzepten angelegte symmetrische Konzeption von Welt und Selbst an. Diese Symmetrie wird vor dem Hintergrund betont, dass in den Erziehungswissenschaften eine Vielzahl von Begrifflichkeiten existieren, die eine Tendenz zur Polarisierung haben: Einige Konzepte betonen die Bedeutung der äußeren Bedingungen und Faktoren (Barrieren,

Desinteresse und Widerstände) und andere die Selbstbestimmung des Subjekts (die Interessen, Motive, Bedürfnisse) (vgl. ebd.).

Das Modell zur Interessetheorie beinhaltet drei verschiedene Achsen: eine subjektwissenschaftliche, eine habitustheoretische und eine pragmatische. Diese werden theoretisch hergeleitet und empirisch unterfüttert. Subjektive Gründe (Subjektwissenschaft), das Illusorische der scheinbaren Selbstbestimmung (Habitustheorie) und die prozessuale (Zeit-) Dimension (Pragmatismus), werden damit in den Blick gerückt.

1. Subjektwissenschaftlich wird von einem begründet lernenden bzw. handelnden Subjekt ausgegangen. Interesse entsteht demnach nicht nach einem Reiz-Reaktionsschema oder kognitiv, sondern subjektiv gute Gründe müssen für die lernende Person rekonstruierbar sein. Beteiligungschancen des Subjekts stellen dabei den zentralen Handlungsgrund dar. Im Modell wird die Achse mit den Begriffen ›Relevanz‹, ›Attraktion‹ und ›Involvement‹ bezeichnet.

Relevanz meint hier die kognitive und soziale Valenz. Nicht nur die Frage, ob sich eigene Beteiligungsmöglichkeiten verbessern lassen, sondern auch Fragen danach, ob sich andere Menschen durch meine Bemühungen erreichen lassen, ich gesellschaftlich etwas verändern kann, sowie Fragen nach Zugehörigkeit und Abgrenzung spielen für das Subjekt eine Rolle. Diese von Grotlüschen herausgearbeitete gesellschaftspolitische Dimension der Kategorie ›Relevanz‹, ergänzt bisherige Konzepte der Münchener Interessetheorie (vgl. Grotlüschen 2010: 287). Für das von mir behandelte Thema, das enge Bezüge zur politischen Bildungsarbeit aufweist, ist insbesondere diese Dimension besonders interessant. Die emotionale Ebene (auch emotionale Valenz) wird als Attraktion (und Aversion) bezeichnet. Herausforderungen und Faszinationen lassen sich damit fassen.

Mit dem ›Involvement‹, also dem persönlichen Involviertsein der gesamten Person, lässt sich beschreiben, dass Interessen zum existentiellen Bestandteil der eigenen Person werden. Sie können, besonders in den späteren Phasen, nicht einfach aufgegeben werden, ohne dass dies spürbare Folgen für die Person hat.

Obwohl das Subjekt in der Interessetheorie weiterhin Intentionalitätszentrum bleibt, geschieht das vor der Folie des Pragmatismus und der Habitustheorie auf spezifische Weise: Intentionalität ist hier keinesfalls von Reflektiertheit, Rationalität oder Objektivität geleitet.

2. Mit der habituellen Achse lassen sich die äußeren Einflüsse in den Blick nehmen, ohne ihre subjektiven Wirkweisen in Vergessenheit geraten zu lassen. Grotlüschen arbeitet aus der Empirie vier unterschiedliche Formen der Reflexion heraus, mit denen Subjekte das Verhältnis von Selbst und Welt innerhalb ihrer Interessegenese umschreiben: Inzidenz, Negation, Reflexion und Prävalenz. Einflüsse Dritter werden in der Empirie von den Befragten häufig als Zufall deklariert. Diese Perspektive ignoriert jedoch die Tatsache, dass der Ausschnitt der Dinge, die mir zufällig begegnen können, durch meine gesellschaftliche Positionierung vorbe-

stimmt ist (z.B. begegnen mir, wenn ich ein Arbeiter_innenkind bin, andere Hobbyoptionen als einem Akademiker_innenkind). Ein weiterer Umgang mit den äußeren Einflüssen ist deren absolute Negation. Interessegenese wird so als vollständig innerlich, aus sich selbst heraus erlebt und beschrieben. Eine dritte Art mit den äußeren Einflüssen umzugehen, ist diese zu reflektieren. Dabei kann unterschieden werden zwischen den reflektierten, jedoch passiv hingenommen und akzeptierten Einflüssen und zum anderen den Einflüssen, die aktiv verändert und angegangen werden. Die Möglichkeit, mit reflektierten Einflüssen so umzugehen, dass handelnd ihre Veränderung angestrebt wird, wird im Modell als Prävalenz gefasst. Sie ist vor allem in den fortgeschrittenen Stadien der Interessegenese zu beobachten.

Mit dem theoretischen Rückgriff auf den Habitusbegriff, der von dem französischen Soziologen Pierre Bourdieu entwickelt wurde, lässt sich erklären, warum bestimmte Lerninteressen und Handlungsmöglichkeiten für Menschen unterschiedlich zugänglich sind, diese gesellschaftsbedingten Zugänge jedoch subjektiv als zufällig erlebt werden oder Einflüsse gar nicht erst wahrgenommen werden (Bourdieu 1987, Bourdieu, Seib 1987). Bourdieu entwickelt die Habitustheorie aus der Forschungsfrage, wie sich soziale Ungleichheiten ungewollt durch soziale Schließungsprozesse, aber trotz der Öffnung von z.B. Bildung und damit durch offizielle ›Chancengleichheit‹ reproduzieren (Bourdieu/Passeron 1971). Die Subjekte sind auf komplizierte Art und Weise in die Herrschaftsverhältnisse verstrickt: Über den Geschmack, der als ›natürlich‹ erlebt wird, werden informelle und inoffizielle Machtstrukturen hergestellt. Diese Tatsache schließt die Möglichkeit eines Entkommens von der Macht aus und widerlegt einen simplen Klassenantagonismus nach dem Prinzip der Unterteilung ›Herrschende‹ und ›Beherrschte‹. Eine autonome Intentionalität des Subjekts innerhalb von Aneignungsprozessen der Umwelt wird so als ›Illusion der Selbstbestimmung‹ deutlich. Bei der Wahl der Interessen sind inkorporierte Zugehörigkeits- und Abgrenzungswünsche zentral, die nie selbstverständlich oder jemals vollständig einer Reflexion zugänglich wären. Bestritten und vergessen wird, was der als Selbstbestimmung erlebten Wahl entgegensteht, zum Beispiel die Umstände, dass das Angebot aus dem ein Interesse ausgewählt wurde, begrenzt war. Einflüsse von außen geraten, als typische Funktion des Habitus (sich selbst vergessen zu machen), aus dem reflektierten Bereich. Die erlebte Selbstbestimmung ist also ein zentrales Element für die Genese von Lernthemen.

3. Durch die dritte, pragmatische Ebene, die im Koordinatensystem des Modells auf der Waagerechten angeordnet ist, wird Interesse in seiner zeitlichen, prozessualen Entwicklung greifbar. Bei Interesse handelt es sich nicht um einen abgegrenzten einmaligen isolierten Zustand, sondern es entsteht und vergeht in einem Prozess aufeinanderfolgender Handlungssequenzen. Durch sie verleiht das Subjekt rückschauend oder vorausblickend den (Lern-)Gegenständen Bedeutung (zur Theorie des Pragmatismus siehe auch 5.2).

Jedem Interesseprozess geht eine Berührung mit dem Interessegegenstand voraus. Dieser folgen drei verschiedene Phasen des Auseinandersetzungsprozesses, die nicht exakt voneinander abzugrenzen sind, sondern durch fließende Übergänge, Vor- und Zurückbewegungen gekennzeichnet sind. In der Latenzphase finden Berührungen (manchmal über Jahre hinweg, manchmal unbemerkt (informell) statt, werden jedoch oft auch wieder vergessen. Noch wird ein Ausstieg aus dem Interesse abgewogen. Die Hinwendung zum Gegenstand ist fragil, Pausen, Umwege und Ausstiege aus dem Interesseprozess sind möglich. Der Gegenstand ist emotional mit Aversion oder mit Attraktion belegt, was zu einem Hingezogensein durch Herausforderung oder Faszination führen kann, oder, ist die Aversion zu groß, auch zu einem Innehalten oder Pausieren im Interesseprozess (bei Vermischung mit unbewusster Aversion siehe auch ›Lernwiderstände‹ Abschnitt 4.1). In der zweiten Phase, der Expansionsphase, werden Einflüsse von außen negiert, das Subjekt erlebt sich als selbstbestimmt. Das Interesse hat sich bereits soweit gefestigt, dass nicht mehr über einen Ausstieg nachgedacht wird. Schritte der Interesseentwicklung werden als lineare Aufeinanderfolge berichtet. Die Bezüge des Interesses zu vergangenen oder zukünftigen Lebensinteressen werden klarer benennbar (Mittelbarkeit) und die aktive Auseinandersetzung erhält Relevanz, z.B. durch Zugehörigkeitswünsche, Individuationschancen, Selbstbetrachtung, Erhalt und Ausbau eigener Fähigkeiten. Schließlich mündet der Interesseprozess in eine Kompetenzphase. In dieser Phase werden Einflüsse von außen reflektiert oder auch aktiv mit gestaltet. Eine Abwendung vom Interessegegenstand wäre nur noch mit großen Verlusten realisierbar. Die interessierte Person generiert eigenständig Wissen über den Gegenstand und ist in der Lage, Fragen zu formulieren, Bezüge herzustellen und abstrakte Begriffe zu benutzen. Kennzeichnend ist auch die Einnahme einer kritischen Position innerhalb des Interessefeldes; Spielräume werden ausgeweitet, Netzwerke gegründet, eine politische Einflussnahme wird sehr wahrscheinlich (vgl. Grotlüschen 2012).

Festhalten möchte ich aus diesen Ausführungen:

- Wenn auch Stufenmodelle durchaus problematisch sind und das hier vorgestellte Modell die Gefahr beinhaltet, als solches missverstanden zu werden, ermöglicht die Aufstellung der drei Achsen Differenzierungen, die über ein dichotomes ›interessiert versus desinteressiert‹ hinausreichen. Obwohl in der pädagogischen Theorie Lernen, Lernwiderstände und Interesse als unterschiedliche Begriffe voneinander abgegrenzt werden, so lassen sich die großen Überschneidungsflächen zwischen ihnen, vor allem innerhalb einer prozessualen Betrachtung, nicht leugnen. »Interessethematische Handlungen sind so nah am impliziten oder auch absichtsvoll informellen Lernen, dass eine Trennung schwierig wird« (Grotlüschen 2010: 292). Interessegeleitetes Handeln kann also auch als ein begründetes und gleichzeitig passioniertes, über einen längeren Zeitraum erfolgendes Lernen bezeichnet werden, das sowohl inzidentelles als auch intentionales, informelles, formales und nonformales Lernen einschließt.

Das Modell zeigt, dass sich Interesse nicht von selbst oder aus dem Selbst heraus entsteht, sondern dass es sich erst durch das Zusammenwirken von Subjekt und Umwelt entfalten kann. Eine gewisse Interesseträgheit wird über die Charakteristika der unterschiedlichen Phasen deutlich: Mit dem Übergang in die Expansionsphase wird ein Ausstieg aus dem (Lern-)Interesse (Lernprozess) immer unwahrscheinlicher und schwerer.

4.5 ANKNÜPFUNGSPUNKTE FÜR LERNPROZESSE ÜBER GESCHLECHTERVERHÄLTNISSE

Abschließend möchte ich einige Kernthesen aus diesem Kapitel festhalten und entlang dieser Anknüpfungspunkte für meine Forschungsfrage herausstellen. Subjektwissenschaftliche Lerntheorie, aber auch deren Weiterentwicklungen in der Erwachsenenbildung (Ludwig 2000, Grotlüschen 2003, Faulstich/Ludwig 2004, Grotlüschen 2010), haben den Vorzug gegenüber anderen Lerntheorien, dass das Lernen in ihnen auf gesellschaftliche Verhältnisse bezogen bleibt. Erfahrungen und deren Deutungen können als subjektive Verarbeitung der gesellschaftlichen Realität theoretisch und empirisch abgebildet werden. Sie charakterisieren damit auch die Beschaffenheit des gegenwärtig Gesellschaftlichen hinsichtlich des Moments seiner individuellen und kollektiven Interessebefriedigung. Das bedeutet schließlich, dass pädagogische Forschung, beispielsweise wie hier zu Lernprozessen über Geschlechterverhältnisse, auch Anhaltspunkte für rationale Kriterien einer Reflexion von gesellschaftlichen Verhältnissen, zum Beispiel in der Bildungsarbeit, bereitstellen kann.

»Gesellschaftliche Machtverhältnisse, Produktionsbedingungen und Normen für sozial gerechte Lebensverhältnisse bleiben in dieser erkenntnistheoretischen und gesellschaftskritischen Position nicht irgendwelche erkenntnismäßig nicht fassbaren Umweltbedingungen eines im wesentlichen selbstreferenziellen Individuums, dass sich seine eigene Wirklichkeit schafft.« (Holzapfel 2006: 8)

Subjektwissenschaftliche Lerntheorie zweifelt herkömmliche Machtverteilungen im Lehr-Lernverhältnis an und erklärt die strukturelle Reproduktion dieses Herrschaftsverhältnisses wird zum Inhalt eines Interessekonflikts (vgl. Grotlüschen o.J., 3). Die zentrale Perspektive bleibt so eine emanzipatorische. Damit ist eine wichtige Grundlage für die Kritik von subjektivistischen Tendenzen des Konstruktivismus und »inhaltsleeren systemischen Strukturierungen von Pädagogik« geschaffen (ebd.

Holzapfel 2006: 9). Doch es bleiben zu füllende Leerstellen. Ausführungen zum informellen Lernen und kritische Holzkamp-Rezeptionen (vlg. Haug 2003, Meyer-Drawe 2012, Holzapfel 2006: 8f, Grotlüschen o.J.) weisen darauf hin, dass es weiterer Kategorien und Blickrichtungen bedarf, um länger angelegte Lernprozesse angemessen zu beschreiben. Die Trennung des expansiven und defensiven Lernens ist eine kategoriale, sie lässt sich empirisch nicht durchhalten.[11] In jüngeren Forschungsprojekten wird deshalb eher von Spannungsverhältnissen gesprochen (vgl. ebd.). Anke Grotlüschen zeigt in ihrer Forschung die Mischungsverhältnisse von defensivem und expansivem Lernen auf (Grotlüschen 2003). Expansiv begonnenes Lernen kann in die Defensive geraten, defensiv begonnenes Lernen kann zu Expansion gelangen. Obwohl Studien zum informellen Lernen keine grundlegend neuen Analysekategorien hervorbringen, so veranschaulichen sie die Relevanz solcher Lernvorgänge und zeigen auf, dass auch beiläufiges, zufälliges, latentes in andere zielgerichtete Handlungen eingebettetes Mitlernen ebenso in der Retrospektive bewusst gemacht und in Interviews nachträglich über Selbstanzeige erhoben werden kann.

Obwohl Holzkamp der sinnlichen Wahrnehmung (Holzkamp 1973) einen zentralen Raum innerhalb seiner Theorien einräumt, liegt sein Fokus in seiner Lerntheorie auf den intentionalen Lernprozessen und historischen Zusammenhängen. Der phänomenologische lerntheoretische Ansatz von Meyer-Drawe fokussiert bei einem grundsätzlich ähnlichen Subjekt- und Lernverständnis (wie dem, der in der Subjektwissenschaft vorliegt) stärker die Dimension von Körper und Emotionalität. Momente von Hingabe, Leidenschaft, Sinnlichkeit sowie Erfahrung von Begehren, Überraschung, Liebe und Schmerz erhalten einen nicht-kognitiven, aber dennoch zentralen Platz im Lernprozess.[12] Aus Meyer-Drawes Lernverständnis lässt sich schließen, dass die Berichte der Interviewten über starke Emotionen im Zusammenhang mit Lernen einen wichtigen Anknüpfungspunkt für die Rekonstruktion von Lernprozessen über Geschlechterverhältnisse bilden. Sowohl die Suche nach Momenten des Begehrens aber auch des Schmerzes und des Leidens als auch ein Innehalten bei Momenten der Erfahrung und/oder der Sinnlichkeit können in der Auswertung wichtige Anhaltspunkte liefern.

Die erneuerte Interessetheorie, die unter 5.4 vorgestellt wurde, vermeidet über die symmetrische Anordnung von subjektwissenschaftlichen, habitustheoretischen und pragmatistischen Perspektiven eine Polarisierung zwischen Selbst- und Fremdbestimmung, die durch erziehungswissenschaftliches Vokabular sonst häufig her-

---

11 Holzapfel kritisiert dieses Kategorienpaar als dichotom und verweist auf Weiterentwicklungen der Holzkampkritik in der Tätigkeitstheorie (Holzapfel 2006: 8f).

12 Eine Auseinandersetzung des Erfahrungs- und Interessebegriffs zwischen Pragmatismus und Subjektwissenschaft stellen Faulstich und Grotlüschen vor (Faulstich/Grotlüschen 2006).

vorgerufen wird. Sowohl Lerninteresse als auch Lernwiderstände gehören zum Lernprozess dazu, deshalb lässt sich der Begriff des Interesses nicht präzise von dem des Lernens trennen. Aus diesem Grund kann das Modell wichtige Kategorien für die Bestimmung und die Herausarbeitung von Eigenschaften der subjektiven Begründungen und Deutungen im Lernprozess über Geschlechterverhältnisse liefern.

Anknüpfungspunkte für meine Perspektive bei der Interviewauswertung ergeben sich aus den drei Phasen mit unterschiedlichen Qualitäten und Intensitäten. Relevant für die Distinktion der Phasen sind besonders die herausgearbeiteten Umgangsformen mit äußeren Einflüssen (Inzidenz, Negation, Reflexion und Prävalenz) und die inneren Beteiligungsmöglichkeiten (Relevanz, Attraktion, Involvement).

Resümierend kann hier festgehalten werden, dass die hier erörterten Lerntheorien Lernen nicht als ein Verfahren fassen, in dem Wissen angehäuft wird, oder als einen Vorgang betrachten, in dem sich die lernende Person effektiv an die Anforderungen der Umgebung anpasst. Lernen ist vielmehr ein aktiver Gestaltungsprozess. Das Subjekt gestaltet seine Umwelt durch Lernen mit und wird jedoch auch gleichzeitig von ihr verändert. Dieser Prozess steckt voller auszuhaltender Widersprüche und Spannungsfelder, welche gleichzeitig Lernanlässe darstellen. Lernen meint im hier verwendeten pädagogischen Verständnis keinen Gehirnzustand, sondern »einen bedeutungshaften Vollzug, welcher nicht in seinen neurologischen Strukturen aufgeht« (ebd., 210). Vor dem Hintergrund der herangezogenen Theorien bilden die subjektiven Aussagen über den Lernprozess den Gegenstand der empirischen Untersuchung und nicht die Lernergebnisse (obgleich Untersuchungen zu Lernergebnissen derzeit populär sind [vgl. Meyer-Drawe 2008: 209]).

Abschließend lässt sich über die hier gemachten lerntheoretischen Ausführungen und die aufgeworfenen Problemstellungen meine Forschungsfrage »Wie vollziehen sich Lernprozesse über Geschlechterverhältnisse aus der Perspektive der Interviewten?« weiter ausdifferenzieren:

- Welche Begründungen für das Lernen werden angeführt?
- Welche Lernwiderstände, also Gründe nicht zu lernen, entfalten darin Relevanz?
- Wo zeigen sich Gewohnheit, Vergessen und Selbstzweifel als Teil der Lernprozesse?
- Welche körperlichen Empfindungen gehen den Begründungen voraus?
- Wie bilden sich Dimensionen von Selbst- und Fremdbestimmung in den Lernprozessen ab?
- Wie werden äußere Einflüsse beschrieben und wahrgenommen?
- Wie zeigt sich die prozessuale Ebene in den Retrospektiven?

5. Methodologie, Methode, Material, Forschungsprozess

In diesem Kapitel stelle ich meine methodologischen Bezugspunkte, mein Forschungsvorgehen und den Umgang mit dem Material vor.

Zunächst beziehe ich mich unter 5.1 auf (forschungs-)ethische Fragen der feministischen Debatte der westdeutschen und angloamerikanischen Frauen- und Geschlechterforschung,[1] die starke Parallelen zu methodologischen Fragen subjektwissenschaftlicher Theorie und anderen kritischen Theorien aufweist. In Anlehnung an die Debatte arbeite ich heraus, warum ich nicht mit einer explizit feministischen Methode arbeite oder von einer ›Wahrheit‹ bzw. Objektivität ausgehe. Ich zeige, dass bestimmte Werte und das Wissen um in Vergangenheit gemachte methodische Erfahrungen mein Vorgehen leiten. Anschließend stelle ich unter 5.2 die Grundlagen der Grounded Theory als Forschungsstil vor, der sich für die Untersuchung meiner Forschungsfrage eignet und implizit methodologischen, feministischen und subjektwissenschaftlichen Anforderungen genügt. Im dritten Abschnitt beantworte ich Fragen zu meinem konkreten Forschungsvorgehen, der Zusammensetzung des Samples, der Materialgewinnung und Interviewmethode. Die wichtigsten Etappen, der in der Praxis ineinander verschränkten Schritte des Auswertungsprozesses, werden im vierten und letzten Abschnitt dargestellt. Die durch die Auswertung entstandene, veränderte Perspektive legt neue Beschreibungen der Limitierungen und Chancen des Forschungssettings frei. Der Abschnitt schließt mit Überlegungen hin-

---

1   Zur synonymen Verwendung der Begriffe von feministischer Forschung und Geschlechterforschung in dieser Arbeit siehe auch in der Einleitung, Abschnitt ›Methodische Anlage, Begriffe, Schreibweisen‹. Fragen aus den Anfängen der Frauen- und Geschlechterforschung, wie die nach dem Verhältnis von Wissenschaft- und Politik und der Positionierung der Forschenden, sind bis heute aktuell. Solange die kritische Reflexion des Geschlechterverhältnisses noch nicht überall selbstverständlich vorausgesetzt werden kann, halte ich eine feministische Forschungsperspektive für notwendig.

sichtlich der Relevanz der Bedeutung der Kategorie Geschlecht innerhalb der Interviewinteraktion.

5.1 ETHISCHE FRAGEN ZUR METHODOLOGIE

»Ethics at best are frameworks that guide decisionmaking. They are not rules, regulations or laws. Even ethicists who claim absolute values struggle with how those values apply in any given situation. What makes ethical decisions difficult is that several competing ›goods‹ may be at stake and several simultaneous ›bads‹ are to be avoided.« (Preissle 2007: 516)

»We need to avoid the ›objectivist‹ stance« that attempt to make the researcher‹s cultural believes and practices invisible while simultaneously skewering the research objects beliefs and practices to the display board.« (Harding 1987: 9)

Die hier angeführten Zitate sprechen ethische Perspektiven als Grundlage von Forschung und Wissenschaft an. Diese sollen in diesem Abschnitt diskutiert werden. Die zentrale Frage lautet dabei: Kann es eine bestimmte, explizit feministische oder emanzipatorische Methode für mein Vorhaben geben? Und damit verbunden: Wie ist es um das komplizierte und widersprüchliche Verhältnis zwischen gesellschaftlichen Ungleichheitsstrukturen und wissenschaftlichen Deutungsangeboten, politischen Interessen und Forschungsvorgehen bestellt?

Die deutschsprachige feministische Debatte, in der das Verhältnis von Politik und Wissenschaft seit den Anfängen der Frauen- und Geschlechterforschung Ende der 1970er virulent ist und kontrovers diskutiert wird (vgl. Behnke/Meuser 1999: 15f, Althoff/Bereswill/Riegraf 2001, Abels 1997), liefert hier Anregungen und Orientierungen. Aufgrund der Parallelen zwischen feministischen Theorien und anderen emanzipatorisch orientierten bzw. kritischen Theorien, wie subjektwissenschaftlichen Theorien[2] und intersektionalen Ansätzen, die ebenso auf der Kritik von herrschaftsbedingten Verzerrungen in der Wissenschaft gründen, werde ich diese methodologischen Grundfragen für meinen Forschungsansatz unter Bezugnahme auf die feministische Debatte diskutieren.

---

2   Subjektwissenschaftliche Forschungsansätze sind in Westdeutschland, wie auch die Frauen- und Geschlechterforschung, in den 1970ern aus einer Kritik der Student_innenbewegung entstanden. Die Student_innenbewegung bemängelte die Psychologie als Wissenschaft, die die Widersprüche der bürgerlichen und kapitalistischen Gesellschaftsform psychologisiert und damit als natürliche und unhinterfragte Voraussetzung legitimiert und absichert.

In der feministischen Wissenschaftskritik, die in Westdeutschland an den Frauensommerunis[3] an den Universitäten entwickelt wurde, wird der Objektivitäts- und Wertfreiheitsanspruch als ein wesentliches Element des traditionellen androzentrischen Wissenschaftsverständnisses gesehen (vgl. Althoff/Bereswill/Riegraf 2001, Harding 1987, Keller, Blumenberg 1986). Hierin besteht eine Verbindung zu der bereits in den vorigen Kapiteln (Kapitel 2.1, 3, 4) angeklungenen geschlechter- und subjekttheoretischen Kritik an Objektivität. Die Annahme, dass Forschung objektiv und wertfrei sei, das heißt unabhängig von der Positionierung der Forschenden (wie Geschlecht, *Rasse*, Klasse, Generation etc.) stattfinden kann, wird durch die feministische Wissenschaftskritik bestimmt zurückgewiesen. In der Frauen- und Geschlechterforschung wurde in Bezug auf die unterschiedlichen Disziplinen gezeigt, dass traditionelle Forschung einen ›male bias‹ aufweist, das heißt die Lebensrealitäten und Erfahrungen von Frauen darin ausgeklammert bleiben.[4] Untersuchungsgegenstand sind häufig männlich dominierte Lebenswelten und sowohl Probanden als auch Forschende sind meist männlich. Dennoch werden die Ergebnisse als für alle Geschlechter normativ verallgemeinert. Auch werden weibliche und männliche Stereotype unhinterfragt vorausgesetzt und reproduziert, beispielsweise wenn unterschiedliche ›weibliche‹ oder ›männliche‹ Charaktereigenschaften und Arbeitsformen essentialisierend vorausgesetzt werden und sexistische Frauenbilder unhinterfragt und unkommentiert übernommen werden. Ein weiterer Kritikpunkt an androzentrischer Wissenschaft ist, dass Interessen, die hinter jeder Forschung stehen, nicht transparent gemacht und reflektiert werden, sondern diese allgemeingültig als relevant gesetzt werden. Nicht erst seit der zweiten Frauenbewegung haben Feministinnen die männliche Prägung von Erkenntnis kritisiert.[5]

Aus dieser Androzentrismuskritik erwuchs in der frühen feministischen Wissenschaft vor allem eine Debatte um die Notwendigkeit einer explizit feministischen

---

3 Frauensommerunis wurden damals von Studentinnen und Professorinnen gemeinsam, damals noch in enger Verbindung mit der autonomen Frauenbewegung, organisiert und durchgeführt (vgl. Anders 1988, Bock 1977).

4 Da es sich bei der Untersuchung des ›male bias‹ um einen der Hauptgegenstände der Frauen- und Geschlechterforschung handelt, ist das Feld zu groß, um es hier über Literaturbelege darzustellen. Exemplarisch seien einige Forschungen genannt z.B. für die Medizin Duden 1987, Sprachwissenschaft Pusch 1984, Spender/Trömel-Plötz/Stein 1985, Erwachsenenbildung Venth 2006).

5 Zu diesen zählten zum Beispiel Olympe de Gouges, Simone de Beauvoir, Klara Zetkin, Hedwig Dohm. Anzumerken ist, dass sich Simone de Beauvoir, trotz ihres vielzitierten feministischen Werkes ›Das andere Geschlecht‹, in ihrer frühen Schaffensphase eher als Marxistin und Kommunistin identifizierte und die Geschlechterfrage der sozialen Frage unterordnete. Erst in der zweiten Hälfte ihres Lebens begriff sie sich zunehmend auch als Feministin und suchte den Austausch mit der zweiten Frauenbewegung.

Methode. Insbesondere quantitative Verfahren galten für viele Vertreter_innen der feministischen Epistemologie in der frühen Debatte Ende der 1970er als typischer Ausdruck des Androzentrismus, da sie den Anschein von Objektivität, nicht hinterfragbarer Rationalität und Allgemeingültigkeit wecken und dieser von der Forschung meist als ›wahr‹ vertreten wird (Behnke/Meuser 1999: 15f, Althoff/ Bereswill/Riegraf 2001: 39ff). Ein weiterer zentraler Kritikpunkt betrifft das Verhältnis von Forscher_innen und Beforschten: Bei standardisierten Erhebungen seien die Interviewten gezwungen, sich in den konzeptuellen Rahmen des Fragebogens einzufügen (vgl. Behnke/Meuser 1999: 12).

Die ersten formulierten methodischen Konsequenzen aus feministischer Wissenschaftskritik waren radikal und umfassend. Die »Methodischen Postulate« von Maria Mies (1978) stellen in der Debatte im deutschsprachigen Raum einen vielzitierten Bezugspunkt dar. Ausschließlich qualitative Forschungsmethoden werden darin als geeignet anerkannt, da nur sie es ermöglichten, die Befragten selbst zum Sprechen zu bringen und die Vielschichtigkeit von Realität, auch fern ab der patriarchalen Norm, sichtbar zu machen. Das Verhältnis von Wissenschaft und Politik wird als eng miteinander verwoben gefasst: Feministische Forschungsfragen sollen in enger Verbindung mit bewegungspolitischen Zielen stehen und Forscherinnen[6] möglichst selbst Bewegungsaktivistinnen sein. Die Entwicklung einer feministischen Gesellschaftstheorie kann nach Mies nur innerhalb von sozialer (Frauen-)Bewegung entstehen. Dem angeblichen Wertfreiheits- und Objektivitätsanspruch der konventionellen Wissenschaft wurde von ihr das Postulat der Parteilichkeit gegenübergestellt, welches besagt, dass sich Wissenschaftlerinnen als Betroffene derselben patriarchalen Verhältnisse begreifen wie ihre Probandinnen.[7] Um einen gleichberechtigten Austausch auf Augenhöhe im Interview zu ermöglichen und Machtgefälle abzubauen, sollten sie den Interviewpartnerinnen von ihren eigenen Erfahrungen berichten. Gefühle und Erfahrungen der Forscherinnen sollen nach den Postulaten nicht länger aus dem Forschungsprozess ausgeklammert werden.[8] Statt der Sicht von oben, der Position der sozialen Überlegenheit, der Blick der Forscherin auf die Befragten, wurde die Sicht von unten proklamiert, die Notwendigkeit, den Befragten eine Stimme zu geben und ihre Sichtweisen in ihrer Sprache und aus

---

6   Hier benutze ich bewusst die weibliche Genusänderung, da in den hier zitierten Texten von weiblichen Forscherinnen ausgegangen wurde und Themen wie Intergeschlechtlichkeit oder Transsexualität bzw. Konstruktion von Geschlecht noch nicht auf der Agenda standen.

7   ›Probandinnen‹ wird hier bewusst und auch anfolgend ohne Unterstrich geschrieben, da zu Beginn der Geschlechterforschung ausschließlich von Frauen mit Frauen geforscht wurde.

8   Auch im angloamerikanischen Raum wurde das Thema ähnlich diskutiert: »For us experience and feeling must be at the heart of feminist research.« (Stanley/Wise 1993)

ihrer Perspektive wiederzugeben. Die Aktionsforschung, die die Beteiligung der Beforschten an der Forschung und die Beteiligung der Wissenschaftler_innen am zu Erforschenden beinhaltet, wurde der herkömmlichen Zuschauer_innenforschung gegenüber gestellt. Forschungsfragestellungen sollten nicht in einer Laborsituation generiert, sondern mit den Befragten gemeinsam aus ihren Alltagssituationen heraus entwickelt werden (vgl. Mies 1978).

Seit den 1980er Jahren gerieten die methodischen Postulate von Mies stark in die Kritik (z.B. Pross 1984, Müller 1984). Frauen sollten nicht nur als Opfer patriarchaler Strukturen gesehen werden, denn damit würde Weiblichkeit erneut als etwas Passives festgeschrieben. Ihre aktive Beteiligung am Vergesellschaftungsprozess wurde in den Blick gerückt (Thürmer-Rohr 1987). Insbesondere wurden die Grenzen der praktischen Anwendbarkeit von Parteilichkeit und der konsequenten Verbindung von Wissenschaft und Politik in einer feministischen Methode, nicht nur in der deutschen Debatte, aufgezeigt (Becker-Schmidt 1993, Thürmer-Rohr 1984, Tröger 1981, Hagemann 1981).

Die praktische Kritik betrifft folgende Punkte:

- die Gefahr der Überidentifizierung der Forscherin mit ihrem Gegenüber im Rahmen von Parteilichkeit. Diese kann es z.b. unmöglich machen, die Relevanzsetzungen der Befragten in Frage zu stellen;
- eine Idealisierung des untersuchten Feldes durch die Forscherin. Eine solche führt möglicherweise zu Verdrängungen unerwünschter Ergebnisse und fördert verzerrende Ergebnisse;
- eine implizite Voraussetzung nicht vorhandener Ähnlichkeiten zwischen Forscherin und Befragter. Dadurch besteht das Problem, dass die Vielschichtigkeit von gesellschaftlichen Positionierungen aus dem Blick gerät. Und schließlich
- die Leugnung der immer schon automatisch im Forschungsprozess bestehenden Hierarchien. Nach Regina Becker-Schmidt lassen sich Rangordnungen im Forschungssetting nur im geringen Umfang in Richtung einer gleichberechtigteren Beziehung verändern (Becker-Schmidt/Bilden 1991).

Einige dieser Punkte werden im Folgenden anhand von Schilderungen meiner Praxiserfahrungen im Forschungsprozess deutlich werden.

Die Ansprüche nach Parteilichkeit und der Verbindung von Bewegungspolitik und Wissenschaft, die aus dem feministischen Vorhaben von Maria Mies erwachsen, sind unter der gegebenen Verfasstheit von Wissenschaft und Gesellschaft nicht realisierbar, Wissenschaft und Politik sollten vor dem Hintergrund des gegenwärtigen Debattenstandes stärker als getrennte Bereiche mit unterschiedlichen Logiken und Praktiken gefasst werden (vgl. Althoff/Bereswill/Riegraf 2001: 61).

Dennoch bleibt die grundsätzliche Frage zu klären, ob der Objektivitätsanspruch von Wissenschaft vollständig aufzugeben oder aber aufrechtzuerhalten ist. Ich beziehe mich hier in Form von Ausschnitten auf feministische Standpunkttheorien, welche sich mit Gründen für die Lücken zwischen realen und idealen Beziehungen zwischen Wissen und Macht innerhalb von Wissensproduktion beschäftigt haben (Harding 1987, 2004, Haraway 1995). Diese Theorien fußen auf sehr viel älteren Standpunkttheorien wie dem historischen Materialismus des Marxismus, der aus Kritik am bürgerlichen Objektivitätsbegriff einen proletarischen Standpunkt begründete (vgl. Hartsock 2004). Feministische Standpunkttheoretikerinnen haben aufgezeigt, dass die Annahme einer objektiven Wissenschaft eine Frage der Macht bzw. ein historischer ›Fehler‹ der androzentrischen Wissenschaft ist. Oder wie Haraway schreibt: »Wissenschaft [ist] Rhetorik und die Kunst, die maßgeblichen sozialen AkteurInnen glauben zu machen, dass das fabrizierte Wissen ein Weg zu einer begehrten Form sehr objektiver Macht sei.« (Haraway, Hammer 1995)

Sie haben argumentiert, dass Forschungen, die durch bestimmte ›gute‹ politische Ziele und Visionen/Intentionen geleitet sind, in der Lage sind, zu empirisch besser gestützten und fundierten Wissensproduktionen zu führen: »Epistemic and scientific successes were possible, because certain kinds of ›good politics‹ in themselves had the potential to advance the growth of scientific knowledge.« (Harding 2008: 46)

Nach Sandra Hardings Entwurf einer feministischen Wissenschaftstheorie ist es durch die grundsätzliche Werteabhängigkeit von Erkenntnisprozessen unmöglich, zwischen wertender und wertfreier Wissenschaft zu unterscheiden, denn jedes Forschungsprojekt ist unausweichlich mit einer gesellschaftlichen Position und kulturellen Überzeugungen der jeweiligen Wissenschaftler_innen verknüpft (vgl. Harding 2004: 9). Das bedeutete jedoch nicht eine Beliebigkeit oder Aufgabe von Wissenschaftlichkeit und Werten, sondern vielmehr die Unterscheidung zwischen objektivitätssteigernden und objektivitätsmindernden gesellschaftlichen Werten. Als Beispiel für diesen Aspekt lässt sich die Frage überdenken, ob Forschungen, die eindeutig sexistisch sind oder die Geschlechterproblematik ausblenden, nicht weniger objektiv sind als Forschungen, die die Kategorie Geschlecht reflektieren, und ob gegenüber diesen wiederum Forschungen, die zusätzlich zu Geschlecht auch Rassismus und Klassismus reflektieren, nicht objektiver wären (vgl. Harding 2004). Ein Standpunktansatz bedeutet nicht, Standards von Objektivität, Rationalität und ›guter‹ Methode abzulehnen, sondern vielmehr eine Revision und Stärkung hinsichtlich kritischer, reflexiver Aspekte (vgl. Harding 2007: 59). Je reflektierter Wissenschaftler_innen über ihre eigenen Verstrickungen innerhalb von Herrschaftsverhältnissen sind und je mehr Kenntnisse sie über die Bedeutung erwerben, die diese möglicherweise für ihre Forschungsperspektive haben können, desto größer ist das Ausmaß der Transparenz und Validität, das sie in ihrer Forschung herstellen können. Hier konnten nur die Stimmen einiger Protagonistinnen der Standpunkttheorie aufgegriffen werden. Die Differenzen und Vielschichtigkeiten von feministischen Standpunkttheoretikerinnen, Kritiken an Standpunkttheorien und die Entgegnung gegenüber diesen Kritiken, können hier nicht eingehender dargestellt werden (zur Vertiefung: Harding 1987, 2004, Haraway/Hammer 1995).

Festhalten möchte ich aus der Debatte folgende Punkte als Hintergrund für meine Methodenwahl:

1. Die Frage nach der einen, ›richtigen‹ feministischen Methode kann vor dem Hintergrund der Positionen von Standpunkttheoretikerinnen bezüglich von ›Objektivität‹ und dem Verhältnis von Wissenschaft und Politik, verneint werden. Auch die im ersten Abschnitt erwähnten forschungspraktischen Kritiken an der Umsetzbarkeit der methodischen Postulate weisen darauf hin.

2. Reflexion und Transparenz müssen vor dem Hintergrund der Gefahr, Macht- und Herrschaftsdynamiken zu verwischen oder zu reproduzieren, als wesentliche Kriterien von ›guter‹ bzw. emanzipatorischer Forschung angesehen werden. Reflexionsprozesse sollen in meinem methodischen Vorgehen einen zentralen Platz einnehmen. Es ist dabei bedeutsam, dass Beobachtungen und Interpretationen nicht als bewertende und beurteilende Kommentierung und Darstellung von einem scheinbar überlegenen ›Außenstandpunkt‹ aus erfolgen, sondern dass sie als Reflexionen und Anregungen wieder in die pädagogischen und individuellen Praxen zurückfließen können und dort in der Lage sind, Veränderungen (im Denken und Handeln) zu bewirken.

3. Obwohl die Realisierung der emanzipatorischen Maßstäbe a) an vollständige Reflexion der eigenen Machtverstrickungen und b) an Transparenz der Gefühlslagen und Hierarchiefreiheit zwischen Forschenden und Befragten unter gegenwärtigen Bedingungen von Wissenschaft und Gesellschaft unerreichbar bleibt, sollen ethische Grundsätze der feministischen Wissenschaftskritik hier als Orientierungshilfe gelten, sowohl um die historisch gewachsene Verfassung des Ist-Zustandes zu erfassen, als auch diese auf Überwindungsmöglichkeiten hin zu untersuchen. Normative feministische und andere emanzipatorische (politische) Perspektiven, insbesondere intersektionale und subjektwissenschaftliche, sollen als objektivitätssteigernde Ausgangspunkte der Forschung gelten. Dadurch wird eine Relation zwischen politischen Intentionen und Visionen (sozialer Bewegungen) und Wissenschaft aufrechterhalten.

5.2 Grounded Theory als ein standpunkttheoretisch fundiertes Forschungsvorgehen

»Überall dort, wo eine komplexe soziale Wirklichkeit nicht allein durch Zahlen erfassbar ist, sondern wo es um sprachvermittelte Handlungs- und Sinnzusammenhänge geht, lassen sich

die Techniken der Grounded Theory zur Modell- bzw. Theoriebildung einsetzen.«
(Strauss/Corbin 1999: X[9])

»Unser Standpunkt ist, dass Wahrheit im Handeln entsteht...: Theorien sind Interpretationen, die von gegebenen Perspektiven aus gemacht werden, wie sie von den Forschenden übernommen oder erforscht werden.« (Strauss/Corbin 1994: 279).

Der vorangehende Abschnitt zeigt, dass es nicht *die* eine, feministische oder emanzipatorische Methode gibt.[10] Von verschiedenen Wissenschaftler_innen wurde konstatiert, dass unterschiedliche Problematiken und Fragestellungen, fundamental unterschiedliche methodische Zugänge benötigen (vgl. Clarke 2007: 345).

Im Folgenden werden die Grundlagen der Grounded Theory vorgestellt, die vor dem Hintergrund des skizzierten ethischen Forschungsverständnisses, der theoretischen Grundlagen und vor dem Hintergrund der Forschungsfrage für das methodische Vorgehen als Orientierungspunkt gewählt wurden. In den obigen Zitaten von Anselm Strauss und Juliette Corbin, die aus einem der Standardwerke zur Grounded Theory stammen, werden Charakteristika der Grounded Theory angesprochen. Im ersten Zitat wird betont, dass sich zu untersuchende soziale Phänomene, wie beispielsweise im Falle dieser Studie Lernprozesse, nicht durch ›neutrale‹ Mittel wie Nummern oder Zahlen beschreiben lassen, sondern dass sie nur über die Sprache zum Ausdruck gebracht werden können. Die Eigenschaft von Sprache ist es, dass sie Bedeutungswandeln unterliegt und, wie im zweiten Zitat betont wird, dass sie aus verschiedenen, jeweils subjektiv geprägten Perspektiven, benutzt und interpretiert wird. Die Wahl der sprachlichen Darstellung z.B. bei Deskription von Forschungsergebnissen, beinhaltet deshalb bereits eine Blickrichtung. Aufgrund dieser Basisannahmen eignet sich die Grounded Theory, da sie die zentralen Prämissen der ›Objektivitätskritik‹ und Berücksichtigung und Reflexion von Subjektivität teilt, die sich in den vorherigen Theoriekapiteln unter anderen als Forschungshorizont meiner Studie abzeichnete.

---

9   Im Vorwort des Buches sind die Seiten mit römischen Ziffern nummeriert.

10 Darüber hinaus gibt es keine einfache und schlichte Antwort auf die Frage, welche Kriterien eine auf Positivismuskritik beruhende Forschung beinhalten muss. Da es viele verschiedene, kontroverse Positionen zu diesem Thema gibt, möchte ich, bevor ich auf die Diskussion von methodischen Kriterien, die sich vor dem Hintergrund meiner Fragestellung und meiner Materialauswahl ergeben, vier Punkte, die von Kushner und Morrow 2003 als Gemeinsamkeit von feministischen und kritischen Theorien herausgearbeitet wurden, benennen: »1. ein Forschungsfokus auf Gruppen, die gesellschaftlich wenig Gehör finden, 2. eine Offenlegung des Standpunktes der Forschenden, 3. Respekt für die Expertise der Teilnehmenden der Forschung und 4. eine emanzipatorische Absicht« (zit.n. Clarke 2008: 351).

Daran anschließend werden Fragen diskutiert wie, ›Warum eignet sich ein qualitatives Vorgehen?‹, ›Warum eignet sich insbesondere die Grounded Theory?‹. Ich skizziere hierfür zentrale Aspekte der Geschichte der Grounded Theory und des Forschungsvorgehens und gehe auf die Bedeutung des interpretativen Paradigmas ein. Hier werde ich auch Basisannahmen des Pragmatismus als Fundierung der Grounded Theory darstellen. Strauss und Corbin beziehen sich allerdings nur an wenigen Stellen ihres Werkes auf den Pragmatismus. Die Verbindungslinien zwischen dem amerikanischen Pragmatismus und der epistemologischen Fundierung der Grounded Theory wurden im letzten Jahrzehnt insbesondere von Jörg Strübing (Strübing 2008) ausgearbeitet. Sie werden hier herangezogen, um die Nähe und Eignung der Grounded Theory zu dem vorangehend beschriebenen feministischen standpunkttheoretischen Ausgangspunkt der Forschung zu verdeutlichen.

Ich schließe mit einigen Konsequenzen für das Forschungsvorgehen. Nicht thematisiert werden Anwendungsweisen und konkrete Handlungsschritte. Diese werden erst im nächsten Abschnitt zu der Erhebung des Materials expliziert.

Die Forschungsfrage meiner Studie zielt auf subjektive Begründungsmuster innerhalb von nachträglich bewusst gemachten Lernprozessen über Geschlechterverhältnisse. Widersprüchlichkeiten, Differenziertheiten, Vielschichtigkeiten in diesen Auseinandersetzungsprozessen sollen in Relation zu ihren subjektiven Bedeutungen herausgearbeitet werden. Vor diesem Hintergrund eignet sich ein qualitatives Verfahren, da mit solchen subjektive Standpunkte und Erfahrungen erfasst und Mehrdeutigkeiten und Widersprüchlichkeiten im Leben der Befragten der empirischen Forschung zugänglich werden (vgl. Behnke/Meuser 1999: 14).[11]

Der prozessuale Charakter und die »Kontextgebundenheit des gesellschaftlichen Bewusstseins« sowie »nicht-konformistisches Bewusstsein und nicht-stereotype Meinungen« (Krüger 1989: 76) werden erfassbar und die Befragten werden als Subjekte mit eigenen Relevanzstrukturen ernst genommen. Es schließt sich ein Forschungsvorgehen an, das dem interpretativen Paradigma folgt, denn es geht »darum, die Wirklichkeitskonstruktionen von Menschen zu rekonstruieren, um über die Eruierung von Alltagsverständnissen Erkenntnisse über gesellschaftliche Zusammenhänge zu bekommen.« (von Felden 2003: 12)

---

11 Hier soll keine dichotome Trennung zwischen qualitativer(-interpretativer) und quantitativer Forschung vertreten werden. Der Sozialforscher Hans Oswald zeigt, dass sich qualitative und quantitative Methoden auf einem Kontinuum anordnen lassen, denn »auch quantifizierende Forscherinnen interpretieren ihre Daten […]« (Oswald 1997: 74) und auch qualitative Forscher_innen nehmen Quantifizierungen vor. Der Unterschied zwischen qualitativer und quantitativer Forschung besteht darin, dass sich die qualitative Forschung dem Einzelfall annimmt, induktiv vorgeht und nicht-standardisierte Methoden der Datenerhebung nutzt (ebd. 75), während die quantitative Forschung immer eine Gruppe/Menge im Fokus ihres Interesses hat.

Aus diesem Grund ist die Grounded Theory als spezifischer qualitativer Forschungsstil geeignet. Die Grounded Theory fußt als »Produkt der Rebellion« (Strübing 2008: 7) auf der Kritik des Empirismus, der mit ihm verbundenen Annahme einer einzigen wahren ›Objektivität‹ und auf der Kritik an der Dominanz quantitativer Verfahren in der us-amerikanischen Sozialforschung der 1960er Jahre. Die Grounded Theory wurde 1967 erstmals durch Barney Glaser und Anselm Strauss vorgestellt (»The discovery of Grounded Theory«). Aufgrund ihrer erkenntnistheoretischen Fundierung in der Philosophie des us-amerikanischen Pragmatismus,[12] aus deren Grundpositionen ich anschließend einige Aspekte skizziere, eignet sie sich als Orientierungspunkt für mein Forschungsvorgehen. Seit der ersten Veröffentlichung von Glaser/Strauss 1967 blickt die Grounded Theory heute auf eine über 40-jährige Geschichte von Entwicklungen zurück.[13] Der Ansatz wird mittlerweile über die Soziologie hinaus in vielen unterschiedlichen Disziplinen der Sozialforschung weltweit genutzt und zählt gegenwärtig zu dem am weitesten verbreiteten Verfahren in der qualitativ-interpretativen Sozialforschung (vgl. Strübing 2008: 7, Clarke 2007: 345). Mittlerweile existiert neben den Ausrichtungen der Grounded Theory, die in der Tradition von Glaser/Strauss stehen, eine weitere Richtung von Ansätzen, die einer empiristischen Variante nach Glaser folgen (vgl. Strübing 2008: 9).[14] Deshalb ist es wichtig zu betonen, dass ich mich hier an der Fassung von Glaser/Strauss bzw. an den weiteren Ausarbeitungen des Verfahrens von Anselm Strauss gemeinsam mit Juliet Corbin (1999) orientiere. Ein zentraler Unterschied der beiden Richtungen besteht forschungspraktisch beispielsweise darin, zu welchem Zeitpunkt der Untersuchung gegenstandsbezogene Literatur herangezogen wird. In der Version von Corbin/Strauss werden von Beginn der Untersuchung an Annahmen vor dem Hintergrund bereits existierender, rezipierter Theorien gestellt, die auch entsprechend dargelegt werden. In der Variante nach Glaser wird erst dann Literatur hin-

---

12 Die Bezugnahmen auf die erkenntnistheoretischen Grundlagen sind im ersten Werk von Glaser/Strauss eher rar gesät, was an ihrer unterschiedlichen theoretischen Herkunft liegen mag. Auch in den späteren Lehrbüchern von Strauss und Corbin werden die Bezüge nicht systematisch hergestellt (vgl. Strübing 2008: 38).

13 Beide Wissenschaftler kamen aus unterschiedlichen Theorietraditionen, die im Zuge ihrer weiteren Veröffentlichungen als grundlegende Differenzen sichtbar wurden. So kam Anselm Strauss von der University of Chicago und war stark von den Schriften der Interaktionisten und Pragmatisten beeinflusst, während Barney Glaser durch die University of Columbia und vor allem von Paul Lazersfeld (konstruktivistisch) inspiriert war. Mittlerweile gibt es eine Vielzahl von Veröffentlichungen, die sich mit Weiterentwicklungen der Grounded Theory befassen.

14 Innerhalb dieser Richtungen gibt es zahlreiche Weiterentwicklungen z.B. unter Hinzuziehen poststrukturalistischer Einflüsse von Adele Clarke zu einer ›situational analysis‹ (Clarke 2008).

zugezogen, wenn die Untersuchungsergebnisse vorliegen. Nicht nur vor dem Hintergrund der existierenden unterschiedlichen Weiterentwicklungen der Grounded Theory kann es irreführend sein, von der ›Grounded Theory‹ als einer spezifischen Methode zu sprechen. Sie ist »gedacht als eine konzeptuell verdichtete, methodologisch begründete und in sich konsistente Sammlung von Vorschlägen, die sich für die Erzeugung gehaltvoller Theorien über sozialwissenschaftliche Gegenstandsbereiche als nützlich erwiesen haben.« (Strübing 2008: 7)

Sie bezeichnet eher eine Aktivität oder einen »Forschungsstil zur Erarbeitung von in empirischen Daten gegründeten Theorien« (vgl. Strübing 2008: 14), als dass sich das Ergebnis eine starre Theorie nennen könnte. In anderen Worten: Bei der Grounded Theory handelt es sich um in empirische Daten gegründete, gegenstandsbezogene Theorie, die in einem induktiv angelegten Forschungsprozess generiert wird. Grundlage des Forschungsstils ist ein offenes Vorgehen der Forschenden (im Gegensatz zu einem hypothesenprüfenden Vorgehen), in dem die Ergebnisse durch verschiedene spiralförmig verlaufende Phasen des Kodierens gewonnen werden. Es handelt sich nicht um eine festgelegte Abfolge, sondern einen kontinuierlichen Wechsel von Handeln und Reflexion. Es wird nicht versucht, eine ideale – und von den konkreten Umständen des jeweiligen wissenschaftlichen Projekts losgelöste – Phasenabfolge einzelner Forschungsschritte vorzugeben, sondern die zeitliche Parallelität und wechselseitige Abhängigkeit von Datenerhebung, Datenanalyse und Theoriebildung wird vorausgesetzt. Strauss und Corbin sprechen vom Entdecken des Verfahrens anhand des Gegenstandes, d.h. der Forschungsstil von jedem einzelnen Forschungsprojekt unterscheidet sich aufgrund unterschiedlicher Forschungsgegenstände, Forschungsrahmungen und Forscher_innenpersönlichkeiten.

Dabei nimmt die Methode des ständigen Vergleichens (Komparatistik) eine zentrale Rolle ein. Die Grounded Theory liefert dafür einen Satz basaler generativer Fragen, auch als Kodierparadigma bezeichnet (Strauss/Corbin 1999: 78ff). Durch das sogenannte paradigmatische Modell werden gebildete Subkategorien mit einer Kategorie durch ein Set von Beziehungen verknüpft, das Strauss/Corbin wie folgt bezeichnen: »Ursächliche Bedingungen → Phänomen → Kontext → Intervenierende Bedingungen → Handlungs- und interaktionale Strategien → Konsequenzen«. (Strauss/Corbin 1999: 78ff)

Da die von Straus/Corbin vorgeschlagenen Begriffe, wie »Kausalbedingungen« und »Phänomen« in der deutschen Übersetzung tendenziell deterministisch konnotiert sind, schließe ich mich Heide von Felden (von Felden 2006) und Anke Grotlüschen (Grotlüschen 2010)[15] an, das Paradigma nicht ursachenlogisch zu bezeichnen,

---

15 Grotlüschens Weiterentwicklung einer Interessetheorie, die aufzeigt, dass die Tiefenstruktur von Interesse »sich immer wieder in verleugneten oder übersehenen habituellen Elementen zeigt« (Grotlüschen 2010: 177), wird anknüpfend an eine quantitative Bestandsaufnahme entlang einer qualitativen Verlaufsanalyse entwickelt. In Korrespondenz

sondern begründungslogisch. In handlungstheoretischer Begrifflichkeit lautete es somit: »Begründung(en) → subjektiv interpretierter Kontext → Handlung(en) → Konsequenzen.« (vgl. Grotlüschen 2010: 177)

In anderen Worten, hier besteht jedoch trotz kritisch-psychologischer ›Anlehnung‹ ein Formulierungsunterschied zu der Formulierung der »Bedingungs-Bedeutungs-Begründungsanalyse, wie Morus Markard sie vorlegt, welche in »Bedingungen – Bedeutungen – Prämissen – Gründe – subjektive Funktionalität« unterscheidet.

»Welche Bedingungen es sind, mit denen das Individuum zu tun hat, und wie es sie als bedeutungsvoll erfährt und zu seinen Prämissen macht, aus denen sein Erleben und Handeln verständlich wird, das ist Gegenstand der Bedingungs-Bedeutungs-Begründungsanalyse.« (Markard 2009: 269)

»Die (objektiven Lebens-)Bedingungen gewinnen psychologische Relevanz als Handlungsmöglichkeiten, genauer: als Verhältnis von Handlungsmöglichkeiten und - Behinderungen.« (Markard 2009: 172)

Ein Individuum macht die Bedingungen für sich selbst zu Prämissen, in dem es sie als Handlungsmöglichkeiten oder Handlungsbehinderungen wahrnimmt (vgl. Markard). Die Entscheidung, die Benennung von Bedingungen aus dem Paradigma auszuklammern, kann jedoch nur in Ambivalenz getroffen werden: Weder soll hier a) von einer gesellschaftlichen Objektivität noch b) von real existierenden gesellschaftlichen Ungleichheiten und Ausgangsbedingungen ausgegangen werden, c) eine historisch gewachsene Realität und deren Beschreib- und Analysierbarkeit geleugnet und geschmälert werden und damit d) eine Drehung in Richtung der viel kritisierten ›postmodernen Beliebigkeit‹ oder die Richtung des sogenannten ›cultural turn‹ eingeschlagen werden, unter Ausklammerung der ökonomischen und der sozialen Verhältnisse.

Über das Vergleichen von Vorkommnissen erfolgt die Herausarbeitung von theoretischen Eigenschaften von Kategorien. »Kategorie steht hier für das theoretische Konzept, dessen strukturelle Eigenschaften sich erst aus der vergleichenden Analyse der durch dieses Konzept repräsentierten empirischen Phänomene ergeben.« (Strübing 2008: 18)

Neben dem Kodieren ist das Schreiben analytischer Memos ein zentrales Element der Grounded Theory. Gründe dafür, warum eine fixierte Methode oder eine

---

zur Fragestellung berichten die befragten Studierenden innerhalb von retrospektiven Kurzerzählungen biografischer Natur von erfolgreichen Interesseverläufen. Grotlüschen und ihr Team gehen also vom optimalen Verlauf aus, um die subjektive Logik und die Aneignung der Umwelteinflüsse systematisch zu rekonstruieren (vgl. ebd.).

starre Theorie dem Grundverständnis der Grounded Theory zuwider laufen würden, werden entlang der zentralen pragmatistischen Fundamente deutlich, auf denen dieses »Theorie-Methoden-Paket« (»*theory-methods package*« Clarke 2007: 348) basiert. Aus diesem möchte ich im Folgenden zentrale Aspekte herausarbeiten und im Anschluss daran Bezüge zu feministischen und subjektwissenschaftlichen Positionen aufzeigen. Diese veranschaulichen, weshalb insbesondere die Grounded Theory für mein Forschungsprojekt geeignet ist.

Voranstellen möchte ich eine Metapher, die die Unterschiede zwischen dem wissenschaftstheoretischen Paradigma des Empirismus und dem interpretativen Paradigma deutlich macht. Ich benutze hier das Bild der Landkartenerstellung (vgl. König/Beutler 1997: 88). Im Empirismus gelten weiße Flecken auf der Landkarte, im übertragenen Sinne noch nicht bearbeitete Themen und Fragestellungen, als Forschungsbegründungen. Dieser Vorstellung liegt die empiristische These zugrunde, dass es die ›Wirklichkeit an sich‹ gibt, die es im Rahmen der Forschung zu entdecken und zu beschreiben gälte (vgl. ebd.). Auf der Grundlage des interpretativen Paradigmas wird davon ausgegangen, dass Erkenntnis immer auch mit unseren Anschauungsformen verwoben ist, welche mit unseren biografischen Erfahrungen und der räumlichen und zeitlichen Situierung unserer Wahrnehmung zusammenhängen. Beim interpretativen Paradigma werden die Perspektiven der Beobachter_innen und der Beforschten in den Blick genommen. Bildlich gesprochen: Die Art der erstellten Landkarte, die Farben, die Plastizität, das, was sie abbildet und der Ort, an dem sich Flecken oder Verwischungen befinden, hängt von den theoretischen Vorannahmen, das heißt der Perspektive der Beobachter_innen, d.h. der Forscher_innen, ab. Flecken und Leerstellen sind demnach nicht notwendigerweise weiß, sondern können jegliche Couleur einnehmen.

Ein zentraler Aspekt pragmatistischer Philosophie, der sich in der Forschungslogik der auf den verschiedenen Ebenen vorgeschlagenen Vorgehensweisen der Grounded Theory abzeichnet, ist das pragmatistische Verständnis von Wahrheit und Objektivität. Die Wirklichkeit wird im Pragmatismus zwar als ›real‹ und ›wirklich‹ verstanden, in dem Sinne, dass sie existiert, allerdings befindet sie sich immer im kontinuierlichen Entstehungsprozess. Realität wird nach pragmatistischem Verständnis im Handeln hergestellt, in der tätigen Auseinandersetzung der Subjekte mit der gesellschaftlichen und der materiellen Wirklichkeit. Erst über Prozesse der Symbolisierung, wie z.B. Verbalisierung, wird sie von uns ›verobjektiviert‹ und erlangt somit ihre Bedeutung. In diesem dialektischen Verständnis von Subjekt und Objekt ist das Subjekt der Realität nicht äußerlich, d.h. nicht getrennt von ihr. Daraus lässt sich ein ebenso dynamisches Verhältnis von Theorie und Wirklichkeit bzw. Theorie und Praxis ableiten: Wenn sich sowohl die Subjektwerdung als auch die Wirklichkeit in einem permanenten Herstellungsprozess befinden, dann müssen auch die Theorien im stetigen Wandel begriffen werden.

An die Stelle des prinzipiellen Zweifels, also des universalistischen Wahrheitsbegriffs, als Ausgangspunkt für neue Theorien setzen Pragmatist_innen den ›praktischen Zweifel‹. Nicht alle Sachverhalte werden prinzipiell in Frage gestellt, sondern der Blick ist auf die praktischen Folgen gerichtet.

Diese praktischen Folgen gilt es zu betrachten und daraus Schlussfolgerungen zu tätigen (vgl. Peirce 1991c: 152). Da die Wahrnehmung der praktischen Konsequenzen von Sachverhalten auf Erfahrung beruht, das heißt perspektivenbezogen variiert, kann es keine dauerhaften oder allgemeingültigen Bedeutungen geben.

»Die Erfahrung selbst zeigt uns, dass einige Arten des Denkens nirgendwo hin geführt haben – oder schlimmer noch: zu systematischen Wahnvorstellungen und Fehlern. Andere haben in der Erfahrung deutlich bewiesen, dass sie zu fruchtbaren und bleibenden Entdeckungen führen.« (Dewey 1989: 181, amerikanische Ersterscheinung 1920)

Nach Dewey richtet gerade die Trennung von Denken und der Handlung des Beobachtens Unheil an, indem sie zu unverantwortlichem Handeln führt.

»Nichts hat der erfolgreichen Durchführung des Denkunternehmens mehr geschadet [...] als die Gewohnheit, Beobachtung als etwas anzusehen, das dem Denken äußerlich ist und ihm voraus liegt und Denken als etwas, das im Kopf vor sich gehen kann, ohne Beobachtung neuer Fakten als Teil seiner selbst einzuschließen. [...] Sie schafft eine Klasse von ›Denkern‹, die von jeder Praxis und folglich von jeder Art der Überprüfung ihres Denkens durch Anwendung frei ist – eine sozial überlegende unverantwortliche Klasse. Dies ist die Bedingung, welche die tragische Trennung von Theorie und Praxis verursacht und zu einer unvernünftigen Überbewertung der Theorie einerseits und eine unvernünftige Verachtung derselben andererseits führt.« (Dewey 1989: 185)

Der Pragmatismus geht jedoch nicht nur von einer Prozesshaftigkeit aus, sondern auch starke Kontinuitäten werden als wirksam betrachtet: Unsere Denkgewohnheiten (*habits*), die aus unseren biografischen Erfahrungen resultieren, bestimmen darüber, welche Bedeutungen wir den Dingen zuschreiben (Peirce 1991b: 194f).

Aus der Orientierung an den praktischen Folgen resultiert, dass es für Zweifel einen praktischen Grund, also eine Störung in unseren Denkgewohnheiten geben muss. Erkundungen können ausschließlich auf der Grundlage unserer (Vor-)Urteile stattfinden (Peirce 1991a). Erst wenn unsere Vorannahmen und die aus ihnen resultierenden Handlungsgewohnheiten unterbrochen oder verwirrt, d.h. problematisch, werden, dann folgt daraus ein Problemlösungsprozess. Denn Denken nimmt nach Dewey »seinen Ausgang bei spezifischen Konflikten in der Erfahrung [...], die Verwirrung und Besorgnis auslösen« (Dewey 1989: 183).

Verschiedene Parallelen zwischen den hier skizzierten, für die Grounded Theory paradigmatischen pragmatistischen Grundannahmen, und dem unter 5.1 diskutierten standpunktfeministischen Verständnis von Wissenschaft und Realität, sowie Parallelen zu den in den vorangehenden Kapiteln explizierten subjektwissenschaftlichen Ansätzen fallen ins Auge:

Wie die bereits skizzierten (feministischen) Standpunktansätze gründet sich die Grounded Theory auf einem Verständnis von Wahrheit und Realität, in dem der Standpunkt der Beobachter_innen eine zentrale Bedeutung innehat.

Grounded Theory ist ein Ansatz der Handlung, der Herstellungsprozesse und das aktive Dazutun der Subjekte in den Blick rückt und Letztbegründungen ablehnt. Hier weist er sowohl Parallelen zu Judith Butlers Konzept der Performanz (1989, 1993) als auch zu dem Ansatz des Doing Gender bzw. Doing Difference (West, Zimmermann 1987, Fenstermaker, West 2002) auf. Dualistische Konzepte der Wirklichkeit werden zurückgewiesen. Auch die Subjektwissenschaft sucht die Dichotomie von Subjekt und Objekt zu überwinden und die Beteiligung der Subjekte an der Herstellung von gesellschaftlicher Wirklichkeit zu fokussieren; der Blick wird über die Handlungsbegründungen auf die (restriktiven und verallgemeinerten) Handlungsmöglichkeiten der Subjekte gerichtet. In Holzkamps Lerntheorie ist es ebenso wie in der pragmatistischen Theorie der praktische Zweifel, die Diskrepanzerfahrung, die das Subjekt innehalten und Lernerkundungen anstellen lassen.[16]

Abschließend möchte ich zusammenfassen, welche Aspekte die Grounded Theory für mein Forschungsvorgehen bereitstellt:

- Grounded Theory ist ein Forschungsstil, der offen und nicht hypothesenprüfend ins Feld geht.
- Die Grounded Theory bietet nach Strauss/Corbin die Auswertungsmethode der komparativen Analyse an, wofür ein Set von Fragen (Kodierparadigma) zur Verfügung gestellt wird.
- Sie beinhaltet eine Haltung, die besagt, pragmatisch mit der Realität umzugehen, welche im permanenten Wandel ist. Dieses pragmatische Vorgehen bedeutet also, der Realität kein konstruiertes Forschungsdesign überzustülpen, sondern jenes »tastend« (vgl. Maurer 2000: 134), d.h. prozessorientiert, entlang der Begebenheiten zu entwickeln.

Wie sich diese Punkte im konkreten Vorgehen auswirken, wird in der folgenden Darstellung der Erhebung und des Forschungsprozesses deutlich.

---

16 Ausführlich zu Parallelen des Subjekt- und Wissenschaftsverständnis von Grounded Theory und anderen Kritischen Theorien siehe Clarke 2007, Olesen 2007.

5.3. ERHEBUNG UND MATERIAL

»Sowohl die Interviewsituation als auch das Fragen sind eine prekäre Sache.« (Schirmer 2009: 181)

»Die Wahl einer Aufzeichnungsmethode ist immer ein Kompromiss.« (Schirmer 2009: 178)

In den obigen Zitaten klingen Gratwanderungen an, die Wissenschaftler_innen in der Phase der Datenerhebung erleben. In diesem Abschnitt reflektiere ich die aufgetretenen Hindernisse bei der Erhebung und bei der Auswertung der Daten. Dafür stelle ich zunächst meine Vorgehensweise hinsichtlich der Gewinnung der Interviewten, der Zusammensetzung des Samples und der Rahmungen der Interviews vor. Anschließend diskutiere ich kritisch die Vor- und Nachteile der Nähe zum Feld und Risiken hinsichtlich der Zusammenstellung des Samples. Schließlich erörtere ich kurz die Wahl der Methode des teilstandardisierten leitfadengestützten biografischen Interviews und stelle meinen Leitfaden inklusive seiner Weiterentwicklungen im Forschungsprozess vor.

5.3.1 Feldzugang und Samples

Bei der Zusammenstellung des Samples habe ich mich auf Menschen konzentriert, die sich mehrjährig und intensiv mit dem Thema ›Geschlecht‹ auseinandersetzten bzw. sich feministisch engagierten. Aus erziehungswissenschaftlicher Perspektive, mit einem Schwerpunkt in der Erwachsenenbildung, interessierten mich Personen, die Bezüge zum pädagogischen Arbeiten mit Jugendlichen und/oder Erwachsenen haben. Das heißt, alle Interviewten sind oder waren (zumindest phasenweise) in der Genderbildungsarbeit aktiv. Da es nicht immer möglich war, gezielt die Daten zu erheben, die als nächstes gebraucht wurden, stellt mein Sample eine Mischung aus systematischem und zufälligem sowie selektivem und theoretischem Sampling dar (vgl. Strauss/Corbin 1996: 155f). Diese Zusammensetzung ergibt sich aus einem »tastenden Verfahren« (Maurer 2000: 134), also einem relativ offenen und flexiblen Forschungsdesign, das methodologisch an den Forschungsstil der Grounded Theory anschließt (vgl. ebd.). Strauss/Corbin sehen eine solche kombinierte Vorgehensweise als am besten geeignet an: »Da jede Art ihre Vor- und Nachteile hat, ist eine Kombination aller Techniken wahrscheinlich die vorteilhafteste Vorgehensweise.« (Strauss/Corbin 1996: 155)

Die ersten Interviewkontakte wurden über freundschaftliche, feministische und kollegiale (Gender-)Netzwerke gewonnen. Meine Nähe zum Feld stellte hier eine wichtige Ressource dar. Hier bestätigte sich, dass ein »gemeinsamer Hintergrund, den die Erzählperson und die Interviewenden teilen«, den Zugang zu Erzählpersonen erleichtert und die Teilnahmebereitschaft erhöht (Helfferich 2009: 121). Diese ersten Kontakte ergänzte ich über gezielt gesuchte Interviewkontakte. Vor dem Hintergrund der Bourdieu'schen Theorie, die zeigt, dass unterschiedliche gesellschaftliche Positionierungen verschiedene Haltungen, Geschmäcker und Wahrnehmungsweisen, kurz, einen jeweiligen Habitus, mit sich bringen (Bourdieu 1987), strebte ich eine Bandbreite unterschiedlich positionierter Interviewpartner_innen an, d.h. eine möglichst große Variation hinsichtlich der sozialen Lage und der individuellen Hintergründe (Geschlecht, Alter, Bildungsstatus, Behinderung, ausgeübter Beruf, Klasse, familiäre Zuwanderungsgeschichte etc.).[17] Entscheidend war dabei, vor dem Hintergrund der bereits ausgewerteten Interviews, das Prinzip minimaler und maximaler Kontrastierung. Der Versuch, mittels einer schriftlichen Annonce über Mailinglisten neue Interviewpartner_innen zu gewinnen, war erfolglos. Diese Problematik ist aus der Literatur bekannt (vgl. Schirmer 2009: 182). Die Schwelle, sich auf ein schriftliches Gesuch zu melden, ist im Allgemeinen sehr hoch (vgl. Przyborski/Wohlrab-Sahr 2008: 73). Erfolgreicher war die Strategie, die durch die bereits geführten Gespräche entstandenen Verbindungen ins Feld zu nutzen. Nach dem Schneeballsystem (vgl. Przyborski/Wohlrab-Sahr 2008: 72, Meuser/Nagel 2003: 486) fragte ich die Interviewten am Ende der Gespräche nach Kolleg_innen, die möglicherweise einen anderen Standpunkt verträten oder eine neue oder besonders interessante Perspektive einbrächten. Nachteil dieses Prinzips ist, dass so möglicherweise nur Vergleiche innerhalb eines bestimmten Netzwerkes möglich werden und maximale Kontraste schlecht zu erreichen sind (vgl. ebd.). Deshalb ergänzte ich die so entstandenen Kontakte durch Direktansprachen und Anschriften per Email und durch eine sogenannte ›Gegenprobe‹, auf die ich später noch zu sprechen kommen werde. Zu erwähnen ist, dass durch die notwendigen Planungsprozesse bei der Zusammenstellung des Samples, wie dem Vereinbaren von verbindlichen Interviewterminen, dem zirkulären Auswertungsprozess (siehe 5.4.) bestimmte Grenzen gesetzt wurden. Interviewtermine setzen einen vorläufigen Endpunkt für die Auswertung des vorangegangenen Gespräches. Bei Verzögerungen im Forschungsablauf konnten die Termine nicht kurzerhand verschoben werden. Forschungs- und zeitökonomisch bedingt kann ein solches Vorgehen jedoch auch im Rahmen von Grounded Theory sinnvoll sein (vgl. Truschkat/Kaiser/Reinartz 2005: 38).

Die Mehrzahl der Interviews wurde von mir in der ersten Phase des Forschungsprozesses zwischen Mai und Oktober 2009 in verschiedenen deutschen Städten geführt. Einige ›Nachzügler_inneninterviews‹ erfolgten aber auch noch recht spät im Forschungsprozess (bis März 2011).[18] Die Interviews dauerten ein bis

---

17 Auf Problematiken, die damit einhergehen, wird am Ende dieses Unterkapitels eingegangen.

18 Zum Teil nicht mit dem Diktiergerät, sondern nur per Gedächtnisprotokoll festgehaltene und nicht transkribierte Interviews habe ich bis zum Ende des Forschungsprozesses 2013 geführt. Auch sie fließen über die Forschungsnotizen zum Teil in meine Arbeit ein.

drei Stunden und fanden an unterschiedlichen Lokalitäten statt, je nachdem welcher Ort im Vorfeld, meist per Telefon, als ungestört und praktikabel ausgemacht wurde: in einem ruhigem Café, in einem öffentlichen Park, im Büro der Interviewpartner_innen, bei ihnen Zuhause oder in meinem Büro. Die Interviews verliefen meist in lockerer Gesprächsatmosphäre. Von meiner Seite aus wurde keine zeitliche Begrenzung gesetzt, ich bat darum, dass die Interviewten Zeit mitbrächten, stellte mich aber auch damit zufrieden, wenn sie mir einen zeitlichen Rahmen von zwei Stunden zur Verfügung stellten.

Wie bereits in der Einleitung erwähnt, stellte ein wesentliches Kriterium bei der Suche der Interviewpartner_innen deren ehemalige oder aktuelle Tätigkeit in der geschlechterreflektierenden (Erwachsenen-)Bildung sowie ein Interesse an Gender bzw. Feminismus dar. Von meiner Seite aus begegnete ich den Befragten mit sehr weit gefassten und offen gehaltenen Begriffen von Gender und Feminismus. Es fand keine Überprüfung im Vorfeld darüber statt, welche Begriffsdefinitionen und Haltungen sich bei den Befragten jeweils hinter ihrem Selbstverständnis als Interessierte an den Themen Gender und Feminismus verbargen. Auch innerhalb des Gesprächs stellte ich den Befragten durch die Formulierung meiner Interviewfragen frei, ob sie sich lieber auf den Begriff Feminismus oder den Begriff Gender beziehen.

Insgesamt lagen elf transkribierte Interviews vor, die ich für meine schriftliche Auswertung herangezogen habe. Hinzu kamen weitere Interviews und Gespräche zu meiner Fragestellung, die sich spontan mit meinen Studierenden, Bekannten, Kolleg_innen oder Freund_innen ergeben hatten. Von dreien dieser Gespräche existieren nicht transkribierte Tonbandaufnahmen, von weiteren Gesprächen existieren Gedächtnisprotokolle. Die Erkenntnisse aus diesen Interviews und Gesprächen jenseits des offiziellen Samples flossen in meine selbstreflexiven Forschungsnotizen ein.

In den anfolgenden Tabellen gebe ich eine Übersicht über die Interviewten. Die Namen aller sind durch Pseudonyme ersetzt, um ihre Anonymität zu wahren.

Die Befragten, anonymisiert mit den Pseudonymen Anna Loritz, Ulrich Becker, Nazim Özer, Maya Wolf und Karin Richter (Tabelle 2), verdienten zum Zeitpunkt des Interviews ihren Lebensunterhalt oder einen Teil ihres Lebensunterhalts mit Genderbildungsarbeit, während die Befragten, die mit den Pseudonymen Jan Biro, Laura Janssen, Stefan Krueger und Sabine Moeller (Tabelle 3) bezeichnet wurden, in anderen Berufsfeldern arbeiteten, jedoch im Rahmen ihres bewegungspolitischen oder beruflichen (meist unbezahlten) Engagements zu Geschlechterthemen pädagogisch oder beratend tätig gewesen waren. Die einzigen Ausnahmen in meinem Sample bildeten der Befragte mit dem Pseudonym Elmar Kade (ebenfalls Tabelle 3) und ein Interview mit dem Befragten Filip Nowak, das in zwei Abschnitten der Auswertung verwendet wurde (vgl. Abschnitt 6.2.2 c). Elmar Kade und Filip Nowak wurden hinsichtlich der maximalen Kontrastierung in der komparativen Analyse später hinzugezogenen. Beide befanden sich zum Zeitpunkt des Interviews noch am Beginn einer Auseinandersetzung. Elmar Kade hatte zum Zeitpunkt des Interviews, wie er es selbst beschreibt, nur ein geringes Interesse an dem Themenkomplex Gender und Feminismus (siehe 6.1.2 b und 6.2.1 g), während sich Filip Nowak für das Thema interessierte, jedoch noch unsicher und sehr jung in seinem Interesse war.

In der angeführten Gesamtschau werden die Positionierungen der Befragten durch meine Angaben unterschiedlich stark konturiert. Nicht alle Angaben sind durchgehend zu finden, beispielsweise die Selbstdefinitionen als hetero/queer/homo bzw. als *weiß*/Schwarz. Dies ist dadurch begründet, dass ich diese nicht in jedem Interview direkt erfragt habe. Der Grund dafür liegt darin, die Balance zwischen dem Erzählfluss der Interviewten, meiner eigenen Zurückhaltung und dem Eingehen auf konkrete Themen und Fragestellungen aufrechtzuerhalten (vgl. Schirmer 2009: 181), um einen lockeren und flüssigen Gesprächsverlauf zu ermöglichen. Einige der Interviewten brachten ihre Selbstpositionierungen offen in das Gespräch ein, bei anderen thematisierte ich diese, wenn der Interviewfluss es erlaubte.

Tabelle 2: Transkribierte Interviews in der Übersicht

Name	Anna Loritz	Maya Wolf	Karin Richter	Nazim Özer	Ulrich Becker
Alter	~ 40	~ 35	~ 50	~ 40	~ 50
Tätigkeit	Selbstständig	Angestellt	Selbstständig	Selbstständig	Angestellt
wahrgenommenes Geschlecht/ Selbstbezeichnung	Weiblich	Weiblich	Weiblich	Männlich	Männlich
Bildung	Akademisch	Akademisch	Akademisch	Akademisch	Akademisch
Herkunft/ Selbstbezeichnung	Weiß, westdeutsch, »klassisch bürgerlich« «mittelständisch«	*Weiß*-deutsch »ich komme aus keinem Bildungselternhaus«	*Weiß*-deutsch	Deutsch Schwarz familiäre Zuwanderungsgeschichte (2. Gen.)	*Weiß*-deutsch
Sexuelle Orientierung	Hetero	Queer	K.A.	In Heterobeziehung k.A.	In Heterobeziehung k.A.

Tabelle 3: Übersicht der Interviewten

Name	Laura Janssen	Sabine Moeller	Ian Biro	Stefan Krueger	Filip Nowak	Elmar Kade
Alter	~ 35	~ 50	~ 30	~ 35	~ 25	~ 25
Tätigkeit	Angestellt	Arbeitslos	Angestellt	Angestellt	Studierend	Studierend
Wahrgenommenes Geschlecht/Selbstbezeichnung	Weiblich	Weiblich	Trans*	Männlich	Männlich	Männlich
Bildung	Akademisch	Mittlere Reife	Akademisch	Akademisch	Akademisch	Akademisch
Herkunft/Selbstbezeichnung	bildungsbürgerlich	*Weiß*-deutsch proletarisch	*Weiß*-deutsch, familiäre Zuwanderungsgeschichte (2.Gen.)	*Weiß*-deutsch mittelständisch »wohlbehütet«	*Weiß*, Migrationshintergrund	*Weiß*-deutsch, Migrationserfahrung, bildungsbürgerlich, christlich
Sexuelle Orientierung	hetero lebend	lesbisch	queer	hetero/ bisexuell	hetero »Queer-Identität«	hetero

5.3.2 Nähe und Fremdheit

»Sich ein Forschungsthema auf der Grundlage von beruflicher oder persönlicher Erfahrung zu suchen, erscheint vielleicht gewagter, als eines durch einen Themenvorschlag oder Literaturstudien zu finden. Das ist aber nicht notwendigerweise so. Ein Forschungsinteresse, das dem prüfenden Blick der eigenen Erfahrung entspringt, zieht mit größerer Wahrscheinlichkeit auch ein erfolgreicheres Forschungsbemühen nach sich.« (Strauss/Corbin 1999: 21)

Persönliche oder berufliche Nähe zum Forschungsgegenstand wird im obigen Zitat als Wagnis und Erfolgsaussicht benannt. Die Wahl meiner Forschungsfrage wurde, wie bereits dargestellt, maßgeblich durch mein eigenes Involviertsein in dem Bereich der geschlechterreflektierenden Bildung und durch mein eigenes feministisches Interesse beeinflusst. Fragen nach Ursprüngen und Hindernissen in der Auseinandersetzung mit Geschlechterverhältnissen begleiten mich nicht erst seit dem Beginn meiner wissenschaftlichen Erkundungen im Rahmen einer Doktorarbeit, sie entspringen meiner eigenen Biografie.

Neben der Darstellung von Samplegewinnung und Interviewrahmung, wird die Reflexion des widersprüchlichen Spannungsfeldes von Nähe und Distanz den folgenden Abschnitt begleiten. Es existieren kontroverse Positionen zu Fragen von Nähe und Distanz zwischen interviewender und interviewter Person bzw. zu Fragen der Feld- und Gegenstandsnähe der Forschenden. Teilweise wird sogar die strikte Trennung von Forschenden und Interviewenden empfohlen (vgl. Schirmer 2009: 181).

Es gibt forschungspraktische, forschungsethische und allgemein qualitätsrelevante Argumente in beide Richtungen. Die Wahl des Forschungsgegenstandes und damit verknüpft die Forschungstradition, in der sich eine Studie verortet, spielen in dieser Frage eine wichtige Rolle.

Unterschiedliche Positionen sind bereits in der oben skizzierten Methodologiedebatte der feministischen qualitativen Forschung angeklungen, bei denen der Ansatz von Maria Mies (1978) und der feministischen Aktionsforschung den Pol der Nähe durch die Betonung von gemeinsamen Erkenntnisinteressen, gemeinsamer Betroffenheit, der Verknüpfung von Wissenschaft und Frauenbewegung einnimmt. Die Kritikerinnen der Postulate (Becker-Schmidt 1993, Pross 1984, Wohlrab-Sahr 1993) vertreten in unterschiedlichen Abstufungen den Pol der Distanz, der Trennung zwischen Wissenschaft und Politik und die Annahme der Verschiedenheit von der Befragten[19].

---

19 Zu Beginn der feministischen Forschung wurden Studien von Frauen mit Frauen und für Frauen durchgeführt. Mit der Kritik am Betroffenheitsansatz und vor dem Hintergrund von (de-)konstruktivistischen Geschlechtertheorien und Ansätzen kritischer Männlichkeitsforschung gerieten zunehmend auch Männer und Trans* in den Blick von feministi-

Auch im nicht explizit feministischen Feld der qualitativen Sozialforschung existieren beide Richtungen: Ansätze, die Distanz fordern, sind vor allem solche, die als rekonstruktive Verfahren um das Herausfinden latenter Sinngehalte bemüht sind. Dazu lassen sich die Narrationsanalyse (Fischer-Rosenthal/Rosenthal 1997, Rosenthal 2011, Schütze 1983), die objektive Hermeneutik (Oevermann 1993, Reichertz 1995) und die dokumentarische Methode der Interpretation (Bohnsack 2007a, 2007 b) zählen.

Diesen gegenüber stehen die Aktionsforschung (vgl. u.a. Clark 1972, Haag et al. 1972, zum Überblick siehe Heinze 2001: 79ff), Frigga Haugs kritisch-psychologisch inspirierte »kollektive Erinnerungsarbeit« (Haug 1990)[20] und andere Forschungsansätze der Kritischen Psychologie wie etwa das von Klaus Holzkamp und anderen beschriebene Mitforscher_innenkonzept[21] (vgl. Markard 2009: 274ff).

»Holzkamp sieht einen zentralen Unterschied subjektwissenschaftlichen Vorgehens gegenüber kontrollwissenschaftlicher Verfahren im Prinzip der Partizipation der Betroffenen am Forschungsprozess (Mitforscherverhältnis).« (Faulstich/Ludwig 2004: 26)

Betont wird das gemeinsame Erkenntnisinteresse von Forscher_innen und Beforschten, das gemeinsame Interesse an emanzipatorischen gesellschaftlichen Veränderungen und damit verbunden die potenzielle Aufweichung der Grenzen zwischen Forschenden und Beforschten und das Streben nach kollektiven (politischen) Prozessen und Handlungsfähigkeiten.

Meine Studie zielt weniger auf die latenten Sinngehalte als auf die bewussten Bedeutungsdimensionen, die die Interviewten nachträglich, hinsichtlich bestimmter Schritte und Etappen ihres Erkenntnisprozesses, konstruieren. Zudem stehen emanzipatorische politische Lernprozesse im Fokus des Forschungsinteresses. Aus diesen Gründen liegt eine Orientierung an den Forschungstraditionen nahe, die Transparenz der Forschungsanliegen und das Entwickeln von gemeinsamen Erkenntnisinteressen im Interview, also eine (berufliche/lebensgeschichtliche) Nähe der Forscherin zum Feld, befürworten, wie etwa die feministische Aktionsforschung und

---

scher Forschung. Konstruktionsprozesse von Männlichkeit und die Beteiligung aller Geschlechter an der Herstellung des Geschlechterverhältnisses zu untersuchen, gilt mittlerweile als anerkannter Gegenstand feministischer Forschung. So hat innerhalb der letzten drei Jahrzehnte eine Entwicklung feministischer Forschung von der Frauenforschung hin zu Frauen- und Geschlechterforschung stattgefunden.

20 In gemeinsamer Teamarbeit wird auf Grundlage der Erzählungen, die die Mitglieder des Kollektivs über eigene Widerfahrnisse schreiben, der Prozess der eigenen Vergesellschaftung analysiert. »Damit ist die Trennung von Subjekt und Objekt in der Forschung gänzlich aufgelöst.« (Behnke/Meuser 1999: 48)

21 Ressourcenbedingt, durch das absehbare Ende der Förderung meines Dissertationsprojektes, habe ich mich gegen das Mitforscher_innenprinzip entschieden.

kritisch psychologischen Ansätze.[22] Die Auswertung erfordert dennoch die Interpretationen von Aussagen durch die Forschende, da nicht allein das Beschreiben der Daten, sondern insbesondere das In-Beziehung-Setzen der nach dem Kodierparadigma[23] herausgearbeiteten Kategorien die Qualität der Auswertung ausmacht. Deshalb ist hier gleichermaßen, sowohl im Verlauf der Interviews als auch bei der Auswertung, eine Bezugnahme auf Prinzipien, wie sie von den Distanz fordernden und um latente Sinnfindungen bemühten Forschungsansätzen angewandt werden, sinnvoll, wie das »Prinzip der Fremdheit« (Bohnsack 2007a: 97ff, Helfferich 2009: 131) und das damit einhergehende »Prinzip der Offenheit« (vgl. ebd.).

Das Prinzip der Fremdheit erkennt die Differenz der Bezugssysteme von Interviewer_innen und Interviewten an und somit die immer vorab existierende Ungewissheit über Ähnlichkeiten und Unterschiede zwischen Vorverständnissen der erzählenden und der interviewenden Person. Der Forschungsstil der Grounded Theory bedeutet, von einer prinzipiellen Fremdheit von Forschenden und Erforschten auszugehen und diese Fremdheit methodisch zu reflektieren – auch in als vertraut erscheinenden Lebenszusammenhängen (Behnke/Meuser 1999: 9). Das Gegenüber ist immer in Teilen fremd, da es anderen sozialen Welten, Subkulturen, Milieus angehört, anders sozialisiert ist. Die Aufgabe des Interviews ist es, das Handeln und das Bewusstsein der anderen Person aus ihrer Perspektive und von ihrem Fokus her zu begreifen. Mit dieser Annahme verbindet sich die Haltung der Offenheit für Neues und Unbekanntes. Das bedeutet für die forschende Person, sich eben jenes erzählen zu lassen, zu hören und aufzunehmen was ihr fremd ist und sich auf diesen Ausgangspunkt der Unterschiedlichkeit einzulassen (vgl. Helfferich 2009: 130f).

Da Momente der Nähe und der Fremdheit innerhalb von jeder Forschung bestehen und dadurch unvorhersehbar und nicht planbar ist, dass sich Forschende und Interviewte in ihrer jeweilig spezifischen Subjektivität gegenüberstehen, kann es keine ›Kontrolle‹ über die Ergebnisse qualitativer Forschung geben. Eine Reproduzierbarkeit der Ergebnisse ist nicht gegeben. Die Prinzipien von Reflexivität und

---

22 So war zu Beginn meiner Forschung eine Rückbesprechung meiner Interpretationen mit den Interviewten im Sinne des Mitforscher_innenkonzepts geplant. Dieses musste leider aufgrund von Ressourcenbegrenzung im Rahmen der Förderzeiten dieser Qualifikationsarbeit verworfen werden. Hans Oswald weist darauf hin, dass qualitative Forschung im Allgemeinen sehr arbeitsaufwendig und schwer kalkulierbar sei und deshalb »in den üblichen Förderzeiträumen kaum zu erbringen« (Oswald 1997: 71). Häufig werden zu Beginn zu viele Daten gesammelt und zu wenig Zeit zum Analysieren und Schreiben eingeplant. Die »Machbarkeit« sei das zentrale Problem der qualitativen Forschung (ebd., 72).

23 Zur Erinnerung (wie im vorherigen Abschnitt beschrieben) hier noch einmal das Kodierparadigma »Begründung(en) → subjektiv interpretierter Kontext → Handlung(en) → Konsequenzen« (vgl. Grotlüschen 2010: 177).

Transparenz (Helfferich 2009: 154ff, Breuer 2010: 115-141),[24] können jedoch, wie bereits in Teil 5.1. zu ethischen Fragen angeklungen ist, als zentrale qualitätssichernde und strukturierende Momente für das methodische Vorgehen angesehen werden. Unterschiedliche Ebenen von Reflexivität sollen implizit und explizit im weiteren Kontext meiner Ausarbeitungen deutlich werden.

Wie bereits oben erwähnt, erleichterten mir meine persönliche Berufserfahrung im Feld der geschlechterreflektierenden Bildungsarbeit und mein feministisches Interesse den ersten Zugang zum Feld erheblich. Viele Wissenschaftler_innen empfehlen solche Ressourcen forschungsstrategisch in Anspruch zu nehmen (z.B. Schirmer 2009: 182, Helfferich 2009). Zum einen lenken Erfahrungen das Setzen von Schwerpunkten entlang selbst erlebter Problematiken. Strauss und Corbin dazu: »Je größer die berufliche Erfahrung, desto reicher ist die Wissensbasis um das verfügbare Verständnis, aus dem man beim Forschen schöpfen kann« (Strauss/Corbin 1999: 26). Auch zeigte sich, dass durch meine persönlichen Interessen sowohl mein intensives Einlassen auf die Interviewpartner_innen als auch das meiner Gegenüber auf mich als Interviewerin möglich wurden. Ein authentisches Interesse und berufliche Erfahrung im Forschungsfeld werden in der Literatur als Erfolgsfaktoren für Interviews angeführt (vgl. Przyborski/Wohlrab-Sahr 2008: 72). Der Sozialforscher Klaus Konrad drückt es so aus: »Die Interessen der Forscherin sind so etwas wie die Tür zum untersuchten Forschungsfeld«[25] (Konrad 1999: 17).

Meine Beobachtung im Rückblick auf das Gesamtsample ist, dass bei den Interviewkontakten, bei denen keinerlei vorherige Verbindungen bestanden, eine größere Distanziertheit im Interview in Bezug auf bestimmte ›heikle‹ Themen zu spüren ist. Beispielsweise wird der Themenkomplex ›Sexualität‹, ›sexuelle Orientierung‹ und ›sexuelle Identität‹ von diesen Befragten nur hinsichtlich ihrer Seminarteilnehmenden, jedoch nicht im Hinblick auf die eigene Person im Interview reflektiert (Interviewte Ulrich Becker, Elmar Kade, Karin Richter).

Die Atmosphäre in jenen Interviews, in denen Kontakte über bereits vorhandene Netzwerke zustande kamen, war auf dieser Ebene vertrauensvoller. Die Interviewten erzählten sehr offen über mutmaßlich schwierige Themen und differenzierte Problematiken. Die Themen ›Geschlecht‹ und ›Feminismus‹ berühren immer wieder äußerst persönliche Bereiche wie Liebe, Freundschaft, Sexualität, Kindheits- und Pubertätserfahrungen, teilweise auch (familiäre) Gewalterfahrungen (z.B. Interviewte Jan Biro, Nazim Özer, Anna Loritz siehe 6.1.3 und 6.1.4). Ein offenes Sprechen über diese Themen setzt ein Vertrauen voraus, dass mit den Aussagen und Daten verantwortungsbewusst und einfühlsam umgegangen wird. Cornelia Helf-

---

24 Eine Zusammenfassung über unterschiedliche Formen von Reflexivität in sozialwissenschaftlicher Forschung gibt Breuer (vgl. Breuer 2010: 117f).

25 Dort, wo in den Zitaten das generische Maskulinum als ›geschlechtsneutrale‹ Form benutzt wird, ersetze ich diese durch die weibliche Endung.

ferich merkt an, dass ein angenommener oder tatsächlicher gemeinsamer Erfahrungshintergrund von interviewender und interviewter Person positive Konsequenzen für den Thematisierungsinhalt der Interviews hat: Die Interviewten gestatten der Interviewerin einen »Vertrauensvorschuss« (Helfferich 2009: 120) und sind üblicherweise geneigter, »Insider-Aspekte« anzusprechen und damit tiefere Dimensionen des Forschungsgegenstandes zu erörtern, die gegenüber Fremden nicht thematisiert werden (vgl. Helfferich 2009: 122).

Die ebenfalls in Fachliteratur vertretene These, dass es schwer sei, beim Gegenüber wirkliche Offenheit und echtes Vertrauen zu schaffen, wenn im Vorfeld Verbindungslinien bekannt seien, da eine Anonymisierung nicht gewahrt werden könne (vgl. Przyborski 2008: 73), kann ich entlang meiner Erfahrung nicht bestätigen, jedoch kann ich diesen Aspekt auch nicht widerlegen, da dieser Sachverhalt nicht mein Forschungsgegenstand ist. Über komparatives Vorgehen anhand von Selbstreflexionen, Gesprächen mit Freund_innen, feministischen Mitstreiter_innen und Kolleg_innen, Gesprächen in Forschungswerkstätten versuchte ich, mögliche Auslassungen freizulegen. Diese Spurensuche, in der sich wiederholt Vermutungen über unterschiedlich begründete Lücken und Auslassungen auftun, mache ich in meinen Auswertungen transparent, ohne die Aufrichtigkeit der Befragten und den Bedeutungsgehalt des im Interview Gesagten zu hinterfragen. Auslassungen führe ich weniger auf anonymisierungsbedingte Unsicherheiten zurück, als auf das ›Vergessen‹ unangenehmer Erfahrungen und auf die ›soziale‹ Situation des Interviews im Allgemeinen.

Eine weitere Gefahr, die ich in Bezug auf meine Forschung feststellte, kann als ›Datenverlust durch Gleichheitsannahme‹ bezeichnet werden. Durch zweierlei Umstände wird dieses Risiko hervorgerufen: Zum einen war es mein Anspruch, in meiner Forschung meinen persönlichen Hintergrund (als Genderforscherin, Feministin und als Pädagogin) den Interviewten nicht vorzuenthalten. Sowohl mein Forschungsanliegen als auch mein persönliches Interesse erklärte ich den Interviewten kurz in wenigen Sätzen unter kurze Bezugnahme auf meine eigene Geschichte. Zum anderen sind für mich durch jahrelange Auseinandersetzung mit Gender und Feminismus bestimmte Begrifflichkeiten, Haltungen sowie handlungspraktisches Wissen quasi habituell, also selbstverständlich, geworden, so dass ich meinen Hintergrund in den Interviews, durch Sprachverwendung und durch die Art meiner Fragen meinem Gegenüber unbewusst transportiere. Dadurch ergibt sich die bewusste und unbewusste Vorlage für Gleichheits- und Nähewahrnehmungen durch meine Interviewten, die ebenfalls im Feld Gender und Feminismus privat bzw. politisch und/oder beruflich aktiv sind. Diese Möglichkeit für die Interviewpartner_innen, gemeinsame Wissenshorizonte vorauszusetzen, verstärkt sich noch in Kontakten, die über Netzwerke gewonnen wurden, in denen unausgesprochene ›Konsense‹ angenommen werden können. Denn die

»interviewende Person ist der ›soziale Horizont‹ auf den hin erzählt wird, d.h. Äußerungen gewählt werden. […]. In dem Maß, wie die Erzählperson sich gegenüber der interviewenden Person verständlich machen will, sind die Annahmen, was letztere bereits weiß und verstehen kann, wie sie möglicherweise auf Erzähltes reagieren wird, was sich überhaupt zu erzählen lohnt etc., ein wichtiges Bestimmungsmoment […] für die Produktion der spezifischen Erzählversion.« (Helfferich 2009: 120f)

Der Nachteil des durch Gemeinsamkeiten und Nähe bedingten Vertrauensvorschusses ist also, dass oftmals nur eine implizite Bezugnahme auf handlungspraktisches Wissen erfolgt, das so für Außenstehende nicht mehr zugänglich gemacht werden kann (vgl. Helfferich 2009: 122).

Ein anderes Risiko besteht darin, dass ich als Forscherin durch den gemeinsamen (beruflichen) Erfahrungshorizont mit den Interviewten in der Interviewführung und Auswertung unsensibel für die Dinge werde, »die zur Routine oder ›selbstverständlich‹ geworden sind« (Strauss/Corbin 1996: 26). Meine Beschreibungen und Interpretationen könnten bei Nichtbeachtung dieser Voraussetzung für Außenstehende unverständlich werden, oder meine Interviewfragen für Themeneinsteiger_innen (wie Interviewpartner Elmar Kade) gegebenenfalls nicht nachvollziehbar sein.

Ein weiteres Argument gegen Interviewpartner_innen, die zu ›nah‹ an der Forscher_in und ihrer eigenen Geschichte oder zu ›nah‹ an den Bekanntenkreisen der Forscher_in sind, ist, dass die Interpretation der Aussagen einer emotional nahen Person als ›zu vorsichtig‹ geraten könne (vgl. Przyborski/Wohlrab-Sahr 2008: 89) und die Wissenschaftler_in nicht mehr in der Lage sei, latente Bedeutungsinhalte herauszufiltern, die gegebenenfalls den bewussten Überzeugungen der Interviewten widersprechen (ebd.). Aus Sicht der Kritischen Psychologie kann es aus forschungsethischen Gesichtspunkten kein *zu* vorsichtig geben bzw. wäre ein sensibler und vorsichtiger Umgang mit den Lebensgeschichten, die einem anvertraut werden, erstrebenswert. Der Intention nach erfolgt die Forschung in erster Linie *für* die Betroffenen der untersuchten Problemstellung und nicht *über* sie (vgl. Markard 2009: 277).[26] Wobei Markard jedoch auch betont, dass es in der Forschungspraxis »intentionswidrige Effekte« (vgl. ebd.) gibt. Eine rein dichotome Gegenüberstellung von Forschung *für* und Forschung *über* die Befragten lässt sich nicht aufrechterhalten. Zweifelsfrei kann Wissen *über* eine Gruppe auch zu deren Vorteil dienen (z.B. Wissen von Erwachsenen über Kinder und kindliches Erleben). Auch bei sehr vor-

---

26 Wie bereits eingangs bei den Erörterungen zum Thema Nähe, Fremdheit und Offenheit erwähnt, lässt sich einwenden, dass das Sich-Einstellen von Nähe in einem intensiven Interviewverlauf wohl nie gänzlich vorhersehbar oder vermeidbar ist, auch bei vollkommen ›fremden‹ Interviewpartner_innen, und dass sich Forscher_innen von Beginn an auf diese Problematik einstellen sollten und sie fortwährend reflektieren.

sichtigem Vorgehen können sich durch den Charakter der potenziellen Wandelhaftigkeit von Perspektiven Widersprüche zwischen den Interpretationen der Befragten und der der Forscherin einstellen. Es kann nicht darum gehen, dass diese Widersprüche die Forschung im Sinne eines ›Alles- oder Nichts-Prinzips‹ lähmen; nach dem Motto: entweder vollständige Übereinstimmung zwischen Forscherin und Mitforschenden oder keine Ergebnisse/keine Veröffentlichung.

Insgesamt bin ich in meiner Forschung den erwähnten Problematiken, von z.B. Datenverlust durch Auslassungen der Interviewten oder eigener Desensibilisierung durch zu großes berufliches Vorwissen, mit Hilfe von unterschiedlichen methodologischen Ebenen der Reflexion begegnet und zwar durch

- theoretische Reflexion,
- Selbstreflexion und
- durch kollegiales Feedback sowie kommunikatives Validieren in Deutungswerkstätten, also quasi über ein Überprüfen und Erweitern der intersubjektiven Nachvollziehbarkeit.[27]

5.3.3 Vielzahl und Grenzen der Perspektiven

»Well-intended Anglo feminists are [...] including women of color as subjects/objects of their research without actually modifying their own academic practices to reflect the significance of race and class dynamics. [...] With other words, business goes on as usual with the only change being the inclusion of [...] token women of color [...] in research samples. [...] When a woman of color appears, her presence and comments are objectified as a representation of an entire racial/ethnic group [...]. The reclaiming of subjectivity that is so central to feminist scholarship is not granted to women of color.« (Uttal 1990: 43- 44)

»...nichtsdestotrotz werden Menschen durch das voraussetzungsvolle Ansprechen ihrer Person als anders-erfahrene, -denkende und -wissende wiederum zu Anderen gemacht. Allen Forschungen im Gegenstandsbereich Rassismus und Migration inhärent ist die Thematisierung und damit auch die (Re-)Konstruktion von Differenz, das Beschreiben und Benutzen von Kategorien des ›Eigenen‹ und des ›Anderen‹.« (Scharathow 2011: 88)

Lynett Uttal und Wiebke Scharatow sprechen in obigen Zitaten wichtige Aspekte an, die im Hinblick auf Samplezusammensetzungen und Ergebnisauswertung in der Forschung zu reflektieren sind. Im folgenden Abschnitt werde ich die hier angesprochenen Problematiken in Bezug zu meiner Studie setzen.

---

27 Hier muss jedoch realistisch eingeräumt werden, dass ressourcenbedingt nicht jede Deutung und Interpretation auf einem gemeinsamen, intersubjektiven, kommunikativen Prozess beruhen konnte.

Es ist auffällig, dass mein Sample überproportional, d.h. unverhältnismäßig stark, die Sichtweisen von *weißen*, körperlich nicht behinderten und cisgeschlechtlichen[28] Personen und Angehörigen ökonomisch privilegierter Schichten im Alter zwischen 30 und 50 Jahren repräsentiert. Deutlich wird: Es ist mir hinsichtlich verschiedener Aspekte nicht gelungen, ein Sample zusammenzustellen, das mehr als jeweils eine_n oder zwei Interviewpartner_innen beinhaltet, die Ethnozentrismus, Rassismus, Heterosexismus, Cissexismus[29] oder ökonomische Benachteiligung erfahren bzw. einen niedrigen Bildungsabschluss haben. Keine_r meiner Interviewpartner_innen erfährt körperliche Diskriminierung/Behinderung.[30]

Diese Bestandsaufnahme ist auf meine eigene Positionierung zurückzuführen. Die intersubjektive Dynamik von Forschungsinteraktionen und allgemein des Forschungsverlaufs sind durch die Situierung der Beteiligten innerhalb von Machtverhältnissen beeinflusst (Phoenix 1994).

Chandra Talpade Mohanty fragt: »What analytical and strategic knowledges and conceptual tools do we need to not relive the violence of our inherited histories?« (Mohanty 2003: 187). In Bezug auf mein methodisches Vorgehen lässt sich diese Frage konkret so fassen: Wie kann ich Interviews führen und später für meine Forschung verwenden und interpretieren, ohne die (diversen) Herrschaftsverhältnisse gegenüber den Interviewten und gegenüber meinen Leser_innen zu reproduzieren?

Schwarze Feministinnen, aber auch andere Wissenschaftler_innen, haben diese Frage, die in den Bereich der im vorangegangenen Abschnitt angeklungenen Frage nach der Qualität qualitativer Forschung gehört und sich mit der Antwort von ›Reflexion‹ und ›Transparenz des Forschungsprozesses‹ erwidern ließ, ausdifferenziert.

Das Konzept von ›Tokenism‹ (Tokenismus) bietet ein Reflexionswerkzeug. ›Tokenism‹ bezeichnet der Definition nach Praxen scheinbarer Inklusion von Angehörigen einer Minderheit oder gesellschaftlich deprivilegierten Gruppen (vgl. Kanter 1977b, Uttal 1990). Als verschleiernde Geste dient Tokenism (z.B. in verschiedenen Praxen von ›Diversity‹ oder ›Multikulturalismus‹) der Aufrechterhaltung von Mehrheitsverhältnissen und Privilegierungen und der Abwehr von Dis-

---

28 Cisgeschlechtlich oder engl. ›cisgendered‹ bedeutet, dass eine Kongruenz zwischen dem bei der Geburt bestimmten und dem der zweigeschlechtlichen Norm entsprechenden, gesellschaftlich erwarteten sozialen Geschlecht besteht. Die Silbe ›cis‹ kommt aus dem Lateinischen und bedeutet soviel wie ›diesseits‹. Der Begriff wird von Trans*aktivist_innen benutzt, um die dominante Gruppe zu dezentralisieren und herauszustellen, dass ›Cisgeschlechtlichkeit‹ oder auch ›Zissexualität‹ nur eine Alternative unter vielen ist.
29 Betrifft die Dominanz und Diskriminierung von Cisgeschlechtlichen gegenüber Trans*.
30 Es existiert insgesamt sehr wenig feministische Forschung über »Disability Issues«, was nicht weiter verwunderlich ist, da bis vor kurzem in den allermeisten Disziplinen Menschen mit Behinderungen vollständig fehlten (vgl. DeVault/Gross 2007:180).

kriminierungsvorwürfen. Ein Beispiel gibt Lynet Uttal (1990): ›Tokens‹ in der Forschung sind z.b. Schwarze Interviewte in einem ethnisch gemischten Sample einer Studie, die in der Auswertung die Kategorien ›Rasse‹ nicht oder nur am Rande mit einbezieht bzw. nur, um die ethnisierten[31] Interviewten als ›anders‹ zu markieren oder Rassismuserfahrungen zu vereinheitlichen (Uttal 1990: 43-44, vgl. s.O.). Nach Kanter sind sogenannte Tokens mit drei Arten von Problemen konfrontiert: erhöhte Sichtbarkeit (insbesondere, wenn die Abweichung von der Norm durch äußere Merkmale deutlich wird, wie z.b. bei Geschlecht oder Hautfarbe), Assimilation (Unterschiede werden unsichtbar gemacht) und Exklusion (vgl. Kanter 1977a).

In Bezug auf Interviewführung wurde von Schwarzen Feminist_innen als (tokenistische) Problematik kritisiert, dass oft genug wohlwollende feministische Wissenschaftler_innen Forschungsprojekte angestoßen haben, die Interviewpartner_innen[32] involvierten, ohne sich ausreichend gründliches Wissen über deren Kontexte und die Geschichten, die ihre Kontexte produziert haben, angeeignet zu haben (DeVault/Gross 2007: 188).

Verschiedene tokenistische Gefahren bestehen auch in Bezug auf mein Forschungsprojekt, in dem ich als weiße Akademikerin Interviewpartner_innen mit anderen, variantenreichen, sich von meiner Position unterscheidenden, gesellschaftlichen Standpunkten suche:

1. Das Erzählen von Erfahrungen aus der Perspektive von gesellschaftlichen, marginalisierten, verletzlichen Positionierungen kann, insbesondere gegenüber einem_einer Angehörigen der Mehrheitsposition, schmerzliche Erinnerungen und Gefühle aktivieren. Es wurde argumentiert, dass vor diesem Hintergrund Interviews mit Menschen in verletzlichen oder marginalisierten, sozialen Positionierungen besser vermieden werden sollten. Stattdessen sollte sich das Wissen über diese Positionen über andere verfügbaren Quellen angeeignet werden (vgl. DeVault/Gross 2007: 188). Andere, wie etwa Lynett Uttal, argumentieren, dass bevor eine Einbeziehung von Gesprächspartner_innen, die andere, sozial niedrigere Positionierungen als die forschende Person selbst innehaben, stattfindet, die Wissenschaftler_in ihre ›Hausaufgaben‹ sehr gründlich zu machen habe; das heißt, sie habe die Kritiken dieser Gruppen sehr gründlich zu studieren (vgl. Uttal 1990: 44). Meine Forschungsfrage nimmt die bewussten (und nachträglich bewusst gemachten) subjektiven Lernbegründungen der Auseinandersetzung mit Geschlechterverhältnissen in den Fokus. Erfahrungen von Rassismus, Ethnozentrismus oder Cissexismus sind unweigerlich

---

31 Zum Begriff der Ethnisierung siehe Abschnitt 6.1.5.
32 De Vault und Gross sprechen hier nur von weiblichen Interviewpartner_innen. Mein Verständnis von feministischer Geschlechterforschung bezieht sich auf die Untersuchung der Reproduktionsanteile aller an den Geschlechterverhältnissen Beteiligten. Aus diesem Grunde verwende ich hier und in der gesamten Arbeit die ›geschlechtsneutrale‹ Schreibweise mit dem Unterstrich.

aufs Engste mit dieser Forschungsfrage verknüpft, deshalb halte ich im Bewusstsein um und in Reflexion auf diese tokenistischen Schwierigkeiten hier an der Methode des Interviews fest, auch wenn ich in meiner Forschung zum Beispiel als *Weiße* gegenüber Nazim Özer, als Cisgeschlechtliche gegenüber Jan Biro oder als Tochter von mittelschichtsangehörigen Eltern gegenüber Maya Wolf in einer Position stehe, die Verletzungen evozieren kann. Mit keiner anderen Methode lässt sich jedoch den subjektiven Begründungen und ihrer Verwobenheit mit gesellschaftlichen Kontexten auf die Spur zu kommen (siehe nächstes Kapitel). Die hier aufgeworfenen Reflexionsfragen haben mich jedoch im Forschungsverlauf immer wieder zum ›Innehalten‹ veranlasst.

Anhand von Interviewsequenzen mit Nazim Özer wird im Auswertungsteil unter 5.1.5 und 5.2.4 auf den Komplex ›Tokenism‹ verwiesen. Daran wird deutlich, wie im Interview (ungewollt) Dynamiken entstehen, die mit strukturellem Rassismus in Verbindung gebracht werden können. Auch wird so das im obigen einleitenden Zitat von Scharathow angesprochene Dilemma illustriert.

2. In Bezug auf die Darstellung in der Auswertung besteht die Gefahr, dass die Aussagen der Interviewten als jeweils repräsentativ für ihre Zugehörigkeit zur nichthegemonialen Gruppe gelesen werden und ihnen somit implizit ihre Individualität abgesprochen wird. Auf meine Studie bezogen könnte das bedeuten, dass Nazim Özer in meiner Auswertung als Repräsentant für Rassismus-Erfahrung und Jan Biro als Repräsentant für Cissexismus-Erfahrung gelesen würde, Stefan Krueger als Repräsentant für Bisexuelle, Maya Wolf und Sabine Moeller als Repräsentantinnen für Klassismus-Erfahrungen etc. Eine Generalisierung und Gleichsetzung von Erfahrungen von Rassismus (oder Cissexismus) wäre die fatale Konsequenz (vgl. auch Uttal 1990).[33] Obwohl im Zuge meiner Auseinandersetzung mit (de-)konstruktivistischen Geschlechtertheorien kurzzeitig erwogen, stellte es jedoch abschließend für die Verschriftlichung meiner Auswertungen keine Lösung für mich dar, eine kontextualisierende tabellarische Übersicht über die Positionierungen der Befragten (siehe Tabelle 2 und 3) außen vor zu lassen. Auch hier kann wieder – nicht entschuldigend, sondern als der Reflexion dienlich – in Erinnerung gerufen werden: Die Produktion von Differenz in Settings qualitativer Forschung, die die Untersuchung selbiger zum Fokus haben, lässt sich nicht vermeiden, denn die Forschung ist immer »erkenntnisgenerierendes und zugleich gegenstandskonstituierendes Medi-

---

33 Die Kategorisierungen in obiger Tabelle könnten in den Leser_innen verfestigende stereotypierende Bilder über meine Interviewten hervorrufen und verzerrende, einer scheinbaren Logik folgend, Rückschlüsse zulassen. Die Gefahr besteht ferner, dass die hier angeführten (Selbst-)Bezeichnungen in einer essentialisierenden Weise verstanden werden können. Es ist deshalb eine Notwendigkeit in meiner Forschung (z.T. wiederholt) anzumerken, dass es sich bei diesen Bezeichnungen immer um Momentaufnahmen zum Zeitpunkt des Interviews handelt.

um« zugleich (Mecheril/Scherschel/Schrödter 2003: 109). Identitätskategorien machen die Interviewten im Text plastisch greifbar, kontextualisieren die Ergebnisse innerhalb gesellschaftlicher Rahmungen und erzeugen bei den Leser_innen Bilder, ohne die eine Realität nicht vorstellbar wird. Der Gefahr der Stereotypisierung und simplifizierenden Determinierung steht die noch größere Gefahr einer Nivellierung von Unterschieden und des Gleichmachens entlang hegemonialer Normen entgegen.

5.3.4 Das problemzentrierte, teilstandardisierte (Expert_innen-)Interview

»Das ›autobiografisch-narrative Interview‹ (Schütze 1983) eignet sich in besonderer Weise zur Analyse sozialer Phänomene in ihrer Prozesshaftigkeit.« (Jakob 2003: 445)

»Die Erhebung von subjektiven Konzepten, subjektiven Theorien, Deutungsmustern, Orientierungen, Positionierungen verträgt eine gewisse Strukturierung z.b. in Form eines Leitfadens für die Interviewführung.« (Helfferich 2009: 38)

Bei dem teilstandardisierten bzw. problemzentrierten Interview handelt es sich um eine Mischform zwischen narrativem und leitfadengestütztem Interview. Das problemzentrierte, teilstandardisierte, jedoch offen gehandhabte Interview eignete sich deshalb besonders für meinen Untersuchungsgegenstand, da bestimmte Vorzüge und Erhebungsqualitäten (siehe Zitate) des narrativen Interviews mit denen des Leitfadeninterviews verbunden werden konnten. Da einige der von mir Interviewten neben ihrer aus individuell-biografisch begründetem Interesse entwickelten Expertise zusätzlich eine sozial institutionalisierte Expertise besitzen, die den einer Berufsrolle auferlegten Relevanzen folgt (vgl. Meuser/Nagel 2003: 485), war zusätzlich eine methodische Orientierung am Expert_innen-Interview gegeben.

Die Auseinandersetzung mit Geschlechterverhältnissen als ein über eine längere Zeitspanne angelegter Lernprozess als Untersuchungsgegenstand beinhaltet eine starke lebensgeschichtliche Komponente. Die narrativen Interviewelemente ermöglichen, solche biografischen Fragestellungen zu erfassen. Sie konzentrierten sich auf die Handlungsebene und waren dadurch am stärksten geeignet, lebensgeschichtliche Reflexionen zu inspirieren, da sie nicht Rede-Antwort-Schemata entsprachen. Sinnkonstruktionen, soziale Prozesse und Handlungen aus der Perspektive der handelnden und erlebenden Individuen können besonders im narrativen Interview[34] einer Analyse zugänglich gemacht werden (vgl. Jakob 2003).

---

34 Das narrative Interview wurde im Zuge einer Entwicklung qualitativer Forschungsansätze und einer sozialwissenschaftlichen Biografieforschung in den 1970er und 1980er Jahren von Fritz Schütze und seinen Mitarbeiter_innen entwickelt (siehe Schütze 1983).

»Als prozessanalytisches Verfahren vermittelt das narrative Interview einen Einblick in die Genese sozialer Abläufe und geht damit über eine punktuelle Erfassung hinaus. [...] Statuspassagen, Identitätstransformationen, kollektive und individuelle Wandlungsprozesse können anhand der Interviews herausgearbeitet werden. Aufgrund der Besonderheit des Datenmaterials lassen sich mit dem narrativen Interview sowohl Veränderungen von Gefühlszuständen, Identitätsentwürfe usw. als auch Veränderungen äußerer Vorgänge (sozialer und gesellschaftlicher Art) rekonstruieren. [...]« (Jakob 2003)

Die Frage nach Zusammenhängen zwischen gesellschaftlichen Widersprüchen und Widersprüchen innerhalb individueller Auseinandersetzungsprozesse konnte so in den Blick genommen werden. Die Ergänzung der narrativen Elemente durch zusätzliche leitfadengestützte Fragen ermöglichte es, bestimmte Strukturierungen vorzugeben. Dadurch wurden, wie im zweiten der beiden einleitenden Zitate bereits angeführt, insbesondere die »subjektiven Konzepte[n], subjektiven Theorien, Deutungsmuster, Orientierungen und Positionierungen« der Erhebung zugänglich (Helfferich 2009: 38).

In meinen Interviews orientierte ich mich locker an einem theoretisch vorstrukturierten, thematischen Leitfaden (siehe folgender Abschnitt) und räumte meinen Befragten weitreichende Artikulationsmöglichkeiten ein. Durch das Stellen von offenen, erzählgenerierenden Fragen wurden sie eingangs und auch innerhalb des Interviewverlaufs zu narrativen Sequenzen ermutigt. Wenn der Redefluss ins Stocken geriet oder aber ein Thema angeschnitten wurde, das für mein Anliegen besonders relevant war, wurde durch mein Nachfragen eine Fortführung ermöglicht. Solche Rückfragen verhinderten oder korrigierten »Auslassungen, Verzerrungen oder Zurückhalten von Informationen« und hielten den »emotionalen Widerstand gegen das Erzählen bestimmter Erfahrungen« gering (Witzel 1982: 98). Eine lockere, basale Orientierung an einem Leitfaden bedeutete weder, dass alle Fragenbereiche abgedeckt wurden, noch dass alle den einzelnen thematischen Bereichen zugeordneten Fragen gestellt werden mussten. Keine bestimmte Reihenfolge war dabei festgelegt, sondern die Fragen können im unterschiedlichen Maß flexibel gehandhabt werden (vgl. Helfferich 2009: 36).[35]

Im Dialog mit Personen, die in ihrer sozial institutionalisierten, beruflichen Tätigkeit, z.B. als Gender-Trainer_in, von mir als Interviewpartner_innen gewonnen wurden, waren in der Gesprächsführung einige Besonderheiten zu beachten. Diese lassen sich entlang von methodischen Reflexionen über sogenannte ›Expert_innen-Interviews‹ beschreiben, an denen ich mich innerhalb der Interviews orientiert habe.

---

35 Zu beachten bleibt dabei, dass hier keine intentionale Hinführung der Interviewten zu bestimmten Einsichten vollzogen werden darf (vgl. Helfferich 2009: 39) und dass innerhalb des Interviews genügend Raum für Themen bleibt, die nicht in der Frage vorgegeben waren.

Aber auch mit den Interviewpartner_innen, die sich über die Jahre ein breites Wissen zum Themenkomplex Gender und Feminismus angeeignet haben, und die für bestimmte abgegrenzte Zeiträume hauptberuflich in der Genderbildung arbeiteten, waren diese Besonderheiten des Expert_innen-Interviews von Belang.

Zentral für die Bestimmung der Besonderheiten eines Expert_innen-Interviews ist der Begriff der ›Expert_in‹. Allerdings birgt dieser einige Widersprüche und Ambivalenzen, da es neben der alltagssprachlichen Definition verschiedene wissenssoziologische Definitionen des Begriffs gibt. Methodologisch[36] betrachtete ich alle von mir Interviewten als Expert_innen für ihre eigenen Lernprozesse über Gender und Feminismus und für Genderbildungsarbeit. Der Charakter eines Expert_innen-Interviews entsteht jedoch nicht allein durch den durch das Forschungsinteresse zugewiesenen Expert_innenstatus, sondern zusätzlich ist die ›äußere‹ Dimension bedeutsam, die die »im jeweiligen Feld vorab erfolgte und institutionell-organisatorisch zumeist abgesicherte Zuschreibung« (Meuser/Nagel 2003: 486) betrifft. Das heißt, dass die gesellschaftliche Anrufung und die selbstgewählte Entscheidung, sozial/beruflich institutionalisierte ›Expert_in‹ zu werden, in einem unterschiedlichen Ausmaß hinsichtlich des Selbst- und Sendungsbewusstseins in den Interviews wiederzufinden ist. Bei dem zu erhebenden, praxisgesättigten Expert_innenwissen handelt es sich um das »know how derjenigen, die die Gesetzmäßigkeiten und Routinen, nach denen sich ein soziales System reproduziert, enaktieren und unter Umständen abändern bzw. gerade dieses verhindern, aber auch der Erfahrung derjenigen, die Innovationen konzipiert und realisiert haben.« (Meuser/Nagel 2003: 481)

Diese Aspekte habe ich bei der Interviewführung und -auswertung präsent gehalten.[37]

Dem Leitfaden kommt im Interview mit Expert_innen eine zentrale Rolle zu. Eine gegenstandsangemessene, gut recherchierte, thematische Vorstrukturierung ermöglicht, dass die Interviewende von den Expert_innen ernst genommen wird und somit das Wissen der Expert_in umfangreich erfasst werden kann. Gemäß der bereits oben erörterten Methode handhabe ich den gut recherchierten Leitfaden fle-

---

36 Vgl. »Methodologische Bestimmung von Expert_innen in der Forschung« (Walter 1994: 271).

37 Wissen: Die Expertise kennzeichnet sich dadurch, dass dieses Wissen der Expertin/des Experten klar und deutlich verfügbar ist. »[Ihre] Absichten gründen sich auf sichere Behauptungen; [ihre] Urteile sind keine bloße Raterei oder unverbindliche Annahmen« (Schütz 1972: 87). Schütz definiert Expert_innenwissen als ein limitiertes, aber in seiner Limitierung bewusstes Wissen. Meuser und Nagel schlagen für das Expert_innen-Interview eine erweiterte Definition des Expert_innenwissens vor, das auch implizites Wissen um funktionsbereichsspezifische Regeln, also ungeschriebene Gesetze ihres institutionalisierten Status, beinhaltet.« (Meuser/Nagel 2003: 486)

xibel und offen. Er enthielt die anzusprechenden Themen, jedoch nicht ausführlich eingeleitete, detailliert ausformulierte Fragen. Das bedeutet, ich habe nicht immer systematisch alle Bereiche des Leitfadens abgearbeitet, sondern aus dem Gesprächsverlauf heraus ergab sich häufig ein bestimmter Interviewfokus, der aber zur Folge hatte, dass andere Bereiche ausgelassen wurden. Narrative Passagen erwiesen sich häufig als Schlüsselstellen (vgl. Meuser/Nagel 2003: 487). Bei der Interviewführung orientierte ich mich an dem der themenzentrierten Interaktion entliehenen Prinzip »Störungen haben Vorrang« (Walter 1994: 275). Nicht antizipierte, durch die Interviewten neu eingebrachte, Themendimensionierungen wurden bei der Interviewdurchführung nicht verhindert, sondern gegebenenfalls in den Leitfaden für die folgenden Interviews integriert. Eine zu direktive Gesprächsführung wäre Gefahr gelaufen, insbesondere bei sehr statusbewussten Gesprächspartner_innen, auf Zurückweisung zu treffen und so zum Zusammenbruch der Kommunikation zu führen (vgl. Meuser/Nagel 2003: 487).

Eine weitere Besonderheit in Interviews mit sogenannten Expert_innen ist die Bedeutung, die der (Fach-)Sprache zukommt. Wie bereits hinsichtlich der Aspekte Nähe und Fremdheit ausgeführt, spielt die Sprachverwendung der Interviewer_in in jedem Interview eine zentrale Rolle. Über das benutzte Vokabular, den Sprachumfang und die Intonation der Interviewer_in kann sich, ob gewollt oder ungewollt, ihr Vorwissen aber auch (sozialer) Hintergrund etc. transportieren. Meuser und Nagel warnen davor, dass ein Interview »misslingen kann, wenn das Sprachspiel der Expert_in inkompatibel mit dem der Interviewerin ist« (vgl. Meuser/Nagel 2003: 487).

Für mich war dieser Aspekt hinsichtlich von Formulierungsunterschieden in Interviews mit einem Themeneinsteiger und den hauptberuflichen Genderprofessionellen und langjährig Interessierten relevant. Je nach mir bekanntem Hintergrund sprach ich meine Interviewpartner_innen unterschiedlich an. Bei Elmar Kade, der erst am Beginn der eigenen Auseinandersetzung steht, lagen Begriffe wie ›Gender‹ und ›Genderkompetenz‹ nahe, da zumeist in Fortbildungen oder im institutionellen Lernen unter dieser Überschrift ein erster Zugang erfolgt. Zusätzlich konnte davon ausgegangen werden, (was sich im Interview auch bewahrheitete), dass dem Begriff Feminismus in hegemonialen Diskursen negative Konnotationen anhaften. Auch bei den interviewten ›professionalisierten‹ Genderexpert_innen, über die keinerlei Vorinformationen bestanden, kündigte ich das Interview zu diesem Thema an, bzw. zum Themen ›Lernen über Geschlecht und Geschlechterverhältnisse‹, denn auch hier gibt es Kontroversen über die verwendeten Inhalte und Begrifflichkeiten.

Über die Fokussierung auf Sprache besteht gleichzeitig eine der stärksten Limitierungen durch die Erhebungsmethode des Interviews als solche.

»Das Interview ist [...] grundsätzlich eine schichtorientierte Methode; das heißt, dass viele qualitative und quantitative Befragungsformen einen Sprachumgang und eine Sprachnutzung voraussetzen, die sehr schichtspezifisch ist und die damit Kommunikationsgewohnheiten anderer Schichten bzw. Gruppen verfehlt.« (Schirmer 2009: 181f)

Zu Interviews melden sich für gewöhnlich Menschen, die sich sicher im Medium der Sprache bewegen. Der Erwerb von sprachlichen Fertigkeiten (wie korrektem Deutsch) und ein breiter Wortschatz ist stark an die familiäre Herkunft/das Herkunftsmilieu gebunden (vgl. Baumert 2001, Bos 2012). In meinen Interviews spiegelt sich dieser Umstand darin, dass fast alle meine Interviewten akademische Bezüge haben.

5.3.5 Die Entwicklung und Handhabung des Leitfadens

»Sowohl die Interviewsituation als auch das Fragen sind eine prekäre Sache; der Interviewverlauf und die Antworten sind abhängig von der Person der Interviewenden und der Interviewten, von der Atmosphäre des Interviews, von der Reihenfolge und Formulierung der Fragen [...].« (Schirmer 2009: 181)

»Besonderheit des Fremdverstehens in der Interviewsituation ist der Zeitdruck, dem es unterliegt: noch während eine Aussage verstanden wird, geht die Erzählung weiter oder muss rasch eine Formulierung für eine Anschlussfrage gefunden werden. Das Verstehen geschieht ad hoc und gestützt auf Intuition.« (Helfferich 2009: 85)

Während der Aspekt der Situierungen der am Forschungsprozess Beteiligten, der an erster Stelle im ersten Zitat von Schirmer angesprochen wird, bereits in den vergangenen Abschnitten diskutiert wurde, wird letzterer im Folgenden thematisiert: die Entwicklung und Handhabung des Leitfadens im Interviewgeschehen. Helfferich weist hier auf die durch die Spontanität bedingte Nicht-Planbarkeit und sich daraus ergebende Abweichungen innerhalb eines leitfadengestützten Interviews hin. Im Folgenden gehe ich in ein paar Sätzen auf die Entwicklung des Leitfadens ein. Im Anschluss an die Abbildung der Tabellen des Leitfadens werden Aspekte seiner Handhabung erörtert.

Die erste Version des Leitfadens wurde vor dem Hintergrund meiner theoretischen Auseinandersetzung und meiner eigenen Praxiserfahrungen entwickelt. Über den Forschungsprozess hinweg wurde er verfeinert und weiterentwickelt. So knüpfte jedes Interviewgespräch auf eine bestimmte Art an die vorangegangenen an und setzte diese fort. Meine Beschäftigung mit geschlechtertheoretischen und subjektwissenschaftlichen Texten, die ich in den Phasen zwischen den Interviews weiterführte, wirkte sich innerhalb der Interviews aus. Auch die Inhalte der Interviews hatten Folgen für meine Auseinandersetzung mit theoretischen Fragen.

Die hier abgebildete Version des Leitfadens ist deshalb sehr umfangreich. Sie ließ sich kaum innerhalb eines Gespräches ›bewältigen‹. Dies war auch nicht Ziel des hier abgebildeten Leitfadens, vielmehr spiegelt er die in der Gesamtschau in den Interviews angesprochenen Bereiche. Verschiedene Themenkomplexe wurden im Rahmen des Forschungsprozesses später hinzugefügt. Sie sind im hinteren Teil des Leitfadens zu finden. Da die meisten Interviewten ein ›Du‹ bevorzugten oder sich diese Form der Anrede aus dem Kontext unseres Kennenlernens oder der Vermittlung über Netzwerke ergab, ist mein Leitfaden hier in dieser Version abgebildet.

Tabelle 4: A) Eigener Zugang/eigene Geschichte mit dem Thema Gender oder mit Feminismus

Thema	Fragemöglichkeiten
1. Persönlicher Zugang zu dem Thema Gender/ Geschlechterverhältnisse/ Feminismus Gründe des Lernens Ausgangspunkte Beginn erste Faszination	• Bitte erzähle mir die Geschichte Deiner Auseinandersetzung mit dem Thema Geschlecht! • Wie hat die Auseinandersetzung mit dem Themenfeld Gender für Dich begonnen? • Welche zeitlichen Eckdaten oder Schlüsselmomente erinnerst Du? • Was hat Dich anfangs an dem Thema fasziniert? • Welche Erfahrungen haben Dich zu der Beschäftigung mit dem Thema geführt?
2. Theoretische Auseinandersetzung/Exploration/ Fortsetzung und Vertiefung: warum welche Themen welcher Nutzen welche Theorien	• Wie wurde Dein Begriff von Geschlecht geprägt? • Wann bist Du erstmals mit Geschlechtertheorien in Kontakt gekommen? • Mit welchen? • Welche Rolle spiel(t)en neuere Diskurse um Geschlecht, wie der von Dekonstruktion, in Deiner Auseinandersetzung? • Gab es Themen, die besonders wichtig für Dein Denken waren? Welche?
3. Entwicklungen durch die Auseinandersetzung Selbstveränderung Veränderung des Umfelds Veränderung der	• Hat sich etwas durch die Auseinandersetzung für Dich verändert? • Was hat sich verändert? • Und wie? • Haben sich neue Handlungsmöglichkeiten

Wahrnehmung	durch die Auseinandersetzung mit Geschlecht ergeben? • Ist die Beschäftigung mit Geschlechtertheorien für Deinen persönlichen oder politischen Umgang mit Geschlecht oder eigener Geschlechtlichkeit in irgendeiner Weise bedeutsam gewesen?
4. Widerstände/Kollision zwischen alten und neuen Denkgewohnheiten Lernen und Verlernen Umgang mit Spannungen: Bewältigungsstrategien	• Gab es auch Dinge, die Dich abgestoßen haben? • Themen, die Dir nicht behagt haben? • Gab es Inhalte die Du anfangs nicht verstanden hast? • Womit hattest Du Schwierigkeiten?
5. Bedeutung der eigenen Positionierung für die Lernbiografie/Reflexion der Verwobenheit der unterschiedlichen Differenzlinien	• Welche Rolle hat Deine geschlechtliche Identität in Deinem Auseinandersetzungsprozess gespielt? • Welche Bedeutung hatten Alter, sexuelle Orientierung, Weißsein, Ethnizität? Andere Differenzlinien? • Kannst Du Situationen beschreiben, in denen dies deutlich wurde?
6. Bedeutung von unterschiedlichen Lernkontexten für die Lernbiografie	• Welche Bedeutung hat/hatte feministische Bewegung für Dich? • Welche Bedeutung haben Bildungsinstitutionen oder Bildungsangebote in Deinen Lernprozessen? • Andere Kontexte?
7. Aktuelle Auseinandersetzung/Positionierungen	• Wie beurteilst Du aktuelle Geschlechterpolitiken? • Wie beurteilst Du die Auswirkungen von Gender Mainstreaming? • Wie ist Deine Haltung zum sogenannten ›Neuen Feminismus‹?
8. Genderkompetenz	• Wie definierst Du für Dich Genderkompetenz? • Unterscheiden sich Deiner Meinung nach

	die Inhalte von Genderkompetenz von feministischer Handlungsfähigkeit? Wenn ja, worin? Zu welchem Begriff hast Du mehr Bezug?
9. Handlungsfähigkeit	• Wann fühlst Du Dich genderkompetent? Wieso? • Was sind Momente, in denen Du Dich genderkompetent/feministisch handlungsfähig fühlst? • Wodurch wird das ermöglicht?

Tabelle 5: B) Lernprozesse/Hindernisse der Seminarteilnehmer_innen

Thema	Fragemöglichkeiten
1. Arbeitsfeld umreißen in welchem Umfang welche Formen/Methoden Zielgruppen	• Ich möchte Dich nun bitten, mir von Deiner Arbeit als Gender-Trainerin und Dozent_in zu erzählen! • Wie läuft ein Gender Training bei Dir typischer Weise ab? • Auf welche Weise versuchen Du in Deinen Seminaren Räume für Lernen zu öffnen? • Welche Rolle spielt Biografie-Arbeit in Deinen Trainings?
2. Selbstverständnis	• Welche Grundlagen/welche Schulen/Hintergründe sind für Dich bedeutsam? • Welche Rolle spielt Feminismus für Dich im Gender Training?
3. Lernprozesse der Teilnehmenden	• Welche Erfahrungen hast Du mit den Lernprozessen der Teilnehmenden gemacht? • Kannst Du ein oder zwei Situationen erzählen, in denen Du sagen würden, hier fand gelungenes Lernen statt?! • Wie gehst Du dabei vor? • Welche unterschiedlichen Zugänge lassen sich beobachten?

	• Worin vermutest Du Gründe für Lernende die Geschlechterordnung zu hinterfragen bzw. manchmal sogar über Bord zu werfen?
4. Lernwiderstände der Teilnehmenden	• Was fällt Teilnehmenden schwer? • Was läuft (manchmal) nicht so gut? • Gibt es Themen oder Methoden, die abgelehnt werden? Welche und warum? • Gibt es Widerspruch bei manchen Inhalten? Wie sieht der aus? • Welche Widerstände treten Dir als Trainer_in entgegen?
5. Intersektionalitäten	• Wie tauchen nicht-hegemoniale Lebenskonzepte, sexuelle Orientierungen, die Hierarchien des Geschlechterverhältnisses und gesellschaftlich nonkonforme Geschlechter in den Konzepten und in der Praxis auf? • Welche Bedeutung haben sie für Lernprozesse der Teilnehmenden? • Findet eine Überschneidung mit anderen Ungleichheits-Kategorien (Intersektionalität) wie Klasse, Ethnizitäten, Migration statt?
6. Interdependenz und Kollision von gesellschaftlichen Diskursen und Ansprüchen von Gender Trainings	• Welche anderen Rahmungen beeinflussen das Genderkompetenzlernen? • Wie nimmst Du den Einfluss gesellschaftlicher Debatten auf Deine Teilnehmer_innen wahr? • Welche Debatten spielen eine Rolle? • Wie ist es um die politischen und institutionellen Rahmenbedingungen im Bereich Gender Training bestellt? Bitte nenne Beispiele?! • Welche Bedeutung hat Gender Mainstreaming für die Gender Trainings?

Tabelle 6: C) Erfahrungen als Gender-Trainer_in/Dozent_in/eigene Lernprozesse als Gender-Trainerin

Thema	Fragemöglichkeiten
1. Lernbiografie als Gender-Trainer_in/Dozent_in	• Ich möchte Dich bitten mir etwas über Deine Lernprozesse als Gender-Trainer_in zu erzählen! • Kannst Du ein oder zwei Beispiele für eigene Lernerfahrungen nennen? • Welche Anregungen waren/sind für Dich wichtig? • Wie reflektierst Du die Trainings/Seminare?
2. Gelungenes Handeln	• Wann begreifst Du Dich als handlungsfähig im Bereich Gender Training? • Wann erfährst Du Dich selbst als genderkompetent?
3. Widerstände/Blockaden	• Was ist schwierig? • Welche Momente erlebst Du als ein Scheitern? • Was könnte besser laufen?

Tabelle 7: D) Anmerkungen

Thema	Fragemöglichkeiten
1. Verbesserungsvorschläge Eigeninitiative	• Möchtest Du noch etwas zu dem Interview anmerken? • Hast Du Anmerkungen/Fragen oder Verbesserungsvorschläge? • Habe ich Deiner Meinung nach eine wichtige Frage/ein wichtiges Thema ausgelassen? • Was würde sich Deiner Meinung nach auf dem Gebiet in Bezug auf Genderlernprozesse zu erforschen lohnen oder genereller im Bezug auf Gender und Bildungsarbeit?

Die Interviews begannen mit offenen, erzählgenerierenden Fragen, die einen narrativen Einstieg ermöglichten. Die Interviewten hatten hier den Raum, zentrale, für sie bedeutsame Aspekte des Themas hervorzuheben, da noch keine theoriebezogenen Fragen gestellt wurden.

Aufgrund der subjektorientierten Vorgehensweise habe ich den Interviewten meinen Hintergrund und auch meine Fragestellung offengelegt. Das heißt auch, dass ich eigene Vorerfahrungen nicht vollständig ausklammerte, sondern sie den Interviewten gegenüber zu Beginn des Gespräches, und zum Teil auch im Gespräch, transparent machte und somit selbst als Subjekt im Forschungsprozess vorkam.

Die Interviewten verwandten eine Vielzahl von Begrifflichkeiten, wenn sie über ihre Auseinandersetzung mit dem Thema Geschlecht und Geschlechterverhältnisse sprachen. Ebenso wie feministische Forschung und Genderforschung nicht getrennt voneinander gefasst werden können (siehe Einleitung unter Absatz ›Grundlagen‹), sind die Begriffe Gender und Feminismus heute nicht losgelöst voneinander zu denken. Da eine ›scheinbare‹ Trennung immer wieder Ambivalenzen und Widersprüche hervorruft, habe ich keine Begrifflichkeit vorgegeben, sondern den Befragten weitgehend freigestellt, welche Bezeichnung sie für sich, ihr Engagement, ihre politische oder berufliche Tätigkeit und/oder ihre Handlungsräume benutzen. ›Weitgehend freigestellt‹, da ich nicht vermeiden konnte, im Vorfeld bei der Interviewpartner_innensuche und bei der mündlichen Vorstellung meines Themas, bei der Beschreibung meines Anliegens, meiner Fragestellung und meines persönlichen Hintergrundes, selbst Begrifflichkeiten wie Gender, Genderkompetenz, Geschlecht und feministische Handlungsfähigkeit zu benutzen. Mir war es wichtig, meine Absichten und mein eigenes Lerninteresse so transparent wie möglich zu gestalten. Die jeweils eingangs benutzte Formulierung meiner Fragestellung lautete: »Mir geht es darum, über das ›Lernen über Geschlechterverhältnisse‹ zu forschen.« Auf die häufig daraufhin erfolgenden Nachfragen differenzierte und umschrieb ich die Fragestellung: »Wie werden Menschen genderkompetent oder feministisch handlungsfähig?« Im Verlauf des Interviews verwendete ich, soweit es mir (bewusst) möglich war, die Wortwahl der Interviewten und blieb sprachlich möglichst nah an den Beschreibungen der Interviewten. Erst im späteren Interviewverlauf situierte Leitfragen standen in direktem Bezug zu subjektwissenschaftlichen und geschlechtertheoretischen Theorien. Sie bezogen sich auf subjektwissenschaftliche Kategorien (Lerngründe, Situiertheit, Prämissen, Handlungsfähigkeiten), unterschiedliche Phasen in der Interessegenese (Verlauf von Lernprozessen), interaktionelle Ebene (soziale Einbettung), Intersektionalitätsansätze sowie zu Ambivalenzen und Differenzen zwischen (feministischem) Bewegungswissen und institutionalisiertem Genderwissen. Zur Erinnerung: Wie in Kapitel 1 beschrieben, hat in den letzten beiden Jahrzehnten eine gesellschaftliche Entwicklung von feministischen Diskursen hin zu Genderdiskursen stattgefunden. Dies geschah im Zuge der Institutionalisierungsprozesse und der Internationalisierungsprozesse, insbesondere über die Gleichstellungstrategie des Gender Mainstreamings. In Genderkompetenz-Diskursen sind verschiedene Elemente des feministischen Anliegens enthalten, z.B. das

Anliegen, Diskriminierungen aufgrund von Geschlecht (und anderen Ungleichheitsverhältnissen) sichtbar zu machen und zu beseitigen. Von Wissenschaftler_innen und Praktiker_innen wird jedoch auch immer wieder angemerkt und kritisiert, dass in Genderkompetenz-Diskursen, unter anderem aufgrund von Anpassungszwängen innerhalb von Institutionen, Wissen, das in feministischen Diskursen vorhanden ist, verloren geht. Zu einem solchen feministischen Wissen zählt zum Beispiel die Kenntnis dessen, dass es sich bei Bestrebungen Geschlechterverhältnisse zu verändern um ein gesellschaftskritisches Anliegen handelt, das Wissen darum, dass individuelles Handeln nicht ausreichend ist, sondern dass politisch-gesellschaftliche Kräfteverhältnisse politisch-kollektive Handlungsformen erfordern oder das Wissen um die notwendige Widersprüchlichkeit von Genderkonzepten und die Gleichzeitigkeit der intersektionalen Ebenen (siehe 2.3, 2.4).

Die Ergänzungen B) und C) des Leitfadens wurden vor allem bei denjenigen Interviewten herangezogen, die vor dem Hintergrund ihres ›Expert_innenstatus‹ als Genderprofessionelle befragt wurden (siehe Tabelle 3). Hier wird die Perspektive als Lehrende, Vermittelnde bzw. als Pädagog_in auf die Lernprozesse der Teilnehmer_innen in den Blick gerückt.

Die Anordnung der Fragen im Leitfaden ist aus erinnerungsstützenden Gründen für die Interviewerin in einer dem Lernprozess und Interesseprozess angelehnten Reihenfolge gegliedert, auch wenn im Interviewverlauf ein ›Springen‹ zwischen unterschiedlichen ›Lernphasen‹ die Regel war. Auch am Ende des Interviews hatten die Befragten explizit die Möglichkeit, selbst bedeutsame Aspekte, auch fern des jeweils aktuellen Leitfadens, hervorzuheben.

5.3.6 Transkription und Darstellungsweisen des Materials

Bei der Darstellung der Interviewausschnitte in der Auswertung stand eine sinngemäße Übertragung, die die Leserlichkeit des Textes ermöglichte, im Vordergrund. Die Zitate sind bereinigt um Elemente, die als grobe Unebenheiten den Lesefluss stark beeinträchtigen (wie ›äh‹ und ›ähm‹, ›mmmh‹, stottern), jedoch nur, soweit sie die Inhalte und die Interpretation nicht beeinträchtigen oder verändern oder den Sinn entstellen. Das Changieren zwischen Textbereinigung und Erhaltung des Originals war nicht immer einfach. Die Pausen sind durch Punkte in Klammern ›[...]‹ dargestellt, kurze Pausen durch einfache Punkte ›...‹. Ich habe keinen Wert auf die sekundengenaue Transkription (Anzeige der Sekunden [5S]) gelegt, da Pausen einer tiefenhermeneutischen Deutung bedürfen, die hier nicht angestrebt ist. Die Zitate ziehe ich aus Gründen der Leserlichkeit zu Textpassagen zusammen. Im Zentrum standen für die Interpretation die Kombination und Kontrastierung der inhaltlichen Aussagen mit den Eindrücken der Interviewerin. Die persönlichen Eindrücke der Interviewerin wurden in Forschungsnotizen festgehalten. Alle in der obigen Tabelle angeführten Interviews wurden auf Band aufgezeichnet. Die Anonymisierung wurde durch Maskierungen gewährleistet. Zur besseren Erinnerungsstütze für mich und die Leser_innen habe ich Pseudonyme einer Durchnummerierung und Bezifferung vorgezogen. Alle Orts- oder Eigennamen, Namen von Institutionen und Programmen sowie Berufs- oder sonstige Bezeichnungen, die eine Anonymisierung gefährden könnten, wurden ebenfalls durch Pseudonyme ersetzt. Längere Abschnitte in den Interviewtranskripten (siehe beiliegende DVD), in denen z.b. über die Arbeitsstelle, ein bestimmtes Netzwerk, Institut oder eine Fortbildung gesprochen wird, die allein durch die Ersetzung von Namen nicht zu anonymisieren waren, wurden entfernt und durch Auslassungsklammern ›[…]‹ gekennzeichnet. Die darüber hinaus spontan geführten Gespräche mit Studierenden, Freund_innen und sich zufällig ergebenden Kontakten habe ich z.T. auf Band aufgezeichnet, jedoch nicht transkribiert. Sie fließen in Form von Gedächtnisprotokollen oder Notizen in meinem Forschungstagebuch und durch Akzente, die sie meiner Aufmerksamkeitslenkung gegeben haben, in die Forschung ein.

5.4. AUSWERTUNGSPROZESS

»So läuft das meiner Ansicht nach fast immer, man hat nicht vorher ein Programm und realisiert das dann, sondern man fängt an zu strudeln und während man arbeitet, merkt man plötzlich, was man eigentlich gemacht hat, und das ist also das, was man da zusammenfassend als Kennzeichen unserer Vorgehensweise einmal darstellen kann.« (Holzkamp 1983b, 12)

Dieses oben genannte ›Strudeln‹, also der spiralförmig verlaufende und nur in einigen Phasen klar strukturierte Forschungsprozess, kann nicht vollständig in Form dieses linearen Textes rekonstruiert werden. Im Folgenden wird dennoch der Versuch unternommen, die zentralen Schritte des Prozesses voneinander abzugrenzen, welche in der Praxis ineinander flossen, um Orientierungspunkte zur Nachvollziehbarkeit zur Verfügung zu stellen. Darauf folgend wird auf die Darstellungsweisen der Interviewausschnitte eingegangen. Die im Auswertungsprozess aufgetretenen Schwierigkeiten und Dilemmata, wie etwa die sich mit dem Auswertungsprozess verändernde Forschungsperspektive und ihre Rückwirkungen auf die Methode sowie der Umgang mit Selbstreflexion als Bestandteil der Auswertung, werden in den letzten beiden Unterabschnitten behandelt.

5.4.1 Versuch einer Rekonstruktion ineinander verwobener Schritte

»Bei der GTM findet ein fortwährendes Hin- und Her-Pendeln zwischen unterschiedlichen Forschungsphasen statt: Datenerhebung, Datenauswertung (Kodieren) und Theoriebildung

(Memos schreiben, Modellbildung etc.) wechseln sich in unterschiedlicher Aufeinanderfolge ab.« (Breuer 2009: 55)

Im Folgenden werden die wichtigsten Forschungsphasen und hinzugezogenen theoretischen Konzeptualisierungen dargestellt, um die im Zitat angesprochenen Pendelbewegungen des Auswertungsprozesses nachvollziehbar abzubilden.

Zuerst wurden anhand von drei Interviews im Prozess des offenen Kodierens die Daten ›aufgebrochen‹ (Strauss/Corbin 1999: 44ff). Dafür wurden die ersten Daten zunächst mit einem möglichst offenen Blick durch Konzepte umschrieben. Überschriften ermöglichen, Passagen nach Inhalten zu sortieren und sie schließlich in Kategorien und Subkategorien zu transferieren.

Die ersten Kategorien wurden oft mit ›invivo Codes‹ bezeichnet, die die Formulierungen der Befragten enthielten. Dieser Auswertungsschritt geschah mittels der Kodiersoftware MaxQDA[38]. Diese Software, die für qualitative Forschungszwecke entwickelt wurde, ermöglicht es, alle Interviewtranskripte zusammen in einem Dokument zu verwalten und Interviewpassagen aus unterschiedlichen Interviews den gewonnenen Codes zuzuordnen. Durch das Einfügen von Memos konnten die Eigenschaften von Kategorien auf der linken Seite im Codebaum festgehalten werden. Der Codebaum entstand sukzessive durch Subkategorien und Cluster, durch die wiederum Oberkategorien entwickelt wurden, beispielsweise, wenn eine Kategorie zu viele in ihren Eigenschaften wiederum sich unterscheidende zugeordnete Textstellen enthielt. Durch das Einfügen von Notizen direkt im Interview wurden so Vermerke über interessante oder zwiespältige codierte Segmente festgehalten, die in weiteren Durchläufen abschließend geklärt werden mussten. Der Codebaum veränderte sich mit jeder weiteren Auswertungssequenz, deshalb gibt es nicht einen ›einzigen‹ Codebaum, der der ersten Phase des offenen Kodierens zuzuordnen ist.

Die ersten Kategorien lauteten: Geschlechternormen, Gerechtigkeitsempfinden, Berufswissen, Lernräume, Möglichkeitsräume, Rahmungen, Beziehungscharakter (zwischen Subjekt und Lerngegenstand), Widerstände, Blockierungen, Lernstrategien und Lehrstrategien.

---

38 Sie wurde aus dem Programm MAX (seit 1989, später WinMax) entwickelt.

Abbildung 1: Beispielausschnitt aus MaxQDA

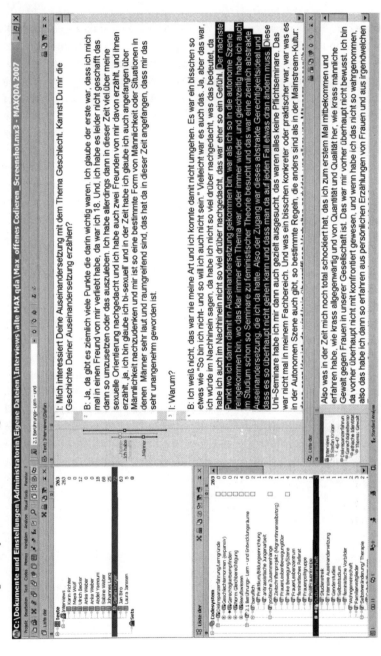

Der Screenshot (Abbildung 1) gibt einen kleinen Einblick in die Funktions- und Darstellungsweisen des Programms MaxQDA[39]. Der dargestellte Ausschnitt zeigt alle ›typischen‹ vier Fenster der Ansicht. Oben links werden die Interviewtranskripte aufgelistet. Das Interview mit Stefan Krüger ist blau markiert, das bedeutet, dass es gleichzeitig im rechten Fenster zu sehen ist. Die rote Markierung, ebenfalls desselben und auch im linken oberen Fenster der Interviewliste, bedeutet, dass es auch für die Anzeige der Codings im Feld rechts unten aktiviert ist. Im Abschnitt links unten ist ein Ausschnitt aus dem Codebaum zu sehen. Hier ist die Kategorie *Lernräume* geöffnet. Die blaue Markierung der Unterkategorie ›Studium‹ bedeutet, dass im angezeigten Interview (rechtes oberes Fenster) ein Coding aus dieser Kategorie angeklickt wurde. Der Cursor im Feld links unten springt automatisch zu der jeweiligen Position im Codebaum. Die rote Markierung des Codes ›Gerechtigkeitsempfinden‹ bedeutet, dass diese Kategorie aktiviert ist und damit alle im Interview diesem Code zugeordneten Textpassagen im Fenster rechts unten angezeigt werden.

In der darauffolgenden Phase des axialen Kodierens wurden die zuvor im offenen Prozess gewonnenen Kategorien in ein Verhältnis zueinander gebracht. Oberkategorien wurden entlang des abgewandelten Kodierparadigmas gewonnen.[40] Tabelle 8 stellt die ›Übersetzung‹ des Kodierparadigmas hinsichtlich meiner Fragestellung dar.

In der Konfrontation mit theoretischen Konzepten wurde als Phänomen die ›Auseinandersetzung mit Geschlechterverhältnissen‹ gefasst. Unter dieser wurden die Begründungen der Subjekte, mit dieser Auseinandersetzung zu beginnen und sie über Jahre hinweg zu verfolgen, gefasst. Eng mit diesen Begründungen verknüpft war in den Interviews der jeweils subjektiv interpretierte Kontext, mit dem die Lernrahmungen angesprochen wurden, wie z.B. die materiellen Strukturen und Beziehungen, in denen Lernen stattfand, und die Auswirkungen des Zeitgeistes auf die eigenen Auseinandersetzungen. Dieser Kontext ließ eine weitere Unterscheidung in wahrgenommene Einschränkungen und Katalysatoren für das Subjekthandeln zu (siehe Tabelle 9). Konflikte bzw. Diskrepanzerfahrungen standen bei der Auswertung im Zentrum. Unter Strategien wurden die Handlungen gefasst, die der Erweiterung oder dem Erhalt von subjektiven Möglichkeitsräumen dienen. Zu den Konsequenzen zähle ich die Ausformungen der entstandenen Handlungsfähigkeiten.

---

39 Zum genaueren Nachvollziehen eignet sich die Testversion des Programmes, die sich aus dem Internet downloaden lässt: http://www.maxqda.de/downloads/demo.

40 Um es hier in Erinnerung zu rufen: In handlungstheoretischer Begrifflichkeit lautete es »Begründung(en) → subjektiv interpretierter Kontext → Handlung(en) → Konsequenzen.« (vgl. Grotlüschen 2010: 177)

Tabelle 8: Kodierparadigma

Phänomen	Interesse, ein begründeter Auseinandersetzungsprozess mit Geschlechterverhältnissen Lernprozess Gründe für Lernen Gründe gegen Lernen (Lernwiderstände)
Subjektiv interpretierter Kontext	Rahmung der Lernräume: (später kam die Teilung: ›Strukturell: Zeit und Ort‹ und ›Diskursiv: Zeitgeist‹ hinzu)
Strategien/Handlungen	Aktivitäten des Subjekts, sich Wissen und Kompetenzen hinsichtlich einer Veränderung von Geschlechterverhältnissen und dem Umgang mit der eigenen Positionierung innerhalb von ihnen anzueignen
Konsequenzen	Handlungsraumerweiterung

Durch die Rückbindung an eine theoretischen Konzeptualisierung des Phänomens ›Lernens‹, also der interessierten und begründeten Auseinandersetzung, ließen sich verschiedene Ebenen ausfindig machen und betrachten, welche schließlich für die Kristallisierung der zentralen Auswertungskategorien nicht unerheblich waren. Die Konzepte, auf die hier Bezug genommen wird, wurden bereits im Kapitel 4 ausführlich erörtert. Für den Kontext der Auswertungen sind vor allem folgende Konzepte bedeutsam geworden: die Diskrepanzerfahrung (Holzkamp), das Widerfahrnis (Meyer-Drawe), die aktive Beteiligung im Interesseprozess sowie das Vergessen von Einflüssen (Grotlüschen). Auch auf die Holzkamp'schen Begrifflichkeiten von expansivem und defensivem Lernen, restriktiver und verallgemeinerter Handlungsfähigkeit wird rekurriert.

Die Vermittlungspraxen, also das ›Lehren‹, wurden vor dem Hintergrund der Annahme, dass Lehrkonzepte mit Lernkonzepten verwoben sind, parallel zu den Kodierungen der Lernprozesse kodiert.

Tabelle 9: Lernprozess

Lernbestandteil	Charakteristika	
Begreifen (kognitiv)	Begründen Reflexion Bewusst werden	
Erfahren (emotional/körperlich/ Bedürfnisebene) (Meyer-Drawe)	Diskrepanzerfahrung Verunsicherung Ärger Frustration Irritation etc.	Kompetenzerfahrung Wachstum Empathie Euphorie Glücklichsein etc.
Handeln (Aktivität – suchen/ finden/aushandeln/gestalten)	Individuelles und kollektives Handeln (in Beziehungen) Strukturen finden/aushandeln/gestalten Diskurse mit gestalten Private (Lebenszusammenhänge) Politische Zusammenhänge Beruflich (Netzwerke)	

Für die Analyse der subjektiven Deutungsmuster der Interviewten, also der subjektiven Handlungs- und Lerngründe und (Selbst-)Rekonstruktionen bzw. die Gründe nicht zu handeln, lieferten neben den in den ersten Kapiteln dargestellten geschlechter- und lerntheoretischen Perspektiven Elemente der intersektionalen Ungleichheitsanalyse wichtige Unterscheidungswerkzeuge (Winker/Degele 2009). Degele und Winker verfolgen mit der Ungleichheitsanalyse eine methodologische Herangehensweise, die aus einer ausgearbeiteten Kombination von deduktiven und induktiven Verfahren beruht. (Sie lassen sich den Ansätzen zuordnen, die unter der Überschrift ›social (re)turn‹ unter 2.1 dargestellt wurden.)

Nach den ersten (oben dargestellten) Kategorisierungen und Dimensionalisierungen konnten Phänomene mit der (Degele und Winkers intersektionalen Mehrebenenanalyse entlehnten) dreiteiligen Unterscheidung von Strukturen, symbolischen Repräsentationen und Identitätskonstruktionen besser verständlich und greifbar werden.[41]

Tabelle 10: Drei Analyseebenen

Identitätskonstruktionen (Begründungen des Subjektes, Selbstverortungen und Bestimmungen, Handlungen)	Symbolische Repräsentationen (Diskurse, gesellschaftliche Werte und Normen, Bilder, ungeschriebene Gesetze)	Strukturen (Materialisierungen der symbolischen Repräsentationen: Gesetze, konkrete Beziehungen (Personen), Institutionen)

Bei diesen drei Ebenen handelt es sich analytisch um unterschiedliche Dimensionen, zwischen denen Diskrepanzerfahrungen wirksam werden.

Unter Identitätskonstruktionen wird hier die Ebene der Begründungen der Subjekte verstanden. Ihre Selbstverortungen und -bestimmungen sowie ihre Handlungen, aber auch die Art und Weise der Selbstzuwendungen und des Selbstbewusstseins werden darunter gefasst.

Symbolische Repräsentationen bezeichnen die gesellschaftlichen Diskurse und Ideologien, somit das, was als ›richtig‹ ›normal‹, oder ›schön‹ anerkannt ist. Damit sind alle ungeschriebenen Gesetze, Normen, Werte und Bilder gemeint, die in einem bestimmten Feld wirksam werden, an denen sich die darin dominante Mehrheit orientiert.

Mit Strukturen werden alle verfestigten und festgeschrieben Rechte, Traditionen, Gewohnheiten und Erfahrungen bezeichnet, die sich innerhalb von Institutionen, Familienstrukturen, konkreten Beziehungen, Gesetzen materialisiert haben.

Wie auch in meiner Forschung gelten für Degele und Winker für die Analyse empirischer Daten in der Ungleichheitsanalyse die sozialen Praxen in Form von Handlungen, inklusive der sprachlichen, als Ausgangspunkt für die Analyse. Sie gehen davon aus, dass soziale Praxen und Diskurse aufs Engste miteinander verwoben sind. »[...] soziale Praxen [finden] nicht in einem luftleeren Raum statt, sondern konstruieren Identitäten, Strukturen und Repräsentationen ebenso wie sie von diesen hervorgebracht werden.« (Winker 2009: 66)

Ausgehend vom empirischen Sprechen von Personen fragen Degele und Winker danach, wie über die Bezugnahme auf Strukturen und Normen Identitäten hergestellt werden. Identitäten oder auch Identitätskonstruktionen stellen einen zentralen Ausgangspunkt, nicht nur für Subjektivierungsprozesse, sondern auch für Lernpro-

---

41 Ich hatte diese Konzepte, die nach Degele und Winker insbesondere in den ersten Analyseschritten angewandt werden, selbst in der Winterschool Intersektionalität 2010 kennengelernt und am Material ausprobiert.

zesse dar. Warum sie eng mit den Handlungs- und Lerngründen in Zusammenhang stehen, dennoch eine weitere wichtige Analysekategorie für subjektive (Lern-) Prozesse darstellen, wird in der Definition des Wortes deutlich. Im Folgenden werde ich den Begriff der Identität bzw. Identitätskonstruktionen erörtern, weil er sich in den Auswertungen der Lerngründe als aufschlussreiche Kategorie gezeigt hat.

Exkurs zum Begriff der Identität(skonstruktion)

Der Begriff >Identität< wird in der Alltagssprache viel benutzt und trägt dort unterschiedliche von dem hier vorliegenden Verständnis differierende Bedeutungen. In den Allgemeinen Erziehungswissenschaften und der Erwachsenenbildung ist Identität ein zentraler Begriff (vgl. Kade 1989, Marotzki 1991, Meyer-Drawe 2000)[42], der sich jedoch einer »knappen Erörterung entzieht« (Winkler 2011: 331). So gibt es in den Erziehungswissenschaften und anderen Bezugsdisziplinen wie z.b. der Soziologie, Psychologie und der Philosophie vielfältige Ausführungen zu den Fragen von Eigenschaften und Entstehung der Identität. Auch die historischen Verschiebungen im begrifflichen Verständnis werden häufig thematisiert. Eine Problematik hinsichtlich der Definition besteht darin, dass sich Identität aus verschiedenen Blickrichtungen bestimmt.

Eine zentrale Betrachtungsweise ist auf der einen Seite jene, nach der sich Individuen über Identitätskategorien in ein bestimmtes Verhältnis zu sich selbst setzen. Nach Winkler ist Identität insofern ein >subjektiv-reflexives Konzept<, das dadurch zur Selbstvergewisserung beiträgt, »dass der Einzelne sich [damit] in der Welt orientieren und einordnen kann, um so Sicherheit zu gewinnen.« (Winkler 2011: 331). Andererseits wird dem Individuum im gesellschaftlichen Kontext durch die Normen und Regeln einer jeweiligen Gruppe seine Identität zugesprochen. So wird »das Subjekt [...] sozial und kulturell zugeordnet« (ebd.) bis stigmatisiert. Im Konzept der Identität verbinden sich demnach individuelle Besonderheit (die Einzigartigkeit subjektiven Denkens, Fühlens und Handelns) und gleichzeitige Zugehörigkeit (Gesellschaftlichkeit, soziale Beschaffenheit und Gemeinsamkeiten des individuellen Handelns).

»Identität formt sich einerseits in einem sozialen Prozess der objektiven Bestimmung des Individuums in seinem Sozialisationsprozess und in einem meist kollektiv erzeugten Urteil über den Einzelnen [...] [und] andererseits, indem sich das Individuum zu seiner Herkunft und Gruppe bekennt oder sich aber ausdrücklich von dieser distanziert.« (Winkler 2011: 332)

---

42 Seit den 1970ern hat sich das pädagogische Denken über das Verständnis von Identität für sozialwissenschaftliche Konzepte geöffnet, besonders die Theorie der funktionalen Differenzierung von Parsons, die Rollentheorie und den symbolischen Interaktionismus (vgl. Winkler 2011: 335).

Aus soziologischer Perspektive wird Identität auch als die Ausgangsposition betrachtet, von der aus das Subjekt seine Handlungen begründet. Es ist der Standpunkt von dem das Individuum handelnd auf die gesellschaftlichen Verhältnisse einwirkt und gleichzeitig (!) derjenige, auf den die gesellschaftlichen Verhältnisse permanent Einfluss nehmen. In diesem Standpunkt werden »Individuum und Gesellschaft fortlaufend vermittelt« (vgl. Abels 2007: 390). Mit Beate Krais und Gunter Gebauer kann Identität auch als die ins Positive formulierte Bezeichnung dessen gefasst werden, was Bourdieu als Stabilität des Habitus beschrieben hat (vgl. Krais/ Gebauer 2002: 71). Sie räumen ein, dass der Aspekt der Stabilität häufig als determinierend kritisiert wird (vor allem von Anhänger_innen der Parson'schen Rollentheorie und Systemtheoretiker_innen der Luhman'schen Schule) und erwidern darauf hin: »Stabilität und Kohärenz des Habitus heißt jedoch weder, dass es sich dabei um ein widerspruchsfreies, in sich schlüssiges System von Dispositionen, Ordnungsprinzipien, Klassifikationsschemata und so weiter handelt, noch ist damit Immunität gegenüber Veränderungen impliziert.« (ebd.)

Im Rahmen der neueren Überlegungen zu Identität, so auch von Krais und Gebauer, wird vor allem hervorgehoben, dass Identität neben der strukturellen Dimension (der Einschreibung der Gesellschaft in den Körper, der Selbstgewissheit, der gesellschaftlichen Positionierung) eine prozessuale Dimension besitzt. Die Wandelbarkeit von Identität im Zusammenhang mit ihrer Gesellschaftlichkeit gerät in den Fokus. Der Begriff der Identitäts*konstruktion*, wie ich ihn hier benutze, betont diese Dimension der Prozesshaftigkeit und der Eigenbeteiligung der Subjekte im Konstruktionsprozess von Identität. In den Kritiken von Sozialisation[43] wird von einer aktiven Aneignung, Erwerbung und immer wieder erneuten Herstellung von Identitäten, z.B. Geschlechtsidentitäten, ausgegangen (vgl. Faulstich-Wieland 2008a). Konstruktionen sind nie endgültig, sie ergeben sich aus der Geschichte, den Erfahrungen und den situativen Interaktionen der Subjekte.

Mit diesem Verständnis von Konstruktion ist jedoch nicht ein Zustand der Beliebigkeit oder eine absolute Bodenlosigkeit von Identität gemeint, wie sie in Bezug auf das postmoderne Zeitalter häufig beschrieben wird (vgl. Keupp/Höfer 1997:

---

43 So schreibt etwa Helga Bilden in ihrem Artikel zu »geschlechtsspezifischer Sozialisation« (1991), dass in Ermangelung an einem neuen Begriff, diese Überschrift gewählt sei, jedoch verschiedene Aspekte des Sozialisationskonzeptes grundlegend zu kritisieren seien: 1. die Trennung von Individuum und Gesellschaft bzw. die Vorstellung das sich bildende Individuum sei Objekt von Sozialisationsprozessen und 2. das Konzept einer stabilen Persönlichkeit bzw. eines mit sich selbst identischen Individuums und 3. dass die Frage nach spezifischen z.B. geschlechtsbezogenen Sozialisationsbedingungen, zwangsläufig jene reproduzieren (vgl. Bilden 1991: 179).

24).⁴⁴ Allerdings kann das Empfinden von Beliebigkeit ein Moment des subjektiven Selbsterlebens innerhalb postmoderner Gesellschaftskonstellationen sein. In der Spätmoderne, in der gesellschaftliche Zusammenhänge zunehmend komplexer werden, fixe Verortungen an Sinn verlieren und normgebende Zusammenhänge (Kirche, Familie, (lebenslange) Ehe, Partei, Vereine) erodieren und den Einzelnen unter spätkapitalistischen Bedingungen viele Lebensentscheidungen abverlangen, sind die Subjekte mit vielfältigen Brüchen und Widersprüchen konfrontiert. Zu diesen Widersprüchen zählt zum Beispiel jener zwischen den Anforderungen des privaten familiären Lebens und den Anforderungen einer auf Prinzipien der Konkurrenz basierenden Marktwirtschaft. Prozesse der ›Entgrenzung‹, Individualisierung und Enttraditionalisierung lösen die bis dato vorhandenen Rahmungen für Zughörigkeit und Anerkennung auf (vgl. Keupp 1996: 381).

Innerhalb des letzten Jahrzehnts sind in der Pädagogik identitätskritische Ansätze entstanden, welche vor allem Identitätszwänge und Naturalisierungen sozialer Ordnungen in den Fokus rücken. Die Identitätszumutungen sozialer Kategorien und dichotome Zuschreibungen werden thematisiert sowie die Feststellung, dass die Repräsentation und Adressierung von Differenzen die sozialen Ordnungssysteme immer wieder aufs Neue herstellt. Einen zentralen Referenzpunkt für solche identitätskritischen pädagogischen Ansätze bilden derzeit die theoretischen Überlegungen Judith Butlers (vgl. Jergus 2012: 32). Relevant ist besonders Butlers Gedankengang von der Stiftung von Identitäten (bzw. des Subjekts) im Modus der Anrede (vgl. Butler/Menke 2006: 52) (siehe auch 2.2-2.4). Mit dem Beispiel des Ausrufs der Ärztin bei der Geburt eines Kindes »Es ist ein Mädchen!« verdeutlicht Butler die zweifache Dimension der Zuweisung: Einerseits wird die soziale Identität innerhalb der zweigeschlechtlichen Ordnung hergestellt und andererseits zur gleichen Zeit die Ordnung, in deren Rahmen die Kategorie ›Mädchen‹ erst ihren Sinn erhält, inauguriert (vgl. Butler/Menke 2006: 52ff).

Besonders der letzte Punkt verweist auf den Zusammenhang zwischen Identitätskonstruktionen, symbolischen Repräsentationen und Strukturen. Denn auf der Basis von hierarchisierten Differenzkategorien (wie Geschlecht) konstruieren Individuen verschiedene Identitäten bzw. ihre unterschiedlichen Identitätsbestandteile

---

44 »Die Postmoderne ist der Punkt, wo das moderne Freisetzen aller gebundenen Identität zum Abschluss kommt. Es ist nicht nur leicht, Identität zu wählen, aber nicht mehr möglich sie festzuhalten. Im Augenblick des höchsten Triumphes muss Befreiung erleben, dass sie den Gegenstand der Befreiung vernichtet hat. [...] Freiheit gerät zur Beliebigkeit, das berühmte Zu-allem-Befähigen, für das sie hochgelobt wird, hat den postmodernen Identitätssuchern alle Gewalt eines Sisyphos verliehen. Die Postmoderne ist jener Zustand der Beliebigkeit, von dem sich nun zeigt, dass er unheilbar ist. Nichts ist unmöglich, geschweige denn unvorstellbar.« (Zygmunt Baumann, »Wir sind Landstreicher«, Süddeutsche Zeitung von 16./17. November 1993, zit. nach Keupp, Höfer 1997: 24)

und stellen damit gleichzeitig hegemoniale symbolische Repräsentationen und materialisierte Strukturen her (vgl. Winker/Degele 2009: 61f).

Hier folgt eine Zusammenfassung der zentralen Punkte, die für das in dieser Studie (insbesondere im Auswertungskapitel) verwendete Verständnis von Identität(skonstruktionen) relevant sind:

- Identitätskonstruktionen verweisen auf das Selbstverhältnis des Subjekts.
- Sie werden in aktiver Auseinandersetzung mit gesellschaftlichen Rahmungen entwickelt.
- Entlang von Identitätskonstruktionen entstehen die subjektiven Gründe, handelnd in gesellschaftliches Geschehen einzugreifen, sich zu entwickeln und zu verändern.
- Aus Gründen biografischer Genese unterliegen Identitätskonstruktionen einer gewissen Trägheit (Habitus) und sind doch im stetigen Prozess und damit veränderbar. (In diesem Punkt besteht eine wichtige Abgrenzung von starren, essentialistischen und dadurch determinierenden Identitätskonzepten!)
- Die situative Seite von Identität (Entstehung durch Anrufung) bedeutet zugleich, dass es kein mit sich identisches Subjekt gibt.
- Gesellschaftliche Entgrenzungs- und Individualisierungsprozesse führen tendenziell zu Verunsicherungen, da starre Bewertungs- und Ordnungssysteme wegfallen.
- Identitäten setzen sich aus unterschiedlichen Bestandteilen zusammen, welche einerseits entlang sozialer Differenzkategorien angeeignet werden und andererseits zugewiesen werden.

– Ende des Exkurses –

Nachfolgende Tabelle zeigt, welche systematisierenden Schlüsse für die Kategorien aus der Konfrontation mit der Konzeptualisierung der drei Ebenen Identitätskonstruktionen, symbolische Repräsentationen und Strukturen abgeleitet wurden.

Verschiedene Charakteristika konnten auf unterschiedlichen Achsen dimensioniert werden: Handlungen (dazu zählen auch Sprachhandlungen), mit denen Identität hergestellt wird, erfolgen bewusst und gezielt, oder ungewohnt bzw. aus Gewohnheit. Sie zielen entweder auf eine allgemeine Handlungsfähigkeitserweiterung im Sinne der Verallgemeinerten Handlungsfähigkeit oder dienten dazu, den Status Quo an Verfügungsmöglichkeiten aufrecht zu halten.

Tabelle 11: Konfrontation mit den drei Analyseebenen

	Dimensionen			
Identitätskonstruktionen (Ebene des Denkens, Handelns, der Begründungen, subjektiver Möglichkeitsraum)	bewusst (Reflexion, geplante Handlung) gegenstandsbezogen		unbewusst (Gewohnheit) gegenstandsunabhängig	
Strukturen (materielle Ebene)	ermöglichend		behindernd	
	gegenstandsbezogen	gegenstandsunabhängig	gegenstandsbezogen	gegenstandsunabhängig
symbolische Repräsentationen (Diskurse)	emanzipatorische		antiemanzipatorisch	
	gegenstandsbezogen	gegenstandsunabhängig	gegenstandsbezogen	gegenstandsunabhängig

Strukturen (institutionelle Reglungen, Gesetze, aber auch die Beschaffenheit des Umfeldes) wirken sich entweder behindernd oder ermöglichend aus. Behindernde Strukturen benötigen mehr Lernwillen und Lerninteresse, fordern es manchmal aber auch heraus. Diskurse schränken die Handlungs- und Entfaltungsmöglichkeiten des Individuums (gemessen an der Fiktion eines dem Handeln vorgelagerten Zufallsgenerators, der die Positionierung entscheidet) entweder ein oder erweitern sie. Auf allen drei Ebenen gibt es gegenstandsbezogene- und gegenstandsunabhängige Faktoren.

Entlang der Auswertung weiterer Interviews konzentrierte sich der Forschungsprozess auf Kernkategorien, die ich als ›Gründe zu lernen‹, ›Gründe nicht zu lernen‹, d.h. Lernwiderstände[45] und die ›Handlungsstrategien‹ der Befragten bezeichne.

---

45 Diskrepanzerfahrungen bedeuten das Erleben von Widersprüchen zwischen dem Gewollten und dem Gekonnten sowie zwischen einem Handlungswunsch, der auf der Subjektebene artikuliert oder über Handlungen (also auch Sprache und Gedanken in Form von Kritik) zum Ausdruck gebracht werden kann. Lernen/Handeln geschieht im doppelten Möglichkeitsraum der Subjekte, der permanent bestehenden Entscheidungsfreiheit, sich im Bestehenden einzurichten, oder aber, unter Inkaufnahme eines Sich-Anlegen mit den

Tabelle 12: Bestandteile des Lernprozesses

Gründe zur Auseinandersetzung	Gründe sich nicht auseinanderzusetzen	Handlungsstrategien und Handlungsfähigkeiten

Um diese Kategorien weiter einzugrenzen, bezog ich mich auf unterschiedliche Phasen des Lernprozesses. Einerseits begründet sich die Auswahl inhaltlich durch die in den vorangegangenen Kapiteln erfolgten theoretischen Ausarbeitungen sowie durch meine pädagogischen und biografischen Vorerfahrungen und zum Anderen gegenstandsgeleitet durch die in den Auswertungen festgestellten Schwerpunktsetzungen der Interviewten.[46] Aus dem Forschungsprozess heraus entwickelte sich hier eine Abweichung vom Verfahren der Grounded Theory dadurch, dass sich das selektive Kodieren nicht auf eine einzige Kernkategorie konzentrierte, sondern eine Wahl für drei zentrale Auswertungskategorien erfolgte.

Der Kategorienbaum spiegelt in frühen Phasen des Forschungsprozesses eine chronologische Sichtweise auf das Material. Diese verändert sich mit jedem weiteren Interview. Vor dem Hintergrund der theoretischen Kontrastierung mit dem Drei-Phasenmodell der Interessegenese[47] ließen sich Begründungen, Diskrepanzerfahrungen und Möglichkeitsräume in verschiedenen Phasen unterscheiden, welche sich durch bestimmte Charakteristika hervortaten: Erstkontakt, beginnender Lernprozess und fortgeschrittener Lernprozess. Der Erstkontakt entspricht der Berührung im Modell der Interessegenese, der beginnende Lernprozess wäre in der Latenzphase zu verorten und im fortgeschrittenen Lernprozess, finden sich die Phasen von Expansion und Kompetenz wieder (vgl. Grotlüschen 2010: 290, siehe Kapitel 4).

Tabelle 13: Phasen des Lernprozesses

Erstkontakt	Beginnender Lernprozess	Fortgeschrittener Lernprozess

Die ausgemachten Phasen waren nicht trennscharf voneinander abgrenzbar (vgl. Grotlüschen 2012: 29), sondern es handelt sich um Verdichtungen in den Konzep-

---

Repräsentant_innen der herrschenden Strukturen und Diskurse, eine verallgemeinerte Handlungsfähigkeit anzustreben (siehe auch Kapitel 4.1).

46 Sie diente meiner eigenen Orientierung im Weg durch die Daten und soll ebenso den Leser_innen beim Zurechtfinden innerhalb des Auswertungskapitels behilflich sein.

47 An der Entwicklung dieses theoretischen Modells war ich als wissenschaftliche Mitarbeiterin von Anke Grotlüschen beteiligt.

tualisierungen. Nicht eine präzise Bestimmung von Lernphasen oder eine Kompetenzmessung stand im Vordergrund, sondern die Analyse subjektiver Deutungsmuster, ihre Ähnlichkeiten und Unterschiede und mögliche Rückschlüsse auf gesellschaftliche und pädagogische Zusammenhänge unter der Berücksichtigung gegenstandsgeleiteter Schwerpunkte. Diese werden durch die anstehende Tabelle dargestellt und nachfolgend begründet.

Tabelle 14: Darstellung der Auswertungsschwerpunkte

1	(subjektiver) Erstkontakt mit dem Lerngegenstand	Gründe zur Auseinandersetzung	Gründe sich nicht auseinanderzusetzen	Handlungsfähigkeiten
2	Beginnender Lernprozess	Gründe zur Auseinandersetzung	Gründe sich nicht auseinander zu setzen	Handlungsfähigkeiten
3	Fortgeschrittener Lernprozess	Gründe zu Handeln	Gründe nicht zu handeln	Handlungsfähigkeiten

Es wurden Konflikte bzw. Diskrepanzerfahrungen fokussiert, die innerhalb der Interviews, z.B. durch die Häufigkeit der Erwähnung oder durch die Hervorhebung durch die Interviewten, relevant erschienen, oder die vor dem Hintergrund des gegenwärtigen Forschungsstandes bzw. aktueller gesellschaftlicher Entwicklungen relevant sind. Bereits hinlänglich analysierte Phänomene wurden nur aufgeschlüsselt, wenn sie eine Auskunft über die Struktur von Genderlernprozessen und ihren aktuellen Problemlagen gaben.

In den Interviewpassagen, in denen die Befragten die Zeit um den ersten Kontakt mit dem Themenkomplex Geschlecht, Gender und Feminismus reflektieren, fokussierte ich die Gründe für einen beginnenden Lernprozess. »Warum war eine Auseinandersetzung reizvoll?« «Wie kam es dazu?« »Wie wurde der erste Kontakt hergestellt – und warum wurde er weiter verfolgt?«.

Diese Fragen sind aus Sicht der politischen Erwachsenenbildung relevant, da sich daraus eventuell Schlüsse für günstige Interesseverläufe ziehen lassen. In der Zeit um den Erstkontakt stehen die Gründe im Vordergrund, warum sich ein Individuum auf das Thema Gender und Feminismus einlässt, da zu diesem Zeitpunkt noch kein gewachsenes und solides Interesse besteht, sondern es sich um einen zarten, sehr fragilen Beginn eines Auseinandersetzungsprozesses handelt, dessen Fortsetzung bzw. dessen zukünftige Vertiefung und Ausbildung noch nicht ausgemacht ist.

In Abschnitten, in denen die Befragten über einen gerade frisch begonnenen Prozess sprachen, wurden die Gründe, sich nicht mit dem Gegenstand Geschlechterverhältnisse kritisch auseinanderzusetzen, in den Blick genommen. Auch zu diesem Zeitpunkt ist der Interesseprozess mutmaßlich fragil, es finden Umwege und Pausen sowie Abwägungen über einen Ausstieg aus dem Interesseprozess statt (siehe 4.4), deshalb bot die Fokussierung auf Lernwiderstände hier Rückschlüsse auf Faktoren der positiven oder negativen Interesseverläufe. Folgende Fragen spielten eine Rolle: »Wie reflektierten die Befragten ihre Lernwiderstände im Rückblick auf den Beginn ihres Lernens?« und »Welche Einflüsse waren aus Sicht der Interviewten wirksam?«.

Als dritte Auswertungsrichtung wurden in den Interviewpassagen, in denen vor allem über die Gegenwart oder nahe Vergangenheit reflektiert wurde, Beschreibungen ausfindig gemacht, die sich unter der Kategorie ›Handlungsmöglichkeiten‹ fassen ließen: »Wann und wie erfuhren sich Befragte in der Gegenwart als handlungsfähig?«, »Welche Strategien zu handeln oder nicht zu handeln wählten sie?«

Im Fazit des Auswertungskapitels werte ich auch aus, welche Subtexte, Auslassungen und Tabus bestehen, schließlich, welche Aussagen bezüglich der gesellschaftlichen Verfasstheit aktueller Geschlechterverhältnisse sich aus den Interviews und den aus den Auswertungen destillierten Charakteristika der Kategorien ableiten lassen. Schließlich arbeite ich im Schluss der Studie gesellschaftliche Spannungsfelder heraus, die in Wechselwirkung mit dem Lernen über Geschlechterverhältnisse stehen. Sie zeichnen einen Bildausschnitt dieser aktuellen Verfasstheit.

5.4.2 Im Auswertungsprozess hervorgetretene Limitierungen durch die Methode

Im späteren Auswertungsprozess wurden Vorteile und Limitierungen des Samples hinsichtlich der erfolgten Wahl der Kernforschungskategorien deutlich. Die Auswahl der Interviewten erfolgte weitestgehend in einer frühen Phase der Forschung. Die Fokussierung auf Interviewpartner_innen, die sich bereits langjährig mit dem Thema Gender und Feminismus auseinandersetzten und auch lehrend tätig waren, wurde dabei vorgenommen, da davon ausgegangen werden konnte, dass diese Befragten in der Lage seien, ihre Auseinandersetzung als einen Prozess zu reflektieren und unterschiedliche Phasen und Schritte des Lernens, d.h. Veränderungen in ihrem Auseinandersetzungsprozess, in der nachträglichen Reflexion zu erkennen. Mein Kernvorhaben bestand darin, die subjektiv wahrgenommen Bruchstellen im Geschlechterverhältnis zu erfassen. Bruchstellen können erst in der nachträglichen Reflexion ausgemacht werden, deshalb ist eine zeitliche Distanz notwendig.[48] Diese Annahme hat sich bestätigt. Gleichzeitig zeigte sich innerhalb späterer Auswertungsphasen, nachdem die Erhebung (auch zeit- und ressourcenbedingt) abgeschlossen war, dass dieser Auswahlschwerpunkt der Interviewten Limitierungen beinhaltet. Bei spontanen, erinnerungsgestützten, biografischen Rekonstruktionen handelt es sich nicht um biografische Faktenwiedergabe oder punktgenaue Lebensläufe. Die menschliche Natur des Vergessens führt dazu, dass Phasen des Lernprozesses, die weit zurückliegen, wie etwa jene um den Erstkontakt mit dem Thema oder jene des beginnenden Lernprozesses, von meinen Interviewten weniger detailliert erinnert werden können als Situationen und Erlebnisse, die in der nahen Vergangenheit stattgefunden haben. Während des Auswertungsprozesses, insbesondere der Interviews mit Elmar Kade, Filip Nowak und weiteren, nicht transkribierten Interviews mit ›Themen-Neueinsteiger_innen‹, wurde deutlich, dass Interviews mit Menschen, die in einer frühen Phase des Kontakts mit dem Thema Gender/Feminismus stehen, die Phase des Erstkontakts und des beginnenden Lernprozesses meist lebendiger und umfassender illustrieren konnten als langjährig Interessierte. Die Erweiterung des Samples, was die jeweiligen Standpunkte innerhalb der Auseinandersetzung und den Grad des Interesses betrifft, wäre deshalb für Anschlussforschungen von Interesse.

Durch die Zusammensetzung des Samples (siehe 5.3.2) liegt in den Auswertungen ein Schwerpunkt bei Verknüpfungen von (Hetero-)Sexismus/Rassismus und Cissexismus. Intersektionalitäten von Ableism,[49] Klassismus, Ageism[50] treten durch die Abwesenheit der expliziten Thematisierung als leere Felder hervor. Privilegierungen, wie z.B. Weißsein werden nur von wenigen Befragten emporgehoben. Dieser Befund unterstreicht die Erkenntnis von Schwarzen Aktivist_innen und Wissenschaftler_innen, sowie der Critical Whiteness Studies, dass Privilegien für diejenigen, die sie innehaben, unsichtbar sind.

Nur explizite Begründungen der Interviewten, die sich auf intervenierende Herrschaftsverhältnisse beziehen, wurden in ihrer Verwobenheit mit dem Lernen

---

48 Interessen entwickeln sich träge und eine Distanz zum Lernprozess stellt sich nur sehr langsam ein, das zeigen die Forschungsergebnisse aus dem DFG-Vorprojekt zum Thema Interessegenese, an dem ich als wissenschaftliche Mitarbeiterin bei Prof. Anke Grotlüschen beteiligt war. Die Ergebnisse wurden publiziert unter Grotlüschen, Kubsch 2010, Grotlüschen 2010, Grotlüschen, Krämer 2009).

49 Der Begriff Ableism stammt aus dem Englischen (able = fähig). Der Begriff wird von der Behindertenbewegung bzw. den Disability Studies verwendet, um Formen von Diskriminierung und Bewertung von Menschen anhand ihrer geistigen und körperlichen Fähigkeiten zu benennen.

50 Ageism leitet sich aus dem englischen Wort age = Alter ab. Ageism bezeichnet Formen von Stereotypisierung und Diskriminierung von Menschen entlang ihres Alters.

über Geschlecht in den Auswertungen betrachtet. Es waren diverse weitere Intersektionalitäten im Material in den latenten Sinnstrukturen wirksam und in den manifesten Aussagen offenkundig (z.B. wurden Klassenhintergrund, Geschlecht und die Hierarchie zwischen Erwachsenen und Kindern angesprochen). Da der Forschungsschwerpunkt auf den durch meine Interpretation herausgearbeiteten, nachträglich hinsichtlich ihres Lernprozesses von den Befragten geäußerten Subjektbegründungen lag, wurden sie weitgehend nicht analysiert. Es wurden die Stellen herausgearbeitet, die von den Befragten selbst, im Hinblick auf die eigenen Lernprozesse mit dem Geschlechterthema, unterstrichen wurden. In den Auswertungen wird zugleich deutlich, wie den Interviewten im Verlauf ihrer Auseinandersetzungsprozesse überhaupt erst die Sprache zukommt, sich zu reflektieren, strukturelle Rahmungen auf den Begriff zu bringen und zu hinterfragen. Dadurch, dass der Untersuchungsschwerpunkt auf verbalen Rekonstruktionen (Begründungen) liegt, besteht, wie bereits hinsichtlich der Methode reflektiert wurde, ein starker Klassen-Bias. Meine Studie impliziert jedoch nicht, dass es ohne sprachliche Mittel keine Handlungsfähigkeiten gibt. Eine breiter angelegte, methodisch über die Methode ›Interview‹ hinausgehende Anschlussuntersuchung könnte einer Klassenspezifik der Lernprozesse über Geschlechterverhältnisse nachgehen.

5.4.3 Rückspiegelungen hinsichtlich der Relevanz von Geschlecht in der Interviewinteraktion

»In the conduct of any interview research, feminists must maintain a reflexive Awareness that research relations are never simple encounters, […] but rather are always embedded in and shaped by cultural constructions of similarity, difference and significance.« (DeVault/Gross 2007: 181)

Alle am Forschungsprozess Beteiligten bringen als grundlegende Voraussetzung ihrer Perspektive eine räumlich-zeitliche Situierung und die jeweilige Positioniertheit innerhalb gesellschaftlicher Machtgefüge mit. Der Unterschied zwischen Forscher_innen und Befragten besteht nicht hinsichtlich der epistemologischen Basischarakteristik der Subjekthaftigkeit und Standpunktgebundenheit (vgl. Breuer 2010: 122), sondern durch die der Wissenschaftlerin zur Verfügung stehenden, spezifischen, methodischen Erkenntnismöglichkeiten, Möglichkeiten zur Distanzierung, »der größeren Handlungsentlastung und Muße zur Rekonstruktion, zur Kontrastierung, zur Gegenstands- und Selbst-Reflexion« (ebd.).

Die Bedeutung der Positionierungen der Beteiligten in der Interviewinteraktion wurde bereits in Bezug auf Feldzugang und Zusammensetzung des Samples (unter 5.3.1 und 5.3.2) diskutiert. In diesem Abschnitt erfolgt die Betrachtung aus einer anderen Blickrichtung: Entlang eines Auswertungsergebnisses werden Rückschlüsse vorgestellt.

Im Auswertungsprozess meiner Daten war auffällig, dass die inneren Lernwiderstände, ein Kernstück meiner Auswertungen, sehr viel eindringlicher und ausführlicher von den Befragten mit männlicher Sozialisation beschrieben wurden. Sie führten mir gegenüber sehr offen und detailliert ihre Ambivalenzen und inneren Erfahrungswelten aus. Widerstände und die Hürden, die sie im Lernprozess zu bewältigen hatten, wurden stärker betont als bei den Befragten weiblicher Sozialisationsgeschichte.

Unterschiedliche Differenzlinien wirken in Verzahnung miteinander. Beispielsweise kann meine Positionierung als weibliche Interviewerin nicht losgelöst davon analysiert werden, dass ich meinen Gegenübern zugleich als *weiß*-deutsche, nicht-behinderte Akademikerin um die 30, ohne expliziten hohen Status entgegen getreten bin.

Verschiedene geschlechtsbezogene Deutungsmöglichkeiten liegen im Zusammenhang mit dem oben erwähnten in der Auswertung aufgetretenen Phänomen der intensiveren Beschreibungen durch cismännliche Befragte nahe. Hier lassen sich soziale Herstellungsweisen von Männlichkeit und Weiblichkeit betrachten. Die historisch entwickelten Unterschiede im Selbsterleben von Männern und Frauen spiegeln die sozialen Erwartungshaltungen, die die biografisch eingeübten Handlungsweisen prägen. So haben in weiblichen Sozialisationsprozessen Bindungsfähigkeit und die empathische Bezogenheit einen hohen Stellenwert, während innerhalb der männlichen Sozialisationsprozesse die Entwicklung von Trennung und Loslösung und die Konzentration auf objektive Werte und Ziele bedeutsam ist. Auch (noch) in der heutigen Gesellschaft wird Männlichkeit mit Dominanz, Machtstreben, Ehrgeiz und Unabhängigkeit assoziiert, während Weiblichkeit mit Passivität, Anpassung, fürsorglichem Verhalten und weniger Ehrgeiz verbunden wird (vgl. Bindrich/Wulf 1997: 6, Hagemann-White 1984, Mühlen-Achs 1998).

Durch die Betonung der besonders schwierigen, aber bewältigten Lernwiderstände heben die männlichen Befragten mir als weiblich konnotierter Interviewerin gegenüber ihre eigene, geleistete Arbeit hervor. Diese Aussagen können demnach im Rahmen der Topoi von Individualität, Autonomie und Arbeit gedeutet werden, die zu den spezifischen kulturellen Produktionsmodi hegemonialer Männlichkeit gehören (vgl. Connell 1995, Connell/Müller 2006).

Die große Offenheit, mit der die männlichen Befragten mir als einer weiblichen Interviewerin begegneten, könnte verwundern, da hinsichtlich meines Themas, welches die Relevanz geschlechtsbezogener und sehr persönlicher Erfahrungen nahe legt, angenommen werden könnte, dass die Aufgeschlossenheit gegenüber gleichgeschlechtlichen Gesprächspartner_innen größer sei. Eine komparative Studie von Maureen Padfield und Ian Procter zeigt (1996), dass auch bei geschlechtssensiblen Themen (sie wählten das Thema ›Abtreibung‹) der überwiegenden Zahl der Interviewten gleichgültig war, ob sie von einem Mann oder einer Frau interviewt werden. Sowohl bei männlichen als auch weiblichen Interviewpartner_innen wurden die gleichen Inhalte angesprochen. Eine Differenz zeigte sich nur darin, dass die weiblichen Interviewten den Interviewerinnen gegenüber erwähnten, dass sie bereits selbst einen Schwangerschaftsabbruch durchgeführt hatten (Padfield, Procter). Mein Untersuchungsgegenstand, ein gänzlich anderer, weist jedoch ebenso eine starke Geschlechtsspezifik auf. Die Themen, die von männlich und weiblich sozialisierten Befragten in meiner Studie angeschnitten wurden, ähneln sich. Unterschiede bestehen jedoch hinsichtlich der Betroffenheitsperspektive. Beispielsweise berichten weiblich sozialisierte Befragte, wie etwa Jan Biro, von eigenen Betroffenheiten von Sexismus, während männlich sozialisierte Befragte sich von Sexismus sekundär betroffen fühlen, wenn eine ihnen nahestehende Frau ihn erfährt. Unterschiede hinsichtlich von Verschwiegenheiten eines selbst erlebten Vorfalls konnte ich nicht finden, vor allem auch dadurch, dass dieser Nachweis kein Untersuchungsziel darstellte.

Verschiedene Studien haben argumentiert, dass die kulturelle Zuordnung emotionaler Kompetenz als ›weibliche Eigenschaft‹ dazu führt, dass männliche Befragte lieber mit Interviewerinnen als mit Interviewern über persönliche Themen reden und sich bei diesen eher emotional zeigen (vgl. McKee/O'Brien Margaret 1983, Warren 1988: 44f). Sie kann als »der entscheidende Grund gesehen werden, weshalb Männer über persönliche Themen offenbar lieber mit Interviewerinnen als mit Interviewern reden und weshalb sie Interviewerinnen gegenüber eher emotionale Reaktionen zeigen.« (Behnke/Meuser 1999: 79).

Hinzu kommt, dass Männer (aber nicht nur Männer) »Forscherinnen als ›harmlos‹ oder als im Vergleich zu Forschern weniger ›bedrohlich‹ wahrzunehmen« scheinen. Das kann den Vorteil haben, »dass die Gesprächsbereitschaft sowie die Offenheit und Vertraulichkeit der Kommunikation größer sind« (Behnke/Meuser 1999: 78).

Ich gehe davon aus, dass die emotionale Offenheit gegenüber mir als weiblicher Interviewerin nicht bewusst und intentional erfolgte, doch stelle ich die These auf, dass sich entlang meiner Auswertungen die kulturellen Wirkweisen von Geschlecht in oben angeführten latenten Sinnstrukturen, d.h. der großen Bereitschaft der männlichen Interviewten, über innere Dynamiken und den detaillierten Beschreibungen ihres Umgangs mit Lernwiderständen, abzeichnen. Gleichzeitig ist anzunehmen, dass auch ich einen Eigenanteil an dieser Interviewdynamik trage. Im Interview treten sich zwei Subjekte gegenüber, die sich gegenseitig beobachten und spezifische Reizwerte füreinander haben. In der Forschungsinteraktion werden beim jeweiligen Gegenüber Resonanzen erzeugt (vgl. Breuer 2010: 124).

Vieles in den Biografien der weiblichen Interviewten erschien mir vertraut, die männlichen Biografien und die inneren Denkbewegungen der Befragten, z.B. bezüglich ihrer Lernwiderstände und hinsichtlich ihrer Auseinandersetzung mit Geschlecht, wirkten fremder und dadurch interessanter auf mich. Es ist anzunehmen, dass ich in der Gegenübertragung dadurch zum vertiefenden Erzählen eingeladen habe.

Diese beiläufigen Effekte der beschriebenen Beobachtungen und Thesen konnte ich für meine Auswertung nutzbar machen. Vor dem Hintergrund meiner Erfahrung, aber auch den Statistiken zufolge (z.B. Studieneinschreibungen Genderstudies), interessieren sich weniger Männer für das Genderthema oder (queer-) feministisches politisches Engagement. Deshalb sind die Dilemmata männlicher Subjektivität im Genderlernprozess besonders aufschlussreich für die Praxis geschlechterreflektierender Bildung. Im folgenden Auswertungskapitel werden die Lernwiderstände, besonders die inneren Lernwiderstände, aufgrund der deutlicheren Ausführungen fast ausschließlich entlang von Zitaten männlicher Befragter veranschaulicht. Doch entschied ich mich bewusst, die Auswertungskategorie Lernwiderstände nicht auf männliche Befragte zu begrenzen, da mir auch an der Ausarbeitung von breiter angelegten Kategorien gelegen war und eine Offenheit, Ansatzpunkte für koedukative und transkulturelle Settings zu finden, bestehen bleiben sollte.

6. Auswertungen

In diesem Kapitel werden entlang von Interviewzitaten im Auswertungsprozess entstandene Kategorien expliziert. Wie bereits in der Schilderung des Forschungsprozesses beschrieben, orientiere ich mich dabei an drei Hauptphasen des Lernens, die ich als Erstkontakt, beginnenden Lernprozess und fortgeschrittenen Lernprozess bezeichne. Anknüpfungspunkte für diese Einteilung in der Interviewauswertung ergaben sich aus den drei Phasen der Interessegenese (4.4) mit ihren unterschiedlichen Qualitäten und Intensitäten. Diese Aufteilung wurde unternommen, um einen Weg durch das Material zu finden und eine aussagekräftige Fokussierung innerhalb der Materialfülle zu ermöglichen und nicht, um eine Kompetenzmessung der Interviewten oder eine Bewertung ihrer Aussagen auf einer Skala vorzunehmen. Bedeutsam für die Unterscheidung der Phasen waren besonders die herausgearbeiteten Umgangsformen mit äußeren Einflüssen (Inzidenz, Negation, Reflexion und Prävalenz) und die inneren Beteiligungsmöglichkeiten (Relevanz, Attraktion, Involvement) (siehe 4.4).

Im ersten Unterkapitel stehen die zentralen Begründungen im Fokus, die aus heutiger Sicht der Befragten zum Lernen über Geschlechterverhältnisse führten. Diese werden von den Interviewten zum Teil auf Zeitpunkte lange vor der Interesseentstehung datiert. Es wird deutlich, wie Problemlagen und Konfliktfelder in dieser ersten Phase wahrgenommen und weiter bearbeitet werden. Ich nehme in der Auswertung drei Differenzierungen vor, indem ich vergeschlechtlichte, politisch-ethische und berufliche Begründungen unterscheide.

Im zweiten Unterkapitel stehen die Gründe nicht zu lernen innerhalb der Phase des beginnenden Lernprozesses im Fokus. Es werden Abwehrbegründungen und innere Diskrepanzerfahrungen ausgewertet. Gründe nicht zu lernen können im Lernprozess mit den Gründen zu lernen in Konflikt stehen und sich im Auseinandersetzungsprozess in Gründe zu lernen umwandeln. Außerdem sind sie vielfältig verstrickt mit verschiedenen Interessen des Subjekts, die im biografischen Lernprozess ausgehandelt werden. In diesem Kapitel wird besonders die Prozessdimension entlang von zwei Ebenen deutlich: der nach außen geäußerten Abwehrargumentation und der als innerer Widerspruch empfundene Dialog.

Das dritte Kapitel nimmt die Handlungsoptionen in der fortgeschrittenen Lernphase in Form von (bewussten) (Nicht-)Positionierungen, professionellen Positionierungen, politischen Positionierungen und nachdenklichen Positionierungen in den Blick. Es wird betrachtet, wie und in welcher Form diese Handlungen stattfinden, und in welchem Zusammenhang die Positionierungen mit den das Subjekt umgebenden Strukturen stehen.

Im Kapitelfazit werden die zentralen Erkenntnisse zusammengefasst und rückblickend auf Überschneidungen und Differenzen überprüft. Daran anknüpfend werden Auslassungen im Gesagten ausgewertet. Ich schließe mit kurzen Anmerkungen zu subjektiven Dimensionen des Forschungsprozesses.

Zum Kontext: Strukturen, Handlungen, diskursive Formationen, Erfahrungen

Da ich in meiner Auswertung qualitativ vorgehe und mich auf sehr spezifische Ausschnitte und Phasen des Lernprozesses konzentriere, möchte ich diese Auswertungsschritte vorweg kontextualisieren. Lerngründe, Lernwiderstände und Handlungsfähigkeiten sind verwoben und stehen in Beziehung zu Strukturen (Lernorten), bestimmten Lerntätigkeiten und Handlungsfelderweiterungen. Die im Folgenden angeführten Auflistungen zu Orten/Strukturen, Lerntätigkeiten und Handlungsfähigkeitserweiterungen sind unabgeschlossen. Sie werden hier nicht analysiert und interpretiert, sondern dienen dazu, die Rahmungen und Zielrichtungen des Lernens zu umreißen.

Diese sollen im Folgenden stichwortartig skizziert werden, um die Reichweite und Komplexität des Lernens über Geschlechterverhältnisse zu verdeutlichen.

Als Orte/Strukturen der Auseinandersetzung und des Lernens über Geschlechterverhältnisse wurden in meinen Interviews genannt:

- private Kontexte wie Wohn- und Lebenszusammenhänge, Familie, Freundschaften, Therapie, Selbsterfahrungsgruppen, Partys,
- institutionalisierte Lernkontexte wie Weiterbildung, Schule, Universität, wissenschaftlicher feministischer Kongress,
- nonformale Lernorte wie selbstorganisierte Frauenlerngruppen,
- politische Kontexte wie Schüler_innenvertretung, soziale Bewegungen, Studienstreik, politische Gruppen, feministische AStA-Arbeit, Männergruppe, feministische Gruppen, Frauenkneipe, FrauenLesbenBewegung, FrauenLesbenZentrum, Zeitschriftenprojekte sowie
- berufliche Kontexte wie Praktikum in einer Bildungseinrichtung oder selbstständige berufliche Projektarbeit.

Als Quelle für Inspiration wurde neben realen Begegnungen in alternativen Zusammenhängen auch die medial vermittelte Popkultur benannt (z.B. Nina Hagen).

Als Tätigkeiten, die als Lerntätigkeit oder Handlungsraumerweiterung von den Interviewten angeführt werden, wurden folgende erwähnt:

- sich selbst und eigene Handlungsweisen in Frage zu stellen und zu reflektieren,
- die Auseinandersetzung mit anderen zu suchen, sich zu streiten und auszutauschen,
- theoretische Texte zu lesen und zu diskutieren, Gruppen zu gründen,
- Netzwerke und Treffen zu initiieren,
- erste Vokabeln auszuprobieren, Seminare anzubieten,
- Verantwortung zu übernehmen,
- Bildungsangebote zu suchen,
- sich ein anderes Umfeld zu suchen,
- über Gefühle zu reden,
- die eigene Wirkung auf andere zu reflektieren,
- Grenzen gegenüber Normierungsprozessen zu setzen,
- Selbstbezeichnungen zu finden,
- Macht zu reflektieren,
- Verknüpfungen von Herrschaft zu erleben,
- Intersektionalität zu theoretisieren,
- eine neue, treffendere Sprache und Bezeichnungen zu finden,
- zu konfrontieren,
- Stereotype und Inszenierung als solche analysieren.

In Bezug auf vergeschlechtlichte Selbstpraxen, vor allem für die (Liebes-)Beziehungsräume und Körperpraxen, bedeuten Lernprozesse für Befragte die Möglichkeit,

- sich in Repräsentant_innen einer nicht stereotypen (hegemonialen), gegebenenfalls queeren Männlichkeit/Weiblichkeit verlieben zu können,
- Beziehungen geschlechtsbewusst reflektieren und verändern zu können,
- Liebesbeziehungen unter Reflexion von heteronormativen und romantischen Liebesidealen in Bezug auf eigene Bedürfnisse aushandeln zu können,
- genderqueere Kleidung oder Accessoires zu tragen (Schminke, Röcke, Bärte etc.),
- lesbisch zu leben,
- trans* zu leben.

Für politische Handlungsweisen wird feministisches Wissen und Genderkompetenz relevant, um:

- das Politische neu zu definieren,
- (Selbst-)Bezeichnungspraxen zu verändern und positive Umdeutungen vorzunehmen,
- über Wissenstransformationen Anregungen für antirassistische Politiken zu erhalten,
- lesbisch als Selbstbezeichnung zu wählen,
- Homosexualität sichtbar zu machen,
- Präventionsmaßnahmen gegen Gewalt gegen Frauen vorzunehmen,
- sich für sprachliche Repräsentation einzusetzen,
- Trans*-Auseinandersetzungen einzufordern,
- sich gegen Objektivierungsprozesse zu wehren,
- höhere Löhne für Frauen zu fordern,
- Identifikationsmöglichkeiten zu schaffen,
- Geschlechterirritationen zu schaffen,
- ‚Relativität von Wissen‹ aufzuzeigen,
- sich kollektiv zu organisieren,
- Protestaktionen und Demonstrationen zu organisieren,
- Zeitschriftenprojekte und politische Kampagnen auf die Beine zu stellen.

Als positiv konnotierte Nebeneffekte dieser (erweiterten) Handlungsweisen werden, bereits nach dem Erstkontakt bzw. nach der bewussten Entstehung von Interesse, positive emotionale Effekte wie z.B. Anregung, Interesse, Inspiration, Selbstbewusstsein, Empathie, Selbstempathie und ›Glücklichsein‹ angeführt (»dass es mich glücklicher gemacht hat, so zu leben.«, Stefan Krueger: Zeile 32).

6.1 ERSTE GRÜNDE FÜR DIE AUSEINANDERSETZUNG MIT GENDER UND FEMINISMUS: GESCHLECHTLICHE IDENTITÄTSKONSTRUKTIONEN, VORSTELLUNGEN VON GERECHTIGKEIT, BERUFLICHES

In meinen Auswertungen ließen sich Lerngründe, die für eine allererste Auseinandersetzung sprechen, auf unterschiedlichen Ebenen ausmachen. Ich bezeichne die zentralen Kodierungen, die sich herauskristallisieren, als Gründe, die im Zusammenhang mit den geschlechtlichten Identitätskonstruktionen stehen, Gründe, die in Bezug zu Vorstellungen vom guten Leben und Gerechtigkeit stehen, und berufliche Gründe. Mit den ersten Lerngründen sind die allerersten Diskrepanzerfahrungen gemeint, die die Interviewten im Rückblick auf ihre Lerngeschichte rekonstruieren. Nachdem ich auf die drei zentralen Kategorien eingegangen bin, stelle ich unter 6.1.4 diskursive Formationen vor, die nach Aussage der Befragten ihren Erstkontakt mit Genderthemen begünstigten, sowie Ambivalenzen, die sich durch die Durchkreuzung von Betroffenheit von Herrschaftsverhältnissen und die Ausübung von diskriminierendem Verhalten ergeben.

6.1.1 Geschlechtliche Identitätskonstruktionen

Unter geschlechtlichen Identitätskonstruktionen (im Folgenden verwende ich den Begriff synonym zu dem der geschlechtlichen Identitätsbestandteile oder auch zu dem des geschlechtlichen Selbstempfindens) fasse ich die Selbstverortung und biografische Gewordenheit der Befragten als Frauen, Männer oder Trans* innerhalb des gesellschaftlich bestehenden zweigeschlechtlichen Positionierungsrahmens. Diese Selbstverortung ist einerseits in Sozialisationsprozessen lebensgeschichtlich gewachsen und wird andererseits in Prozessen des Doing Gender täglich aufs Neue hergestellt (siehe auch ›Feministische Paradigmen‹ unter 2.1., ›Exkurs zu Identitätskonstruktionen‹ unter 5.4.1. oder vgl. Bilden 1991, Faulstich-Wieland 2008a). Unter dieser Auswertungskategorie werden die Diskrepanzerfahrungen zwischen gesellschaftlichen Normen und Strukturen und des vergeschlechtlichten Selbstempfindens zusammengefasst.[1]

Nicht-Passen-Können und Nicht-Passen-Wollen: »So kann ich nicht sein.«, »So will ich nicht sein.«
Die folgenden Interviewausschnitte stammen aus dem Interview mit Jan Biro. Jan Biro wurde als queerfeministischer Aktivist interviewt. Er ist als Mädchen aufgewachsen und definiert sich heute je nach Kontext als Transgender oder als »Typ«. Die Zitate verdeutlichen Kämpfe in und vor dem Erstkontakt mit Genderthemen, die sich an dem Gefühl ›nicht zu passen‹ entzünden.

Im Folgenden eine Passage aus dem ersten Interviewabschnitt mit Jan Biro, in dem er auf meine Frage nach dem Beginn seiner Auseinandersetzung antwortet:

JB: »Ich glaube in der Pubertät, habe ich das ganz schön stark gespürt, da habe ich noch nie den Begriff Gender dafür verwendet oder Geschlecht, sondern es war eher, aha, es gibt Jungs und Mädchen und irgendwie müssen Mädchen so sein und Jungen so, und irgendwie sollen sie sich gegenseitig toll finden, aber irgendwie können sie auch gar nicht miteinander reden und ich glaube Pubertät und meine Auseinandersetzung da irgendwie nicht in eine Rolle reinzupassen, oder nicht reinpassen zu wollen und zu aggressiv zu sein für ein Mädchen, oder eine Frau, und meine Konflikte mit diesen Rollenerwartungen zu haben, aber nicht so in eine

---

1 Diese Selbstverortung hat keine lebenslange Gültigkeit, unterliegt jedoch für die meisten Menschen einer relativen Trägheit und Kontinuität. Was für die Einzelnen als männlich, weiblich oder trans* verstanden wird, setzt sich aus unendlich vielen kulturellen, schichtbedingten, ethnisierten etc. Annahmen zusammen.

Riot-Position, sondern auch so einen Rückzug, oder auch so ein Internalisieren von Gewaltverhältnissen erstmal, also den Fehler bei sich zu suchen [...].« (Jan Biro: 22)

Hier hebt Jan Biro hervor, dass ihm Bezeichnungen wie ›Gender‹ oder ›Geschlecht‹ (hier im ersten Zitat) als Kategorien, mit denen er ihm widerfahrene Widersprüche von Geschlechternormen und Strukturen (wie z.b.»Jungen und Mädchen sollen sich gegenseitig toll finden« versus »irgendwie können sie auch gar nicht miteinander reden«) hätte einordnen können, fehlten. Zum Zeitpunkt der entstehenden Diskrepanz bleiben die persönlichen Lerngründe, die in der Rückschau als Normenkonflikte benannt werden, diffus und vage, da zum damaligen Zeitpunkt weder unterstützende Strukturen noch ein entsprechendes Begriffswerkzeug zur Verfügung standen, um den Konflikt begreifbar zu machen und die Normalität in Frage zu stellen bzw. eine andere Normalität zuzulassen. Der erfahrene Widerspruch besteht für Jan Biro in der Unfähigkeit oder dem Unwillen, den erfahrenen Geschlechternormen zu entsprechen, also zwischen der eigenen geschlechtlichen Identitätskonstruktion und den gesellschaftlich dominanten, symbolischen Repräsentationen von Geschlecht, die über die Erwartungen anderer Menschen an Jan Biro herangetragen werden.

Er beschreibt die Erfahrung, »zu aggressiv für ein Mädchen« gewesen zu sein, die Gefühle, »nicht richtig zu sein« und »nicht zu passen«, die bei ihm zu einem »Internalisieren« von Gewaltverhältnissen geführt habe.

JK: »In welcher Form hast Du das gemacht?«
JB: »Also, ich war halt sehr stark depressiv [...] ich hab mich halt emotional total dicht gemacht und hab halt auch meine Aggressionen gegen mich selbst gewendet, also mir selber die Schuld gegeben und mir vielleicht auch nicht so viel zugestehen können.« (Jan Biro: 58-59)

Auf meine Nachfrage hin formuliert er diese Form von Internalisieren als Depression aus. ›Depressiv‹ wird als Stimmungsbezeichnung im Alltagssprachgebrauch sehr häufig verwendet, auch wenn keine Ausprägung vorhanden ist, bei der therapeutischer oder medizinischer Handlungsbedarf besteht. Als Depression (von deprimere (lat.) = niederdrücken) wird in medizinischer bzw. psychotherapeutischer Fachsprache ein psychisches Leiden mit dem Leitsymptom psychischer Niedergeschlagenheit bezeichnet. Unter der klinischen Bezeichnung ›Depression‹ werden ein Konglomerat aus zum Teil sehr unterschiedlichen Symptomen gefasst, um einige zu nennen: Traurigkeit, Melancholie, Antriebslosigkeit, Aggression, Antriebsschwäche, Erschöpfung, Müdigkeit. Die Ursachen und die Wirkungsweise von Depressionen können so unterschiedlich sein, dass allein der Begriff sehr schwammig bleibt. Deshalb reicht aus subjektwissenschaftlicher Perspektive die Depression als Argument für eine Kritik an krankmachenden Strukturen nicht, sondern es ist erforderlich, die jeweiligen Ursachen genau zu ergründen. Ich möchte darauf hinweisen, dass die Bezeichnung von Depression und anderen psychischen Leiden als Krankheit problematisch ist, obwohl sie gleichzeitig die Chance auf Hilfeleistung gewährt und Veränderbarkeit suggeriert. Durch die Bezeichnung als Krankheit können für die Subjekte Determinierungen entstehen, insbesondere, wenn dadurch die fließende Grenze zwischen gesund und krank zur Stigmatisierung von Betroffenen sowie Identifizierung und Gleichsetzung der Person mit ihrem Leiden führt.

Dennoch wirkt auf mich die Bestimmtheit, mit der Jan Biro hier über seine Depression spricht, und die Art der Formulierung, die er wählt, sehr bewusst und entschieden, so als ob er bereits einen längeren Prozess der Selbstreflexion und Selbsterfahrung, vermutlich therapeutisch, durchlaufen hat, der ihn wissen lässt, wovon er spricht. Im Interviewverlauf spricht er an verschiedenen Stellen dieses Leiden an und beschreibt es, so dass ich seine Depression nicht als eine Stimmungsbeschreibung, sondern ein existenzielles Leiden begreife.

Die Perspektive des Erzählers schwankt zwischen der Wiedergabe der damaligen Perspektive und der heutigen Übersetzung der Konflikte, die auf einer politischen Ebene verhandelt werden. Dies wird in der Verwendung seines Vokabulars deutlich und geschieht z.B. dadurch, dass er feministisch geprägte Begriffe, wie den der »patriarchalen Gewaltverhältnisse«,[2] verwendet und damit einen Blick auf Gewalt und Hierarchien wirft sowie eine politische Analyse vornimmt.

JB: »[...] glaube daher kommt auch schon sehr stark mein Gefühl von ›ich pass da nicht rein und ich will da auch gar nicht reinpassen‹, weil ich weiß, was patriarchale Gewaltverhältnisse sind [...] und für mich Familie immer so ein heikler Kontext, was total Gefährliches, potenziell Verletzendes war, wo ich sehr stark irgendwie aufpassen muss, wo ich sehr stark Grenzen ziehen muss, und ich einfach so eine ganz starke Kritik an heterosexuellen Kleinfamilien dadurch habe, vielleicht gar nicht unbedingt selbst gewählt [...].« (Jan Biro: 55)

Jan Biro beschreibt die Familienstrukturen, in denen er aufgewachsen ist, als einen zentralen Grund für sein geschlechterpolitisches Engagement und seinen damals begonnenen Auseinandersetzungsprozess mit Feminismus und Gender.

Die Erfahrung, anders zu sein oder ›nicht zu passen‹, wird von Jan Biro eindrücklich nicht nur im Hinblick auf Familienstrukturen, sondern auch hinsichtlich der Körpernormen beschrieben. Deutlich wird in dem oben genannten, dass der Widerstand und die spätere Auseinandersetzung quasi einen existenziellen Notwendigkeitscharakter besaßen, also nicht als selbst gewählt empfunden werden.

---

2   Auch Anna Loritz beschreibt ihre damaligen Familienstrukturen als einen zentralen Grund für ihr Engagement bezüglich der Geschlechterverhältnisse und ihren damals begonnenen Auseinandersetzungsprozess (siehe 6.1.5).

JB: »Ich glaube in ein Körperbild reinpassen zu müssen, sexualisiert zu werden, so objektiviert zu werden auch. [...] Meine Beziehungen waren immer sehr kurz und konfliktreich [...] also das waren heterosexuelle Beziehungen, ja glaub ich auch erst, als ich aus diesem Schulumfeld und Kleinstadt raus war, da habe ich für mich auch erst andere Sachen entdecken können. Also ich hab gemerkt, es passt nicht mit Typen und ich streite mich mit denen nur und ich liefere mir auch sonstige Machtkämpfe sofort mit denen, aber für mich war da nicht so die Quintessenz, ›Ok ich könnte ja queer sein oder irgendwie anders‹, das lag da nicht automatisch auf der Hand, sondern irgendwas ist halt falsch, ohne da eine Alternative oder eine Lösung parat zu haben [...].« (Jan Biro: 50-53)

Hier führt Jan Biro sein Umfeld als eine wichtige Rahmenbedingung an, das Kontakt mit dem Thema verhinderte bzw. ermöglichte (»erst als ich aus diesem Schulumfeld und Kleinstadt raus war...«). Im nachfolgend angeführten Zitat werden diese Strukturen, die ihm (aus heutiger Sicht) damals vermutlich eine kritische Auseinandersetzung mit den Normen bzw. eine Distanzierung ein Lernen und/oder eine Handlungsfähigkeitserweiterung ermöglicht haben, noch explizit erwähnt (»ein anderes Umfeld«, »anderen Input durch Personen«).

JB: »Also ich glaube, das mit dem Widerstand, das hat schon in der Pubertät angefangen, aber ich habe mich damals alleine gefühlt, [...] wenn ich denke, wenn ich da in einem anderen Umfeld aufgewachsen wäre, oder zu dieser Zeit auch schon andere Inputs durch Personen durch irgendwelche anderen Zugänge gehabt hätte, dann wäre das wahrscheinlich auch schneller gegangen, ich hab so das Gefühl, dass mich das immer wieder in so Zweifel gebracht hab, ›Ok, ich pass da irgendwie nicht rein, aber irgendwie tun es ja scheinbar alle anderen‹, und ich meine das denken ja total viele, aber solange es nicht nach außen gekehrt wird und sichtbar ist, zieht es meistens sehr viel Kraft, und ich glaube, das hatte ich schon ziemlich lange, so bis 20, Anfang 20.« (Jan Biro: 48)

Die bestehenden Strukturen in der Kleinstadt verhinderten den Kontakt mit Vorbildern, Alternativen und Lebenseinstellungen oder Konzepten von ›queer‹ oder ›feministisch‹ und konnten keine andere Perspektive als »falsch zu sein« und »nicht zu passen« anbieten.

JB: »Ich hab ganz schön viel alleine gekämpft und auch nur gegen Sachen gekämpft und das hat bei mir schon relativ viel Energie gezogen und ich hab nach außen auch hin, auch durch das wie ich mich gegeben hab, und auch wie ich argumentiert habe, so widerständig gehandelt, aber ich habe auch sehr viel von dieser Wut, die ich hatte, irgendwie gegen mich selber gekehrt [...].« (Jan Biro: 48)

Jan Biro beschreibt seine Jugend in der Kleinstadt trotz der beklagten fehlenden Angebote und Inputs jedoch nicht als vollständig ohnmächtig. Er handelte widerständig und kämpferisch nach ›außen‹, internalisierte und individualisierte jedoch gleichzeitig seine Konflikte und verlor dadurch viel Kraft und Energie. Es ist sehr unterschiedlich, an welchem Zeitpunkt die Erzählungen biografisch ansetzen und wie weit die Widerspruchserfahrungen, die von den Befragten bewusst in den Kontext von Auseinandersetzungen mit Geschlechterverhältnissen und dem beginnenden Interesse und Engagement gestellt werden, zurückreichen. Für Laura Janssen, ebenfalls Aktivistin und Interessierte, beginnt der Bewusstwerdungsprozess dessen, was sie für sich als feministisch definiert[3], pointiert auf einem Kongress.

LJ: »[...] das hat angefangen am Ende von meinem Studium, da war ich auf einem Kongress ›Frauen in Naturwissenschaften und Technik‹, und da war für mich ein Moment, wo ich das erste Mal in meinem Leben gesehen hab, das war so ein Kongress mit 300 Frauen, die irgendwo im Bereich Naturwissenschaft und Technik gearbeitet haben, und wo gesehen hab, huch, das ist ja alles total anders, die Atmosphäre ist total anders, die Thematiken sind anders, der Umgang ist anders, zu dem, wie ich das kannte aus meinem Studium. Und ich hab gemerkt, dass mir das was gibt [...] und einfach auch die Atmosphäre fand ich was ganz Tolles. Da habe ich zum ersten Mal in meinem Leben gemerkt, dass mir andere Frauen in meinem Fach fehlen! Vorher habe ich immer gedacht, och, ist so [...] ja war nicht so wichtig. War nicht so bewusst, dass das was ausmacht, dass ich die einzige Frau bin, die in den Naturwissenschaften studiert. [...] Plötzlich waren dann da Professorinnen [...] wo ich dann denken konnte, ›Bin ich auch so?‹, ›Kann ich auch so werden?‹, ›Will ich so werden?‹. Wo ich gemerkt hab, dass das mit meinen männlichen Profs hier nicht so ging. [...] Ich fand dann hier zwar auch männliche Profs toll und dachte, das will ich auch so machen, aber das war nicht so richtig ich.« (Laura Janssen: 2)

Die Widerspruchserfahrung, die Laura Janssen beschreibt, ist die zwischen der ihr zugeschriebenen, aber auch von ihr gefühlten Geschlechtsidentität als Frau und ihrer beruflichen Identifikation. Sie bemerkt plötzlich, dass die strukturellen Rahmungen ihres Studiums sie beengen. Zum einen fühlte sie sich in ihrem Selbstempfinden und der Möglichkeit, sich selbst als Wissenschaftlerin zu imaginieren, dadurch beschränkt, dass es in ihrem Fach kaum andere Frauen oder weibliche Vorbilder gab, zum anderen begann sie, sich an den diskursiven Gepflogenheiten in einer männlich dominierten Atmosphäre zu stoßen. Während der Schilderung ihres ›Aha-Moments‹ vermittelt mir Laura Janssens Stimme und Gesichtsausdruck Freude, Faszination und Begeisterung.

Obwohl Laura Janssen den Zeitpunkt ihres Interessebeginns und damit den Beginn ihrer aktiven Auseinandersetzung, anders als Jan Biro, erst gegen Ende ihres

---

3 In Erinnerung gerufen sei hier, dass ich es den Interviewten freigestellt hatte, welchen Namen sie ihrer Auseinandersetzung mit den Geschlechterverhältnissen geben.

Studiums datiert, stellt sie im späteren Verlauf des Interviews (ungefragt) auch Widerspruchserfahrungen aus ihrer Kindheit und Jugend in den Kontext ihres Lernprozesses. LJ: »Als Kind wurde ich immer schon benannt als burschikos, und ich krieg da immer so einen Knoten im Hirn, ich wusste, ich fühlte mich als Frau, ich bin Frau, und gleichzeitig wurde ich mit etwas benannt, das Frauen nie zugeschrieben wurde.« (Laura Janssen: 2)

Sie führt hier die Erfahrung an, als burschikos, also jungenhaft, bezeichnet zu werden, obwohl sie sich ›als Frau‹ fühlte. »Der Knoten im Hirn« dient als Metapher für Verstrickung und Nichtverstehen. Durch dieses Bild wird von ihr die Emotion im Körper lokalisiert und das Denken als eine körperliche Erfahrung gekennzeichnet.

Im Folgenden schildert sie eine Begegnung als Jugendliche mit ihren Klassenkamerad_innen in einer Kneipe.

LJ: »Einmal war ich auf einer Party, wo da alle meine alten Freundinnen […], das war so Ende der Schule […] und die waren alle so spindeldürr und die saßen da so mit einem Maracujasaft und neben ihnen so ihre Freunde mit so Muskelshirts und ich saß da und hatte so eine Bierflasche in der Hand und ich hatte so das Gefühl, ich werd‹ immer dicker und dicker und dicker und so böh [macht eine Geste – in die Breite gehend], dass ich da so sitze. Wo ich dachte, das passt einfach nicht, ich bin nicht so, ich geh nicht in 'ne Kneipe und trink einfach nur meinen kleinen 0,2 Maracuja-Saft für zwei Stunden, das finde ich einfach zu langweilig […].« (Laura Janssen: 10)

Während Laura Janssen selbst gerne ein Bier trinken wollte, nahmen die anderen Mädchen, in einem heteronormativen Setting neben ihren Freunden sitzend, »nur Maracuja-Saft« zu sich. Im Kontrast zu ihren weiblichen Altersgenossinnen empfand sie sich plötzlich ›von der Norm abweichend‹. Sowohl im vorangehenden als auch im folgenden Zitat kommen die Körperlichkeit und Sinnlichkeit der Erfahrung ›Nicht-zu-passen‹ zum Ausdruck. Auch in diesem Zitat unterstreicht Laura Janssen die Körperlichkeit des geschilderten Erlebnisses, indem sie zur Darstellung ihrer Metapher im Interview mit ihren Händen und Armen gestikuliert. So deutet sie an, wie die ihr dargebotenen Bilderszenen zu einer plötzlichen Veränderung der eigenen Körperselbstwahrnehmung führten.

Auch bei männlich sozialisierten Befragten sind ähnliche Umschreibungen des ›Nicht-Passens‹ und ›Nicht-Passen-Wollens‹ als Ausgangspunkt für einen Lernprozess zu finden, jedoch vor dem Hintergrund einer Auseinandersetzung mit (heteronormativen) Männlichkeitsnormen.

JK: » Mich würde die Geschichte Deiner Auseinandersetzung mit dem Thema Gender/Geschlecht interessieren! Welche Punkte spielen in Deiner Auseinandersetzung mit Geschlecht eine bedeutsame Rolle?«

SK: »Ja, da gibt es ziemlich viele Punkte, glaube der erste war, dass ich mich mal in einen Freund von mir verliebt habe, da war ich 18. Und, ich habe es leider nicht geschafft, das dann so umzusetzen oder das auszuleben. Ich habe allerdings dann in dieser Zeit viel über meine sexuelle Orientierung nachgedacht und ich habe auch zwei Freunden von mir davon erzählt, und ihnen erzählt, ›ja, ich bin glaube ich bi-sexuell‹ und in der Zeit habe ich glaube ich auch angefangen über Männlichkeit nachzudenken und mir ist so eine bestimmte Form von Männlichkeit oder Situationen in denen Männer sehr laut und raumgreifend sind, das hat da in dieser Zeit angefangen, dass mir das sehr unangenehm geworden ist.«

JK: »Warum?«

SK: »Ich weiß nicht, das war nie meine Art und ich konnte damit nicht umgehen. Es war ein bisschen so etwas wie ›So bin ich nicht‹ und so will ich auch nicht sein.‹ Vielleicht war es auch das. Ja, aber das war, ich würde im Nachhinein sagen, da habe ich nicht so viel drüber nachgedacht, was das bedeutet, da habe ich auch im Nachhinein nicht so viel drüber nachgedacht, das war eher so ein Gefühl.« (Stefan Krueger: 1-4)

Über die im Teenageralter erfahrene Vermutung, eventuell schwul zu sein, die für ihn im Widerspruch zu den wahrgenommenen Männlichkeitserwartungen steht, beginnt Stefan Krueger, sich mit Geschlecht anhand von Männlichkeit auseinanderzusetzen. Er fängt an, eine bestimmte »raumgreifende«, hegemoniale Maskulinität als unangenehm zu empfinden. Er erlebt sie verknüpft mit heterosexuellen Normen. Durch diese von außen vorgegebene, erlebte Norm, fühlt er sich außerstande, nach seinen Gefühlen zu handeln, eine Aussprache seiner Verliebtheit empfand er als tabu- und schambesetzt. In seinen bis dahin geltenden Vorstellungen von Männlichkeit habe es nicht gepasst, sich gleichgeschlechtlich zu verlieben. Zum Zeitpunkt des Erlebens bleibt diese Erfahrung des ›Unangenehm-Findens‹ vage, auf der Ebene des Gefühls und ohne treffliche Bezeichnungen.[4]

Im Unterschied zu Stefan Krueger kann Nazim Özer den Anfangspunkt seines Unbehagens mit der Geschlechternorm kaum benennen.

NÖ: »Ich kann das zeitlich, glaub ich, gar nicht so richtig, ich kann nicht sagen, wie es früher war, wie es jetzt ist so. Ja, aber, ich glaube, dass ich da 'n bisschen genauer bin, so, und ich würde behaupten, aber vielleicht ist das auch so 'ne nachträgliche Betrachtung, ich weiß es nicht, ich würd sagen, dass mich das eigentlich auch früher auch schon immer 'n bisschen, dass das nicht so richtig mein Beat war, oder so, und mittlerweile kann ich's besser begründen, kann ich's besser verstehen, und kann's auch besser vertreten […].« (Nazim Özer: 128)

---

4   Ein weiterer wichtiger Punkt wird bei ihm die (politische) Gerechtigkeitsperspektive. Er begibt sich auf die Suche nach Strukturen, die einen anderen Umgang mit der Männlichkeit pflegen, die ihm unangenehm geworden ist (siehe auch ›Fließende Übergänge/Vorbilder: von Gründen in Bezug auf geschlechtliche Identitätskonstruktionen hin zu politischen Gründen‹).

Im Rückblick stellt Nazim Özer die Vermutung an, dass eine bestimmte, selbstdarstellerische und ›spektakuläre‹ Art der Männlichkeitsinszenierung, wie er sie im Interview ausführlich anhand einer noch nicht lang zurückliegenden Beobachtung beim Kindersport seines Sohnes beschreibt[5], auch früher schon »nicht so richtig sein Beat war«. Der Metapher zufolge konnte er in dem Takt, der von ihm erwarteten Männlichkeit, nicht mitschwingen. Das Bild verweist auf die Körperlichkeit der Diskrepanzerfahrung, die Nazim Özer erlebte. Deutlich wird hier auch, dass die ersten Diskrepanzerfahrungen zwischen der eigenen Identitätskonstruktion und der Geschlechternorm zum Zeitpunkt des Erlebens sehr vage waren und daher im Nachgang für ihn nur schwer zu rekonstruieren (»ich würde behaupten«, »vielleicht« »eigentlich«, »nicht so richtig«). Wie bei den weiblich sozialisierten Befragten (Laura Janssen, Jan Biro) wird hier angesprochen, dass das zuvor verschwommene Gefühl erst heute, durch die nachträgliche Versprachlichung, für ihn erklärbar wird.

Nazim grenzt sich heute einerseits selbstbewusst von einer spektakulären (hegemonialen) Männlichkeitsinszenierung ab, jedoch werden im Interview auch innere Widersprüche deutlich, in denen er sich in heutigen Situationen befindet.

NÖ: »Ich weiß, das ist was ganz Einfaches, so spektakulär zu sein… fährst du 'n tolles Auto oder tolles Motorrad und schon hast Du alle Kinder, jugendliche Augen, du bist cool, wie auch immer. Und ich verzichte halt rigoros bei solchen Sachen, so, ich bin trotzdem cool […] Ich will nicht der Vati sein, der einmal Sonntagmittag irgendwie mit ihnen dann irgendwas Tolles macht irgendwie und ansonsten sich geschickt raus hält, so. Genau. Also es gibt schon so – also, genau. Ich bin da nicht frei davon, sag ich mal so. Ich bin nicht frei davon, aber ich bin da, […] ich versuche das halt zu verstehen, was da abgeht. Was mit mir auch, was mit mir passiert, wenn ich mit Jungs arbeite […].« (Nazim Özer: 122-126)

Er beschreibt hier, wie Väter über spektakuläre Männlichkeitsinszenierungen und männliche Statussymbole ihre Kinder ›einfach‹ beeindrucken können. Selbstbewusst grenzt sich Nazim Özer davon ab. Die Anmerkung »ich bin trotzdem cool« wirkt auf mich, als müsste er sich selbst bestätigen, dass es auf diese Art der Bestätigung durch die Kinder für ihn nicht ankommt und dass er trotzdem ein guter Vater ist. Durch die Anmerkungen »Ich bin nicht frei davon« macht er im Anschluss die Reflexion seiner inneren Ambivalenzen zwischen dem Wunsch nach (leicht zu erhaltendem) Beifall und einem geschlechterreflektierten Handeln deutlich.

---

5 NÖ: » […] letzte Woche war das, da war ein Vater da […], da waren halt so Seile von der Turnhalle an der Decke so, und er plötzlich so, geht halt die Seile hoch. Und alle Kinder »boah«, mein Sohn auch. (lacht) Und dann hab ich schon gemerkt, da ist irgendwie – ja, ich will das gar nicht, ich will gar nicht so 'n Mann sein […]ich weiß, das ist was ganz Einfaches, so spektakulär zu sein….« (Nazim Özer: 122)

Auch Laura Janssen beschreibt, ähnlich wie Nazim Özer, dass das dumpfe Gefühl (das ›Sich-komisch-Fühlen‹) bis heute noch von ihr erlebt wird, sie es aber heute, im Unterschied zu früher, versprachlichen kann.

LJ: »Also, wo es vorher [...] plötzlich fühlte man sich komisch, oder man merkte, es ist etwas komisch, oder es war irgendwas Dumpfes und wo man plötzlich 'ne Sprache dafür bekommen hat. Aber dieses, dass man sich komisch fühlt, oder dass man auch, das war schon vorher da, so würde ich das für mich beschreiben.« (Laura Janssen: 36)

Deutlich wird an den hier genannten Beispielen, dass die Widerspruchserfahrungen entlang der Geschlechternormen, die in den Gründen für den Erstkontakt genannt werden, auch in späteren Lern- und Reflexionsstadien weiterhin gemacht werden. Auch hier können sie zu einem dumpfen Gefühl, einem Unbehagen oder Sich-komisch-Fühlen führen, jedoch mit dem Unterschied, dass sie nun reflektiert und kategorisiert werden können.

Zwischenfazit
Dort, wo Konflikte der individuellen (Geschlechts-)Identitätskonstruktion mit den an die Interviewten in Strukturen wie Familienzusammenhang, Schule, Freundschaften herangetragenen Geschlechternormen an zentraler Stelle im Konglomerat der Lerngründe standen, gingen damit starke bzw. intensive Emotionen einher, die in Form von inneren und äußeren Kämpfen erlebt wurden: Diese wurden auch als ›gegen sich selbst‹ gerichtet beschrieben (z.B. in Form von Verzweiflung, Selbstabwertung, Verunsicherung, Rückzug, Verwirrung, ›Sich-komisch-Fühlen‹, Depression). Sie entzündeten sich vor allem an dem Gefühl, ›nicht zu passen‹. Die genannten Normen und Erwartungen, die im Nachhinein als diesen Konflikt auslösend begriffen wurden, wurden in den Zitaten als soziale Normen der Raumnahme, als Körpernormen und als sexuelle Normen beschrieben. Deutlich wird, dass der je eigene Körper in dem Konfliktfeld für die Befragten eine große Rolle erhält, zum einen in Form von Körper oder Liebesnormen, oder aber in den emotionalen Konsequenzen von Konflikten (starke Wut, Aggression, Depression). So wurden Depressionen von Jan Biro als Autoaggression sowie als internalisierte, und somit gegen sich selbst gewendete, Macht- und Herrschaftsverhältnisse erlebt, mit einer eher lähmenden und erschöpfenden Wirkung.

Sigmund Freud hat den Zusammenhang zwischen psychischen Störungen und patriarchaler Gewalt in seiner sogenannten ›Verführungstheorie‹[6] aufgezeigt. Selbi-

---

6   Mit dieser Theorie unternahm Freud einen Versuch, die Entstehung von ›Hysterie‹ zu erklären. Die sogenannte psychische Erkrankung der Hysterie war zu Freuds Zeiten weit verbreitet und betraf in erster Linie Frauen. In der Theorie stellte Freud einen Zusammenhang zwischen im frühen Kindesalter erlebter sexualisierter Gewalt (meist innerhalb

ge revidierte er später.⁷ Strittig ist bis heute, welche Gründe für diese Revision entscheidender waren: Der gesellschaftliche Druck aus seinem Umfeld, diese entlarvende gesellschaftskritische These zurückzunehmen oder seine wissenschaftliche Einsicht, die ihm zeigte, dass er durch das Aufstellen einer kausalen Theorie das Unbewusste seiner Patientinnen in der Ätiologie ihrer Krankheit ausklammerte (vgl. Gerisch/Köhler 1993: 229).

Das Zusammenwirken von gesellschaftlichen Normen und Idealbildern sowie dem Entstehen von Depressionen wurde insbesondere in den letzten Jahren in der Sozialpsychologie wieder verstärkt diskutiert, ausgehend von Alain Ehrenbergs These des »erschöpften Selbst« (2004). Ehrenberg stellt in seinem gleichnamigen Buch die These auf, dass die gesellschaftliche Verbreitung von Depressionen parallel zu den gestiegenen Anforderungen an ein Subjekt in Bezug auf Leistungsfähigkeit, Individualität, Authentizität und Kreativität im (post-)modernen Kapitalismus zugenommen hat.

Die in diesem Abschnitt beschriebenen Diskrepanzerfahrungen konnten erst im Nachhinein, das heißt in späteren Stadien ihres Interesseprozesses, Schritt für Schritt von den Befragten reflektiert werden. Zum Zeitpunkt des Erlebens werden sie als ein dumpfes oder vages Gefühl beschrieben. Die für diese in der Zeit der ersten Konflikte empfundene und in den Interviews durch die Befragten oft besonders hervorgehobene Sprachlosigkeit verweist auf die Gleichursprünglichkeit von Lerngrund und Lernbehinderung, die den doppelten Möglichkeitsraum charakterisiert (vgl. Kapitel 4.1). Zudem wird dadurch die Bedeutung von Sprache für die Konstituierung eines erweiterten subjektiven Möglichkeitsraumes durch expansives Lernen offensichtlich. Gleichzeitig könnte die Betonung der Bedeutung von Sprache durch die Interviewten auch in Zusammenhang mit der Dominanz von Sprachdebatten innerhalb momentan existierender (Gender-)Diskurse gestellt werden. Viele der Befragten (Maya Wolf, Laura Janssen, Jan Biro, Anna Loritz) erwähnten im Interview die persönliche Relevanz, die die dekonstruktivistische Gendertheorie für ihren Auseinandersetzungsprozess hatte. Wie im Kapitel 2.1 dargestellt, rückte in der

---

der Familie) und der späteren Ausbildung von Symptomatiken her. Freud selbst hat den Begriff so nie gebraucht (vgl. Gerisch/Köhler 1993: 229). Dass bis heute der Terminus der ›Verführung‹ im tiefenpsychologischen Jargon als Bezeichnung für diese Theorie benutzt wird, welcher sexualisierte Gewalt beschönigt und verschleiert, ist meines Erachtens ein Ausdruck fortbestehender Geschlechterverhältnisse innerhalb wissenschaftlicher Zusammenhänge.

7   Die Revision bedeutete jedoch nicht, dass er jeglichen Zusammenhang zwischen Phantasien über erlebte sexualisierte Gewalt und deren tatsächliches Stattfinden leugnete. »Freud [betonte] auch fortan stets ›Besonderes Interesse hat die Phantasie der Verführung, weil sie nur zu oft keine Phantasie, sondern reale Erinnerung ist‹ (1916/17; GW XI, S. 385; vgl. auch 1896c; GW I, S. 385, Fußnote 1)« (Gerisch/Köhler 1993: 241).

feministischen Forschung und politischen Praxis seit Beginn der 1990er Jahre durch den sogenannten ›linguistic‹ oder auch ›cultural turn‹ (die Debatte um Dekonstruktion) die Bedeutung von symbolischen Repräsentationen und Diskursen in den Fokus. Alsbald wurde diese Wendung oder Schwerpunktsetzung von einigen feministischen Wissenschaftler_innen und Forscher_innen jedoch als unpolitisch und praxisfern kritisiert (siehe 2.1).

Der Konflikt mit den heteronormativen Rollenanforderungen wurde in mehreren der von mir geführten Interviews sehr eingängig beschrieben, unabhängig davon, ob die Befragten heute hetero- oder homosexuelle Beziehungen leben, sich als queer-, hetero- oder bisexuell definieren, als Mann, Frau oder Trans* leben. Die Infragestellung der Sexualitätsnorm ist in ihren Beschreibungen an die individuelle Infragestellung von verschiedenen sozialen Geschlechternormen geknüpft.

Deutlich wurde in diesem Kapitelabschnitt auch, dass Körpererfahrungen und starke Emotionen für die Befragten einen Anknüpfungspunkt für die Rekonstruktion der ersten Lerngründe bieten. Diskrepanzerfahrung als Widerfahrnis, gekennzeichnet durch nicht-kognitive Erfahrungen von Hingabe, Überraschung, Schmerz, Sinnlichkeit und Ausgeliefertsein an die Dinge, wie Meyer-Drawe sie als Entstehungsmoment für Lernpassion beschreibt (siehe Abschnitt 4.3), wird in den Interviewausschnitten offenbar. Über spätere Begriffsbildungen, die z.B. von Jan Biro im ersten Zitat rekonstruiert werden, werden die dumpfen und unangenehmen Gefühlslagen, die den Ursprung des Lern- bzw. Interesseprozesses charakterisierten, aufgegriffen und transformiert.

Die Befragten bringen in den Interviewausschnitten ein Spannungsfeld zwischen ihrem Bedürfnis, den sozialen, gesellschaftlichen Normen ihrer Umgebung zu entsprechen und damit Sicherheit und positives Feedback zu erhalten, und ihrem Bedürfnis, ihren individuellen geschlechtlichen Selbstausdruck zu leben, zur Sprache. Dieses Spannungsfeld ist in dieser Phase des Erstkontakts mit dem Thema für sie noch nicht in Kategorien beschreibbar und wird deshalb als beengender und verunsichernder Konflikt erlebt.

6.1.2 Vorstellungen ›vom guten Leben‹ und ›Gerechtigkeit‹

In diesem Kapitel werde ich auf die Gründe, die in Bezug zu Vorstellungen vom guten Leben und Gerechtigkeit stehen, hier der Lesbarkeit halber auch als politischethische Begründungen bezeichnet, eingehen.

Vorab eine kurze Begriffsherleitung: Die Bundeszentrale für politische Bildung gibt für Politik die kurze allgemeine Definition: »Politik bezeichnet jegliche Art der Einflussnahme und Gestaltung sowie die Durchsetzung von Forderungen und Zielen, sei es in privaten oder öffentlichen Bereichen.« (›Politik‹ in: von Schubert/Klein 2011). Die griechische Bedeutung des Wortes ›ethos‹ von dem sich ›ethisch‹ ableitet, wird mit Sitte, Gewohnheit oder Herkommen übersetzt. Ethische

Handlungen sind solche, die vor dem Hintergrund von Wertvorstellungen des guten oder gerechten Lebens ausgeführt werden. Die Ausrichtungen hängen z.B. davon ab, wie hoch persönliches Glück oder die Verantwortung für die Gemeinschaft bewertet wird (vgl. ›Ethik‹ in: Schneider/Toyka-Seid 2013).

Zu den politisch-ethischen Begründungen zähle ich die Argumente und Gefühlslagen, die die Befragten als Antrieb dafür benennen, als Ungerechtigkeiten empfundene, im ›Außen‹ liegende Konflikte anzugehen. Mit dieser Kategorie wird die Diskrepanzerfahrung zwischen wahrgenommenen, gesellschaftlichen Realitäten und den eigenen Vorstellungen von Gerechtigkeit und einer idealen Welt bezeichnet. Die Kategorie umfasst Begründungen und Positionierungen der Subjekte zu Fragen von Gerechtigkeit, sozialer Ungleichheit bzw. Visionen vom guten Leben.

Sie unterscheidet sich in ihren Eigenschaften in einigen wesentlichen Charakteristika von den Gründen, die in Bezug zu den geschlechtlichen Identitätskonstruktionen stehen. Der Verortungszwang zu einer geschlechtlichen Identitätskonstruktion ist im Wesentlichen durch zweigeschlechtliche Geschlechterverhältnisse vorgegeben, wohingegen ethische gesellschaftliche Werte komplexer und vielfältiger sind und mehr als zwei Kategorien zur Verfügung stellen. Politisch-ethische Verortungen stellen Zugehörigkeit und Sinn, jedoch handelt es sich bei diesen Verortungen nicht um unmittelbar nach außen sichtbare, das heißt, Zuschreibungsprozesse erfolgen anders als im Hinblick auf das geschlechtliche Selbstverständnis, welches mit der Geschlechterperformanz in Verbindung steht.

Wie vorangehend gezeigt, können Konflikte auf der Ebene der geschlechtlichen Identitätskonstruktionen für einige der Befragten im nächsten (biografischen) Schritt zu politisch-ethischen Fragen und Handlungsbegründungen leiten, für andere scheinen beide Ebenen von Beginn an miteinander verwoben und für wieder andere stellen sie den Beginn für die Auseinandersetzung dar.

Hier wird betrachtet, wie Gerechtigkeitsfragen als Ausgangspunkt für Interesse und Lernen rekonstruiert werden. Ich konnte dabei verschiedene Ebenen im Material ausmachen.

a) Identifikation mit den Betroffenen: »Ich hab relativ früh auf der Seite von meinen Schwestern gestanden.«

Eine im Material ausfindig gemachte Begründung wird von den Befragten als Identifikation und Solidarität mit denjenigen, die von Sexismus und patriarchalen Strukturen betroffen sind, rekonstruiert.

NÖ: »Ja. ... Ja, ich glaub ich hab mich relativ früh auf die Seite von den Frauen in meiner Familie geschlagen. Ich hab relativ früh auf der Seite von meinen Schwestern gestanden. Also auch, auch 'nen Lerneffekt, also, ja. Also ich musste mich schon relativ früh, schon sehr jung, mit solchen Sachen halt beschäftigen und hab das auch gemacht [...].« (Nazim Özer: 130)

Das Beispiel Nazim Özers für diese Ebene von Begründung zeigt eine direkte, sehr enge subjektive Verwobenheit von Gründen, die im Zusammenhang mit geschlechtlichen Identitätskonstruktion und politisch-ethischen Begründungen stehen. Nazim Özers Solidarität mit weiblichen Betroffenen, in diesem Fall seinen Schwestern, ist bei ihm ein Grund für die Infragestellung von Charakteristika dominierender Männlichkeit. Innerhalb von patriarchalen Familienstrukturen aufgewachsen, sah er sich schon sehr früh dazu gezwungen, sich mit Geschlechterstrukturen auseinanderzusetzen. Er stellt im Interview seine familiären Erfahrungen in den Kontext seiner Erfahrungen mit väterlichen Männlichkeitsinszenierungen beim Kindersport seines Sohnes. Insgesamt verweigert er sich der Verkörperung einer hegemonialen Männlichkeit.

Die folgenden Zitate stammen von Elmar Kade. Er befindet sich zum Interviewzeitpunkt noch am Beginn eines Lernprozesses zum Thema Geschlechterverhältnisse. Ob dieser Lernprozess von ihm fortgeführt wird und sich zu einem festen Interesse ausreift, ist zu dem Zeitpunkt fraglich bis unwahrscheinlich. Es handelt sich hier um kontrastierendes Material, das von mir ergänzend herangezogen wurde, um zu verdeutlichen, dass sich der Blick auf die ersten Gründe in unterschiedlichen Auseinandersetzungsstadien stark unterscheiden kann. Elmar Kade identifiziert sich, im Unterschied zu den anderen Interviewten, (noch) nicht mit feministischen Werten und Standards und spricht offen über seine früheren sexistischen Einstellungen. Ich hatte Elmar Kade aufgrund seiner im Seminar getätigten Äußerungen, dass er das Thema Geschlecht oder Gender für irrelevant hielte, um ein Interview gebeten. Im Interview wurde deutlich, dass meine Vorannahme, ihn als ›Gegenprobe‹ befragen zu können, nicht ohne Widersprüche praktizierbar war. Obwohl bei ihm, laut Selbstaussage, kein tieferes Interesse am Genderthema vorhanden war, zeigte sich im Interview, dass er sich, entgegen meiner Vorannahmen, mit dem Thema auseinandergesetzt hatte und Reflexionen und Veränderungen am eigenen Handeln, zum Teil zaghaft, aber dennoch zuließ. Zum Beispiel gab er im Interview an, dass er beim Unterrichten als Lehrer nun auf eine geschlechtergerechte Sprache achte.

Die unten stehenden Zitate von Elmar Kade lassen, wie die Aussage Nazim Özers, auf den Zusammenhang zwischen der Identifikation mit der betroffenen Person und der Infragestellung/Verunsicherung der eigenen (geschlechtlichen) Identität schließen. In Elmar Kades Aussage wird diese jedoch nicht manifest.

EK: Es war das erste Mal, dass ich eine Handlungsproblematik hatte, aber nicht das erste Mal, dass ich damit konfrontiert wurde. Als ich 19 war oder 20 hatte ich auch eine Freundin […]. Im Sommer waren wir gemeinsam draußen, und wenn wir vorbeifuhren, dann johlten die Männer und riefen ihr Sprüche hinterher und es kümmerte mich nicht, weil ich sie nicht liebte. […] Aber mit meiner jetzigen Freundin, die ich liebe, war es das erste Mal, dass ich mich wirklich persönlich durch diese Sprüche angegriffen gefühlt habe und es war für mich wirklich schwer mitzubekommen und damit umzugehen, dass sie die Person, die ich liebe, nur als ein Stück Sex wahrnehmen, als ein Sexobjekt, das war wirklich hart für mich.« (Elmar Kade: 59)

Elmar Kade führt Empathie und Identifikation mit seiner aktuellen Partnerin als eine Erfahrung an, durch die er sich der Ungerechtigkeit und des verletzenden Charakters von Geschlechterzuschreibungen bewusst wurde. Er beschreibt eine Situation, in der er erlebte, dass Jugendliche in seinem Beisein objektivierende Sprüche über den Körper seiner Partnerin machten. Durch die Verbundenheit mit ihr fühlte er sich durch diesen Sexismus anderer Männer direkt und persönlich betroffen und spürte zum ersten Mal seinen verletzenden Charakter. In einer früheren Beziehung ist er in einer vergleichbaren Situation unbekümmert und unsolidarisch gewesen.

Er beschreibt im weiteren Verlauf, dass er heute in jedem Fall auf sexistische Kommentare reagiere.

EK: »Aber wenn Leute, die auch Kommentare über alle anderen Frauen machen, eine andere Freundin, meine Mutter, meiner Schwester, Frauen im Allgemeinen ... Ich glaube, dann wäre ich in der Lage, einfacher zu reagieren, als wenn meine Freundin betroffen ist, weil ich es nicht persönlich nehmen würde, aber ich würde immer noch etwas sagen, ich würde es nicht richtig finden.« (Elmar Kade: 61)

Eine persönliche Betroffenheit, die ihn unfähig zu spontanen Handlungen macht, erlebt er jedoch nicht immer, wenn in seinem Beisein Frauen sexistisch angegriffen werden. Wenn die Betroffenen in größerer Distanz zu ihm stehen als seine Partnerin, setzen ihn verbale, sexistische Übergriffe gegenüber Frauen nicht außer Gefecht, sondern er fühlt sich in der Lage einzugreifen. Bei den von ihm beschriebenen Handlungsschwierigkeiten in Bezug auf die Betroffenheit seiner Partnerin fällt eine Parallele zu der Handlungslähmung auf, die im Kontext der Konflikte entlang der Geschlechtsidentitätskonstruktionen beschrieben werden. Es fehlen ihm die Worte und Kategorien, um seine eigene Betroffenheit in der Situation zu begreifen und damit auch die Möglichkeit zu reagieren. Eine mögliche Deutung ist, dass der beschriebene, in der Situation mit seiner Freundin erlebte, persönliche Angriff eine momentane, unbewusste, zumindest im Interview nicht reflektierte, Infragestellung der eigenen persönlich-individuellen, männlichen Identitätskonstruktion andeutet. Zu überlegen wäre auch, ob hier diskursive Bilder Wirkungen auf Elmar Kades Gefühlslagen entfalten. Es könnte sein, dass Elmar Kade den sexistischen Angriff auf seine Freundin in seinem Beisein als Entwertung seiner Männlichkeit erlebt.

Im Gegensatz zu Nazim Özer bezieht Elmar Kade die Erfahrung der Identifizierung und Solidarität mit der Betroffenen (noch) nicht bewusst auf seine eigene geschlechtliche Identitätskonstruktion.

b) Der Wunsch nach Harmonie: »Also ich bin sehr harmoniebedürftig.«

Folgende Begründung schließt Elmar Kade im Interview an:

EK: »Zum Beispiel habe ich einmal gesehen, wie ein Mann und eine Frau, die gerade von Burger King kamen, einen Streit hatten. Und er schlug dabei die Tasche aus ihrer Hand und schubste sie, wenn ich solche Sachen sehe, werde ich sehr aggressiv, ich kann das nicht mit ansehen, ich muss das stoppen. Wann auch immer ich direkte, große Differenz zwischen Männern und Frauen sehe, wenn der eine oder die andere aggressiv ist oder sich überlegen stellt, dann finde ich das immer nicht gut. Das habe ich auch noch nie gut gefunden, eigentlich. Also ich bin sehr harmoniebedürftig [...].« (Elmar Kade: 61)

Er beschreibt eine von ihm beobachtete Situation, in der eine ihm fremde Frau in der Öffentlichkeit körperliche Gewalt durch einen Mann erfährt. Indem er aggressives Handeln zwischen Männern und Frauen gleichwertig nebeneinanderstellt und dieses Handeln nicht innerhalb eines strukturellen Geschlechterverhältnisses verortet, das heißt, keine Relationen zwischen den beobachteten Begebenheiten und gesellschaftlichen Strukturen herstellt, wird hier eine ent-historisierte Bezugnahme auf Geschlecht deutlich. Er konstruiert Frauen nicht per se als das ›schwächere‹ Geschlecht, jedoch reflektiert er auch nicht bestehende Ungleichheitsverhältnisse. Der Satz »Das habe ich auch noch nie gut gefunden.« verweist auf ein Kontinuitätserleben seines Gerechtigkeitsempfindens, verknüpft mit einem starken Harmoniebedürfnis. Im weiteren Interviewverlauf stellt er selbiges in den Kontext zu seinem christlichen Glauben.

EK: »Ähm, also mir geht 's nicht um das Thema ›Gender‹, sondern ›Menschen‹, und wenn die lernen, miteinander umzugehen, dann wär das Thema Gender da schon mit drin. Von daher würde ich nicht gezielt Gendersachen lesen, sondern ich lerne viel aus der Bibel, wie man gerecht und fair mit Menschen umgeht und die Nächstenliebe usw., und wenn das erfüllt wird, und wenn wir diese Nächstenliebe ausleben würden, dann würden viele Sachen überhaupt nicht zustande kommen [...].« (Elmar Kade: 142)

Hier zeigt sich seine christliche Werthaltung als Motor und Hürde bezüglich der Auseinandersetzung mit Geschlechterfragen: Einerseits betont Elmar Kade durch den Wunsch, Nächstenliebe zu leben, Genderfragen als wichtig zu erachten. Andererseits lehnt er eine intensivere Beschäftigung mit dem Teilbereich ›Gender‹ mit der Begründung ab, lieber aus der Bibel lernen zu wollen. Sein Interesse an der Auseinandersetzung mit Geschlechterthemen beschreibt er hier als ein durch ›Nächstenliebe‹ und ›Glauben‹ vermitteltes. Weitere Zitate von Elmar Kade, die unter 6.2.1 a) angeführt werden, verdeutlichen, dass religiöse Geschlechterbilder für ihn zur Hürde innerhalb seiner Auseinandersetzungsprozesse werden.

c) Gerechtigkeitssinn bezogen auf das unmittelbare Umfeld: »Da habe ich gemerkt, dass die Jungen von manchen Lehrern und Lehrerinnen wichtiger genommen wurden.«

Eine zweite Ebene der politisch-ethischen Begründungen ist das, was die folgende Befragte im Interview als »Gerechtigkeitssinn« oder geschlechtsspezifische Solidarität bezeichnet. Sabine Moeller skizziert ihren frühen Konflikt mit den sie unmittelbar umgebenden Geschlechterstrukturen an der Schule.

SM: »Also das war glaube ich schon immer, das war schon als Mädchen, dass ich da einen besonderen Gerechtigkeitssinn hatte und auch bezüglich der Gleichbehandlung von Jungen und Mädchen, da habe ich gemerkt, dass die Jungen einfach sich immer wichtiger genommen haben, und leider auch von manchen Lehrern und Lehrerinnen wichtiger genommen wurden. Ich fand das in hohem Maße ungerecht und hatte schon auch als Teenie ganz schöne Kämpfe auszufechten.« (Sabine Moeller: 7)

Sabine Moeller beschreibt, dass sie in der Schule Ungleichheiten in der Behandlung von Jungen und Mädchen beobachtet hat und diese als ungerecht erlebte. Sie bezieht sich dabei im Unterschied zu Nazim Özer und Elmar Kade, die ihre Solidarität in Bezug auf ihnen nahestehende Menschen erleben, abstrakt auf die Gruppe der Männer und der Frauen bzw. der Jungen und der Mädchen. Durch die Worte »schon immer« hebt Sabine Moeller, wie auch Elmar Kade, ein Kontinuitätserleben in ihrem Gerechtigkeitsempfinden hervor. Hier besteht eine Kontinuitätszuschreibung, wie sie auch in Anke Grotlüschens Modell der Interessegenese auf der pragmatischen Achse von Interesse beschrieben wird (vgl. Grotlüschen 2012: 29). Deutlich wird in dem vorletzten Satz des Zitates, aber auch im Kontext des Interviews, dass das Gerechtigkeitsempfinden Sabine Moellers zu starken, konfliktintensiven Auseinandersetzungen mit ihrer Umgebung veranlasst. Im Gegensatz zu Jan Biro vermittelt sie den Eindruck, dass es quasi selbstverständlich für sie ist, ihre Wut nach außen zu tragen, statt, wie im Fall von Jan Biro, gegen sich selbst zu richten. Eigene Betroffenheit von Zuschreibungen, bzw. eine Diskrepanzerfahrung zwischen der von ihr erwarteten Geschlechternorm und ihrem Selbstempfinden, hebt sie im Interview nicht hervor. Sie erwähnt einige, meist allein geführte Kämpfe gegen die sie umgebenden, als ungerecht empfundenen Strukturen in Form eines Aufbegehrens als Jugendliche. (Im Kontext des gesamten Interviews hat in ihren biografischen Reflexionen das Wort »Kampf« ein hohes Gewicht. Nicht nur ist das Wort zehnmal als Wortstamm im Interview zu finden, was im Vergleich zu den anderen Interviews sehr häufig ist, es wird zudem in ausgesprochen positiver Konnotation benutzt. Zum Beispiel betont sie, dass sie kämpferische Frauen bewundert. Sie nennt ihre Mutter sowie Autorinnen und Aktivistinnen als kämpferische, widerständige Vorbilder).

SM: »Ich weiß noch, dass ich mich manchmal mit Jungen prügeln wollte und ich hätte bestimmt aufgrund meines Körperbaus (lacht) den Kürzeren gezogen, und mich haben dann andere Mädchen schützen müssen, damit ich nicht eingedost werde. Ich war schon ein richtiges Kampfhuhn (lacht).« (Sabine Moeller: 7)

Sie bezeichnet sich heute mit selbstironischer Distanz im Rückblick auf ihre Schulzeit als ›Kampfhuhn‹. Durch das Lachen und die ironische Selbstbezeichnung bringt sie einen heute existierenden Abstand zu dem damaligen kämpferischen Handeln auf der Ebene der körperlichen Auseinandersetzung zum Ausdruck.

Die explizit vergeschlechtlichte Wortverwendung des ironisierenden Begriffs ›Kampfhuhn‹ unterstreicht auf einer latenten Äußerungsebene Verbindungen zwischen Diskrepanzen entlang der geschlechtlichen Identitätskonstruktion und ihrer politisch-ethischen Gründe zur Auseinandersetzung. Das ›Nichtpassen‹ als Auseinanderklaffen von handelnd zum Ausdruck gebrachter geschlechtlicher Identitätskonstruktion, den existierenden Geschlechternormen und den umgebenden Strukturen wird hier indirekt zur Sprache gebracht. Andere Mädchen haben sie schützen müssen, damit sie nicht »eingedost« wurde. Sie rekonstruiert hier Schutz durch die Gruppe der Mädchen, statt z.B. von ihren Freundinnen zu sprechen. Dadurch kommt eine Kontrolle durch den homosozialen Raum zum Ausdruck, denn sie wird nicht nur vor ihrer eigenen Aggression, sondern vor allem auch vor dem Aus-der-Rolle-fallen geschützt, dem irritierenden Bruch mit dem Rahmen von Weiblichkeit, den sie erzeugen würde, denn die körperlich aggressive Auseinandersetzung, gehört zum Konstruktionsmodus von Männlichkeit und stellt im schulischen Kontext eine Anomalie für Mädchen dar. Dazu Gesa Lindemann:

»Die deutliche Akzentuierung des männlichen Geschlechts, die dieses zum weiblichen in eine kontradiktorische Opposition bringt, besteht [...] in der Möglichkeit einer offensiven Selbstbehauptung, [...]. Eine hervorragende Form der Selbstbehauptung ist die körperliche, aggressive Durchsetzung des eigenen Geschlechts. Gewaltbereitschaft bildet einen essentiellen Bestandteil der Konstruktion ›Mann‹.« (Lindemann 1993: 264)[8]

Durch ihr non-konformes Begehren, sich zu prügeln, evozierte Sabine Moeller das Eingreifen der Gruppe der Mädchen. Sie intervenierte, um eventuelle Brüche in der Geschlechtermatrix, die zu einer Irritation des Rahmens von Mädchensein und Jun-

---

8 Lindemann rekonstruiert in ihrer qualitativen Studie den Geschlechtswechsel. Dabei analysiert sie besonders das subjektive innere Erleben der an der Studie beteiligten Personen. Ihr Forschungsdesign beinhaltet verdeckte und teilnehmende Beobachtung, Expert _inneninterviews, Sekundäranalysen entsprechender Dokumente (Scene-Zeitschriften, juristische Verordnungen) offene Interviews, Beratungsgespräche mit Transsexuellen und deren Partner_innen.

gensein führen könnten, zu verhindern. Denn auch die Männlichkeit der Jungen stand durch Sabine Moellers Versuch in Gefahr: Ein Kampf mit der qua definitionem unwürdigen Gegnerin stünde gegen den Grundsatz »Ein echter Mann schlägt keine Frauen«.

d) Gerechtigkeitssinn im Kontext gesellschaftlicher Strukturen: »Geschlechterfragen habe ich auch immer verwoben mit Gerechtigkeitsstrukturen gesehen.«

Die dritte Ebene der politisch-ethischen Begründungen, die ich ausmachen konnte, ist ein Gerechtigkeitsempfinden, das über das unmittelbare Umfeld hinausreicht. Folgendes Zitat stammt von der Gender-Trainerin Anna Loritz.

AL: »Also, ich habe relativ früh mich politisch engagiert. Erst mal nicht so ganz im Vordergrund in der Auseinandersetzung mit Feminismus und Geschlechterfragen, sondern so um Gerechtigkeitsstrukturen an sich. Ich war zum Beispiel auf einer relativ reaktionären Realschule [...] und habe mich sehr stark politisch engagiert, um da Strukturen zu verändern. Wir haben damals das Schulgesetz kritisiert. Damit verwoben waren aber tatsächlich auch relativ früh Geschlechterfragen, also ich hab das nämlich schon so erfahren, dass es eine starke Männerherrschaft war. [...] Also der Rektor, der eben auch wirklich, heute würde man sagen› hegemoniale Männlichkeit verkörpert hat. Ganz klar, dass eben auch diese ganzen Ministerien, alle Strukturen gegen die wir quasi damals angekämpft haben, die waren halt deutlich männlich. Also, das ist das eine, wo ich quasi Geschlechterfragen schon auch immer verwoben in Gerechtigkeitsstrukturen gesehen habe. Das ist dann auch stärker geworden.« (Anna Loritz 2: 6-8)

Anna Loritz beschreibt, dass sich für sie die Auseinandersetzung mit Geschlechterfragen aus Fragen, die in ihrem politischen Engagement für »Gerechtigkeitsstrukturen an sich« entstanden sind, ergeben habe. Dieses Engagement führt sie im Interview (gegenüber ihren anderen Gründen, die auf der Begründungsebene der geschlechtlichen Diskrepanzerfahrungen liegen) zuerst an und am deutlichsten aus. In ihrem Einsatz für gerechtere Schulstrukturen ist sie auf männliche Dominanz gestoßen, die zum einen durch die Person des Rektors verkörpert wurde, aber zum anderen auch durch die ›deutlich‹ männliche Besetzung der Ministerien, mit denen sie sich im Zuge ihres politischen Engagements auseinandergesetzt hat. Das Beispiel Anna Loritzs verdeutlicht, dass politisches Engagement, hier eine Tätigkeit, die nicht unmittelbar Genderthemen fokussiert, ein Ausgangspunkt für die Auseinandersetzung mit Geschlechterungerechtigkeit sein kann.

Sie betont, wie auch Jan Biro und Sabine Moeller, eine Kontinuität in ihrer Auseinandersetzung mit Geschlecht. AL: »Ich fand Geschlechterfragen auch immer wichtig. Natürlich habe ich jetzt zum Beispiel Geschlechterverhältnisse oder die

Theoretisierung, die dahinter ist, das habe ich ja alles nicht gewusst.« (Anna Loritz 2: 12)

Sie betont hier durch das Wort »immer« einen frühen Beginn ihrer Auseinandersetzung. Im Gesamtkontext des Interviews ist bei ihr die Betonung von Rebellion und Befreiung zentral. (Der Wortstamm ›rebell‹ ist viermal zu finden, immer im Kontext von Selbstbeschreibungen. Der Wortstamm ›frei‹ tritt achtmal im Zusammenhang ihrer Beschreibung der befreienden Wirkung von Feminismus auf. Im Vergleich dazu verwendet Anna Loritz das Wort ›anpassen‹ nur zweimal, beide Male [›Anpassungszwänge‹, ›Anpassungsnotwendigkeit‹] mit negativer Konnotation.)

Auffällig sind in den angeführten Interviewzitaten die Zusammenhänge zwischen Geschlecht und Darstellungsweise im Interview. Während Sabine Moeller und Anna Loritz ihr Gerechtigkeitsempfinden mit großer Selbstverständlichkeit und Betonung des damaligen Kampfesgeistes zum Ausdruck bringen, verbinden sich für Nazim Özer und für Elmar Kade weitere Fragen und Unsicherheiten mit der Reflexion über Geschlechterungleichheiten und ihrer Identifikation und Solidarität mit weiblichen Betroffenen. Sie beschreiben Diskrepanzen zwischen ihrem eigenen Wunsch nach Gleichheit und Unversehrtheit der ihnen nahestehenden Frauen und der Realität in Strukturen, die sie umgeben. Nazim Özer zieht daraus (vermutlich zum dem Zeitpunkt eher unbewusst, wie sich aus der Wortsuche für damalige Erfahrungen erahnen lässt) Rückschlüsse auf die eigene Repräsentation von Männlichkeit, also auf der Ebene der Geschlechtsidentitätskonstruktion. Für Elmar Kade führt erst die Beziehung mit einer Frau, die er liebt, zu einem Umdenken und einer Verurteilung sexistischer verbaler Übergriffe.[9] Rückschlüsse auf und Begründungen für weiteres Lernen bleiben bei ihm allerdings aus. Von Sabine Moeller und Anna Loritz werden Solidarität mit Frauen oder Mädchen als Ausgangspunkt für das Lernen über Geschlechterverhältnisse benannt, jedoch ohne dass ihre weibliche Geschlechtsidentität dabei explizit von ihnen erwähnt, unterstrichen oder gesondert reflektiert wird. In der Erzählung mir gegenüber, als weiblicher und in Gender- und Feminismusfragen bewanderten Interviewerin (In Erinnerung gerufen sei, dass ich

---

9   Dieses Beispiel für die Begründung eines Auseinandersetzungsprozesses mit Sexismus, entlang der Empathie für nahe weibliche Personen, lässt sich durch die Nacherzählung einer Behandlung des Psychoanalytikers und Buchautors Irvin Yalom illustrieren (Yalom 1999: 98-124). In dieser beschreibt Yalom, wie er in seiner therapeutischen Arbeit mit einem Klienten diesen zu einem Umdenken und zum Abstand von seiner extrem frauenverachtenden Haltung inspiriert, indem er ihn bittet, sich eine optimale Welt für seine Tochter vorzustellen. Durch dieses Bild wird für den Klienten schließlich der Widerspruch zwischen seinem eigenen Handeln und der Liebe zu seiner Tochter so plastisch und damit unerträglich, dass er zu einem radikalen Wendepunkt bezüglich seiner frauenverachtenden Einstellungen und Handlungsweisen gelangt.

meinen beruflichen, biografischen Hintergrund und mein Anliegen den Interviewten gegenüber vor dem Interview transparent gemacht habe) wird dem Anschein nach für die (weiblichen) Befragten Anna Loritz und Sabine Moeller kein Erklärungsbedarf erzeugt, warum sie sich für Frauen oder gegen patriarchale Strukturen einsetzen. Das Engagement erscheint ihnen als selbstverständlich. Die Identifikation und das Mitgefühl mit Betroffenen führt für Nazim Özer und Elmar Kade in Widersprüchlichkeiten und Handlungsproblematiken, die explizit (bei Nazim Özer benannt) und implizit (Elmar Kade, siehe meine Interpretation) mit der Herstellung von Männlichkeit in Zusammenhang stehen. Für die männlichen Befragten ist der Kontakt mit dem Genderthema in Bezug auf ihre politisch-ethische Lernbegründungen zunächst nicht nur befreiend und ein Handlungsmotor, sondern höchst ambivalent. Diese Ambivalenzen werden im Kapitelabschnitt zu Lernwiderständen weiter ausgeführt.

In den hier analysierten Zitaten wird ein Spannungsfeld von den Befragten benannt: Eine Seite bildet das Bedürfnis der Befragten bzw. die Forderung der Umgebung, den sozialen, gesellschaftlichen Normen zu entsprechen und damit bejahende Rückmeldungen durch das Umfeld zu erhalten, ab. Dem gegenüber steht das Bedürfnis der Interviewten, sich für Harmonie und Gerechtigkeit in ihrem näheren Umfeld oder in der Gesellschaft einzusetzen.

Anhand der Betonung von Kampf, Rebellion und Gefühlen von Angst, die eine Aufnahme des Handelns entgegen der jeweiligen Erwartungen des Gegenübers oder der Gesellschaft begleiten, wird deutlich, dass eine Bewegung in Richtung verallgemeinerter Handlungsfähigkeit in den beschriebenen Situationen von Bedrohung und Verlust (von z.B. Sicherheit) begleitet sein kann.

Auch in Bezug auf politisch-ethische Begründungen wird, ebenso wie bei den Gründen, die in Bezug zu Geschlechterkonstruktionen stehen, die Bedeutung von (plötzlichen) körperlichen Empfindungen und starken Emotionen offenbar, sowie die Relevanz der nachträglichen Versprachlichung. Sprachlosigkeit, z.B. von Sabine Moeller, die sich in die körperliche Auseinandersetzung begeben wollte (vgl. 6.1.2 c), oder von Elmar Kade, dem angesichts von verbalen, sexistischen Übergriffen gegenüber seiner Freundin die Worte fehlten (6.1.2 a), sowie der Kommentar über nachträgliche Theoretisierung von Anna Loritz (6.1.d) verweist auf die Bedeutung von Sprache und Begriffen für die Konstituierung eines erweiterten subjektiven Möglichkeitsraumes.

e) Feminismus als Vorlage für andere politische Kämpfe: »Die Frage, ob man in Sachen Rassismus was daraus lernen könnte.«

Eine quer liegende Ebene der Handlungsbegründungen ist ein vermitteltes politisch-ethisches Interesse, wie im folgenden Beispiel deutlich wird.

NÖ: »Bereichernd fand ich's letztendlich als – ja, feministische Aktivität, ja, sozusagen Bewegung, was ich bereichernd fand oder spannend fand, war zum Beispiel die Idee, sich auf sich selber zu beziehen, fand ich zum Beispiel 'ne ganz spannende Sache. Fand ich auch 'n Bezug, auch die Frage, ob man das zum Beispiel auch in Sachen Rassismus oder so, ob man daraus was lernen könnte, also sich einfach an so 'nem Punkt zu sagen, wir arbeiten uns nicht mehr an Männern ab, oder wir arbeiten uns nicht mehr an Strukturen ab, sondern wir fragen, also beschäftigen uns mit uns selbst.« (Nazim Özer: 42)

Das Beispiel eignet sich ebenfalls, um die Verwobenheit von geschlechtlichen Identitätskonstruktionen und politischen Auseinandersetzungsgründen zu unterstreichen. Für Nazim Özer ist es sein politisches Engagement gegen Rassismus im Zuge dessen er sich mit Strategien der feministischen Bewegung inhaltlich auseinandersetzt, weil sie ihm als Vorbild für seine Überlegungen einer Migrant_innenselbstorganisierung dienen. Die feministischen Inhalte werden von ihm rezipiert, um sie transformiert auf eigene, anders gelagerte, jedoch ebenfalls herrschaftskritische, emanzipatorische Zielsetzungen anzuwenden. Dieses Beispiel veranschaulicht, wie die Verwobenheit von Herrschaftsverhältnissen nicht nur als Ambivalenz subjektiv wirksam wird, wie am Beispiel 6.1.5 durch die Ergänzungen von Nazim Özer und Jan Biro in Bezug auf ihr Sprechen über patriarchale Familienstrukturen gezeigt wird, sondern auch als Inspirationsquelle für politischen Widerstand und kollektive Selbstorganisierung. Jedoch muss hier angemerkt werden, dass für Nazim Özer die politischen Bewegungen (Anti-Rassismus und Feminismus), trotz ihrer inhaltlichen Überschneidungen, vermutlich gemäß ihrer derzeitigen realen Verfasstheiten vielmehr als parallele, denn als miteinander verwobene Bewegungen aufgefasst werden.

f) Vorbilder als Übergänge von geschlechtlichen Identitätskonstruktionen hin zu politisch-ethischen Gründen: »Sie hat für mich etwas verkörpert.«

Hier skizziere ich Übergänge von Gründen, die in Bezug zu geschlechtlichen Identitätskonstruktionen und politisch-ethischen Auseinandersetzungsgründen stehen. Es lässt sich vermuten, dass diese Übergänge gleichzeitig bereits einen ersten, qualitativen Schritt im Lernprozess und einen Schritt der Erweiterung subjektiver Möglichkeitsräume und hin zu (queer-)feministischer Handlungsfähigkeit darstellen. Dennoch sind diese Übergänge meines Erachtens an dieser Stelle anzuführen, da sie von den Befragten zeitlich zum Teil auf einer Ebene rekonstruiert werden und somit die Verwobenheit von Begründungsmustern und die Schwierigkeit einer präzisen Trennung veranschaulichen.

Das folgende Zitat zeigt, wie Jan Biro seine Konflikte entlang der geschlechtlichen Identitätskonstruktion auf die Ebene der politisch-ethischen Begründungen verschoben hat, und welche Konsequenzen dies für ihn hatte.

JB: »Ich glaube, in Kontakt geraten mit feministischen Vorbildern bin ich das erste Mal in der Schule durch meine Religionslehrerin, obwohl ich da Feminismus für mich noch nicht angeeignet habe, sondern es mehr so war, dass ich sie total toll und fit fand, und das war definitiv auch eine Feministin, aber ich konnte das damals noch nicht so positiv konnotieren […], aber so intensiv mit feministischer Theorie auseinandergesetzt hatte ich mich davor noch nicht, sondern eher, hab mir so Vorbilder gesucht, die eher eine feministische Praxis gelebt haben.« (Jan Biro: 24)

Das Zitat verdeutlicht, dass der Kontakt und die Suche nach Vorbildern für Jan Biro eine wichtige Funktion innerhalb seiner Auseinandersetzung mit Feminismus hatte. Die Suche nach Vorbildern beschreibt er im Nachhinein teils als passiv, teils als aktiv. Er erwähnt die Bedeutung von seiner Religionslehrerin als feministisches Vorbild.

Der Gewinn, der sich für Jan Biro durch das Vorhandensein von Vorbildern ergab, ist, dass er sich an Menschen orientieren konnte, die Feminismus lebten und starre Rollenerwartungen des Umfeldes, die auch ihn einschränkten, ablehnten und sich dagegen auflehnten. Auf diese Weise habe er sich Feminismus angeeignet, ohne aber einen bewussten Begriff oder eine Definition davon zu haben; zum Zeitpunkt der Vorbildersuche waren die Bezeichnungen ›feministisch‹ oder ›Feministin‹ noch keine positiv konnotierten oder angeeigneten Termini. Auf mein Nachfragen hin, welches wiederum eine konstruierende Wirkung erzielt haben könnte, da es sich um eine geschlossene ›Entweder-oder-Frage‹ handelte, präzisiert Jan Biro im Nachhinein seine zuvor ambivalente Darstellung als gezielte Suche, jedoch nicht ohne eine relativierende Einschränkung durch »ich glaube« vorzunehmen.

JB: »Ich glaube, ich habe schon gezielt [nach feministischen Zusammenhängen] gesucht. Ich glaube, in dem Moment war es mir nicht so ganz klar, aber danach schon. Weil ich gemerkt hab, dass ich Zusammenhänge suche, in denen ich mich einbringen kann, an denen ich mich aber nicht nur abarbeite, sondern in denen ich Inspirationen und auch Support bekomme, für die Sachen, die ich machen will und auch Gemeinsamkeiten finde, was politische Interessen sind und was auch Formen oder alternative Lebensvorstellungen angeht und für mich war das, ist das mittlerweile einfach so eine Grundlage und ich merke, wie schwer das für mich ist, das so zu rekonstruieren […].« (Jan Biro: 46-48)

Er betont die Schwierigkeit, sein Vorgehen und seine Suche nach Vorbildern zu rekonstruieren. Von zentraler Wichtigkeit sind für ihn Unterstützung, Inspiration und gemeinsame Interessen gewesen. Durch die im ersten beschriebenen Zitat zum Teil zeitgleich stattfindende (Um-)Orientierung an Vorbildern (seiner Religionslehrerin und seiner Schwester) und dem im zweiten Zitat betonten späteren Finden von neuen Strukturen (Zusammenhänge, in denen politische Interessen und alternative Lebensvorstellungen geteilt und gegenseitig unterstützt werden), gelang es ihm, diese Konflikte zu entindividualisieren und in politisches Engagement zu transformieren. Auch das folgende Zitat von Anna Loritz, die ebenfalls eine Lehrerin in der rückblickenden Erzählung als Vorbild benennt, zeigt, dass das Vorbild zum Zeitpunkt seiner Wirkung von ihr nicht bewusst wahrgenommen wurde.

AL: »Ich habe nämlich auch noch mal nachgedacht über diese Schulzeit, die mich auch sehr geprägt hat und ich hatte eine Lehrerin, die da so ein bisschen raus stach. Sie und noch ein anderer Lehrer, der Ethiklehrer, die waren schon Vorbild und sie war ... sie hat für mich etwas verkörpert. Also sie war doch auch eine Art Vorbild, weil sie auch was anders gemacht hat und auch als Frau was durchgezogen hat.« (Anna Loritz 2: 14)

Die Verkörperung von geschlechtlicher Non-Konformität bzw. weiblicher Autonomie war im Kontext ihrer Auseinandersetzung im ersten Schritt wichtig für Anna Loritz. Während weibliche Befragte mir gegenüber eine Euphorie in Zusammenhang mit dem frisch entstehenden Interesse und den ersten Erkenntnissen (auf Ebene der politischen Identitätskonstruktionen) beschreiben, z.T. aber auch Trauer darüber zum Ausdruck bringen, nicht früher zu versprachlichten, distanzierenden Erkenntnissen und unterstützenden Sozialzusammenhängen gelangt zu sein, äußern einige der männlichen Befragten auch empfundene Gefühle von Reue.

Auch das anstehende Zitat von Stefan Krueger zeigt eine Mischung aus passivzufälligem Hineingeraten in eine Auseinandersetzung (»es hat angefangen«) und dem aktiven Subjektanteil (»was ich gut fand, war ...«).

SK: »Was dann so ungefähr gleichzeitig angefangen hat war, dass ich in meinen Liebesbeziehungen mit Frauen, ehm so mit Frauen zusammen war, [...] für die Feminismus ein ziemlich großes Thema war, und die sich selbst als Feministinnen bezeichnet haben. Also entsprechend hat das Thema dann auch in meinen Liebesbeziehungen eine Rolle gespielt.« (Stefan Krueger: 4)

Stefan Krueger fühlt sich zeitgleich zu seinem ersten Kontakt mit linken Zusammenhängen (in denen Geschlecht für ihn zu diesem Zeitpunkt noch auf einem zu abstrakten Level Thema war) zu Frauen hingezogen, »die sich mit ihrer Rolle und ihrer Situation als Frau auseinandergesetzt haben.« Im Zuge dessen spielte das Thema Feminismus in seinen Liebesbeziehungen eine Rolle.

Zwischenfazit

Unter den politisch-ethischen Identitätskonstruktionen habe ich verschiedene Ebenen der ersten Handlungs- und Lernbegründungen ausgemacht:

- Identifikation und daraus folgende Empathie mit nahen Menschen des Umfeldes, wie am Beispiel Nazim Özer und Elmar Kade deutlich wurde,
- Harmoniebedürfnis bezogen auf das unmittelbare Umfeld,
- Gerechtigkeitsempfinden, das auf unmittelbar erfahrene Strukturen bezogen ist, also auf das direkte Umfeld (Sabine Moeller),
- Unrechtsempfinden, das sich auf Strukturen bezieht, die über das unmittelbar Erfahrene hinausreichen, und, wie im Fall von Anna Loritz, in ein politisches Engagement mündet.
- Eine weitere Ebene, die quer zu den genannten verläuft, ist das politische Interesse an Feminismus als Vorlage für antirassistische Kämpfe.
- Die sechste hier ausfindig gemachte Begründungsebene, die Orientierung an Vorbildern und deren Nacheiferung, stellt, wie ich zu zeigen versucht habe, ein Verbindungsglied zwischen den Gründen, die in Bezug zu den geschlechtlichen Identitätskonstruktionen stehen, und den Gründen, die in Bezug zu den Vorstellungen vom guten Leben und Gerechtigkeit stehen, dar.

Darüber hinaus wird in den Ausprägungen des Gerechtigkeitsempfindens auf den verschiedenen Abstraktionsniveaus eine Vagheit und Verschwommenheit, wie die Konflikte rund um die Geschlechtsidentitätskonstruktion von den Befragten expliziert werden, nicht benannt, obwohl ebenso beschrieben wird, dass mit heutigen Begriffen Damaliges erfasst wird. Die Versprachlichung von geschlechtlichen Aspekten, die für Identitätskonstruktionen notwendig ist, unterliegt anderen Regeln als die Versprachlichung von Empfindungen, die die Vorstellungen vom guten Leben und von Gerechtigkeit betreffen.

Insbesondere die politischen Begründungen, wie sie bei Anna Loritz und bei Nazim Özer beschrieben wurden, zeigen, dass politische Betätigungsfelder (hier im Jugendalter) eine zentrale Relevanz in der Entstehung von Interesse an Genderthemen haben können. Lerngründe ergeben sich in diesen informellen Kontexten als Begleiterscheinung von Handeln. Anhand einer Orientierung an Vorbildern und dem zufälligen oder gezielten Sich-Hineinbegeben in (queer-)feministische bzw. links-politische Strukturen kann eine Verschiebung der zentralen Lerngründe von der Ebene der geschlechtlichen Identitätskonstruktionen hin zu den politisch-ethischen Begründungen stattfinden. Die Anfänge dieser Orientierung an Vorbildern fallen in der Erzählung teilweise zusammen, so im Beispiel von Jan Biro mit der Diskrepanzerfahrung entlang der geschlechtlichen Identitätskonstruktion.

Mit dem ersten feministischen Handeln und Unrechtsbewusstsein, wie es hier im Kontext der ersten Lerngründe beschrieben wurde, bewegen sich die Befragten in einem Spannungsfeld zwischen dem Bedürfnis und der Gewohnheit, in die Normalität des Umfeldes hineinzupassen und anderseits ein eigenes, davon abweichendes, politisch-ethisches Gerechtigkeitsempfinden zum Ausdruck zu bringen. Letzterer Pol wird stärker betont.

6.1.3 Berufliches: Kontexte und Pläne

Auch berufliche Gründe können für die Befragten Anlässe darstellen, Auseinandersetzungsprozesse mit Genderthemen zu beginnen.

Nicht verwechselt werden sollte hier, dass berufliche Auseinandersetzung mit dem Thema Geschlecht auch die konsequente Fortführung eines politischen oder individuellen Interesses sein kann, also häufig in fortgeschritteneren Phasen des Lernprozesses zu Tage tritt. Dieser Abschnitt betrachtet jedoch nur die Ausgangspunkte und ersten Lernbegründungen.

a) Sich beruflich entwickeln (wollen): »Man hat mich gefragt, ob ich ein Seminar zum Thema Gender mache.«

Im Unterschied zu den bisher angeführten Begründungen, bei denen die Konflikte von den Subjekten vor allem entlang von Geschlechternormen und Strukturen erfahren wurden, hat die beginnende Auseinandersetzung mit Geschlechterverhältnissen im Beruflichen bei Ulrich Becker zum einen in konkreten, beruflichen Weiterentwicklungen und zum anderen in Diskrepanzen mit Gleichstellungs- oder Gleichberechtigungsnormen des Kolleg_innenumfeldes ihren Ursprung. Das Beispiel von Elmar Kade, der wie bereits erwähnt nur ein vermitteltes, schwaches Interesse am Thema Gender angibt, zeigt die symbolische Repräsentation, also die Bezugnahme auf Normen der Gleichstellung oder Geschlechtergerechtigkeit als Begründung. Der Lernanlass liegt deshalb bei Ulrich Becker zunächst, und eventuell auch im weiteren Verlauf, anderswo als im Lerngegenstand ›Geschlechterverhältnisse‹ selbst begründet. Die Diskrepanz besteht zwischen dem beruflichen Auftrag, den im Berufsalltag gestellten Anforderungen und dem bisher bestehenden Wissen bzw. den Fähigkeiten.

Die nächsten Zitate von Ulrich Becker sollen verdeutlichen, welche Rolle Gleichstellungsnormen und feministische Normen innerhalb der angegebenen beruflichen Lerngründe spielen können.

JK: »Wie bist du zu dem Verein gekommen, wo du jetzt arbeitest, und also, was ist so vielleicht noch Deine Motivation dort zu arbeiten?«
UB: »Jetzt speziell der, also hat ja nicht viel mit Gender zu tun, sondern nur *auch*. Ach, ich bin dahin gekommen, weil ich wollte in den Bildungsarbeitsbereich rein […].« (Ulrich Becker: 187-188)

Ulrich Becker beschreibt hier den Weg zur beruflichen Auseinandersetzung mit Geschlecht nicht über ein schon vorher explizit existierendes politisches Interesse oder eine persönliche Auseinandersetzungsgeschichte, sondern sie wird als beiläufiges und zufälliges Ereignis, dass sich über das Themenspektrum seines arbeitgebenden Vereins ergab.

UB: »Man hat mich gefragt, ob ich ein Seminar zum Thema Gender mach. Das war ungefähr vor...12...14, 15 Jahren. Und da hab ich zum allerersten Mal ein Fünf-Tages-Seminar zu dem Thema konzipiert. Und hab noch überhaupt keine Ahnung gehabt, worum es eigentlich gehen sollte. Hab mir ein paar Sachen angelesen, hab das in Seminarform gepackt und hab ein Fünf-Tages-Seminar gemacht.« (Ulrich Becker: 2)

Veranlasst durch eine konkrete berufliche Anfrage, ein fünftägiges Seminar zum Thema ›Gender‹ zu gestalten, beginnt Ulrich Becker, sich spontan in den Themenkomplex einzuarbeiten. Die Perspektive auf einen guten, interessanten Job, der Wunsch, den Anforderungen seines Vereins zu entsprechen, und die Erweiterung beruflicher Perspektiven könnten zu seinen Gründen gezählt haben.

b) Sich im beruflichen Umfeld behaupten: »Ich musste mich ja in diesem Frauenhaufen behaupten.«

Er expliziert hier eine Diskrepanz zu der Erwartungshaltung und den Normen seines beruflichen Umfeldes.

UB: »Hm. Und das hat dann schon geprägt, natürlich. [...] Ne, sich immer wieder auseinandersetzen zu müssen. Mein Sprachgebrauch war ein anderer, mein Habitus war ein anderer als der von den Frauen [am Arbeitsplatz]. Mein politischer Anspruch, speziell Frauen nach vorne zu bringen, war damals gar nicht reflektiert, war mir auch scheißegal, also, war einfach nicht präsent. Und dann musste ich mich mehr oder weniger damit auseinandersetzen, weil, ich musste mich ja in diesem Frauenhaufen behaupten, das war alles gar nicht so einfach, als einziger Mann [...].« (Ulrich Becker: 206)

In den weiblich geprägten, gendereflektierten Job-Strukturen, in denen sich Ulrich Becker bewegte, wurde für ihn durch sein »Anders-Sein« oder »Nicht-Passen« die Auseinandersetzung mit seinem geschlechtlichen Habitus und dem Thema Geschlechtergerechtigkeit zu einer Notwendigkeit. Er expliziert im Interview, dass er vor den Auseinandersetzungen in seinem Arbeitsumfeld einen unreflektierten politischen Anspruch hinsichtlich des Themas Geschlecht hatte. Dieser, so lässt sich dem obigen Zitat entnehmen, bestand darin, »Frauen nach vorne zu bringen« (also Frauenförderung zu betreiben) und war, so schließe ich aus obigem Zitat, nicht rückgebunden an die Reflexion des eigenen Auftretens. Seiner Beschreibung nach ist auch die durch ihn begonnene Auseinandersetzung im Kontext seines Vereins aus einer subjektiven Notwendigkeit der Selbstbehauptung unter seinen Kolleginnen erfolgt. Durch die Betonung des »Müssens« wird unterstrichen, dass es sich damals um eine Lernstrategie seinerseits handelte, mit der er sich seinen Status im Arbeitsumfeld aufrechterhalten bzw. erarbeiten konnte.

Obwohl Ulrich Becker bereits im Studium Genderthemenangeboten begegnet war, hat erst die berufliche Tätigkeit seine Beschäftigung damit angestoßen.

UB: »Naja, die Angebote gab's, aber hab ich nicht wahrgenommen. Also, die Seminare bin ich nicht hingegangen. War aber auch nicht meins [...] wir haben ja ziemlich viel gestreikt damals, und da wurd's [das Thema Geschlechterverhältnissen/Gender] dann auch immer wieder thematisiert, aber nicht in 'nem offiziellen Rahmen, sondern in irgendwelchen Diskussionsrunden oder so. Obwohl, da bin ich meistens Billardspielen gegangen. Eigentlich nicht. [...] Ich mein, man kann sein Leben damit füllen, ich wollt das aber nicht.« (Ulrich Becker: 243)

Während seines Studiums habe er alle Thematisierungsangebote, ob in Seminaren oder innerhalb von studentischen Diskussionen während eines Studienstreikes, nicht wahrgenommen, er sei lieber Billardspielen gegangen und habe sein Leben mit anderen Dingen gefüllt. Die hier ausgewählten Zitate der Interviewerzählung unterstreichen, dass es sich bei dem Thema Gender nicht um einen zentralen Interesseschwerpunkt von Ulrich Becker, sondern nur um ein berufliches Thema unter mehreren handelt. Zum einen werden in der Erzählung von ihm aus keine eigenständigen Bezüge zu seinen ersten biografischen Berührungspunkten mit dem Thema aufgemacht. Erst auf mein explizites Nachfragen, wann und ob das Thema Geschlecht für ihn schon früher auf der persönlichen Ebene eine Bedeutung hatte, und wenn ja welche, antwortet er.

UB: »Also, die Auseinandersetzung war schon, auch schon damals mit meiner, irgendeine von meinen ersten Freundinnen. ... Nee, genau, noch viel früher. Ach Gottchen. Wir hatten in der Friedensinitiative auch ne Frau dabei, die war sehr engagiert und, war eher sehr offensiv mit ihrer Sexualität, dat weiß ich noch. Und, ja, da war wohl so die ersten Aufhänger, so was zu thematisieren.«
JK: »Wie wurde das dann thematisiert?«
UB: »Wie das wurde? Oh Gott. Mann, da war ich fuffzehn, sechzehn, ich hab keine Ahnung mehr [...].« (Ulrich Becker: 212-214)

Während seiner Antwort macht Ulrich Becker einen sehr erstaunten, fast überraschten Eindruck auf mich. Aus seinem Nachdenken geht hervor, dass die intensive Reflexion seiner eigenen Biografie vermutlich kein fester Bestandteil seines eigenen beruflichen Selbstverständnisses und eventuell auch kein Bestandteil seiner Ausbildung zum Gender-Trainer war. Zum anderen geht aus meinen Forschungsnotizen hervor, dass in dem Interview mit Ulrich Becker ein flapsiger, heiterer, lockerer Gesprächsstil dominiert. Damit wird mir gegenüber eine gewisse persönliche Unbetroffenheit in Bezug auf das Thema transportiert. Dieser Gesprächsstil kann auch als Doing Masculinity eingeordnet werden, also als ein unangreifbar machender, banalisierender Stil, ein Produktionsmodus von hegemonialer Männlichkeit. Dazu zählen zum Beispiel, eigene Emotionalität auszuklammern, locker und cool und unberührt zu bleiben und ein ›Poker Face‹ zu zeigen. Das ›Poker Face‹, das in den

›ernsten Spielen des Wettbewerbs‹ benötigt wird (vgl. siehe auch Abschnitt 2.3, kritische Männerforschung), konstituiert hegemoniale Männlichkeit im Zustand der Konkurrenz (Venth 2011: 6).

Elmar Kade hingegen begründet seine Wahl von Genderthemen im Studium unter anderem mit Allgemeinwissen und Berufswissen: »[...] das ist auch als Lehrer gut zu wissen, wie man damit umgehen soll« (Elmar Kade 10). Das »man« verweist hier auf symbolische Repräsentationen, also auf eine Gleichberechtigungsnorm, die er zu erfüllen sucht. Da Elmar Kade einer von zwei Befragten ist, die sich anders als die anderen Befragten noch am Beginn eines Lernprozesses befinden, handelt es sich um ergänzendes Interviewmaterial. Elmar Kade argumentiert mit praktischem Berufs-(Allgemein-)wissen. Wie Ulrich Becker bezieht sich Elmar Kade auf eine Gleichberechtigungsnorm. Hier hat im Vergleich zu den vorherigen analysierten Gründen eine Umkehrung stattgefunden: Die Diskrepanzerfahrungen von Ulrich Becker und Elmar Kade erfolgten im Unterschied zu allen in den vorangehenden Abschnitten beschriebenen Beispielen entlang einer Diskrepanzerfahrung in Bezug auf Gleichberechtigungsnormen, die sich in berufliche Normen abzeichnen. Sie wird ausgelöst durch die Anforderung, ein Gender-Training zu konzipieren (Ulrich Becker) und sich mit gesellschaftlichen Gleichberechtigungsdiskursen (Elmar Kade) und mit den feministischen Standards und Gepflogenheiten in einem weiblich dominierten Kolleg_innenumfeld (Ulrich Becker) auseinanderzusetzen. Im Kontext dieser Beispiele stellt sich die Frage, wie weit sich bei Ulrich Becker expansive und defensive Lernformen mischen. Zum einen betont er im Interview zu dem Ausgangszeitpunkt oder Erstkontakt seine relative Unfreiwilligkeit und Zufälligkeit stärker als einen Enthusiasmus für die Inhalte. Zum anderen wird im Verlauf des Interviews deutlich, dass sein Interesse an Genderthemen und sein Engagement bis heute eng an die berufliche Perspektive geknüpft geblieben sind. Anders als bei Anna Loritz, Maya Wolf und Karin Richter (ebenfalls als Professionelle befragt), wird offensichtlich, dass es sich für ihn mit dem Thema nicht um ein zentrales ›Lebensthema‹ handelt, sondern um ein berufliches Thema unter vielen, welches er in seinen Trainings vermittelt. In der Erzählung über sein Interesse tauchen keine sprachlichen Wendungen auf, die eine Kontinuität im Lebenslauf bzw. im Interesse (Grotlüschen 2012: 29) verdeutlichen (»schon immer«), oder die darauf hinweisen, dass die Reflexion der eigenen Genderlernprozesse für ihn eine tägliche bzw. oft erfolgte Praxis darstellen.

Zwischenfazit

Charakteristika, die auf den Ebenen der politisch-ethischen Auseinandersetzungsgründe und Gründe die in Bezug zu geschlechtlichen Identitätskonstruktionen stehen, dominant waren, wie Verunsicherung oder Vokabeln des Kampfes oder der Rebellion, sind bei Begründungen, die primär im Beruflichen verankert sind, nicht zu finden.

Die Kategorie ›berufliche (erste) Gründe‹ lässt sich in meinem Material zusammenfassend durch folgende Attribute beschreiben: Zufälligkeit, eine ›nur‹ relative Identifikation, vermittelter Zugang zum Lerngegenstand, Distanziertheit, die sich im flapsigen Sprechen ausdrückt, defensives Lernen (gemischte Begründungslagen), Betonung des Zeitgeistes als äußeren Einfluss (siehe nächster Abschnitt).

Elmar Kade und Ulrich Becker bewegen sich mit ihren Handlungsgründen in einem Spannungsfeld, das zwischen dem Bedürfnis nach gesellschaftlicher und beruflicher Bestätigung steht, die für sie über die Erfüllung und Reflexion der Norm von ›Gleichberechtigung‹ erhältlich ist, jedoch ihren alten, gewohnten habitualisierten Denk- und Handlungsweisen (anfangs) entgegensteht.

Im Unterschied zu den Lerngründen, die in Bezug zu den geschlechtlichen Identitätskonstruktionen stehen, und den politisch-ethischen Gründen erfolgt eine angestrebte, positive Resonanz des Umfeldes bei den Gründen, die als berufliche benannt wurden, entlang von feministischen oder gleichstellungspolitischen Werten. Das Bedürfnis, hier Bestätigung zu erlangen, reibt sich an alten eigenen Gewohnheiten und Werthaltungen.

6.1.4 Zeitgeist und Geschichte als diskursives und strukturelles Moment

Eine von vielen Befragten benannte Bezugnahme diskursiver Rahmenbedingungen, die, wie im Folgenden festzustellen sein wird, sich auf allen drei Begründungsebenen abzeichnet, ist das, was unterschiedliche Befragte als ›Zeitgeist der 1980er oder 1990er‹ benennen.

Gemeint ist damit im folgenden Zitat der Einfluss einer gesellschaftlichen Atmosphäre, in der Ziele und Forderungen der Frauenbewegung präsent waren. Auf meine Frage, worin bei ihr die Faszination am Thema Feminismus bestand, antwortete Anna Loritz:

AL: »Also, diese Versprechung in der Befreiung tatsächlich. Das da auch echt in den 80er Jahren so eine Grundstimmung […] wir sprengen hier diese Geschlechterverhältnisse, dieses Korsett von Rollenzuweisungen und wir machen es anders, ja so ein Freiheitsversprechen tatsächlich. Das fand ich für mich super. Also, das ist genau das, was ich so gesucht habe, weil ich halt immer aus diesem Familienkorsett raus steigen wollte. Das ist so der Schlüssel.« (Anna Loritz 2: 36)

Dieser Einfluss der Frauenbewegung wurde von der Befragten Anna Loritz dadurch als ›befreiend‹ hinsichtlich ihrer geschlechtlichen Identitätskonstruktion wahrgenommen, dass er Wege aus dem einengenden ›Familienkorsett‹ aufzeigte. In ihren politisch-ethischen Begründungen reflektieren die Befragten zeitliche Einflussfaktoren, die die Herausbildung ihrer Lerngründe unterstützten.

AL: »Ich meine, es waren einfach die 80er Jahre, da war Feminismus auch noch mal anders präsent. Auch in der politischen Diskussion. Und wie gesagt, ich hätte damals nicht gesagt, ich bin Feministin, aber ich habe mich schon verhalten dazu. [...] Also ich hab das quasi als politische Frauenbewegung, habe ich halt mitbekommen und war da noch nicht Teil davon, aber war [...], also habe die sicherlich affirmativ gesehen. So würde ich es beschreiben.« (Anna Loritz 2: 12)

NÖ: »Also es war in den späten, späten 80er, Anfang 90er Jahren. In der Zeit, so in der Zeit ... hab ich angefangen ziemlich ja, mich zu engagieren, ich hab mich angefangen zu engagieren, und dann, ich glaub der Zeitgeist damals wollte das so, dass man sich dann auch mit Feminismus beschäftigt so, aber halt auch 'ner ganz bestimmten Art und Weise des Feminismus sag ich mal, würd ich heute sagen.« (Nazim Özer: 26)

SM: »Ungefähr mit vierundzwanzig oder dreiundzwanzig, Mitte der 80er oder ein bisschen davor. Da war der erste Schwung der frauenbewegungsaktiveren Zeiten schon vorbei. Also diese ganzen Kampagnen für Abtreibung ›Mein Bauch gehört mir‹, die waren da schon vorbei. Aber die Stimmung habe ich trotzdem noch mitbekommen.« (Sabine Moeller: 2)

Die Beispiele von Anna Loritz, Nazim Özer und Sabine Moeller zeigen, wie die Befragten über die politische Frauenbewegung in den 1980er Jahren und Anfang der 1990er Jahre mit Feminismus in Berührung kamen. Der Zeitgeist der 1980er und 1990er wird als Einfluss auf geteilte und kollektive Sichtweisen genannt. Die Befragten erlebten diesen als kontaktherstellend mit dem Lerngegenstand, er schien zwangsläufig die Auseinandersetzung mit dem Thema herbeizuführen.

Auch auf der beruflichen Ebene ist der äußere Einflussfaktor ›Zeitgeist‹ für Ulrich Becker relevant. Er beschreibt die Nachfrage nach Geschlechterthemen als modeabhängig, was wiederum Einfluss auf seine Berufsschwerpunkte und die Leichtigkeit seines Zugangs zum Feld ›Gender Training‹ hatte. Er expliziert den Bezug zwischen Begründung und Einfluss des Zeitgeistes nicht extra, aber es wird deutlich, dass er heute beruflich weniger und seltener mit dem Thema zu tun hat als damals. Zur Zeit seines Erstkontakts mit Genderthemen auf der beruflichen Ebene führte der Zeitgeist der 1980er und 1990er maßgeblich zu einer hohen Nachfrage und damit auch zu guten Berufschancen auf dem Gendergebiet. UB: »Also, das war ja auch noch die Zeit, hab ich ja vorhin erzählt, wo das ganze Frauen-Männer-Thema noch wesentlich stärker in den Seminaren drinnen war, wo wir auch ganz viele frauenspezifische Seminare gemacht haben.« (Ulrich Becker: 204)

Vermutlich ist es kein Zufall, dass nur die über 40jährigen Befragten solche oder ähnliche Statements zur Bedeutung des Zeitgeistes machen. Keine von den jüngeren Befragten (Stefan Krueger, Jan Biro, Maya Wolf) erwähnen den Zeitgeist oder eine generelle Stimmung als einen Einflussfaktor. Es ist denkbar, dass die Befragten eine zeitliche Distanz benötigten, um die an sie in den 1980ern herangetragenen Inhalte als Einflussfaktoren zu reflektieren, und dass Einflüsse der 1990er oder 2000er Jahre eventuell erst in einem späteren Rückblick (das heißt in Interviews, die möglicherweise in zehn oder 20 Jahren geführt werden) ausgemacht werden können. Vor dem Hintergrund dieser Folie wäre zu prüfen, inwiefern die jüngeren Befragten eventuell in zehn Jahren auf die 1990er Jahre als eine für sie politisch einflussreiche Zeit zurückblicken.

Gleichzeitig zeigt die Kenntnis der Geschichte von Frauenbewegung und Genderbildung in diesem Jahrhundert, dass Institutionalisierungsprozesse in den 1980ern noch relativ frisch waren und die ausklingende zweite Frauenbewegung immer noch von der Basis wirkte. Vermutlich ist es kein Zufall, dass bei den jüngeren Befragten der institutionalisierte Kontakt mit dem Thema Gender eine größere Rolle spielt.

Im Rückblick auf die Interessetheorie (Grotlüschen) kann hier auf die lerntheoretische Schlussfolgerung verwiesen werden, dass Lerngründe und Interessen besonders dann entstehen, wenn ein Lerngegenstand (für die lernende Person einsichtig) gesellschaftliche Bedeutsamkeit entfaltet (im Modell der Interessegenese: Kategorie Involvement/soziale Valenz, siehe 4.4). Nach Holzkamp vermittelt sich die sachlich-soziale Welt dem Subjekt über Bedeutungen, die wiederum mit bestimmten Handlungsmöglichkeiten verknüpft sind. Aus erwachsenenbildnerischer Perspektive lässt sich hier die Relevanz von gesellschaftlicher Kontextualisierung ableiten.

6.1.5 Durchkreuzung von (Mehrfach-)Betroffenheiten

Für Nazim Özer und für Jan Biro schien das Sprechen im Interview über ihren individuellen Kampf gegen patriarchale Familienstrukturen problematisch, weil sie diese in der Retrospektive in einem Zusammenhang mit anderen gesellschaftlichen Bedingungen stellen.

JK: Und die Gewaltverhältnisse? Du hast beschrieben, dass Dein quasi Vater so der Patriarch war in deiner Familie?
JB: Der Patriarch... naja das halt auch alles nicht so einfach. Das sind halt so komplexe ... für mich sind immer Reflexionen über meine Biografie sehr ambivalent, weil es halt nicht so Ok er ist der weiße deutsche Obermacker, sondern er hat auch einen Migrationshintergrund, hat durch einen Diplomabschluss eine Anerkennung in Deutschland gesucht als Nicht-Deutscher und hat dadurch auch massiv Diskriminierungsverhältnisse selber erfahren, aber er hat die in so einer massiven Form weitergegeben, dass er halt nicht nur cholerisch war, sondern einfach auch sehr starke Gewalt einfach weitergegeben hat. Und ich glaube auch deshalb kann ich jetzt auch nicht sagen, er ist nur patriarchal, sondern er war auch selber von Herrschaftsstrukturen betroffen. Aber das ist für mich keine Entschuldigung und er hat halt auch sehr stark mit ökonomischen Abhängigkeiten, also Machtverhältnisse aufgebaut und weitergeführt und deshalb steht für mich eine feministische Kritik auch in einer Verbindung mit ei-

ner kritischen Reflexion über Geld und kapitalistische Strukturen und Einkommensverhältnisse.« (Jan Biro: 61- 62)

Jan Biro spricht in diesem Interviewausschnitt von einer starken Ambivalenz, die für ihn mit seinen Reflexionen und Statements zu seiner Familie einhergeht: Einerseits beschreibt er seinen Vater als ›patriarchal‹. In dem Zitatausschnitt unter 6.1.1 beschreibt er das Leid, das er, Jan Biro, durch die patriarchalen Handlungen seines Vaters erfahren hat, als einen der zentralen Gründe, sich mit Geschlechterverhältnissen auseinanderzusetzen. Er benutzt an dieser Stelle (im Interview Absatz 55) erstmalig das Wort ›patriarchal‹ im Zusammenhang mit seiner Familie. In der obigen Sequenz greife ich seine Formulierung in meiner Fragestellung auf. In seiner Antwort fügt Jan Biro seiner Beschreibung eine Differenzierung an: Sein Vater ist patriarchal, dabei jedoch, so hebt er hervor, ist dieser nicht ein »*weißer* deutscher Obermacker« gewesen. So weist er darauf hin, dass hier eine Unterscheidung besteht, die seine Reflexionen für ihn selbst ambivalent machen. Jan Biro charakterisiert seinen Vater als Betroffenen von struktureller Diskriminierung und Ausgrenzungserfahrungen innerhalb der deutschen Gesellschaft und zieht so eine Verbindungslinie zwischen sexistischen, rassistischen und kapitalistischen Strukturen. Er verortet damit seine Erfahrung mit den hierarchischen Geschlechterverhältnissen innerhalb rassistischer, kapitalistischer Verhältnisse und verweist auf die Verwobenheit der beiden.

Auch Nazim Özer kontextualisiert im Interview seine Erfahrungen mit den patriarchalen Geschlechterverhältnissen innerhalb der Familie.

NÖ: »Das war auch 'n bisschen so die Enge dann, also das war im Prinzip verwoben mit diesen anderen Themen, die dann ausschlaggebend waren. […] Es gab den Kosmos Familie so, ich muss das 'n bisschen vorstellen. Meine Eltern sind eben nicht aus der Türkei hierher immigriert [mit »hierher« bezieht er sich auf die Stadt, in der er heute lebt]. Auch nicht nach Paris, nach New York, nach Amsterdam, sondern sie sind halt in die deutsche Provinz gezogen, ja und dann dieser familiäre Zusammenhang, der eben auch patriarchal ist und da wahrscheinlich auch gar nicht anders sein könnte, und dann drum herum letztendlich dann das Dorf oder die Kleinstadt mit ihren Zwängen.« (Nazim Özer: 76-80)

Nazim Özer, dessen Eltern aus der Türkei nach Deutschland migriert sind, stellt eine Verbindung zwischen der Enge und den Zwängen der provinziellen Kleinstadt, in der er aufwuchs, und den patriarchalen Strukturen seiner Familie her. Aus dem Kontext des Interviews lässt sich vermuten, wenn er es hier auch nicht explizit benennt, dass er mit den »Zwängen« und der »Enge« der dörflichen Strukturen Verhältnisse anspricht, die zu einer Isolation seiner Familie führten. Die Beschaffenheit des kleinstädtischen, provinziellen Umfelds wurde als förderlich für die patriarchalen Strukturen in seiner Familie bzw. als Bedingung wahrgenommen. Er spekuliert, dass unter diesen äußeren Bedingungen in der »deutschen Provinz« der familiäre Zusammenhang »wahrscheinlich auch gar nicht anders« sein konnte als patriarchal. So führt auch er, ähnlich wie Jan Biro, die Gründe für die patriarchalen Strukturen in der Familie nicht ausschließlich auf die Geschlechterverhältnisse zurück, sondern auch auf rassistische Verhältnisse.

Im Vergleich fällt auf, dass andere Interviewpartner_innen ihr Sprechen über Sexismuserfahrungen nicht in den Kontext anderer Positionierungen innerhalb von Herrschaftsverhältnissen stellen. Ich möchte den Zitaten von Nazim Özer und Jan Biro ein Zitat von Anna Loritz, einer *weißen* deutschen Interviewten gegenüber stellen. Auch Anna Loritz spricht von der biografischen Erfahrung patriarchaler Strukturen in ihrer Herkunftsfamilie.

AL: »Dann muss man schon noch sagen, dass ich einen deutlich persönlichen Bezug habe, weil ich auch einen relativ [...]. also einen Vater habe, der eine gewisse Art von Vaterrolle ausgeübt hat, die eben auch relativ stark eine hegemoniale Männlichkeit, oder ein Bestehen auf eine männliche Autorität als Familienoberhaupt. Die quasi als Form da stand und auch immer bemüht worden ist, um Dinge durchzusetzen ohne, dass das wirklich inhaltlich meines Erachtens [...], also eine Autorität als Hülle, aber nicht als wirkliche Person, eine Person die Autorität darstellt. Da hab ich mich auch sehr stark mit meinem Vater auseinander gesetzt und auch sehr viele Konflikte in der Familie gehabt. Das war auch viel deutlicher, der Konflikt mit meinem Vater als der mit meiner Mutter. Was man später auch wieder relativieren kann. Ich habe natürlich auch viel reflektiert und aufgearbeitet. Dann im Nachgang, aber das war so eine Ausgangssituation, also mit Geschlechterfragen mit den Personen, die auch früh geprägt und sozialisiert haben, da war das virulent, ohne dass ich jetzt gleich explizit das so gelabelt hätte.« (Anna Loritz 2: 8)

Die Relativierung, die sie vornimmt, bezieht sich nicht auf gesellschaftliche Strukturen bzw. Intersektionalität des Geschlechterverhältnisses mit anderen Herrschaftsverhältnissen wie Rassismus im Beispiel von Jan Biro und Nazim Özer. Sie betrachtet ihre eigene Fokussierung auf den Vater als Familienoberhaupt und ihre Ausblendung der Mutter im Nachhinein kritisch, womit sie ihren Eigenanteil in der Konstruktion dieses familiären Patriarchats in den Blick rückt.

Für Anna Loritz stehen Machtverhältnisse entlang der Kategorie Geschlecht in Bezug auf die familiären Geschlechterverhältnisse im Fokus. Ihre Nicht-Thematisierung von Intersektionalität der (familiären) Geschlechterverhältnisse mit rassistischen Verhältnissen liegt vermutlich daran, dass sie aufgrund ihres Weißseins nicht von rassistischen Zuschreibungen betroffen ist. Anders als bei Nazim Özer und Jan Biro erfährt sie innerhalb ihrer Reflexionen keine Ambivalenz oder Widersprüchlichkeit hinsichtlich der Frage, welches Herrschaftsverhältnis jenes ist, das als Basis oder Bedingung für die Familienstrukturen betrachtet werden kann.

Maya Wolf berichtet über ein eigenes Lernerlebnis, bei dem sie sich ihrer *weißen* Perspektive bewusst wurde.

MW: »Ich hab zum Beispiel einen Vortrag mit meinem Kollegen zu geschlechtlichen Inszenierungen gehalten. […] und interessanter Weise haben wir die intersektionale Perspektive, also mein weiß-deutscher Kollege und ich, weiß-deutsch, die intersektionale Perspektive total vergessen. Wir haben weder ein … Klasse hatten wir noch mit drin, Stichwort Klassenspezifik und geschlechtliche Inszenierung, wir hatten aber überhaupt keine kulturelle Inszenierung. In dem Moment haben welche aus der Gruppe das angemerkt und da würde ich sagen, das war ein super Lernprozess für mich. Also mir wird nie wieder passieren, dass ich im Bereich so einer Inszenierung diese Komponente vergesse. Aber die habe ich aus einer weiß-deutschen Perspektive ganz klar nicht benannt. Aber da ist in diesem Dialog und in diesem sich darüber austauschen und dann gab es da noch mal Meinungen dazu, gar nicht um uns jetzt anzupissen, sondern zu sagen, hier das fehlt noch, ein Austausch darüber, hat wunderbares Lernen stattgefunden.« (Maya Wolf: 34)

Sie verdeutlicht hier einen Moment, in dem ihr ihre Unaufmerksamkeiten gegenüber anderen Differenzkategorien und damit ihre Ausblendungen und Scheuklappen, die in ihrer Perspektive aufgrund eigener Privilegierung beinhaltet waren, bewusst wurden. Durch die Kritik der Teilnehmenden und den darauf folgenden Austausch habe ein »wunderbares« und nachhaltiges (»also das wird mir nie wieder passieren«) Lernen stattgefunden. Mit der Formulierung (»das wird mir *nie* wieder *passieren*«) drückt Maya Wolf zugleich den Lernprozess in einer kategorialen und absoluten Form aus, die darauf schließen lässt, dass hier Gefühle von Schuld oder Scham wirksam sind.

Michael Kimmel beschreibt in einem seiner Vorträge einen Moment aus seiner eigenen Biografie, um das Prinzip »Privilege is invisible to those who have it« (Kimmel 08.03.2001), das auch für das Zitat von Maya Wolf und Anna Loritz gelten kann, zu untermauern. In einer seiner Studiengruppen haben eine Kommilitonin, eine ›Woman of Colour‹ und eine *weiße* Studienkollegin in einer Diskussion um Feminismus und die innerfeministischen Konflikte auf ihre Ausblendungen bezüglich ihrer Privilegierung aufmerksam gemacht, indem sie in die Runde fragten: »Was siehst Du morgens, wenn Du in den Spiegel schaust?«. Die *weiße* Frau antwortet »Eine Frau«. »Siehst Du«, antwortete die andere, »Ich schaue in den Spiegel und sehe dort eine Schwarze Frau«. Als er an der Reihe war und die Studentin ihn fragte, wen er im Spiegel sehe, antwortete er: »Einen Menschen«. Erstaunt habe er die Privilegien seines ›neutralen‹, da verallgemeinerbaren Blickens erkannt.

So, wie sich Männlichkeit mit der Erfahrung verbindet, ›neutral‹ und die Norm zu sein und mit Kompetenz und Objektivität und Aktivität assoziiert wird, während

›Frau sein‹ mit Subjektivität, Gefühl und Passivität[10] verbunden wird, so gehen, wie in obigen Beispielen angeklungen, mit Weißsein als soziales Konstrukt ebenfalls Konzepte bzw. Zuschreibungen einher. Die Critical Whiteness Studies[11] haben aufgezeigt, dass Weißsein innerhalb rassistischer Strukturen und Repräsentationssysteme (sowie Männlichkeit innerhalb von patriarchalen Geschlechterverhältnissen) als Norm gesetzt wird, die mit Neutralität, Objektivität und Kompetenz konnotiert wird.[12] Nach Chimamanda Adichie bedeutet Weißsein die Erfahrung, in der öffentlichen Bilderwelt in zahlreichen Facetten repräsentiert zu werden, es bedeutet, dass zahlreiche Geschichten über eine_n und für eine_n bestehen (vgl. Adichie 2009). Sie spricht in ihrem Vortrag am Beispiel der eigenen Biografie über die Auswirkung singulärer Geschichten auf subjektive innere Bilderwelten und Möglichkeiten. Sie berichtet z.b. darüber, welche Folgen es für ihr Denken und ihre Handlungsfähigkeiten hatte, als Schwarze und Afrikanerin in der Literatur überwiegend bis ausschließlich als arm, bedauernswert und zurückgeblieben repräsentiert zu sein.

Rassismen bringen singuläre Geschichten, also einseitige Repräsentationen, mit sich. Um aktuelle Rassismen zu erklären, sind die Definitionen von Kulturalisierung bzw. Ethnisierung aufschlussreich. Mit ihnen werden Prozesse benannt, in denen individuelle Handlungsweisen einer mutmaßlich einheitlichen Ethnie zugeschrieben werden. Auf diese Weise werden Handlungen über eine homogenisierende Referenz auf Kultur oder Ethnie gedeutet (vgl. Busche/Stuve 2007: 20). Über die Begriffe ›Kultur‹ und ›Ethnizität‹ werden weitverzweigte soziale Zusammenhänge simplifiziert und essentialisiert. So erfolgen einschränkende Konsequenzen für Identität und Handlungsfähigkeiten. Rassifizierungsprozesse haben Verbindungslinien zu denen von Kulturalisierung und Ethnisierung, sie beziehen sich jedoch auf

---

10 Thematisiert wurden diese Zuschreibungsprinzipien von zahlreichen feministischen Theoretikerinnen z.b. von Hagemann-White 1984, de Beauvoir 1999, Mühlen-Achs 1998.

11 Diese wurden aus den anti-rassistischen Theorieproduktionen, die aus den amerikanischen Schwarzen Bürgerrechtsbewegungen hervorgingen, heraus entwickelt.

12 »Die Kritische Weißseinsforschung operiert mit einem gewendeten Konzept von Weißsein, das die Annahmen der biologistischen Konstruktionen von Weißen negiert. In diesem Sinne ist Weißsein kein biologistischer oder somatisierender Begriff und wird Weißsein weder über Pigmentierung oder Komplexion erfasst noch als Natur (im Sinne Roland Barthes') angesehen. Weißsein ist ein Symbol, das über den Master-Signifier Weißsein entworfen wird. Es geht nicht um natürlich gegebene Sichtbarkeit, sondern um hergestellte, interpretierte und praktizierte Sichtbarkeit. Es geht nicht um ›Hautfarbe‹, sondern um die ideologische Konstruktion von ›Hautfarben‹. In diesem Sinne ist Weißsein dann an Gewordensein gebunden und am ehesten über den Begriff der Position zu erfassen, die sich auch unabhängig von Selbstwahrnehmungen und jenseits offizieller Institutionen manifestiert.« (Arndt, vgl. auch Arndt 2005)

das biologische Konstrukt von ›Rasse‹ (zum Begriff der Rassifizierung vgl. Eggers 2005b: 56f, Terkessidis 2004: 98ff).

Hinsichtlich des Beispiels von Nazim Özer und Jan Biro sind die ›singulären Geschichten‹, die im Kontext von kulturalisierenden, ethnisierenden Diskursen über den Zusammenhang von Familie und Migration erzählt werden, aufschlussreich. Mittels Kulturalisierung und Ethnisierung erfolgt darin eine binäre Spaltung (Hall, 13). Dabei wird unterteilt in moderne und traditionelle Familien (vgl. Munsch/Gemende/Rotino 2007: 7), wobei unter Modernität individuelle Freiheit, demokratische Partizipation und Geschlechtergerechtigkeit verstanden wird und mit Traditionalität Formen sozialer und kultureller Rückständigkeit, patriarchale Strukturen, Herrschaft und Gewalt verbunden werden (vgl. Geisen/Studer/Yildiz 2013: 1).»Der Innenraum der Familie im Kontext von Migration wird aufgrund dieser ausschließenden Gegensätzlichkeit zur Projektionsfläche von Ressentiment und Rassismus.« (ebd.)

In populären Diskursen sind Prozesse der Vergeschlechtlichung mit denen von Ethnisierung und Kulturalisierung verschränkt. Sie kulminieren in Figuren des »muslimischen, türkischen oder arabischen Macho« oder der »türkischen oder arabischen« Frau als passivem Opfer dieses Machismo« (vgl. Busche/Stuve 2007: 22). »Ethnisierung und Kulturalisierung findet hier unter Bezug auf die Geschlechterverhältnisse statt. So erscheint ›der_die Andere‹, der_die Migrant_in, der junge muslimische Mann oder die muslimische Frau, als in seiner_ihrer kulturellen Gruppe gefangen.« (ebd.)

Die Reflexion dieser rassistischen Zuschreibungen könnte für Nazim Özer und Jan Biro das Sprechen über patriarchale Strukturen in ihren Familien zusätzlich erschwert haben und ambivalent sein. Die beiden Interviewten bringen dies im Interview nicht explizit zur Sprache, jedoch lässt sich entlang obiger Ausführungen vermuten, dass beide die kulturalisierenden und ethnisierenden Lesarten ihrer Biografien bereits erfahren haben und sich deshalb über die Beschreibung struktureller Rassismen als äußere Bedingung für den Sexismus in ihrer Familie davon distanzieren. Überlegungen dazu, inwiefern innerhalb der Interviewsituationen von den Interviewten unbewusst oder bewusst wahrgenommene Asymmetrien (das Sprechen zu mir als ›weißer‹ – also anders in rassistischen Verhältnissen positionierter – Interviewerin) eine Rolle spielen können, habe ich im Methodenteil dieser Studie skizziert (siehe ›Tokenism‹ unter 5.3.3).

6.2 LERNWIDERSTÄNDE IM BEGINNENDEN LERNPROZESS: ZWISCHEN GEGENARGUMENTEN UND INNEREN ZWIESPÄLTEN

In diesem Abschnitt werden Lernwiderstände, das heißt, die Gründe nicht zu lernen, die in den Rekonstruktionen im beginnenden Lernprozess verortet wurden, betrachtet. Dabei erfolgt eine Unterscheidung in:
1. Gründe, die gegen ein Lernen sprechen, die sich aus Alltagstheorien und Vorannahmen über den Lerngegenstand Geschlecht und Feminismus ergeben. Diese Gründe werden im Außen verortet und führen zu einer Behinderung des Kontakts, können möglicherweise auch einer tiefer gehenden Beschäftigung im Weg stehen.
2. Innere Gründe, die gegen ein Lernen sprechen, und die von den Befragten als innere Interessenkonflikte beschrieben werden, die sich in inneren Ambivalenzen und unangenehmen oder bedrohlichen Gefühlslagen spiegeln. Diese setzen voraus, dass ein subjektiver Kontakt mit dem Thema Geschlecht und ein erstes zaghaftes Interesse bzw. Zulassen der neuen Inhalte bereits stattgefunden hat, jedoch noch auf dem inneren Prüfstand steht.

In beiden Abschnitten werden die biografischen Erfahrungen zusätzlich durch Sichtweisen von Lehrenden mit Blick auf ihre Teilnehmenden ergänzt. An verschiedenen Stellen ergänze ich die Aussagen durch die Perspektive von Lehrenden hinsichtlich der anfänglichen Kontaktwiderstände ihrer Seminarteilnehmenden, da ich der Ansicht bin, dass dadurch eine sinnvolle Erweiterung des Blickfeldes geschieht.

Hinsichtlich der in diesem Kapitel analysierten Kontaktwiderstände besteht ein Bias unter den gewählten Zitaten: In der Mehrzahl werden männliche Befragte zitiert. Damit soll hier jedoch nicht die implizite Aussage getroffen werden, dass weibliche Lernende keine Lernwiderstände entwickeln. Es gibt, wie der Einleitung (1.1) deutlich wurde, sehr viele Frauen, die sich dezidiert gegen Feminismus und Gleichstellungspolitiken wenden.

Meine Auswertungsaufmerksamkeit liegt aus verschiedenen theorie- und praxisgeleiteten Gründen bei den Aussagen der männlichen Befragten:

- Wesentlich weniger Männer nehmen erfahrungsgemäß, aber auch statistisch belegt (z.B. Studierende der Genderstudies), freiwillig an Bildungsangeboten (Seminare, Workshops, Studiengänge) zum Thema Gender oder zu (queer-)feministischen Themen teil.
- In den Interviews werden von den weiblichen Befragten die Gründe, sich nicht zu interessieren, also Widerstände, weniger detailliert beschrieben.
- Mehrfach hatte ich in Seminarkontexten (z.B. in Uni-Seminaren und Fortbildungen) das Gefühl, dass es männlichen Teilnehmenden schwerer fällt, sich

auf das Thema einzulassen. Ich erhielt besonders von männlichen Teilnehmenden das Feedback, dass am Anfang große Vorbehalte gegenüber der Thematik bestanden. Ebenso äußerten sich Seminarteilnehmer, dass Angst vor Schuldzuweisung bestand.
- Die Biografien von Frauen sind mir durch meine eigenen Erfahrungen als weiblich Sozialisierte vertrauter. Das kann zum einem dazu führen, dass sich die weiblichen Befragten mir gegenüber weniger erklären, da sie sich verstanden glauben, und zum anderen mein Interesse bzw. meine Aufmerksamkeit bei der Art und Weise, Fragen zu stellen und den Text auszuwerten, lenken.

6.2.1 Gegenargumente: Ontologisierungen, Abwertungen, Ausweichen

In diesem Teilabschnitt werden Begründungen dargestellt, warum die Befragten sich anfänglich nicht für eine Auseinandersetzung mit dem Thema Gender interessierten, oder aus denen sie gegen eine Auseinandersetzung argumentierten. Wie deutlich werden wird, erfolgte eine Bezugnahme auf biologistische, konservative oder explizit anti-feministische Diskurse, die Genderwissen infrage stellen.

a) Essentialisierungen: »Wenn es kein Geschlecht mehr gibt, dann gibt es auch keine Menschen mehr.«

Elmar Kade berichtet Widerstände entlang von biologischen oder religiösen Geschlechterbildern am Beispiel der eigenen Lernbiografie. Er ist der einzige Befragte, der sich nicht als ›Experte‹ in Geschlechterfragen versteht, und schildert Lernwiderstände in noch nicht reflektierter Form, also ohne unmittelbar anknüpfende Distanzierung.

EK: »Meine Meinung dazu ist, ich finde es sollte Geschlecht geben, ehm, also ich bin Christ, ich bin auch wirklich überzeugter Christ. […] aber da ich das bin, die Bibel nehme ich nicht Wort für Wort, da zu oft übersetzt worden ist, aber an die Aussagen halte ich mich schon, und die halte ich auch für richtig, und ich glaube auf jeden Fall an Kreation und nicht an Evolution, und da Gott Mann und Frau erschaffen hat, glaube ich auch, dass Geschlechter ihren Sinn haben, und auch nur so kann die Reproduktion stattfinden und die Entwicklung, von daher glaube ich, es sollte Geschlechter geben, ehm, wenn sich jemand dafür entscheidet, kein Geschlecht zu haben, was man ja heute machen kann, dann würde ich ihn auf keinen Fall dafür bewerten, aber ich halte es meinerseits nicht produktiv. Also das ist nicht produktiv, finde ich. Kein Geschlecht zu haben. Wenn die Person das machen will, Ok, halte ich mich raus, aber meine Meinung dazu ist, ich würde auch keinem das ausreden wollen, das ist ja der, deren Leben es ist, aber ich glaube, es sollte Geschlechter geben, gerade aus Gründen der Reproduktion und der Entwicklung. Wenn es wirklich so weiterlaufen würde, dass es kein

Geschlecht mehr gibt, dann gibt es auch keine Menschen mehr. Gut künstliche Befruchtung und alles was die Medizin machen kann und klonen und was weiß ich, sich alles entwickeln wird. Aber auch dem bin ich skeptisch gegenüber, ob sich das alles gesund entwickeln wird, oder schon tut, das weiß ich auch nicht.« (Elmar Kade: 120)

Seine christliche Grundhaltung führt zu einer begrenzten Aufgeschlossenheit gegenüber der Thematik. Begrenzt wird seine Offenheit darüber, dass gesellschaftliche Hierarchien und die aus ihnen resultierenden Unterschiede religiös begründet werden. Die Auseinandersetzung mit Geschlechtertheorien und politischen Praxen stößt vor dem Hintergrund dieser Haltung an Grenzen, wenn sie den Rahmen der religiösen Erzählungen sprengen. Elmar Kade beschreibt im Nachgespräch an das Interview, dass es ihm im Seminar und an der Uni generell unangenehm ist und schwer fällt, sich als Christ zu outen, aufgrund der ihm gegenüber gebrachten Vorurteile, die er in diesem Falle befürchtet hat.

Hier sehe ich eine interessante Anknüpfungsstelle für zukünftige Forschungsarbeiten: die Begründungen von Themenanfänger_innen und die Lernwiderstände von Menschen, die der Thematik ablehnend gegenüber stehen. Die Bedeutung von konservativen, christlichen oder religiösen Begründungslogiken in den Abwehrprozessen könnte einen besonderen Schwerpunkt bilden. Leider kann meine Studie, durch die Wahl der Fragestellung und des Forschungsdesigns, hier nur einen Verweis tätigen, da der Fokus auf den im Rückblick erstellten Begründungslogiken von Interessierten im fortgeschrittenen Stadium liegt, um die Rekonstruktion mehrerer Lernschritte zu ermöglichen.

Aus Sicht der Gender-Trainerin Maya Wolf stellen biologistische Annahmen immer wieder ein großes Hindernis innerhalb von Lernzusammenhängen dar, für die sie noch keine Patentantwort gefunden hat.

MW: »Ich würde eher sagen, es scheitert zumeist, weil Biologie [...] ist gesetzt. Also dieses Primat von naturwissenschaftlichem Denken oder Alltagsdenken, dieses klassische ›es gibt doch Männer und Frauen‹, das sehe ich doch.[...] Aber diese Biologismen oder Essentialismen, das ist wirklich ... nee, da hab ich keine Idee zu. Und danach dann, ich finde das kann man auch gut machen, einen auf Wissenschaft machen, und dann ist man schlauer und... Aber ich glaube, wirklich erreichen tut man die so nicht. Also in den Situationen nicht, wenn die sich eh schon überfordert fühlen.« (Maya Wolf: 18)

Durch den Bezug auf starre, religiöse oder biologisierende Geschlechterbilder und auch über Erziehung begründete Rollenvorstellungen, werden jegliche weitere Anstrengungen, sich mit der Thematik auseinanderzusetzen, unnötig, da Geschlecht aus dieser Sicht Teil eines unverrückbaren, vorbestimmten Schicksals bzw. einer festgelegten Natur ist.

Die metaphysische Begründung, dass Zweigeschlechtlichkeit und Geschlechterverhältnisse auf einen göttlichen Wunsch bzw. ein gottgewolltes Schicksal zurückzuführen seien, wird mehr zu einem dicken unbeweglichen Block, denn zu einem Vehikel auf dem Weg zur Auseinandersetzung. Auch der biologistische Standpunkt, dass Gene und eine unverrückbare biologische ›Natur‹ des Menschen zu den unterschiedlichen Positionierungen von Männern und Frauen in der Gesellschaft führen, weist in diese Richtung. Die Annahme eines Ursprungs und einer Existenz, die außerhalb des Gesellschaftlichen angesiedelt ist, verunmöglicht jede weitere Handlungs- und Veränderungsfähigkeit und setzt anstehenden Zielen von Verteilungsgerechtigkeit oder Freiheit der Lebensweisen ein Ende.

b) Diskriminierungsvorwurf: »Für mich war der Begriff Feminismus wirklich gegen Männer gerichtet.«

Insbesondere vor der beginnenden Auseinandersetzung kann eine starke Personalisierung des Themas Gender erfolgen. Bei Elmar Kade standen nicht die Erkenntnisweisen oder Ideen im Vordergrund der ersten Assoziationen, sondern die Praktizierenden bzw. Ausübenden der Theorien: die Feministinnen (bewusst mit kleinem ›i‹).

In den Vorannahmen von Elmar Kade, der sich als Ausnahme unter den Interviewten ganz am Beginn eines möglicherweise nie fortgeführt werdenden Lernprozesses befindet, vermischen sich so Widerspruchserfahrungen entlang der politisch-ethischen Vorstellungen und seiner geschlechtlichen Identitätskonstruktion als Mann.

EK: »Bevor ich an diesem Seminar teilgenommen habe, habe ich bei dem Wort Feminismus immer an extreme Feministinnen gedacht. Ich habe an Leute gedacht, an Frauen, die absichtlich gegen alles kämpfen, was von Männern ausgeht, aus reiner Bosheit.[…] damals, damals war der Begriff Feminismus für mich wirklich gegen Männer gerichtet.« (Elmar Kade: 25)

Er beschreibt, dass er Feminismus vor seiner Beschäftigung mit dem Genderthema in einem Uni-Seminar ausschließlich als einen Kampf gegen Männer verstanden habe. In dem folgenden Zitat wird deutlich, dass ›genderkompetent‹ und ›feministisch‹ für Elmar Kade in einem Assoziationszusammenhang stehen.

EK: »Es kommt drauf an, welche Art von ›feministisch‹ Du jetzt meinst, wenn das jetzt eine Frau ist, die sich für selbstverständliche Sachen, meiner Meinung nach, einsetzt, wie zum Beispiel, gleicher Lohn bei der Arbeit, und eine gerechtere Aufteilung verschiedener Sachen, dann habe ich ein gutes Gefühl dabei und ich kann das auch, mit genderkompetent auch verbinden. Aber wenn das eine ist, die für die Unterdrückung von Männern ist, dann ist das für mich nicht mehr genderkompetent […].« (Elmar Kade: 168)

Das Zitat zeigt, dass ›genderkompetent‹ ebenso mit der ›Unterdrückung von Männern‹ assoziiert werden kann, wie ›feministisch‹. Damit wird die Absicht derjenigen unterlaufen, die sich durch den Term Genderkompetenz von den alten Vorurteilen gegenüber Feminismus zu lösen suchen.

Obwohl im Methodenkapitel (unter 5.3.1) erwähnt, möchte ich in Bezug zu den hier angeführten Zitaten von Elmar Kade noch einmal hervorheben, dass Elmar Kade der einzige unter den Interviewten ist, der noch ganz am Anfang eines Gender-Interesseprozesses steht. Die Fortführung des Interesses ist zum Zeitpunkt des Interviews ungewiss. Die Tatsache, dass es sich bei Elmar Kade um einen meiner Studierenden handelt, birgt verschiedene Auswertungsproblematiken, aufgrund der vormals bestehenden asymmetrischen Beziehung in institutionellen Hierarchien. Zum Zeitpunkt der Befragung liegt das Uni-Seminar, das er bei mir besuchte, einige Monate zurück, er hatte die Note auf seinem Leistungsnachweis längst erhalten und es standen/stehen keine weiteren Kooperationen in Abhängigkeitsverhältnissen mit mir bevor. Die Aussagen von Elmar Kade sind dennoch unter den Vorzeichen dieser ehemaligen Beziehung zu lesen.

Wie bereits in Kapitel 6.1. Abschnitt ›Lerngründe‹ in verschiedenen Zitaten deutlich wurde, distanzieren sich auch weiblich sozialisierte Befragte, wie Anna Loritz und Jan Biro, indirekt von dem Begriff Feminismus, indem sie betonen, dass sie sich ›damals‹ noch nicht als Feministin bezeichnet hätten oder Feminismus noch nicht positiv konnotieren konnten.

Zum Zeitpunkt des Interviews liegen die früheren Vorurteile gegenüber Feministinnen für den Großteil der Befragten lange zurück, das heißt, sie werden nicht mehr ›frisch‹, das heißt detailreich, erinnert. Vermutlich scheinen diese Begründungen aus heutiger (aufgeklärter) Sicht nicht mehr nachvollziehbar oder die damaligen Meinungen sind mit Scham oder Schuldgefühlen belegt. Stefan Krueger zum Beispiel kann sich nur vage erinnern und bleibt dabei einsilbig. SK: »Ich glaube, ganz früher hatte ich schon so Bilder im Kopf wie, Feministinnen sind irgendwelche Frauen, die Männer hassen.« (Stefan Krueger: 57)

Lehrende, wie hier Ulrich Becker und Anna Loritz, kennen die Gefahr, dass Männer das Thema als ›gegen sich gerichtet‹ wahrnehmen und sie als Lehrende, als Vermittler_innen des Themas, in der Bildungssituation als Aggressor_innen wahrgenommen werden. Im Seminarkontext ist es ihnen deshalb besonders wichtig, nicht in einer anklagenden Rolle gesehen zu werden.

UB: »Und bei den Männern ist es dementsprechend genauso, je mehr man – also bei dem Thema kann man sie ja in die Defensive, oder uns in die Defensive drängen, und fängt natürlich dann an zu treten, um sich zu verteidigen, und dann ist das Seminar auch scheiße, also sobald man da zu sehr in so 'ne Verteidigungshaltung gerät und jeweils dem anderen Geschlecht wird da pars pro toto die Unfähigkeit angeheftet, oder Schuld zu sein an den gesellschaftlichen Herrschaftssystemen, dann kann man eigentlich auch nach Hause gehn.« (Ulrich Becker: 259)

UB: »Aber es liegt daran, wahrscheinlich, dass ich nen Mann bin. Also mir wird nicht unterstellt, dass ich jetzt hier der Vorreiter des Feminismus bin. Auch wenn ich's gerne wäre, würd 's mir nicht zugeschrieben werden. Von daher hab ich das Prob... also, nö, wenn ich sowas sag, dann ist das eher - also wahrscheinlich ist das eher so, dass wenn ich aus 'ner, als Mann das im Seminar einführe, dass das sehr wohlwollend, und dass es okay ist, weil mir wird nicht der kämpferische Aspekt unterstellt. Dass ich jetzt hier die Männer versuch irgendwie platt zu machen, weil ich bin ja einer von denen. Und während, wenn 'ne Kollegin das macht, kann ich mir ganz gut vorstellen, dass dann von dem einen oder anderen Mann die Bemerkung kommt: ›Ach ja, du bist ja auch 'ne Emanze.‹ Von daher hab ich's wahrscheinlich leichter mit dem Thema.« (Ulrich Becker: 144)

AL: »Mir ist es wichtig, das so rüberzubringen, dass ich nicht sozusagen per se eine bestimmte Position habe und sozusagen als die Anklägerin daherkomme, weil das kann ich in meiner Rolle, mir zum Beispiel überhaupt nicht leisten.« (Anna Loritz 1: 14)

MW:»Ich glaube, das ist eh ein Bild› das Bild der verbrämten Emanzen, das unglaublich stark ist. [...] Also, dass mit diesem Bild eigentlich ganz viel, dass da noch ganz viel Angst herkommt.« (Maya Wolf: 54)

Die existierenden diskursiven Bilder von Feminismus werden besonders von männlichen Teilnehmern noch immer leicht als Anklage erfahren, welche dann wiederum zu lernhinderlichen innerpsychischen Schulddynamiken und Abwehrhandlungen führt.

Hier stellen die Befragten diese diskursiven Formationen in einen breiteren Zusammenhang gesellschaftlicher Repräsentationen von Macht und Entwicklungstendenzen.

Nach Anna Loritz sprechen Lehrende und Seminarteilnehmende häufiger aneinander vorbei, wenn es um die Beschreibung und Interpretation von Strukturzusammenhängen und Herrschaftsverhältnissen geht.

AL: »Und dann auch in Täter-Opfer zu sprechen, wenn Du anfängst über Machtverhältnisse und Hierarchien zu sprechen, dann verstehen ja ganz viele Leute, das eben nicht auch differenziert, wie z.B. den Foucault'schen Machtbegriff, die einen üben Macht über die andern aus und die einen sind die Täter und die andern die Opfer, und dann kriegst du leicht eine Anklage.« (Anna Loritz 1: 16)

Nach Anna Loritz liegt das daran, dass die meisten ihrer Seminarteilnehmer_innen Macht dualistisch denken, das heißt, es fällt ihnen schwer, sowohl sich selbst als auch die Lehrenden als von Herrschaft durchzogen zu denken. Sie teilen in Herrschende und Beherrschte, in Täter und in Opfer ein. Anna Loritz spielt hier auf den Foucault'schen Machtbegriff an. Auch die Lernerfahrungen der Seminarteilnehmer_innen und das Setting der Lernsituation spielen für Denkgewohnheiten, die zu lähmenden bzw. abzuwehrenden Schuldannahmen führen, vermutlich eine große Rolle.[13]

Maya Wolf beobachtet bei Teilnehmer_innen eine Schwierigkeit, gesellschaftliche Strukturen zu reflektieren.

MW: »Ich glaube, dass es oft heute schwierig ist, einen Begriff von Strukturen zu haben. Da stößt man auch manchmal an die Grenzen. Wenn ich dieses Denken nicht gewöhnt bin. Das Leuten zu vermitteln: Es gibt da Strukturen. Und das mal zu füllen. Was heißt denn das eigentlich? Und dann eben nicht zu sagen, es gibt da Strukturen, deswegen bin ich jetzt als Mann ein Arschloch. Ich glaube, da gibt es eine große Angst und da gibt es eine Unsicherheit und da gibt es oft, obwohl ich das mit Worten immer wieder versuche zu erklären, habe ich das erlebt, dass sie das nicht verstanden haben. Also, dass dann gesagt wird ›Wieso? Ich will doch eine glückliche Ehe haben. Nach so vielen Jahren mit meiner Frau, die ich liebe.‹ Darum geht es doch gar nicht. Davon rede ich doch gar nicht. Ich glaube, dass das ein großes Thema ist und ich glaube auch, dass das stärker wird. Die Idee von, im Zuge der Individualisierung, ›Ich mache das alles selber. Ich kann das auch selbst konstruieren, was das ist‹. (Maya Wolf: 40)

Diese Perspektive, die nur das individuelle Handeln sieht, führe zu Missverständnissen und könne Angst auslösen. Gesellschaftliche Individualisierungstendenzen, auf die Maya Wolf hier verweist, in der Soziologie auch unter dem Stichwort Subjektivierung und Gouvernementalität theoretisiert, verstärken den Effekt, dass Lernende Kritik an den Strukturen auf sich selbst als Individuum beziehen und glauben, Herrschaftsverhältnisse (wie das Geschlechterverhältnis) vor allem individuell angehen zu können oder gar zu sollen.

So könnte die Interpretation feministischer Inhalte als Schuldzuweisung auch auf eine Ausblendung der Verwobenheit von Strukturen und Subjekten verweisen, also auf eine Individualisierung und Subjektivierung. Daraus resultierende Abwehr oder Selbstabwertung (auch als Selbsthinterfragung) als Konsequenz stellt einen erst im Nachhinein zu Bewusstsein kommenden Lernhinderungsgrund dar, wenn sie zu groß oder zu bedrohlich, das heißt nicht auflösbar, erscheint. Selbstabwertung ist hier verbunden mit Scham über die eigene Involvierung in die Reproduktion von Herrschaft und Unsicherheit, und Selbsthinterfragung resultiert in einer Verunsicherung der eigenen Produktionsmodi von Männlichkeit/Weiblichkeit.

---

13 Bildungs- und Lernerfahrungen sind häufig mit Bewertungserfahrungen (z.B. Notengebung in der Schule, Bewertung am Arbeitsplatz) verbunden. In diesen Kontexten spielen Anklage und Beschämung durch Eltern, Mitschüler_innen oder Lehrer_innen zum Teil leider noch immer eine große Rolle.

c) Personalisierung: »Sie hat bei allem was ich gesagt hab gesagt: ›Nö, is nicht gut.‹«

Durch das Negativ-Image drohen den Menschen, die sich positiv auf Feminismus beziehen, soziale Sanktionierungen: Frauen werden z.b. als hässlich, lesbisch, männerhassend, egoistisch, dominant, verbrämt, sexuell frustriert und Männer, als Weichei, unterdrückt, schwul, Frauenversteher, Softi abgewertet und abgestempelt.[14] Diese Termini wurden von verschiedenen Befragten im Kontext von Feminismus benannt.

Ein Beispiel dafür, wie die bestehenden Bilder von Feminismus bzw. Personalisierung des Themas, Wahrnehmung und Handlung beeinflussen können: Elmar Kade z.b. fand seine Vorurteile über ›Feminismus‹/›Gender‹ als männerabwertende Themen und als Gegenstand für Frauen (siehe nächster Abschnitt) in einem ersten Versuch, sich mit dem Thema Gender in einem Seminar an der Universität auseinanderzusetzen, bestätigt. Er fühlte sich durch die Dozentin des Seminars als Mann diskriminiert, nicht wahrgenommen und als einer der wenigen anwesenden Männer vorgeführt. Das führte dazu, dass er das Uni-Seminar vorzeitig verließ.[15] Zentral an der folgenden im Zitat von Elmar Kade getätigten Aussage ist, dass das als benachteiligend empfundene Handeln ihm gegenüber explizit mit der feministischen Haltung der Dozentin in Verbindung gebracht wird. Seine Wahrnehmungslenkung ist durch diese Vorannahme geprägt.

EK: »Das erste Mal [dass Genderthemen an der Uni thematisiert wurden], das war bei einer Dozentin, die war sehr, sehr feministisch eingestellt und das kam auch so rüber. Sie hat nach allem, was ich gesagt hab, gesagt: ›Nö, ist nicht gut.‹ Und dann hab ich zu einer Freundin gesagt, wiederhol mal bitte das, was ich gesagt hab, und da hat sie gesagt: ›Ja, das ist gut.‹ Das hab ich dann gesagt: ›Das geht gar nicht.‹, und da bin ich dann ausgestiegen aus dem Kurs […].« (Elmar Kade: 10)

---

14 Zur Illustration bzw. als Beleg der Entsprechung der Bilder der Befragten in Diskursen hier die Definition der antifeministischen Website WikiMANNia: »Feminismus ist ein skrupelloses Netzwerk aus narzisstischen Frauen und unterwürfigen Männern. Es ist das Vehikel für typisch schlechte weibliche Eigenschaften wie Ausflüchte, Ausreden, Falschbeschuldigung, Lügen, Verzerrung, Ablenkung, Schuldabweisung oder Besserwisserei, mit dem Ziel, Männlichkeit abzuwerten und die Verantwortungslosigkeit von Frauen mit der Privilegierung von Frauen zu rechtfertigen und durchzusetzen. Feminismus ist die Heiligsprechung des weiblichen Egoismus!« (http://wikimannia.org/index.php?title=Feminismus, abgerufen am 25.10.2011)

15 Der Bezug zwischen Vorurteil und der direkten Erfahrung kann und soll nicht überprüft werden, da die Wahrnehmung des Befragten hier im Vordergrund steht.

Es ist anzunehmen, dass nicht nur Elmar Kade in dem Seminar in seiner Position als einziger oder einer von wenigen männlich Sozialisierten schnell zu verunsichern war, auch könnte das Handeln der Dozentin gegenüber Elmar Kade über die ›richtige‹ Einbeziehung in das Seminar oder über Deutungen von Elmar Kades Sichtweisen verunsichert gewesen sein und diese Unsicherheiten der Dozentin wiederum von Elmar Kade als Feindseligkeit gelesen worden sein.

Wenn Themen wie Gender und Feminismus mit der Diskriminierung oder Unterdrückung von Männern assoziiert werden, dann kann das dazu führen, dass eine Auseinandersetzung abgeblockt oder abgewehrt wird, um sich nicht in eine ›ungerechte‹ Situation zu begeben bzw. an einer ›Ungerechtigkeit‹ zu beteiligen.

AL: »[…] sehr, sehr dosiert und sehr bedacht darauf, Machtverhältnisse darzustellen auf eine Art und Weise, die annehmbar ist. Wo sich Leute, und insbesondere Männer, dann nicht sofort als Person angegriffen fühlen. Ich glaub, das ist schon wichtig. Da gehen die Schotten runter und dann ist vorbei.« (Anna Loritz 1: 14)

Das personalisierte Vorurteil gegenüber der Feministin reproduziert und verfestigt Herrschaftsverhältnisse, indem vor allem männlich Sozialisierte aber auch viele Frauen von der Thematik Abstand nehmen. Laut dieser Abwehrbegründung agieren Feminist_innen diskriminierend, dadurch wird quasi eine sich rächende Verkehrung von Geschlechterverhältnissen durch (meist) weibliche oder feministische Akteur_innen beschworen. Menschen, in den Beispielen vor allem Frauen, die das Geschlechterthema zur Sprache bringen, werden abgewertet. Ihnen wird als Überbringer_innen der Botschaft die Verantwortung für den Geschlechterkonflikt übertragen, während die gesellschaftlichen Verhältnisse außen vor bleiben.

d) Feminisierung des Geschlechterthemas: »Geschlecht, kein Thema für mich – denn das ist ein Thema für Frauen.«

Eine weitere Begründung männlich Sozialisierter nicht zu lernen und sich zu distanzieren, was hier jedoch auch nur aus der Sicht von Bildungsarbeiter_innen berichtet wird, ist die Annahme, bei dem Thema Geschlechterverhältnisse oder Geschlecht handele es sich um ein Frauenthema. Diese Begründung hat aus Sicht von zwei Professionellen erstens eine diskursive und zweitens eine strukturelle Dimension:

1. Die Übernahme der aufklärerischen Annahme ›Mensch = Mann‹ geht mit der Setzung des Mannes als dem ›Normalen‹ und die Erklärung der Frau als ›Abweichung‹ einher. Die Beschäftigung mit dem Thema steht dann im Widerspruch zu der eigenen Geschlechtsidentitätskonstruktion. Mit der Zuweisung der Thematik als eine ›weibliche‹ geht meist eine Abwertung einher. Dazu Stefan Krueger:

SK: »Und das wollen sie natürlich von sich fern halten, da hinterfragt zu werden oder so. Ich glaube, der erste Schritt für Männer, um Bildungsprozesse in Gang zu setzen, ist, diese Ideologie ein bisschen anzuknacksen, die sagt, ›Ich bin ein Mann, und deshalb ist Geschlecht kein Thema für mich – denn das ist ein Thema für Frauen, weil ich bin ja schon normal und Geschlecht ist die Abweichung von ›normal‹.« (Stefan Krueger: 65)

2. Geschlecht wird von feministischen Bewegungen, die eben seit ihren Beginnen hauptsächlich eine Frauenbewegung war, als Thematisierungsgegenstand in die Institutionen getragen. Erst in den letzten zehn Jahren öffnen sich Bewegungsteile für Trans* bzw. auch für Männer. Häufig unter dem Stichwort der (queer-) feministischen (Organisierungs-)Ansätze.[16] ›Männlichkeit‹ wurde erst in jüngster Zeit Gegenstand der kritischen Männlichkeitsforschung (siehe auch Kapitel 2.3 ›Exkurs Kritische Männerforschung‹). Bis heute wird Geschlechterforschung hauptsächlich mit Frauenforschung in Verbindung gebracht. Dazu Anna Loritz:

AL: »Männlichkeitsforschung, das ist ja auch eine extrem neue Sache. Dass es Geschlechterforschung gibt und Frauenforschung gibt, wo das Thema ja auch eher weiblich besetzt ist, das ist auch etwas, was auch eben eher bekannt ist, oder wo schon auch so viel Wissen da ist oder Vorkenntnisse oder wo Frauen da sind, die das offen vertreten.« (Anna Loritz 1: 35)

AL: »[...] und es gibt auch die [Teilnehmer_innen], die rein und von vornherein das Thema bescheuert finden, die müssen das halt machen, weil sie einen Schein brauchen oder die machen das normalerweise auch nicht freiwillig, und das sind mehr Männer als Frauen, aber es gibt da auch Frauen.« (Anna Loritz 1: 33)

AL: »[...] es gibt Situationen, wo ich finde, wenn sich männliche Teilnehmende da öffnen und eine Bereitschaft haben, dass die extrem viel mitnehmen können, ich glaube, dass die dann da extrem viel mehr lernen als weibliche Teilnehmende, die so ein Grundfundament schon haben. Das ist schon eine andere Herangehensweise, weil ich glaube zum Beispiel ja auch, dass da viel mehr Glühbirnen aufleuchten.« (Anna Loritz 1: 35)

e) Extremismus: »Alles Extreme finde ich nicht gut.«

Annahmen darüber, was Feminismus und was das Sprechen über Feminismus bedeuten, können in eine Abneigung von Teilnehmenden gegenüber dem Sprechen über Herrschaft und über das Politische, als zu moralisch oder ideologisch, eingebettet sein.

AL: »[...] ich glaube, dass der zu starke Fokus auf Hierarchien und Machtverhältnisse für bestimmte Teilnehmende einfach die Schranke ist oder der Schutzwall ist, das löst Allergien aus und Abwehr, wo du dann nicht mehr ran kommst.[...]« (Anna Loritz 1: 14)

---

16 Eine Übersicht über queere bzw. queer-feministische, politische Organisierungsansätze gibt Franziska Rauchhut (Rauchut 2008: 84).

AL: »Bei anderen, und das ist dann auch mehrheitlich mein Klientel in meiner Arbeit, wird es ganz schnell als ideologisch oder zu › feministisch‹ gesehen.« (Anna Loritz 1: 14)

Die Thematisierung von Hierarchien und Machtverhältnissen löst bei der Mehrheit der Seminarteilnehmenden Aversionen und Abwehr aus, so Anna Loritz in obigem Zitat.

Elmar Kades Aussage bestätigt dies. Er möchte den Begriff Feminismus genau definiert bekommen, da er für ihn einen ›extremistischen‹ Anklang habe. EK: »Bei beiden Begriffen – feministisch – und was gibt es ›maskulinistisch‹? – bei beiden fühle ich mich unwohl. Das ist, als wäre ich extrem links oder extrem rechts. Alles Extreme finde ich nicht gut.« (Elmar Kade: 108)

Es bleibt zu vermuten, dass die Ideen, von denen er in Zusammenhang mit Feminismus hörte, für ihn so abweichend von seinen bisherigen und bisher gekannten Denkgewohnheiten und seinem Wissen sind, dass er über diese Bezeichnung eine Distanz herstellt. Er unternimmt durch diese Bezeichnung eine Markierung dessen, was er für sich als ›normal‹ empfindet, und eine Bewertung dessen, was für ihn von dieser ›Normalität‹ abweicht.

Exkurs: Extremismus

Im Folgenden werde ich die durch Elmar Kade aufgemachte Verbindung zwischen Feminismus und Extremismus problematisieren und kontextualisieren und zeigen, dass die Verwendung dieser Begriffe oftmals anti-emanzipatorischen Vorgaben zur ›Normalität‹ folgt.

Um die Problematik, die mit der Verwendung der Begriffe ›extremistisch‹ und ›ideologisch‹ einhergeht, zu umreißen, lassen sich Anleihen bei der deutschen Debatte um den Begriff ›Extremismus‹ machen. Diese sind nach dem 11. September 2001 weltweit in den medialen Diskursen aufgeflammt. Aber nicht nur in den Medien wächst die Relevanz von ›Extremismustheorie‹, sondern zunehmend erfährt die Debatte auch eine Aufwertung im politischen Handeln: Es erfolgen vermehrt praktische und strukturelle Maßnahmen sowie Änderungen von Gesetzestexten. In der BRD löste 2009 die Implementierung der durch die Bundesministerin Christina Schröder (BFSFJ) eingeführten sogenannten Extremismusklausel für zivilgesellschaftliche Projekte (darunter fallen sehr viele pädagogische Projekte)[17] Protest aus.

---

17 Seit der Einführung dieser Klausel in Deutschland wird von Jugendbildungsprojekten, die Bundesgelder beantragen, verlangt, sich von jeglichem Extremismus schriftlich zu distanzieren. Dadurch soll »die [finanzielle] Förderung von extremen Organisationen oder Personen aus dem Bereich des Islamismus, genauso wie aus den Bereichen Links- und Rechtsextremismus« (Zit. n. Textbaustein zum Extremismusbegriff/Anti-Diskriminierungs-Büro Sachsen, 2010, http://www.adb-sachsen.de/textbausteine.html) ausgeschlossen werden. Das heißt, Projektträger, die z.B. Gelder aus dem Kinder- und Jugendplan

Eine Extremismusformel wurde in Westdeutschland bereits in den 1970er Jahren durch den Verfassungsschutz verbreitet. Sie wurde im Rahmen der staatlichen Bekämpfung der RAF und ihres mutmaßlichen Umfeldes z.b. mit dem Mittel der Berufsverbote eingeführt. Die Formulierung ist jedoch weder empirisch noch wissenschaftstheoretisch haltbar und beruht auf einer falschen Analyse des Zusammenbruchs der Weimarer Republik. (Demnach haben die Extreme von links und rechts die bürgerliche Mitte ausgehöhlt, während die konservativen Eliten und das deutsche Kleinbürger_innentum unschuldig und unerwähnt bleiben.)

Dem Begriff Extremismus liegt eine Auffassung von einer Bedrohung der Gesellschaft durch Extremist_innen zugrunde. Überliefert wird damit das Bild einer politischen Mitte der Gesellschaft, die von den linken und rechten Rändern bedroht ist, sowie die Vorstellung, dass sich diese Mitte deutlich von den extremistischen Ideologien und Akteur_innen klar abgrenzen lässt. Geläufig und populär ist der Begriff des Extremismus gegenwärtig zunächst besonders im Kontext mit ›Rechtsextremismus‹ oder ›Neonazismus‹, aber auch hinsichtlich des sogenanntem ›Islamismus‹. Anti-Faschist_innen werden von staatlicher Seite häufig als ›Linksextreme‹ bezeichnet. Das Problematische an Sammelbegriffen wie ›extremistisch‹ ist (das Gleiche trifft für ›ideologisch‹ zu), dass sie zwar Wertung beinhalten, jedoch unpräzise bleiben und nicht benennen, welche Inhalte, Strukturen, Verhaltensweisen, Einstellungen etc. kritisiert oder problematisiert werden.

Dabei ist es

»ein grundlegender Unterschied, ob sich auf Gleichheit oder Ungleichheit berufen wird, auf Freiheit für alle oder nur für eine exklusive Gruppe, ob eine Gesellschaft erweitert oder kleiner gemacht werden soll, ob die Demokratie oder der Kapitalismus beseitigt werden soll. Das schlägt sich nicht zuletzt in den Opferzahlen nieder: Mindestens 182 von Neonazis ermordete Menschen gibt es in der Bundesrepublik seit 1990 und nicht einen einzigen von Linksradikalen.« (Hechler 2012a: 2)

Menschenverachtende und Ungleichwertigkeit stützende Gedankengebäude, die die Diskriminierung bestimmter Gruppen befürworten, wie rassistische, antisemitische, sozialdarwinistische, sexistische und biologistische Ideologien, werden nicht differenziert oder als ein Teil eines (neo-)nazistischen Weltbildes benannt. Diese Tendenzen, Einstellungen, Strukturen und Handlungsweisen als ›extremistisch‹ zu bezeichnen birgt die Gefahr, dass dadurch verdeckt wird, dass Sexismus, Rassismus, Antisemitismus etc. nicht nur unter Neonazis existieren, sondern in allen Teilen der Bevölkerung, d.h. in allen Schichten, politischen Lagern, unabhängig von Gruppenzugehörigkeiten. »Das Delegieren an ›extreme‹ Ränder der Gesellschaft versperrt

---

des Bundes erhalten, müssen sich zur freiheitlich demokratischen Grundordnung bekennen.

die Sicht auf grundlegende, langfristige und präventiv in der Breite der Gesellschaft wirkende Ansätze im Kampf gegen diese Vorstellungen und Handlungen.« (Antidiskriminierungsbüro Sachsen 2010)

Feminismus mit Extremismus gleichzusetzen oder zumindest in Verbindung zu bringen, verknüpft sich mit einer Abwertung. Feminismus fällt in dieser Begründung aus der demokratischen Mitte der Gesellschaft und eine Nicht-Auseinandersetzung wird politisch-ethisch legitimierbar. Auch hier erfolgt über die Abgrenzung eine Selbstkonstruktion als ›Normal‹, während die ›extremistischen‹ Feministinnen das ›Extreme‹, ›Besondere‹ bzw. ›Andere‹ darstellen.

Durch den Extremismusvorwurf werden Argumentationen und Handlungsweisen aus dem ›Normalen‹ und ›Angemessenen‹ ausgeschlossen. Statt einer argumentativen Kritik des Inhalts erfolgt ein Generalverdacht, der mit Abwertung einhergeht. So wirkt die Bezeichnung von Feminismus und Feministin als »extrem« in der gleichen abwertenden und personalisierenden Begründungslogik, die bereits unter b) und c) beschrieben wurde.

– Ende des Exkurses –

f) Veraltung: »Es gibt keine Unterschiede mehr.«
Ein Hinderungsgrund für die Auseinandersetzung ist die abwertende und realitätsverzerrende Annahme, das Thema sei veraltet, da eine Gleichheit oder Gleichberechtigung bereits erreicht sei. Daraus resultiert, dass die Lernenden die Thematik als politisch unsinnig betrachten oder ihre persönliches Involviertsein und ihre Betroffenheit nicht erkennen, also eine Diskrepanz zur ihren politisch-ethischen Lerngründen entsteht.

SK: »Da gibt es so diese Ideologie, dass das Thema jetzt auch langsam durch ist und mittlerweile auch alles ganz gerecht ist und es mittlerweile auch keine Machtunterschiede oder so was mehr gibt, dass die Unterdrückung, die damit zusammenhängt, geleugnet wird.« (Stefan Krueger: 117)

UB: »Also ganz viel an Erkenntnis ist, also ganz oft wird am Anfang gesagt, wir unterscheiden nicht wirklich zwischen Frau und Mann, und es gibt da so gut wie keine Unterschiede mehr. Im Laufe der Zeit stellen sie fest, dass es doch sehr viele unterschiedliche Handlungsmuster gibt, wie man sich in Gesellschaft oder in der Öffentlichkeit bewegt. [...]« (Ulrich Becker: 16)

Diese Begründung, nicht zu lernen, wird in den Beobachtungen der Lehrenden gestützt. Sie geht mit einer Haltung einher, die suggeriert, ›das wissen wir alles schon‹ oder › genauer will ich es nicht wissen‹, ›das brauchen wir nicht mehr wissen‹ (vgl. Schüssler 2002: 224). Nach Ulrich Becker sei es für sehr viele Teilnehmende anfangs schwer, Geschlechterhierarchien oder überhaupt Unterschiede in (eigenen männlichen oder weiblichen) Handlungsmustern zu erkennen. Erst im Laufe des

Seminars merken sie Stück für Stück, dass es doch noch immer Geschlechterunterschiede und differierende Handlungsweisen gibt.

g) Marginalisierung und Leugnung von Betroffenheit: »Nö, das betrifft mich nicht.«

Diese Kategorie unterscheidet sich von den vorangehend genannten, da eine Individualisierung der Ablehnung stattfindet. Persönliche Gründe der Nicht-Betroffenheit sprechen gegen ein Interesse. Unbewusst ist hier nicht der Grund, sondern die Tätigkeit bzw. Strategie der Ablehnung, die im Nachhinein von Laura Janssen als ein »Unwichtigmachen« beschrieben wird. Dieses habe bei ihr nicht zu einer Ablehnung derjenigen geführt, die sich in ihrem Umfeld in dem Bereich Feminismus oder Gender engagieren. Entlang ihrer politisch-ethischen Lerngründe erfährt sie jedoch einen Widerspruch zu symbolischen Repräsentationen von feministischen Normen oder Gleichberechtigungsnormen.

LJ: »Aber inhaltlich war es eine Ablehnung bzw. ein Negieren, von wegen ›Nö, mich betrifft das nicht.‹ [...] Genau dieser typische Satz: ›Ja das gibt es, aber mir ist es noch nie passiert.‹ Genau so war ich in meinem Studium auch. Mmh, ja. Ich würde schon sagen, dass eine Ablehnung oder ein Unwichtigmachen da war, aber nicht so was wie: ›Oh, Gott da kommen die mit ihren komischen Ideen.‹ Das nicht. ‚Das war nicht das Wichtigste, und warum muss man das jetzt zum Wichtigsten machen. – So eher. Ja.« (Laura Janssen: 86)

Ihr stellte sich die Frage, wieso das Thema relevant zu setzen ist, obwohl es für sie persönlich (als Frau) keinerlei Bedeutung erlangt (»Wieso muss man das jetzt zum Wichtigsten machen?«). Diese Frage beantwortet sie persönlich zunächst mit Desinteresse und Ablehnung.

Auch Elmar Kade formuliert die persönliche Nicht-Relevanz des Themas Geschlechterverhältnisse. In dem folgenden Zitat betont er, dass seine Lebensprioritäten an anderer Stelle liegen. Er nimmt in diesem Zusammenhang keine direkte Abwertung vor. Indirekt erklärt er, dass für ihn nur dort ein Handlungs- und Lernbedarf besteht, wo er eine persönliche Problematik für sich erkennt.

EK: »[...] das Leben ist einfach komplex: [...] man sucht sich im Leben einfach das aus, womit man sich beschäftigen will, das geht nicht anders, man kann nicht von allem was wissen. Und meine Prioritäten im Leben sind, also an erster Stelle ist meine Priorität Gott, das ist mein Glaube, [...], dann kommt für mich Familie, wenn ich dann verheiratet bin, sind das meine Frau und meine Kinder, Familie allgemein, dann wahrscheinlich Freundeskreis und Arbeit irgendwie, [...], und dann erst kommen Sachen wie die Forschung und sich mit Sachen auseinandersetzen, ähm, und die Sachen, mit denen ich mich auseinandersetze. [...] hab viele Hobbies, da ist die Genderdiskussion aber nicht eins davon, und das meinte ich damit, das wird nicht eine Sache sein, mit der ich mich intensiv beschäftige, meine Zeit ist eh begrenzt und ich hab so viele Prioritäten, dass ich jetzt nicht denke, das ist sehr wichtig,[...]. ich finde, ich kriege mein Leben gut auf die Reihe, ich bin zufrieden, also brauche ich mich damit nicht großartig beschäftigen.« (Elmar Kade: 138)

Hier wird deutlich, dass (noch) keine Verbindung zwischen persönlichem (geschlechtsidentitärem) Bezug zum Thema und politisch-ethischen Begründungen hergestellt ist. Die Begründungsfigur bei Laura Janssen als auch Elmar Kade lautet: »Es betrifft mich nicht, warum soll es dann wichtig sein?«

h) Nebenwiderspruchsargument: »Wir haben hier Probleme mit Rechtsextremismus, was wollt ihr denn?«

Nicht nur spezifisch männliche Lernwiderstände werden benannt, sondern auch Lernwiderstände von bereits politisierten Zielgruppen. Eine politisch motivierte Trennung in Haupt- und Nebenwidersprüche kann als Widerstand fungieren. Die Gender-Trainerin Anna Loritz beschreibt Lernwiderstände im Zusammenhang mit spezifischen Zielgruppen. Im Interview betont Anna Loritz einerseits, dass politisch interessierte Teilnehmer_innen leichter im Gender-Training über die Inhalte zu erreichen seien. Andererseits hebt sie hervor, dass jedoch dort, wo dogmatisch in Haupt- und Nebenwiderspruch unterschieden wird, eine politische Haltung hinderlich sei. Ihr werde von manchen (dogmatisch) links eingestellten Teilnehmer_innen entgegengebracht, dass zuerst wichtigere Fragen zu klären seien, wie etwa die Klassenfrage oder die Überwindung von Rechtsextremismus, bevor eine Auseinandersetzung mit Geschlechterverhältnissen zugelassen werden könne.

AL: »[...] auf der anderen Seite gibt es natürlich auch die dogmatische Linke, die das alles extrem klar angehen und konsequent sagen, das ist der Nebenwiderspruch und wir müssen erst mal die Klassenfrage klären. Also sie würden es heute etwas anders sagen, aber ich habe zum Beispiel in einem Kontext [...] ein Training gemacht und da tauchten ganz genau diese Argumente auf. Also, die hatte extreme Widerstände gegen das Thema, auch unter dem Motto: ›Wir haben hier Probleme mit Rechtsextremismus, was wollt ihr denn?‹« (Anna Loritz 1: 20)

Gesellschaftskritische Problemstellungen und die sozialen Bewegungen, die mit ihnen zusammenhängen, werden so gegeneinander ausgespielt und in einem Konkurrenzverhältnis stehend gesehen. Herrschaftsverhältnisse werden in diesen Begründungen nicht als zusammenhängend und miteinander verwoben begriffen.

i) Die Ebene wechseln durch Ironisierung: »Typisch Frau, ist ja multitaskingfähig, ne?«

In folgendem Zitat beschreibt Ulrich Becker eine Festschreibung und Reproduktion von biologischen Geschlechterzuschreibungen, die er auf komödiantische und populärwissenschaftliche mediale Inszenierung von Genderthemen zurückführt.

> UB: »Also, es wird viel von den Teilnehmern eingefordert, allein dadurch, dass irgendwelche Bemerkungen kommen. ›Typisch Frau, ist ja multitaskingfähig, ne? Also, wir als Männer können das nicht.‹ Dadurch, dass Mario Barth und die ganze Comedy, hier, wie heißen die nochma – Frauen kommen vom Mars.., nee, Quatsch, Frauen kommen von der Venus, Männer vom Mars. Wie heißen die nochmal? Die das Buch geschrieben haben? Und Caveman und so weiter. Das hat ja alles n, nochmal so'n Genderhype im komödiantischen Bereich hervorgerufen, dass es im Seminar natürlich irgendwie auch, nicht ernsthaft thematisiert wird, aber mit Sprüchen begleitet.« (Ulrich Becker: 134)

Diese komödiantischen Zuschreibungen erschweren es für ihn, in Fortbildungssituationen mit Ernsthaftigkeit über das Thema zu sprechen. Er erwähnt den TV-Komiker Mario Barth als Beispiel für TV-Comedy-Sendungen sowie den Bestseller ›Männer sind vom Mars, Frauen sind von der Venus‹ als Beispiel für Populärliteratur zum Thema Geschlecht. Beide verdeutlichen für ihn einen »Genderhype« in den Medien, welcher nicht als solcher von den Teilnehmenden aufgegriffen wird, sondern in Form von komisch gemeinten Sprüchen goutiert wird.

Ironisierung kann jeden beliebigen Lerngegenstand treffen. Die Sprüche der Teilnehmenden zeigen ein Wechseln der Kommunikationsebene innerhalb der Seminarsituation an. Die ernsthafte Auseinandersetzung wird in dem oben beschriebenen Fall durch scherzhafte Konversation durchbrochen. Dadurch findet eine Verzögerung im Auseinandersetzungsprozess statt. Damit muss ein Umgang durch die lehrende Person gefunden werden. In der Beschreibung von Ulrich Becker wird diese ironisierende Aufnahme des Themas durch ein diskursives Feld unterstützt, das dem Gender-Scherz Nährmaterial liefert.

Durch die verspielte und ›leichte‹ Thematisierung gesellschaftlicher und zwischenmenschlicher Problemfelder und gesellschaftlicher Tabus qua Witz wird ein Raum eröffnet, in dem die Konventionen ernster Rede mit ihren Anforderungen an Wahrheit, Verhältnismäßigkeit und Widerspruchsfreiheit außer Kraft gesetzt werden und dadurch erlebte Widersprüche und Missverständnisse artikuliert und ausgehandelt werden können. Bleibt dabei jedoch die ›biologisch‹ verankerte Zweigeschlechtlichkeit unangefochten vorausgesetzter Bezugspunkt des unkritischen Witzes – erfolgt die Setzung ›typisch männlicher‹ und ›typisch weiblicher‹ Eigenschaften unter diesen Gesichtspunkten – so handelt es sich um eine herrschaftsreproduzierende Kultur. Damit werden jegliche kritische und abweichende Perspektiven als irrelevant erklärt, weil das Bestehende zum Selbstverständlichen und Normalen, zur

Allerwelts- und zu jedermanns Sache wird, die fern einer Transformierbarkeit ist (zum Thema Ironisierung und Trivialisierung in der Erwachsenenbildung siehe Nolda 2004).

j) Die Ebene wechseln durch Formalismus: »Das ist ja keine korrekte deutsche Rechtschreibung.«

Eine Abwehrhaltung kann sich durch formalistische Begründungen auszeichnen, die dazu führen, dass keine inhaltliche Auseinandersetzung stattfinden kann. Der Befragte Stefan Krüger schildert diese formalistische Abwehrhaltung, die ihm als Gender-Beauftragten in seinem Jugendverband begegnete, als er sich für eine geschlechtersensible Schreibweise als Richtlinie für die Veröffentlichung der Verbandspublikationen auf Bundesebene einsetze.

SK: »Oh ja, wir hatten eine unerträgliche Diskussion zu geschlechtergerechter Schreibweise. [...] es gab eine unsägliche Diskussion darüber, die total formal war. Und die Argumente waren dann: ›Das ist keine korrekte deutsche Rechtschreibung.‹, ›Das kann man Kindern und Jugendlichen nicht beibringen, wenn die das in der Schule schreiben, dann ist das ein Fehler.‹ Und der Gegenvorschlag war dann das generische Maskulinum. [...] Das Schlimme an der Diskussion waren nicht nur die Positionen selber, sondern die Form der Diskussion und das, was diskutiert wurde, dass das so total formal und überhaupt nicht inhaltlich diskutiert wurde.« (Stefan Krueger: 61)

Der hier geschilderte ›Formalismus‹ wird von Stefan Krüger im Interview mit strukturellen Rahmenbedingungen, wie der Implementierung des Gender Mainstreaming im Top-Down-Prinzip, in einen Zusammenhang gestellt.

Zwischenfazit
Die hier ausgemachten Kontaktwiderstände lassen sich in drei Bereiche teilen:

- ontologisierende Geschlechterbilder, z.B. biologisch, religiös oder traditionell begründet
- Abwertung von Geschlechterthemen: Diskriminisierungsvorwurf, Feminisierung des Geschlechterthemas, Extremismusvorwurf, Veraltung, Marginalisierung, Nebenwiderspruch, Formalismus, Ironisierung
- Ausweichen auf andere Ebenen, das gleichzeitig abwertende oder bewertende Anteile haben kann: Nebenwiderspruch, Formalismus, Ironisierung

Weitere Widerstände, die sich der dritten Kategorie zuordnen lassen, wie z.B. Resignation und Überforderung, nach dem Motto: »Wir kennen das Problem, aber es lässt sich nichts daran ändern, man kann die Gesellschaft von heute auf morgen nicht verändern.«, (vgl. Schüßler 2002: 225) sind aus der Literatur bekannt. Hinzuzuzählen ist auch das Argument der »Ritterlichkeit«: »Wir lieben die Frauen zu sehr, um die Frauen währen zu lassen« (de Beauvoir 1999:136).[18] Eine Variation davon ist auch in einem meiner nicht transkribierten Interviews mit einem Lernanfänger zu finden, welcher argumentiert, seine Offenheit für die Theorien der Geschlechterkonstruktion sei in dem Moment an Grenzen gestoßen, als er seine männliche Beschützerrolle aufgeben musste. Die Vorstellung, dass es im Katastrophenfall möglicherweise nicht mehr hieße »Frauen und Kinder zuerst« (ich nenne es auch das »Titanic Argument«), habe bei ihm zu Unbehagen geführt. Ein weiteres Abwehrargument, das in meinen Interviews nicht genannt wird, jedoch aus Befragungen von Lehrer_innen bzw. Institution Schule bekannt ist, ist, dass die eigene Auseinandersetzung mit (Hetero-)Sexismus von *weißen* (Lehrer_innen) abgewehrt wird mit dem Verweis auf die türkischen/muslimischen Machojungen und die stillen Kopftuchmädchen. (Hetero-)Sexismus wird in der Schule mit Rassismus begegnet (vgl. LesMisgrasStudie 2012, Krämer 2007, Munsch 2007).

Abwertung und Abwehr des Themas Geschlecht wurde schon früh in der feministischen Literatur beschrieben und analysiert (z.B. Dohm 1902)[19], Beauvoir 1945, Schüßler 2002: 225, Pusch 1984: 129ff), aber auch im Kontext von Männlichkeitsforschung werden die Zusammenhänge von Männlichkeitskonstruktionen und Ablehnung bzw. Behinderung von feministischen Anliegen erforscht (Kaufman/Kimmel 2011, Kimmel 2010). In den Abwehrbegründungen lassen sich vor allem Parallelen zu den Argumentationsstrategien und Ideologien antifeministischer, neuerer (Männerrechts-)Diskurse wiederfinden, welche bereits in der Einleitung unter der gesellschaftlichen Entwicklungsrichtung der (Re-)Traditionalisierung aufgegriffen wurden. Nach Hinrich Rosenbrock wird in anti-feministischen Männerrechtsdiskursen erstens eine männliche Opferideologie forciert, zweitens Frauen entgegen aller Zahlen politische, gesellschaftliche Dominanz unterstellt, drittens Feminismus als ›männerhassend‹ dargestellt und so zu de-legitimieren gesucht, viertens männlichen Befürwortern des Feminismus ihre Männlichkeit abgesprochen (z.B. über das Schimpfwort ›Lila Pudel‹), fünftens Geschlecht als biologisch gegeben und unveränderbar dargestellt, sechstens Gender Mainstreaming als Machtinstrument der EU mit dem Rückgriff auf nationalistische Argumente abgelehnt (vgl. Rosenbrock 2012: 13-16).

Im vorangegangen Abschnitt werden die Grenzen meiner Forschungsmethode deutlich: Die Reflexionen von Menschen, die sich schon seit vielen Jahren mit der

---

18 Simone de Beauvoir führt dieses Argument als eines von den Gegnern der Frauenwahlbewegung an (ebd.).

19 Im deutschsprachigen Raum prägte die Frauenrechtlerin Hedwig Dom den Begriff des Antifeminismus mit ihrer Schrift »Die Antifeministen – eine Verteidigung« (1902). Darin analysierte und kritisierte sie die Argumentations- und Denkweisen der Frauenrechtsgegner. Parallelen zu gegenwärtigem Antifeminismus werden darin deutlich.

Geschlechterthematik intensiv auseinandersetzen, eignen sich nur eingeschränkt für eine fundierte Erforschung von Kontaktwiderständen. Die Kontrastierung durch das ursprünglich als Gegenprobe hinzugezogene Interview mit Elmar Kade unterstreicht dies. Der Befragte Elmar Kade, der relativ am Anfang seines Lernprozesses steht, wird in diesem Kapitelabschnitt prominent häufig zitiert, da er als einziger Befragter Schilderungen von zeitnah erlebten Kontaktwiderständen im Interview anführt. Der zeitliche und gedankliche Abstand zu den anfänglichen Widerständen scheint bei den restlichen Befragten, sowohl den Professionellen und als auch den Interessierten, zu groß, um diese Widerstände zu erinnern. Das neue Wissen scheint alte Überzeugungen fast vollständig zu überlagern, diese werden nicht mehr erinnert. Da es das Ziel meiner Forschung ist, Qualitäten, und dazu zählen auch die Leerstellen, in einer rückblickenden Lernprozessrekonstruktion auszumachen, ist dieser Befund nicht hinderlich für den Forschungsprozess, sondern ein Teil des Auswertungsergebnisses. Eine breit angelegte Studie oder eine explizite Befragung von Lernanfänger_innen könnte Erkenntnisse aus der Perspektive des Subjekts über die allerersten Abwehrgründe vertiefen.

6.2.2 Innere Konflikte: widerstreitende Interessen, unangenehme Gefühlslagen, Polarisierungen

Die Darstellung der äußeren Gründe nicht zu lernen, die vor allem in der Phase eines ersten Kontakts hervorgebracht wurden, bildet eine vorbereitende Deutungsgrundlage für innere Widerstände, die im Folgenden ausgewertet werden. Die inneren Lernwiderstände setzen einen beginnenden Lernprozess voraus und sie unterscheiden sich von den äußeren Lernwiderständen dadurch, dass hier das Thema der Geschlechterverhältnisse bereits angenommen wurde und ein Reflexionsprozess eingesetzt hat, der sich auch als ein inneres Abwägen von Für und Wider einer Auseinandersetzung beschreiben lässt.

Im Folgenden werden Begründungen für die anfänglichen Blockaden, derer sich die Lernenden im Laufe des Prozesses nachträglich bewusst wurden, interpretiert. Sie werden von den Interviewten auch als vormals unbewusste[20] Gefühlslagen oder Handlungen benannt.

---

20 Unbewusste Prozesse wurden in der psychoanalytischen Literatur erstmalig bei Freud als Abwehr beschrieben. Die Aufgabe der Abwehr besteht darin, etwas von dem eigenen Bewussten fern zu halten. Im Unbewussten schlagen sich psychische Inhalte nieder, die aufgrund von Erziehung (bei Freud »sittlicher Erziehung«) und/oder Traumata dorthin verdrängt wurden. Das Unbewusste ist dadurch gekennzeichnet, dass es sich trotz willentlicher Bemühungen nicht ohne weiteres und umstandslos zu Bewusstsein führen lässt. Insbesondere in der psychoanalytischen feministischen Literatur (z.B. Mitscherlich 1989, Benjamin/Lindquist/Müller 1988/1990) wurden unbewusste Prozesse als Erklärung für

a) Nutzen abwägen, wenn das Ideal zu abstrakt bleibt: »Von der praktischen Seite war das für mich als Mann immer so repressiv.«

Stefan Krüger benennt eine immer wieder auftretende Halbherzigkeit in Bezug auf die Genderthematik in seinem anfänglichen Auseinandersetzungsprozess, die ihm erst im Rückblick bewusst geworden ist.

SK: »Der nächste Punkt, wo ich dann damit in Auseinandersetzung gekommen bin, war, als ich so in die autonome Szene reingekommen bin, wo das klar immer ein Thema war oder immer wieder, und gleichzeitig habe ich auch im Studium schon so Seminare zu feministischer Theorie besucht und das war eine ziemlich abstrakte Auseinandersetzung, die ich da hatte. Also der Zugang war dieses abstrakte Gerechtigkeitsideal und dass es so überhaupt nicht gehen kann und dass man da auf jeden Fall etwas dran ändern muss. Diese Uni-Seminare habe ich mir dann auch gezielt ausgesucht, das waren alles keine Pflichtseminare. Das war nicht mal in meinem Fachbereich, sondern das war in der Soziologie. Und was ein bisschen konkreter oder praktischer war, war, was es in der autonomen Szene auch gibt, so bestimmte Regeln, die anders sind als in der Mainstream-Kultur: Dass ganz klar ist, da wird kein übergriffiges Verhalten geduldet, vor allem von Männern gegenüber Frauen nicht, oder es wird darauf geachtet auf Redeverhalten und wenn ein Mann einer Frau das Wort abschneidet, dann ist das ein Thema. Aber im Nachhinein ist mir dann irgendwann aufgefallen, dass das für mich als Mann von der praktischen Seite das immer so repressiv war, da ist mir an keinem Punkt so richtig aufgegangen, wo da so eine Gewinnseite für mich drin liegen könnte, mich damit näher auseinanderzusetzen.« (Stefan Krueger: 4)

Erst im Nachhinein entdeckt er, dass es ihm bis zu einem bestimmten Wendepunkt schwer fiel, ein kontinuierliches ›eigenes‹ Interesse innerhalb der Thematik zu entwickeln, da ihm seine eigenen persönlichen Gewinne verschleiert blieben, z.B. wenn es um bestimmte Regeln eines gleichberechtigten Redeverhaltens ging. Der fehlende emotionale Bezug, die Schranke, die eigenen Verstrickungen wahrzunehmen, behinderte den schon begonnenen Lernprozess. Trotz eines expansiven Lernbeginns kommt es immer wieder zu defensiven Lernmomenten. Im Rückblick stellt Stefan Krüger fest, dass er sich in der ersten Phase vor allem aufgrund des Gerechtigkeitsideals, das in seinem linken Umfeld bestand, mit dem Thema auseinandergesetzt hatte. Es handelte sich für ihn um ein abstraktes, emotional nicht nachvollzogenes, kognitives Anspruchshandeln. Eine Begründung für ihn lag dadurch nun,

---

die Persistenz der Geschlechterverhältnisse und darin der Abwertung von Frauen durch Männer herangezogen. Bei Bourdieu wurde Unbewusstheit als ein Charakteristikum der Inkorporierung von Herrschaftsverhältnissen im Habitus beschrieben, durch die kapitalistische und (heterosexistische) Gesellschaftsstrukturen reproduziert werden (z.B. Bourdieu/Bolder 2006).

anderes als bei seinem ursprünglichen Lerngrund (seiner Befürchtung im Schulalter, bisexuell oder schwul zu sein, siehe Kapitel 6.1.1), in dem Wunsch, den linken Normen seines Umfeldes zu entsprechen.

In dieser Etappe lässt sich der Lernprozess von Stefan Krueger als defensiv beschreiben; defensiv deshalb, da kein persönlicher Bezug zu eigenen Lerngründen hergestellt wird und die Auseinandersetzung stattfindet, um einem äußeren Ideal, den Ansprüchen einer ›Szene‹ zu genügen. Die eigenen Gründe bleiben verschwommen bzw. wurden wieder verschwommen. Erst ab dem Zeitpunkt, an dem er seine eigenen Vorteile erkennt, beginnt er, ein stärkeres Interesse auszuprägen, wie im nächsten Abschnitt b) beschrieben wird.

Wenn das Lernziel im Lernprozess erneut zu einem ›abstrakten Ideal‹ wird oder von Beginn an eines bleibt, das heißt, kein Bezug zu den eigenen Zielsetzungen, eigenen positiven Emotionen hergestellt wird, dann kann das für die Lernenden einen Ambivalenzen erzeugenden Charakter haben, der die Intensität des Interesses mindert.

b) Angst vor Selbstveränderung und Verlust von Kompetenzzuschreibung: »Warum soll ich das machen, ich bin doch schon auf der richtigen Seite.«

Maya Wolf, die selbst Fortbildungen im Bereich geschlechtsbewusste Pädagogik gibt, illustriert die Lernwiderstände von Teilnehmenden anhand eigener Erfahrungen, sich nicht auf Reflexionsprozesse einlassen zu können.

JK: »Du hattest eben schon mal ein Beispiel für Widerstände genannt, wie würdest du die Gründe benennen, warum Leute nicht lernen wollen?«
MW: »Angst. Angst davor, sich selbst verändern zu müssen. Was heißt das überhaupt? Wie kann ich mich überhaupt selbst verändern? Die Idee zu haben, ›Ich bin doch eigentlich schon so eine Gute, ein Guter, ich bin doch schon auf der richtigen Seite.‹ Ich finde bei vielen männlich Sozialisierten: ›Jetzt komm ich schon und setz mich damit auseinander‹, oder auch: ›Ich hab mich doch schon jahrelang damit auseinandergesetzt.‹ Ich bin da auch ein gutes Beispiel für die Weiterbildungsreihe. Als ich damals angefangen habe, habe ich gedacht: ›Ich habe das doch alles schon gelesen, warum soll ich das machen hier?‹ Also, sich eigentlich auch als Expert_in darin schon zu fühlen [...].« (Maya Wolf, 40- 41)

Maya Wolf führt hier als Erklärung für ihre anfängliche Abwehr die Angst vor der Anforderung der Selbstveränderungen an, die ein Lernen möglicherweise mit sich bringt. Sie hat sich zu Beginn ihrer ersten Genderfortbildung durch Texte, die sie gelesen hatte, bereits als Expert_in gefühlt und deshalb starke Widerstände gehabt, sich auf selbstreflexive Bestandteile einzulassen. Die oben beschriebenen Widerstände, hier von Maya Wolf flapsig auf den Punkt gebracht durch die Selbstannahme »Ich bin doch schon so eine Gute.« zeigt meiner Interpretation nach eine Verletzung an, die durch den Bedarf, sich biografisch auseinanderzusetzen, entsteht. Von meinem distanzierten, analytischen Standpunkt aus scheintf bei ihr eine Kränkung zu bestehen.

Hier reproduzieren sich dichotomisierende, hierarchisierende Strukturen im Umgang mit Wissen: Emotional besetztes Erfahrungs- und Körperwissen wird gegenüber kognitivem, legitimiertem Allgemeinwissen abgewertet und die Verbindung zwischen den Ebenen als überflüssig abgewehrt. Begreifen funktioniert nach dem (unbewussten) Vorverständnis von Maya Wolf nur über den abstrakten Verstand. Diese dichotome Trennung von kognitivem, theoretischem Wissen und biografischem Erfahrungswissen wirkt wie eine Schranke, die ein (die Selbstkonstruktion) berührendes, d.h. emotional besetztes, Handeln und Lernen verhindert. Die Weigerung, eine Verbindung zu sich selbst herzustellen, schützt hier vor einer Erschütterung des Selbstbildes, die (noch) zu groß und zu bedrohlich erscheint.

Das Selbstbild, bereits Expert_in seiner selbst zu sein, kann in pädagogisch initiierten Gender-Lernprozessen immer wieder durch biografische Methoden ins Schwanken gebracht werden. Teilnehmer_innen können deshalb Probleme damit haben, sich auf diese Methoden einzulassen.

Stefan Krueger beschreibt seine Einsicht über den Zusammenhang zwischen Wissen und Erfahrung als einen entscheidenden qualitativen Lernsprung innerhalb seines Auseinandersetzungsprozesses.

SK: »Das, was ich eben gemeint habe, mit der Auseinandersetzung in der linken Szene, und dass ich da keine Gewinnseiten für mich gesehen habe, das hat sich dann auch so durch diese Jungenarbeitssache geändert. Dass ich gemerkt habe, bei diesen ganzen Selbsterfahrungsübungen ist mir dann aufgefallen: ›Ey krass, das hat ja mit mir zu tun!‹, was irgendwie banal klingt. Aber da ist so emotional der Groschen gefallen: ›Hey, das bin ja ich.‹ Auch so Texte habe ich auf einmal ganz anderes gelesen, von wegen, ja der Text handelt auch von mir.« (Stefan Krueger: 10)

Er beschreibt hier den Moment, an dem er seine politischen Wünsche, also seine politischen Auseinandersetzungsgründe, ganz bewusst mit den Lerngründen, die in Zusammenhang mit seiner geschlechtlichen Identitätskonstruktion stehen, verbinden konnte. Erst als »der Groschen« bei ihm auch »emotional gefallen ist«, beginnt er, sich während des Lesens von Texten selbst in Beziehung zu diesen zu setzen. Ab diesem Zeitpunkt beginnt sich sein Interesse zu konturieren und zu verstetigen. Er begibt sich nun aktiv auf die Suche nach Lernorten und beginnt ein Praktikum im Bereich geschlechterreflektierender Bildungsarbeit.

c) Verunsicherung der sexuellen Identität und der Geschlechtsidentität: »[...] dass ich vielleicht sogar schwul werde.«

Nachstehendes Zitat stammt aus einem nur auszugsweise transkribierten Interview mit einem Studenten, der sich in einem Uni-Seminar das erste Mal mit der Konstruktion von Geschlecht auseinandergesetzt hatte. Ich habe es hinzugezogen, um einen Aspekt auszuarbeiten, den ich für themenrelevant erachte, der jedoch in den vollständig transkribierten Interviews nicht so prägnant erwähnt wird. Die Angst vor Homosexualität und Intergeschlechtlichkeit gefährdet den Lernprozess von Filip Nowak.

FN: »[...] aber auch so eine Angst, dass die eigene sexuelle Orientierung auf einmal eingefärbt ist, oder dass das auf einmal auch Auswirkungen auf den Körper dann hat, oder so, dass man dann merkt. Also das habe ich [...], das war schon nicht ohne, also, das hat einen schon immer so‹ n bisschen mitgenommen, also nach den Seminaren war ich manchmal wirklich am Reflektieren und am Überlegen, so: ›Oh, wo steh ich denn jetzt?‹, so, als wenn, ja so 'ne Angst, dann wirklich dann auch diese Heteroidentität dann so zu verlieren oder dieses Heterokonzept von der Welt.« (Filip Nowak: 4)

Die beginnende Auseinandersetzung mit Geschlecht in seinem ersten Uni-Seminar führte Filip Nowak in eine Verunsicherung seiner sexuellen Identität verbunden mit einer Frage nach seiner Geschlechtsidentität. Er befürchtet, dass die Auseinandersetzung mit (de-)konstruktivistischer Geschlechtertheorie unmittelbare Auswirkungen auf seine Körperlichkeit haben könnte. Seine Umschreibungen, wie »ihn habe es immer schon so'n bisschen mitgenommen« und »das war schon nicht ohne«, offenbaren, dass die Auseinandersetzungen nicht äußerlich blieben, sondern ihn stark beschäftigt und in Anspruch genommen haben.

Das folgende Zitat unterstreicht seine oben genannten Ängste.

FN: »[...] immer nach jeder Woche [der Seminarsitzung] dachte ich mir: ›Warum machst Du das jetzt?‹, besonders so eine richtige Angst war da auch teilweise, dass ich meine Identität verliere, dass ich vielleicht sogar schwul werde, [...], also dass das dann, also ich hab dann also auch gemerkt so ›Oh, Gott‹, oder auch die Angst, dass man ja vielleicht, eventuell, das ist mir ein bisschen peinlich, aber dass man, vielleicht auch eventuell auch ein Hermaphrodit war, oder da auf einmal, da habe ich gedacht: ›Oh Gott, das erklärt vielleicht, warum ich jetzt nicht so breitschultrig bin, oder so.« (Filip Nowak: 67)

Hier macht Filip Nowak einen Abstand zu seinen anfänglichen inneren Dialogen dadurch deutlich, dass er mir gegenüber offenbart, wie peinlich es für ihn ist, dass er damals befürchtet habe, er sei ein Hermaphrodit. Woche für Woche habe er sich im Seminar seinen Selbstzweifeln erneut stellen müssen. Der jedes Mal aufs Neue zu überwindende Widerstand wurde zum Teil des Lernprozesses.

Über den Ausdruck ›Das ist mir ein bisschen peinlich.‹ werden Scham, vielleicht auch Schuldgefühle, von Filip Nowak deutlich.[21] Zwei Interpretationsarten lassen sich nahelegen. Zum einen könnte es sein, dass es ihm unangenehm ist, über Ängste und Zweifel zu sprechen, d.h. dass Angsthaben als Solches für ihn schambesetzt ist. Eventuell ist ihm heute aus der rückblickenden Perspektive seine damalige Angst vor Intergeschlechtlichkeit ›peinlich‹. Angst und Scham weisen hier auf den Verlust einer (Selbst-)Sicherheit hin. Sie zeigen einen unwiederbringlichen Verlust des Alten, der vorherigen Sichtweise, und gleichzeitig ein Verhaftetsein und Festhalten am Vergangenen.

Durch die Beschäftigung mit dem Konstruktionscharakter von Geschlecht wird die, zuvor als selbstverständlich angenommene, sexuelle und geschlechtliche Identität zunehmend am eigenen Leib in Frage gestellt. Eine vorübergehende Verwirrung ist die Folge. Diese bringt unangenehme Gefühle mit sich, da alte Sicherheiten und Selbstkonzepte verloren gehen. Der Zweifel (›Warum machst Du das jetzt?‹) könnte jederzeit zu einer Behinderung oder Blockade werden. Das Lernen ist gefährdet und prekär, bewegt sich auf einem schmalen Grat, auf der Kippe zwischen Abwehr und Interesse, denn nach jeder wöchentlichen Seminarsitzung taucht der Zweifel erneut auf.

Der Gender-Trainerin Maya Wolf ist die Angst vor Homosexualität ihrer Seminarteilnehmer_innen bekannt. MW: »Ich habe eher so das Gefühl, das ist so eine Art gesellschaftlicher Backlash. Also, dass die Thematisierung von Homosexualität manchmal schon ausreicht, um den Leuten die Schweißperlen auf die Stirn zu treiben.« (Maya Wolf: 58)

Sie vermutet eine Rückläufigkeit von emanzipatorischen Diskursen als Hintergrund für die Schwierigkeit, mit Lernenden über Homosexualität zu sprechen und zu reflektieren.

d) Konflikt zwischen Wunsch und Blockade durch Emotion: »[...] diese Unfähigkeit, meine Gefühle wahrzunehmen.«

Stefan Krueger beantwortet meine direkte Frage nach Blockierungen im Lernprozess mit dem Verweis auf seine Unfähigkeit, seine Gefühle wahrzunehmen oder über sie zu sprechen. Mit der Benennung dieser Blockade reflektiert er auch seine emotionale Distanz zu seinen »abstrakten« Lernzielen.

JK: »Gab es in Bezug auf Dein eigenes Lernen zum Thema Geschlecht Momente, in denen Du dich blockiert gefühlt hast im Handeln?«

---

21 Später im Interview betont er, dass es ihm heute egal sei, welche sexuelle Identität er habe und dass er sich eher als ›queer‹ definiere.

SK: »Ja, also das was ich eben erzählt habe, diese Unfähigkeit, über meine Gefühle zu sprechen und meine Gefühle so wahrzunehmen, das war auf jeden Fall eine Blockade, da gab es auch ein ziemliches Leiden bei mir, daran, ich hab da ziemlich drunter gelitten.«

JK: »Und gab es da äußerliche Gründe, die Dich daran gehindert haben, diese Gefühle wahrzunehmen, darüber zu sprechen?«

SK: »Nee, ich glaube, dass es dann schon ältere Konflikte waren, die dafür letztlich der Ausgangspunkt gewesen sind. Also ich glaube bei allen Situationen, wo man das Gefühl hat, irgendwie auch ›krass, so ist das!‹ oder so ein Aha-Erlebnis hat, dass man irgendwas kapiert, wo man vorher eine Blockade hatte, so wird es dann auch ein Problem gewesen sein, diese Geschlechtersache auf mich selbst zu beziehen, das war irgendwie auch so eine Blockade. Das kann man bestimmt auch als Blockade bezeichnen. [...] Ich glaube, dass es da nichts Reales außerhalb von mir gegeben hat.«

JK: »Aber vielleicht Bilder?«

SK: »Meine Gefühle haben mir irgendwie Angst gemacht.«

JK: »Was war das, was Dir Angst gemacht hat? Weil es ist ja was ›klassisch Männliches‹ – bzw. ›männliche Sozialisation‹, nicht über Gefühle reden zu können und die Frage ist, gibt es da so Momente, ist vielleicht auch gar nicht mehr rekonstruierbar.«

SK: »Ich hatte das Gefühl, meine Gefühle sind falsch, ich hab mich irgendwie falsch gefühlt, ich weiß jetzt auch die Gründe dafür und ich hab darüber viel in meiner Analyse erfahren und das geht jetzt in so einen Bereich über, den ich Dir nicht so erzählen mag.« (Stefan Krueger: 103-111)

Das Zitat weist Parallelen zu den Eigenschaften der Lerngründe (siehe Kapitel 6.1) auf, vor allem zu denen auf der Ebene der Geschlechtsidentitätskonstruktionen (Kapitel 6.1.1), aber auch einige signifikante Unterschiede. Wie auch Interviewte im Kontext von Lerngründen auf der Geschlechtsidentitätskonstruktion beschreiben, wird von Stefan Krueger starkes Leiden benannt. Es besteht darin, die eigenen Gefühle nicht wahrnehmen zu können. Ebenfalls, wie auch schon bei den Lerngründen, werden von ihm, auch auf mein gezieltes Nachfragen hin, keine Momente der Sanktionierung von außen erinnert, sondern die Gründe für die Blockierungen werden als innerlich und als ›nicht-real‹ von ihm beschrieben. Das Problem, die Angst vor dem Wahrnehmen seiner Emotionen, wird von Stefan Krueger als vage und diffus empfunden. Dieser Eindruck wird bei mir auch durch das im Kontext benutzte Wort ›irgendwie‹ bestärkt. Das hier erwähnte Gefühl der Deplatzierung (»sich falsch fühlen«) erinnert an das Unbehagen (»sich komisch fühlen«), das auch bei 6.1 a unter den genannten Gründen auf der Ebene der Geschlechtsidentitätskonstruktionen angeführt sind.

Meine direkte Nachfrage im Interview, inwiefern diese Angst vor Gefühlen mit ›Männlichkeit‹ oder ›männlichen Sozialisationsanforderungen‹ in Zusammenhang stehen, die ich vor dem Hintergrund meiner und seiner Kenntnis über Ergebnisse von Geschlechterforschung gestellt habe, stimmt Stefan Krueger nicht zu. Seine

Antwort lässt mich darauf schließen, dass er eine sehr individuelle und differenzierte Auseinandersetzung im Kontext seiner Psychoanalyse geführt hat, die sich für ihn nicht mehr auf das Schlagwort ›klassisch männlich‹, welches ich spontan im Interview verwende, reduzieren lassen lässt. In der subjektiven Selbstwahrnehmung laufen seine Vergeschlechtlichungsprozesse nicht ›klassisch‹ ab, sondern individuell und sehr spezifisch. Das Gesellschaftliche vermittelt sich in den Interaktionen zwischen den Individuen, die sich in ihrer Individualität nicht mehr auf das Gesellschaftliche reduzieren lassen und immer ›besonders‹ bleiben, so wie die eigene Biografie und das biografische Selbsterleben immer ein ›Besonderes‹ bleibt.

Meine Frage im Interview mit Stefan Krueger zielte auf Männlichkeit, da ein Mangel an der Fähigkeit seine eigenen Gefühle sowie diejenigen anderer wahrzunehmen, eng mit Produktionsformen von Männlichkeit in Verbindung steht. Hegemonialen Formen von Männlichkeit wird, zumindest nach außen hin, nur ein gewisser Ausschnitt aus dem gesamten Horizont möglicher Emotionalitätsformen zugestanden. »Männlichkeit ist demnach gekennzeichnet durch einen Mangel an Empathie [...]« (vgl. Döge 2000: 29). Es lässt sich fragen, ob manchmal Männern droht, ihre eigene Subjekthaftigkeit (zu der schließlich auch Emotionen gehören) hinter der Maske des ›Pokerfaces‹ verloren zu gehen (vgl. Venth 2011: 6). Diese Maske wird »nach jahrelangem, durchaus auch schmerzhaftem Einüben der geltenden Spielregeln« (ebd.) so gut beherrscht, dass sie nicht mehr vom Subjekt zu trennen ist.

Deutlich wurde am Zitatbeispiel von Stefan Krueger, dass die Unfähigkeit, Gefühle wahrzunehmen, Genderlernprozessen im Weg steht, da diese durch die Verbindung von reflektierter, biografischer Erfahrung mit strukturierendem Wissen voranschreiten.

e) Angst vor unbewusster Inkorporierung von Männlichkeit »immer so diese Angst [...], ich will bloß nicht dieser hegemonialen Männlichkeit entsprechen [...] und dass das so tief in meinem Habitus verankert ist, dass ich dieses Herablassende nicht herausbekomme.«

Im folgenden Zitat beschreibt Filip Nowak, dass er bei dem zweiten Seminar zum Thema ›Gender‹, das er besuchte, »schon ganz offen« darüber gesprochen hat, dass er das Thema spannend findet, jedoch dennoch die Ausrede gegenüber Freunden verwandte, »Es sei kein anderes Seminarthema übrig geblieben«, die Wahl also nicht ganz freiwillig darauf gefallen. Anfolgend, so interpretiere ich die Abfolge seiner Argumente im Interview, führt als Erklärung an, warum Männer das Thema meistens ablehnen, also warum er gegenüber seinen männlichen Kommilitonen eine Ausrede verwendet, warum er ein Genderseminar belegt habe.

FN: »[...] also mittlerweile sage ich auch schon ganz offen, dass mich das [das Genderthema] interessiert, dass ich das spannend finde, aber ›Es war nichts anderes [kein anderes Seminar] übrig‹, das war dann so die Ausrede. Ähmm, da war ich dann auch schon relativ locker. Das hat mich dann nicht so umgehauen, das Thema. Ich weiß nicht, vielleicht lassen das auch andere Leute nicht so an sich ran, oder Mädchen scheinen davon nicht so generell, nicht so betroffen zu sein. Die lassen das nicht so an sich ... also, die nimmt das nicht so mit, die nehmen das nicht so... aber ich glaube Männer oder Jungs, die haben da echt, weil, in dem ersten Seminar, da gab es noch zwei weitere, oder drei, der eine ist dann ein, zwei mal gekommen [...].« (Filip Nowak: 86)

Für Männer ist das seiner Meinung nach nicht einfach, sich mit dem Komplex ›Gender‹ zu beschäftigen, denn die könne das ganz schon ›mitnehmen‹ oder ›umhauen‹. Für Filip Nowak unterstreicht dies durch seine Beobachtung, dass von den wenigen Männern im Seminar nach zwei Sitzungen bereits einer ganz weg blieb. Die Schwierigkeit verdeutlicht er anhand der eigenen Gefühlslagen, die er in der Auseinandersetzung mit dem Themenfeld ›Hegemoniale Männlichkeit‹ erfuhr.

FN: »Aber ich, wenn man das so richtig an sich ran lässt alles, also gerade als Mann, wenn man dann so mitbekommt, ›Mann sein heißt im Prinzip homophob zu sein und nicht eine Frau‹ und bloß nicht als Frau sich geben oder zeigen, dann denkt man sich schon so ›Ok‹, aber gleichzeitig habe ich auch immer die Angst, dass ich da bloß, also ich will bloß nicht so, ja dieser typische Mann oder dieser hegemonialen Männlichkeit entsprechen. [...] Weil ich hatte dann wieder größtenteils Frauen oder Mädchen im Seminar und dann denkt man sich so, egal was ich jetzt sage, das kann alles immer noch, ich kann immer noch so als der Feind abgestempelt werden, irrgendwie so, egal wie ich's mache, dass das dann so tief in meinem Habitus verankert ist, dass ich dieses Herablassende nicht heraus bekomme.« (Filip Nowak: 86)

Hier hebt er verschiedene Ängste hervor. Zum einen die Ängste davor ein, »typischer Mann zu sein« und einer »hegemonialen Männlichkeit zu entsprechen«, beziehungsweise, dass er »dieses Herablassende« gegenüber Frauen, was zur hegemonialen Männlichkeit gehört, nicht aus seinem Habitus herausbekommt. Zum anderen spricht er jedoch auch über die Angst, von vornherein als Mann und damit als Feind von seinen weiblichen Kommilitoninnen abgestempelt zu werden. Hier zeigt sich die Angst vor Be- und Abwertung, mit der er innerhalb von kollektiven, gemischten Auseinandersetzungzusammenhängen rechnet.

Zwischenfazit
Die herausgearbeiteten inneren Lernwiderstände sind eng miteinander verknüpft und weisen verschiedene Ähnlichkeiten untereinander auf:

1. Polarisierende Denkweisen

So zeigt das Beispiel von Stefan Krueger, dass politisch-ethische Lerngründe dann abstrakt und oberflächlich bleiben und sich repressiv anfühlen können, wenn sie nicht mit eigenem Erfahrungswissen verbunden werden können, das heißt, wenn kein Rückschluss auf die eigenen vergeschlechtlichten Identitätsbestandteile erfolgt. Wie die Ausklammerung des Erfahrungswissens aus dem, was als Wissen anerkannt wird, als ein Hinderungsgrund oder eine Hürde wirken kann, zeigt sich auch in der Begründung der Kränkung, die Maya Wolf durch die in einer Fortbildung an sie gestellte Anforderung der biografischen Selbstreflexion erfährt. Emotional besetztes Erfahrungs- und Körperwissen wird gegenüber kognitivem, legitimiertem Allgemeinwissen abgewertet, die Verbindung geleugnet und somit der Wahrnehmung entzogen. Begreifen funktioniert nach diesem Vorverständnis nur über den abstrakten Verstand.

»Unserem Denken ist eine Auslieferung an die Welt eingeschrieben, welche unüberwindlich ist, so dass wir unsere Vernunft, unseren Verstand oder auch unseren Geist verfehlen, wenn wir sie ohne Körper begreifen wollen. Eine pure Analyse bringt unsere Erfahrungen in Verlegenheit, zwingt ihnen doch Abstraktionen auf, die nicht aus ihnen selbst entstammen. Eine der einflussreichsten Abstraktionen ist der Dualismus zwischen Körper und Geist, der schließlich vollständig rätselhaft werden lässt, wie die zusammenkommen, welche man getrennt überhaupt nicht kennt.« (Meyer-Drawe 2008: 212)

Das obige Zitat von Meyer-Drawe stellt den Bezug zwischen dem hier beobachteten Lernwiderstand und dem lerntheoretischen Verständnis von ›Lernen als Erfahrung‹ her. Diese dichotome und polarisierende Trennung von kognitivem, theoretischem Wissen und biografischem Erfahrungswissen wirkt wie eine Schranke, die ein (das Selbst) berührendes Handeln und Lernen verhindert. Die Weigerung, eine Verbindung zu den eigenen Emotionen d.h. zu sich selbst herzustellen, schützt hier vor einer Erschütterung des Selbstbildes, die (noch) zu groß und zu bedrohlich erscheint. Widerstreitende Normen werden in Fragen der Schuld und Unschuld umgedeutet. Die Widersprüchlichkeit der gesellschaftlichen Strukturen, die sich in den inneren Konflikten der Befragten spiegelt, wird hier in Anklage oder Repression und in eine ›gegen sich selbst‹ gerichtete Handlungsweise übersetzt.

2. Körperlichkeit und Emotionalität: Unangenehme Gefühle

Als zentraler Punkt lässt sich auch die Bedeutung von Emotionen für Abwehr und Kontaktschwierigkeiten in der nachträglichen Reflexion der Lernenden herausarbeiten, als Beispiel sei hier Angst genannt, die auf Handlungsbegrenzungen und somit unerfüllte Bedürfnisse hinweist. Als bedrohlich erlebte Emotionen wirken nicht nur als Gründe für Lernen (siehe Kapitel 6.1), sondern auch als Gründe nicht zu lernen. Auch hier kommt wieder der doppelte subjektive Möglichkeitsraum zur Geltung, über die Gleichursprünglichkeit von Lerngründen und Lernhindernissen. Sie können häufig erst in sehr späten Phasen des Reflexionsprozesses benannt werden. Es handelt sich um vormals unbewusste oder vorbewusste Inhalte. Dies wird auch an den Beispielen von Stefan Krueger und Filip Nowak deutlich. Für ersteren stellte die Angst vor den eigenen Gefühlen eine Hürde dar, um sich weitergehend auseinanderzusetzen (eingefordert durch seine Beziehungspartnerin), für letzteren war es die Hinterfragung seiner sexuellen und geschlechtlichen Identität durch (de-)konstruktivistische Geschlechtertheorien, die ihn grundlegend verunsicherten. Vormalige Lernwiderstände, die zu Umwegen, zum Innehalten, zu Holprigkeiten und Langsamkeiten im Lernprozess beitrugen, werden für sie zu Lerngründen in einem voranschreitenden Auseinandersetzungsprozess.

Die Erfahrungen, die hier geschildert werden, lassen sich durch ein Interviewbeispiel von ›Barry‹ aus Robert Connells Studie »Der gemachte Mann« unterstreichen bzw. konkretisieren. Connell führt es als typisch für die Gruppe der in der Studie interviewten Männer an, die sich positiv auf Feminismus bezogen und die eine nicht-hegemoniale Männlichkeit lebten. Für diese Männer wurde die Begegnung mit Feminismus zu Beginn vorläufig unangenehm und führte zu inneren Konflikten (vgl. Connell/Müller 2006: 151).

»Nach der Universität war ich in der Lage, wissenschaftliche Bücher zu verstehen, und ich habe auch einige heftige Sachen gelesen, denen ich für lange Zeit ein schlechtes Gewissen wegen meiner Männlichkeit zu verdanken hatte. Und ich erinnere mich, dass es sehr schwer für mich war, weil da diese widersprüchlichen Bedürfnisse in mir waren. Ich brauchte Sex und Beziehungen, und andererseits wollte ich diese Wünsche und meinen eigenen Sexismus unterdrücken, und beides konnte ich nicht unter einen Hut bringen. Und deshalb hatte ich starke Schuldgefühle.« (Connell/Müller 2006: 151).

Das Stichwort, das für diesen inneren Konflikt steht, ist hier ›Schuldgefühl‹. Barry hat den Feminismus und den mit ihm vermittelten Begriff des Sexismus als gegen sich gerichtet erfahren (vgl. ebd.). Als Sexismus verstand er die persönliche Einstellung von Männern gegenüber Frauen. Die Zitate der Lehrenden Anna Loritz und Ulrich Krueger unterstreichen die Bedeutung des Themas Schuld im Zusammenhang mit dem ersten Kontakt von Seminarteilnehmern mit Feminismus (vgl. unter 6.2.1 b).

Deutlich geworden ist hier in den angeführten Beispielen für die ›inneren Gründe nicht zu Lernen‹, aber auch in den ›äußeren Gründen nicht zu lernen‹, dass die Interviewten zum Zeitpunkt der Widerstände ein eingeschränktes Verständnis von Feminismus und Genderkompetenz haben. Ihr Fokus liegt auf Erwartungen und Einstellungen, Interaktionen und persönlichen Umgangsformen. Politische, strukturelle Aspekte, wie wirtschaftliche Ungleichheiten und patriarchale Diskriminierungen, aber auch der Feminismus als politische Bewegung bleiben (vorerst) im Hintergrund.

Die Scheidelinie zwischen Gründen zu lernen und Gründen nicht zu lernen, liegt im beginnenden Lernprozess auf einem schmalen Grat. In der Ähnlichkeit beider kommt die chaotisch, spiralförmig verlaufende, nicht präzise voraussagbare Beschaffenheit von Lernprozessen zum Ausdruck.

Dabei tritt eine subjektiv wahrgenommene Bedrohlichkeit der Auseinandersetzung, die dadurch ausgelöst wird, dass sich das Thema Geschlecht immer auch auf das eigene Selbst/die eigenen geschlechtlichen Identitätsbestandteile bezieht, deutlich hervor. Die neuen Inhalte stehen im Konflikt zu vorherigen Selbstverständlichkeiten, zu vorherigem Wissen und zu den körperlichen Gewohnheiten[22] und wirken deshalb verunsichernd.

6.2.3 Blockierende und behindernde Strukturen und Diskurse

In diesem Abschnitt werden die von den Subjekten als behindernd wahrgenommenen strukturellen und diskursiven Wirkfaktoren und Bedingungen thematisiert, die sich nicht unmittelbar und ausschließlich auf den Gegenstand Geschlecht beziehen. Sie verlaufen gewissermaßen quer zu den nachfolgend erörterten Widerständen. Obwohl es sehr wenige Fundstellen in meinen Interviews gibt, führe ich hier die (aus der Subjektperspektive) als hinderlich reflektierten, strukturellen Rahmungen an. Genannt wurden: Erfahrungen im Kontext von Gender Mainstreaming und Institutionalisierung sowie im sozialen (Nah-)Umfeld z.B. Liebesbeziehungen und Freundschaften, Arbeitskontext. Unterstrichen werden die Abwesenheit von feministischen Diskursen und die Dominanz von (hetero-)sexistischen Einstellungen.

Genauso wie institutionalisierte, strukturelle Rahmungen unterstützend auf die Auseinandersetzungsprozesse wirken können (z.B. Lehrer_innen, ein linkes Umfeld, Frauenbewegung etc.), so wird auch eine mangelnde Präsenz von Geschlechterthemen als Blockade einer Lern- und einer Handlungsfähigkeitsentwicklung erinnert. Wie bereits in Kapitel 6.1 a (Gründe zur Auseinandersetzung) beschrieben, werden z.B. mangelnde Angebote und Präsenz in der Kleinstadt als Blockade benannt (siehe Jan Biro, Kapitel 6.1.1).

Gender Mainstreaming und Institutionalisierung bei gleichzeitiger Absenz feministischer Diskurse werden vor allem aus der vermittelnden Perspektive als hin-

---

22 Obwohl hier mangels einer guten Alternative verwendet, ist der Dualismus körperlich/geistig hinsichtlich der Beschreibung Gewohnheit wenig trefflich. Gewohnheiten, unabhängig davon, ob es sich um verinnerlichte Handlungsweisen wie eine bestimmte körperliche Bewegung oder eine bestimmte Denkgewohnheit, also eine bestimmte geistige Bewegung, handelt, haben eine körperliche Verankerung bzw. sind inkorporiert.

derliche Rahmenbedingungen angeführt, die anfängliche Widerstände, sich mit der Thematik auseinanderzusetzen, bestärken können. Es folgen zwei Zitate, die Reflexionen der Interviewten über Ausformungen struktureller Rahmungen beinhalten.

SK: »Ich war jetzt zweieinhalb Jahre dafür zuständig, [Gender Mainstreaming] in meinen Arbeitskontext zu implementieren und das war auch sehr, sehr frustig. Weil dieses Thema dort auch niemanden anspricht. Also, wir haben da einfach keine Leute gefunden, die sich dafür interessiert haben. Ich habe Bildungsangebote zu Genderkompetenz und so etwas organisiert und die sind alle abgesagt worden, weil sich niemand interessiert. [...] Und im Vorstand gab's dann so auch, das Interesse war jetzt nicht gigantisch, aber es gab zumindest die Offenheit, sich davon überzeugen zu lassen, da weiter dran zu bleiben und so. Nur an der Basis hat es halt niemanden gejuckt. [...] Ich glaube, dass im Unterschied zu den 1970ern, wo es eine Bewegung gab, also eine Bottom-Up-Strategie sozusagen, in den Begriffen, ist der, das in so praktischen Kämpfen sich so ein Bewusstsein, bei einer breiten Masse von Leuten schneller entwickeln kann und wenn das Thema auch so öffentliche ständig verhandelt wird, gibt es da auch auf mehr Leute Druck, sich da zu positionieren und sich da zu verhalten, ja ich glaube auf breiter gesellschaftlicher Ebene entsteht das Bewusstsein in den Kämpfen und Gender Mainstreaming versucht das jetzt so von oben herab, von der Spitze, von der Institution her, und die soll es dann in die nächste Ebene weitergeben. Und ich glaube dieses Weiterreichen funktioniert so einfach nicht, da bleiben ganz oft nur noch so ganz schematische oder ganz formale Sachen übrig, weil so die Vermittlung von einem tiefen Bewusstsein für so eine Sache nicht funktioniert durch einfach die Anordnung, dass es gemacht werden soll, oder durch eine Ausführungsrichtlinie, die dann mitgereicht wird, oder auch durch ein zweitägiges Gender-Training nicht.« (Stefan Krueger: 61)

Stefan Kruegers Erfahrung nach war die Strategie der Implementierung von Gender Mainstreaming in seinem Arbeitskontext von höheren Hierarchieebenen hin zu niedrigeren eine Rahmenbedingung, die zum einen der Entwicklung eines ernstgemeinten Interesses seiner Kolleg_innen entgegenstand und zum anderen formalistischen Abwehr-Begründungen Nährboden lieferte. An der Basis habe das niemanden interessiert.

Auch Maya Wolf benennt Probleme, die durch Anordnung von Bildungsmaßnahmen von oben bzw. außen entstehen.

MW: »Die würden sich damit auseinandersetzen, weil sie vom Betrieb her geschickt werden. Aber die haben da gar keinen Zugang, die können da gar nichts damit anfangen. Für die sind ganz andere Themen wichtig. [...] Die langweilen sich natürlich zu Tode. Ja, das würde ich sagen. Das finde ich dann schon komisch, so im Sinne von Freiwilligkeit zur Auseinandersetzung, das ist dann einfach nicht mehr gegeben.«

JK: »Arbeitest du auch mit sozusagen ›Unfreiwilligen‹? Also in der Schule, mit Schulklassen wahrscheinlich sicherlich, aber mit Erwachsenen?«
MW: »Ja, in diesem Bereich, wenn ich mit Fachkräften Fortbildungen mache. Was heißt unfreiwillig? Die können dann immer noch eine andere Fortbildung machen, aber das ist weiterhin nur so halbfreiwillig. Eine meinte mal: ›Ich bin hier. Ich bin hierher geschickt worden.‹ Ich meinte dann: ›Das ist gut. Ich weiß auch nicht, was ich hier soll.‹ Und dann so was wie, nimm das mal als Kompliment, dass ich hierher kommen darf. Dass sie die Fortbildung vom Arbeitgeber bezahlt kriegen. Insofern ist das so halb freiwillig. Oder bei Fachtagungen oder wenn Genderfachtage sind. Na ja, wenn du in so einem Verband bist, der das anbietet, der das zu einem Thema macht, dann werden natürlich auch die einzelnen gucken, die da hingeschickt werden. Dass die dann nicht alle mit Begeisterung ›Juhu‹ schreien, weil die eigentlich mit was ganz anderem arbeiten, das ist nachvollziehbar. Also, insofern würde ich sagen, ist das so halbfreiwillig.« (Maya Wolf 40-42)

Sie nennt Langeweile und Desinteresse als konkrete Erfahrung mit Seminarteilnehmenden, die unfreiwillig, ohne eigene Gründe an einer Genderfortbildung teilgenommen haben.

Hier wird ein Spannungsfeld der Kontaktblockaden zwischen einer Absenz von Geschlechterthemen und -bewusstsein auf der einen Seite und einer verordneten Präsenz auf der anderen deutlich.

Neben den institutionellen Rahmungen, der bedingten Freiwilligkeit und der Abwesenheit feministischer Diskurse werden Reaktionen und Einstellungen des sozialen Umfeldes als hinderlich beschrieben. Sie begleiten und verstärken innere Konflikte im beginnenden Lernprozess. Dazu zählen z.B. Geschlechternormenvorstellungen der Partnerin innerhalb einer Liebesbeziehung oder homophobe und heterosexistische Äußerungen und Kommentare innerhalb des Freundeskreises und der Peergroup.

Hier einige Beispiele:
Obwohl Filip Nowak nicht explizit unterstreicht, dass die Reaktion seiner Freunde für die Herausbildung seiner eigenen inneren Konflikte und in seiner Identitätskrise relevant war, so wird ihre Bedeutung durch seine Benennung im Kontext mit seinen inneren Widerständen sehr deutlich.

FN: »Also grade dann habe ich, am stärksten habe ich das dann so gemerkt bei Freunden, von denen ich da immer erzählt habe, die mich dann immer noch mal gefragt haben: ›So, sach mal…‹, wo ich dann fast schon Applaus bekam, wenn ich zugegeben hab, dass ich der einzige Mann in dem Kurs bin […].« (Filip Nowak: 4)
FN: »[…] Es ist alles so ja, aber mit der Zeit kann man, wird man dann irgendwann so ein bisschen gefestigter und merkt, das ist jetzt nicht so der Weltuntergang, selbst, ja keine Ahnung, das Schlimmste ist, ich hab jetzt so ein paar Kollegen oder Kumpels so, da merkt man das dann immer ganz schlimm. Also ich finde das kindisch, aber das ist dann, ja das ist […],

der meint ja, er wäre wahrscheinlich bisexuell, und ›Das geht ja gar nicht!‹, und ›Den rufen wir jetzt gleich mal an, und fragen noch mal.‹« (Filip Nowak: 6)

Die Diskriminierungen durch seine ›Kumpel‹ benennt Filip Nowak in einem Atemzug mit der eigenen Hinterfragung seiner Männlichkeit im Zuge seines ersten Uni-Seminars zum Thema Geschlecht. Weiterhin unterstreicht er die Hinterfragung seiner männlichen Identität (siehe Kapitel 6) mit der strukturellen Rahmung, dass er der einzige Mann in dem Uni-Seminar zum Thema Geschlecht war. Er habe sich deshalb immer ›ein bisschen doof‹ gefühlt, da er in der Minderheit gewesen sei.

FN: »Also, da saß ich im Seminar und habe sehr viele Fragen gestellt, also nur, um alles noch mal nachzuvollziehen. Ja, aber gleichzeitig habe ich mich auch immer ein bisschen doof gefühlt, weil ich so in der Minderheit war, da waren nur Mädchen, oder so weiblich Sozialisierte, wie man jetzt auch sagen könnte, und ich war eigentlich so, das war dann auch wirklich so, keine Ahnung. Einerseits habe ich mich dann auch wirklich so, habe ich dann auch gesagt, ich gehöre da nicht so, ich bin da so eher so offen, ich keine Ahnung, was Gender angeht, da spielt man eh seine Rolle und, aber in so mancher Hinsicht habe ich dann so gemerkt, wie ich irgendwie so in eine Identitätskrise falle und denke so: ›Oh Gott, das kann doch nicht sein!‹, Äh, letztendlich bist du, musst Du doch noch irgendwo ein Mann sein.‹, oder so.« (Filip Nowak: 4)

Auch die folgenden Beispiele stehen für den (sexistischen) Druck, der aus der Peergroup ausgeübt werden kann. In diesen Reflexionen klingen Distanz gegenüber der Vergangenheit und ein Eingestehen von Scham an.

EK: »Ja, in Cliquen zum Teil, da hatte ich Freunde, die halt in dem Alter von fünfzehn, sechzehn, siebzehn... vieles, was denen durch den Kopf ging, war Sex und Frauen, und die haben auch sehr oft über Frauen als Sexobjekte geredet und auch wirklich abwertende Sachen gesagt, und in die Hände geklatscht : ›Ja, cool!‹ [...] und irgendwann habe ich, durch diesen Peergruppendruck wahrscheinlich, irgendwie auch meine Kommentare abgelassen, um da cool zu sein, aber ich hab mich da auch nicht wohl bei gefühlt, teilweise auch bereut und dachte: ›Jetzt gebe ich ein falsches Bild von mir, nur weil ich mich da anpassen möchte.‹ Ja, da war schon teilweise Peergruppendruck, wenn man halt in einer homogenen Männergemeinschaft war.« (Elmar Kade: 86)

NÖ: »Es war damals schon, dass zwischen den Geschlechtern und – [...] das Reden sozusagen über, das Lästern, das Reden über Frauen, das war halt nicht so grad nett.« (Nazim Özer: 70)

Neben der Erkenntnis über den Ursprung des Gefühls ›Nicht-zu-passen‹ unter den Lerngründen der weiblich sozialisierten Befragten, die z.B. mit Euphorie einhergeht, ist hier Trauer darüber, nicht früher zu dieser distanzierten Sichtweise gelangt zu sein, zu erkennen. Es klingt ein Bedauern darüber an, sich angepasst zu haben, und z.b. über frauenabwertende Handlungsweisen den Männlichkeitsnormen des Umfeldes entsprochen zu haben.

6.2.4 Kulturalisierung/Ethnisierung als Kontakthindernis

Nicht nur sexistische Einstellungen des Umfeldes oder antifeministische Diskurse können anfängliche Widerstände, sich mit ›Gender‹ auseinanderzusetzen, begünstigen. Auch Zuschreibungen und Stereotype im Rahmen von Kulturalisierungen und Ethnisierungen (siehe 6.1.5) können zu einem Hinderungsgrund werden, sich auf ein Lernthema einzulassen, und schließlich als Kontaktblockade mit dem Thema wirken, wie das nächste Zitat zeigt.

Da sich der Kontaktwiderstand nicht explizit auf Geschlecht bezieht und deshalb gleichzeitig ein Beispiel für die Verwobenheit von strukturellen Ungleichheiten ist, gehe ich hier ausführlicher darauf ein.

JK: »Und du hast gesagt, du hast vorher dich dagegen gewehrt in der Bildungsarbeit, das heißt, du hast vorher auch schon Bildungsarbeit gemacht, oder du hast auch studiert, so?
NÖ: »Nee, in der Pädagogik. Ich hab mich gewehrt in der Pädagogik das Thema, damals Multikulturalität, Interkulturalität, Rassismus zu behandeln. Also, ich hab mich tatsächlich als Jugendarbeiter verstanden, hab mich eigentlich auch so ausgebildet, und hab, ja, in der stationären Unterbringung ganz früher und dann später, dann auch so in der Jugendarbeit gemacht und hab mich eigentlich tatsächlich immer als Jugendarbeiter verstanden. Wobei ich, ja…«
JK: »Wobei?«
NÖ: »Hm, na, also, das Thema ist weniger Gender als Rassismus, also, wobei mir immer klar war, dass überall wo ich eingestellt werde, dass meine Herkunft, mein Aussehen als Qualifikation, als Qualifikation gewertet worden ist. So, ich hab mich nie als solcher beworben, so als jemand mit Migrationshintergrund, aber es hat sich dann, es war eigentlich nie trennbar oder nie trennbar letztendlich dann in den verschiedenen Einrichtungen, die ich da zusammengearbeitet hab. Aber hab mich da nie festgelegt. So ich hab auch relativ wenig Literatur oder sonst was dazu gelesen, in pädagogischer Hinsicht, das, in politischer Hinsicht eigentlich schon ziemlich viel. Das hatte seine Gründe, die Gründe waren schon, dass ich, dass mir schon ziemlich schnell klar war, dass in so 'ner Tätigkeit auf so 'ner operativen Ebene ich ja sozusagen als Mitglied mit Migrationshintergrund mit Jugendlichen arbeiten könnte, aber auf 'ner anderen Ebene, vielleicht 'ne Leitungsebene, 'ne Lenkungsebene, dass da wahrscheinlich dann weniger gefragt werde, das war 'n bisschen die Befürchtung so, dass ich mich dann im Prinzip – ja, will ich nicht sagen, aber letztendlich dann einfach, ja, ich soll was tun, soll was tun mit den ausländischen Jugendlichen, so. Das stand immer im Raum.«
JK: »Dass du so in die Ecke abgestellt wirst…«
NÖ: »Genau, genau…«

JK: »Okay, du machst diese Themen zu Interkulturalität und...«

NÖ: »Genau, das hab ich auch halt im Beruf [...] nur ich hab mich da selber [...], ja, aber ich hab da meine Herkunft aber auch nie als Qualifikation gesehen, also für mich war die Qualifikation jetzt nicht, dass ich mit Jugendlichen reden kann oder mit Jugendlichen arbeiten kann. Und das hab ich gelernt, und das hab ich gemacht, und ich konnte das mit arabischen genauso wie mit türkischen, kurdischen genauso wie mit russischen Jugendlichen. Genau. Genau so, so – und das hat sich so 'n bisschen mit dem Projekt hat sich das 'n bisschen geändert. Dann war das das erste Mal so, okay, dann mich zu beschäftigen mit den Themen. Und dann auch zu fragen, wie das pädagogisch umgesetzt werden kann.« (Nazim Özer: 5-12)

Nazim Özer wehrte sich in seinem Beruf lange Zeit dagegen, als Spezialist für Jugendliche mit Migrationshintergrund angesehen zu werden. Er lehnte es ab, aufgrund von Zuschreibungen bezüglich seiner Herkunft, seines Aussehen und seines Migrationshintergrundes, eine Sonderrolle als Rassismus- und Interkulturalitäts-Experte in seinem sozialpädagogischen Berufsfeld einzunehmen.

Nazim Özers Erlebnis als anders-erfahrende, -denkende und -wissende Person angesprochen zu werden, verweist auf kulturalisierende- und ethnisierende Praxen seines Umfeldes.[23]

In Nazim Özers Beispiel wird deutlich, dass er seine Herkunft explizit nicht als besondere Qualifikation gesehen hat, sondern er sich vielmehr schlicht als ›Jugendarbeiter‹ versteht und sich auch so ausgebildet hat. Damit unternimmt er eine klare Trennung zwischen seinen beruflichen und seinen politischen Lerninteressen, in denen die inhaltliche Auseinandersetzung mit Rassismus ein zentrales Thema ist. Dieses Selbstverständnis lässt sich als Widerstandsstrategie gegen die verandernde Zuschreibung ›migrantische Sozialpädagog_innen können besser mit migrantischen Jugendlichen umgehen als autochthone *weiße* Deutsche‹, deuten. Er begründet die Ablehnung seiner vermeintlichen Sonderrolle, in die er immer wieder wider Willen

---

23 Kulturalisierende und ethnisierende Praxen, werden so wie auch vergeschlechtlichende und bodyistische Praxen unter dem Wort ›Othering‹ zusammengefasst. Dieser Begriff wurde von Gayatri Spivak (Spivak 1984) verwendet und eingeführt (vgl. http://www.kulturglossar.de/html/o-begriffe.html) und beschreibt den Prozess, in dem Individuen oder Gruppen über Zuschreibungen machtvoll als ›Andere‹ und ›Fremde‹ konstruiert werden. Othering beschreibt die Differenzierungs- und Distanzierungsprozesse von Seiten der Angehörigen hegemonialer Gruppen, mit der potenziell hierarchisches und stereotypes Denken einhergeht. Mit diesen (sprachlichen) Handlungen wird die ›Normalität‹ derjenigen hergestellt und bestätigt die, die Zuschreibung vornehmen, und das im Machtdiskurs Ausgeschlossene, Andere wird kreiert. Ins Deutsche übersetzt bedeutet ›Othering‹ ›jemanden anders(artig) machen‹. Julia Reuter (Reuter 2002) hat den Begriff als »Veranderung« und als Verb »verandern« übersetzt, aufgrund seiner Sperrigkeit im Deutschen verwende ich in der Überschrift die englische Begriffsfassung.

geraten ist, mit dem Verweis auf die von ihm wahrgenommenen strukturellen Rassismen: Migrant_innen werden in Deutschland zwar auf operativer Ebene in den Jugendclubs und Einrichtungen für viele pädagogische Stellen gesucht, jedoch kaum für Stellen auf der Leitungsebene angefragt. Auf diese Weise entwickelte er eine widerständige Strategie gegenüber den von ihm erfahrenen Zuschreibungen, indem er sich dem ihm im beruflichen Feld zugewiesenen Platz als ›Pädagoge mit Migrationshintergrund‹ komplett verweigert. Er lehnt eine explizite Auseinandersetzung im Beruf mit den Themen Migration/Interkulturalität ab. Die Auseinandersetzung mit Anti-Rassismus sucht er ausschließlich in seinem politischen Engagement, welches er klar von seiner Erwerbsarbeit abgrenzt.

Seine zunächst abwehrende Haltung gegenüber dem Bereich der ›interkulturellen Pädagogik‹ führte dazu, dass sein erster Impuls gegenüber einer Anfrage eines pädagogischen Projektes, das mit einer intersektionalen Perspektiven den Blick auf unterschiedliche Herrschaftsverhältnisse miteinander verband, ablehnend war. Mit viel Skepsis ließ er sich schließlich auf eine Auseinandersetzung ein und kam so erstmalig mit dem Thema Gender beruflich in Berührung: »Genau und da bin ich das erste Mal in Berührung gekommen, auch mit dem Thema Gender«.

Hierzu ist anzumerken, dass Nazim Özer im Interview eine Trennung von ›Gender‹ und ›Feminismus‹ vornimmt. Mit Gender verbindet er Berufliches zum Thema Geschlecht, mit Feminismus die Auseinandersetzungen in seinen politischen Zusammenhängen.

JK: »Und wie kam das, dass du dich genau dann ausgerechnet auf dieses Gender-Projekt eingelassen hast, also so das angenommen hast, dich da mit so rein…«
NÖ: »Ach, die haben das in Aussicht gestellt. Also ich hab halt gesagt so, ich hätte, ich hätte – also ich hab viele Bedenken so gegen so 'ne Arbeit so, und würde dann erst einmal die Auseinandersetzung suchen. Und dann war das 'n relativ intensives und auch, ja, mehrere Monate lange Auseinandersetzung darüber, wie so was aussehen könnte. Und wir haben uns geeinigt, ja, wir haben uns dann geeinigt.«
JK: »Welchen Stellenwert hatte für Dich die antirassistische Perspektive?«
NÖ: »Für mich stand's im Vordergrund, ja, für mich stand's im Vordergrund. Für mich stand's im Vordergrund. Für die anderen glaub ich war's anders. Genau so. Beziehungsweise, die andern kamen dann über die Jungenarbeit, die klassische Jungenarbeit, und im Grunde bin ich auch darüber qualifiziert, also so mit diesen Leuten dann auch zusammenzuarbeiten, mit denen zu machen und so da, denk ich, da hab ich, darüber hab ich mich qualifiziert.« (Nazim Özer: 13-18)

Seine ablehnende Haltung gegenüber Formen von ›Sonderpädagogiken‹ änderte sich schließlich dadurch, dass die Mitglieder des pädagogischen Projekts, das ihn angefragt hatte, dazu bereit waren, sich in einen intensiven Auseinandersetzungsprozess einzulassen und über Monate hinweg über politische Vorstellungen auszutauschen. Durch die enge Zusammenarbeit mit anderen Pädagog_innen, die eher aus dem Genderbereich, also der Jungenarbeit, kamen, habe er sich schließlich im Bereich der geschlechterreflektierenden Bildungsarbeit qualifiziert.

Das Beispiel lässt erkennen, wie Erfahrungen von und Reflexionen über rassistische Verhältnisse subjektive Gründe dafür darstellen können, sich beruflich nicht mit den Geschlechterverhältnissen auseinanderzusetzen, respektive Genderthemen und geschlechterreflektierende Praxen pädagogisch zu meiden. Kontext ist in diesem Fall ein strukturelles Umfeld, in dem die Einzelkämpfer_innenposition gegen Rassismus aufgrund der marginalisierten Position als Person mit familiärer Zuwanderungsgeschichte selbstverständlich erwartet wird.

Die Strategie Nazim Özers, einen Umgang mit Alltagsrassismus zu finden, widerständig eine Selbstdefinition gegen gesellschaftliche rassistische Zuschreibungen vorzunehmen, lässt sich mit Forschungsergebnissen von Grada Kilomba (2010) unterstreichen. In seinem hauptsächlich *weißen* Berufsumfeld wird er zu einem Repräsentanten der Kategorie *Rasse* bzw. Kultur oder Ethnie (vgl. Kilomba 2008: 108). Da die Bedeutung von Nation, Ethnizität und Kultur ineinander verschwimmen, wird im Folgenden deshalb von natio-ethno-kulturellen Zugehörigkeit gesprochen (vgl. Mecheril 2003). Nazim Özer repräsentiert über sich hinaus all diejenigen, denen der Zugang zu den höheren beruflichen Hierarchieebenen (er erwähnt die Leitungsebenen) aufgrund ihrer natio-ethno-kulturellen Zugehörigkeit verwehrt bleibt. »Being included always means representing the excluded, which is why we often find ourselves forced in the role of ›race‹ deputies«, schreibt Kilomba (Kilomba 2008: 108). Nazim Özer erfährt eine widersprüchliche Mischung aus idealisierenden und abwertenden Rassismen. Er erwehrt sich der Zuschreibung besonderer interkultureller Kompetenz, weil der Prozess dieser positiven Zuschreibung gleichzeitig mit strukturellen Rassismen, d.h. der strukturellen Festlegung auf die ›operative‹ Ebene verbunden ist. Die Zuschreibung ist gekoppelt an seine natio-ethno-kulturelle Zugehörigkeit und nicht verbunden mit einer bestimmten Qualifikation. Er ist in diesem Sinne nicht nur Pädagoge, sondern er wird als ›besonderer‹ oder ›anderer‹ Pädagoge alltäglich mit kulturalisierenden Bildern konfrontiert. Die widerständige Handlungsstrategie, die Abwehr von pädagogischem Spezialist_innentum (bezüglich Interkulturalität, aber dann auch Gender) entwickelt Nazim Özer, weil er die ihm widerfahrenden gesellschaftlichen Zuschreibungen reflektiert und auf diese Weise hofft, ihnen zu entkommen. Er verweigert sich (zunächst), die Zuschreibungen zu reproduzieren, indem er Fortbildung im Bereich interkulturelle Bildung ablehnt. Dadurch, dass Nazim Özer expliziert, dass sein politisches und sein berufliches Engagement/Interesse für lange Zeit unterschiedlichen und voneinander getrennten inneren Maßstäben folgt, wird ersichtlich, dass seine Widerstände sich zum Thema ›Interkulturalität‹ und ›Gender‹ aktiv zu positionieren, feldspezifisch, in Wechselwirkung mit den äußeren (rassistischen) Rahmungen, auftreten.

Aufgrund von (reflektierter) Betroffenheit, hier von Rassismus, wurden subversive Handlungsstrategien der Abwehr von Fremdzuschreibungen entwickelt. Sie können einer Auseinandersetzung mit einem anderen Herrschaftsverhältnis, wie mit dem des Geschlechterverhältnisses, entgegenstehen, wenn aufgrund eigener Erfahrungen mit stereotypen Zuschreibungen, ein Besonderheitsstatus abgewehrt wird und somit die Auseinandersetzung mit ›spezieller‹ Berufsausrichtung, wie Gender oder interkulturelle Pädagogik, abgelehnt wird. In dem angeführten Beispiel (von Nazim Özer) wurde ein Spannungsfeld auf der Ebene des Handelns deutlich. Es besteht zwischen dem Wunsch, Zuschreibungen abzuwehren einerseits (zum Beispiel als interkultureller Pädagoge, der mit den Jugendlichen mit Migrationshintergrund arbeitet) und andererseits dem Wunsch nach einem anti-rassistischen Engagement, das danach strebt, die Verhältnisse, die stereotype Zuschreibungen und Ausgrenzungen produzieren, auch im Beruflichen zu verändern.

Das Zitat von Nazim Özer, (»dass meine Herkunft, mein Aussehen, als Qualifikation gewertet worden ist.«) in diesem Kapitel weiter oben zeigt, dass nicht nur geschlechtliche Zuschreibungen, sondern auch Zuschreibungen entlang von anderen Differenzkategorien sowie hier die ethnisierenden und/oder kulturalisierenden Zuschreibungen die Nazim Özer erfährt, mit den Zugängen zum Thema Geschlecht implizit verwoben sein können.

6.3 HANDLUNGSMÖGLICHKEITEN IM FORTGESCHRITTENEN LERNPROZESS: ZWISCHEN RESSOURCENERHALT UND WIDERSTAND

In diesem Abschnitt werden Handlungsoptionen im fortgeschrittenen Auseinandersetzungsstadium herausgearbeitet. Da ich die habituelle und praktische Umsetzung nicht anhand meiner Interviews rekonstruieren kann und der Fokus auf den Sinn- und Wahrnehmungskonstruktionen liegt, werden hier aus der Perspektive des Subjekts vor allem Handlungsmöglichkeiten im Bereich geschlechterreflektierender Bildung und dem Themenfeld Gender und Feminismus charakterisiert. Hierzu zählen Reflexionen über die Vermittlung von Genderwissen. ›Fortgeschrittene Auseinandersetzung‹ steht hier dafür, dass das Handeln zum Zeitpunkt der beschriebenen Situation bereits feministisch-reflektiert erlebt wird, das heißt, jeweilige Handlungsgründe und Handlungsoptionen können in dieser Auseinandersetzungsphase bereits innerhalb der jeweiligen Situation von den Befragten differenziert benannt werden. Der Rückblick auf diese ›fortgeschrittenen‹ Handlungsweisen, die vor dem Hintergrund eines feministischen Bewusstseins stattfinden, deshalb hier auch von mir als Handlungsfähigkeit gefasst werden, liegt dabei in den jeweiligen Interviews unterschiedlich lange zurück.

Anfolgend werden im ersten Abschnitt zunächst Situationen der (Nicht-) Positionierung betrachtet. In diesen wird Ressourcenerhalt, Selbstschutz und ökonomisch-strategisches Handeln als notwendig, unausweichlich oder dilemmatisch empfunden. Der zweite Abschnitt fokussiert zurückhaltende Positionierungen als vermittelnde Haltungen innerhalb von Lehr-Lernarrangements. Im dritten Abschnitt werden eindeutige Standpunkte, die hinsichtlich des Feldes getroffen werden, verdeutlicht. Viertens werden schließlich die Möglichkeiten des fragenstellenden Positionierens betrachtet. Im Kapitelfazit diskutiere ich, wie, je nach eingenommener Perspektive, sich die (Nicht-)Positionierungen, die in diesem Kapitelabschnitt kategorisiert werden, als restriktive Handlungsfähigkeit, Handlungsblockierung, Ressourcenerhalt und Bestandteil von Handlungsfähigkeit und Kompetenz lesen lassen.

Aus verschiedenen Gründen wird im Folgenden statt von Widersprüchen und Diskrepanzen vielmehr von Spannungsfeldern gesprochen. Einer Beschreibung als Widerspruchspaar oder Diskrepanz, wie es ein Holzkamp'sches Begriffsvokabular nahe legt, kann suggerieren, dass es einen widerspruchsfreien Raum gibt. Damit würden jedoch Einschränkungen des Subjektes noch stärker hervorgehoben. Auch wenn das Sich-Bewegen in widersprüchlichen, spannungsgeladenen Feldern Diskrepanzerfahrungen erzeugt, so müssen diese nicht für immer Bestand haben, sie erheben keinen allumfassenden Gültigkeitsanspruch, eröffnen vielfache Verortungsmöglichkeiten und sie können einander überschneiden.

6.3.1 (Nicht-)Positionierung: selbstbewusster und ambivalenter Ressourcenerhalt

a) Mangelndes Interesse und Unterstützung des Umfeldes: »Dann bin ich nicht diejenige, die das den anderen mit Gewalt aufzwingt.«

Eine Erzählungsweise der (Nicht-)Positionierung im Spannungsfeld zwischen sozialer Integration und Bestätigung und politischem Selbstausdruck ist bei Sabine Moeller zu finden. In folgendem Statement der frauenbewegten Aktivistin kommt ein Haushalten mit den eigenen Energien und Kapazitäten zum Ausdruck. In ihrem Wohnprojekt hat sie sich nur zu Beginn für Geschlechterfragen eingesetzt. Bedingt dadurch, dass sie keine Unterstützung von anderen Mitbewohner_innen bekommen hat, stellte sie ihr Engagement ein. Sie betont, dass ihr nun ein eigener Bereich ohne Männer (in einer Frauen-WG) innerhalb des Projektes ausreicht.

SM: »Und bedeutet für Dich, Feministin in einer Gruppe zu sein, so wie in deinem gemischten Hausprojekt, ein anderes Handeln an den Tag zu legen, als Du vielleicht als Nichtfeministin handeln würdest?«

SM: »Also, da bin ich ziemlich in meinem eigenen Leben. Es ist jetzt auch so, dass ich mich mit den Männern im Haus nicht über Feminismus auseinandersetze, sondern einfach meinen eigenen Bereich haben will und das soll genügen. Vielleicht ganz in den Anfängen, als ich hier war. Aber dadurch, dass es auch für die anderen Frauen kein Thema mehr ist, würde ich hier Schattengefechte führen. Wenn sich niemand hier damit auseinandersetzen will, dann bin ich nicht diejenige, die das den anderen mit Gewalt hier aufzwingt. Da gehe ich eher den bequemen Weg.« (Sabine Moeller: 110-111)

Dem sehr knapp gehaltenen Statement ist keine Verwirrung oder ein Fragen stellendes Grübeln und Nachdenken abzulesen. Sabine Moeller erscheint auch nicht verärgert oder frustriert in ihrer Schilderung, sondern ruhig, gelassen und abgegrenzt. Die Enttäuschung, die es vermutlich einmal darüber gab, dass sich niemand im Wohnprojekt damit auseinandersetzen will, lässt sich annehmen, jedoch nicht im Interview spüren.

Mir als Zuhörerin vermittelt sich das Bild, dass sie über eine integrierte Erfahrung in ihrer Biografie spricht, die zurück liegt und reflektiert ist. In dem Spannungsfeld zwischen Gruppenposition und eigener (einsamer) Position entscheidet sie sich für die durchsetzbare persönliche Minimalforderung und den Schutz ihrer eigenen Ressourcen.

Im Gegensatz zu dem Beispiel Sabine Moellers liegt die Situation, die Laura Janssen in dem folgenden Interviewausschnitt beschreibt, noch nicht lange zurück.

LJ: »Und ich hab gemerkt, ganz viel in mir hat sich gesträubt, und das war jetzt auch, weil es ein Arbeitsverhältnis war. Ich habe mich gefragt: ›Wie gehe ich jetzt damit um?‹ Ich glaube, das liegt am Suchen nach Begriffen. Ich finde es so absurd. Da passiert ganz viel, aber ich kriege es nicht für mich gefasst. […] Wie kann ich ohne, dass wir 'ne lange Diskussion haben, wie kann ich kurz prägnant was reinbringen, wo ich ihr klar mache, dass ich ihre Aussagen krass finde. Sie hat sich damit nie auseinandergesetzt und will sich damit auch nicht auseinandersetzen. Und wie kommst Du an so jemanden ran, dass Du gleichzeitig klar machst: ›Hey, das möchte ich als Laura nicht hören, das ist mir unangenehm in meinem Alltag, das möchte ich nicht. Und gleichzeitig, wie bring ich ihr überhaupt bei, dass das was Komisches ist, denn gleichzeitig die adäquatere Form ist, ja ihre Form oder die ›normalere‹. Ich muss mich dann ja immer rechtfertigen, warum ich das jetzt komisch finde. Und dann dieses Unvermögen, darauf zu antworten. […] Ich habe überlegt, vielleicht kann ich da flapsig drauf antworten, wo trotzdem rüberkommt, dass das nicht so in Ordnung ist, so wie sie das sagt. Mir ist nichts Flapsiges eingefallen, vielleicht wäre es auch ein Umgang zu sagen: ‚Hier, ich muss dir mal was sagen, ich find das nicht gut, weil […].‹ Ja, aber ich glaube, dass das auch daran liegt, dass ich mich viel im Arbeitsumfeld bewege, und dass das auch so ein komischer Raum ist, wo du einerseits dich so gut kennst und andererseits viel Zeit, viele Abhängigkeiten da sind […]. Es sind immer genau diese flapsigen Sachen. Sei es in der Mensa oder, das sind nicht nur Sachen bezüglich Geschlecht, wo ich dann teilweise da sitz und so am Kochen bin, aber nicht weiß, wie ich mich verhalten soll, denn es ist nicht der Raum da für eine Auseinandersetzung, es möchte sie auch niemand, sondern es sind immer so Sprüche. Und du kannst dich dem auch nicht entziehen. [...] Sonst, so wenn ich in eine Kneipe gehe, da bin ich meist relativ klar, und auch im Privaten bin ich mir relativ klar, oder auch auf der Straße bin ich mir relativ klar.« (Laura Janssen: 54)

Es handelt sich um ein Erlebnis aus ihrem Arbeitskontext, das sie zum Zeitpunkt des Interviews beschäftigt. Hervorgehoben werden darin Widersprüche, in denen sie sich, zu ihrer Verwunderung und Unzufriedenheit, trotz fortgeschrittener Auseinandersetzung in ihrem Erwerbsarbeitszusammenhang befindet. Laura schildert darin, dass eine Kollegin, mit der sie eng zusammenarbeitet, wiederholt frauenabwertende Äußerungen macht, auf die sie jedoch gar nicht oder für sie selbst nur unbefriedigend reagieren kann. Sie stellt im folgenden Interviewausschnitt viele Fragen an sich und an die Situation. In ihren Reflexionen führt Laura ihre Artikulationsprobleme auf die Beschaffenheit von Erwerbsarbeitsverhältnissen zurück. Die Kommunikationsebene, auf der ihre Kollegin, aber auch andere Kollegen (z.B. in der Mensa), sexistische Sprüche machen, ist eine ironische und scherzhafte Ebene, gekennzeichnet durch einen flapsigen Gesprächston. Lauras Grübeln wird dadurch verursacht, dass sie zunächst auf derselben Kommunikationsebene reagieren will. Jedoch steht sie vor dem Problem, dass ihr die Worte und Begriffe fehlen und ihr kein geeigneter Spruch einfällt, der ihre Kolleg_innen an ihren sexistischen Aussagen hindern könnte. Laura möchte mit ihren Kolleg_innen auf einer Ebene bleiben, sie will nicht zur Außenseiterin werden, denn sie ist auf ein gutes Arbeitsverhältnis in ihrem Alltag angewiesen.

Als Außenstehende und Analysierende des Interviews fällt auf, dass Laura hier sehr hart mit sich ins Gericht geht. Obwohl sie feststellt, dass es sich erstens um ein Abhängigkeitsverhältnis handelt, es zweitens für ihre Kollegin nicht um eine echte, ernsthafte, inhaltliche Auseinandersetzung geht und drittens sie selbst (Laura) anderenorts keine Positionierungsprobleme hat (»in der Kneipe, im Privaten, auf der Straße bin ich mir relativ klar...«), zweifelt sie an ihrer Fähigkeit, adäquat auf die Kommentare zu antworten. Sie nimmt die Verantwortung für ihre Hilflosigkeit in der Situation damit auf sich. Aus meinem analytischen Abstand betrachtet lässt sich bezweifeln, dass ein flapsiges Antworten langfristig Wirkung zeigen könnte und darüber hinaus lässt sich auch in Frage stellen, ob es in der Situation der akuten eigenen Betroffenheit überhaupt Sinn macht. Laura ließe sich damit auf die Kommunikationsebene ihrer Kolleg_innen ein, die keine ernsthafte Auseinandersetzung zum Ziel hat.

Laura selbst stellt in dem Zitat die Überlegung an, wie sie ihrer Kollegin durch eine »Ich-Botschaft«, also ohne zu Belehren oder sich von ihrer Kollegin zu entsolidarisieren, vermitteln könnte, wie sehr ihr ihre Sprüche zu schaffen machen (»Hey, das möchte ich als Laura nicht hören, das ist mir unangenehm in meinem Alltag, das möchte ich nicht.«). Jedoch unmittelbar knüpft sie Zweifel an die Möglichkeit, mit der Ich-Botschaft ein Verständnis zu erzielen, da sich die Sprüche der Kolleg_innen auf hegemoniale Normalitätsvorstellungen beziehen, während Laura eben diese in Frage stellt. Sie fühlt sich unter einem Rechtfertigungsdruck. Laura steht vor dem Punkt der Entscheidung, entweder zu handeln und negative Konsequenzen, wie das Unverständnis der Kollegin oder den eventuellen Verlust von der guten Beziehung zu ihrer Kollegin, in Kauf zu nehmen, oder weiterhin ihren Ärger in sich zu tragen, was eine dauerhafte innere Reibung für sie bedeutet. Bis zur Interviewsituation stellt ihr Kontakt mit der Kollegin ein ungelöstes Problem dar.

Aus meiner Sicht lässt sich die dargestellte Problematik als eine ›Outing-‹ bzw. ›Sichtbarkeits-Problematik‹ fassen. Der Begriff des Outing (aus dem Englischen: *to out*, nach *to come out*), hat zwei Dimensionen, weshalb er hier sehr passend erscheint: 1. etwas/jemanden outen: das heißt aufdecken, aufklären, demaskieren, dekuvrieren und 2. sich outen: sich öffentlich zu einer Haltung oder Handlung bekennen, die von einer bestimmten Bezugsgruppe verpönt abgewertet wird, mit einer Haltung/ Einstellung sichtbar werden.

Obwohl der Begriff des ›Outing‹ meist in Bezug auf ein lesbisches und schwules Coming out verwendet wird (vgl. Definition Duden online 2013), so lässt er sich hier auf das Sichtbarwerden mit einer politischen Haltung übertragen. Sichtbarkeit ist nur sinnvoll für jene, die sich diese Sichtbarkeit leisten können. Mit einer ungeliebten, marginalisierten Position sichtbar zu werden, kann den Verlust von sozialer Unterstützung bedeuten.

Es käme im Fall von Laura Janssen einem persönlichen Outing gleich, die Ebene des Gesprächs auf eine ernste Ebene zu wechseln und sich mit einer gesellschaftspolitischen Position (der Ablehnung von Sexismus bzw. Feminismus) am Mittagstisch oder im Scherzgespräch gegenüber ihrer Kollegin zur Disposition zu stellen. Es handelt sich nicht nur um ein politisches Bekenntnis, sondern auch um eine Offenbarung, die die Berührbarkeit und Betroffenheit Lauras sichtbar macht, den Schutz, sich hinter der Scherzrede zu verschanzen, aufgäbe. Für die Kolleg_innen sind die flapsigen sexistischen Sprüche vermutlich ein Spiel, über dessen Folgen sie sich keine Gedanken machen, für Laura Janssen aber sind die Sprüche existenziell, ihr Wohlbefinden am Arbeitsplatz ist dadurch stark beeinflusst. Gleichzeitig handelt es sich aber bei dem Wechsel der Ebene von Scherz zu Ernst auch um ein Aufdecken von unsensiblen und unreflektierten Handlungen der Kolleg_innen. Sie würden sich möglicherweise durch Laura angeklagt fühlen und mit Abwehr oder Ignoranz reagieren.

In Laura Janssens Statement liegt der Fokus ihrer gedachten Handlungsoptionen bei dem Verständnis und den Empfindungen der Kollegin. Laura Janssen wünscht sich, dass die Kollegin Geschlechterverhältnisse als hierarchisch begreift und ihre eigene Involviertheit darin erkennt. Hier schwingt möglicherweise ein Bildungsauftrag mit. Laura Janssens eigenes Unbehagen mit der Situation erwähnt sie mir gegenüber erst an zweiter Stelle und auch nicht als ersten Handlungsgrund. Im Zentrum steht in ihrer Darstellung das Begreifen der Kollegin, also ihr eigener Aufklärungsauftrag.

In einem Moment, in dem sie mit der Kollegin allein ist, könnte Laura Janssen auch, so wie sie im Interview andeutet, sagen: »Das möchte ich als Laura nicht hören.«, oder »Mir ist eine gute Arbeitsatmosphäre mit Dir wichtig. Immer wenn Du ›X‹ sagst, bin ich irritiert und es schafft eine Distanz zu Dir.«

Ein Spannungsfeld, in dem sich Laura Janssen verorten muss, besteht zwischen ihrem persönlichen (politischen) Standpunkt und ihrem Gerechtigkeitsempfinden sowie der Angewiesenheit auf die Eingebundenheit und Bestätigung in den sozialen Strukturen in ihrem Erwerbsarbeitskontext.

Die Beispiele von Sabine Moeller und Laura Janssen wirken auf den ersten Blick sehr unterschiedlich. Beide halten ihre politischen Positionen aufgrund von mangelnder Unterstützung des Umfeldes zurück und schonen damit ihre Ressourcen, indem sie einen Konflikt vermeiden. Die persönliche Bewertung ihres eigenen Handelns ist darin sehr unterschiedlich, was jedoch anzunehmend auch an der zum Zeitpunkt des Interviews sehr unterschiedlichen jeweiligen Aktualität liegt.

b) Überforderung aufgrund von bestimmten Mehrfachzugehörigkeiten und Zuschreibungen[24]: »[...] mich auch noch als Trans* zu outen [...], das war mir einfach too much.«

Jan Biro beschreibt im folgenden Zitat seinen Umgang mit seiner Transidentität am Beispiel der Verwendung seines männlichen Vornamens in seinem Uni-Seminar.

JB: »Ich glaube, mir wäre es auch noch mal anders gegangen, wenn ich in meinem Fachbereich jetzt halt nur die Feministin gewesen wäre und nicht noch dazu den Queerstempel oder diesen Lesbenstempel oder was auch immer drauf gehabt hätte. Also naja, Stempel, Stempel, Stempel, also, ich wollte mich in meinem Masterstudiengang nicht auch noch als Trans* outen, weil ich dachte, dann bin ich der Hyperfreak. Das war mir einfach auch too much.«

JK: »Also da hast Du Dich dann mit weiblichem Vornamen vorgestellt?«

JB: »Also, den zwei, drei Leuten, die ich nett fand, denen hab ich schon meinen Namen gesagt und mich mit Jan vorgestellt, aber es war so ein Abgrenzen von den Professor_innen und von dem Wissen auch, und ich meine die [...] nicht in so einem eher hegemonialen Seminarraum, wo die Leute das Sagen haben, die am lautesten sind und am scheinbar souveränsten und kohärentesten, den größten Mist darstellen können, solange sie irgendwie ihren Rhetorik-

---

24 Der Begriff der ›Mehrfachzugehörigkeiten‹ wird hier im Sinne der Verwendung von Paul Mecheril benutzt (Mecheril 2003). Mit ihm soll zum Ausdruck gebracht werden, dass Individuen von verschiedenen gesellschaftlichen Zugehörigkeiten geprägt sind. Einige dieser Zugehörigkeiten sind akzeptiert, andere, wie hier die natio-ethno-kulturellen, können problematische Folgen haben.

kurs gut wiedergeben können. Und so, und ich glaube, dafür war mir das einfach zu unsicher und zu viel verschwendete Energie.« (Jan Biro: 79-81)

Im Unterschied zu Laura Janssen verortet Jan Biro die Gründe für seine beschriebene Positionierungsproblematik in seinem Seminarumfeld nicht in der Unterschiedlichkeit der Kommunikationsebenen, sondern innerhalb der Anhäufung bereits bestehender Fremdheitszuschreibungen. Ambivalenzen in Benennungs- und Positionierungspraxen werden hier deutlich. Die Selbstpositionierung als Trans* steht einserseits in Opposition zu der geschlechtlichen Zuschreibung als ›weiblich‹ und als ›lesbisch‹ durch die im Seminarraum Anwesenden, andererseits gleichzeitig in Kontrast zu seinem offiziellen Namen in der Teilnehmer_innenliste der Professor_in. Sich nicht als Trans* zu outen, dient nach dieser Sichtweise dazu, noch ein Standbein auf den Boden des Seminarraums zu bekommen. In Jan Biros Wahrnehmung wird durch die Vielzahl der Zuschreibungen ein Ernstgenommen- und Gehörtwerden durch das Seminar verunmöglicht. Um dies zu verdeutlichen, nimmt Jan eine Addition von Zuschreibungen vor: »Wenn ich […] jetzt halt nur die Feministin gewesen wäre und nicht noch dazu den Queerstempel oder diesen Lesbenstempel […] drauf gehabt hätte.« Es lässt sich vermuten, dass diese ersten ›Outings‹ als Feministin während des Seminarverlaufs sukzessive durch seine Meinungsäußerungen stattfanden. Das Sichtbarwerden der eigenen geschlechtlichen Identitätskonstruktion unterlässt Jan bewusst (»Ich wollte mich […] nicht auch noch als Trans* outen.«).

Jan Biros Statement legt nahe, dass der Gewinn an Handlungsfähigkeit, den eine politische Positionierung als Feministin erreichen kann, bei Sichtbarkeit als Trans* ambivalent wird. Wenn verschiedene Störungen der hegemonialen Repräsentationen gleichzeitig in Kraft treten, so ist seiner Beschreibung nach eine potenzierte oder zumindest vergrößerte Abwehr bei den Seminarteilnehmer_innen zu erwarten. Jan Biro befürchtet das gleichzeitige Wirksamwerden verschiedener Ausschlussmechanismen, die sich gegebenenfalls gegenseitig verstärken können oder zumindest doppeln. Die Möglichkeit, im Seminar unauffällig zu bleiben, ist bereits durch seine Positionierung und damit Exponierung als Feministin und als vermeintliche Lesbe erschwert. Gerade deshalb leistet Jan Biro hier bewusst Anpassungsarbeit entgegen seiner eigentlichen Geschlechtsidentität als Trans*mann: Er gibt sich als cisgeschlechtliche Frau aus, um den zugeschriebenen Status zu erhalten und sich seinen kleinen Anteil an der Dividende aus der Geschlechtskonformität zu bewahren. Die anderen Teilnehmer_innen könnten sich durch das Stempeln Jan Biros als »Hyperfreak« der Auseinandersetzung mit seiner, möglicherweise für sie herausfordernden, feministischen Argumentationen, entziehen. Für ihn wird seine Meinungsäußerung zu einer Art Bekenntnis, zu der Gefahr, eine essentialisierende, personalisierende Festschreibung zu erfahren, da sie nicht der hegemonialen Meinung entspricht. Jan Biro verhindert im Uni-Seminar bewusst, dass die anderen Teilnehmer_innen durch die Reibung mit ihm und am Beispiel seiner Person sich mit dem Thema Trans* auseinandersetzen. Dieses Handeln steht im Kontrast zu seiner Bildungsarbeit, in der er zum Teil bewusst als »Tranny« agiert (vgl. 6.3.2 e). Seine Zurückhaltung hinsichtlich der Offenbarung seiner Identität dient dem Ressourcenerhalt. Gleichzeitig ist sie von Wut und Enttäuschung begleitet, die vermutlich Ambivalenz und unerfüllte Bedürfnisse anzeigt: es wäre für ihn von Interesse, dass es im Kurs anerkannt und gewusst wird, dass es mehr als zwei Geschlechter gibt, dass es Menschen gibt, die sich einer Einordnung verweigern. Der Preis dafür, mittels der eigenen Positionierung eine Politik der Sichtbarkeit von Trans* zu betreiben, erscheint ihm zu hoch. Er outet sich nicht, gibt den von ihm bevorzugten Rufnamen nicht preis.

Das Zitat lässt eine starke Abgrenzung Jan Biros von den anderen Seminarteilnehmer_innen erkennen. Wortwahl, Ausdruck und Haltung zeigen Jan Biros Wut und Genervt-Sein. Indem er abwertend und mit sehr geringen Erwartungen über den Seminarraum und die anerkannten Wissensformen im Seminar spricht (»Wo die Leute das Sagen haben, die am lautesten und souveränsten den größten Mist…«), kann er möglicherweise seine Enttäuschung mildern. Er traut seinen Kommilliton_innen, ob aus direkter Erfahrung mit der Seminaratmosphäre selbst oder aufgrund seiner Erfahrungen in seinem Studienfach, keine offene, reflektierte und faire inhaltliche Auseinandersetzung zu. Dadurch drückt Jan Biro hier den Stempel zurück auf den Raum, von dem er selbst gestempelt wurde und nimmt selbst eine Abwertung vor. Die von ihm wahrgenommene Markierung als nicht normal bzw. hegemonial (als »Freak«) hat eine limitierende Rückwirkung auf seine Offenheit gegenüber den anderen Seminarteilnehmer_innen und Professor_innen.

Sein Engagement für die Sichtbarkeit von Trans*, das im Verlauf meines Interviews sehr deutlich wird, setzt er, so lässt sich schlussfolgern, unter Einschätzung des Umfeldes, seiner Koalitionen, Netzwerke und Kapazitäten ein. Die Selbstkompetenz oder Handlungsfähigkeit der (Nicht-)Positionierung, die Fähigkeit mit den eigenen Kräften zu haushalten, geht aus dieser Perspektive mit der Unmöglichkeit einher, in der Mehrfachpositionierung als feministisch und trans* sichtbar sein zu können, bei der von außen erfolgenden Zuschreibung ›Lesbe‹. Es wirft sich die Frage auf, ob es sich bei vorheriger Nichtpositionierung oder beim vorherigen Labeling als Lesbe und Feministin ähnlich verhielte. Sichtbarkeit als Mittel und Ziel von Politik zu setzen, ist nur sinnvoll für jene, die sich diese Sichtbarkeit leisten können und nicht bereits aus anderen Gründen von Hypervisibilität geplagt sind (vgl. Wünsch 2005: 33).

Jan Biros Schilderung seiner Handlungsweise zeigt zwar einerseits die Fähigkeit an, für sich selbst zu sorgen, sich selbst zu schützen und mit den eigenen Energien zu haushalten, andererseits kommt darin zugleich auch die Erfahrung der Einschränkung durch die Strukturen, hier das Umfeld ›Uni-Seminar‹, zum Ausdruck. Jan Biro macht hier eine Diskrepanzerfahrung, kongruent zu seinem Selbstempfinden auftreten zu können und sich einen Schutz vor einem Besonderheitsstatus und einer erhöhten Sichtbarkeit zu verschaffen (siehe auch Kapitel 5.3.3 – Eigenschaften von Tokens nach Kanter vgl. Kanter 1977a).

Das Outing als Trans*, das auf der Geschlechtsidentitätsebene stattfindet, wirkt in seinem Empfinden mit der politischen Kategorie ›Feministin‹ und der Kategorie sexueller Orientierung ›Lesbe‹[25] zusammen. Das Spannungsfeld besteht zwischen der Handlungsmacht, die es im Bereich der Norm zu beziehen gibt, und auf der anderen Seite dem Wunsch, sich selbst treu zu bleiben und mit allen für sich relevanten Aspekten der jeweiligen momentanen Identität, sichtbar sein zu können.

c) Ökonomische Vorteile: »[...] wenn man bei einem großen Betrieb vorfährt und man hat da irgendwie so einen kleinen Gebrauchtwagen...«

Ulrich Becker bringt eine andere Ambivalenz im Interview zur Sprache.

UB: »Also, wenn man bei einem großen Betrieb vorfährt und man hat da irgendwie so einen kleinen Gebrauchtwagen oder so was, dann ist das schon scheiße [...] und dann wird man dann natürlich auch taxiert. Und wenn man Pech hat, sind die Tagessätze dann um 400-500 Euro niedriger, als wenn man anders verhandelt hätte. [...] Da kann ich natürlich auch wieder für mich überlegen: Ist das jetzt... Ich stabilisier‹ das System natürlich, in dem ich mich so verhalte, wie ich mich verhalte. Andersrum, wenn 'ne Kollegin dann das Seminar macht, dann freut die sich natürlich über ein bisschen mehr Geld. Also, wie entscheide ich mich dann. [...] es ist entweder systemstabilisierend und ansonsten sind die Veränderungen, die man erreicht, natürlich minimal. Wenn überhaupt. Und für den Einzelfall eher nicht förderlich. Es...so ist es schwierig. Das ist eigentlich ein Dilemma. Eine schöne ethische Diskussion jedes Mal.« (Ulrich Becker: 60-64)

Er beschreibt hier die Schwierigkeit, sich zwischen seinen eigenen politischen oder subjektiven Überzeugungen und den ökonomischen Vorteilen, die durch das Leugnen oder Verschleiern dieser Überzeugungen entstehen können, zu entscheiden. Er schildert das Dilemma am Thema der Honorarverhandlung und der bewussten Wahl der Selbstrepräsentation über (männliche) Statussymbole (wie das Vorfahren in einem teuren Auto) im Verhandlungsgespräch. Fast ein wenig belustigt schildert er, dass er bei Honorarverhandlungen seinen Privatwagen fern des vereinbarten Treffpunktes parkt und zu Fuß oder mit dem Taxi das letzte Stück zurücklegt. Seine Positionierung geschieht unter Abwägung der bestehenden materiellen Möglichkeiten

---

25 Die Kategorie Lesbe wurde und wird bis heute innerhalb der FrauenLesbenbewegung auch als politische Kategorie begriffen. Wenn sie hier als Kategorie sexueller Orientierung bezeichnet wird, dann ist damit die Bezugnahme Jan Biros auf die Wahrnehmung der Seminarteilnehmer_innen gemeint.

und unter Einschätzung der jeweiligen eigenen finanziellen Absicherung bzw. Sicherheitsbedürfnisse oder derjenigen des Berufsstandes.

Mir scheint es als hatte Ulrich Becker im Interview das Bedürfnis, das Fahren im Mietwagen oder Taxi zu Honorarverhandlungen mir gegenüber zu legitimieren, indem er hinzufügt, dass er das Honorar auf diese Weise nicht nur für sich, sondern auch für sein Team aushandelt. Was im ersten Teil des Abschnitts als Gesetzmäßigkeit und Norm (»Man wird natürlich taxiert.«) dargestellt wird, reflektiert er einige Sätze später als Dilemma (»Also, wie entscheide ich mich dann?«; »Das ist eigentlich ein Dilemma.«).

Das Spannungsfeld, das Ulrich Becker hier beschreibt, besteht zwischen seinen politischen Wünschen, Geschlechter- und kapitalistische Verhältnisse zu verändern und seiner Verantwortung, gute Gehälter für seine Kolleg_innen auszuhandeln, also ein Spannungsfeld zwischen politischen Zielen und materieller Absicherung.

d) Rückfall in Gewohnheiten: »Sobald es nicht mitgetragen wird, lass ich's dann auch und das ist nicht bewusst.«

Wie bereits in den Lernwiderständen deutlich wurde, können inkorporierte Gewohnheiten ein Hindernis darstellen, das Gelernte anzuwenden (siehe Kapitel 6.2.2 d). Dabei hat Ressourcenerhalt durch die Anpassung an das jeweilige Umfeld und den unbewusste Wunsch nach Bestätigung und sozialer wie materieller Sicherheit eine Bedeutung.

Ulrich Becker beschreibt im folgenden Zitat, dass er in die Verwendung des generischen Maskulinums wider besseren Willens und Wissens zurückfällt. In einem Umfeld, das ebenfalls geschlechterreflektierte Sprache benutzt, falle ihm die Verwendung nicht schwer, tendenziell passe er sich jedoch unbewusst dem Umfeld an.

UB: »Und da merk ich's auch an meinem eigenen Verhalten. Also dieses in Gewerkschaftskreisen zum Beispiel, ist diese weibliche Form bei fast allen immer mit drin. In den Gesprächen, auch in den informellen Gesprächen, während in den Betrieben eigentlich eher nicht. Und da merk ich auch, da lass ich's sein. [...] Sobald es nicht mitgetragen wird, lass ich's dann auch. Und das ist auch nicht bewusst. Aber ich merk's hinterher. Ich merk's dann, wenn ich dann wieder rückkoppel, was wir verhandelt haben, oder was wir besprochen haben, dass es mir ganz schwer fällt, wieder in 'ne gegenderte Sprache reinzukommen, da merk ich, dass ich's 'ne Stunde oder zwei Stunden vorher nicht gemacht hab.« (Ulrich Becker: 70-72)

Eventuell spielt die Verhandlungssituation für den Rückfall in die Gewohnheit, die hier ja zugleich auch das gesellschaftlich Übliche und die Norm darstellt, eine zusätzliche Rolle, da in einer vermachteten Situation, wie der der Honorarverhandlungen, die Anpassung an diejenigen, die die Gehälter zahlen, subjektiv sinnvoll ist. Soziale Bestätigung, Zustimmung ist in der Honorarverhandlung aufs Engste mit (zukünftigen) finanziellen Ressourcen verbunden.

Zwischenfazit

Eine Nicht-Positionierung, ein Nicht-Outen bzw. bewusstes Zurückhalten einer Sichtbarkeit von Normabweichung erfolgt unter Abwägung der Konsequenzen und Einschätzung der äußeren Bedingungen und der eigenen Fähigkeiten und Kapazitäten. Deshalb kann sie als Selbstkompetenz im Sinne von Selbstschutz und dem Haushalten mit Energien gefasst werden. Die Nicht-Positionierung kann zwar zu Unzufriedenheit und Irritation führen (siehe Beispiel von Laura Janssen), anders als in der Phase um den Erstkontakt mit dem Thema führt sie jedoch nicht zu einer existenziellen Verunsicherung oder zu Verwirrung und Fragen, was die eigene Identität, den eigenen Standpunkt oder das Interesse an der Geschlechterthematik anbelangt. Die Befragten nehmen in den Interviews differente Einschätzungen bezüglich der Situationen vor. Diese hängen mutmaßlich mit dem emotionalen und zeitlichen Abstand zur Situation zusammen, der Dauer und Intensität des Konflikts.[26] Handlungsfähig zu sein und zu bleiben heißt, mit den Energien zu haushalten und richtig einzuschätzen, wann und mit wem sich Veränderungen gemeinsam erzielen lassen und wann nicht. Die hier angeführten Beispiele finden in Alltagsrahmungen fern von Genderzusammenhängen oder feministischen Kontexten statt.

---

26 Laura Janssen befindet sich zum Zeitpunkt des Interviews in einem Dilemma, innerhalb dessen sie selbst noch nach Handlungsoptionen ringt. Sie verwendet viele Worte, führt zahlreiche Fragen und Schilderungen von verschiedenen Perspektiven an. Jan Biro betrachtet sich in seinem Seminarzusammenhang bereits in einer gewissen Außenposition, die er durch die Mehrfachzuschreibungen ›Feministin‹ und ›Lesbe‹ einnimmt. Er gibt sich selbst keinerlei Schuld, sondern ist wütend auf die hegemonialen Verhältnisse im Seminar. Fremdheitszuschreibungen weist er zurück, indem er selbst abwertend über den Seminarzusammenhang spricht. Der Seminarzusammenhang hat für ihn zum Zeitpunkt des Interviews keinerlei Alltagsrelevanz mehr. Sabine Moeller hingegen lebt noch in dem Wohnprojekt, in dem sie sich anfangs mehr feministische Auseinandersetzung wünschte. Sie hat einen abgegrenzten Blick auf die Konsequenz ihres Engagements und ist mit ihrem fehlgeschlagenen Versuch befriedet. Statt in ihrem Zuhause permanente Auseinandersetzung einzufordern, fordert sie einen getrennten (Frauen-) Bereich und gibt sich damit zufrieden. Ökonomisch strategisches Handeln, wie Ulrich Becker es beschreibt, der seinen Auftritt bei Gehaltsverhandlungen bewusst plant, steht im Abschnitt d) im Fokus. Auch Ulrich Becker äußert sich recht klar und distanziert über die von ihm beschriebene Situation, fast ein wenig belustigt. Die Selbstkompetenz, sich in bestimmten Kontexten nicht zu positionieren, wird von Jan Biro und Laura Janssen im Sinne eines unwillentlichen Sich-Nicht-Positionierens als ein (innerer oder äußerer) Zwang, sich nicht zu outen, empfunden. Bei ihnen überwiegt das Gefühl der Begrenzung, also der Restriktion, durch die äußeren Bedingungen wie z.B. durch das sexistische, homophobe Seminarumfeld im Fall von Jan Biro oder die Begrenzung durch die eigenen Gewohnheiten und das eigene Wissen bei Laura.

Sie finden in Strukturen statt, in denen persönliche Differenzen, schlechte Stimmung oder gar sozialer Ausschluss einen hohen Verlust an Lebensqualität und fatale Konsequenzen bedeuten könnten. Ein dissidentes Handeln stellte in den hier dargestellten Beispielen, obwohl als Option bekannt und anerkannt, aufgrund von Abhängigkeitsverhältnissen eine zu große Hürde dar. Die Beispiele zeigen, wie sich restriktive und verallgemeinerte Handlungsfähigkeit im Hinblick auf die Gesamtbetrachtung verschiedener Handlungen, also in Bezug auf den Lernprozess, z.T. gegenseitig unterstützen und nebeneinander stehen. Das wird z.b. deutlich am Beispiel von Jan Biro, der seine Mehrfachpositionierung als Lesbe, Feministin und Trans* mit der Intention verschweigt, sich dadurch eine Möglichkeit zu sprechen und gehört zu werden zu erhalten. Die Handelnden befinden sich in den beschriebenen Situationen in einem Zwiespalt zwischen einer persönlichen (geschlechtlichen) oder inhaltlich argumentativen (feministischen) Positionierung und dem Handlungsmachtbezug aus dem Feld der Norm. Die überlegte Zurückhaltung geschieht in strukturellen Rahmungen, die von gegenseitigen (Alltags-)Abhängigkeiten oder finanziellen Abhängigkeiten gekennzeichnet sind: am Arbeitsplatz, in der Ausbildungsgruppe, im Wohnprojekt und in (kapitalistischen) Arbeitsmarktstrukturen.

Das Einnehmen und Vertreten eines emanzipatorischen Standpunktes setzt einen Ausgangspunkt voraus, der eine Aussicht auf Wirksamkeit verspricht. In Abhängigkeitsstrukturen und ohne Netzwerke werden Einstellungen und Überzeugungen (z.B. Laura Janssen an ihrem Arbeitsplatz) oder geschlechtliche Identitätsbestandteile (Jan Biro im Seminar) unsichtbar gehalten.

6.3.2 Professionelle Positionierung: graduelle und reflektierte (Selbst-)Positionierung

a) Zurückhaltende Positionierung: »[...] dann bin ich geduldig [...]«

Anna Loritz beschreibt im nachstehenden Zitat Schwierigkeiten, die sie selbst als Seminarleitende erlebt, am Beispiel des Umgangs mit dem Thema geschlechtergerechte Sprache.

AL: »[...] diese Formen des Widerstands um diese paar Buchstaben, die man da vielleicht noch mal hinschreiben muss, um eben eine geschlechtergerechte Sprache zu haben, find ich lächerlich bis nervig. Und ich will das einfach überhaupt nicht mehr diskutieren. Ich will einfach sagen, ja gibt's nen Merkblatt des Bundesverwaltungsamtes und so wird's gemacht. ›Was soll der Scheiß? Wieso sollen wir jetzt darüber sprechen?‹ So, das ist so meine innere Stimme. Meine rebellische Stimme. Und natürlich, ich hab 'ne professionelle Rolle, wenn jemand wieder ankommt mit dem Thema und sagt: ›Wieso sollen wir jetzt das Innen schreiben?‹ Dann bin ich geduldig, dann geh ich darauf ein, dann erklär‹ ich das, wie eben Sprache Realitäten schafft, und welche Bilder in Köpfen entstehen... und dann mach ich das. Aber das ist halt, ja, das gehört halt zum Job und ist halt irgendwie 'ne Professionalität, aber die, also wo ich auch sagen muss, ich muss aufpassen, dass ich nicht abstumpfe. Oder einfach zu... zu... wie sagt man dazu...zu abgeklärt werde. [...] Und auf der anderen Seite habe ich auch so eine sportliche Geschichte da. Also gerade so hartgesottene Führungskräfte, wo völlig klar ist, [...], die haben mit dem Thema überhaupt nichts am Hut. Und was soll das. Das find ich halt auch immer 'ne Herausforderung. [...] Und das find ich aber auch immer wieder total toll, wenn es dann doch irgendwie geht, so ein ganz kleines so Aha, [...] eine andere Perspektive auf das Thema [...]. Also das sind dann schon so kleine Sachen, die dann auch immer wieder also aufbauend sind. Das ist also wirklich 'ne Ambivalenz.« (Anna Loritz 2: 80)

Bedingt durch ihre professionelle Rolle begrenzt Anna Loritz in Seminarsituationen ihre Wut und ihren Wunsch nach Positionierung und erklärt geduldig den widerständigen Teilnehmer_innen die Relevanz von geschlechtergerechter Sprache. Fast wie ein Drahtseilakt muten die von ihr beschriebenen inneren Dialogbewegungen an. Sie balanciert zwischen der verständnisvollen geduldigen Vermittlung, die darauf rekurriert, von ihr längst gekannte Inhalte unzählig häufig zu wiederholen, und zwischen einer entstehenden eigenen Ermüdung und Resignation (sie selbst spricht von »Abstumpfung«). Diese ist dadurch bedingt, dass sie ihre tatsächliche Enttäuschung darüber, dass geschlechtergerechte Sprache trotz jahrzehntelanger Thematisierung durch Feminist_innen immer noch nicht selbstverständlich ist, zurückhalten muss. Das nötige Gleichgewicht für ihren langen Atem erhält sie durch aufbauende Erfolgserlebnisse in ihrer Arbeit, deren Erlangen für sie immer wieder einen »sportlichen Anreiz« darstellt.

Die von Anna Loritz beschriebene Haltung erfordert ein klares Bewusstsein über den eigenen Standpunkt: das Aushalten von Wiederholungen und die Fähigkeit, die Emotionen, die sich mit diesem verbinden, zu reflektieren und bei sich zu behalten.

In der ›neutralen‹, professionellen Haltung, die das langsame Heranführen der Teilnehmenden an das Thema, also das sogenannte ›Abholen‹ der Teilnehmenden, beinhaltet, liegt eine Spannung zwischen dem subjektiven Bedürfnis, persönliche und politische Anteile zum Ausdruck zu bringen, und dem Wunsch, professionell zu handeln, die ausgehalten werden muss.

b) Inkonsequente oder Teil-Positionierung: »Ich würde die nicht mehr erreichen [...], dann gehe ich lieber den Weg über viele Beispiele.«

Im Folgenden von Maja Wolf geschilderten Exempel wird in Unterscheidung zu der im Beispiel a) eingenommenen professionellen Distanz verdeutlicht, dass auch eine nur temporäre, teilweise und inkonsequente Positionierung zu einem professionellen Handeln gehören kann.

MW: »Eigentlich müsste nach jedem, nach jeder Methode, ›Eigentlich meine ich da noch viel mehr mit‹ kommen und irgendwann sind dann die Leute zu Recht genervt. Manche haben es immer noch nicht begriffen und andere sagen: ›Aber hier sitzen doch nirgendwo Männer und Frauen.‹ Und dann vielleicht noch zu sagen: ›Ich weiß es nicht, soviel hab ich mit euch noch nicht gesprochen.‹, aber das finde ich oft schwierig.« (Maya Wolf: 10)

Anhand ihrer Seminargestaltung erläutert Maya Wolf, wie sie eine geschlechterreflektierende und heteronormativitätskritische Sprache in den Seminaren einbringt, und damit eine bloß theoretische Bezugnahme auf wissenschaftliche Inhalte vermeidet. Bei dem Anleiten von Übungen, in denen weiblich und männlich Sozialisierte dazu aufgefordert werden, in geschlechtshomogenen Gruppen zu arbeiten, kann ein dritter Raum geöffnet werden, kann ein Zusatz deutlich machen, dass das Oberflächlich-Sichtbare, das Spekulativ-Angenommene, nicht notwendig ein Abbild der ›Realität‹ darstellt. Von einem_einer Teamer_in kann in einer Übung nicht automatisch davon ausgegangen werden, dass nur Männer und Frauen im Raum anwesend sind. Erst nach einer individuellen Positionierung einer Teilnehmer_in wäre dies transparent. Und selbst dann muss davon ausgegangen werden, dass im Seminarraum, insbesondere in institutionalisierten Lehrsettings, in denen eine große Abhängigkeit besteht, eine ›freie‹ ehrliche Selbstverortung (z.B. als Trans* oder Inter*) nicht selbstverständlich geschehen kann (siehe 6.3.2 a, Beispiel Jan Biro).

Maya Wolf betont hier die Schwierigkeiten und Herausforderungen, die das Anliegen, das Geschlechterspektrum durch die Wortverwendungen und ihre Haltung zum Seminar zu erweitern, mit sich bringt.

MW: »Wenn man das die ganze Zeit durchhält, wirst Du irgendwann nicht mehr akzeptiert in dieser Gruppe als Leitung […]. Das sind oft Praktiker_innen, die da sitzen, aus der sozialen Arbeit, ein paar, die aus der Wissenschaft kommen, aber viele, die wirklich jahrelang gearbeitet haben und jetzt diese Fortbildung machen. Ich würde die nicht mehr erreichen, wenn ich das so machen würde. Ich habe das Gefühl, da verbaue ich mir was, dann gehe ich lieber den Weg über viele Beispiele.« (Maya Wolf: 12)

Ihrer Erfahrung nach kann es dazu kommen, dass die Teilnehmer_innen so irritiert sind, dass sie als Seminarleitung nicht mehr ernst genommen werden würde. Hier verweist sie auf eine Spannung zwischen Theorie-Praxis: Praktiker_innen, die bereits mitten im Erwerbsarbeitsleben stehen, können den politisch-ethischen Zugang zur Sprachverwendung nicht nachvollziehen.

Zugleich beschreibt Maya Wolf hier eine ähnliche Problematik wie die, welche im vorherigen Beispiel von Anna Loritz dargestellt wurde.

MW: »Wenn ich dort Erzieher_innen vor mir habe, die sind 17, 18, 19, ein paar sind älter, dann muss ich gucken, dass ich deren Vokabular finde. Ich kann da mit ›Strategischer Essentialismus‹ usw. kommen, ich kann die aber auch total platt machen damit. Das muss ich dann entscheiden. Das heißt nicht, dass ich denen nicht auch Fachbegriffe vermitteln kann, aber ich muss das auf eine gute Art und Weise tun, um die nicht dabei zu verlieren. Also ihren Wissenstand und ihrem was sie da eigentlich auch wissen wollen.« (Maya Wolf: 28)

Sie befindet sich in der ambivalenten Rolle, sich auf die Teilnehmenden einzustellen und gleichzeitig etwas von ihrem professionellen Wissen zu vermitteln. In der Seminarsituation erfordert es viel Fingerspitzengefühl, das Vokabular der Teilnehmenden zu treffen.

Am Beispiel der Sprache wird hier verdeutlicht, wie Maya Wolf ihr professionelles Wissen zurückstellt, Sprachverwendung und Gruppenaufteilung nicht konsequent geschlechtsneutral (bzw. im korrekten Fachjargon) formuliert, damit sie mit ihren Teilnehmenden in Kontakt bleibt. Die Besonderheit liegt hier in der bewussten Inkonsequenz, der nicht-durchgängigen Umsetzung von Wissen. Eine Diskrepanz besteht zwischen dem Wissen und vermittelbarer, umgänglicher Sprache.

c) Umlenkung von Fremd(heits)zuschreibungen hin zu Selbstreflexion der Teilnehmenden: »ich biete mich da nicht an«

Das Beispiel von Nazim zeigt wie im professionellen Handeln (vgl. auch das Beispiel von Jan Biro im Abschnitt 6.3.1. b Mehrfachpositionierungen und daraus erfolgenden Zuschreibungen auf die Handlungsfähigkeiten im Seminargeschehen wirken können.

JK: [...] Und erlebst du's eigentlich, dass du Projektion kriegst, weil du Migrationshintergrund hast?
NÖ: Jaja, doch...
JK: ...die du nicht haben willst, oder was, wo du...
NÖ: Nee, ich weiß warum...
JK: Oder wo du dich irgendwie dann, oder genau schon so, keine Ahnung, klassische
NÖ: Hmm, ja...
JK: Wo du'n bestimmten Umgang mit hast oder so
NÖ: Ja, aber da bin ich sehr erfahren sag ich mal. Also ich weiß, ich weiß damit umzugehen. Ich weiß damit umzugehen. ... Also ich biete mich da auch, das, ich biete mich da auch nicht an, glaub ich, wie andere das machen. Zum Beispiel, die sich zum Beispiel als Experte ihrer Kultur ausgeben. Die, ja, also ich weiß wie ne arabische oder ne türkische Sachen tickt, und dann so und so setzt ich mich (dann aus). Und ich versuch dann, im Prinzip dann schon relativ zügig ziemlich deutlich zu machen, in welche Richtung ich das haben möchte. Und wenn es nicht so wäre, dann, dann ... kann das manchmal schon bis zur Unerträglichkeit gehen.
JK: Also sind dann immer genau diese Sachen, irgendwie, also sind diese ›sag uns doch mal, wie's da ist‹ und so, wie's in ner arabischen Familie abläuft...

NÖ: Genau. ›Wie ticken die?‹ und ›Und ich will Werkzeug.‹ und ein bisschen so ›Ich will ganz konkret wissen, was ich zu tun habe‹, so. (Nazim Özer: 196-205)

In Differenz zu vorangegangenen Beispielen a) und b) erfolgt die Zuschreibung einer bestimmten ›anderen‹ Position hier über die Fremdheitszuschreibungen der (hier implizit) als *weiß* und mehrheitszugehörig angenommenen bzw. empirisch als solche erfahrenen Fortbildungsteilnehmenden gegenüber dem Lehrenden, als Mann mit Migrationshintergrund.

Nazim beschreibt in dem Zitat seinen mittlerweile professionellen Umgang (»Ja, aber da bin ich sehr erfahren sag ich mal«) damit, dass er in Seminaren immer wieder als Experte für Interkulturalität und männliche Jugendliche mit Migrationshintergrund angesehen wird. Er distanziert sich von diesen Zuschreibungen (»Ich biete mich da auch nicht an«) und distanziert sich für sich selbst von dieser Strategie (»wie andere das machen. Zum Beispiel, die sich zum Beispiel als Experte ihrer Kultur ausgeben. Die, ja, also ›ich weiß wie ne arabische oder ne türkische Sache tickt‹). Seine Strategie ist, bereits relativ früh im Seminar deutlich zu machen, dass er für rassistische Stereotype nicht zur Verfügung steht und ihnen im Seminar keinen Raum geben möchte. Das ist ihm, so interpretiere ich sein Statement (»Und ich versuch dann, im Prinzip schon relativ zügig ziemlich deutlich zu machen, in welche Richtung ich das haben möchte«), vermutlich besonders anfangs, nicht immer gelungen und so hat Nazim Erfahrungen mit simplifizierenden Wünschen und rassistischen Zuschreibungen der Teilnehmenden gemacht, die für ihn unzumutbar waren (»dann kann das manchmal schon bis zur Unerträglichkeit gehen«).

Im Verlauf des Interviews führt er aus:

NÖ: »In Bezug auf Lehrerinnen ist das noch präsenter als bei Lehrern. So. Weil, da gibt es, also da gibt es etwas das hör ich auch fast in jedem Seminar, also diese, diese Furcht vor Männern und Jungs mit Migrationshintergrund, so. Die Klage, dass sie Lehrerinnen nicht akzeptieren, als Autorität, die Klage. Genau. Genau, so. Und das ist halt, da bin ich mittlerweile fast schon, fast irgendwie schon wirsch irgendwie, das ist so etwas, wo ich... da versuch ich's mir dann halt immer zu überlegen dann, wie geh ich halt damit um. Und versuch mir dann halt so'n Ziel zu setzen, pädagogisches Ziel, [...] ich versuch halt Leuten halt schon eher sozusagen ihre Rolle halt bewusst zu machen, als Lehrerin oder als Lehrer.« (Nazim Özer: 207-209)

Nazim beschreibt, wie er mit den Wünschen seiner Teilnehmerinnen in Lehrerinnenfortbildungen nach einfachen und schnellen Rezepten bricht und verweist stattdessen auf die jeweilige eigene pädagogische Professionalität, die jeweilige Rolle als Lehrerin. Das Stereotyp von dem migrantischen, gewaltbereiten Machojungen (vgl. Stecklina 2007: 47, Toprak 2007: 122, Busche/Stuve 2007: 22), das Nazim im Kontext von Lehrerinnenfortbildungen erlebt und anhand dessen er hier seine

Handlungsstrategien beschreibt, umfasst die Dimension kulturalisierender und ethnisierender Zuschreibungen (vgl. Munsch/Gemende/Rotino 2007: 7, siehe auch Abschnitt 6.1.1). Nazim lenkt den Fokus gezielt von der Reproduktion dieser Zuschreibungen weg, hin zum pädagogischen Lernziel der Selbstreflexivität und Handlungsfähigkeit.

Im Weiteren nennt er Aspekte, die für ihn zur Reflexion der Lehrer_innenrolle dazu zählen, und die er zu vermitteln versucht.

NÖ: »Dass Schüler Lehrer zum Beispiel als Autorität anerkennen müssen, so, das ist halt n Wunsch von uns sozusagen als Pädagogen oder Pädagoginnen, dass wir uns durchsetzen können. Aber Jugendliche können halt rebellisch sein oder, also für sie gibt es gar keine Veranlassung uns zu akzeptieren, anzuerkennen. Unsere Arbeit ist vor allem auch nicht darauf angewiesen, dass das von den Jugendlichen anerkannt wird, so. Das ist ne Verdrehung.« (Nazim Özer: 209)

Er kehrt die Perspektive auf das Problem um indem er an das Selbstbewusstsein der Lehrerinnen appelliert: sie sind in Lehrsituation und in der Institution Schule in der hierarchisch höheren Position. Die Schüler_innen sind ihnen anvertraut, vertrauen sich ihnen an und sind auf die Kompetenz der Lehrperson und ihre Notengebung angewiesen. Die erwachsene Lehrperson ist es, die den kindlichen oder jugendlichen Schüler_innen Rückmeldung in Form von Aufmerksamkeit und Noten gibt. Innerhalb des strukturellen Hierarchieverhältnisses sind die Lehrer_innen in ihrer Arbeit jedoch nicht grundsätzlich auf die Bestätigung der Schüler_innen angewiesen.

NÖ: »Auf der anderen Ebene sozusagen, versuche ich mit denen zu reflektieren, zum Beispiel mit den Frauen, welche Anerkennung erfahren sie überhaupt von den Kollegen, so, von den anderen Männern. Also eher das so'n bisschen delegieren, weg vom Rassismus, weil ich denke das n bisschen aussichtslos, das ist schon fast so'n Mythos. Den kann man gar nicht so aufgreifen, nicht so begegnen. Es geht eher darum, daran zu erinnern, an die professionelle Rolle, als Lehrerin oder als Lehrer im Kollegium und wie man dort Anerkennung erfährt zum Beispiel, für seine Tätigkeit.« (Nazim Özer: 209)

Nazims Strategie ist es gemeinsam mit den Teilnehmerinnen zu reflektieren, welche Formen von Anerkennung der eigenen Arbeit es gibt, wirft die Frage auf, ob sie beispielsweise im Kollegium, insbesondere von den männlichen Kollegen, Wertschätzung für ihre Arbeit erfahren.

Im Beispiel Nazims lassen sich Parallelen zu dem unter 6.3.1 genannten Beispiel b) von Jan Biro finden. Nazim selbst könnte sich gegenüber den rassistischen Zuschreibungen zum Lernbeispiel machen und so gewissermaßen beweisen, dass es eine Vielfalt an muslimischen Männlichkeiten gibt. Ebenso wie Jan Biro ist er nicht bereit, sich selbst als Beispiel für das Lernen der anderen herzugeben. Im Unterschied zu Jan Biro (in seinem Uniseminar) steht er jedoch in einer seminarleitenden Funktion. Er fordert die Teilnehmenden zur Selbstreflexion ihrer eigenen Position auf (»versuche ich mit denen zu reflektieren, welche Anerkennung sie überhaupt...«, »es geht eher darum daran zu erinnern, an die professionelle Rolle«).

Sein Handeln befindet sich im Spannungsfeld zwischen dem Bedürfnis nach politischer Positionierung gegen die rassistischen Vorannahmen und Klischeebilder in den Köpfen der Teilnehmenden, von denen er sich selbst berührt fühlt (»kann das manchmal schon bis zur Unerträglichkeit gehen«) und professionellem Handeln (»Also eher das so'n bisschen delegieren, weg vom Rassismus, weil ich denke das n bisschen aussichtslos, das ist schon fast so'n Mythos.«)

d) Widersprüche transparent machen: »Das war [...] auch immer eine reflektierende Frage an die Teilnehmenden, inwieweit sie denken, dass das jetzt eher festschreibend oder öffnend gewirkt hat.«

Widersprüche, die das Thema der Geschlechterverhältnisse mit sich bringt, können mit den Teilnehmer_innen gemeinsam reflektiert werden.

KR: »Und auch eine leitende Frage der Fortbildung, also für die Evaluation, war auch immer, in wieweit schreiben wir die Kategorie Geschlecht auch wieder fest [...] oder innerhalb der verschiedenen Übungen und das war zum Beispiel auch immer eine reflektierende Frage an die Teilnehmenden, inwieweit sie denken, dass das jetzt eher festschreibend oder öffnend gewirkt habe, und auch inwieweit sie das im Hinblick auf einzelne Übungen oder Einheiten erlebt haben...« (Karin Richter: 9)

Karin Richter beschreibt hier, wie es Lehrenden gelingt, Denkräume zu öffnen und dabei in ihrer zurückhaltenden professionellen Haltung zu verbleiben. Das sogenannte ›Genderparadox‹ (siehe Kapitel 2.1. Feministische Paradigmen), das heißt das Spannungsfeld zwischen Gleichheit, Differenz und Dekonstruktion bzw. die Spannung zwischen Dramatisierung und Entdramatisierung von Geschlecht (vgl. diese Studie Kapitel 2.1.), kann von den Teilnehmenden selbst entdeckt werden.

Maya Wolf expliziert neben Geduld (»[...] ich brech das jetzt nicht übers Knie [...]«), Diskussionen und Reflexionen im Team und mit den Teilnehmenden als Teil des Lernens über die Konstruktionsweisen von Zweigeschlechtlichkeit.

MW: »[...] aber ich breche das jetzt nicht übers Knie, aber wir reflektieren zusammen z.B. jede Methode, wie wir die Leute ansprechen, ob wir sie reduzieren auf männlich, weiblich, Vater-/Mutterrollen, diese ganze biografische Arbeit, alles noch mal durchscannen und ich bringe das ganz oft in das System ein [...]« (Maya Wolf: 12)

In Gegenüberstellung zu den Widersprüchen, die Maya Wolf und Karin Richter thematisieren, spricht Ulrich Becker in seinen Trainings, in denen geschlechtsspezifische Handlungsweisen auf der Tagesordnung stehen, Widersprüche zwischen dem Verbleiben in alten, geschlechtsspezifischen Gewohnheiten und den jeweiligen ökonomischen Vor- oder Nachteilen an, die sich für die Geschlechter daraus ergeben.

UB: »Wenn es ein Training ist, da kann man auch geschlechterspezifische Kommunikation als Inhalt nehmen. Geschlechtsspezifisches Verhalten in Besprechungen, z.B. wo es Unterschiede zwischen wie Männer sich verhalten, wie Frauen sich verhalten, was mehr oder weniger karriereförderlich sein kann. Dann kann man noch thematisieren, ob Frau das möchte. Sich diesen hierarchischen Strukturen oder diesen typischen Strukturen, Kommunikationsstrukturen anzupassen oder doch den eigenen, wenn es auch eventuell typisch weiblicher Stil ist, entgegenzusetzen. Und dafür in Kauf zu nehmen, vielleicht bei der nächsten Beförderung übergangen zu werden. Also so was wird dann auch problematisiert.« (Ulrich Becker: 12)

Hier wird ein uraltes feministisches Spannungsfeld berührt, die Fragen danach, ob sich Geschlechterverhältnisse innerhalb oder außerhalb der bestehenden Strukturen verändern lassen, ob es notwendig ist, an der Macht zu partizipieren und die dafür notwendigen Anpassungen innerhalb von männlich überformten Strukturen in Kauf zu nehmen, oder ob es ein ganz anderes ›Anders‹ ohne eine Teilhabe an den alten Machtformen geben kann. Zugleich spiegelt Ulrich Becker den Teilnehmenden den Widerspruch zwischen dem Anspruch Geschlechtergleichheit in der Differenz und den Wirkungsweisen kapitalistischer Vergesellschaftung.

Die unterschiedlichen Zitate von Maya Wolf und Ulrich Becker verdeutlichen zugleich das oben angesprochene Genderparadox sehr gut: Die Reflexion von geschlechtsbezogenen Handlungsweisen, wie die unterschiedlichen Kommunikationsstile, reproduziert und dramatisiert die dichotomen Kategorien Mann und Frau. Dennoch ist sie notwendig, um Gewohnheiten bewusst werden zu lassen und verändern zu können.

e) Selbst-Positionierung bei Passung mit Stereotypen: »Aber das ist unabgeschlossen [...]«

Folgendes Beispiel von Nazim Özer steht hier für eine weitere Ambivalenz, in der sich Lehrende in der geschlechterreflektierenden Bildungsarbeit befinden und innerhalb derer ihre Positionierung situativ ausgehandelt und entschieden werden muss.

NÖ: Es gibt da [...] 'n Konflikt zwischen diesem Authentisch-Sein, so, auf der einen Seite, auf der anderen Seite die Geschlechterrollen nicht vorschreiben zu wollen. So schau so, das passt nicht immer zusammen, so. [...] Das ist unabgeschlossen. Wir haben 'ne Zeit probiert, dass 'n bisschen spielerischer damit umgegangen wird. Jetzt mit den Kindern [er meint hier seine eigenen Kinder] find ich's 'n bisschen absurd, da denk ich mir, das nimmt so viel Raum ein in meinem Leben, dass es alles, also, wenn ich das weglassen würde, dann bräucht ich auch nicht mehr, dann die Idee des Authentischen, was das auch immer sein soll, gänzlich verloren. Aber das ist unabgeschlossen, würd ich sagen, das ist unabgeschlossen. (Nazim Özer: 116-118)

Nazim Özer schildert im Zitat, dass ein ehrlicher und offener Kontakt mit den Teilnehmenden, dem Leitsatz, dass der_die Teamer_in sich selbst zur Methode macht (vgl. Pohlkamp 2004), und der Grundsatz, vielfältige Lebensweisen sichtbar zu machen und das Reproduzieren von Stereotypen zu vermeiden, bei ihm in manchen Situationen nicht zusammenfällt und er deshalb in ambivalente Gefühlslagen gerät. Der zu überbrückende Widerspruch kommt dadurch zustande, dass er, zumindest oberflächlich, innerhalb offensichtlicher Kategorien (Familie, verheiratet, Kinder, 1-Familien-Wohnung) in ein klassisches Geschlechterbild hineinpasst. Insbesondere seitdem Nazim Özer selbst Kinder hat und diese einen sehr großen Teil seines Lebens ausmachen, findet er es schwierig, diesen Teil seiner selbst zu verschweigen.

Überlegungen, Imaginationsräume und Projektionsflächen für die Teilnehmer_innen offen zu halten und mit der Irritation des normierenden, heterosexuellen Stereotyps zu spielen, stoßen dadurch an ihre Grenzen, dass Nazim Özer das Gefühl hat, einen zu großen und wichtigen Teil seiner selbst im Kontakt ausklammern zu müssen. Sich klaren Zuordnungen und Unterfütterungen von normativen Bildern zu entziehen und beispielsweise auf normierende Fragen von Jugendlichen nicht zu antworten (z.B. ›Bist Du verheiratet?‹), bedeutet für ihn gleichzeitig, evtl. Vertrauensräume einzugrenzen und eine Auseinandersetzung mit Jugendlichen, auch entlang von Erfahrungen (der Teamer_innen), zu verhindern.[27] Auch Jan Biro kennt innere Ambivalenzen, sich im pädagogischen Kontext geschlechtlich zu positionieren, obgleich er anders als Nazim Özer, der vom Standpunkt einer Sorge um die Reproduktion von starren Kategorien spricht, von einem Standpunkt der Normabweichung spricht.

JB: »Ich gehe ja auch in Seminare als ›Tranny‹ und das ist auch eine sehr ambivalente Position, weil ich halt zum einen merke, das ist auch schon so mein politisches Interesse, da eine Aufklärung zu leisten und Sachen zu beantworten, auch für mich persönlich zu beantworten, nicht irgendwie für alle transidenten Menschen. […] Und da halt auch kaum eine Sprache dafür besteht, oder dass ich auch voll oft in einer Situation bin, dass ich das Gefühl hab, die

---

27 Unterschiedliche pädagogische Projekte arbeiten konzeptionell mit dem Interesse der Jugendlichen an den Lebensbiografien von erwachsenen Pädagog_innen, z.B. ABQueer, Lebenskünstler_innen etc. (siehe auch Theorieteil zu queerer Bildung).

Leute checken eigentlich gar nichts und die trauen sich halt nicht zu fragen, weil sie halt Angst haben, etwas Falsches zu sagen und [...]« (Jan Biro: 99)

Jan Biro schildert, dass er in der pädagogischen Arbeit mit Jugendlichen bewusst als ›Tranny‹ agiert, also indem er seine Transidentität transparent macht.

JB: »[...] mir persönlich es auch lieber ist, wenn Vorurteile auf dem Tisch liegen, weil dann kann ich damit auch etwas machen, dann kann ich Rückfragen stellen, dann kann ich fragen: ›OK, warum ist das denn jetzt eklig?‹, oder, ›Warum ist das denn jetzt pervers?‹ Und so, aber dass es mich halt auch schon in Situationen bringt, wo ich merke, ›Ja, ich wäre auch gerne einfach nur die Lesbe oder der Schwule, ohne nochmal zu sagen: ›Ach ja, ich bin auch noch Transgender oder Transsexuell und definier mich weder als Mann noch als Frau, oder eher als Mann denn als Frau.‹, also mit diesen Begriffen zu hantieren und dann auch so, ja über körperliche Veränderungen auch zu sprechen, was für die Mehrheitsgesellschaft ja einfach auch nochmal ein ganz anderes Thema ist als Homosexualität.« (Jan Biro: 99)

Anders als Nazim Özer benennt Jan Biro hier das Spannungsfeld zwischen seinem politischen Wunsch, Aufklärung für die Sichtbarkeit von und das Wissen um Trans* auch mittels seiner persönlichen Geschichte zu leisten, und zwischen den Anstrengungen, die es bedeutet, die Irritationen der Teilnehmenden zu (er)tragen, dadurch, dass keine sprachlichen Kategorien und kein Wissen zur Verfügung stehen.

Trotz Authentizität, also obwohl er sich unbefangen mit seiner eigenen geschlechtlichen Identitätskonstruktion zeigen kann, ist der Kontakt zu den Teilnehmenden, wie ich dem obigen Zitat entnehme, dadurch erschwert, dass bei diesen die Sprache für einen Austausch fehlt und dadurch ›Angst‹ besteht Fragen zu formulieren. Die Äußerung von Vorurteilen kann eine positive Wirkung für den Gesamtverlauf des Seminars mit sich bringen, wenn es möglich wird, diese Vorurteile aufzugreifen und gemeinsam zu bearbeiten. Jan Biro beschreibt hier die Gratwanderung zwischen der Anstrengung, persönlich mit den Vorurteilen, Sprachlosigkeiten und Fragen konfrontiert zu sein, und der Chance, durch offen geäußerte Vorurteile in die direkte Beziehung bzw. Kommunikation zu gehen.

f) Reflektierte Positionierungen im Team: »Wie kann ich mit meinen Co-Teamer_innen umgehen?« und »[...] ich löse mehr Irritationen aus, das ist mir auch bewusst.«

Eine zusätzliche Dimension bekommen Selbstpositionierungen in der Teamsituation. Das Bekanntgeben einer geschlechtlichen ›Normalbiografie‹, wie im Falle Nazim Özers, kann z.B. in der Teamarbeit einen schwulen Kollegen, für den eine Bekanntgabe seines Lebensstils einem Outing gleichkommt, in eine Defensive bringen und ihn einem Vergleich aussetzen. Aber auch eine Positionierung als Trans* kann sich innerhalb des Teams als spannungsreich herausstellen.

JB: »[...] aber es ist halt auch so eine Gratwanderung, weil ich merke, die Lesbe oder der Schwule, mit dem ich teame, die können sie halt irgendwie noch so eintüten und irgendwie können sie auch nicht alles nachvollziehen, aber ich bin halt so der Hyperfreak darin, und das ist schon für mich so eine Gratwanderung zwischen, ›Wie kann ich da auch mit meinen Co-Teamer_innen umgehen?‹, weil ich schon weiß, ich löse mehr Irritationen aus, das ist mir auch bewusst und ich finde Irritationen eigentlich gut, aber es ist manchmal halt auch irgendwie schwieriger.« (Jan Biro: 99)

Zudem reflektiert er die gemeinsame Arbeitssituation mit seinen Co-Teamer_innen, die ›nur lesbisch‹ oder ›nur schwul‹ sind, und stellt fest, dass er einerseits mehr Irritation auslöst, darüber vermutlich in einigen Fällen auch mehr Aufmerksamkeit von den Teilnehmer_innen bekommt, sich aber gleichzeitig in seinem Trans*-Sein mit einer größeren Sprachlosigkeit konfrontiert sieht. Während die Co-Teamer_innen auch nicht ganz nachvollzogen werden, so können sie seinerseits dennoch eingeordnet werden (»[...] die können sie halt irgendwie noch so eintüten [...]«).

Ein Spannungsfeld im Team besteht zwischen der Aufmerksamkeit, die durch Abweichung von der Norm und Kategorienlosigkeit ausgelöst werden kann, und zwischen einem möglichen Zwangsouting der Mit-Teamenden, das durch ein unbefangenes Preisgeben von Lebensumständen bewirkt werden kann. (Zu den Rahmenbedingungen[28], die in die Überlegung eines Outings vor der Gruppe bezüglich der eigenen Lebenszusammenhänge hinein spielen, siehe auch Krämer 2013: 138; Rieske 2009).

Zwischenfazit
Anhand von verschiedenen Beispielen wurde eine reflektierte, graduelle und schrittweise (Nicht-)Positionierung deutlich. Anders als in den Beispielen aus dem vorangegangenen Abschnitt handelte es sich um Beispiele aus der Lehrsituation, aus Seminaren, Workshops, Trainings. Das Verhältnis zwischen der_dem Genderprofessionellen und den Seminarteilnehmer_innen unterscheidet sich durch die im institutionalisierten Status (Lehrende/Vermittelnde versus Lernende) angelegten Aufgaben- und Wissensdifferenzen von dem Verhältnis zwischen Kolleg_innen, Mitbewohner_innen oder Mitkommiliton_innen. Insofern ist ein Ringen darum, auf der gleichen ›kollegialen‹ Ebene bzw. auf Augenhöhe zu bleiben, wie es im Fall

---

28 Z.B. die Länge der Zusammenarbeit mit der Gruppe (Klasse), der Teamer_innen miteinander, Tagesverfassung, Standing/Selbstbewusstsein der Teamenden, Zusammensetzung der Gruppe, in der Gruppe vorhandene Einstellungen

von Laura Janssen beschrieben wurde, zwischen Seminarteilnehmer_in und Seminarleiter_in eher untypisch. Verglichen mit den Beispielen im vorherigen Absatz handelt es sich bei den graduellen oder zurückhaltenden Positionierungen um das Einnehmen einer Distanz, wie es als Kompetenz im Rahmen professionellen Handelns beschrieben wird: »Professionalität [...] [steht] für Kompetenzen im individuellen Handeln und für Prozesse, welche die Ausdifferenzierung wissenschaftlich fundierter Berufe betreffen« (Gieseke 2010: 385). Um den Anforderungen professionellen Handelns entsprechen zu können, ist ein breites Wissen gefragt, sowie die Befähigung zur genauen Analyse der jeweiligen Situation (vgl. ebd.). Basis des professionellen Handelns ist ein Grundlagenwissen, das entlang konkreter Erlebnisse überprüft wird. Kein fixer, voll durchgeplanter Ablauf kennzeichnet die Professionalität, sondern das situationsgebundene Lösen von Aufgaben, Reflektieren und Interpretieren (ebd.). Reflexive Kompetenz im professionellen Handeln von Erwachsenenbildner_innen bedeutet, eine distanzierte, beobachtende Haltung einzunehmen, eine Haltung der reflexiven Distanz (vgl. Zeuner 2013: 84; vgl. auch Schepers 2014).

Anhand der Zitatbeispiele wurden Aushandlungsprozesse deutlich, die bereits in der Situation selbst stattfinden. Das Aushalten von Widersprüchen, innerer Ambivalenz und Wiederholungen und das kontinuierliche Aushandeln und Reflektieren der eigenen Praxis und der eigenen Position im Seminarkontext ist der gemeinsame Nenner der angeführten Kategorien. Es wurde deutlich, wie Ebenen der gegenseitigen Verständigung und Wertschätzung durch die Teilnehmenden in professioneller, d.h. seminarleitender bzw. lehrender Position relevant werden. Professionalität zeigt sich als kein einmal erreichtes Ziel, sondern muss von den Subjekten wiederholt und oft mühsam hergestellt werden: »Professionalität ist [...] kein ›Zustand‹, der errungen oder erreicht werden kann, sondern eine flüchtige, jedes Mal aufs Neue situativ herzustellende berufliche Leistung« (Nittel 2000: 85). Die eigene professionelle Rolle gilt es in fortwährenden Reflexionsprozessen aktiv bewusst zu halten. Die Vergrößerung von subjektiven Möglichkeitsräumen bedeutet nicht automatisch einen Zuwachs von Handlungsfähigkeit in jeder Situation, sondern lediglich ein Bewusstsein für die Handlungsoptionen. Dadurch entstehen Wahlmöglichkeiten. Wiederholungen im Handeln, wie auch Handlungshindernisse können besser ausgehalten und reflektiert werden, ohne dass die Grundpositionierung, wie das Interesse am Thema und das politische Engagement, verändert wird.

Die erste Kategorie, hier bezeichnet als zurückhaltende politische Positionierung, wird verdeutlicht anhand der Schilderungen der Genderprofessionellen Anna Loritz. Sie begegnet in ihrer Arbeit mit Führungskräften wiederholt einer Abwehr geschlechtersensibler Sprache. Statt schlicht und kühl auf Gesetzgebungen oder Gender Mainstreaming zu verweisen und so Diskussionen zu unterbinden, erklärt sie in ihren Seminaren geduldig ein ums andere Mal die Bedeutung und Herkunft geschlechtsneutraler Sprache. Innere Wutgefühle und Angst vor Abstumpfung schaffen eine dabei auszuhaltende innere Ambivalenz. Das Erfolgsgefühl, das entsteht, wenn sich auch bei hartnäckigen Teilnehmenden ein Lernerfolg abzeichnet, das heißt, die Vorstellung für die Lernenden, etwas bewirken zu können, gibt ihr genug Grund nicht aufzugeben.

Eine reflektierte Inkonsequenz in der Anwendung von Genderwissen, unter b) als temporäre Positionierung bezeichnet, wird als eine Strategie professionellen Vorgehens in der Genderarbeit deutlich. Das Beispiel Maya Wolfs zeigt, ebenfalls am Thema Sprache, dass der dosierten Verwendung von Fachvokabular und geschlechtersensibler Sprache der lehrenden Person ein wichtiger Stellenwert innerhalb der Lehr-Lernsituation zukommt, damit eine vertrauensvolle und kommunikative Ebene entstehen kann bzw. aufrecht erhalten wird.

Die Umlenkung von Fremd(-heits)-zuschreibungen (Kategorie 6.3.2. c) hin zur Reflexion der jeweils eigenen Position, dem jeweils eigenen Bedürfnis nach Anerkennung, ist es, mit der Nazim Özer rassistischen Genderstereotypen vom muslimischen Machojungen und dem Wunsch nach ›Rezepten‹ von Lehrer_innen begegnet. Er lenkt den Blick der Pädagog_innen, die ihn als Fortbildenden aufsuchen, weg von den Schüler_innen hin auf die eigene Person.

Im Gegensatz dazu erfolgt die (Selbst-)Positionierung der Teamer_innen bezüglich ihrer eigenen Lebensweise und sexueller Orientierung in professionellen Kontexten unter Reflexion der Teamsituation und verschiedenen anderen Rahmenbedingungen (Kategorie d). Die Beispiele Nazim Özers und Jan Biros verdeutlichen, dass in der geschlechterreflektierenden Bildungsarbeit das Sprechen über eigene Positioniertheit in Bezug auf Normen ins Verhältnis zu Authentizität und persönlichen Grenzen der Teamenden, sowie zu den Grenzen und Bedürfnissen im Team, gesetzt werden müssen. Das setzt immer voraus, dass die eigene Positioniertheit innerhalb von Herrschaftsgefügen bereits in weiten Teilen reflektiert wird.

Pädagogisch-praktische Handlungsfähigkeit steht im Spannungsfeld der Mythen und damit verbundenen Abwehrreaktionen zum Thema Gender und Feminismus und dem eigenen professionellen Wissen der Vermittler_in. Die schrittweise Vermittlung und die nur graduelle persönliche Positionierung bilden das Bindeglied und damit die professionelle Distanz.

6.3.3 Politische Positionierung: widerständig-strategische Bezeichnungs- und Legitimierungspraxen

a) Genderkompetenz als professionelle Kompetenz stärken: »Deswegen ist es ja auch total wichtig, immer wieder zu betonen, Genderkompetenz ist eine Fachkompetenz.«

Genderprofessionelle und feministische Aktivist_innen begegnen in ihrem Alltag einer Hierarchisierung von Lerngegenständen. Anna Loritz stellt fest:

»[…] dass Menschen Genderkompetenz nicht als professionelles Handeln sehen […] und auch damit gepunktet werden kann, sich aktiv von dem Thema abzugrenzen. […] in gewissen Wissenschaftskreisen sind das Kompetenzen, die höchstens gerade mal in das Thema ›belächelte Softskills‹ fallen.« (Anna Loritz 1: 12).

Als Handlungsstrategie und Umgang mit dieser Abwertung ist es für sie

»[…] total wichtig, immer wieder zu betonen, Genderkompetenz ist eine Fachkompetenz, die eben auch ein Baustein zur Qualifikation von Menschen ist. Über diesen Diskurs das Thema zu platzieren ist schon wichtig.« (Anna Loritz 1: 12)

Sie rekurriert hier auf einen zusätzlichen Diskurs, dem der beruflichen Qualifizierung von Menschen für den Erwerbsarbeitsmarkt (siehe hierzu den im Einleitungskapitel benannten Widerspruch zwischen Herrschaftskritik und Humankapital). Ihre Handlungsmacht, hier in Form einer Legitimationsstrategie, bezieht sie somit aus dem Bereich eines anderen wirkmächtigen Diskurses. Anna Loritz nutzt ihr Wissen über gesellschaftlich wirksame und mächtige Diskurse (Fachkompetenzen, Qualifizierung), um ein ihr politisch und persönlich bedeutsames Interesse zu positionieren.

b) Feministische Herkunft von Gender unterstreichen: »[…] man muss schon wissen woher Gender als Konzept kommt.«
Anna Loritz kritisiert die in Genderdiskursen zum Teil stattfindende Abgrenzung von Feminismus und Abspaltung des Genderthemas von Feminismus.

AL: »Also ich bekomm schon mit, was so in dem Feld läuft, wie jetzt zum Beispiel andere ihre Konzepte machen. Oder es gibt ja auch 'nen Fachdiskurs, wo das ein bisschen kontrovers diskutiert wird. Und die Schiene, die viele machen, die halt sagen, Feminismus, damit haben wir nichts am Hut, […]. Die so quasi gegensätzliche Auffassungen von haben, also Feminismus ist nicht professionell und Professionalität kann man nur ohne Feminismus machen. Weil, Feminismus verschmutzt quasi die reine professionelle Haltung, die eben rein sein muss von politischen Überformungen. Also, das ist jetzt ironisch. Aber, also das ist so ein bisschen die Haltung, hab ich auch eins zu eins gehört von Kollegen und Kolleginnen. Find ich natürlich totaler Quatsch, weil man muss schon wissen woher man kommt. Und man muss auch wissen, woher Gender als Konzept kommt. Und man mal drei Sätze dazu gelesen hat, dann müsste man das eigentlich schon wissen. Aber gut. Ich find das auch, das find ich so ein bisschen verräterisch teilweise, weil der ganze Bereich, den gibt es nur, weil es 'ne Bewegung gab und weil eben die Leute die Macht haben und sich da jetzt so draufzusetzen. […]. Wir haben das auch immer wieder problematisiert und haben z.B. in unserem Netzwerk einen deutlichen, eine Auseinandersetzung auch gehabt, weil wir deutlich sagen, also wir verorten uns da.« (Anna Loritz 2: 92)

Sie positioniert sich im Interview eindeutig gegenüber denjenigen, die eine Genderarbeit unter der Bezugnahme auf Feminismus als unprofessionell begreifen. Sie bemängelt Geschichtsvergessenheit und Unbelesenheit ihrer Kolleg_innen und weist darauf hin, dass diejenigen, die heute mit dem Thema Gender ihr Geld verdienen, dies nur in den Fußstapfen derer können, die sich in feministischen Bewegungen für diese Stellen eingesetzt haben.

Die Emphase, mit der Anna Loritz Feminismus verteidigt (»totaler Quatsch«, »wenn mal drei Sätze gelesen hat...«»verräterisch«), zeigt, dass es sich bei dem angesprochenen Konflikt um einen aktuellen (politischen) Streit handelt, in den Anna Loritz emotional involviert ist und vermutlich bereits in ihrer Vergangenheit viel investiert hat.

In den unterschiedlichen Auffassungen von Professionalität, die im Zitat von Anna Loritz angesprochen werden, steht ein offenes Sprechen über den Ursprung von ›Gender‹ und der Basis von Gender Mainstreaming und Gender Trainings im Feminismus einer Perspektive gegenüber, die Feminismus als ›zu politisch‹ aus dem Professionellen gänzlich ausschließt. ›Gender‹ wird als etwas gänzlich ›Neues‹, losgelöst von einer politischen Zeit oder politischen Kämpfen, konzipiert. Eine Kontroverse besteht hier zwischen denen, die eine Bezugnahme auf Feminismus als erstrebenswert und denen, die sie als hinderlich betrachten.

Die begriffliche und inhaltliche Trennung von ›Feminismus‹ und ›Gender‹, die die Gegner_innen des Feminismus-Begriffs einfordern, steht hier also als Chiffre für die Trennung von ›politischer Haltung‹ und ›professioneller Haltung‹. Hier handelt es sich um ein Spannungsfeld, das bereits in den theoretischen Ausführungen zu feministischer Bildung und Gender Trainings deutlich wurde. Wie in der pädagogischen Praxis, also im Vermittlungszusammenhang mit diesem Spannungsfeld umgegangen werden kann, wird unter 6.3.2 a) der ›zurückhaltenden Positionierung‹ anschaulich gemacht.

MW:»Also für mich würde dazu gehören, ein feministisches Standing zu haben. Was auch immer das heißt, ein feministisches Standing. Das wäre meine Idee von Genderkompetenz. Ich würde natürlich den Leuten die Offenheit lassen, dass sie das für sich entwickeln, aber eine Idee davon wäre die eines feministischen Trainings.« (Maya Wolf: 28)

Auch Maya Wolf positioniert sich hier feministisch im Rahmen von Genderkompetenz.

Das Spannungsfeld, das hier benannt wird, ist die Kontroverse um Feminismus und Gender bzw. die Spannung um jeweilige Definitionen von ›Gender‹ und ›Feminismus‹. Diese ist verwoben mit weiteren Widerspruchpaaren, die auch als Spannungsfelder zwischen ›ökonomischer Sicherheit und ethisch-politischer Positionierung‹ (z.B. 6.3.1 c) und als Spannungsfelder zwischen ›Professionalität‹ (nach den didaktischen Prinzipien der politischen Bildung wie z.B. Teilnehmer_innenorientierung, Subjektorientierung, Handlungsbefähigung [Hufer, Richter 2013: 328], Kontroversitätsgebot, Überwältigungsverbot, Befähigung [vgl. Becker 2013: 59]) und zwischen spontaner ›ethisch-politischer‹ Selbstpositionierung bezeichnet werden kann.

Eine gegenteilige Stellungnahme wäre in meinen Interviews denkbar. Beide Positionierungen erfolgen gegen eine imaginierte und/oder gekannte Gegenposition, die Feminismus als unprofessionell begreift. Eine solche Positionierung ist in meinen Interviews nicht anzutreffen.

In einem weiteren Interviewauszug reflektiert Anna Loritz ihre unterschiedlichen, zum Teil widersprüchlichen Positionierungen als professionelle Gender-Trainerin und als politisch engagierte Feministin. Obwohl sie die Notwendigkeit der Verbindung von Feminismus und Gender betont, unternimmt sie in ihrer Selbstbezeichnung eine Unterscheidung, je nachdem, ob sie in einem politischen Kontext oder in ihrem Beruf agiert.

AL: »Also ich würde sagen, ich hab mal verschiedene Hüte auf. Also ich bin ja in dem Genderbereich drin, aber ich mache dann auch noch mal genuin feministische Arbeit, wenn ich, z.B. ich hab da so 'ne Initiative, wo wir eben 'nen offenen Brief schreiben oder so. Das find ich, ist noch mal eher feministischere Arbeit, wo wir den Begriff Gender noch mal politisch aufladen. Und natürlich nutzen für unsere Arbeit.« (Anna Loritz 2: 90)

Ähnlich wie auch die Beispiele in der Kategorie ›professionelle Positionierung‹ aufzeigen (Kapitel 6.3.2), entscheidet sie abhängig vom Kontext, welcher Aspekt im Vordergrund steht und reflektiert (professionell) den Ort des eigenen Sprechens. In diesem Zitat wird jedoch durch sie vor allem die politische, feministische Dimension von ›Gender‹ betont.

c) Geschlechterverhältnisse im Kontext von Herrschaftsverhältnissen verorten: »[...] der Kapitalismus hat so einiges dazu beigetragen [...]«

Eine weitere Perspektive auf ein feministisches Verständnis von Gender macht Maya Wolf hier auf.

MW: »Ein beliebtes Argument ist ja, die Frauenbewegung hat das alles erreicht. Und ich würde sagen: ›Ja, die Frauenbewegung hat auch mit Sicherheit etwas erreicht, aber der Kapitalismus hat so einiges dazu beigetragen, dass es so ist, wie es gerade ist.‹ [...]. Und, das ist wichtig dazuzusagen, auch eine kritische Perspektive drin zu haben.« (Maya Wolf: 28)

Maya Wolf übt im obigen Ausschnitt eine innerfeministische Kritik an Positionierungen, die allein die Erfolge der Frauenbewegung in den Fokus stellen und dadurch gesellschaftliche Entwicklungen kapitalistischer, ökonomischer Verhältnisse, z.B. gesellschaftliche Arbeitsmarktentwicklungen, die ebenfalls zur Veränderung von Geschlechterverhältnissen führen, außen vor lassen. Dadurch, so problematisiert sie hier, gerät ein wesentliches Herrschaftsverhältnis aus dem Blickfeld.

Insbesondere seit der sogenannten ›Krise‹ der westlichen kapitalistischen Nationen im letzten Jahrzehnt wird der sogenannten Care-Debatte der feministischen Ökonomie wieder eine größere Bedeutung innerhalb von Genderzusammenhängen beigemessen. Darin wird die Relevanz von kapitalistischer Vergesellschaftung für die Geschlechterverhältnisse analysiert.

Hier fällt auf, dass es sich nicht um gegenseitig ausschließende Perspektiven handeln muss, die die Auswirkungen von kapitalistischen Transformationen *und* die Erfolge von Frauenbewegung(en) hervorheben. Intersektionalität ist hier auf der interkategorialen Ebene (der Verwobenheit von Herrschaftsverhältnissen) angesprochen, an anderen Stellen in meinen Interviews wird die intra-kategoriale Ebene hervorgehoben.

d) Konkrete Benennung der kritischen, (queer-)feministischen Inhalte: »Ich finde es ist etwas anderes, ob ich ein Gender Training mache, oder ob ich sage, ›ich vermittele euch eine Idee von Dekonstruktion in der Geschlechterdebatte.‹«

Maya Wolf steht dem Begriff Gender ambivalent gegenüber.

MW: »Ich find den auch gar nicht mal so schlecht, den Begriff. Aber er ist ein bisschen so ein Modebegriff und ich finde, im Zuge des Gender Mainstreaming verliert er an politischer Schlagkraft. [...] Ich finde, er hat ein paar gute Ideen am Anfang, die damit vermittelt worden sind, also weg von diesem Feminismus und diesem Bild von Feminismus, hin zu mehr Offenheit. Es geht mehr Leute was an, das finde ich durchaus gut, ob das funktioniert, ist eine andere Frage.« (Maya Wolf: 8)

Sie schildert hier, der Begriff Gender sei zwar offener, betreffe oberflächlich mehr Menschen als der Titel Feminismus, doch gleichzeitig, so kritisiert sie, verliere er dadurch auch an Kraft. Maya Wolf bezieht sich hier meines Erachtens auf eine Hoffnung, die mit der Förderung des Begriffs durch Gender Mainstreaming verbunden war: auch Männer zu erreichen, auch Nicht-Akademiker_innen anzusprechen, dadurch, dass der Begriff Gender noch nicht im Alltagsverständnis antifeministisch vorbelastet ist. Diese Intention verweist auf den Anspruch, leichte, thematische Zugänge zu ermöglichen, die an der Lebenswelt der Teilnehmenden anknüpfen, d.h. auf Subjekt- und Teilnehmer_innenorientierung, ein zentraler Anspruch politischer Bildung (vgl. Hufer, Richter 2013: 328). Maya Wolf rekurriert hier aber auch auf ein existierendes, negatives Image von Feminismus (»[...] weg von diesem Bild von Feminismus [...]«).

Trotz der im Interview betonten Honorierung dieses Offenheitsaspektes des Begriffs ›Gender‹ vermeidet Maya Wolf ihn als Oberbezeichnung und versucht stattdessen, ihre Fortbildungsinhalte auf den Punkt zu bringen und bereits im Titel zu benennen.

MW: »Und das auch so zu betiteln, also ›Gender Trainings‹ zu geben, das wäre nicht meine erste Wahl. Die wäre genauer, das heißt, ich würde genauer benennen wollen, was ich da eigentlich mache. Ich geb denen dann auch oft einen anderen Namen. Ich finde es etwas anderes, ob ich ein Gender Training mache, oder ob ich sage, ›ich vermittle euch eine Idee von Dekonstruktion in der Geschlechterdebatte.‹« (Maya Wolf: 2)

Durch die explizite Bezeichnung möchte Maya Wolf vermutlich einer Beliebigkeit entgegen wirken, die der Begriff ›Gender‹ aufgrund seiner Offenheit mit sich führen kann. Fraglich und ungeklärt bleibt jedoch, ob durch den Titel der ›Dekonstruktion‹ einem weniger bildungsnahen Publikum die Zugänge verwehrt bleiben. Ein Zwiespalt kann hier jedoch auch zwischen politischem Wunsch der Kritik an Zweigeschlechtlichkeit und dem Wunsch, Menschen zu erreichen, die (noch) gar nicht mit dem Thema in Berührung gekommen sind und auf die der Gedanke der Dekonstruktion eventuell abschreckend wirkt (siehe Kapitel 6.2 ›Lernwiderstände im beginnenden Lernprozess‹), bestehen. Hier kommt auch das Verhältnis von theoretischem Wissen und praktischer Vermittlung zum Ausdruck, welches bereits in Kapitel 6.3.2. »Ich würd‹ die nicht mehr erreichen […]« angesprochen ist.

Das Spannungsfeld liegt hier zwischen Gender und Feminismus, zwischen der Offenheit und Allgemeinheit des Genderbegriffs und steht damit der (politischen) Wirkkraft von Feminismus manches Mal entgegen.

e) Sprache als Praxis innerhalb von Gendertheorie: »Ich stehe für die Lücke, ich will, dass der Raum geöffnet wird […]«

Ein Beispiel für das Spannungsfeld zwischen Zweigeschlechtlichkeitskritik und der konsequenten Umsetzung dieser in der Sprache wird von Maya Wolf gegeben.

MW: »[…] im deutschsprachigen Diskurs, ich habe viel gelesen gerade, eigentlich tolle Ansätze, tolle Ideen zur Praxis, aber die sind so zweigeschlechtlich, die reproduzieren noch an vielen Stellen. Nicht dass mir das nicht auch passiert, das will ich gar nicht sagen, aber so kontinuierlich durch ein dickes Buch finde ich das schon extrem ärgerlich. Da ärgert es mich, dass die Diskussion nicht weiterkommt.« (Maya Wolf: 10)

In der Fachliteratur, so kritisiert Maya Wolf, besteht ein offensichtlicher Widerspruch zwischen theoretischen Grundhaltungen und der Form sowie dem praktischen Ausdruck dieser Grundhaltung in der Sprache. Die im Seminarsetting von ihr beschriebene Inkonsequenz wird auf der Ebene der schriftlichen Veröffentlichungen für Fachzusammenhänge kritisiert. Sie bemängelt, dass in der aktuellen pädagogischen Genderliteratur, trotz ansonsten wichtiger und sinnvoller Ideen und Praxisbeispiele, Zweigeschlechtlichkeit sprachlich weiterhin reproduziert wird.

Die Befragte bezieht eindeutig Position für das Aufbrechen von binären Geschlechterkonzepten: »Ich stehe für die Lücke, ich will, dass der Raum geöffnet wird, dass die Vielfalt deutlich wird« Maya Wolf: 12. Hier bezieht sie sich auf den Unterstrich »_«, der Räume neben ›Mann‹ und ›Frau‹ in der Sprache repräsentiert und dadurch zugleich eine sichtbare Kritik an binärer Zweigeschlechtlichkeit übt (siehe Einleitung). Gleichzeitig benennt Maja Wolf auch die Schwierigkeit, durch Gewohnheit manches Mal von dekonstruktivistischer Sprache bzw. dekonstruktivistischem Handeln abgehalten zu sein. (Das wird im ersten der obigen Zitate deutlich, in dem sie beschreibt, dass ›ihr das [Verwenden binärer Sprache] auch passiert.‹) Hier wird auf den Widerspruch zwischen Gewohnheit und politisch-ethischem Handlungswunsch verwiesen.

f) Vermittlung zwischen Theorie und Praxis: »Meine Motivation, Brücken zu bauen [...]«

Anna Loritz beklagt als Gender-Trainerin, mit ihrem Wissen an der Uni nicht anerkannt zu werden.

AL: »Ich bin ja auch immer total genervt, wenn ich merke, welches Bild Leute haben, die an der Uni arbeiten, nur, weil sie zufällig gerade mal einen Job an der Uni haben, meinen, sie können mich dann als Praktikerin bezeichnen oder so. Oder als Vermittlerin. Das hat auch was mit Wertigkeit zu tun. Ja, das hat was mit der Bewertung von Theorie und Praxis zu tun.« (Anna Loritz 1: 26)

Ich lese aus ihrem Statement, dass sie die Erfahrung gemacht hat, dass ihr praktisches Wissen und ihre so entwickelten Theorien über die Praxis, in universitären Zusammenhängen als weniger wertvoll erachtet werden als ein hochabstraktes, theoretisches Wissen. Anna Loritzs Genervt-Sein lässt darauf schließen, dass ihr abschätzend oder abwertend begegnet wurde, oder ihr Praxiswissen an der Universität nicht gefragt ist. In dem zitierten Statement nimmt sie eine Abwertung von Professor_innen und wissenschaftlicher Mitarbeiter_innen vor (›weil sie zufällig gerade mal einen Job an der Uni haben‹). Vermutlich liegt dieser abwertenden Pauschalisierung eine erfahrene Kränkung zugrunde. Gleichzeitig kritisiert sie universitäre Genderstudies-Kreise als uninteressiert an der Verbreitung des in der Akademie produzierten Wissens an die akademieferne Außenwelt. Sie positioniert sich dem gegenüber als Vermittlerin. AL: »Als Feld sind die Genderstudies natürlich schon recht unbemüht darum, der restlichen Welt zu erklären, was sie denn möchten. Das ist schade eigentlich. Aber das verstehe ich dann auch als meine Motivation als Gender-Trainerin, Brücken zu bauen.« (Anna Loritz 1: 24)

Hier wird die Frage aufgeworfen, inwieweit ein Begriff von Vermittlungspraxis in einem Verständnis von feministischen bzw. Gendertheorien integriert sind und sein müssen. Das Spannungsfeld zwischen theoretisch, abstraktem Denken und der Vermittlungspraxis, der Bezugnahme auf das Alltags- und Berufsfeld von Praktiker_innen, wurde bereits in den Beispielen der graduellen Positionierungen beschrieben. In diesem Beispiel klingt eine zusätzliche Dimension an: die der gesellschaftlichen Bewertung von Theorie und Praxis.

g) Materialität des Geschlechterverhältnisses bewusst machen: »[...], dass ich in bestimmten Kontexten sagen kann: ›Ich bin Frau.‹«

Innerhalb zweigeschlechtlichkeitskritischer Inhalte in der feministischen Bildungsarbeit zählt es für Maya Wolf, so interpretiere ich unten stehende Aussage, zu ihrer Kompetenz, sich auch als ›Frau‹ positionieren zu können und so den Teilnehmenden einen Begriff von Strukturen zu vermitteln. Es gilt für sie in diesem Moment, den eigenen inneren Widerspruch auszuhalten, sich selbst, trotz aller Dekonstruktionswünsche, als strukturiert durch die gesellschaftlichen Herrschaftsverhältnisse zu benennen und zu reflektieren.

MW: »Die Anerkennung von patriarchalen Strukturen oder die Anerkennung von der Norm der Zweigeschlechtlichkeit heißt für mich nicht automatisch, dass ich nicht in bestimmten Kontexten sagen kann: ›Ich bin Frau.‹ Damit umgehen zu können und das auch auszuhalten. Ich glaube, dass es oft heute schwierig ist, einen Begriff von Strukturen zu haben. Da stößt man auch manchmal an die Grenzen. Wenn ich dieses Denken nicht gewöhnt bin, das Leuten zu vermitteln: Es gibt da Strukturen.« (Maya Wolf: 40)

Die Aussage von Maya Wolf bezieht sich hier zwar auf Vermittlungszusammenhänge, hierin besteht eine Überschneidung zu der Kategorie 6.3.2, der situativen (Selbst-)Positionierung. Maya Wolf trifft jedoch auch eine verallgemeinernde Aussage zum Aspekt der Strukturen (»[...] dass es oft heute schwierig ist, einen Begriff von Strukturen zu haben.«) und unternimmt darin eine deutliche Positionierung. Deshalb wurde diese Kategorie hier von der situativen Positionierung abgegrenzt.

Es scheint, dass feministische, politische Arbeit oder aber Genderbildung heute an Universitäten, Schulen, in Betrieben und in Bildungseinrichtungen der Erwachsenenbildung diskursiv (relativ)[29] legitimiert empfunden wird, denn dieses Thema ist meinen Interviewten nicht der (emotionalisierten) Rede wert. (Diskursive Legitimierung bedeutet nicht, dass dann auch die nötigen finanziellen Mittel (strukturell) dafür zur Verfügung stehen.) Allerdings entzünden sich brisante Kontroversen entlang der Frage, welche Organisierungsformen, d.h. gemischt geschlechtlich-

---

29 Ausnahmen bestätigen immer wieder die Regel.

offene oder auch homogen weibliche, als feministisch oder genderkompetent legitim gelten dürfen. Anna Loritz z.B. schildert, dass ihre Arbeit kritisiert wurde, weil sie sich gemeinsam mit anderen Kolleginnen in einem Zusammenschluss weiblicher Genderprofessioneller, also implizit geschlechtshomogen, organisierte. Ihre scharfe und bewertende Gegen-Positionierung zeigt, dass sich existenzielle Belange für sie an diese Frage knüpfen, dass hier für sie ein feministischer Standard, der separaten Selbstorganisierung von Frauen, untergraben wird. AL:» In den Kopf kommt mir dazu z.b. ein Typ [›ein sogenannter Genderexperte‹], der mal gesagt hat, […], ›ja, wieso arbeitet ihr unter dem Begriff ›Gender‹‹. Ihr seid doch nur ›Frauen‹. Das find ich z.b. antifeministisch.« (Anna Loritz 2: 90)

Auch Laura Janssen machte die Erfahrung, dass es sich bei der Frage der getrennten, bei ihr explizit so benannten Organisierung um eine explosive Frage handelt. Innerhalb einer Vorwerbungskampagne für eine feministische Veranstaltungsreihe wurden nur die Ankündigungen der Veranstaltungen durch Zerstörung (Abreißen, Beschädigen) zensiert, die als reine Frauenveranstaltungen angekündigt wurden. Zudem erlebte sie massiven Widerstand, als sie gemeinsam mit anderen Frauen einen geschlechtshomogenen, feministischen Treffpunkt organisierte.

LJ: »Du kannst in dieser Gesellschaft unheimlich viel machen, es gibt kaum noch Tabus. Du kannst alles machen, und ich weiß, wir hatten eine Veranstaltungsreihe und ein paar waren gemischtgeschlechtlich, das war kein Problem, die Plakate hingen überall, und da wurde auch nichts dran geschrieben, und nur diese eine Veranstaltung, die war nur für Frauen, die war besprüht teilweise, die wurde abgerissen, da kam unglaublich viel Feedback nur aufgrund dessen, dass es ein reiner Frauenraum war. Das ist ja nichts Mächtiges, es ist ja nicht so, dass die gemischtgeschlechtlichen Räume bedroht wären, sondern es ist ja so, dass nur eine Gruppe sagt, in diesem einen Raum heute mal nicht, und plötzlich fühlen sich alle angegriffen und meinen sie sind ausgeschlossen. Wenn das schon ›ausgeschlossen‹ ist, was ist es denn dann andersherum? Ihr regt Euch nicht darüber auf, dass Frauen ausgeschlossen sind aus gesellschaftlich mächtigen Räumen, aber ihr regt euch über diesen kleinen Schulraum auf, wo 20 Leute, sich mal treffen wollen. […] Aber das war wirklich eine irre Erfahrung, aber es hat uns damals bestätigt, dass diese Räume wichtig sind, dass es irgendwie etwas gesellschaftlich Bedeutendes ist. […], alle sagen, die Arbeiter_innen sollen sich organisieren, da lädt man ja auch nicht den Vorstand ein. Und nur bei Geschlecht hat es plötzlich was anderes.« (Laura Janssen: 96)

Das Tabu, das Laura Janssen hier anspricht, gilt nicht für die Arbeit in geschlechtshomogenen Settings, sondern für politische Organisierung.[30] Die Interviewte betont

---

30 Meiner eigenen Erfahrung nach erfordert die geschlechterreflektierende, pädagogische Arbeit in geschlechterhomogenen Settings ebenfalls Legitimierungsbemühungen, wenn diese auch einer anderen Beschaffenheit sind, da die Begründung sehr leicht auf einer pä-

hier, dass innerhalb der massiven Kritik (ja fast schon Zensur) von Frauenräumen, das Geschlechterverhältnis nicht mehr als Herrschaftsverhältnis anerkannt wird. Sie macht dies über den Vergleich mit der Organisierung von Arbeiter_innen deutlich.

Die Positionierung zu Frauenräumen findet zwischen dem Offenheitsanspruch des Genderthemas und der jeweiligen unterschiedlichen Positionierung und den dazugehörigen Privilegien bzw. Benachteiligungen von Männern und Frauen innerhalb des Herrschaftsverhältnisses der Geschlechter statt.

Kritiker_innen von Frauenräumen FLT(I)-Räumen benutzen, wie im Beispiel von Anna Loritz oben benannt, verdrehte (enthistorisierte) Definitionen von feministischen Begrifflichkeiten, wie ›Gender‹ oder ›Dekonstruktion‹, um getrenntgeschlechtliche Organisierung anzugreifen.

Zwischenfazit

In diesem Abschnitt wurden anhand von einigen Beispielen kritische und deutliche Positionierungen herausgearbeitet, die zeigten, wie sich die Befragten zu Gender und Feminismus ins Verhältnis setzten. Es fand eine direkte Positionierung und theoretische Verortung im Sprechen zu mir als Interviewerin und als informiertem Gegenüber statt.

Stellungnahmen erfolgen entlang einer Abgrenzung gegenüber imaginierten bzw. gekannten, ›anti-feministischen‹ oder anti-emanzipatorischen Einstellungen oder Praxen.

Die Ebene von gesellschaftlichen Bewertungen, hegemonialen Diskursen ist dabei für die Befragten relevant. Sie ergeben sich über Konnotationen, die unmittelbar oder indirekt mit Geschlechterthemen in Verbindung stehen. Die bereits selbst vergeschlechtlichten (Ver-)wert(-ungs)-maßstäbe haben Konsequenzen für die Handlungsoptionen. Die Geschichte von Begrifflichkeiten wird von den Befragten betont, die bestimmte Handlungsoptionen und Möglichkeitsräume aufmacht oder verschließt. So sind Fragen von Politik und Professionalität, Wissenschaftlichkeit und praktischer Vermittlung von Genderkompetenz darin verwoben. Was emanzipatorisches Handeln für die jeweiligen Interviewten bedeutet, richtet sich nach ihrem Bezugspunkt: Für Anna Loritz ist emanzipatorisches Handeln (entgegen der Norm), den Genderbegriff politisch, feministisch zu formulieren und dies auch durch ihre Netzwerke offen nach außen zu vertreten und so im Diskurs zu positionieren. Maya Wolf wiederum verzichtet auf den Genderbegriff, der ihrer Ansicht nach zwar offen, jedoch konturlos ist und wählt den Weg in ihren Ankündigungen, ihre kritischen Inhalte genauer zu beschreiben.

---

dagogischen, professionellen Ebene erfolgen kann und die ›Trennung‹ auch nur temporär und begleitet ist.

Eine Stellungnahme bezüglich der Begriffe Feminismus und Gender bedeutet Kritik von feministischen oder genderinspirierten Vermittlungs- und Handlungspraxen. Die Begriffskritik zeigt sich hier als Praxiskritik.

6.3.4 Nachdenkliche Positionierungen: (selbst-)kritische Reflexionen und Zukunftsaussichten

a) Bezeichnungsambivalenzen: »...oder einfach ehrlich sein?«

Das folgende Beispiel zeigt die Schwierigkeit der Begriffswahl im Kontext von Fortbildungen zum Thema Geschlechterverhältnisse.

NÖ: »Es ist halt, ja, ein riesiges Aufgebot an Behauptungen irgendwie, was alles möglich ist und was man alles dann kann. Ich bereite grad eine Fortbildung für das nächste Jahr vor und ich stell mir halt die ganze Zeit die Frage, soll ich jetzt einfach ehrlich sein, so, oder soll ich vielleicht so tun, was die andern halt tun: ›Also, bei uns lernt ihr, bekommt ihr interkulturelle Kompetenz, bekommt ihr Diversitykompetenz, bekommt ihr Genderkompetenz‹, so. Weil eigentlich lad ich die Leute ein zur Reflexion. Ich lade ein, zu diskutieren, und ich soll ihnen ermöglichen, Kindern genauso, also Jugendlichen genauso wie Erwachsenen, ja besser zurechtzukommen in Situationen...« (Nazim Özer: 153)

Er hat den Eindruck, dass der Begriff der ›Kompetenz‹ den Teilnehmer_innen etwas verspricht, das nicht eingehalten werden kann, bzw. dass er die Teilnehmer_innen mit vermeintlichen Versprechungen des Begriffs auf eine falsche Fährte lockt und dadurch ihnen gegenüber nicht aufrichtig ist (»[...] soll ich jetzt einfach ehrlich sein [...]«). In Nazim Özers Ambivalenz, ob er sich gegen den Kompetenzbegriff wendet und vielmehr Reflexionsräume als ermöglichende Räume direkt benennt, oder ob er sich hinter den Kompetenzbegriff stellt und ihn mit seinen (emanzipatorischen) Definitionen füllt, auch wenn er weiß, dass der Begriff irreleitend wirken kann, zeigen sich verschiedene Spannungsfelder. In Begrifflichkeiten, wie z.B. dem Kompetenzbegriff, schwingen Alltagsverständnisse mit, die durch z.B. kapitalistische Strukturen, Lernverständnisse geprägt sind, das heißt, Individualisierung und Fremdbestimmung Vorschub leisten. Die Eigenaktivität des Subjekts im Erkenntnisprozess kann im Begriff der ›Kompetenzvermittlung‹ eher aus dem Blick geraten als unter der spontan von Nazim Özer präferierten Bezeichnung, dass ›ein Raum für Reflexion zur Verfügung gestellt wird‹. Gleichzeitig lockt der Begriff der Kompetenz mit der Versprechung von Handlungsraumerweiterung oder aber zertifizierbarem oder zumindest CV-relevantem Wissen. Ein Spannungsfeld besteht hier zwischen der Verwendung hegemonial anerkannten, aber teilweise unpräzisen Sprechweisen (vgl. auch ›Gender‹ oder ›Gender Training‹ so wie Maya Wolf es kritisiert, 6.3.3 d) und einer Benennung der Inhalte. In welche Richtung die Ambivalenz zwischen ›Offenheit‹ und ›politischer Wirkung‹ bzw. hier auch ›Präzision der Inhalte‹ ausschlägt, ist in diesem Beispiel noch nicht entschieden.

b) Grenzen reflektieren: »[…] dass da bestimmte Tabus [wie Homosexualität], da auch nicht unbedingt aufgebrochen worden sind […]«

Nicht immer zeichnen sich Erfolge geschlechterreflektierender Bildung schon im Seminar ab. Auch wenn andere Handlungsweisen ausprobiert und gelebt werden können, so ist unklar, ob ein alltagspraktischer Gewinn daraus entsteht, bzw. ob ein Transfer stattfinden kann.

KR: »[…] z.B. es nicht gelungen ist, auch stärker zu thematisieren, also es wurde schon auf einer Metaebene thematisiert, also Heterosexualität wurde thematisiert, aber nicht die eigene sexuelle Orientierung. Das ist mal punktuell in Kleingruppen vielleicht irgendwo zum Thema geworden, aber die wenigsten sind damit offen umgegangen. […] es ist halt eher auf einer theoretischen Ebene geblieben und weniger stark auf einer biografischen, selbstreflektierenden Ebene. Und das ist mir schon auch noch mal so deutlich geworden […], dass halt da unter Umständen bestimmte Tabus und bestimmte, das ist ja auch klar, da darf ja auch jede und jeder soweit gehen, wieweit sie oder er will und kann, aber dass da bestimmte Tabus, da auch nicht unbedingt aufgebrochen worden sind, sondern im Grunde genommen, da weiter praktiziert worden sind […].« (Karin Richter: 3)

Karin Richter beschreibt selbstkritisch, dass es nicht immer gelingt, homophobe Tabus in den Gender-Trainings zu durchbrechen und einen ›alternativen‹, geschützten Raum zu schaffen bzw. einen Raum zu ermöglichen, in dem theoretische Erkenntnisse mit den biografischen verknüpft und in dieser Verknüpfung diskutiert werden können.

Auch Nazim Özer bezweifelt, dass die Erkenntnisse, die die Individuen innerhalb von geschlechterreflektierender Bildungsarbeit in der Gruppe machen, z.B. in einem geschützten Rahmen anders handeln zu können als in Alltagssituationen und Gefühle zu reflektieren, auch in das reale Leben bzw. die Gesellschaft übertragen werden können.

NÖ: »So, wenn ich 'ne Ausgrenzungsübung mache, zum Beispiel 'ne Gruppe mit Jungs, so. Dann sollen die halt lernen, dass man außerhalb dieser Gruppe, dass Ausgrenzung zum Beispiel bestimmte Gefühle erzeugt, so. Aber dieser Transfer, Gruppe-Gesellschaft, der ist so, der ist halt sehr unterschiedlich, sozusagen.« (Nazim Özer: 167)

Er spielt hier auch auf die Begrenzungen von Kurzzeitpädagogik an und auf die limitierte Wirkweise von Pädagogik innerhalb von gesellschaftlichen Machtstrukturen.

c) Zukunftsperspektiven entwerfen: »[...] eine intersektionale Perspektive, ich glaube, die muss erst noch entwickelt werden.«

In den Interviews wird ein Ringen um eine praktische Umsetzung eines intersektionalen Anspruches deutlich.

KR: »Das jetzt auch, weil ich mich gerade damit beschäftige, wie kann man diesem Anspruch nach Diversitätsorientierung, nach intersektionaler Perspektive, noch mehr nachkommen [...]. Es ist auch immer die Frage, wie setzt man das dann auch wirklich um, und wie durchdringt das dann auch tatsächlich die verschiedenen Übungen.« (Karin Richter: 9)

Intersektionalität ist als aktuelle Aufgabenstellung der geschlechterreflektierenden emanzipatorischen (Erwachsenen-)Bildung anerkannt, dennoch ist ein Niederschlag in der Praxis noch Zukunftsmusik und beschäftigt die Praktiker_innen (siehe auch 2.3 Abschnitt Intersektionale Ansätze in der außerschulischen Pädagogik und in der Erwachsenenbildung). Obiges Interview zeigt, dass ein (pädagogisches) Bewusstsein für Intersektionalität und Mehrfachdiskriminierung für Karin Richter sowie für einige andere Interviewten relevant ist, jedoch der Weg, den eine Umsetzung einschlagen wird, noch offen und unbegangen ist.

MW: »Ich glaube, es scheitern auch viele Projekte dran. Ich würde auch sagen, Gender Trainings zu machen, um darauf zurückzukommen, oder Genderkompetenztrainings haben in der Regel eine sehr starke weiße Perspektive. Wenn sie gut sind, haben sie eine dekonstruktive Perspektive oder eine queere noch dazu. Wenn sie gut sind, haben sie noch eine feministische Perspektive. Also ich finde, da muss man vieles bedienen. Aber ich glaube, wenn man eine wirklich intersektionale..., ich kenn sie noch nicht, aber ich glaube, die muss erst noch entwickelt werden. Ich glaube, die kann man auch nicht einfach ›wir machen das jetzt mal‹.« (Maya Wolf: 20)

Ein gutes Gender-Training sollte verschiedene Perspektiven berücksichtigen wie etwa eine feministische, eine queere und eine dekonstruktivistische. Maya Wolf merkt an, dass Gender-Trainings in der Regel jedoch auch eine sehr »*weiße* Perspektive*«* innehaben. Auch sie sieht aktuelle Schwierigkeiten in der Entwicklung intersektionaler Praxisperspektiven.

MW: »Und dass eigentlich auch dazu gehört, dass, und das meine ich jetzt als sehr offenen Begriff, in transkulturellen Teams zu arbeiten, genauso wie ich, in Gender-Trainings reflektieren muss ›ey, wie viele Heterosexuelle, nicht heterosexuell Lebende, machen hier mit, weil das könnte wichtig sein‹ wenigstens genauso wichtig zu reflektieren, was für andere kulturelle Facetten/Gruppierungen habe ich hier sonst noch im Team. Und selbst wenn Teams weißdeutsch sind, kann das sogar funktionieren, aber es ist eine Beschränkung. Eine Beschränkung des Trainings, eine Beschränkung der Perspektiven. Im Idealfall wäre das nicht so. Ich kann dem was abgewinnen, ich arbeite auch viel in weißen, deutschen Teams. Das hat auch eine Qualität, eine ganz eigene, aber um das anzupacken und eine Gesellschaft, die nicht weiß-deutsch mehr ist, geht das eigentlich nicht.« (Maya Wolf: 24)

Insbesondere die Strukturfrage eignet sich derzeit als Reflexionsfrage des Realisierungsgrades von intersektionalen Ansätzen. Der Konjunktiv, in dem Maya Wolf hier über ›transkulturelle Teams‹ spricht, bildet ab, dass es sich noch um eine Zukunftsvision handelt. In den Strukturen bildet sich z.b. die gesellschaftliche Teilhabe von Migrant_innen ab. In Erinnerung rufen möchte ich hier die Bemerkung Nazim Özers an anderer Stelle (Kapitel 6.2.4.). Für ihn steht fest, dass rassistische Verhältnisse dazu führen, dass es kaum Migrant_innen auf der Ebene von führenden Positionen (auch im Bildungsbetrieb) gibt.

Maya Wolf wünscht sich für die Zukunft der geschlechterreflektierende Bildung, dass sich noch bewusster um gemischte (transkulturelle oder verschieden sexuell-orientierte) Teams (Abschnitt 6.3.4) bemüht wird. Jedoch ist hier darauf hinzuweisen, dass bei vielen Kämpfen um gesellschaftliche Teilhabe eine antiemanzipatorische Gefahr darin besteht, dass eine solche Forderung essentialistisch verstanden oder gar gestellt wird und somit zur Reproduktion und Absicherung von Herrschaftsansprüchen beiträgt, was z.B. teilweise in der Diskussion um ›Männer in Kitas und Grundschule‹ passiert (so kritisiert auch Rieske 2011, Faulstich-Wieland in: Spiewak, Otto 05.08.2010).

d) Gesellschaftspolitische Utopien: »Ich fänd [...] eine gute Männerbewegung total wichtig.«

Nicht nur pädagogische Zukunftsperspektiven und Wünsche stehen in Zusammenhang mit einer kritischen Reflexion und nachdenklichen Positionierung, sondern gesellschaftspolitische Utopien werden artikuliert.

LJ: »Und ich fänd, so mehr auf einer politischen Ebene, eine gute Männerbewegung total wichtig.«

JK: »Was genau stellst Du Dir darunter vor?«

LJ: »Mmh, was stell ich mir darunter vor? Ich finde es aus mehreren Perspektiven wichtig, weil es sozusagen immer dann erstmal, nach Geschlecht so gesehen wird, das sind die Feministinnen, das sind die Frauen, weil es dann nämlich genau aus dem Blickwinkel kommt, es sind nicht alle Menschen, die es betrifft, es sind auch Männer, die es betrifft. Und deswegen erstmal, weil diese Thematik Männer und Frauen betrifft, finde ich es deshalb notwendig, find's notwendig, weil da kann man das dann nicht mehr einfach wegschieben [...], und weil ich es auch inhaltlich wichtig finde.« (Laura Janssen: 66-68)

In diesem Zitat artikuliert Laura Janssen die Bedeutung, die ihrer Meinung nach einer Männerbewegung für die Zukunftsperspektiven von Feminismus bzw. emanzipatorischen Entwicklungen der Geschlechterverhältnissen hat. Aus dem Kontext des Interviews ergibt sich, dass sie hier von einer emanzipatorischen und (pro-) feministischen Männerbewegung spricht.

Zwischenfazit

In den (selbst-)kritischen Hinterfragungen und nachdenklichen Reflexionen unternahmen die Interviewten Positionierungen, Bestandsaufnahmen und Fragen gegenüber sich selbst. Über die selbstkritische Hinterfragung des eigenen Handelns benannten sie Unsicherheiten, Zweifel und Nachdenklichkeiten, aber auch Wünsche für die Zukunft wurden expliziert. Verglichen mit den Unsicherheiten und Zweifeln, die in den Lernwiderständen beschrieben wurden, sind diese Selbsthinterfragungen jedoch nicht mehr von existenziell bedrohlichem Charakter, d.h. es gehen keine tief verunsichernden Körpererfahrungen mit ihnen einher, sondern sie sind eher von nachdenklicher Beschaffenheit, sie sind distanzierter, begrifflich im Prozess, jedoch im Bereich der Sprache, und dadurch klarer positioniert.

Die Hinterfragungen beziehen sich weniger auf eigene Identitätsbestandteile als auf pädagogische und gesellschaftliche Fragestellungen. Die unter Abschnitt 6.3.5 dargestellten und interpretierten Ausschnitte zeigen, wie eigene Ambivalenzen (»Was ist die Wahrheit?«, »Welcher Begriff ist passend?«), Grenzen eigener pädagogischer Arbeit (»[...] bestimmte Tabus werden nicht aufgebrochen.«) und das Entwickeln von Zukunftsperspektiven (»Wie kann die Perspektive Intersektionalität auch praktisch strukturell verankert werden?«, die gesellschaftliche Utopie einer starken pro-feministischen ›Männerbewegung‹) von den Befragten thematisiert werden. Trotz der laut werdenden Zweifel kann das Nachdenken über Grenzen und die fundamentale Kritik durch die darin impliziten Zukunftswünsche auch als Motor für neue Perspektiven und Veränderungen betrachtet werden.

6.4 Fazit

Schließlich werden hier die zentralen Ergebnisse der drei Auswertungsabschnitte herausgearbeitet und vor dem Hintergrund der leitenden Ausgangsfragen nebeneinandergestellt. In einem nächsten Schritt zeichne ich Verbindungslinien und Unterschiede zwischen den Gründen für den Erstkontakt mit dem Thema ›Gründe nicht zu lernen‹ (zu Beginn des Auseinandersetzungsprozesses) und den Handlungsoptionen (nach mehrjähriger Auseinandersetzung) nach. Nicht zuletzt rücke ich hier auch selbstreflexive Erkenntnisse im Hinblick auf Forschungserwartungen in den Blick sowie die Auslassungen und De-Thematisierungen, die durch die Interviewten erfolgen und die durch meine Studie deutlich gewordenen Forschungsdesiderata.

6.4.1 Ergebnisse

Die Auswertungen der ersten Gründe, einen Kontakt mit dem Lerngegenstand herzustellen und ein Interesse zu entwickeln (siehe Abschnitt 6.1) zeigen, wie Konfliktfelder in der ersten Phase der Auseinandersetzung mit dem Geschlechterthema wahrgenommen und bearbeitet werden. Aus dem Material werden drei Begründungsebenen herausgearbeitet: 1. Gründe entlang der geschlechtlichen Identitätskonstruktionen, 2. politisch-ethische Gründe und 3. berufliche Gründe.

Es wurde deutlich, dass Lerngründe, die in Bezug zu geschlechtlichen Identitätsbestandteilen stehen, mit politisch-ethischen Gründen eng verwoben sein können. Der erste Lernschritt, das Suchen von Strukturen, das Orientieren an Vorbildern ist sprachlich häufig kaum von dem ersten Kontakt mit dem Thema zu trennen. Die Rekonstruktion des feministischen, politischen Engagements oder der Tätigkeit als Gender-Professionelle(r) konnte gedanklich unmittelbar zu den ersten Konflikten mit Geschlecht führen.[31]

In Bezug auf die Lerngründe, die entlang der geschlechtlichen Identitätsdimension von den Befragten genannt werden, zeigt sich, dass diese vor allem individualisiert als ein Gefühl des Nicht-Passens und zum Teil auch als ein Nicht-Passen-Wollen bezüglich der Geschlechternormen rekonstruiert werden. Die Lerngründe im oder vor dem Erstkontakt werden in der Erinnerung als wortloser, damals noch nicht zu begreifender Mangel beschrieben. Dieser Sachverhalt geht einher mit Gefühlen von Unwohlsein, Ohnmacht und Verwirrung, welche zum Teil im Kontrast zu euphorischen Gefühlen im Moment der bewussten Interesseentstehung stehen. Zum Zeitpunkt des Erstkontakts stehen noch keine oder nur wenige Begriffe zur Reflexion zur Verfügung. Die Widerspruchserfahrungen bzw. -widerfahrnisse rund um die Geschlechtsidentität kristallisieren sich als Gründe für das spätere oder zeitgleiche Ausbilden von politischen Gründen heraus. Jedoch können politisch-ethische Gründe, häufig benannt als Gerechtigkeitsempfinden, auch als Ausgangspunkt und Ursprung für das Interesse am Gegenstand Geschlecht und an feministischem Handeln erlebt werden (auf den dann Diskrepanzen entlang der geschlechtsbezogenen Identitätsbestandteile folgen, d.h. in entgegengesetzter Reihenfolge). Sprachlich wird insbesondere in den Beschreibungen von politisch-ethischen Gründen durch die Redewendung »schon immer«, »schon früh« eine biografische Kontinuität hergestellt. Das Interesse wird konturiert und vertieft, wenn geschlechtsbezogene, biografische Gründe mit politischen Gründen verbunden werden konnten. Die Synthese persönlicher und sozialer Bedeutsamkeit wird in dem interessetheoretischen Modell von Grotlüschen (2010) auch als persönliche und soziale Valenz von Lerngründen bezeichnet. Die Diskrepanzerfahrungen entlang der Geschlechtsi-

---

31 Jedoch nicht immer. Beispielsweise schildert der Befragte Ulrich Becker (siehe 5.1.3) seine frühen Erfahrungen mit Geschlechtlichkeit erst nach gezieltem Nachfragen.

dentität und entlang eines Gerechtigkeitsempfindens werden mit Worten wie Rebellion, Kampf, Widerstand belegt. Für beide Diskrepanzerfahrungen gilt die Charakterisierung der frühen Wort- und Begriffslosigkeit. Statt einer gezielten Kritik und gesellschaftlicher Verortung werden Lerngründe durch die Beschreibungen von Empfindungen zum Ausdruck gebracht (Gefühl von Dumpfheit, Sich-komisch-Fühlen, Autoaggression, Depression) oder durch das Ausagieren von einer Befragten in Form von körperlicher Auseinandersetzung (z.b. Sich-Prügeln-Wollen). Durch diese Wahrnehmungen wird die Leiblichkeit der Erfahrung hervorgehoben. Hier wird, anschlussfähig an eine phänomenologische Betrachtung von Lernen (Kapitel 4.3), das Überraschende und Unvorhersehbare der Diskrepanzerfahrung deutlich. Das Vertraute wird brüchig und es besteht eine »Benommenheit in einem Zwischenreich« (vgl. Meyer-Drawe 2012: 13), da noch keine Verbindungs- und Verortungsmöglichkeiten des Erfahrenen zur Verfügung stehen. Jedoch markieren diese Gefühle, die mit dem Widerfahrnis verbunden sind, bereits eine beginnende Transformation. Eine Lernleidenschaft, die das Begehren beinhaltet, das verunsichernde Moment begreifen zu wollen, wird hier unintendiert und ungeplant entfacht. Erst die so entstandene Leidenschaft treibt einen aktiven kreativen Prozess der Umgewichtung vom inzidentellen, unbewussten, informellen zum intentionalen und dann auch formalem und non-formalen Lernen voran (wobei es sich auch nach einer Umgewichtung nach wie vor um ein Mischungsverhältnis handelt). Sie trägt den Prozess, in dem ursprüngliche Gründe des Lernens aufgegriffen, begriffen und schließlich transformiert werden. In den negativen, beunruhigenden Empfindungen (Depression und Aggression) tritt zugleich der gewaltförmige Charakter der Geschlechternormen und des Konflikts mit den herrschenden Normen zu Tage, den die Befragten bereits zu Beginn ihrer Auseinandersetzung (mehr oder weniger) erfahren. Der Konflikt mit den herrschenden Normen ist also bereits in den allerersten Diskrepanzerfahrungen angelegt, dort jedoch noch ohne die Möglichkeit, zur Sprache zu gelangen. Anzumerken ist somit, dass der Normkonflikt nicht erst die Konsequenz von expansiven Lernprozessen darstellt.

Die Bedeutung sozialer Wirksamkeit und Relevanz des Themas für den Lernprozess (sozialer Valenz – Interessentheorie) spiegelte sich auch darin wider, dass Befragte auf allen drei Begründungsebenen den Zeitgeist der 1980er und 1990er Jahre, welcher sich in den sie umgebenen Strukturen niederschlug, als einen wichtigen Einflussfaktor für ihren Erstkontakt mit dem Thema reflektieren. Keine_r der Befragten nannten den aktuellen Zeitgeist als Einflussfaktor. Das mag am Alter und am langjährigen Interesse der Befragten liegen, wirft jedoch auch die Frage nach dem Einfluss und der Beschaffenheit des aktuellen Zeitgeistes hinsichtlich von Genderfragen auf.

Im Kapitelabschnitt 6.2 wurden Lernwiderstände im beginnenden Lernprozess und einflussnehmende Rahmenbedingungen herausgearbeitet. Dabei wurde eine Unterteilung in ›äußere Gründe nicht zu lernen‹ und ›innere Gründe nicht zu lernen‹

vorgenommen. Zusätzlich wurden unter 6.2.3 reflektierte, hinderliche, diskursive und strukturelle Rahmungen sowie das Kontakthindernis ›rassistische Zuschreibungen‹ ausgewertet.

Die äußeren und inneren Lernwiderstände im beginnenden Lernprozess stellen hinsichtlich der eingangs gestellten Ausdifferenzierung der Forschungsfrage, nach der aktuellen Bedeutung von gesellschaftlichen Widersprüchen für die subjektiven Lernprozesse, einen aufschlussreichen Part innerhalb der Auswertungen dar. Lernwiderstände geben nicht nur einen Hinweis auf die massenhafte Weise, wie sich die herrschenden Verhältnisse in die Poren der je Einzelnen einnisten (vgl. Haug 2003: 29) und verweisen damit auf informelles und unbewusstes (Ver-)Lernen, sondern sie legen auch eine erste Spur dahingehend, *wie* altes Wissen und alte Gewohnheiten zu neuen Wissens-, Handlungs- und Seinsweisen transformiert werden. Die hier unter Abschnitt 6.2.1 als Abwehrargumente gekennzeichneten Lernwiderstände (also Gründe nicht zu lernen) spiegeln eine Bandbreite gesellschaftlicher, existenter Gegendiskurse, Abwertungen, Ablenkungs- und Leugnungsstrategien. In der Auswertung der ›äußeren Gründe nicht zu lernen‹ wird deutlich, dass männliche Geschlechtszugehörigkeit spezifische Widerstände nahelegt, da (Selbst-)Bilder und Zuschreibungen von Männlichkeit von einigen Interviewten diametral zum gesellschaftlich vermittelten Bild von Feminismus wahrgenommen werden. So spielen bei den Kontaktwiderständen ›Diskriminierungsvorwurf‹ und ›Feminisierung des Geschlechterthemas‹ aber auch indirekt bei den Kontaktwiderständen ›Ideologie- und Extremismusvorwurf‹ und ›Vorwurf der Veraltung‹ eine heteronormative Wahrnehmung und vergeschlechtlichte Zuschreibung eine zentrale Rolle. Gendertheorie und Feminismus werden von einigen der männlichen Befragten in der Anfangszeit ihrer Auseinandersetzung als Thema von Frauen für Frauen wahrgenommen. Das Geschlecht der Vermittler_innen wird weiblich imaginiert, die Adressat_innen und zukünftigen Akteur_innen von Feminismus und Geschlechterthemen ebenso. Männer als Akteure von Feminismus, d.h. als Menschen, die ein eigenständiges Interesse an einer emanzipatorischen Auflösung hierarchischer Geschlechterverhältnisse haben, existieren kaum als (Vor-)Bilder. Insgesamt decken sich diese Ergebnisse mit denen verschiedener anderer aktueller Studien und Berichte (z.B. Seemann 2009, Venth 2010, Venth 2011). Zum Beispiel beschreibt die Sinus-Studie zu »Identitäten und Verhalten von traditionellen, modernen und postmodernen Männern« ihre Untersuchungsbefunde wie folgt:

»Viele Männer sahen sich von der Frauenbewegung an den Pranger gestellt und als Gegner stigmatisiert. Das führte bei den Männern zu mannigfaltigen Reaktionen: bei manchen zu nachdenklicher Selbstreflexion und Solidarisierung mit den Anliegen der Frauen, bei anderen zu einem selektiven ›Einsehen‹ und zur Bereitschaft moderater Selbstveränderung; aber bei einem Teil auch zu massiver Frontstellung, einem ›Aussitzen‹ und offensiven Betonen der

Naturwüchsigkeit und gesellschaftlichen Funktionalität von überkommener Geschlechtsidentität und traditioneller Rollenteilung [...].« (Ebd. 7, zit. nach Venth 2011: 9)

Äußere (Abwehr-)Gründe sind hier jedoch insbesondere in Kombination mit den ›inneren Gründen nicht zu lernen‹ interessant zu lesen, da daran die Prozessdimension deutlich wird.

Als ›innere Gründe nicht zu lernen‹ werden unter Abschnitt 6.2.2. von den Befragten geschilderte innere Zwiespälte, die entlang neuer Wissens- und Handlungsinhalte entstanden sind, bezeichnet. Hier haben die Lernwiderstände bereits eine versprachlichte, das heißt zu Bewusstsein gekommene Dimension erhalten. Der Konflikt wird nicht (mehr) ins Außen abgewehrt, sondern im Inneren der Subjekte geführt, mit der Konsequenz unangenehmer Gefühlslagen. In den inneren Dialogen der Befragten mischen sich unterschiedliche Stimmen miteinander, die für unterschiedliche Interessen und Bedürfnisse stehen. Diese Prozesse führen zum Teil zu Verlangsamungen, Blockierungen und einem Innehalten im Lernen. Der doppelte subjektive Möglichkeitsraum wird im Inneren der Subjekte verhandelt. Die sich widersprechenden Interessen kommen in dieser Phase des Lernprozesses erst allmählich zu Bewusstsein. In der Auswertung der inneren Lernwiderstände werden vor allem Ängste und Unsicherheiten von männlichen Lernenden fokussiert, zum einen, da die männlichen Befragten ihre Ängste und Unsicherheiten stärker hervorhoben und zum anderen aufgrund meiner Aufmerksamkeitslenkung (siehe Einleitung Kapitel 6.2). Als Parallelen zu den hier kategorisierten inneren Lernwiderständen zeigen sich zum einen Muster der Polarisierung und Dichotomisierung von Denkweisen (zwischen Körper und Verstand, Schuld und Unschuld) und zum anderen die hohe Relevanz von Emotionalität und Leiblichkeit. Polarisierungen erweisen sich als hinderlich für eine Offenheit gegenüber dem Thema. Das Auftreten von beunruhigenden Körperempfindungen und Emotionalität, wenn alte (Denk-)Gewohnheiten bedroht sind, spiegelt (sehr ähnlich den Diskrepanzerfahrungen, die bei den Lerngründen ausgemacht werden) Lernen als Widerfahrnis (vgl. Meyer-Drawe 2008, 2012, siehe Kapitel 4.2 dieser Studie).

Nebeneinander betrachtet verdeutlichen die äußeren Lernwiderstände und die nachfolgende Kategorie der inneren Lernwiderstände die Prozessdimension: Nach außen, also an das Umfeld gerichtete Abwehrargumentationen und Widersprüche stehen zugleich dem inneren Dialog gegenüber. Gesellschaftliche Stimmen werden zu subjektiven: Innerhalb dieses Konfliktes befindet sich der Lernprozess in einer kritischen Lage, im Durcharbeitungsprozess jedoch können eben jene Gründe, die im Widerspruch standen, zu Lernbegründungen werden (wie z.B. rigide Geschlechterzuschreibungen). Hier zeigt sich die Gleichursprünglichkeit von Lerngründen und Lernhindernissen, die von Holzkamp auch als doppelter subjektiver Möglichkeitsraum benannt wird. Das lernende Subjekt hat die Möglichkeit sich im Bestehenden einzurichten oder zu versuchen, den Raum der bestehenden Handlungsoptionen für sich und für andere zu erweitern. Gesellschaftliche Widersprüche (wie z.b. trotz Gleichstellung fortbestehende [Re-]Traditionalisierungen) können sich als Kontakthindernis oder Lernwiderstand verlangsamend auf den Lernprozess auswirken (wenn ein Ressourcenverlust antizipiert wird), im Lernverlauf können sie jedoch auch die zentralen Gründe des (Lern-)Engagements bereitstellen und dadurch antreibend und förderlich für das Lernen sein.

Wie auch schon in den allerersten Diskrepanzerfahrungen der ersten Gründe, wurde retrospektiv an die die eigene Identitätskonstruktion betreffenden, bedrohlichen Gefühle erinnert. Die langsam ins Bewusstsein dringenden neuen Inhalte verunsichern nicht nur alte Denkweisen, sondern auch mit ihnen untrennbar verknüpfte körperliche, emotionale Gewohnheiten, wie z.b. jene, sich zweifelsfrei als heterosexueller Mann zu verstehen, sich als wissend und kompetent zu begreifen (vgl. 6.2.2 b, c, e).

Die Betrachtung der reflektierten, strukturellen und diskursiven Rahmungen zeigt soziale Umfelder, z.b. im Freundeskreis, am Arbeitsplatz, in der Liebesbeziehung, als zentrale Einflussfaktoren auf Lernprozesse. Das verweist auf die Bedeutung von Informalität für (Genderkompetenz-)Lernprozesse und damit auch für die Bildung zum Thema Geschlecht. Die gesellschaftlichen Rahmenbedingungen unterstützen die Entstehung von Lerngründen oder erweisen sich als Blockaden des Kontakts mit dem Lerngegenstand. Allerdings gibt es in meinem Interview nur wenige Stellen, an denen sie expliziert werden. Dies kann habitustheoretisch mit dem für den Interesseprozess typischen Vergessen der Einflüsse rückgebunden werden. Vergessen wird vom Subjekt, was seinem Selbsterleben als selbstbestimmt und intentional entgegensteht. Eine solche Illusion von Selbstbestimmung und Autonomie ist ein zentrales Moment innerhalb der Genese von Lernprozessen. Inkorporierte Zugehörigkeits- und Abgrenzungswünsche erscheinen über den Habitus und dessen Funktion des Geschmacks als ›natürlich‹. Sie sind nie vollständig oder selbstverständlich einer Reflexion zugänglich (siehe Kapitel 4.4).

Unter Abschnitt 6.2.4 wurde deutlich, dass Gründe für einen Nicht-Kontakt mit Genderthemen nicht nur durch einengende Zuschreibungen entlang von Geschlechternormen, sondern auch entlang von rassistischen Zuschreibungen entstehen können. Die Verwobenheit von Herrschaftsverhältnissen und Diskriminierungserfahrungen wird so nicht nur im Bereich der Lerngründe deutlich.

Im dritten Abschnitt des Auswertungskapitels (6.3) werden als Handlungsmöglichkeiten in der fortgeschrittenen Phase von Genderlernprozessen vier verschiedene Wege der Positionierung aus dem Interviewmaterial herausgearbeitet:

- (Nicht-)Positionierung und ein (An-)*Passen* als (selbst-)bewusster oder ambivalenter Ressourcenerhalt in unsicheren Kontexten,
- professionelle Distanz als graduelle Positionierung und reflektiert-zurückhaltende (Selbst-)Positionierung in pädagogischen Settings,

- politisch-strategische Bezeichnungspraxen im öffentlichen Sprechen und
- nachdenkliche Positionierungen als (selbst-)kritische Reflexionen und Aussichten.

Positionierung erfolgt in der fortgeschrittenen Phase bewusst nach Abwägung und Einschätzung der eigenen Kapazitäten und weiterer Rahmenbedingungen. Auch eine Nicht-Positionierung kann hier innerhalb von Abhängigkeitsstrukturen oder innerhalb einer absoluten Minderheitenposition als eine selbstschützende, (selbst-)kompetente Handlungsfähigkeit betrachtet werden (defensiv, aber dennoch sinnvoll für die Betroffenen). Handlungsoptionen können, wie deutlich wird, auch im strategischen Nicht-Handeln bestehen oder im Vertagen der Handlung an andere Orte bzw. Zeiten.

In der professionellen, nur schrittweise erfolgenden Positionierung wird das Verhältnis zwischen Vermittler_in und Seminarteilnehmer_innen mitgedacht, das sich durch die darin angelegte Rollenzuschreibung von Kompetenz und Professionalität von dem Verhältnis zu Kolleg_innen, Mitbewohner_innen oder Familienangehörigen unterscheidet.

Bei der graduellen oder zurückhaltenden Positionierung wird über das Einnehmen einer Distanz von einer (vor-)schnellen, spontanen, persönlichen Äußerung oder Handlung Abstand genommen, um den Lernenden bewusst einen Raum für eigene Erfahrungen und Auseinandersetzungen zuzugestehen.

In den kritischen und deutlichen Positionierungen vertreten die Befragten ihre eigenen Einstellungen und Haltungen gegenüber Gender und Feminismus. Darüber hinaus findet eine theoretische Verortung in der Kommunikation mit mir als Interviewerin statt, z.B. über Stellungnahmen und Abgrenzung gegenüber spezifischen ›antifeministischen‹ Praxen. Begriffs- und Praxiskritik stehen in engem Bezug.

Die selbstkritischen Reflexionen und nachdenklichen Hinterfragungen dienen den Interviewten häufig als zukunftsweisende Kritik der eigenen Profession. Über die selbstkritische Hinterfragung des eigenen Handelns werden Unsicherheiten, Zweifel und Nachdenklichkeiten, aber auch Wünsche und Zukunftsvisionen expliziert.

Schließlich lässt sich festhalten: Positionierungen als Handlungsmöglichkeit im fortgeschrittenen Auseinandersetzungsstadium erfolgen vor dem Hintergrund eines durch Wissen und Erfahrung entstandenen Gespürs für vorhandene, gesellschaftliche Rahmungen und die persönliche Verwobenheit in diese sowie die daraus resultierende Aussicht auf Wirksamkeit. Dieses Gespür kennzeichnet sich durch die Reflexion der eigenen Biografizität, d.h. der persönlichen Grenzen, Verletzbarkeiten und kontextgebundenen Behinderungen z.B. innerhalb von Institutionen oder durch diskursive Normen. ›Einfache‹ und rezepthafte Lösungen sind deshalb unter den Handlungsoptionen, die die Befragten mit mehrjähriger Auseinandersetzung beschreiben, nicht zu finden. In den kritischen Positionierungen und daraus ableitbaren Handlungsintentionen kommen vielfältig miteinander verstrickte, gesellschaftliche Diskurse und Strukturen zum Ausdruck. Sie zeichnen sich darin ab, dass es nicht ›die‹ eine, dauerhafte Lösung, keinen für immer gültigen Handlungsweg und vor allem nicht die ›richtige‹ Handlungsfähigkeit oder eine dauerhaft gültige, anwendbare Kompetenz gibt. Euphorie über Handlungserfolge oder eine klare Sicherheit, im Sinne eines Wissens um die besten Handlungswege, sind in der fortgeschrittenen Auseinandersetzung deshalb kaum vorzufinden, und zwar entgegen des verführerischen Bildes, das Begriffe wie ›Handlungsfähigkeit‹ oder ›Kompetenz‹ im Alltagsverständnis kreiert (siehe auch unter Abschnitt 6.4.4 ›Forschungsprozessnotizen‹). Tendenziell ist in der fortgeschrittenen Phase vielmehr ein sicheres Wissen darüber zu finden, dass es einfache Handlungsrezepte nicht gibt. Es stellt sich ein Wissen über die Relationen und Rahmungen ein, in dem sich ein (subjektiv) gutes, sinnvolles oder kompetentes, feministisches Handeln befindet.

6.4.2 Unterschiede und Überschneidungen

In den Lerngründen[32] der Anfangsphase spielen, verglichen mit den anderen Auswertungsschwerpunkten der Lernwiderstände (Kapitel 6.2) und Handlungsfähigkeiten (Kapitel 6.3), die in späteren Lernphasen angesiedelt sind, Strukturen und das Suchen und Entdecken von neuen Gefügen und Sichtweisen (Theorien) eine prominente Rolle. Unterstützende Gebilde wie Netzwerke, alternative Wohnräume, Freundschaften, Lebensgemeinschaften, Liebesbeziehungen, Uni-Seminare, Work-

---

32 Meine Interpretation der in den Interviews ausfindig gemachten ersten Lerngründe, zeigt bei vielen Befragten eine konflikthafte und schmerzliche Auseinandersetzung mit gesellschaftlichen Normierungen, repräsentiert durch eigene und fremde Anforderungen und Erwartungen an geschlechtliche Repräsentationen. Dieser Konflikt nimmt für viele, vor allem vor dem Hintergrund des Noch-Nicht-Verstehens zu diesem Zeitpunkt, einen existenziellen Charakter ein, und drückt sich nach innen, gegen sich selbst gerichtet, in Form von Depression und Rückzug, oder nach außen gerichtet, im Kampf und Streit, aus. Das Fehlen der Worte für das Gefühl, nicht zu passen und für das Rausfallen aus der Norm, wird von den Befragten sehr eindrücklich in den Interviews rekonstruiert. Im Lern- und Interesseprozess verwoben mit diesen eigenen Auseinandersetzungen sind für viele die Auseinandersetzungen mit ethisch-politischen Gerechtigkeitsfragen. Oftmals sind Reihenfolge und Gewichtungen von Diskrepanzerfahrungen auf der Ebene der geschlechtlichen oder der politisch-ethischen Identitätskonstruktion individuell verschieden, aber dazu im Nachhinein kaum rekonstruierbar und in den Narrativen stark verwoben. Der Kontakt mit Vorbildern und Umfeldern, mit Strukturen, die ein Fortschreiten der Auseinandersetzung und ein Finden von Begriffen ermöglichen, fällt in die Phase der ersten Auseinandersetzungen. Teilweise wird dieser Kontakt als Produkt eines Hineingeratens beschrieben, teilweise als das eines aktiven Suchens.

shops, politische Gruppen werden vor allem hinsichtlich des Erstkontakts und hinsichtlich der ersten Lernphase als bedeutsam erwähnt. In den späteren Phasen scheinen sie für die Interviewten subjektiv weniger bedeutsam, sie werden kaum erwähnt. Daraus lässt sich jedoch nicht schließen, dass sie weniger relevant geworden sind, sondern vielmehr, dass sie an Selbstverständlichkeit gewonnen haben. Kennzeichnend für die erste Phase sind starke Emotionen und noch nicht als konkrete Emotionen verbalisierbare Körpererfahrungen. Das Erleben von Diskrepanzerfahrungen wird hier sehr körperlich beschrieben.

In der Auswertung der Lernwiderstände rücken vergeschlechtlichte Existenzweisen in Form eines geschlechtsbezogenen Erlebens von Abwehrgründen und in Form innerer Lernwiderstände der Interviewten in den Fokus. Gesellschaftliche Zuschreibungen sowie Selbstwahrnehmungen, die mit männlicher Geschlechtszugehörigkeit in Zusammenhang stehen, werden als subjektiv hemmend expliziert.

Das Sprechen über die inneren Lernwiderstände weist durch das Vorhandensein von bedrohlichen und unbehaglichen Gefühlen wie Angst und Unsicherheit starke Überschneidungen mit den Lerngründen auf, die in Bezug zu geschlechtlichen Identitätskonstruktionen stehen.

In den herausgearbeiteten Handlungsoptionen zeigt sich, dass auch Nicht-Positionierungen starke Überschneidungen mit Lerngründen und inneren Lernwiderständen haben. Bei der gewählten Handlungsstrategie des (An-)Passens und *Passing* werden hier, wie auch in den Lerngründen und inneren Lernwiderständen, Handlungseinschränkungen durch soziale Normen und Strukturen beschrieben. Der Unterschied besteht in der Möglichkeit, ihnen in Form einer reflektierten Distanziertheit gegenüberzutreten. Eine begriffliche Einordnung ist hier für die Subjekte (bereits) möglich und so kann alternativ z.B. ein bewusstes Vertagen der Handlung, in einem Wissen um geeignete Orte der Handlung, stattfinden.

6.4.3 Auslassungen

Bei den Auswertungen der Interviews ist nicht nur interessant, welche Spannungsfelder deutlich werden, sondern auch, welche Widersprüche und Spannungsfelder nicht verbalisiert werden und den Befragten aus dem Blick geraten.

Bei der Betrachtung der subjektiven Begründungslogiken (für einen Erstkontakt) scheint es, dass soziale Sanktionierungen selten direkt im Gespräch erinnert und benannt werden. Das wirft verschiedene Fragen hinsichtlich der subjektiven (selektiven) Wahrnehmung auf: Vollziehen sich Diskriminierungen und Benachteiligungen wirklich unmerklich und unterschwellig oder würde die Wahrnehmung von (strukturellen) Benachteiligungen oder Diskriminierungen die autonome Selbstkonstruktion gefährden? Ist die Erinnerung an soziale Aberkennung und Diskriminierung der Konstruktion von Identität im Gespräch bzw. der Handlungsfähigkeit hinderlich?

Es scheint, als ob Disziplinierungsmaßnahmen und Diskriminierungserfahrungen, die zu dem Gefühl führen »falsch zu sein« (siehe Kapitel 6.1), entweder so feinstofflich und subtil geschehen, dass sie nicht bewusst werden können, oder dass sie über das verinnerlichte, antizipierte Andere schon vorweggenommen werden. Es könnte auch sein, dass das Initialmoment für das Gefühl, falsch zu sein und nicht zu passen, das in den Lerngründen an prominenter Stelle erwähnt wird, sich eventuell traumatisierend auswirkt und deshalb verdrängt wird. Dieser Befund deckt sich mit Ergebnissen einer aktuellen Studie zu Mehrfachdiskriminierung: Die Studie »Gewalt und Mehrfachdiskriminierung« von LesMigraS[33] kommt zu dem Fazit, dass Diskriminierungen heutzutage vor allem auf einer subtilen Ebene stattfinden und sich kaum greifbar ereignen, in ihren Effekten jedoch nicht weniger gravierend sind (LesMigraS 2012).[34] Entlang von verschiedenen Beispielen (z.b. Diskriminierungen am Arbeitsplatz) werden ähnliche Mechanismen erläutert.

Bereits an früherer Stelle zeigt sich im Material, dass Verwobenheiten von Herrschaftsverhältnissen vor allem von Betroffenen von Mehrfachdiskriminierung angemerkt werden. Erfahrungen von Rassismus werden von ihnen beschrieben, während Weißsein selten und vor allem weniger wortreich reflektiert wurde.

6.4.4 Forschungsprozessnotizen

Im Rückblick auf den Forschungsprozess kann ich vor allem eine Neugier erweckende Dimension des Begriffs ›Handlungsfähigkeit‹ reflektieren. Von dieser ließ ich mich, trotz besseren (rationalen) Wissens hinsichtlich meiner Vorannahmen, immer wieder verleiten. Meine Vorfreude, ›Lösungen‹ zu finden, die ich zu Papier bringen kann, spiegelt sich in meiner Lust, den Kapitelabschnitt der Handlungsmöglichkeiten aufzuzeichnen und in den Gesamtaufbau des Auswertungskapitels, in seiner linearen und chronologischen Struktur, einzuarbeiten. Die Unterteilung in unterschiedliche Phasen und die Fokussierung von Gründen, Widerständen und Handlungsfähigkeiten entspricht einem (linearen) Ordnungssinn. Dadurch werden Vielschichtigkeit, Individualität und Gegenläufigkeiten, die jedem einzelnen Lernprozess innewohnen, nicht nur in Bezug auf das Hin- und Herspringen zwischen Phasen, die Verwobenheit und Überlappung von Gründen, Widerständen und Handlungsfähigkeiten, immer wieder verschleiert. Es gilt sie deshalb bewusst in Erinnerung zu halten.

---

33 Anti-Diskriminierungs- und Anti-Gewalt-Bereich der Lesbenberatung Berlin e.V. (Lesbische/bisexuelle Migrant_innen und Schwarze Lesben und Trans*Menschen).

34 Es wurden 2.143 Datensätze ausgewertet, wobei in dieser Studie, ähnlich wie in meinem Sample, ein starker Klassenbias besteht: 63,2% haben Abitur, 45,9% haben einen Fachhochschulabschluss, 92,9% haben die deutsche Staatsbürger_innenschaft, das Durchschnittsalter liegt bei 33 Jahren.

Eine weitere Schräglage fällt mir in der Gesamtbetrachtung meiner Auswertungen auf: Das Schöne, Befreiende der Auseinandersetzung mit Geschlecht wird nur an wenigen Stellen von mir expliziert und in den Blick gerückt (z.b. das Statement von Stefan Krüger: »[...] dass es mich glücklicher gemacht hat, so zu leben.«, siehe Einleitung Kapitel 6). Ergänzend führe ich hier deshalb Zitate von Filip Nowak und Maya Wolf, stellvertretend für eine Perspektive von Lernenden und eine mögliche Sichtweise von Lehrenden zum Thema Geschlecht, an.

FN: »Ja klar. Ähm, auf jeden Fall, aber das liegt auch daran, das ich ja auch viele interessante Sachen gefunden hab. Am Schönsten fand ich dieses Spektrum, dass es nicht nur ein zwei Kategorien gibt, sondern ein ganzes Spektrum wo Vieles möglich ist und auch ein Fließen und ineinander Übergehen« (Filip Nowak: 32)

Filip Nowak berichtet hier von seiner Begeisterung für das Thema. Dem obigen Zitat zufolge war das ›Schönste‹ an der Auseinandersetzung mit Geschlecht die Erweiterung seiner Denk- und Handlungsmöglichkeiten jenseits der Zweigeschlechtlichkeit. Maya Wolf berichtet aus ihrer Sicht als Trainerin über das ›Berührende‹ ihrer Arbeit in Gender-Fortbildungen.

MW: »Was mir gut gefällt? Darf ich da ... Ich finde es oft berührend. Ich finde es oft total berührend. Ich finde es total super, manche Leute erleben zu dürfen, also was sie dann teilen. Das finde ich total stark, dass ich das Glück habe, in dem Bereich arbeiten zu können. Und dass ich immer wieder etwas lerne. Und dass ich immer wieder einen Spiegel kriege, wo meine Grenzen sind. Das ist gut. Was ich kann und was ich nicht kann. Das ist nicht immer schön, aber ja, dass ich immer wieder verblüfft werden kann. Das finde ich gut. [...] Aber vor allem dieses, was Leute dann auch teilen. [...]. Ja, dass man trotz dieser Art der Fortbildung, als Teamerin einfach was mitbekommen kann, ohne jetzt in freundschaftlichen Kontakt zu gehen, sondern auf einer recht professionellen Ebene schöne Sachen erleben zu können.« (Maya Wolf: 44)

Sie schätzt an ihrer Arbeit persönliche Entwicklungsprozesse der Teilnehmer_innen mitbekommen zu können, die sie immer wieder »verblüffen« sowie die beständige Herausforderung, die sie selbst immer weiter lernen lässt.

Die Auslassungen von Ausführungen hinsichtlich der positiven Wirkungen und Nebeneffekte des Lernens und Lehrens über Geschlechterverhältnisse, die im Rückblick auf den Forschungsprozess deutlich werden, mögen zum einen an der problematisierenden und kritisierenden Beschaffenheit wissenschaftlichen Vorgehens liegen. Zum anderen liegen sie vermutlich darin begründet, dass positive Folgen der Auseinandersetzung mit Geschlechterthemen für mich evident sind.

7. Schluss: Lernen über Geschlechterverhältnisse als individueller und politischer Balanceakt in gesellschaftlichen Spannungsfeldern

In diesem letzten Kapitel werden die zentralen Ergebnisse der einzelnen Kapitel rekapituliert, um schließlich noch einmal vor dem Gesamthintergrund der Studie zu der Ausgangsfrage zurückzukommen: Wie vollziehen sich Lernprozesse über Geschlechterverhältnisse? In welchem Verhältnis stehen die Eigenbeteiligung des Subjekts als aktiv lernendes und die es umgebenden Rahmungen durch gesellschaftliche Verhältnisse zueinander?

Als Gemeinsamkeiten der Auswertungsabschnitte und des theoretischen Teils der Studie lassen sich sich Spannungsfelder erkennen, in denen das Lernen über Geschlechterverhältnisse stattfindet. Diese werden herausgearbeitet und gebündelt in einer Grafik dargestellt und erörtert.

Abschließend möchte ich auch fragen, welche möglichen Schlussfolgerungen sich für die pädagogische Praxis und Theorie ziehen lassen. Welche Entwicklungen zeichnen sich ab? Welche Perspektiven werden durch meine Forschung eröffnet?

7.1 RÜCKSCHAU

In der Einleitung werden Blickrichtungen, Fragestellung und Aufbau des vorliegenden Gesamttextes erörtert. Als Ausgangspunkte der Forschung werden zum einen persönlich erfahrene, aber auch von anderen Wissenschaftler_innen und Praktiker_innen festgestellte, geschlechtsbezogenen Interessen bzw. Widerstände (z.B. deutlich erkennbar an der Anzahl der männlichen Genderstudies Studierenden) an Genderthemen benannt. Zum andern ist die Feststellung, dass erwachsenenbildnerische Studien über die subjektiven Gründe und Widerstände des Genderlernens bislang kaum existieren, obwohl zu den Schwerpunkten der Methodik und Didaktik durchaus Publikationen vorhanden sind, eine Antriebskraft für die Forschung. Meine Studie sucht diese Forschungslücke zu verkleinern, indem sie danach fragt, wie sich das Lernen über Geschlechterverhältnisse aus Sicht der Lernenden vollzieht. Sie knüpft sie an Arbeiten im Feld ›Gender und Lernen‹ und ›Feministische Bildung‹ sowie an Vorgehensweisen qualitativer Interviewstudien an. Neben der Fragestellung werden in der Einleitung vor allem die diskursiven Rahmungen des Lernens über Geschlecht umrissen. Sie erweisen sich als widersprüchlich: Nicht nur Verständnisse von Feminismus und Gender können unterschiedliche Basisannahmen über Geschlechterverhältnisse beinhalten. Neben einer feministischen/gleichstellungsorientierten gesellschaftlichen Entwicklungsrichtung, die Ausgangspunkt und Basis meiner Forschungsperspektive ist, gibt es parallele und zum Teil gegenläufige Entwicklungen, die die Geschlechterverhältnisse betreffen: zum einen die Entwicklung von (Re-)Traditionalisierung und Anti-Feminismus, die rückwärtsgewandte Geschlechterbilder stärkt, und zum anderen die der Individualisierung im Zuge von ökonomischen Transformationsprozessen, die zwar zu einer Diversifizierung von Geschlechternormen beiträgt, unter dem Primat der Ökonomie jedoch neue Belastungen und Rückschritte mit sich bringt (z.B. Kürzungen im sozialen Bereich, klassische Doppelbelastungen, rassistische Verteilung von Arbeit). Meine These ist, dass sich die hier der Übersicht halber in drei Richtungen gebündelten Entwicklungen mit ihren widersprüchlichen Anrufungen bezüglich Geschlecht, sich im Lernen über Geschlechterverhältnisse wiederfinden, und dass sie sowohl die individuellen Lernprozesse betreffen als auch die Beschaffenheit der Lernorte.[1]

Um das Lernen über Geschlechterverhältnisse theoretisch und empirisch zu untersuchen (wobei die theoretische Untersuchung hier als Hintergrund bzw. theoretisches Sampling für das Vorgehen der Grounded Theory verstanden werden kann),

---

1 Um es in Erinnerung zu rufen: Annahmen die sich daraus ableiten sind, 1. dass es durch Gleichstellungsprozesse kaum noch offensichtliche, wie z.B. gesetzliche Diskriminierungen gibt und dass deshalb ein Gespür für subtile Formen in denen sich Ungleichheiten reproduzieren im Lernen über Geschlecht entwickelt werden muss. Aus diesem Grund spielen Selbstreflexion und Selbstverortung (bzw. Selbstveränderung) eine zentrale Rolle in Genderlernprozessen. 2. Gegenläufige Diskurse sind derweil mainstreamfähig. Eine flächendeckende und selbstverständlich erfolgende Genderbildung an den Bildungsinstitutionen kann deshalb nicht voraus gesetzt werden. Somit spielen informelle und nonformale Lernsettings eine Rolle. 3. Individualisierung führt zu einer erhöhten Verantwortungszuweisung an das Subjekt und Komplexitätssteigerung. Daraus folgen Belastungen für die Lernenden und neue Schwierigkeiten bezüglich kollektiver Bezugnahmen und der Bildung von Bündnissen durch eine Abwesenheit klarer ›Feindbilder‹. Diese Thesen sind in den Aufbau meiner Untersuchung mit eingeflossen.

ist die Studie in zwei nahezu gleichwertige Teile untergliedert: in einen historisch-theoretischen (Kapitel 1-3) und in einen empirischen Teil (Kapitel 4-5).

Das zweite Kapitel betrachtet die theoretischen, historischen, pädagogischen und die aktuellen bildungsinstitutionellen Grundlagen des Lernens über Geschlechterverhältnisse. Der erste Abschnitt des Kapitels zeigt komplexe, politisch-praktische Implikationen der unterschiedlichen theoretischen Paradigmen und Strömungen. Sowohl in der Definition von Emanzipation als auch in den feministischen Paradigmen wird das Spannungsfeld deutlich, dass sich aus einer Kritik an einer scheinbar ›neutralen‹ Objektivität und vereinfachenden dichotomen Gegenüberstellungen von ›Subjekt und Gesellschaft‹, ›Objektivität und Subjektivität‹ oder ›Herrschenden und Beherrschten‹ ergibt. Des Weiteren wird hier auf die Debatte um den Begriff des Subjekts als Angelpunkt der Kontroversen verwiesen.

Im zweiten Abschnitt wird die Geschichte des Lernens über Geschlechterverhältnisse in Verwobenheit mit den feministischen Bewegungen nachvollzogen, von dem Kampf um Bildungszugänge für Mädchen und Frauen bis hin zur feministischen Bildung. Es wurde deutlich, dass politische, feministische Bildung als offizielle Bildung in Westdeutschland erst mit der zweiten Frauenbewegung und den feministischen Institutionalisierungsprozessen entstanden ist,[2] während es in der DDR bereits frühe (jedoch staatliche) frauenpolitische Bildungsmaßnahmen gab, die autonome feministische Bildung dort jedoch erst in den späten 1970ern/1980ern andere Akzente setzte.

Aktuelle Ansätze geschlechterreflektierender Bildung, in denen nicht mehr ausschließlich Frauen und Mädchen zur Zielgruppe gehören und deren Methoden und Reflexionen den Fokus Geschlecht überschreiten, werden im dritten Abschnitt gesondert betrachtet. Resümierend werden gemeinsame aber auch differierende Schwierigkeiten in aktuellen Praxen herausgestellt. Sie reichen von den Einschränkungen durch institutionelle Rahmungen (bedingte Freiwilligkeit, nur ausgewählte [meist berufstätige] Adressat_innen) und deren Logiken (Effizienzlogik, Individualisierung) hin zu inhaltlichen Herausforderungen (Komplexität, Historizität und Intersektionalität). Der Überblick zeigt, dass sich z.T. die in der Einleitung herausgearbeiten widersprüchlichen gesellschaftlichen Entwicklungslinien in den Herausforderungen der geschlechterreflektierenden Bildung wider spiegeln.

In der Betrachtung des Ist-Zustandes der Geschlechterreflexivität an den Bildungsinstitutionen, die im letzten Abschnitt des ersten Kapitels erfolgt, wird deutlich, dass trotz der in praktischen und theoretischen Ansätzen mittlerweile weit ent-

---

2 Auch die demokratische Bildung der Besatzer_innen in Westdeutschland nach dem Krieg und die DDR-Frauenbildung beinhalteten schon Elemente einer politischen Frauenbildung, können jedoch aufgrund ihrer staatlichen Funktionen, Propaganda und Implementierung von außen meiner Ansicht nach nicht in das Kontinuum feministischer Bildung gestellt werden.

falteten Diskussion die Majorität der Bildungseinrichtungen von diesen Diskursen kaum berührt wird. Es bedarf noch zahlreicher struktureller und symbolischer Veränderungen, bis dies der Fall sein wird.

Die Ergebnisse von Studien über und Analysen von Curricula und Programmen, Lehr- und Lernmaterialien, qualitativen Untersuchungen, Diskursanalysen und Statistiken über Teilnehmer_innen und Lehrpersonen zeigen, dass ein Kontakt mit geschlechterreflektierten Denkweisen innerhalb der Bildungsinstitutionen derzeit nicht vorausgesetzt werden kann und somit auch bei meinen Interviewpartner_innen nicht im Vorfeld angenommen werden konnte.

Kapitel 3 stellt anknüpfend an die Diskussionen im ersten Abschnitt des ersten Kapitels die Frage, von welchem Subjekt im Kontext meiner Studie auszugehen ist, das heißt, mit welchem Subjektbegriff gearbeitet werden kann. Hierzu wurde auf feministische Überlegungen und Kontroversen zum Subjektverständnis mit dem Ziel rekurriert, den Zusammenhang zwischen Konzeptionen von Subjektivität und Handlungsfähigkeit in den unterschiedlichen Ansätzen zu umreißen. Die Diskussion der verschiedenen Subjektauffassungen der unterschiedlichen Strömungen des Feminismus haben im Hinblick auf die angestrebten Definitionen ergeben, dass Identitäten als unabgeschlossen, unvollendbar zu begreifen und deshalb prinzipiell offen zu halten sind. Das empirische Subjekt handelt, jedoch vor dem Hintergrund eines anti-essentialistischen Selbstverständnisses. Die eigenen Konstituierungsprozesse können erforscht und die allgemeingültigen Kategorien daraufhin untersucht werden, welche Verwerfungen sie mit sich bringen. Demnach beinhaltet eine geschlechtertheoretisch informierte Perspektive ein Verständnis von Handeln (und daraus folgend auch von Lernen), das sowohl die Dramatisierung als auch Ent-Dramatisierung von Geschlecht beachtet (auch fassbar mit Spivaks Term des strategischen Essentialismus), dekonstruktivistische Praxen nicht ausschließt und die Verwobenheit von Herrschaftsverhältnissen bzw. der Verwerfungslinien *Rasse*, Klasse, Körper, Geschlecht bei Relevanz der ökonomischen Strukturen berücksichtigt.

Im Zentrum des vierten Kapitels steht die Frage, welches theoretische Verständnis von Lernen sich vor dem Hintergrund der zuvor erarbeiteten (Geschlechter-)Theorien anbietet, um die Auseinandersetzungsprozesse mit Geschlechterverhältnissen der Befragten zu erkunden. Ich schlage hier ein Verständnis von Lernen vor, welches durch eine Synthese mehrerer Ansätze verschiedene Ebenen umschließt und somit einen ganzheitlichen Blick auf Lernen ermöglicht. Um die Ebenen der Handlungsfähigkeiten und der individuellen Entwicklungsmöglichkeiten von Individuen, die aus einer erwachsenenbildnerischen und feministischen Perspektive zentral sind, zu erfassen, eignet sich der subjektwissenschaftliche Ansatz (Holzkamp), da in ihm Lernen, im Gegensatz zu vielen anderen Lerntheorien, klar auf gesellschaftliche Verhältnisse bezogen bleibt.[3] Hilfreich für meine Betrachtungen sind hier besonders der Fokus auf Lerngründe und Lernwiderstände und die Begriffe von restriktiver und verallgemeinerter Handlungsfähigkeit, expansivem und defensivem Lernen und dem subjektiven doppelten Möglichkeitsraum. Dieser Ansatz benötigt jedoch Komplementierungen, die die körperliche und emotionale Involviertheit der Subjekte und den Lernprozess noch besser beschreiben können. Betrachtungen des informellen Lernens (Haug, siehe Kapitel 4.2), des Lernens aus Passion und des ›Widerfahrnisses‹ (Meyer-Drawe, siehe Kapitel 4.3) sowie interessentheoretische Überlegungen (Grotlüschen, siehe Kapitel 4.4) liefern wichtige Ergänzungen, die es ermöglichen auch längere (teilweise lebenslange) Lernprozesse in ihren Facetten in den Blick zu rücken. Durch die Betrachtung von informellem Lernen lassen sich auch Verlernen, Selbstzweifel und Vergessen als Bestandteile von Lernprozessen begreifen (Haug). Im phänomenologischen Lernansatz nehmen sinnliche körperliche Erfahrungen bzw. Widerfahrnisse (wie Überraschung, Begehren und Unbehagen) einen nicht-kognitiven, jedoch zentralen Platz im Verständnis von Lernen ein. Emotionen, wie z.B. Leidenschaft, werden als elementarer Teil von Lernen anerkannt (Meyer-Drawe). Dadurch lässt sich auch erklären, warum ein Lernprozess nach der Teilnahme an einer Fortbildung nicht abgeschlossen ist. Das Modell der Interessegenese (Grotlüschen) ermöglicht es die Dimensionen von Selbst- und Fremdbestimmung (jenseits einer Polarisierung) mittels einer habituellen und pragmatischen Achse in länger angelegten Lernprozessen (sprich ›Interesseprozessen‹) zu untersuchen.[4]

Im fünften Kapitel werden die methodologischen Bezugspunkte der Studie, das Forschungsvorgehen und der Umgang mit dem Material vorgestellt sowie der Auswertungsprozess nachgezeichnet. Im ersten Abschnitt gehe ich, in Bezug auf die feministische Methodologiedebatte der Frage nach, ob es in meiner Studie eines spezifisch feministischen, methodischen Vorgehens bedarf, wie z.B. Mies es vorschlägt (Mies 1978). Auf der Basis der Positionen von Standpunkttheoretiker_innen (insbesondere Harding 1987) wird diese Frage verneint und zwar nicht nur ausgehend von einer Kritik an ›Wahrheit‹ bzw. ›Objektivität‹ und dem daraus folgenden Verhältnis von Wissenschaft und Politik, sondern auch vor dem Hintergrund einer Umsetzbarkeit einer feministischen Methodologie. Was an einem methodischen Vorgehen feministisch ist, kann nicht im Vorfeld bestimmt werden, sondern viel-

---

3 Im kritisch-psychologischen Denken wird das Subjekt als ein gesellschaftlich sowie räumlich-zeitlich situiertes gefasst, jedoch auch als ein handlungsfähiges, das Einflussmöglichkeiten auf eben jene gesellschaftlichen Bedingungen hat, die es einschränken.

4 Sowohl die Phasenunterteilung des Interesseprozesses mit jeweils phasenspezifischen Charakterisierungen als auch die Interrelation zwischen Gesellschaftlichem und Subjektivem mittels des Habitusbegriffs von Bourdieu (›vom Vergessen der Einflüsse‹) sind als Basis in die Interviewauswertung eingeflossen.

mehr werden Transparenz und Reflexion als grundlegende Kriterien gelungener bzw. emanzipatorischer Forschung angelegt. Trotz der Zurückweisung einer explizit feministischen Methodologie fungieren die ethischen Grundsätze der feministischen Wissenschaftskritik in meiner Studie als Orientierungspunkte, um die historisch entstandene Verfasstheit des Status-Quo zu begreifen, und um eben jene auch auf Überwindungsmöglichkeiten hin zu befragen. Feministische und andere herrschaftskritische Perspektiven werden folglich nicht als objektive, jedoch als objektivitätssteigernde Basis der Forschung angesehen.

Im zweiten Abschnitt des Kapitels wird die Wahl der Grounded Theory als Forschungsvorgehen begründet. Als Forschungsstil bietet sich das Vorgehen der Grounded Theory an, da es bedeutet, offen und nicht hypothesenprüfend ins Feld zu gehen. Die komparative Analyse, die Strauss und Corbin als Auswertungsmethode vorstellen, bietet durch ihr Kodierparadigma (Set von Fragen) eine hilfreiche Unterstützung, um sich den Daten zu nähern. Letztlich, und das ist der überzeugendste Grund für die Wahl der Grounded Theory, beinhaltet die Haltung der Grounded Theory den Grundsatz, pragmatisch mit der Wirklichkeit umzugehen, das heißt, diese als im permanenten Wandel begriffen zu verstehen. Als tastendes und prozessorientiertes Verfahren wird das Forschungsdesign entlang der vorliegenden Begebenheiten entwickelt. Damit impliziert die Grounded Theory Anforderungen, die methodologisch mit einer feministischen und subjektwissenschaftlichen Forschungshaltung vereinbar sind. Die Grounded Theory schließt an das theoretische Forschungsdesign meiner Studie an, da auch sie die Kritik einer Objektivitätsannahme beinhaltet, wie ich sie im Abschnit 1 des zweiten Kapitels, in Kapitel 3 und Kapitel 4 herausarbeite, und ein ähnliches Verständnis vom Subjekt vertritt, wie ich es in Kapitel 4 herleite.

Das konkrete Forschungsvorgehen, d.h. die Zusammensetzung meines Samples, die Materialgewinnung und die Interviewmethode werden im dritten Abschnitt vorgestellt, reflektiert und begründet. In der Samplezusammenstellung habe ich Menschen gewählt, die sich langjährig und intensiv mit dem Themenkomplex ›Gender/Geschlecht/Feminismus‹ auseinandergesetzt haben bzw. die sich in diesem Bereich engagieren.[5] Aus erwachsenenbildnerischer Perspektive interessieren mich insbesondere Menschen, die Erfahrung mit der Vermittlung ihres Wissens und ihrer Erlebnisse sowohl an Jugendliche und als auch an Erwachsene haben. Als Gegenhorizont werden weitere Interviews mit Menschen geführt, die erst ganz am Anfang

---

5   Vor dem Hintergrund der in Kapitelabschnitt 2.1 und in Kapitel 3 dargestellten geschlechtertheoretischen Überlegungen können auch Männer, Trans* und Inter* zu (pro)-feministischen Akteur_innen, d.h. zu Subjekten feministischer Bildungsprozesse, werden, sofern sie sich nicht über eine Höherstellung im Geschlechterverhältnis definieren.

ihrer Auseinandersetzung mit Geschlechterverhältnissen stehen.[6] Für die vorliegenden transkribierten Interviews war eine Mischung aus systematischem und zufälligem, selektivem und theoretischem Sampling leitend (vgl. Strauss/Corbin 1996: 155f).

Im Weiteren Verlauf des Kapitels (5.3.2 und 5.3.3) setze ich mich mit meinem eigenen Standpunkt gegenüber den Interviewpartner_innen auseinander und komme zu dem Schluss, dass ich erstens meine eigene Nähe zum Feld nur durch den Einsatz verschiedener Reflexionstechniken ausgleichen kann und dass zweitens eine zentrale Anforderung an meine Interviewführung darin bestehen muss, potenziell retraumatisierende Situationen für meine Gesprächspartner_innen im Interview, über meine eigene Sensibilisierung und Vorbildung bezüglich der schmerzhaften Ebenen der Differenzerfahrungen zu vermeiden.

Das teilstandardisierte bzw. problemzentrierte Interview, das hier als Erhebungsmethode verwendet wurde, ist eine Mischform aus narrativem und leitfadengestütztem Interview. Da ein mehrere Interviewte zusätzlich zu ihren individuellbiografisch begründeten Auseinandersetzungen mit den Geschlechterverhältnissen auch eine sozial institutionalisierte Expertise besitzen, orientiere ich mich teilweise methodisch zudem am Expert_inneninterview.

Die erste vorläufige Fassung des Interviewleitfadens entwickelte ich auf der Basis von theoretischer Auseinandersetzung und eigenen praktischen Erfahrungen. Über den Forschungsprozess hinweg wurde der Leitfaden weiterentwickelt und ausdifferenziert, sowohl die Beschäftigung mit theoretischen Texten (der Subjektwissenschaft, der geschlechtergerechten Didaktik u.a.) als auch meine konkreten Erlebnisse in der Handhabung des Leitfadens in den vorangegangenen Interviews, wirkte sich auf die Fortentwicklung des Leitfadens aus.[7] Der letzte Abschnitt des fünften Kapitels sucht, den nicht linearen, vielmehr spiralförmigen Auswertungsprozess nachzuzeichnen. Da bei dem angewandten Vorgehen der Grounded Theory zwischen unterschiedlichen Forschungsphasen (Datenerhebung, Auswertung, Theoriebildung) hin- und hergependelt wird, kann es sich nur um eine schemenhafte, grobe Rekonstruktion handeln. Nach dem Aufbrechen der Daten im Prozess des offenen Kodierens werden die so entstandenen Kategorien in Subkategorien und

---

6 Von diesen Interviews ist nur eines vollständig transkribiert (Elmar Kade), ein weiteres liegt in Teilen vor (Filip Nowak).

7 Die in Kapitel 5.3.5 dargestellte Version des Leitfadens ist deshalb sehr umfassend und wurde nicht im vollen Umfang innerhalb einzelner Gespräche genutzt, vielmehr stellt die Abbildung eine Gesamtschau der angesprochenen Themenkomplexe dar. Die Fragen berühren die Bereiche A) eigener Zugang und eigene Geschichte mit dem Thema Gender/Feminismus; B) Lernprozesse und Lernbehinderungen von Lernenden (z.B. Seminarteilnehmer_innen); C) Erfahrungen und eigene Lernprozesse als Lehrende (Gendertrainer_in, Dozent_in, Bildungsarbeiter_in) und D) Anmerkungen zum Interview.

Cluster geordnet. So entstehen wiederum neue Kategorien und Oberkategorien, die sich mit jeder weiteren Auswertungssequenz verändern. Erste Kategorien lauteten: Geschlechternormen, Gerechtigkeitsempfinden, Berufswissen, Lernräume, Möglichkeitsräume, Rahmungen, Beziehungscharakter (zwischen Subjekt und Lerngegenstand), Widerstände, Blockierungen, Lernstrategien und Lehrstrategien.

In der darauffolgenden Phase des axialen Kodierens werden die Kategorien in Verhältnisse zueinander gebracht (gewonnen entlang des hinsichtlich subjektwissenschaftlicher Perspektive abgewandelten Kodierparadigmas ›Begründung(en) → subjektiv interpretierter Kontext → Handlung(en) → Konsequenzen‹ [siehe Abschnitt 5.4.1]). Als Phänomen wird ein Interesse bzw. ein begründeter Auseinandersetzungsprozess mit den Geschlechterverhältnissen gefasst. Im Zentrum der Auswertungen stehen Konflikte und Diskrepanzerfahrungen. Durch den Rückbezug auf theoretische Konzeptionalisierungen von ›Lernen‹ (z.B. Diskrepanzerfahrung, Lerngründe, Lernwiderstände, expansives und defensives Lernen, Widerfahrnisse, Vergessen von Einflüssen, siehe Kapitel 4) können diverse Ebenen ausgemacht werden, die schließlich für die Konkretisierung der zentralen Kategorien relevant sind. Für die Analyse der Deutungsmuster wird zudem eine Unterscheidung in Identitätskonstruktionen, symbolische Repräsentationen und Strukturen vorgenommen, welche der Mehrebenenanalyse von Degele/Winker 2009 entlehnt ist. In der Bearbeitung weiterer Interviews konzentriert sich der Auswertungsprozess, abweichend von dem von den Macher_innen der Grounded Theory vorgegebenen Verfahren, schließlich auf drei Kernkategorien: 1) Lerngründe 2) Lernwiderstände und 3) Handlungsstrategien. Noch immer umfassten diese Kategorien ein solches Ausmaß an Material, dass eine weitere Eingrenzung notwendig war. Durch die theoretische Kontrastierung mit dem Dreiphasenmodell der Interessegenese (Grotlüschen 2010, siehe auch Kapitel 4.4) konnte die finale Eingrenzung vorgenommen werden, nach der das Auswertungskapitel wie vorliegend strukturiert ist: Die Lerngründe werden in der Phase des ersten Kontakts mit dem Lerngegenstand betrachtet, Lernwiderstände in der Phase des beginnenden Lernprozesses und Handlungsstrategien in der fortgeschrittenen Phase. Die Unterteilung in Phasen zielt dabei nicht auf trennscharf unterteilte Ebenen, sondern es handelt sich vielmehr um Verdichtungen und Konzeptionalisierungen mit unterschiedlichen Qualitäten, die nicht im Sinne von Stufen in einem Kompetenzmessungsmodell zu begreifen sind.

Anknüpfend an die Darstellung der einzelnen Auswertungsschritte werden die Limitierungen durch den methodischen Aufbau reflektiert. Vor allem die Fokussierung auf Personen, die ein langjährig gewachsenes Interesse für das Thema hegen, schafft Ausschlüsse in Bezug auf die Reflexionsmöglichkeiten der allerersten Anfänge des Lernens. Die wenigen Interviews mit Lernbeginner_innen zeigen, dass noch ›frische‹ Eindrücke detaillierter, wenn auch nicht immer genauso reflektiert, beschrieben werden können.

Im letzten Abschnitt stelle ich Reflexionen über die Bedeutung von Geschlechterzuschreibungen in der Interviewinteraktion und für das in den Interviews Gesagte an. Zum einen zeigt die Auswertung, dass insbesondere Lernwiderstände (und darin vor allem geschlechtsbezogene) von den männlichen Befragten deutlicher hervorgehoben wurden, zum anderen existiert in feministischen Debatten zur Methode des Interviews eine Kontroverse darüber, inwiefern Geschlechterzuschreibungen und -konstellationen (z.B. weiblich wahrgenommene Interviewerin im Gespräch mit männlich wahrgenommenen Experten) Einfluss auf die Inhalte der Interviews haben. In der Reflexion meiner eigenen (Geschlechter-)Performanz und ihrer Wirkung in den Interviews komme ich jedoch nicht zu einem abschließenden Urteil, da diese Frage nicht meinen Untersuchungsschwerpunkt darstellt und ihre Beantwortung eines eigenen Forschungsdesigns bedarf.

Das sechste, empirische Kapitel stellt gewissermaßen das Kernstück der Forschungsarbeit dar, denn es liefert entscheidende Schritte zur Ausdifferenzierung der eingangs aufgeworfenen Forschungsfrage. Seine zentralen Ergebnisse werden im vorangehenden Abschnitt 6.4 zusammengefasst. An dieser Stelle erfolgt statt einer Wiederholung unter der Überschrift ›Spannungsfelder‹ eine weitere Strukturierung. Alle drei kapitelübergreifenden, zentralen Dimensionen (1. widersprüchliche gesellschaftliche Entwicklungsrichtungen, 2. Kritik an dualistischen Objektivitätsverständnissen und 3. Bedeutung von Subjektivität), die sowohl theoretisch als auch empirisch hinsichtlich des Lernens über Geschlechterverhältnisse in meiner Studie Relevanz entfalten, finden sich hier wieder. Abschließend stelle ich Überlegungen an, welche Anknüpfungspunkte sich aus meiner Studie für weitere Forschungsvorhaben ergeben.

7.2 Spannungsfelder

Im Folgenden sollen Spannungsfelder kategorienübergreifend aus meinen Auswertungen herausgearbeitet werden. Mit der Holzkamp'schen lerntheoretischen Analysebrille befindet sich das Subjekt im Lernprozess vor allem im Zwiespalt zwischen Ressourcenerhalt (restriktiver Handlungsfähigkeit) und Handlungsraumerweiterung (verallgemeinerter Handlungsfähigkeit). Vor dem Horizont der in den Theoriekapiteln herausgearbeiteten zentralen Dimensionen (widersprüchliche Entwicklungsrichtungen, Objektivitätskritik und Subjektivität) und der vollzogenen empirischen Analyse lässt sich dieses Spannungsfeld zu einem verzweigten Netz unterschiedlicher Bereiche ausdifferenzieren. Verschiedene Ebenen, welche zum Teil gegenstandsspezifisch und zum Teil gegenstandsunabhängig sind, werden sichtbar.

Es hat sich gezeigt, dass das professionelle Handeln eine Handlungsfähigkeit ist, die ihren eigenen Logiken folgt und deshalb nicht ohne Weiteres einer Seite des Holzkamp'schen Kategorienpaars (restriktive Handlungsfähigkeit versus verallgemeinerte Handlungsfähigkeit) zugeordnet werden kann. Vielmehr ist das professionelle Handeln häufig beiden Seiten verschrieben und kann im Widerspruch zu verallgemeinerten als auch zu restriktiven Handlungsformen stehen. Es handelt sich hier um ein bewusstes Agieren im doppelten subjektiven Möglichkeitsraum, d.h. um ein Treffen bewusster Entscheidungen im Raum der Widersprüche. Im Folgenden wird deshalb zunächst das professionelle Handeln in ein Verhältnis zu der restriktiven und der verallgemeinerten Handlungsfähigkeit gesetzt.

In den Ausführungen der drei Spannungsfelder wird deutlich, dass der Begriff des Ressourcenerhalts, also der Abwehr eines antizipierten Verlusts, wie er in der Holzkamp'schen Lerntheorie in Bezug auf die restriktiven Handlungsweisen bzw. das defensive Lernen relevant wird, nicht ausreichend ist, um die analysierten Vorgänge begrifflich differenziert zu erfassen. Auch die in der Ausarbeitung des lerntheoretischen Verständnisses (Kapitel 4) vorgenommenen begrifflichen Komplementierungen durch Betrachtung des informellen Lernens, des Lernens aus Passion und der Interessegenese können die notwendige stetige Performanz und Intersubjektivität des Ressourcenerhalts begrifflich nur unzulänglich fassen. Deshalb wird als ein lerntheoretischer Ausblick auf die Anerkennungstheorie verwiesen.

Im Anschluss an diese Ausführungen werden quer verlaufende Spannungsfelder der Gewohnheiten und der intersektionalen Positionierungen kurz beschrieben. Die in der Übersicht entstandenen ›allgemeineneren‹ Spannungsfelder werden schließlich themenbezogen und bezogen auf die Ebene der professionellen Vermittlung ausdifferenziert.

Tabelle 15: Spannungsfelder der Handlungsfähigkeiten

restriktive Handlungsfähigkeit	verallgemeinerte Handlungsfähigkeit
professionelle Handlungsfähigkeit	verallgemeinerte Handlungsfähigkeit
restriktive Handlungsfähigkeit	professionelle Handlungsfähigkeit

1. Restriktive Handlungsfähigkeit ↔ verallgemeinerte Handlungsfähigkeit

In den Interviews wurde deutlich, dass die restriktive Handlungsfähigkeit, verstanden als ein Streben nach Sicherheit der sozialen und materiellen Ressourcen innerhalb der umgebenden Strukturen und die verallgemeinerte Handlungsfähigkeit, also ein Streben nach freiem (d.h. nonkonformistischen) geschlechtlichem und politisch-ethischem Selbstausdruck in einem Spannungsverhältnis zueinander stehen können. In den ersten Lerngründen kommt dieses durch ein nur vage zu beschreibendes Unwohlsein und Sich-komisch-Fühlen zum Ausdruck (Abschnitt 6.1.1). In der Reflexion von Lernwiderständen ist dieses Gefühl bereits etwas präziser benennbar als

Angst und Unsicherheit (Abschnitt 6.2.2). In der fortgeschrittenen Phase bewirkt dieser innere Konflikt, dass das Handeln an spätere, sinnvollere Orte des (z.b. kollektiven) Handelns verschoben wird oder ausgesetzt werden kann. Dies kann geschehen, ohne dass das Subjekt eine grundlegende existenzielle Verunsicherung erfährt, da es sich bereits seiner Handlungsoptionen und Handlungsfelder bewusst ist. Besonders dann, wenn Strukturen und hegemoniale Diskurse (z.b. repräsentiert durch Vorgesetzte oder durch Menschen, mit denen eine [lebens-]wichtige [Alltags-]Beziehung besteht) das Sicherheitsgefühl, also die Ressourcen des handlungsfähigen Subjekts, gefährden, finden Nicht-Positionierungen statt bzw. ressourcenschonendes Handeln zu Lasten der freien Artikulation (Abschnitt 6.3.1 a-d). Hier bestätigt sich, dass ein ausreichendes Maß an Ressourcen (wie z.b. sozialer Aufgehobenheit und ökonomischer Sicherheit) notwendig ist, um einen emanzipatorischen Selbstausdruck überhaupt erst zu ermöglichen.

Der Wunsch nach Bestätigung, Anerkennung und Würdigung durch Erfüllung gesellschaftlicher Normen ist in den Interviews mit den als negativ empfundenen Emotionen wie Angst, z.b. beschrieben in der Angst, schwul zu sein (Abschnitt 6.2.2. c) oder aber mit dem Zurückfallen in alte Gewohnheiten, z.b. bezüglich des Sprachgebrauchs (Abschnitt 6.3.1 d) verbunden. Als Handlungsbegründung und als ein innerer Lernwiderstand kann das Schwanken zwischen dem Streben nach Ressourcenerhalt (Bedrohungsabwehr und Sicherung des individuellen Verfügungsraums) und Ausbau der Handlungsfähigkeit oder anders formuliert, zwischen der antizipierten Ablehnung durch das Umfeld und der körperlichen Sedimentierung des neuen Wissens und des neu überdachten Gerechtigkeitsempfindens verstanden werden.

2. Professionelle Handlungsfähigkeit ↔ verallgemeinerte Handlungsfähigkeit

Dieses Spannungsfeld stellt gewissermaßen eine spezifische Variation des ersten dar. Die professionelle Handlungsfähigkeit umfasst, das eigene Wissen sinnvoll und effektiv weiterzugeben und somit Erfahrungsräume zu öffnen, die von den Rezipient_innen angenommen werden können. Dies setzt jedoch ein Bewusstsein über einen Vorsprung an Kompetenz und Professionalität voraus, das heißt, ein Wissen über ein diesbezügliches Ungleichgewicht gegenüber denjenigen, gegenüber denen eine Vermittlung (in einem Lehr-Lern-Setting) stattfinden soll. Individuell interpretierte (oder auch ›spontane‹) verallgemeinerte Handlungsfähigkeit, so wie oben beschrieben, kann dieser Professionalität entgegenstehen. Professionalität bedeutet somit für das Subjekt, den Tribut einer nur teilweisen und situativen Positionierung zu zahlen, das heißt eigene Bedürfnisse nach politischer und persönlicher Artikulation in der Lehrsituation hinter die langfristige Vermittlungsaufgabe zurückzustellen. Es kann sinnvoll sein, dass Gender-Trainer_innen, Mädchen- oder Jungenarbeiter_innen ihre persönlichen Haltungen oder auch das Ausmaß ihrer Betroffenheit in bestimmten Situationen für sich behalten, wenn strukturell frauenfeindliche oder heterosexistische Äußerungen durch die Teilnehmer_innen erfolgen. Würden sie in einem politischen Kontext eventuell ein Bündnis aufkündigen oder eine klare Gegenposition einnehmen, ihre Wut oder Verletzung zeigen, so bedeutet ein professioneller Umgang in manchen Situationen, behutsam Fragen zu stellen oder auf Widersprüche hinzuweisen (siehe auch 6.3.2).

3. Restrikitve Handlungsfähigkeit ↔ professionelle Handlungsfähigkeit

Ein drittes Spannungsfeld besteht zwischen der restriktiven Handlungsfähigkeit, die die Sicherung des Status quo beinhaltet und der professionellen Handlungsfähigkeit. So können beispielsweise fehlende Projektgelder oder niedrige Gehälter eine angemessene Rahmung für die Vermittlung, also für professionelle Handlungsfähigkeit innerhalb von pädagogischen Kontexten verhindern. Bezeichnungspraxen im Rahmen von Ankündigungen oder Anträgen (Abschnitt 6.3.3.d), die bis zu einem gewissen Maße notwendigerweise auf hegemoniale Diskurse rekurrieren, können eine Vermittlung von gesellschaftskritischen Inhalten erschweren. Zum Beispiel wenn aufgrund geringer Finanzmittel nur ein einmaliges kurzes Seminar zum Thema angeboten werden kann, werden tiefgehende Selbstreflexionsprozesse, die häufig erst zu einem echten Lernprozess führen, durch die zeitliche Beschränkung verhindert. Ein anderes Risiko ist, dass Gender Trainings im Kontext von Gender Mainstreaming eine Ausrichtung auf Genderkompetenz als effizienzfördernde ›Social Skill‹ im Sinne einer ›Humankapitaloptimierung‹ erfahren. Die professionellen Vermittler_innen stehen dann unter Druck, da eine Verknüpfung mit politisch-historischen Gerechtigkeitsfragen (bei Geldgeber_innen) Widerstände und Ablehnung hervorrufen können, da sie sachlich irrelevant oder zu wenig arbeitsplatzbezogen empfunden werden (siehe Abschnitt 6.2.2).

Meine Forschungsergebnisse, in denen sich Identitätskonstruktionen (unter den Lerngründen) sowie Ressourcenerhalt und -erwerb (z.B. soziale und materielle Sicherheit) als zentrale Kategorien zeigen, verweisen auf die theoretische Konstruktion der Anerkennung. Nicht nur die Sorge vor dem Ressourcenverlust und Bemühungen um Bedrohungsabwehr fallen in den Bereich (Abschnitt 6.3.1), der hier mit der restriktiven Handlungsfähigkeit gefasst wird, sondern auch ein aktives Erhalten und Anstreben einer positiven Resonanz beim Gegenüber, insbesondere von Beliebtheit, Würdigung, Erfolg, Bestätigung und Respekt, kann dazu gezählt werden. Über den Begriff der Anerkennung, so meine These hier, lässt sich der Blick auf den gegenwärtigen Status quo der Weltverfügung, der mittels restriktiver Handlungsfähigkeit aufrechterhalten werden soll, verfeinern. Insbesondere im Hinblick auf politisches Lernen über soziale Differenz und gesellschaftliche Ungleichheiten (so wie es das Lernen über Geschlechterverhältnisse darstellt) ist Anerkennung ein entscheidendes Kriterium, da anders als bei anderen Lerngegenständen (wie z.B.

Buchhaltung), Reflexion und Hinterfragung von gesellschaftlichen (Handlungs-) Normen über die ein alltäglicher Anerkennungsgewinn erfolgt, einen fundamentalen Bestandteil des Lernprozesses darstellen. Es wird deutlich, dass der Status quo der Weltverfügung, d.h. die Ressourcen des Subjekts, nicht nur verteidigt und erhalten werden müssen, sondern in einem permanenten (inter-)aktiven Prozess immer wieder aufs Neue erworben und hergestellt werden. Ausführungen zu ›Anerkennung‹ verdeutlichen verschiedene Quellen und zentrale Ausformungen dieser vor allem sozial hergestellten Ressource. Anerkennung ist ein Begriff, der heute in zahlreichen erziehungswissenschaftlichen Arbeiten an zentraler Stelle aufgegriffen wird (z.B. Balzer 2007, Balzer/Ricken 2010, Schäfer/Thompson 2010, Schäfter 2009, Mecheril 2005, Ricken 2006). Vor allem anerkennungstheoretische Ansätze von Honneth, Jessica Benjamin, Charles Taylor, Avishai Margalit werden rezipiert. Eine Basisannahme anerkennungstheoretischer Ansätze ist, dass das jeweilige Verhältnis eines Subjektes zu sich selbst nicht losgelöst von anderen, sondern in Abhängigkeit zu anderen gefasst werden muss. Eine Rekonstruktion von gesellschaftlichen Wertvorstellungen muss deshalb innerhalb von intrapersonalen Beziehungen erfolgen. Anerkennungstheoretische Ansätze diskutieren Relationen und Zusammenwirken von Selbstempfinden, Anerkennung und Handeln.

Der Begriff der Anerkennung dient hier als Ausblick und Anregung für weitere Überlegungen. Festhalten lässt sich aus einer anerkennungstheoretischen Blickrichtung, dass der interaktive Herstellungsprozess des Selbst(gefühls) und damit der Intersubjektivität (als Grundlage für Lernen) ein andauernder und nicht mit einer spezifischen Lernphase abzuschließender oder zu überwindender ist. Die Ausdifferenzierung unterschiedlicher Anerkennungsformen[8] erklärt, dass diese den Status quo der Weltverfügung charakterisieren. Nach Honneth können die Mitglieder einer Gesellschaft nur über die Anerkennung der Anderen eine unbeschädigte Identität ausbilden. Anerkennung umfasst die emotionale und kognitive Bestärkung und Ermutigung der Ansprüche, Bedürfnisse und Positionen des Anderen. Nach Honneths Definition ist Anerkennung ein andauernder Prozess, »Personen in einem positiven Verständnis ihrer selbst« zu bestätigen. Sie ist notwendig, da das »normative Selbstbild eines jeden Menschen [...] auf die Möglichkeit der steten Rückversicherung im Anderen angewiesen ist« (Honneth 1992: 212). Die gesellschaftliche Partizipation eröffnet den Individuen eine Spiegelung ihrer selbst, da sie sich selbst als gesellschaftliche Objekte anerkennen müssen. Darüber hinaus folgt aus der normativen Beschaffenheit des sozialen Handelns, dass sich Individuen als moralische

---

8 So betont z.B. Honneth drei zentrale Formen reziproker Anerkennungsverhältnisse: 1. die ›Liebe‹ als »leitende Idee von Intimbeziehungen« 2. den Gleichheitsgrundsatz als »Norm von Rechtsbeziehungen« und 3. das »kulturelle Selbstverständnis einer Gesellschaft« als »Maßstab der Sozialhierarchie« (Honneth 1992: 153-168).

Wesen sowohl durch Akzeptanz durch andere, aber auch durch Selbstachtung, begreifen können.

Am Beispiel Honneths wird deutlich, dass Anerkennungsformen teilweise aufeinander aufbauen, aber auch in Widerspruch zueinander stehen können. Es lässt sich darüber streiten, ob sich Anerkennungstheorie als neuer, umfassender gesellschaftskritischer theoretischer Rahmen eignet. Damit ist auch die Frage offen, ob eine Anschlussfähigkeit an die subjektwissenschaftliche Perspektive besteht.[9] Die Kompatibilität von Anerkennungstheorie mit einem subjektwissenschaftlichen Ansatz (mit seiner materialistischen theoretischen Basis) ist nicht abschließend im Rahmen dieser Studie zu klären.

Neben den drei zentralen Spannungsfeldern zwischen restriktiver, verallgemeinerter und professioneller Handlungsfähigkeit, die hier durch einen Ausblick auf ›Anerkennung‹ verfeinert wurden, sind im Rahmen der Auswertungen verschiedene weitere hervorgetreten. Die Spannungsfelder der Gewohnheiten und der intersektionalen Positionierungen verlaufen quer zu den oben genannten, denn sie durchziehen die Subjekte selbst und wirken durch körperliche und emotionale Empfindungen, Habitus und Betroffenheiten auf das Handeln.

Tabelle 16: Quer verlaufende Spannungsfelder

Gewohnheit	Handlungsintention
Intersektionalität (Mehrfachzugehörigkeiten)	
z.B. Rasissmus	Heterosexismus

---

9 Es ist zu befürchten, dass eine Umstellung der Analysewerkzeuge kritischer Gesellschaftstheorie von den marxistischen hin zu anerkennungstheoretischen Begrifflichkeiten mit einer Vernachlässigung von Umverteilungsforderungen einhergeht. So kritisiert Fraser an Honneths Ansatz, dass er die Bedeutung von ökonomischen Faktoren nicht genügend berücksichtigt (Fraser/Honneth 2011: 51). Sie hebt hervor, dass Anerkennung in materielle Verteilungskämpfe eingebunden ist und dass eine unfaire Verteilung auch zu unfairen Anerkennungsverhältnissen führt. Sie plädiert für eine erweiterte Gerechtigkeitskonzeption (ebd.). Schäfer und Thompson benennen vor allem drei Problematiken, die mit anerkennungstheoretischen Perspektiven einhergehen: a) die Interpretativität des Sozialen, b) den Zusammenhang von Anerkennung und Macht und c) das Problem von Alterität und Anerkennung (ausführlicher dazu vgl. Schäfer/Thompson 2010: 19ff).

Gewohnheit ↔ Handlungsintention

Körperlich-emotionale Verhaftungen in lang eingeübte Denk- und Handlungsweisen können neues Wissen und daraus resultierende (neue) erkenntnisgeleitete Handlungsweisen durchkreuzen und untergraben. Bewusste und rationale Handelsintentionen können durch unbewusste Subjektstrukturen ins Wanken gebracht werden. Interviewte merkten, dass durch den Rückfall in Gewohnheiten das durchgängige Verwenden geschlechtsneutraler Sprache Probleme bereitet (Maya Wolf, Abschnitt 6.3.3 d und Ulrich Becker, Abschnitt 6.3.1.d), dass eine Unfähigkeit besteht, die eigenen Gefühle wahrnehmen zu können (Stefan Krüger, Abschnitt 6.2.2 d), oder dass das raumgreifende Sprechen, scheinbar ein männlicher Habitus zum eigenen Selbst gehört (Abschnitt 6.2.2 a). Emotionen wie Angst und Verunsicherung sind ein Hinweis auf eine Hinterfragung relativ stark verankerter Gewohnheiten (von Meyer-Drawe wird dieser Vorgang auch als Widerfahrnis bezeichnet, siehe Abschnitt 3.3). Das heißt ferner, Wahrnehmungs-, Bewertungsmuster lassen sich nicht eindeutig auf der Begründungsebene verorten, die in Bezug zu geschlechtlichen Identitätsbestandteilen oder Vorstellungen von Gerechtigkeit, dem guten Leben steht, sondern betreffen eine weitere, tiefer liegende, für die Befragten offensichtlich schwer in Worte zu fassende, körperliche, unbewusste (bzw. höchstens teilbewusste) Dimension, die einer Trägheit und Kontinuität unterliegt. Die Trägheit der Gewohnheit wurde von Bourdieu als Funktion des Habitus beschrieben. Über den Habitus gelangen die gesellschaftlichen Strukturen in das Subjekt (siehe Abschnitt zur Interessetheorie Kapitel 4.4). Die immer nur ausschnittsweise Wahrnehmung und Reflexion der niemals voll mit dem Verstand zu durchdringenden Körperlichkeit kann jedoch nicht nur eine hemmende Wirkung entwickeln, sondern als Lerngrund auch einen Schlüssel zur Erkenntnis liefern bzw. zu einem fortzusetzenden Interesseprozess führen. Das wird in der Auswertung entlang der Überschneidungen von Lerngründen und inneren Lernwiderständen deutlich. In der Wahrnehmung der Befragten hinken Emotionalität und Gewohnheit der intellektuellen und rationalen Erkenntnis hinterher. Gewohnheiten, alte tief verankerte Bewertungs- und Wahrnehmungsmuster, strukturiert durch den Habitus, werden mit dem beginnenden Lernprozess, also mit der aktiven Auseinandersetzung zunächst bedroht, dadurch jedoch auch bewusst und damit veränderbar. Gewohnheiten, die auch als Inkorporierungen bezeichnet werden können, ist nur über (zeitintensive) Reflexion auf die Spur zu kommen und ihre vollständige Überwindung nie garantiert.

Verwobenheiten in mehrdimensionalen Herrschaftsverhältnissen z.B. Sexismuserfahrung ↔ Rassismuserfahrungen

In meinen Interviews zeigt sich ein Spannungsfeld durch gleichzeitige Mehrfachbetroffenheiten der Befragten von Herrschaftsverhältnissen bzw. durch unterschiedliche Situierungen. Diese legen unterschiedliche Handlungsstrategien nahe, die sich teilweise widersprechen, teilweise ergänzen. Deshalb können sie Widersprüche und

Verstrickungen im Lernprozess, aber auch Anlässe zu lernen, begründen. Die Verwobenheit von Herrschaftsverhältnissen wird in den Interviews vor allem auf Subjekt- und Strukturebene thematisiert. Hauptsächlich die von Alterisierung betroffenen Interviewten gingen intensiver darauf ein. Aufgrund der Auswahl und der Thematisierungen der Interviewten liegt der Schwerpunkt auf den Verschränkungen von (Hetero-)Sexismus, Rassismus und Cissexismus. An einigen Beispielen habe ich herausgearbeitet, wie die Interviewten die Bedeutung ihrer Mehrfachzugehörigkeiten im Lernprozess erleben.

Spannungsfelder wurden hier zwischen den selbst- und fremdzugeschriebenen Identitätskategorien und den jeweils mit ihnen verbundenen gesellschaftlichen Hierarchisierungen ausgemacht. Beispielsweise benötigt eine Stellungnahme zu patriarchalen Familienverhältnissen den Raum für ergänzende Erklärungen und Verortungen innerhalb eines rassistischen Gesellschaftsgefüges (Beispiel in Abschnitt 6.1.5). Gleichzeitig besteht jedoch auch die Möglichkeit, dass Synergieeffekte im Lernen über Herrschaftsverhältnisse genutzt werden können bzw. den Interesseprozess anspornen (Abschnitt 6.1.2 e).

Neben diesen hier skizzierten Spannungsfeldern lassen sich in der Empirie explizit themenbezogene Spannungsfelder ausmachen, in denen Genderwissen in diskursiven und strukturellen Gefügen verortet wird bzw. bestimmten Diskursen gegenüber steht. Hier finden sich gesellschaftliche Widersprüche um das Thema Geschlecht wieder, die im theoretischen Teil der Studie (Einleitung und Kapitel 1) expliziert werden.

Tabelle 17: Themenbezogene Spannungsfelder

Femismus/Gender	Konservativismus/Anti-Feminismus
Feminismus	Gender
Genderstudies	Gender Training
Dramatisierung	Entdramatisierung
Geschlechterverhältnisse	intersektionale Herrschaftsverhältnisse

Feminismus/Gender ↔ Konservativismus/Anti-Feminismus
Der Lernprozess und die kritische Auseinandersetzung mit Geschlechterverhältnissen stehen insbesondere mit konservierenden und anti-feministischen Diskursen in Spannung, welche bereits in der Einleitung skizziert wurden. Hervor sticht in der Empirie der Einfluss, den anti-feministische Begründungen noch immer haben können. Wie diese wirken, zeigt sich auf allen Ebenen, am deutlichsten jedoch in den

Lernwiderständen. In den Abwehrargumentationen wird auf diese antifeministischen Diskurse rekurriert (z.b. Gender sei ein Thema für Frauen [Abschnitt 6.2.1 d], Männer werden gehasst/benachteiligt [Abschnitt 6.2.1 b, c], Geschlechter sind natürlich bzw. gottgewollt [6.2.1 a]) und in den inneren Lernwiderständen speisen diese Diskurse die inneren unbehaglichen Dialoge und Gefühlslagen (z.b. die Angst, schwul zu werden [Abschnitt 6.2.2 c], das Gefühl [als Mann] eingeschränkt und begrenzt zu werden [Abschnitt 6.2.2 a]).

Eher indirekt wirken sich Konservativismus und Anti-Feminismus über Normierungsprozesse, z.b. über Geschlechterzuschreibungen oder patriarchale Strukturen, auf die Lerngründe und die Handlungsfähigkeiten in fortgeschrittenen Auseinandersetzungsphasen aus (z.b. dadurch, dass Widerstände antizipiert werden, keine oder nur eine zurückhaltende, graduelle Positionierung erfolgt [Abschnitte 6.2.1 und 6.3.2], dass Homosexualität noch immer als ein Tabu innerhalb von Gender Trainings wirksam werden kann [Abschnitt 6.3.4 b]).

Feminismus ↔ Gender

Ein Spannungsfeld zwischen Gender und Feminismus wird vor allem in den Positionierungen (Kapitel 6.3) reflektiert. Gender steht in den Interviews für den professionalisierten und institutionalisierten Bereich, während Feminismus häufig synonym zu (radikaler) politischer Praxis und geschichtsrückgebundenem-kritisch emanzipatorischem Handeln verwendet wird (vgl. Abschnitt 6.3.3 d). ›Gender‹ (und zwar gedacht in Bezugnahme auf eine existierende Zweigeschlechtlichkeit) nimmt dabei eine hohe Legitimationsfunktion innerhalb von institutionalisierten Rahmungen und Netzwerken ein, während die Kritik an Zweigeschlechtlichkeit tendenziell als feministisch und extrem angesehen werden kann (siehe graduelle Positionierung über Sprache, Abschnitt 6.3.2 b). Maya Wolf beschreibt einen Zwiespalt zwischen Verwendung des zwar offenen und einschließenden Begriffes Gender, der jedoch gleichzeitig relativ inhaltsleer ist, und der Formulierung eines feministischen Standpunktes, der durch die Benennung von Kritik zwar politisch schlagkräftiger ist, jedoch auch eine abschreckende Wirkung haben kann. An die Kontroverse um Feminismus und Gender knüpfen sich verschiedene Debattenstränge, z.B. die Diskussion darüber, ob eine Veränderung der Geschlechterverhältnisse vorrangig von außerhalb oder innerhalb der Institutionen erfolgen soll.

Genderstudies ↔ Gender Training

Pädagog_innen und Gender-Trainer_innen bewegen sich in dem Spannungsfeld zwischen der Vermittlung von berufsbezogenem Qualifizierungswissen, sogenanntem Faktenwissen und den sozialen Kompetenzen wie Teamfähigkeit, Reflexion von Machtvorteilen oder verinnerlichter Unterdrückung, welche in Erwerbsarbeitskontexten mit Effizienzlogiken häufig de-privilegiert sind. Genderkompetenz, deren Erarbeitung das Ziel von Gender Training darstellt, wird häufig in dem Bereich der sogenannten ›Soft Skills‹ verortet. Diese äußere Rahmung, innerhalb derer das Genderthema zu den weniger wichtigen, niedriger bewerteten Themen zählt, verstärkt die Kontaktwiderstände bei Teilnehmer_innen (Abwehrgründe) und ergibt einen Stolperstein für Gender-Trainer_innen, Feminist_innen und Pädagog_innen (Abschnitt 6.3.3 a). Von einer Interviewten werden wahrgenommene Hierarchisierungen im Feld der geschlechterreflektierenden Bildung beschrieben, wonach das Vermittlungswissen in Bezug auf Gender (z.b. Pädagogik im Gender Training) weniger Anerkennung und Gehör findet als abstrakte feministische Theorien. Durch die Hierarchisierung und Trennung von Theorie und Praxis können Transfers und Synergien verhindert werden (Abschnitt 6.3.3 e).

Dramatisierung ↔ Entdramatisierung

Die Betonung von fortbestehenden Geschlechterungleichhieten (z.b. darüber Geschlecht als Analysekategorie anzuwenden) und die Relevantsetzung einer Auflösung von Geschlechterhierarchien (mittels der Strategien Differenz und Dekonstruktion und dem Verwenden von Geschlecht als Bedeutungskategorie) stehen in der pädagogischen Arbeit und auch in den Lernprozessen in einem Spannungsverhältnis zueinander. In den professionellen Positionierungen (6.3.2 e, f) kommt dies durch ein bewusstes Abwägen der Handlungsoptionen und durch das Transparentmachen dieses Spannungsfeldes gegenüber den Teilnehmer_innen zum Ausdruck (6.3.2. d). Die Wahl von Beispielen wird vor diesem Hintergrund situationsbedingt daraufhin überprüft welche Seite sie stärken sollen. Relevant werden diese Erwägungen auch hinsichtlich der Selbsterzählungen der Pädagog_innen (z.b. stellen sie ihre eigene Heterosexualität offen vor den Teilnehmer_innen dar und reproduzieren damit die Normen, outen sie sich in ihrem Trans*sein).

Geschlechterverhältnisse ↔ Intersektionalität/Interdependenz von Herrschaftsverhältnissen

Für die inhaltliche Auseinandersetzung mit den Geschlechterverhältnissen ist eine bestimmte Fokussierung notwendig. So besteht ein Spannungsfeld zwischen der Erinnerung und Weitergabe feministischer Geschichte und feministischer Theorien und der gleichzeitigen kritischen Fokussierung anderer Herrschaftsverhältnisse. Dabei besteht die Gefahr, dass andere Herrschaftsverhältnisse, wie z.B. der Kapitalismus, aus dem Blick geraten, z.B. wenn die Erfolge von feministischen Bewegungen betont werden (Abschnitt 6.3.3 c). Gute Methoden, um Intersektionalität zu thematisieren, sind in der geschlechterreflektierenden Bildungsarbeit bislang noch ein Desiderat (6.3.4 c). Gleichzeitig wird darum gerungen die Geschichtlichkeit von Geschlecht und die Bedeutung von Geschlecht als Strukturkategorie im gesellschaftlichen Bewusstsein zu halten (6.3.3 b, c, d).

Eine grafische Darstellung, in der einerseits der Komplexität der vorhandenen Spannungsfelder Rechnung getragen wird und die andererseits der Möglichkeit der jeweiligen situativen und individuellen Verortung des Subjektes gerecht wird, ist nicht ohne Einschränkungen möglich. In der Literatur sind verschiedene Modelle zu finden (Sterngrafik, Koordinatenkreuze, Kreuzung/Intersektion). Die Problematik einer grafischen Darstellung besteht darin, dass sie entweder stark simplifiziert, wie die Metapher der Kreuzung bei Kimberlé Crenshaw und dadurch zwar leicht verständlich ist, aber wichtige Ebenen und Zusammenhänge ausspart oder dass sie hyperkomplex und dadurch unzugänglich und schwer vermittelbar ist, wie z.B. ein mehrdimensionale Darstellung im Raum.

Ich habe mich für eine andeutende Darstellung mittels Schiebereglern (›Equalizern‹), ähnlich einem Mischpult, entschieden (Abbildung 2).

Die Voreinstellungen bleiben damit auf einer zweidimensionalen Ebene abbildbar. Die Schieberegler dienen hier als Metapher für die Positionierungsmöglichkeiten des Subjektes. Je nach Situation, eigener Geschichte, der spezifischen Eingebundenheit in Strukturen, Gewohnheiten, Betroffenheit von unterschiedlichen Herrschaftsverhältnissen findet eine Positionierung, ein Handeln in diesem Raum der Widersprüche statt. Mittels einer politischen Positionierung im Zusammenschluss mit anderen oder allein, immer vorausgesetzt, es sind Halt gebende Strukturen da, kann das Subjekt Einfluss nehmen. Dadurch ist es in der Lage, möglicherweise gemeinsam mit anderen, Herrschaftsstrukturen zu bewegen. Aber auch durch gezielte Nicht-Positionierung kann ein Beitrag für eine möglicherweise später erfolgende Handlung getätigt werden durch den Erhalt von zurzeit vorhandenen Ressourcen. Um einen Regler in eine emanzipatorische Richtung zu verschieben, muss zunächst eine Dissonanz oder Schieflage im jeweiligen Detail wahrgenommen und analysiert werden. Als nächster Analyseschritt muss eine Einschätzung darüber geschehen, ob eine direkte Positionierung, eventuell als eine zu schnell erfolgte Bewegung in eine Richtung, nicht möglicherweise das Verschieben eines anderen Schiebereglers in eine anti-emanzipatorische Richtung nach sich ziehen würde. Als Beispiel kann hier die Ambivalenz zwischen individueller politischer Positionierung und dem Überwältigungsverbot im Vermittlungssetting angeführt werden (siehe auch Abschnitt 6.3.2.a).

Dabei sind jedoch nicht alle Spannungsfelder in allen Situationen gleich wirksam. Zudem müssen die genannten unterschiedlichen Ebenen berücksichtigt werden.

Abbildung 2: ›Schieberegler‹ im Überblick

allgemein

restriktive Handlungsfähigkeit	I------------O----------------------I	verallgemeinerte Handlungsfähigkeit
professionelle Handlungsfähigkeit	I--------------------------O--------I	verallgemeinerte Handlungsfähigkeit
restriktive Handlungsfähigkeit	I-----------O----------------------I	professionelle Handlungsfähigkeit

quer verlaufend

Gewohnheit	I----------O----------------------I	Handlungsintention

verschiedene Herrschaftsverhältnisse

z.B. Rassismus	I-------------O---------------------I	Heterosexismus
z.B. Klassismus	I--------------------------O--------I	Sexismus

themenbezogen

Femismus/Gender	I------------------O---------------I	(Re)Traditionalisierung/ Anti-Feminismus
Feminismus	I-----O---------------------------I	Gender
Genderstudies	I---------O-----------------------I	Gender Training
Dramatisierung	I---------------O------------------I	Entdramatisierung
Geschlechterverhältnisse	I----------------------O-----------I	Intersektionalität/ Interdependenz

7.3 ANSCHLUSSSTELLEN UND AUSBLICKE FÜR GENDER- UND ERWACHSENENPÄDAGOGISCHE THEORIE UND PRAXIS

In den vorangegangenen Auswertungen sind subjektive Problemfelder und Möglichkeiten sowie Dimensionen des Lernprozesses deutlich geworden. So wurden Erkenntnisse für den Bereich der Adressat_innenforschung gewonnen, die Rückschlüsse auf die Theorie wie Praxis des Lernens über Geschlechterverhältnisse zulässt.

An den unterschiedlichen Gründen und Lernwiderständen zeigt sich, dass sich subjektive Erfahrungen und politisch-ethische Positionen nicht auseinander ableiten lassen, auch wenn sie eng miteinander verwoben sind. Aus bestimmten z.b. geschlechtsbezogenen Erfahrungen resultiert weder zwingend eine bestimmte politische Haltung, noch ein bestimmter Lernprozess. Es gibt diverse Zugänge zu Feminismus sowie subjektive Gründe, sich nicht mit Geschlechterthemen zu befassen. Gemeinsam ist ihnen, dass sie in einem Verhältnis zu den hegemonialen Diskursen, wie den dominierenden Männlichkeits- und Weiblichkeitsvorstellungen und strukturellen Begebenheiten stehen. Obwohl die Dimension Geschlecht, so wie andere gesellschaftliche Strukturkategorien, Einfluss auf Zugänge und Auseinandersetzungsprozesse hat, gibt es nicht weibliche oder männliche Lernprozessverläufe oder typische Lernverläufe von Menschen mit natio-ethno-kulturellen (Mehrfach-) Zugehörigkeiten.

Obwohl die subjektiven Lernbezüge zu geschlechtlichen Identitätskonstruktionen in den Interviews (im Vergleich zu anderen Lerngründen oder Widerständen) am stärksten mit emotionalen und körperlichen Erfahrungen beschrieben werden, so ist eine spätere reflektierte Position nicht die Folge dieser spezifischen Erfahrung, sondern entwickelt sich in der kritischen Auseinandersetzung mit begrifflichem Wissen und unter einer Mindestunterstützung durch günstige Strukturen. Eine Gleichsetzung von subjektiver Erfahrung und erfolgreichen Lernprozessen wäre fatal, da keinerlei Verallgemeinerungen gemacht und somit keine gesellschaftlichen Veränderungsprozesse angestoßen werden könnten. Dies wäre auch konträr zu den Zielen einer politischen Bildung.

Gleichzeitig wird in den Interviewauswertungen deutlich, dass sich Lerngründe und Lernwiderstände subjektiv z.T. stark geschlechtsbezogen artikulieren. Anknüpfend an die von mir in den Auswertungen insbesondere unter den Lernwiderständen ausgemachten Geschlechterdynamiken, bietet sich eine vertiefende breiter angelegte Untersuchung an, die Bezug auf Konzepte von Männlichkeiten nimmt. Dies ist bedeutsam, denn Männer zeigen sich nach wie vor vielerorts als blockierend innerhalb von Gleichstellungsprozessen, nicht nur innerhalb von Bildungsinstitutionen. Die geringe Anzahl an freiwilligen männlichen Teilnehmern an Genderbildung, wie z.B. die Anzahl der männlichen Gender-Studies-Studierenden, lässt darauf schließen, dass Männern ihre eigene Interessenlage in Bezug auf eine kritische Auseinandersetzung mit Geschlechterverhältnissen nicht klar ist, oder dass die Gründe, die für eine gerechte, demokratische Umgestaltung des hierarchischen Geschlechterverhältnisses sprechen, hinter denen zurückstehen, die zu einer Absicherung ihres Status innerhalb der »ernsten Spiele des Wettbewerbs« unter Männern und den Privilegien, die aus der zweigeschlechtlichen Rangordnung resultieren, beitragen. Meine Untersuchung legt nahe, dass hinsichtlich der Möglichkeit des emanzipatorischen Lernens von Männern aussichtsreiche Perspektiven bestehen. Entlang von verschiedenen Beispielen wurden Lerngründe und Lernwiderstände männlicher Befragter deutlich. Sie geben Anhaltspunkte dafür, wie eine Auseinandersetzung mit Geschlechterthemen, die für Männer notwendig eine freiwillige Abkehr von hegemonialen Formen der Männlichkeit bedeutet, stattfinden kann. Anknüpfend an diese Hinweise könnte das Zusammenwirken von Männlichkeitskonstruktionen und anti-feministischen Diskursen in beginnenden Gender-Lernprozessen in den Blick genommen werden. So lassen sich die Fragen in quantitativen und qualitativen Studien vertiefen: Welche Männlichkeitsmuster (vgl. Exkurs kritische Männerforschung in Kapitel 2.3.) wirken sich wie auf das subjektive Erleben der Lerngründe und Lernwiderstände in Lernprozessen aus? Welche anti-feministischen Diskurse und Abwehrmuster setzen sich auf welche Weise innerhalb von welchen sozialen Bezügen durch? Venths Untersuchung »zum Verhältnis zwischen dem hegemonialen Männerbild und einem lebensbegleitenden Lernen« (Venth 2011) gibt hier wichtige Anhaltspunkte dazu, welche Aspekte hier berücksichtigt werden müssen.

Innerhalb der Lernwiderstände sind jene dominant, die in Zusammenhang mit geschlechtlichen Identitätskonstruktionen stehen. Aufgrund ihres Zusammenhangs mit dem Körperlich-Emotionalen lässt sich schließen, dass die Bedeutung von körperlichen Gewohnheiten bzw. Körperwissen (dazu Helfferich 2010, Mühlen-Achs 1998, Bourdieu/Bolder 2006, Venth 2010, Villa 2011) ein Faktor ist, der in einer näheren Untersuchung der Thematik weiteren Aufschluss verspricht.

Des Weiteren wurden Anknüpfungspunkte bezüglich der Frage deutlich, wie eine Forschung über Gender-Lernen mit Fragestellungen der empirischen Intersektionalitätsforschung verbunden werden kann. Anhand verschiedener Auswertungsbeispiele wird ansatzweise deutlich, wie sich Cissexismus und Rassismuserfahrungen in den subjektiven Lernprozessen als behindernd auswirken, aber auch, wie sie synergetisch oder reflexiv von den Subjekten gewendet werden können. In der theoretischen Diskussion über Intersektionalität (skizziert in Kapitel 2.1) haben in den letzten zwanzig Jahren Bewegungen weg von einem additiven Verständnis von Diskriminierung stattgefunden, da durch eine solche Auffassung eine Simplifizierung und Homogenisierung der unterschiedlichen Erfahrungen oder eine Hierarchisierung der verschiedenen Herrschaftsverhältnisse stattfinden kann. Die Empirie zeigt jedoch, dass Mehrfachzugehörigkeiten zu diskriminierten oder marginalisierten Differenzkategorien subjektiv als eine größere Einschränkung oder Herausforderung empfunden werden kann (vgl. Abschnitt 6.3.1 b: »Mich auch noch als Trans* zu outen ... das war mir einfach too much«).

Die 2012 erschienenen Ergebnisse der Fragebogenstudie zu Mehrfachdiskriminierungen von LesMigraS, deren Schwerpunkt auf Rassismus, (Hetero-)Sexismus und Cissexismus liegt, kommt zu ähnlichen Ergebnissen (vgl. LesMigraS 2012). In der Studie werden unterschiedliche Diskriminierungsebenen von den Befragten häufig nicht als gleichwertig, sondern als mehrfache Last empfunden, auch wenn die Funktionsweisen sehr unterschiedlich sind.[10] Hier wären weitere Anschlussstudien interessant.

Auf einer lerntheoretischen Ebene lässt sich die hier erfolgte Forschung im Bereich neo-subjektwissenschaftlicher Ansätze verorten (vgl. Grotlüschen i.V.). Sie liefert einen Vorschlag für theoretische Ergänzungen des subjektwissenschaftlichen Analysewerkzeuges. Die begrifflichen Werkzeuge als theoretisches Sampling im Hintergrund der Forschung halfen, auch Körperlichkeit, verbunden mit den ihr eigenen Prozessen der Emotionen, Verdrängung, Habitualisierung, Irrationalität innerhalb der Lernverläufe, in den Blick zu nehmen. Expansives und defensives Lernen, bzw. restriktive und verallgemeinerte Handlungsfähigkeit, treten im Lernprozess (in Abgrenzung von der Lernschleife) in Mischformen auf. Eine Betrachtung lebenslanger, politischer Lernprozesse, wie hier der des Lernens über Geschlechterverhältnisse bzw. Genderkompetenzlernens, kommt nicht ohne die entsprechende Fokussierung auf informelles Lernen, (körperlich-emotionalen) Widerfahrnissen und Lerninteresse aus. Vor dem Hintergrund der zeitlichen Dimension (der auf einen jahrelangen Lernprozess rückblickenden Erzählungen in den Interviews) und der Auswertung der Gefühlslagen und Körperempfindungen konnten subjektive Diskrepanzerfahrungen im Lernverlauf, auch als Handeln in Spannungsfeldern, weiter ausdifferenziert werden. Es kristallisierte sich heraus, dass meine Studie über die Fragestellung nach dem ›Lernen über Geschlechterverhältnisse‹ hinausgehend auch einen Beitrag zur empirischen Fundierung von Lerntheorie liefert. Die lerntheoretische Perspektive wird insbesondere hinsichtlich des Lernens über soziale Differenz und Differenzkategorien um die Perspektive sozialer Anerkennung erweitert. Es werden Hinweise darauf gegeben, dass anerkennungstheoretische Komplementierungen für eine subjektwissenschaftliche Untersuchung des Lernens aufschlussreich sein können.

Abschließend bleibt zu fragen, welche Folgen die hier erfolgten theoretischen Überlegungen und die Ergebnisse der empirischen Untersuchungen zum Lernen über Geschlechterverhältnisse für Gender-Lehr-Lernprozesse haben können? Wie kann Wissen über die Beschaffenheit des Genderlernprozesses, über Lerngründe, Lernwiderstände und Handlungsstrategien sowie die herausgearbeiteten Spannungsfelder einen Eingang in die Praxis der geschlechterreflektierenden Bildung finden?

---

10 Siehe auch Kapitelabschnitt 6.4.3 dieser Arbeit.

Die Erkenntnis, dass Lernprozesse über die Entdeckung persönlicher Relevanzstrukturen, also das Sich-zum-Lerngegenstand-ins-Verhältnis-Setzen und das Herstellen des Bezuges zur eigenen Lebensrealität, begründet werden, ist keinesfalls neu. Meine Interviews zeigten jedoch, auf welche Weise in Bezug auf das Thema Geschlecht zentrale, persönliche Fragen angeschnitten werden, die verknüpft mit den ureigenen Identitätskonstruktionsprozessen sind. Aufgrund der starken Verwobenheit von Geschlechterfragen mit geschlechtlichen Identitätskonstruktionen (z.B. hinsichtlich Sexualität, Schönheitsnormen, Auftreten) und die mit ihnen einhergehenden existentiellen Gefühlslagen, benötigt geschlechterreflektierende Bildung neben der Vermittlung von Wissen diese biografischen Reflexionsräume besonders für das Erinnern und Verarbeiten von Erfahrungen. Eine zukunftsweisende Umgestaltung der Geschlechterverhältnisse erfordert von den handelnden Subjekten die Befragung der eigenen biografischen Gewordenheit, Normalitätsvorstellungen und damit auch der eigenen Selbstverständlichkeiten und Lebensweisen. Räume zur individuellen und kollektiven Reflexion für Lernende und Lehrende sind eine zentrale Voraussetzung für das Gelingen dieser Prozesse. Die von den Lernbeginner_innen geschilderten Ängste und inneren Konflikte zeigen, dass es sich hierbei um besonders geschützte Räume handeln muss, in denen eine Abkehr vom Konkurrenzmodus der hegemonialen (männlichen) Idealbilder und das Zulassen und Teilen von Gefühlen möglich wird. Dies gilt über den gesamten Lern- bzw. Interesseprozess. Es gibt hier keine Abgeschlossenheit. Soll Bildung allgemein Genderkompetenz fördern, geschlechterreflektiert ablaufen, so ist es relevant, geschützte Reflexionsräume und Orte für gemeinsamen Austausch, nicht nur im Kontext von Genderkompetenztrainings oder kurzen Projekten der geschlechterreflektierenden Bildungsarbeit (Jungenarbeit/Mädchenarbeit) einzuführen, sondern insbesondere in den lebensbegleitenden Bereichen von Bildung, also vor allem in der Schule und der Erwachsenen- und Weiterbildung. Dafür wäre jedoch eine flächendeckende Professionalisierung von Lehrkräften und Seminarleiter_innen in Richtung Genderkompetenz in der Erwachsenenbildung unabdingbar, denn, so wurde besonders in Kapitel 6.3 deutlich, das professionelle Handeln innerhalb Gender-Lern-Lehr-Zusammenhängen gestaltet sich hochanspruchsvoll.

Es wäre allerdings naiv zu glauben, dass Selbstreflexion des Doing Gender und Doing Difference allein die Geschlechterverhältnisse verändere (vgl. Faulstich-Wieland/Weber/Willems 2009: 224). Selbstreflexion ist ohne Genderwissen (Genderkompetenz) nicht möglich. Nur über begriffliches Wissen gelingt es, Emotionales und Diffuses auf Distanz zu bringen und somit wieder handlungs- und entscheidungsfähig zu werden.

Neben den Kenntnissen der wesentlichen Konzepte und Begriffe von Lern- und Geschlechtertheorie erfordert eine professionelle pädagogische Begleitung von Selbstreflexionsprozessen, ein Wissen um lernbezogene Spannungsfelder. Meine These ist, dass die in meiner Studie herausgearbeiteten Dimensionen (1. gesellschaftliche Entwicklungsrichtungen, 2. Kritik an ›neutraler‹ Objektivität, 3. Relevanz von Subjektivität, plus der Ausblick auf 4. Strukturen sozialer Anerkennung) analytische Reflexionsachsen bereitstellen können.

Diese Spannungsfelder gilt es für Konzeptionen von Genderkompetenz und feministischer Handlungsfähigkeit zukünftig theoretisch auszuarbeiten. Die in meinen Auswertungen erfolgten Ausführungen, die im vorangehenden Abschnitt angeführte Übersicht der allgemeinen, quer verlaufenden und themenbezogenen Spannungsfelder und ihre Darstellung mittels der ›Schieberegler‹ (Abbildung 2), können eine erste Hilfestellung für Lehrende und Lernende sein, um eigene Widerstände und jene von Teilnehmenden zu deuten, Wissen handhabbar zu machen und um Seminarteilnehmer_innen einen behutsamen Umgang mit und Zugang zu Geschlechterthemen zu ermöglichen.

8. Literaturverzeichnis

Abbà, Luisa; Sattler, Traudel; delle Donne Milano, Libreria (1989): Wie weibliche Freiheit entsteht: Orlanda-Frauenverlag.

Abels, Gabi (1997): Zur Methodologie-Debatte in der feministischen Forschung. In: Friebertshäuser, Barbara; Prengel, Annedore (Hg.): Handbuch qualitative Forschungsmethoden in der Erziehungswissenschaft. Weinheim: Juventa, S. 131-143.

Abels, Heinz (2007): Einführung in die Soziologie. Band 2: Die Individuen in ihrer Gesellschaft. Wiesbaden: VS Verlag für Sozialwissenschaften.

Abraham, Ellen; Linde, Andrea (2010): Alphabetisierung/Grundbildung als Aufgabengebiet der Erwachsenenbildung. In: Tippelt, Rudolf; Hippel, Aiga (Hg.): Handbuch Erwachsenenbildung/Weiterbildung. Wiesbaden: VS Verlag für Sozialwissenschaften, S. 889-903.

Adichie, Chimamanda (2009): The Danger of the Single Story. Herausgegeben von TEDGlobal. Online verfügbar unter http://blog.ted.com/2009/10/07/the_danger_of_a./, zuletzt geprüft am 11.12.2013.

Althoff, Martina; Bereswill, Mechthild; Riegraf, Birgit (2001): Feministische Methodologien und Methoden. Traditionen, Konzepte, Erörterungen. Opladen: Leske + Budrich.

Anders, Ann (1988): Autonome Frauen. Schlüsseltexte der neuen Frauenbewegung seit 1968. Frankfurt am Main: Athenäum.

Ankele, Gudrun (2010): Feminismus. Freiburg: Orange-Press.

Antidiskriminierungsbüro Sachsen (2010): Textbaustein zum Exstremismusbegriff. Online verfügbar unter http://www.adb-sachsen.de/textbausteine.html, zuletzt geprüft am 11.12.2013.

Arndt, Susanne: Weißsein und Kritische Weißseinsforschung. Herausgegeben von Unrast Verlag. Online verfügbar unter http://www.unrast-verlag.de/news/263-weisssein-und-kritische-weissseinsforschung, zuletzt geprüft am 12.12.2013.

Arndt, Susanne (2005): Weißsein. Die verkannte Strukturkategorie Europas und Deutschlands. In: Eggers, Maureen Maisha (Hg.): Mythen, Masken und Subjekte. Kritische Weißseinsforschung in Deutschland. Münster: Unrast, S. 24-29.

Arnold, Rolf (1996): Erwachsenenbildung. Eine Einführung in Grundlagen, Probleme und Perspektiven. 3., vollst. überarb. und erw. Aufl. Baltmannsweiler: Schneider-Verl. Hohengehren.

Arnold, Rolf (2004): Vom expansiven zum transformativen Erwachsenenlernen – Anmerkungen zur Undenkbarkeit und den Paradoxien eines erwachsenenpädagogischen Interventionismus. In: Faulstich, Peter; Ludwig, Joachim (Hg.): Expansives Lernen. Baltmannsweiler: Schneider-Verlag Hohengehren, S. 232-245.

Arnold, Rolf; Schiersmann, Christiane (2004): Entwicklungstrends im Weiterbildungsbereich. In: Baethge, Martin; Buss, Klaus-Peter; Lanfer, Carmen (Hg.): Expertisen zu den konzeptionellen Grundlagen für einen nationalen Bildungsbericht: BMBF, Internetredaktion, S. 33-66.

Augsburg, Ralf (2013): Internationales Journal zur außerschulischen Bildungsforschung. Herausgegeben von Bundesministerium für Bildung und Forschung. Online verfügbar unter http://www.ganztagsschulen.org/de/5495.php, zuletzt geprüft am 11.11.2013.

Autor_innenkollektiv /DGB-Jugend Niedersachsen /Bremen /Sachsen-Anhalt (Hg.) (2011): Geschlechterreflektierende Bildungsarbeit. (k)eine Anleitung; Hintergründe, Haltungen, Methoden. Hannover: DGB-Jugend.

Baldauf-Bergmann, Kristine (2009): Lernen im Lebenszusammenhang. Der Beitrag der subjektwissenschaftlichen Arbeiten Klaus Holzkamps zu einer pädagogischen Theorie des lebensbegleitenden Lernens. Berlin: Lehmanns Media.

Balzer, Nicole (2007): Die doppelte Bedeutung der Anerkennung. Anmerkungen zum Zusammenhang von Anerkennung, Macht und Gerechtigkeit. In: Wimmer, Michael; Reichenbach, Roland; Pongratz, Ludwig (Hg.): Gerechtigkeit und Bildung: Schöningh, S. 49-75.

Balzer, Nicole; Ricken, Norbert (2010): Anerkennung als pädagogisches Problem. Markierungen im erziehungswissenschaftlichen Diskurs. In: Schäfer, Alfred; Thompson, Christiane (Hg.): Anerkennung. Paderborn: Schöningh, S. 35-87.

Baumert, Jürgen (Hg.) (2001): PISA 2000: Basiskompetenzen von Schülern und Schülerinnen im internationalen Vergleich. Unter Mitarbeit von Deutsches PISA-Konsortium. Opladen: Leske und Budrich.

Beauvoir, Simone de (1999): Das andere Geschlecht. Sitte und Sexus der Frau. Reinbek bei Hamburg: Rowohlt-Taschenbuch-Verlag.

Becker, Helle (2013): Wir Kellerkinder. Zur Geschichte der »Profession politische Bildung« in der außerschulischen Jugend- und Erwachsenenbildung. In: Hufer, Klaus-Peter; Richter, Dagmar (Hg.): Politische Bildung als Profession. Verständnisse und Forschungen; Perspektiven politischer Bildung. Bonn: Bundeszentrale für Politische Bildung, S. 49-63.

Becker, Helle; Krüger, Thomas (2010): Weiterbildung und Politik. In: Tippelt, Rudolf; Hippel, Aiga (Hg.): Handbuch Erwachsenenbildung/Weiterbildung. Wiesbaden: VS Verlag für Sozialwissenschaften, S. 635-651.

Becker-Schmidt, Regina (1993): Probleme einer feministischen Theorie und Empirie in den Sozialwissenschaften. In: Feministische Studien (Hg.): Kritik der Kategorie Geschlecht, S. 93-104.

Becker-Schmidt, Regina; Bilden, Helga (1991): Impulse für die qualitative Sozialforschung aus der Frauenforschung. In: Flick, Uwe (Hg.): Handbuch Qualitative Sozialforschung. Grundlagen, Konzepte, Methoden und Anwendungen. München: Psychologie-Verlag-Union, S. 23-30.

Behnke, Cornelia; Meuser, Michael (1999): Geschlechterforschung und qualitative Methoden. Opladen: Leske + Budrich.

Benhabib, Seyla (1993): Feminismus und Postmoderne. Ein prekäres Bündnis. In: Benhabib, Syla; Butler, Judith; Cornell, Drucilla; Fraser, Nancy; Benhabib, Seyla (Hg.): Der Streit um Differenz. Feminismus und Postmoderne in der Gegenwart. Frankfurt am Main: Fischer Taschenbuch, S. 9-30.

Benhabib, Syla; Butler, Judith; Cornell, Drucilla, et al. (Hg.) (1993): Der Streit um Differenz. Feminismus und Postmoderne in der Gegenwart. Frankfurt am Main: Fischer Taschenbuch.

Benjamin, Jessica; Lindquist, Nils Thomas; Müller, Diana (1988/1990): Die Fesseln der Liebe. Psychoanalyse, Feminismus und das Problem der Macht. Basel: Stroemfeld/Roter Stern.

Bereswill, Mechthild (2005): Geschlecht als Humanressource. In: Ernst, Waltraud (Hg.): Leben und Wirtschaften. Geschlechterkonstruktionen durch Arbeit. Berlin: Lit, S. 218-229.

Bereswill, Mechthild; Meuser, Michael; Scholz, Sylka (Hg.) (2007): Dimensionen der Kategorie Geschlecht: der Fall Männlichkeit. Münster: Westfälisches Dampfboot.

Bilden, Helga (1991): Geschlechtsspezifische Sozialisation. In: Ulich, Dieter; Hurrelmann, Klaus (Hg.): Neues Handbuch der Sozialisationsforschung. Weinheim: Beltz, Bd. 4, S. 279-301.

Bindrich, Elke; Wulf, Christine (1997): Geschlechtsspezifische Übertragung und Gegenübertragung. Herausgegeben von der Studienkommission des Psychoanalytischen Instituts Bremen.

Blittersdorff, Dietmar von; Strack, Helmut (2006): Gendergerechte Didaktik und Genderkompetenz in der Erwachsenenbildung. In: Forum Erwachsenenbildung, H. 3, S. 52-56.

Bock, Gisela (1977): Frauen und Wissenschaft. Beiträge zur Berliner Sommeruniversität für Frauen, Juli 1976. Berlin: Courage-Frauenverlags-GmbH.

Boeser, Christian (2002): »Bei Sozialkunde denke ich nur an dieses Trockene...«. Relevanz geschlechtsspezifischer Aspekte in der politischen Bildung. Opladen: Leske + Budrich.

Böhnisch, Lothar; Münchmeier, Richard (1987): Wozu Jugendarbeit. Orientierungen für Ausbildung, Fortbildung und Praxis. Weinheim: Juventa.

Bohnsack, Ralf (2007a): Rekonstruktive Sozialforschung. Einführung in qualitative Methoden. Opladen: Budrich.

Bohnsack, Ralf (2007b): Die dokumentarische Methode und ihre Forschungspraxis. Grundlagen qualitativer Sozialforschung. Wiesbaden: VS Verlag für Sozialwissenschaften.

Borst, Eva; Maul, Bärbel (2001): Programmanalysen zur Frauenbildung. Methodische Fragen und Probleme. In: Gieseke, Wiltrud (Hg.): Handbuch zur Frauenbildung. Opladen: Leske + Budrich, S. 699-706.

Bos, Wilfried (2012): IGLU 2011. Lesekompetenzen von Grundschulkindern in Deutschland im internationalen Vergleich. Münster: Waxmann.

Bourdieu, Pierre (1987): Die feinen Unterschiede. Kritik der gesellschaftlichen Urteilskraft. Frankfurt am Main: Suhrkamp.

Bourdieu, Pierre (1997): Die männliche Herrschaft. In: Döling, Irene; Krais, Beate (Hg.): Ein alltägliches Spiel: Geschlechterkonstruktion in der sozialen Praxis: Suhrkamp, S. 53-217.

Bourdieu, Pierre; Bolder, Jürgen (2006): Die männliche Herrschaft. Frankfurt am Main: Suhrkamp.

Bourdieu, Pierre; Passeron, Jean-Claude (1971): Die Illusion der Chancengleichheit. Untersuchungen zur Soziologie des Bildungswesens am Beispiel Frankreichs. Stuttgart: Klett.

Bourdieu, Pierre; Seib, Günter (1987): Sozialer Sinn. Kritik der theoretischen Vernunft. Frankfurt am Main: Suhrkamp.

Bramer, Helga (1995): Frauenbildung in den neuen Bundesländern. In: Gieseke, Wiltrud (Hg.): Erwachsenenbildung als Frauenbildung. Bad Heilbrunn: Klinkhardt, S. 45-76.

Brandes, Holger; Brandes-Bullinger, Hermann (1996): Handbuch Männerarbeit. Weinheim: Beltz Psychologie-Verlags-Union.

Bremer, Helmut (2007): Soziale Milieus, Habitus und Lernen. Zur sozialen Selektivität des Bildungswesens am Beispiel der Weiterbildung. Weinheim: Juventa.

Bremer Jungenbüro (2012): Bremer Leitlinien für die Jungenarbeit. Verabschiedet vom Jugendhilfeausschuss 2011. Unter Mitarbeit von der Arbeitsgruppe Jungenarbeit. Herausgegeben von der Bremer Senatorin für Bildung und Soziales.

Breuer, Franz (2010): Reflexive Grounded Theory. Eine Einführung für die Forschungspraxis. Wiesbaden: VS Verlag für Sozialwissenschaften/Springer Fachmedien Wiesbaden GmbH Wiesbaden.

Breuss, Susanne (2002): Häusliche Zeitordnungen. Hausarbeit und Zeitdisziplinierungen im 19. und 20. Jahrhundert. In: Chvojka, Erhard; Schwarcz, Andreas; Thien, Klaus (Hg.): Zeit und Geschichte. Kulturgeschichtliche Perspektiven. Wien: Oldenbourg, S. 211-226.

Brown, Wendy (1997): »The Impossibility of Women's Studies«. In: differences: A Journal of Feminist Cultural Studies, Jg. 9, H. 3, S. 79-101.

Brüning, Gerhild (2000): »Nicht die Frauen müssen sich ändern, sondern die Strukturen.«. Berufliche Weiterbildung von Frauen in den neuen Bundesländern. In: Sotelo, Elisabeth de (Hg.): Frauenweiterbildung. Innovative Bildungstheorien und kritische Anwendungen. Weinheim: Deutscher Studien Verlag, S. 150-160.

Budde, Jürgen (2005): Männlichkeit und gymnasialer Alltag. Doing Gender im heutigen Bildungssystem. Bielefeld: transcript.

Budde, Jürgen; Offen, Susanne; Schmidt, Jens (2013): Das Verhältnis von Praxis, Theorie und persönlicher Haltung in der Weiterbildung von Lehrerinnen und Lehrern zum Umgang mit Kategorien sozialer Ungleichheit. In: Lehrerbildung auf dem Prüfstand, Jg. 1, H. 6, S. 32-49.

Budde, Jürgen; Venth, Angela (2010): Genderkompetenz für lebenslanges Lernen. Bildungsprozesse geschlechterorientiert gestalten. Bielefeld: Bertelsmann.

Bundesministerium für Familie, Senioren Frauen und Jugend (BMFSFJ) (2012): Strategie »Gender Mainstreaming«. Online verfügbar unter http://www.gendermainstreaming.net/, zuletzt geprüft am 11.12.2013.

Bundesministerium für Familie, Senioren Frauen und Jugend (BMFSFJ) (2012): Strategie Gender Mainstreaming. Online verfügbar unter http://www.bmfsfj.de/ BMFSFJ/gleichstellung,did=192702.html?view=renderPrint, zuletzt geprüft am 12.12.2013.

Busche, Mart (Hg.) (2010): Feministische Mädchenarbeit weiterdenken. Zur Aktualität einer bildungspolitischen Praxis. Bielefeld: Transcript Verlag.

Busche, Mart; Stuve, Olaf (2007): Gewaltprävention und Intersektionalität in der Bundesrepublik Deutschland. Ein Überblick.

Butler, Judith (1991/2003): Das Unbehagen der Geschlechter. Frankfurt am Main: Suhrkamp.

Butler, Judith (1993): Kontingente Grundlagen: Der Feminismus und die Frage der »Postmoderne«. In: Benhabib, Syla; Butler, Judith; Cornell, Drucilla; Fraser, Nancy; Benhabib, Seyla (Hg.): Der Streit um Differenz. Feminismus und Postmoderne in der Gegenwart. Frankfurt am Main: Fischer Taschenbuch, S. 31-58.

Butler, Judith (1993/2007): Körper von Gewicht. Die diskursiven Grenzen des Geschlechts. Frankfurt am Main: Suhrkamp.

Butler, Judith; Menke, Katharina (2006): Hass spricht. Zur Politik des Performativen. Frankfurt am Main: Suhrkamp.

Carstensen, Nina (2012): Wie kann informelles Lernen untersucht werden? Ein Vorschlag zur empirischen Analyse unbewusster, informeller Lernprozesse. In: Felden, Heide von (Hg.): Erwachsenenbildung und Lernen. Dokumentation der Jahrestagung der Sektion Erwachsenenbildung der Deutschen Gesellschaft für Erziehungswissenschaft vom 22.-24. September 2011 an der Universität Hamburg. Baltmannsweiler: Schneider Verlag Hohengehren, S. 165-174.

Ciupke, Paul; Derichs-Kunstmann, Karin (Hg.) (2001): Zwischen Emanzipation und »besonderer Kulturaufgabe der Frau«. Frauenbildung in der Geschichte der Erwachsenenbildung. Essen: Klartext-Verlag.

Clark, Peter (1972): Action research and organizational change: Harper & Row London.

Clarke, Adele E. (2007): Feminisms, Grounded Theory and Situational Analysis. In: Hesse-Biber, Sharlene Nagy (Hg.): Handbook of Feminist Research. Theory and Praxis. Thousand Oaks, Calif.: SAGE, S. 345-370.

Clarke, Adele E. (2008): Situational analysis. Grounded Theory after the Postmodern Turn. Reprinted. Thousand Oaks: SAGE.

Combahee River Collective (1979): A black Feminist Statement. In: Hull, T. Gloria; Scott, Bell; Smith, Patricia Barbara (Hg.): All the Women Are White, All the Blacks Are Men, But Some of Us Are Brave. New York, S. 13-22.

Connell, Raewyn (1995): Masculinities. Berkeley: University of California Press.

Connell, Raewyn; Müller, Ursula (2006): Der gemachte Mann. Konstruktion und Krise von Männlichkeiten. Wiesbaden: VS Verlag für Sozialwissenschaften.

Council of Europe (1998): Gender Mainstreaming, conceptual framework, methodology and presentation of good practices. Final Report of Activities of the Group of Specialists of Mainstreaming. (EG-S-MS (98) 2). Herausgegeben von Main Council of Europe.

Crenshaw, Kimberlé (2004): Intersectionality. The Double Bind of Race and Gender. In: Perspectives. The Quarterly Magazine for and about Women Lawyers.

Czollek, Leah Carola; Perko, Gudrun; Weinbach, Heike (2009): Radical Diversity im Zeichen von Social Justice. Philosophische Grundlagen und praktische Umsetzung von Diversity in Institutionen. In: Castro Varela, Maria do Mar; Dhawan, Nikita (Hg.): Soziale (Un)Gerechtigkeit. Kritische Perspektiven auf Diversity, Intersektionalität und Antidiskriminierung. Münster: Lit, S. 1-17.

Czollek, Leah Carola; Weinbach, Heike (2007): Lernen in der Begegnung. In: Theorie und Praxis von Social Justice Trainings. Düsseldorf: Informations-und Dokumentationszentrum für Antirassismus e. V.

Dallinger, Gernot (2004): Datenreport 2004. Zahlen und Fakten über die Bundesrepublik Deutschland. Bonn: Bundeszentrale für Politische Bildung.

Davis, Kathy (2008): Intersectionalitiy as a buzzword. A sociology of science perspective on what makes a feminist theory successful. In: Feminist Theory, Jg. Vol. 9, H. 1, S. 67-85.

Debus, Katharina (Hg.) (2012): Geschlechterreflektierte Arbeit mit Jungen in der Schule. Texte zu Pädagogik und Fortbildung rund um Jungenarbeit, Geschlecht und Bildung. Berlin: Dissens e.V.

Degele, Nina; Winker, Gabriele (2007): Intersektionalität als Mehrebenenanalyse. Online verfügbar unter http://www.tuhh.de/agentec/winker/pdf/Intersektionali tät_Mehrebenenanalyse-pdf, zuletzt geprüft 25.4.2014.

Dehnbostel, Peter; Lindemann, Hans-Jürgen; Ludwig, Christoph (2007): Lernen im Prozess der Arbeit in Schule und Betrieb. Münster: Waxmann.

Deichmann, Carl (2004): Lehrbuch Politikdidaktik. München: Oldenbourg.

Derichs-Kunstmann, Karin (2000): Frauenbildungsarbeit in der Weiterbildung. In: Sotelo, Elisabeth de (Hg.): Frauenweiterbildung. Innovative Bildungstheorien und kritische Anwendungen. Weinheim: Deutscher Studien Verlag, S. 70-90.

Derichs-Kunstmann, Karin (2001): Zum Verhältnis von Frauenbildungsarbeit und Frauenbewegung. In: Gieseke, Wiltrud (Hg.): Handbuch zur Frauenbildung. Opladen: Leske + Budrich, S. 35-46.

Derichs-Kunstmann, Karin; Kaschuba, Gerrit; Lange, Ralf, et al. (Hg.) (2009): Gender-Kompetenz für die Bildungsarbeit. Konzepte, Erfahrungen, Analysen, Konsequenzen. Recklinghausen: Fiab-Verlag.

Descartes, René; Wohlers, Christian (2008): Meditationes de prima philosophia. Lateinisch-deutsch. Hamburg: Meiner.

Deuber-Mankowsky, Astrid; Konnertz, Ursula (Hg.) (1991): Subjekt. Feministische Analyse und Kritik. Tübingen: Edition Diskord (Die Philosophin).

Deutscher Bildungsrat (1970): Strukturplan für das Bildungswesen. Stuttgart: Deutscher Bildungsrat.

Deutscher Volkshochschul-Verband: Definition: Funktionaler Analphabetismus. Herausgegeben von Deutscher Volkshochschul-Verband. VHS. Online verfügbar unter http://www.grundbildung.de/daten/grundlagen/definition/, zuletzt geprüft am 11.12.2013.

DeVault, Marjorie; Gross, Glenda (2007): Feminist Interviewing. Experience, Talk, and Knowledge. In: Hesse-Biber, Sharlene Nagy (Hg.): Handbook of Feminist Research. Theory and Praxis. Thousand Oaks, Calif.: SAGE.

Dewey, John (1989): Die Erneuerung der Philosophie. Hamburg: Junius.

Diehm, Isabell (2000): »Doing Ethnicity«: Unintended Effects of Intercultural Education. In: Alheit, Peter; Beck, Johannes; Kammler, Eva; Taylor, Richard; Salling Olesen, Henning (Hg.): Lifelong Learning Inside and Outside Schools, Collected Papers, S. 610-623.

Diekmann, Knut (2010): Innovative Personalpolitik. Der Beitrag der betrieblichen Weiterbildung. In: Hippel, Aiga von; Tippelt Rudolf (Hg.): Handbuch Erwachsenenbildung/Weiterbildung. Wiesbaden: VS-Verlag für Sozialwissenschaften, S. 939-945.

Dinkelaker, Jörg (2008): Kommunikation von (Nicht-)Wissen. Eine Fallstudie zum Lernen Erwachsener in hybriden Settings. Wiesbaden: VS Verlag für Sozialwissenschaften.

Dissens e.V. (Hg.) (2011): Handbuch Intersektionale Gewaltprävention. Leitlinien zur Umsetzung einer Intersektionalen Gewaltprävention. Berlin: www.hinkelstein-druck.de.

Döge, Klaus; Griese, Hartmut M. (1991): Erwachsenenbildung in der DDR - im Umbruch. Allgemeinpädagogische und berufspraktische Überlegungen. Baltmannsweiler: Schneider-Verlag Hohengehren.

Döge, Peter (2000): Männerbildung als Beitrag zur Geschlechterdemokratie. In: DIE-Zeitschrift, Jg. 7, S. 28-30.

Döge, Peter; Meuser, Michael (2001): Männlichkeit und soziale Ordnung: neuere Beiträge zur Geschlechterforschung: Leske und Budrich.

Dohmen, Günther (1996): Das lebenslange Lernen. Leitlinien einer modernen Bildungspolitik. Bonn: BMBF Referat Öffentlichkeitsarbeit.

Dohmen, Günther (2001): Das informelle Lernen. Die internationale Erschließung einer bisher vernachlässigten Grundform menschlichen Lernens für das lebenslange Lernen aller. Deutschland. (BMBF publik). Online verfügbar unter http://www.bmbf.de/pub/das_informelle_lernen.pdf.

Duden, Barbara (1987): Geschichte unter der Haut. Ein Eisenacher Arzt und seine Patientinnen um 1730. Stuttgart: Klett-Cotta.

Duden online (2013): outen. Herausgegeben von Bibliographisches Institut GmbH. Online verfügbar unter http://www.duden.de/rechtschreibung/outen, zuletzt aktualisiert am 1.12.2013.

Eggemann, Meike (2001): Frauenbildung in den Volkshochschulen zwischen 1919 und 1933. Fünf Thesen zur Entwicklung und Bedeutung. In: Ciupke, Paul; Derichs-Kunstmann, Karin (Hg.): Zwischen Emanzipation und »besonderer Kulturaufgabe der Frau«. Frauenbildung in der Geschichte der Erwachsenenbildung. Essen: Klartext-Verlag, S. 15-24.

Eggemann, Meike; Hering, Sabine; Schüßler, Ingeborg (2000): Der Sonderweg der deutschen Frau. Die Bildungskonzepte der deutschen Frauenbewegung und ihre Rahmenbedingungen. In: Sotelo, Elisabeth de (Hg.): Frauenweiterbildung. Innovative Bildungstheorien und kritische Anwendungen. Weinheim: Deutscher Studien Verlag, S. 32-48.

Eggers, Maureen Maisha (Hg.) (2005a): Mythen, Masken und Subjekte. Kritische Weißseinsforschung in Deutschland. Münster: Unrast.

Eggers, Maureen Maisha (2005b): Rassifizierte Machtdifferenz als Deutungsperspektive in der kritischen Weißseinsforschung in Deutschland. In: Eggers, Maureen Maisha (Hg.): Mythen, Masken und Subjekte. Kritische Weißseinsforschung in Deutschland. Münster: Unrast, S. 56-72.

Ellmenreich, Stefanie; Mester, Arturo (1997): Aus der Praxis: Was Jugendliche über Homosexualität wissen wollen. In: Baier, Susanne (Hg.): Was ist schlimmer - lesbisch oder schwul zu sein. Eine Broschüre zur Aufklärungs- und Bildungsarbeit mit Jugendlichen zum Thema »gleichgeschlechtliche Lebensweisen«. Berlin: Bildungsbereich im Kommunikations- und Beratungszentrum Homosexueller Frauen und Männer, S. 29-32.

Elverich, Gabi; Kalpaka, Annita; Reindlmeier, Karin (Hg.) (2006): Spurensicherung. Reflexion von Bildungsarbeit in der Einwanderungsgesellschaft. Frankfurt am Main: IKO-Verlag für Interkulturelle Kommunikation.

Emmerich, Marcus Hormel Ulrike (2013): Heterogenität-Diversity-Intersektionalität. Zur Logik sozialer Unterscheidungen in pädagogischen Semantiken der Differenz. Wiesbaden: Springer VS.

Erel, Umut; Haritaworn, Jinthana; Gutiérrez Rodriguez, Encarnación; Klesse Christian (2007): Intersektionalität oder Simultaneität?! Zur Verschränkung und Gleichzeitigkeit mehrfacher Machtverhältnisse. Eine Einführung. In: Hartmann, Jutta; Klesse, Christian (Hg.): Heteronormativität. Empirische Studien zu Geschlecht, Sexualität und Macht. Wiesbaden: VS Verlag für Sozialwissenschaften /GWV Fachverlage GmbH Wiesbaden .

Evatt, Chris (2004): Männer sind vom Mars. Frauen von der Venus. Tausend und ein kleiner Unterschied zwischen den Geschlechtern. München: Piper Verlag.

Faulstich, Peter; Grell, Petra (2005): Widerständig ist nicht unbegründet. Lernwiderstände in der Forschenden Lernwerkstatt. In: Faulstich, Peter (Hg.): Lernwiderstand – Lernumgebung – Lernberatung. Empirische Fundierungen zum selbstgesteuerten Lernen. Bielefeld: Bertelsmann (Theorie und Praxis der Erwachsenenbildung), S. 18-92.

Faulstich, Peter; Grotlüschen, Anke (2003): Lerntheorie aneignen und vermitteln. In: Dehnbostel, Peter (Hg.): Perspektiven moderner Berufsbildung. E-Learning – didaktische Innovationen – modellhafte Entwicklungen. Bielefeld: Bertelsmann, S. 151-165.

Faulstich, Peter; Grotlüschen, Anke (2006): Erfahrung und Interesse beim Lernen. Konfrontationen der Konzepte von Klaus Holzkamp und John Dewey. In: Forum Kritische Psychologie, H. 50, S. 10-12.

Faulstich, Peter; Ludwig, Joachim (Hg.) (2004): Expansives Lernen. Baltmannsweiler: Schneider-Verlag Hohengehren.

Faulstich, Peter; Schmidt-Lauff, Sabine (2012): Erwachsenenbildung und Lernen. Einführung in Thema und Konzeption der Jahrestagung. In: Felden, Heide von (Hg.): Erwachsenenbildung und Lernen. Dokumentation der Jahrestagung der Sektion Erwachsenenbildung der Deutschen Gesellschaft für Erziehungswissenschaft vom 22.-24. September 2011 an der Universität Hamburg. Baltmannsweiler: Schneider Verlag Hohengehren, S. 3-5.

Faulstich, Peter; Zeuner, Christine (2008): Erwachsenenbildung. Eine handlungsorientierte Einführung in Theorie, Didaktik und Adressaten. Weinheim: Juventa.

Faulstich-Wieland, Hannelore (2008a): Sozialisation und Geschlecht. In: Hurrelmann, Klaus; Grundmann, Matthias; Walper, Sabine (Hg.): Handbuch Sozialisationsforschung: Beltz, Bd. 7, S. 240-253.

Faulstich-Wieland, Hannelore (2008b): Lernen Mädchen und Jungen anders. Befunde und praktische Konsequenzen. In: Schüler fallen auf, S. 91-105.

Faulstich-Wieland, Hannelore (2010): Frauenbildung/Gender Mainstreaming. In: Handbuch Erwachsenenbildung/Weiterbildung: Springer, S. 841-854.

Faulstich-Wieland, Hannelore; Faulstich, Peter (2006): BA-Studium Erziehungswissenschaft. Ein Lehrbuch. Reinbek bei Hamburg: Rowohlt-Taschenbuch-Verlag.

Faulstich-Wieland, Hannelore; Horstkemper, Marianne (1996): 100 Jahre Koedukationsdebatte und kein Ende. In: Ethik und Sozialwissenschaften, Jg. 4, S. 509-520.

Faulstich-Wieland, Hannelore; Krüger, Heinz-Hermann (2003): Einführung in Genderstudien. Opladen: Leske + Budrich.

Faulstich-Wieland, Hannelore; Weber, Martina; Willems, Katharina (2009): Doing Gender im heutigen Schulalltag. Empirische Studien zur sozialen Konstruktion von Geschlecht in schulischen Interaktionen. Weinheim u.a.: Juventa.

Felden, Heide von (2003): Bildung und Geschlecht zwischen Moderne und Postmoderne. Zur Verknüpfung von Bildungs-, Biographie- und Genderforschung. Opladen: Leske + Budrich.

Felden, Heide von (2004): Von der Frauenbildung über das Gendermainstreaming zur Genderkompetenz. In: Report: Zeitschrift für Weiterbildungsforschung, S. 40-47.

Felden, Heide von (2006): Lernprozesse über die Lebenszeit. Zur Untersuchung von Lebenslangen Lernen mit Mitteln der Biographieforschung. In: Forneck, Hermann J.; Wiesner, Gisela; Zeuner, Christine (Hg.): Teilhabe an der Erwachsenenbildung und gesellschaftliche Modernisierung. Dokumentation der Jahrestagung 2005 der Sektion Erwachsenenbildung der DGfE. Baltmannsweiler: Schneider, S. 217-233.

Felden, Heide von (Hg.) (2012): Erwachsenenbildung und Lernen. Dokumentation der Jahrestagung der Sektion Erwachsenenbildung der Deutschen Gesellschaft für Erziehungswissenschaft vom 22.-24. September 2011 an der Universität Hamburg. Baltmannsweiler: Schneider Verlag Hohengehren.

Feministische Studien (Hg.) (1993): Kritik der Kategorie Geschlecht. 2 Bände.

Fenstermaker, Sarah; West, Candace (2002): Doing Gender, Doing Difference. Inequality, Power and Institutional Change. New York: Routledge.

Fischer-Rosenthal, Wolfram; Rosenthal, Gabriele (1997): Narrationsanalyse biographischer Selbstpräsentationen. In: Hitzler, Ronald; Honer, Anne (Hg.): Sozialwissenschaftliche Hermeneutik. Eine Einführung. Opladen: Leske + Budrich, S. 133-164.

Fleige, Marion (2007): Veränderungen des Geschlechterverhältnisses in der Weiterbildung in Deutschland. Weiterbildungsbeteiligung und Angebotsentwicklung 1980-2003. In: Hessische Blätter für Volksbildung – Zeitschrift für Erwachsenenbildung in Deutschland, H. 3, S. 221-231.

Foucault, Michel (1977/2005): Überwachen und Strafen. Die Geburt des Gefängnisses. Frankfurt am Main: Suhrkamp.

Fraser, Nancy; Honneth, Axel (2011): Umverteilung oder Anerkennung. Eine politisch-philosophische Kontroverse. Frankfurt am Main: Suhrkamp.

Frey, Regina (2003): Gender im Mainstreaming. Geschlechtertheorie und -praxis im internationalen Diskurs. Königstein/Taunus: Helmer.

Frey, Regina (2013): Gender, Wissenschaftlichkeit und Ideologie. Argumente im Streit um Geschlechterverhältnisse. Berlin: Heinrich-Böll-Stiftung.

Frey, Regina; Dingler, Johannes (2001): Wie Theorien Geschlechter konstruieren. In: Heinrich-Böll-Stiftung (Hg.): Alles Gender? Oder was. Theoretische Ansätze zur Konstruktion von Geschlech(tern) und ihre Relevanz für die Praxis in Bildung, Beratung und Politik. Dokumentation einer Fachtagung. Berlin: Trigger, S. 7-26.

Frey, Regina et al. (2006): Gender-Manifest. Plädoyer für eine kritisch reflektierende Praxis in der genderorientierten Bildung und Beratung. Online verfügbar unter http://www.gender.de/mainstreaming/GenderManifest01_2006.pdf, zuletzt geprüft am 13.12.2013.

Friebel, Harry (2004): Doing Gender: Familien- und Erwerbsarbeit und Weiterbildungsteilnahme. In: Behringer, Friederike (Hg.): Diskontinuierliche Erwerbsbiographien. Zur gesellschaftlichen Konstruktion und Bearbeitung eines normalen Phänomens. Baltmannsweiler: Schneider-Verlag Hohengehren.

Friedan, Betty (1966): Der Weiblichkeitswahn oder die Mystifizierung der Frau. Reinbek bei Hamburg: Rowohlt.

Frille, Heimvolkshochschule Alte Molkerei (1989): Parteiliche Mädchenarbeit & antisexistische Jungenarbeit. Abschlussbericht des Modellprojektes »Was Hänschen nicht lernt... verändert Clara nimmer mehr!«. In: Geschlechtsspezifische Bildungsarbeit für Jungen und Mädchen, Petershagen-Frille.

Fritzsche, Bettina (Hg.) (2001): Dekonstruktive Pädagogik. Erziehungswissenschaftliche Debatten unter poststrukturalistischen Perspektiven. Opladen: Leske + Budrich.

Führ, Christoph; Furck, Carl-Ludwig (1998): Deutsche Demokratische Republik und neue Bundesländer. München: Achims Verlag.

Fuss, Diana (1990): Essentially Speaking. Feminism, Nature and Difference. London: Routledge.

Geisen, Thomas; Studer, Tobias; Yildiz, Erol (2013): Migration und Familie im Kontext von Bildung, Gender, Care. In: Geisen, Thomas; Studer, Tobias; Yildiz, Erol (Hg.): Migration, Familie und soziale Lage. Beiträge zu Bildung, Gender und Care. Wiesbaden: VS Verlag für Sozialwissenschaften, S. 1-9.

Gender Institut Bremen: Friller Schule. Online verfügbar unter http://www.genderinstitut-bremen.de/glossar/friller-schule.html, zuletzt geprüft am 12 7. 2013.

GenderKompetenzZentrum: Geschichte und Entwicklung von Gender Mainstreaming auf Bundesebene. Humboldt Universität zu Berlin. Online verfügbar unter http://www.genderkompetenz.info/genderkompetenz-2003-2010/gendermainstreaming/Grundlagen/geschichten/bund, zuletzt geprüft am 11.12.2013.

GenderKompetenzZentrum an der Humboldt Universität zu Berlin (2003-2010): Genderkompetenz. Online verfügbar unter http://www.genderkompetenz.info/genderkompetenz, zuletzt geprüft am 13.12.2013.

Gerisch, Benigna; Köhler, Thomas (1993): Freuds Aufgabe der ›Verführungstheorie‹: Eine quellenkritische Sichtung zweier Rezeptionsversuche. In: Psychologie und Geschichte, Jg. 4, H. 3, S. 229-246.

Gesterkamp, Thomas (2010): Geschlechterkampf von rechts. Wie Männerrechtler und Familienfundamentalisten sich gegen das Feindbild Feminismus radikalisieren. (Arbeitsbereich Frauen- und Geschlechterforschung). Online verfügbar unter http://library.fes.de/pdf-files/wiso/07054.pdf.

Gieseke, Wiltrud (2000): Politische Frauenbildung. In: Sotelo, Elisabeth de (Hg.): Frauenweiterbildung. Innovative Bildungstheorien und kritische Anwendungen. Weinheim: Deutscher Studien Verlag, S. 49-69.

Gieseke, Wiltrud (Hg.) (2001): Handbuch zur Frauenbildung. Opladen: Leske + Budrich.

Gieseke, Wiltrud (2010): Professionalisierung in der Erwachsenenbildung /Weiterbildung. In: Hippel, Aiga von; Tippelt Rudolf (Hg.): Handbuch Erwachsenenbildung/Weiterbildung. Wiesbaden: VS-Verlag für Sozialwissenschaften, S. 385-403.

Gildemeister, Regine; Wetterer, Angelika (1992): Wie Geschlechter gemacht werden. Die soziale Konstruktion der Zweigeschlechtlichkeit und ihre Reifizierung in der Frauenforschung. In: Knapp, Gudrun-Axeli; Wetterer, Angelika (Hg.): Traditionen Brüche. Entwicklungen feministischer Theorie. Freiburg i. Br.: Kore Verlag GmbH, S. 201-254.

Gilligan, Carol (1982): In a Different Voice. Psychological Theory and Womens Development: Harvard University Press.

Göhlich, Michael; Zirfas, Jörg (2007): Lernen: ein pädagogischer Grundbegriff: Kohlhammer Verlag.

Grell, Petra (2006): Forschende Lernwerkstatt. Eine qualitative Untersuchung zu Lernwiderständen in der Weiterbildung. Münster u.a.: Waxmann.

Grotlüschen, Anke (o.J.): Neo-subjektwissenschaftliche Lesart einer scheinbar vertrauten Lerntheorie. In Veröffentlichung. Hamburg. Universität.

Grotlüschen, Anke (2003): Widerständiges Lernen im Web. Virtuell selbstbestimmt. Eine qualitative Studie über E-Learning in der beruflichen Erwachsenenbildung. Münster: Waxmann.

Grotlüschen, Anke (2010): Erneuerung der Interessetheorie. Die Genese von Interesse an Erwachsenen- und Weiterbildung. Wiesbaden: VS Verlag für Sozialwissenschaften.

Grotlüschen, Anke (2012): Interessen im Wandel: von Bildungsinteressen zur Entwicklung von Lerninteressen. In: Faulstich, Peter (Hg.): LernLust. Hunger nach Wissen, lustvolle Weiterbildung. Hamburg: VSA-Verlag, S. 23-36.

Grotlüschen, Anke; Krämer, Judith (2009): Vom Vergessen der Einflüsse: Vermeintliche Selbstbestimmung bei der Interessegenese. In: www.bildungsforschung.org, H. 1.

Grotlüschen, Anke; Kubsch, Eva (2010): Interesseträgheit in der kaufmännischen Aufstiegsfortbildung. In: bwp@ Berufs- und Wirtschaftspädagogik – online, H. 19, S. 1-23. Online verfügbar unter http://www.bwpat.de/ausgabe19/grotlueschen_kubsch_bwpat19.pdf, zuletzt geprüft am 12.12.2013.

Haag, Fritz; Krüger, Helga; Schwärzel, Wiltrud; Wildt, Johannes (1972): Aktionsforschung: Forschungsstrategien, Forschungsfelder und Forschungspläne. München: Juventa.

Habermann, Friederike (2008): Der homo oeconomicus und das Andere. Hegemonie, Identität und Emanzipation. Baden-Baden: Nomos.

Hagemann, Karen (1981): Möglichkeiten und Probleme der »Oral History« für Projekte zur Frauengeschichte am Beispiel meiner Arbeit zur sozialdemokratischen Frauenbewegung Hamburgs in der Weimarer Republik. In: Beiträge zur feministischen Theorie und Praxis (Hg.): Frauengeschichte. Dokumentation des 3. Historikerinnentreffens in Bielefeld, April 1981. Köln: Frauenoffensive, S. 55-61.

Hagemann-White, Carol (1984): Sozialisation: Weiblich – Männlich. Opladen: Leske + Budrich.

Hain, Ulrich (1993): Männlichkeit und Weiblichkeit – an der Universität kein Thema. Studie zur Wahrnehmung der Geschlechterdifferenz durch Lehramtsstudierende. Gießen: Focus.

Hall, Stuart: Rassismus als ideologischer Diskurs, S. 7-16.

Hall, Stuart: »Die Konstruktion von ›Rasse‹ in den Medien«. In: Hall, Stuart, Ideologie, Kultur, Rassismus, Ausgewählte Schriften 1, Hamburg 1989, S. 25-46.

Hall, Stuart (1994): Rassismus und kulturelle Identität.

Hall, Stuart (1996): Critical Dialogues in Cultural Studies. London/ New York.

Hall, Stuart, Ideologie, Kultur, Rassismus, Ausgewählte Schriften 1, Hamburg 1989.

Haraway, Donna (1987): Geschlecht, Gender, Genre. Sexualpolitik eines Wortes. In: Hauser, Kornelia; Haug, Frigga (Hg.): Viele Orte, überall. Feminismus in Bewegung; Festschrift für Frigga Haug. Berlin: Argument, S. 22-41.

Haraway, Donna; Hammer, Carmen (1995): Die Neuerfindung der Natur. Primaten, Cyborgs und Frauen. Frankfurt/Main: Campus Verlag.

Harding, Sandra (1987): Feminism and Methodology. Social Science Issues. Milton Keynes: Indiana University Press; Open University Press.

Harding, Sandra (Hg.) (2004): The Feminist Standpoint Theory Reader. Intellectual and Political Controversies. New York: Routledge.

Harding, Sandra (2007): Feminist Standpoints. In: Hesse-Biber, Sharlene Nagy (Hg.): Handbook of Feminist Research. Theory and Praxis. Thousand Oaks, Calif.: SAGE, S. 45-69.

Haritaworn, Jin (2007): (No) Fucking Difference. Eine Kritik an ›Heteronormativität‹ am Beispiel von Thailändischsein. In: Hartmann Jutta; Klesse, Christian (Hg.): Heteronormativität. Empirische Studien zu Geschlecht, Sexualität und Macht. Wiesbaden: VS Verlag für Sozialwissenschaften / GWV Fachverlage GmbH Wiesbaden, S. 269-290.

Hartmann, Jutta (2001): Vielfältige Lebensweisen. Eine Studie zur Dynamisierung der Triade Geschlecht, Sexualität, Lebensform und zur Entwicklung einer kritisch-dekonstruktiven Perspektive in der Pädagogik. Berlin: Dissertation.

Hartmann, Jutta (2012): Improvisationen im Rahmen des Zwangs. Gendertheoretische Herausforderungen der Schriften Judith Butler für pädagogische Theorie und Praxis. In: Ricken, Norbert; Balzer, Nicole (Hg.): Judith Butler: pädagogische Lektüren. Wiesbaden: Springer VS, S. 149-178.

Hartmann, Jutta; Langguth, Annette; Thiel, Andrea (1994): Patriarchatskritik ins Lehramtsstudium. Konzepte, Entwicklungen, Ergebnisse. Eine Dokumentation des Studienreformprojekts PIL. Berlin: Technische Universität Fachbereich Erziehungs- und Unterrichtswissenschaften.

Hartsock, Nancy C. M. (2004): The Feminst Standpoint: Developing the Ground for a Specifically Feminist Historical Materialism. In: Harding, Sandra (Hg.): The Feminist Standpoint Theory Reader. Intellectual and Political Controversies. New York: Routledge, S. 35-55.

Haug, Frigga (1990): Erinnerungsarbeit. Hamburg: Argument.

Haug, Frigga (2003): Lernverhältnisse. Selbstbewegungen und Selbstblockierungen. Hamburg: Argument.

Hauser, Kornelia (1995): Alltagsverstand und Hegemonie. Aufgaben eines politischen Feminismus. In: Die Philosophin. Forum für feministische Theorie und Philosophie, Jg. 11, H. 1, S. 50-62.

Hechler, Andreas (2012a): Männlichkeitskonstruktionen, Jungenarbeit und Neonazismus-Prävention. In: Dissens e.V.; Debus, Katharina; Könneke, Bernard; Schwerma, Klaus; Stuve, Olaf (Hg.): Geschlechterreflektierende Arbeit mit Jungen an der Schule. Texte zu Pädagogik und Fortbildung rund um Jungenarbeit, Geschlecht und Bildung. Berlin: Eigendruck, S. 73-91.

Hechler, Andreas (2012b): Intergeschlechtlichkeit als Thema geschlechterreflektierter Pädagogik. In: Debus, Katharina (Hg.): Geschlechterreflektierte Arbeit mit Jungen in der Schule. Texte zu Pädagogik und Fortbildung rund um Jungenarbeit, Geschlecht und Bildung. Berlin: Dissens e.V., S. 125-148.

Heinemann, Alisha (2014): Weiterbildungsteilnahme in der Migrationsgesellschaft. Warum deutsche Frauen mit einem sogenannten Migrationshintergrund (nicht) an Weiterbildung teilnehmen. i.V.

Heinze, Thomas (2001): Qualitative Sozialforschung. Einführung, Methodologie und Forschungspraxis. München: Oldenbourg.

Helfferich, Cornelia (2009): Die Qualität qualitativer Daten. Manual für die Durchführung qualitativer Interviews. Wiesbaden: VS Verlag für Sozialwissenschaften.

Helfferich, Cornelia (2010): Riskante Praktiken – gefährdete Körper. Körperwissen in somatischen Kulturen. In: Wetterer, Angelika (Hg.): Körper, Wissen, Geschlecht. Sulzbach/Taunus: Helmer, S. 40-60.

Herman, Eva (2006): Das Eva-Prinzip. Für eine neue Weiblichkeit. München: Pendo.

Hermann, Steffen Kitty (2005): Queer(e) Gestalten. Praktiken der Derealisierung von Geschlecht. In: Haschemi, Yekani Michaelis Beatrice (Hg.): Quer durch die Geisteswissenschaften. Perspektiven der Queer Theory. Berlin: Querverlag, S. 53-72.

Hillmann, Günther (1966): Marx und Hegel. Von der Spekulation zur Dialektik; Interpretation der ersten Schriften von Karl Marx im Hinblick auf sein Verhältnis zu Hegel (1835-1841). Frankfurt am Main: Europäische Verlagsanstalt.

Hocke, Simone (2012): Konflikte im Betriebsrat als Lernanlass. Wiesbaden: VS Verlag für Sozialwissenschaften.

Holzapfel, Günther (2006): Erfahrungsbezogene Didaktik. In: Grundlagen der Weiterbildung. Praxishilfen (GdW-PH): Wolters-Verlag, ehemals Luchterhand-Verlag, Loseblattnummer 6.30.20.

Holzkamp, Klaus (1973): Sinnliche Erkenntnis. Historischer Ursprung und gesellschaftliche Funktion der Wahrnehmung. Frankfurt am Main: Athenäum-Fischer-Taschenbuch-Verl.

Holzkamp, Klaus (1983a): Grundlegung der Psychologie. Frankfurt: Campus.

Holzkamp, Klaus (1983b): Der Mensch als Subjekt wissenschaftlicher Methodik. In: Braun, Karl-Heinz (Hg.): Karl Marx und die Wissenschaft vom Individuum. Bericht von der 1. Internationalen Ferienuniversität Kritische Psychologie vom 7. bis 12. März 1983 in Graz; Veranstaltet von den Studienrichtungsvertretungen Psychologie der Universitäten Graz, Innsbruck, Salzburg und Wien. Marburg: Verlag Arbeiterbewegung und Gesellschaftswissenschaft, S. 120-166.

Holzkamp, Klaus (1984):»Die Menschen sitzen nicht im Kapitalismus wie in einem Käfig«. Gespräch von Heiko Ernst und Claus Koch. Wieder-Veröffentlichung mit freundlicher Genehmigung des Beltz-Verlages. In: PSYHOLOGIE HEUTE, H. 11, S. 29-37. Online verfügbar unter http://www.kritische-psychologie.de/texte/kh1984b.html, zuletzt geprüft am 5.5.2010.

Holzkamp, Klaus (1987): Lernen und Lernwiderstand. Skizzen zu einer subjektwissenschaftlichen Lerntheorie. In: Holzkamp, Klaus (Hg.): Forum Kritische Psychologie. Berlin: Argument, Bd. 20, S. 5-36.

Holzkamp, Klaus (Hg.) (1990): Selbstbestimmung und Methode, Kontroverse um Handlungsfähigkeit, Forschung, Praxis, Politik. Hamburg: Argument (Forum kritische Psychologie, 26).

Holzkamp, Klaus (1993): Lernen. Subjektwissenschaftliche Grundlegung. Ausarbeitung der subjektwissenschaftlichen Lerntheorie. Frankfurt am Main: Campus.

Homann, Ralf (2013): Radiobeitrag »Maskuline Muskelspiele«. Unter Mitarbeit von Ulrike Ebenbeck. Herausgegeben von ARD.

Honneth, Axel (1992): Kampf um Anerkennung. Zur moralischen Grammatik sozialer Konflikte. Frankfurt am Main: Suhrkamp.

Hornscheidt, Antje (2007): Sprachliche Kategorisierung als Grundlage und Problem des Redens über Interpendenzen. Aspekte sprachlicher Normalisierung und Privilegierung. In: Walgenbach, Katharina; Dietze, Gabriele; Hornscheidt, Antje; Palm, Kerstin (Hg.): Gender als interdependente Kategorie. Neue Perspektiven auf Intersektionalität, Diversität und Heterogenität. Opladen: Budrich, S. 65-105.

Hornscheidt, Lann (2012): Feministische W_orte. Ein Lern-, Denk- und Handlungsbuch zu Sprache und Diskriminierung, Gender Studies und feministischer Linguistik. Frankfurt am Main: Brandes & Apsel.

Horstkemper, Marianne (2001): Gender Mainstreaming als Prinzip geschlechterdifferenzierter Arbeit in der Jugendhilfe. Auftrieb für geschlechterbewusste Pädagogik oder Konkurrenz für bereits entfaltete Reformkonzepte. In: Ginsheim, Gabriele von; Meyer, Dorit (Hg.): Gender Mainstreaming. Neue Perspektiven für die Jugendhilfe. Berlin, S. 41-56.

Höyng, Stefan; Jungnitz, Ludger (2000): Mehr als nur ein Blickwinkel. Männerforschung als Teil der Genderforschung. In: DIE Zeitschrift für Erwachsenenbildung, Jg. 7, S. 19-21.

Huck, Lorenz; Markard, Morus (2008): Abstrakt negiert ist halb kapiert. Beiträge zur marxistischen Subjektwissenschaft; Morus Markard zum 60. Geburtstag. Marburg: BdWi-Verlag.

Hufer, Klaus-Peter (2003): Emanzipation. In: Hufer, Klaus-Peter; Weißeno, Georg (Hg.): Außerschulische Jugend- und Erwachsenenbildung. Schwalbach/Taunus: Wochenschau-Verlag, S. 55-56.

Hufer, Klaus-Peter; Klemm, Ulrich (2002): Wissen ohne Bildung. Auf dem Weg in die Lerngesellschaft des 21. Jahrhunderts. Neu-Ulm: AG-SPAK-Bücher.

Hufer, Klaus-Peter; Richter, Dagmar (2013): Gibt es einen gemeinsamen Kern für ein Professionsverständnis in schulischer und außerschulischer Bildung/Erwachsenenbildung. In: Hufer, Klaus-Peter; Richter, Dagmar (Hg.): Politische Bildung als Profession. Verständnisse und Forschungen; Perspektiven politischer Bildung. Bonn: Bundeszentrale für Politische Bildung, S. 327-334.

Hufer, Klaus-Peter; Richter, Dagmar (Hg.) (2013): Politische Bildung als Profession. Verständnisse und Forschungen; Perspektiven politischer Bildung. Bonn: Bundeszentrale für Politische Bildung.

Hufer, Klaus-Peter; Weißeno, Georg (Hg.) (2003): Außerschulische Jugend- und Erwachsenenbildung. Schwalbach/Taunus: Wochenschau-Verlag.

Hughes, Pritchard Kate (1995): Feministische Pädagogik und feministische Epistemologie. Ein Überblick. In: Gieseke, Wiltrud (Hg.): Erwachsenenbildung als Frauenbildung. Bad Heilbrunn: Klinkhardt, S. 148-175.

Irigaray, Luce (1979): Das Geschlecht, das nicht eins ist. Berlin: Merve Verlag.

Jakob, Gisela (2003): Das narrative Interview in der Biographieforschung. In: Friebertshäuser, Barbara; Prengel, Annedore (Hg.): Handbuch qualitative Forschungsmethoden in der Erziehungswissenschaft. Weinheim: Juventa, S. 445-457.

Jantz, Olaf; Grote, Christoph (2003): Perspektiven der Jungenarbeit. Konzepte und Impulse aus der Praxis. Opladen: Leske + Budrich.

Jergus, Kerstin (2012): Politiken der Identität und der Differenz. Rezeptionslinien Judith Butlers im erziehungswissenschaftlichen Terrain. In: Ricken, Norbert; Balzer, Nicole (Hg.): Judith Butler: pädagogische Lektüren. Wiesbaden: Springer VS, S. 29-56.

Jösting, Sabine; Seemann, Malwine (2006): Gender und Schule. Geschlechterverhältnisse in Theorie und schulischer Praxis. Oldenburger Fachtag Gender und

Schule; Zentrum für Interdisziplinäre Frauen- und Geschlechterforschung. (Oldenburger Beiträge zur Geschlechterforschung).

Kade, Jochen (1989): Erwachsenenbildung und Identität: eine empirische Studie zur Aneignung von Bildungsangeboten: Deutscher Studien Verlag.

Kant, Immanuel (1784): Beantwortung der Frage: Was ist Aufklärung. In: Berlinische Monatsschrift, Jg. 2, H. 12, S. 481-494.

Kant, Immanuel (2003): Kants Werke. Akademie-Textausgabe. Studienausg., Nachdr. der Ausg. 1968. Berlin: de Gruyter.

Kanter, Rosabeth Moss (1977a): Men and Women of the Corporation: New York: Basic Books.

Kanter, Rosabeth Moss (1977b): Some Effects of Proportions on Group Life: Skewed Sex Ratios and Responses to Token Women. In: American journal of Sociology, S. 965-990.

Kaschuba, Gerrit (2006): Praxisbezogene Gender- Forschung und Gender Training. In: Bereswill, Mechthild; Schmidbaur, Marianne (Hg.): Interdisziplinarität und Praxisbezug. Dokumentation des Workshops 7.6.-8.6.2006. Dokumentation. Frankfurt, S. 79-84.

Kaschuba, Gerrit (2007): Gender-Qualifizierung für die Praxis der Erwachsenenbildung. In: Hessische Blätter für Volksbildung. Zeitschrift für Erwachsenenbildung in Deutschland, Jg. 57, H. 3, S. 263-271.

Kaschuba, Gerrit; Lächele, Carlos (2004): Gender Training. Konzepte. Erfahrungen. In: Außerschulische Bildung. Materialien zur politischen Jugend- und Erwachsenenbildung, H. 1, S. 157-165.

Kaufman, Michael; Kimmel, Michael (2011): The Guy's Guide to Feminism. New York: Seal Press.

Keller, Evelyn Fox; Blumenberg, Bettina (1986): Liebe, Macht und Erkenntnis. Männliche oder weibliche Wissenschaft. München: Hanser.

Kemper, Andreas (2011): [r]echte Kerle. Zur Kumpanei der MännerRECHTSbewegung. Münster: Unrast.

Kenawi, Samirah (1995): Frauengruppen in der DDR der 80er Jahre: eine Dokumentation: GrauZone.

Keupp, Heiner (1996): Bedrohte und befreite Identitäten in der Risikogesellschaft. In: Barkhaus, Annette (Hg.): Identität, Leiblichkeit, Normativität: neue Horizonte anthropologischen Denkens: Suhrkamp (1247), S. 380-404.

Keupp, Heiner; Höfer, Renate (1997): Identitätsarbeit heute. Klassische und aktuelle Perspektiven der Identitätsforschung. Frankfurt am Main: Suhrkamp.

Keupp, Heiner; Hohl, Joachim (2006): Subjektdiskurse im gesellschaftlichen Wandel. Zur Theorie des Subjekts in der Spätmoderne. Bielefeld: transcript.

Kilomba, Grada (2008): Plantation Memories. Episodes of Everyday Racism. Münster: Unrast.

Kimmel, Michael (8.3.2001): Lecture prepared for International Women's Day Seminar. Veranstaltung vom 8.3.2001. Brussels. Veranstalter: European Parliament. Online verfügbar unter http://www.europrofem.org/audio/ep_kimmel/kimmel.htm, zuletzt geprüft am 2.12.2013.

Kimmel, Michael (2010): Misframing Men. The Politics of Contemporary Masculinities. Online verfügbar unter: http://www.gbv.de/dms/bowker/toc/9780813547633.pdf.

Kirchhöfer, Dieter (2004): Lernkultur Kompetenzentwicklung: begriffliche Grundlagen. Berlin: Arbeitsgemeinschaft Betriebliche Weiterbildungsforschung.

Klaus, Elisabeth (i.V.): Von ›ganzen Kerlen‹, ›neuen Männern‹ und ›betrogenen Vätern‹. Mediale Inszenierungen von Männlichkeiten. In: Jakoby, Nina; Liebig, Brigitte; Peitz, Martina; Schmid, Tina; Zinn, Isabelle (Hg.): Männer und Männlichkeiten. Disziplinäre Perspektiven. Zürich: vdf, S. 1-24.

Klaus, Elisabeth (2008): Antifeminismus und Elitefeminismus – Eine Intervention. In: Feministische Studien Online (2), Bd. 2.

Klieme, Eckhard; Hartig, Johannes (2007): Kompetenzkonzepte in den Sozialwissenschaften und im erziehungswissenschaftlichen Diskurs. In: Zeitschrift für Erziehungswissenschaft, Jg. 10., H. Sonderheft 8, S. 11-29.

Klinger, Cornelia (2003): Ungleichheit in den Verhältnissen von Klasse, Rasse und Geschlecht. In: Knapp, Gudrun-Axeli; Wetterer, Angelika (Hg.): Achsen der Differenz. Gesellschaftstheorie und feministische Kritik II. Münster: Westfälisches Dampfboot, S. 14-48.

Knapp, Gudrun-Axeli; Landweer, Hilge (1995): Interdisziplinarität in der Frauenforschung. Ein Dialog.

Knapp, Gudrun-Axeli; Wetterer, Angelika (Hg.) (2003): Achsen der Differenz. Gesellschaftstheorie und feministische Kritik II. Münster: Westfälisches Dampfboot.

Koch-Priewe, Barbara (2002): Schulprogramme zur Mädchen- und Jungenförderung. Die geschlechterbewusste Schule. Weinheim: Beltz.

König, Eckhard; Beutler, Anette (1997): Arbeitsschritte im qualitativen Forschungsprozess. Ein Leitfaden. In: Flick, Uwe (Hg.): Handbuch Qualitative Forschungsmethoden, S. 88.

Konrad, Klaus (1999): Mündliche und schriftliche Befragung. Landau: Verlag Empirische Pädagogik.

Konrad Adenauer Stiftung: DDR. Mythos und Wirklichkeit. Arbeitswelt und Berufstätigkeit der Frau. Online verfügbar unter http://www.kas.de/wf/de/71.6586/, zuletzt geprüft am 12.11.13.

Krais, Beate; Gebauer, Gunter (2002): Habitus. Bielefeld: transcript.

Krämer, Judith (2006): »Gender ... heißt so viel wie Geschlecht oder so was Ähnliches?«: Relevanz von Genderstudies für die Schule in der Wahrnehmung von Gemeinschaftskundelehrerinnen. Oldenburg: Didaktisches Zentrum, Oldenburger Vordrucke. Beiträge zur politischen Bildung.

Krämer, Judith (2007): Gender und Schule. Nicht nur ein Thema im Zusammenhang mit muslimischen Schülerinnen und Schülern: Zur Relevanz von Genderstudies in der Schule. Herausgegeben von Zentrum Gender Studies-ZGS Universität Bremen. (ZGS Arbeitspapier, 2). Online verfügbar unter http://www.zfs.uni-bremen.de/_joomla/index.php?option=com_frontpage&Item id=1, zuletzt geprüft am 11.12.2013.

Krämer, Judith (2013): Queere Perspektiven in der geschlechterreflektierenden Bildungsarbeit mit Jugendlichen. In: Ernstson, Sven; Meyer, Christine (Hg.): Praxis geschlechtersensibler und interkultureller Bildung. Wiesbaden: Springer Fachmedien, S. 117-142.

Kraul, Margret; Horstkemper, Marianne (1999): Reflexive Koedukation in der Schule. Evaluation eines Modellversuchs zur Veränderung von Unterricht und Schulkultur. Mainz: Hase & Köhler.

Krell, Gertraude; Riedmüller, Barbara u. a. (Hg.) (2007): Diversity Studies. Grundlagen und disziplinäre Ansätze, Frankfurt am Main: Campus.

Krüger, Marlis (1989): Überlegungen und Thesen zu einer feministischen (Sozial-) Wissenschaft. In: Beer, Ursula (Hg.): Klasse Geschlecht: Feministische Gesellschaftsanalyse und Wissenschaftskritik. Bielefeld: AJZ-Verlag, S. 67-94.

Kuhnhenne, Michaela; Seemann, Malwine (Hg.) (2009): Gender Mainstreaming und Schule. Anstöße für Theorie und Praxis der Geschlechterverhältnisse. Oldenburg: BIS Verlag.

Kulau (2003): Vom Gendertraining zur Genderkompetenz. Erfahrungen mit Gendertrainings als Instrumente geschlechterpolitischer Praxis – Ein Interview mit den Gendertrainern Angelika Blickhäuser und Henning von Bargen. In: Heinrich-Böll-Stiftung (Hg.): Geschlechterdemokratie wagen. Königstein/Ts.: Helmer, S. 158-166.

Laclau, Ernesto; Mouffe, Chantal (1990): »Post-Marxism without Apologies«. In: Laclau, Ernesto (Hg.): New Reflections on the Revolution of Our Time. London/New York, S. 97-132.

Laclau, Ernesto; Mouffe, Chantal (1991): Hegemonie und radikale Demokratie. Zur Dekonstruktion des Marxismus. Wien: Passagen-Verlag.

Lambrecht, Oda; Baars, Christian (2009): Mission Gottesreich. Fundamentalistische Christen in Deutschland. Berlin: Links.

Landesinstitut für Schule Bremen: Leitlinien für die Sekundarstufe 1. Online verfügbar unter http://www.lis.bremen.de/sixcms/media.php/13/01-06-12_P%E4d._Leitlinien.9264.pdf, zuletzt geprüft am 25.9.2013.

Landesinstitut für Schule Bremen: Lehrplan Sekundarstufe 1. Pädagogische Leitlinien. Online verfügbar unter http://lehrplan.bremen.de/sek1/paedLeit, zuletzt geprüft am 28.11.2008.

Leiprecht, Rudolf; Lutz, Helma (2005): Intersektionalität im Klassenzimmer: Ethnizität, Klasse, Geschlecht. In: Leiprecht, Rudolf; Kerber, Anne (Hg.): Schule in der Einwanderungsgesellschaft: ein Handbuch: Wochenschau Verlag (38), S. 218-234.

LesMigraS (2012): »nicht so greifbar und doch real.:«. Kampagne zu Gewalt und Mehrfachdiskriminierungserfahrungen von lesbischen, bisexuellen Frauen und Trans*Menschen in Deutschland. Unter Mitarbeit von Mar Castro Varela. Herausgegeben von LesMigraS. Online verfügbar unter http://www.lesmigras.de/ kampagne_ mehrfachdiskriminierung.html, zuletzt geprüft am 30.10.2013.

Lindemann, Gesa (1993): Das paradoxe Geschlecht. Transsexualität im Spannungsfeld von Körper, Leib und Gefühl. Frankfurt am Main: Fischer-Taschenbuch-Verlag.

Livingstone, David (1999): Informelles Lernen in der Wissensgesellschaft. Erste kanadische Erhebung über informelles Lernverhalten: Arbeitsgemeinschaft Qualifikations-Enwicklungs-Management (QUEM)-Report der Referate auf dem internationalen Fachkongress in Berlin, S. 65-92.

Lorber, Judith; Beister, Hella; Teubner, Ulrike (1999): Gender-Paradoxien. Opladen: Leske + Budrich.

Ludwig, Joachim (2000): Lernende verstehen. Lern- und Bildungschancen in betrieblichen Modernisierungsprojekten. Bielefeld: Bertelsmann.

Lutz, Helma (1999): »Sind wir immer noch fremd?«. Konstruktionen von Fremdheit in der weißen Frauenbewegung. In: Hügel, Ika (Hg.): Entfernte Verbindungen. Rassismus, Antisemitismus, Klassenunterdrückung. Berlin: Orlanda-Frauenverlag, Bd. 2, S. 138-156.

Lutz, Helma (2010): Fokus Intersektionalität. Bewegungen und Verortungen eines vielschichtigen Konzeptes. Wiesbaden: VS Verlag für Sozialwissenschaften.

Lutz, Helma; Wenning, Norbert (Hg.) (2001): Unterschiedlich verschieden. Differenz in der Erziehungswissenschaft. Opladen: Leske + Budrich.

Lynch, Kathleen; Feeley, Maggie (2009): Gender and Education (and Employment). Gendered Imperatives and their Implications for Women and Men: Lessons from Research for Policy Makers. Bruxelles: European Commission, Education and Culture DG.

Männer-Medienarchiv Hamburg (Hg.) (1993): Männerrundbrief. Hamburg: Selbstverlag.

Markard, Morus (1991): Methodik subjektwissenschaftlicher Forschung. Jenseits des Streits um quantitative und qualitative Methoden. In: @Methodik sujektwissenschaftlicher Forschung, Jenseits des Streits um quantitative und qualitative Methoden, Morus Markard, Jg. 1.

Markard, Morus (2009): Einführung in die kritische Psychologie. Hamburg: Argument.

Marotzki, Winfried (1991): Bildung, Identität und Individualität. In: Wir/Ihr/Sie. Identität und Alterität in Theorie und Methode. Würzburg: Ergon Verlag, S. 79-94.

Marx, Karl; Engels, Friedrich (1983): Karl Marx. Friedrich Engels Gesamtausgabe (MEGA): März bis August 1844: Dietz.

Marx, Karl; Scheibler, Hildegard; Engels, Friedrich (1976): Werke. Berlin: Dietz.

Maurer, Susanne (1996): Zwischen Zuschreibung und Selbstgestaltung. Feministische Identitätspolitiken im Kräftefeld von Kritik, Norm und Utopie. Tübingen: Edition Diskord.

Maurer, Susanne (2000): Herstellung und Verschiebung von Bedeutung in der Interviewsituation. In: Lemmermöhle, Doris (Hg.): Lesarten des Geschlechts. Zur De-Konstruktionsdebatte in der erziehungswissenschaftlichen Geschlechterforschung. Opladen: Leske + Budrich, S. 133-145.

McCall, Leslie (2005): The Complexity of Intersectionality. In: Journal of Women in Cultur and Society, Jg. 30, H. 3.

McKee, Lorna; O'Brien Margaret (1983): Interviewing Men: Taking Gender Seriously. In: Gamarnikow, Eva (Hg.): The Public and the Private. London: Heinemann, S. 147-161.

Mecheril, Paul (2003): Prekäre Verhältnisse. Über natio-ethno-kulturelle (Mehrfach-)Zugehörigkeit. Münster: Waxmann.

Mecheril, Paul (2005): Pädagogik der Anerkennung. Eine programmatische Kritik. In: Migration und Bildung/Franz Hamburger... (Hrsg.), S. 311-328. Online verfügbar unter http://katalog.suub.uni-bremen.de/DB=1/LNG=DU/CMD?ACT= SRCHA&IKT=8000&TRM=75158088*.

Mecheril, Paul; Scherschel, Karin; Schrödter, Mark (2003):»Ich möchte halt von dir wissen, wie es ist, du zu sein«. Die Wiederholung der alienierenden Zuschreibung durch qualitative Forschung. In: Badawia, Tarek; Hamburger, Franz; Hummrich, Merle (Hg.): Wider die Ethnisierung einer Generation. Beiträge zur qualitativen Migrationsforschung; Tagung zur qualitativen Migrationsforschung, Mainz 2002. Frankfurt am Main: IKO - Verlag für Interkulturelle Kommunikation, S. 93-110.

Mende, Janne (Hg.) (2009): Emanzipation in der politischen Bildung. Theorien. Konzepte. Möglichkeiten. Unter Mitarbeit von Stefan Müller. Schwalbach/Taunus: Wochenschau.

Metz-Göckel, Sigrid; Roloff, Christine (2002): Genderkompetenz als Schlüsselqualifikation. In: Journal Hochschuldidaktik der Uni Dortmund, Jg. 13, S. 7-10. Online verfügbar unter http://www.zhb.tu-dortmund.de/hd/fileadmin/Journal HD/2002/Journal_HD_2002_1.pdf, zuletzt geprüft am 12.13.2013.

Meulenbelt, Anja; Lange, Silke (1988): Scheidelinien. Über Sexismus, Rassismus und Klassismus. Reinbek bei Hamburg: Rowohlt.

Meuser, Michael (2000): Perspektiven einer Soziologie der Männlichkeit. In: Janshen, Doris (Hg.): Blickwechsel: Der neue Dialog zwischen Frauen- und Männerforschung: Campus, S. 47-78.

Meuser, Michael (2006): Hegemoniale Männlichkeit. Überlegungen zur Leitkategorie der Men's Studies. In: Aulenbacher, Brigitte; Bereswill, Mechthild (Hg.): FrauenMännerGeschlechterforschung: State of the art. Münster: Westfälisches Dampfboot, S. 160-174.

Meuser, Michael (2010): Geschlecht und Männlichkeit. Soziologische Theorie und kulturelle Deutungsmuster. s.l.: VS Verlag für Sozialwissenschaften.

Meuser, Michael; Nagel, Ulrike (2003): Das ExpertInneninterview. Wissenssoziologische Voraussetzungen und methodische Durchführung. In: Friebertshäuser,

Barbara; Prengel, Annedore (Hg.): Handbuch qualitative Forschungsmethoden in der Erziehungswissenschaft. Weinheim: Juventa.

Meyer-Drawe, Käte (2000): Bildung und Identität. In: Wir/Ihr/Sie. Identität und Alterität in Theorie und Methode. Ergon-Verlag, Würzburg, S. 139-150.

Meyer-Drawe, Käte (2008): Diskurse des Lernens. München: Fink.

Meyer-Drawe, Käte (2012): Lernen aus Passion. In: Felden, Heide von (Hg.): Erwachsenenbildung und Lernen. Dokumentation der Jahrestagung der Sektion Erwachsenenbildung der Deutschen Gesellschaft für Erziehungswissenschaft vom 22.-24. September 2011 an der Universität Hamburg. Baltmannsweiler: Schneider Verlag Hohengehren, S. 9-22.

Mies, Maria (1978): Methodische Postulate zur Frauenforschung. Dargestellt am Beispiel der Gewalt gegen Frauen. In: Beiträge zur feministischen Theorie und Praxis (Hg.): Erste Orientierungen. München: Verlag Frauenoffensive, S. 41-63.

Mitscherlich, Margarete (1989): Die friedfertige Frau. Eine psychoanalytische Untersuchung zur Aggression der Geschlechter. Frankfurt am Main: Fischer.

Mohanty, Chandra Talpade (2003): Feminism without Borders: Decolonizing Theory, Practicing Solidarity. Durham, NC: Duke University Press.

Mollenhauer, Klaus (1968): Erziehung und Emanzipation. Polemische Skizzen. München: Juventa.

Mollenhauer, Klaus (1972): Theorien zum Erziehungsprozeß. Zur Einführung in erziehungswissenschaftliche Fragestellungen. München: Juventa.

Mühlen-Achs, Gitta (1998): Geschlecht bewusst gemacht. Körpersprachliche Inszenierungen; ein Bilder- und Arbeitsbuch. München: Frauenoffensive.

Müller, Ursula (1984): Gibt es eine spezielle Methode in der Frauenforschung. In: Zentraleinrichtung zur Förderung von Frauenstudien und Frauenforschung an der FU Berlin (Hg.): Methoden in der Frauenforschung. Symposium an der Freien Universität Berlin vom 30.11.-2.12.1983. Frankfurt am Main: R.G. Fischer, S. 29-50.

Münchhausen, Gesa (2010): Informelles Lernen und Kompetenzentwicklung in befristeten Beschäftigungsverhältnissen. In: Hof, Christiane; Ludwig, Joachim; Schäffer, Burkhard (Hg.): Erwachsenenbildung im demographischen und sozialen Wandel. Dokumentation der Jahrestagung der Sektion Erwachsenenbildung der Deutschen Gesellschaft für Erziehungswissenschaft vom 24. bis 26. September 2009 an der Hochschule für Philosophie München, der Ludwig-Maximilians-Universität München und der Universität der Bundeswehr München. Baltmannsweiler: Schneider-Verlag Hohengehren, S. 69-81.

Munsch, Chantal; Gemende, Marion; Rotino, Steffi Weber-Unger (Hg.) (2007): Eva ist emanzipiert, Mehmet ist ein Macho. Zuschreibung, Ausgrenzung, Lebensbewältigung und Handlungsansätze im Kontext von Migration und Geschlecht. Weinheim: Juventa.

Negt, Oskar (1990): Überlegungen zur Kategorie »Zusammenhang« als einer gesellschaftlichen Schlüsselqualifikation. In: Literatur- und Forschungsreport Weiterbildung, Jg. 26, S. 11-19.

Negt, Oskar (1991): »Phantasie, Arbeit, Lernen und Erfahrung«. Zur Differenzierung und Erweiterung der Konzeption ›Soziologische Phantasie und exemplarisches Lernen‹ [1986]. In: Mitteilungsblätter der Akademie für Arbeit und Politik an der Universität Bremen, Jg. 4, H. 5, S. 92.

Negt, Oskar (1993): Wir brauchen eine zweite, gesamtdeutsche Bildungsreform. In: Die zweite Gesellschaftsreform, Jg. 27, S. 276-290.

Nentwich, Julia (2006): Gleichheit, Differenz, Diversity oder Dekonstruktion. Verschiedene Geschlechter. Theorien und ihre Konsequenzen für die Gleichstellungsarbeit. In: Rote Revue. Zeitschrift für Poltik, Wirtschaft und Kultur, Jg. 84, H. 1, S. 2-5.

Nghi Ha, Kien (2009): »People of Color« als solidarisches Bündnis. Empowerment und selbst-reflexive Identitätspolitik: Wie können Marginalisierte — individuell wie auch als Community — für sich selbst sprechen und eigene Zugehörigkeitsformen definieren. In: migrazine, H. 1, zuerst veröffentlicht: http://www.migrazine.at/artikel/people-color-als-solidarisches-b-ndnis, zuletzt geprüft am 10.03.2014.

Nickel, Hildegard Maria (2001): Frauenfragen zum Marxismus: Marx, Engels und die feministische Debatte um Arbeit. In: Gerhardt, Volker (Hg.): Marxismus: Versuch einer Bilanz: Scriptum-Verlag (1), S. 541-564.

Nickel, Hildegard Maria (o.J.): Vom Privatsalon zum Zentrum für interdisziplinäre Frauenforschung. Online verfügbar unter http://www.gender.hu-berlin.de/zentrum/geschichten/pdf-dokumente/grundungzif, zuletzt aktualisiert am 8.10.2013.

Nieden, zur, Birgit; Veth, Silke (Hg.) (2004): Feministisch, geschlechterreflektierend, queer? Perspektiven aus der Praxis politischer Bildungsarbeit. Rosa-Luxemburg-Stiftung. Berlin

Nietzsche, Friedrich; Colli, Giorgio (1988): Sämtliche Werke. Kritische Studienausgabe in 15 Einzelbänden. München: Deutscher Taschenbuch-Verlag.

Nittel, Dieter (2000): Von der Mission zur Profession. Stand und Perspektiven der Verberuflichung in der Erwachsenenbildung. Bielefeld: Bertelsmann.

Nolda, Sigrid (2004): Zerstreute Bildung. Mediale Vermittlungen von Bildungswissen. Bielefeld: Bertelsmann.

Nuissl, Ekkehard (1999): Männerbildung. In: Tippelt, Rudolf (Hg.): Handbuch Erwachsenenbildung/Weiterbildung. Opladen: Leske+Budrich, S. 595-602.

Oechsle, Mechtild; Wetterau, Karin (2000): Über Notwendigkeiten und Schwierigkeiten, Geschlecht als didaktische und fachwissenschaftliche Kategorie in die politische Bildung zu integrieren. In: Oechsle, Mechtild; Wetterau, Karin (Hg.): Politische Bildung und Geschlechterverhältnis. Opladen: Leske + Budrich, S. 7-28.

Oechsle, Mechtild; Wetterau, Karin (Hg.) (2000): Politische Bildung und Geschlechterverhältnis. Opladen: Leske + Budrich.

Oevermann, Ulrich (1993): Die objektive Hermeneutik als unverzichtbare methodologische Grundlage für die Analyse von Subjektivität. Zugleich eine Kritik der Tiefenhermeneutik. In: Wirklichkeit im Deutungsprozess. Verstehen und Methoden in den Kultur-und Sozialwissenschaften. Frankfurt am Main: Suhrkamp, S. 106-189.

Olesen, Virginia L. (2007): Feminist Qualitative Research and Grounded Theory: Complexities, Criticisms, and Opportunities. In: Bryant, Antony; Charmaz, Kathy (Hg.): The SAGE handbook of grounded theory. Los Angeles: SAGE, S. 418-434.

Opelt, Karin (2005): DDR-Erwachsenenbildung. Münster: Waxmann.

Oswald, Hans (1997): Was heißt qualitativ forschen. In: Friebertshäuser, Barbara; Prengel, Annedore (Hg.): Handbuch qualitative Forschungsmethoden in der Erziehungswissenschaft. Weinheim: Juventa, S. 71-87.

Overwien, Bernd (2009): Informelles Lernen. Definitionen und Forschungsansätze. In: Brodowski, Michael; Devers-Kanoglu, Ulrike; Overwien, Bernd; Rohs, Matthias; Salinger, Susanne; Walser, Manfred (Hg.): Informelles Lernen und Bildung für eine nachhaltige Entwicklung: Beiträge aus Theorie und Praxis: Barbara Budrich, S. 23-34.

Padfield, Maureen; Procter, Ian: The effect of Interviewer's Gender on the Interviewing Process: A comparative Enquiry. In: Sociology 30, S. 355-366.

Pease, Allan; Pease, Barbara (2000): Warum Männer nicht zuhören und Frauen schlecht einparken. Ganz natürliche Erklärungen für eigentlich unerklärliche Schwächen. München: Ullstein.

Peirce, Charles S. (1991a): Einige Konsequenzen aus vier Unvermögen. In: Apel, Karl-Otto (Hg.): Schriften zum Pragmatismus und Pragmatizismus. 1. Aufl. Frankfurt am Main: Suhrkamp (Suhrkamp-Taschenbuch Wissenschaft, 945), S. 40-87.

Peirce, Charles S. (1991b): Wie unsere Ideen zu erklären sind. In: Apel, Karl-Otto (Hg.): Schriften zum Pragmatismus und Pragmatizismus. 1. Aufl. Frankfurt am Main: Suhrkamp (Suhrkamp-Taschenbuch Wissenschaft, 945), S. 182-214.

Peirce, Charles S. (1991c): Die Festlegung einer Überzeugung. In: Apel, Karl-Otto (Hg.): Schriften zum Pragmatismus und Pragmatizismus. 1. Aufl. Frankfurt am Main: Suhrkamp (Suhrkamp-Taschenbuch Wissenschaft, 945), S. 149-181.

Perko, Gudrun; Czollek, Leah Carola (2008): Gender und Diversity gerechte Didaktik: ein intersektionaler Ansatz. In: Magazin Erwachsenenbildung. at, H. 3. Online verfügbar unter http://erwachsenenbildung.at/magazin/08-3/meb08-3_07_perko_czollek.pdf, zuletzt geprüft am 11.12.2013.

Pfeifer, Martina (2006): Gender Trainings. Ein Beitrag zur Transformation der Geschlechterverhältnisse? Eine qualitative Studie. Diplomarbeit. Betreut von Prof. Maria A. Wolf. Innsbruck. Geisteswissenschaftliche Fakultät der Leopold-Franzens-Universität, Institut für Erziehungswissenschaften.

Phoenix, Ann (1994): Practicing Feminist Research: The Intersection of Gender and ›Race‹ in Research Process. In: Maynard, Mary; Purvis, June (Hg.): Researching women's lives from a feminist perspective. Portsmouth: Taylor & Francis, S. 49-71.

Plößer, Melanie (2005): Dekonstruktion - Feminismus - Pädagogik. Vermittlungsansätze zwischen Theorie und Praxis. Königstein/Taunus: Helmer.

Pohlkamp, Ines: TransRäume. Mehr Platz für geschlechtliche Nonkonformität! In: Feministische Mädchenarbeit weiterdenken, S. 37-58.

Pohlkamp, Ines (2004): ›Respect‹. Antirassistische Jungen- und Mädchenarbeit gegen Ausgrenzung und Gewalt; [Dokumentation]. Bremen: Bremer Jungenbüro [u.a.].

Portal Intersektionalität: Forschungsplattform und Praxisforum für Intersektionalität und Interdependenzen. Herausgegeben von Katharina Walgenbach. Bergische Universität Wuppertal. Online verfügbar unter http://portal-intersektio nalitaet.de/startseite/, zuletzt geprüft am 12.12.2013.

Pravda, Gisela (2004): Die Genderperspektive in der Weiterbildung. Analysen und Instrumente am Beispiel des berufsbildenden Fernunterrichts. Bielefeld: Bertelsmann.

Preissle, Judith (2007): Feminist Research Ethics. In: Hesse-Biber, Sharlene Nagy (Hg.): Handbook of Feminist Research. Theory and Praxis. Thousand Oaks, Calif.: SAGE, S. 515-532.

Prengel, Annedore (1983): Gestaltpädagogik. Therapie, Politik und Selbsterkenntnis in der Schule. Weinheim: Beltz.

Prengel, Annedore (2006): Pädagogik der Vielfalt. Verschiedenheit und Gleichberechtigung in interkultureller, feministischer und integrativer Pädagogik. Wiesbaden: VS Verlag für Sozialwissenschaften.

Pross, Helge (1984): Gibt es politische Ziele für Frauenforschung bzw. feministische Forschung? Ist es möglich, mit herkömmlichen Methoden der Sozialforschung diese Forschung zu betreiben. In: Zentraleinrichtung zur Förderung von Frauenstudien und Frauenforschung an der FU Berlin (Hg.): Methoden in der Frauenforschung. Symposium an der Freien Universität Berlin vom 30.11.-2.12.1983. Frankfurt am Main: R.G. Fischer, S. 198-205.

Przyborski, Aglaja; Wohlrab-Sahr, Monika (2008): Qualitative Sozialforschung. Ein Arbeitsbuch. München: Oldenbourg.

Pusch, Luise (1984): Das Deutsche als Männersprache. Aufsätze und Glossen zur feministischen Linguistik. Frankfurt am Main: Suhrkamp.

Rauchut, Franziska (2008): Wie queer ist Queer. Sprachphilosophische Reflexionen zur deutschsprachigen akademischen »Queer«-Debatte. Freie Univiversität Berlin, Magisterarbeit. Königstein/Taunus: Helmer.

Rauw, Regina (Hg.) (2001): Perspektiven geschlechtsbezogener Pädagogik. Impulse und Reflexionen zwischen Gender, Politik und Bildungsarbeit. Opladen: Leske + Budrich.

Reichertz, Jo (1995): Die objektive Hermeneutik. Darstellung und Kritik. In: Bilanz qualitativer Forschung. Weinheim, H. 2, S. 379-424.

Reischmann, Jost (1995): Die Kehrseite der Professionalisierung in der Erwachsenenbildung. Lernen »en passant« - die vergessene Dimension. In: Grundlagen der Weiterbildung: Zeitschrift für Weiterbildung, Jg. 6, H. 4, S. 200-204.

Reischmann, Jost (2004): Vom »Lernen en passant« zum »kompositionellen Lernen«. Neuwied: Luchterhand.

Reuter, Julia (2002): Ordnungen des Anderen. Zum Problem des Eigenen in der Soziologie des Fremden. Bielefeld: transcript.

Ricken, Norbert (2006): Erziehung und Anerkennung. Anmerkungen zur Konstitution des pädagogischen Problems. In: Vierteljahrsschrift für wissenschaftliche Pädagogik /im Auftrag der Görres-Gesellschaft, Jg. 82, H. 2, S. 215-230.

Ricken, Norbert; Balzer, Nicole (Hg.) (2012): Judith Butler: pädagogische Lektüren. Wiesbaden: Springer VS.

Ricken, Norbert; Rieger-Ladich, Markus; Foucault, Michel (2004): Michel Foucault. Pädagogische Lektüren. Wiesbaden: VS Verlag für Sozialwissenschaften.

Rieske, Thomas Viola (2009): Queere Biographien? Möglichkeiten und Probleme von Aufklärungsarbeit über lesbische, schwule, bisexuelle und transgeschlechtliche Lebensweisen. In: Mende, Janne (Hg.): Emanzipation in der politischen Bildung. Theorien. Konzepte. Möglichkeiten. Schwalbach/Taunus: Wochenschau, S. 180-205.

Rieske, Thomas Viola (2011): Bildung von Geschlecht. Zur Diskussion um Jungenbenachteiligung und Feminisierung in deutschen Bildungsinstitutionen. Eine Studie im Auftrag der Max-Traeger-Stiftung. Frankfurt: Druckerie Hassmüsller.

Rosenbrock, Hinrich (2012): Die antifeministische Männerrechtsbewegung. Denkweisen, Netzwerke und Online-Mobilisierung; eine Expertise für die Heinrich-Böll-Stiftung. Berlin: Heinrich-Böll-Stiftung.

Rosenkranz, Barbara (2008): MenschInnen. Gender Mainstreaming - Auf dem Weg zum geschlechtslosen Menschen. Graz: ARES Verlag.

Rosenstiel, Lutz von (2010): Weiterbildung von Führungskräften. In: Hippel, Aiga von; Tippelt Rudolf (Hg.): Handbuch Erwachsenenbildung/Weiterbildung. Wiesbaden: VS-Verlag für Sozialwissenschaften, S. 955-972.

Rosenthal, Gabriele (2011): Interpretative Sozialforschung. Eine Einführung. Weinheim: Juventa.

Roth, Roland; Rucht, Dieter (2008): Die sozialen Bewegungen in Deutschland seit 1945. Ein Handbuch. Frankfurt am Main: Campus Verlag.

Ruhloff, Jörg (2004): Emanzipation. In: Benner, Dietrich; Oelkers, Jürgen (Hg.): Historisches Wörterbuch der Pädagogik. Weinheim: Beltz, S. 279-287.

Schäfer, Alfred; Thompson, Christiane (Hg.) (2010): Anerkennung. Paderborn: Schöningh.

Schäfer, Eva; Klässner, Bärbel; Adler, Helga; Landero, Astrid (2011): »Frauenaufbruch '89«. Was wir wollten – Was wir wurden. Herausgegeben von Rosa-Luxemburgstiftung. Berlin (Manuskripte, 92).

Schäfter, Ortfried (2009): Theorie der Anerkennung. Ihre Bedeutung für pädagogische Professionalität. In: Mörchen, Annette; Tolksdorf, Markus (Hg.): Lernort Gemeinde. Ein neues Format der Erwachsenenbildung. Bielefeld: Bertelsmann, S. 171-182.

Scharathow, Wiebke (2011): Vom Objekt zum Subjekt. Über notwendige Reflexionen in der Migrations- und Rassismusforschung. In: Broden, Anne (Hg.): Rassismus bildet. Bildungswissenschaftliche Beiträge zu Normalisierung und Subjektivierung in der Migrationsgesellschaft. Bielefeld: transcript, S. 87-111.

Schaser, Angelika (2009): Zur Einführung des Frauenwahlrechts. vor 90 Jahren am 12.November 1918. In: Feministische Studien. Zeitschrift für interdisziplinäre Frauen- und Geschlechterforschung, Jg. 27, H. 1, S. 97-111.

Schepers, Claudia (2009): Lernwiderstände im Kontext organisatorischer Veränderungsprozesse. In: Der Pädagogische Blick, H. 4.

Schepers, Claudia (2014): Wenn Kursleitende lernen: Orientierungssuche im Rahmen einer individuellen Professionalitätsentwicklung. i.V.: Waxmann.

Schiersmann, Christiane (1987): Berufsbezogene Weiterbildung und weiblicher Lebenszusammenhang. Zur Theorie eines integrierten Bildungskonzepts. Bielefeld: Kleine (Theorie und Praxis der Frauenforschung, Band 7).

Schiersmann, Christiane (1993): Frauenbildung. Konzepte, Erfahrungen, Perspektiven. Weinheim: Juventa-Verlag.

Schirmer, Dominique (Hg.) (2009): Empirische Methoden der Sozialforschung. Grundlagen und Techniken. Paderborn: UTB, Wilmelm Fink Verlag.

Schmidt, Andrea (2002): Balanceakt Mädchenarbeit. Beiträge zu dekonstruktiver Theorie und Praxis. Frankfurt am Main: IKO-Verlag für Interkulturelle Kommunikation.

Schmidt, Bettina (2009): Den Anti-Bias-Ansatz zur Diskussion stellen. Oldenburg: BIS Verlag.

Schneider, Gerd; Toyka-Seid, Chrstiane (2013): Das junge Politik-Lexikon Bonn. Herausgegeben von der Bundeszentrale für Politische Bildung.

Schrupp, Antje (2008): »Third-Wave«-Feminismus. Ein Beitrag aus der Tagung: Neue frauenpolitische Ziele. Klausur der Fachgruppe Frauen in der Evangelischen Akademie Bad Boll, 2.-4. Juni 2008. Herausgegeben von der Evangelischen Akademie Bad Boll. Online verfügbar unter http://www.ev-akademieboll.de/fileadmin/res/otg/268008-Schrupp.pdf, zuletzt geprüft am 26.8.2013.

Schubert, Klaus von; Klein, Martina (2011): Das Politiklexikon: Begriffe, Fakten, Zusammenhänge. Herausgegeben von der Bundeszentrale für Politische Bildung. Online verfügbar unter http://www.bpb.de/nachschlagen/lexika/politiklexikon/18019/politik, zuletzt geprüft am 5.12.2013.

Schultz, Dagmar (1979): Schülerinnen und Pädagoginnen berichten. Berlin: Frauenselbstverlag.

Schüßler, Ingeborg (2002): Gründe für das Abwehrverhalten gegenüber geschlechtsdifferenzierenden Bildungsinhalten und Konsequenzen für die Bildungs- und Gleichstellungspraxis. In: Hermes, Liesel; Fachtagung Frauen, Gender-Forschung Rheinland-Pfalz 3. 2000 Koblenz in (Hg.): Gender und Interkulturalität. Ausgewählte Beiträge der 3. Fachtagung Frauen-/Gender-Forschung in Rheinland-Pfalz. Tübingen: Stauffenburg, S. 223-233.

Schüßler, Ingeborg (2004): Sind Lernbegründungen emotional? – Holzkamps Lerntheorie im Spiegel motivations- und emotionstheoretischer Konzepte – Erkenntnisgewinne und »blinde Flecken« aus erwachsenenpädagogischer Sicht. In: Faulstich, Peter; Ludwig, Joachim (Hg.): Expansives Lernen. Baltmannsweiler: Schneider-Verlag Hohengehren, S. 100-111.

Schütz, Alfred (Hg.) (1972): Gesammelte Aufsätze. Studien zur soziologischen Theorie. 2 Bände. Den Haag: Nijhoff.

Schütze, Fritz (1983): Biographieforschung und narratives Interview. In: Neue Praxis, Jg. 3, H. 13, S. 282-293.

Seebohm, Thomas M (1972): Zur Kritik der hermeneutischen Vernunft. Bonn: Bouvier.

Seemann, Malwine (2009): Geschlechtergerechtigkeit in der Schule. Eine Studie zum Gender Mainstreaming in Schweden. Bielefeld: transcript.

Singer, Mona (1991): Weibliches Subjekt und Moral. In: Deuber-Mankowsky, Astrid; Konnertz, Ursula (Hg.): Subjekt. Feministische Analyse und Kritik. Tübingen: Edition Diskord (Die Philosophin), S. 7-22.

Smykalla, Sandra (2010): Die Bildung der Differenz: Weiterbildung und Beratung im Kontext von Gender Mainstreaming: Springer.

Soiland, Tove (2008): Die Verhältnisse gingen und die Kategorien kamen. Intersectionality oder Vom Unbehagen an der amerikanischen Theorie. In: querelles net, H. 26. Online verfügbar unter http://www.querelles-net.de/index.php/qn/article/view/694/702, zuletzt geprüft am 12.12.2013.

Sotelo, Elisabeth de (Hg.) (2000): Frauenweiterbildung. Innovative Bildungstheorien und kritische Anwendungen. Weinheim: Deutscher Studien Verlag.

Spender, Dale (1981): Man made language. London: Routledge [and] Kegan Paul.

Spender, Dale; Trömel-Plötz, Senta; Stein, Brigitte (1985): Frauen kommen nicht vor. Sexismus im Bildungswesen. Frankfurt am Main: Fischer-Taschenbuch-Verlag.

Spiewak, Martin; Otto, Janine (2010): Was hilft den Jungen? Die Bildungsexperten Hannelore Faulstich-Wieland und Klaus Hurrelmann streiten über die richtigen Förderkonzepte. Geschlechterpädagogik. In: ZEIT ONLINE, Jg. 32, Ausgabe 05.08.2010, 05.08.2010. Online verfügbar unter http://www.zeit.de/2010/32/Streitgespraech-Jungen, zuletzt geprüft am 11.12.2013.

Spivak, Gayatri C. (1984): The Rani of Sirmur«. In: Barker, Francis; Hulme, Peter; Iversen, Margaret; Loxeley, Diana (1984)(Ed.): Europe and its Others, S. 128-151.

Stanley, Liz; Wise, Sue (1993): Breaking out again. Feminist Ontology and Epistemology. ebrary, Inc. Online verfügbar unter http://www.gbv.eblib.com/patron/ FullRecord.aspx?p=169541, zuletzt geprüft am 12.12.2013.

Stecklina, Gerd (2007): »Kleine Jungs mit zu großen Eiern«. Männlichkeitsstereotype über junge männliche Migranten. In: Munsch, Chantal; Gemende, Marion; Rotino, Steffi Weber-Unger (Hg.): Eva ist emanzipiert, Mehmet ist ein Macho. Zuschreibung, Ausgrenzung, Lebensbewältigung und Handlungsansätze im Kontext von Migration und Geschlecht. Weinheim: Juventa, S. 74-90.

Straub, Jürgen (2010): Lerntheoretische Grundlagen. In: Weidemann, Arne; Straub, Jürgen; Nothnagel, Steffi (Hg.): Wie lehrt man interkulturelle Kompetenz. Theorien, Methoden und Praxis in der Hochschulausbildung; ein Handbuch. Bielefeld: Transcript-Verlag, S. 31-98.

Strauss, Anselm; Corbin, Juliet (1994): Grounded Theory Methodology: An Overview. In: Denzin, Norman K. (Hg.): Handbook of Qualitative Research. Thousand Oaks: SAGE, S. 273-285.

Strauss, Anselm; Corbin, Juliet (1999): Grounded Theory. Grundlagen Qualitativer Sozialforschung. Unveränd. Nachdr. der letzten Aufl., 1996. Weinheim: Beltz Psychologie Verlags-Union.

Strübing, Jörg (2008): Grounded theory. Zur sozialtheoretischen und epistemologischen Fundierung des Verfahrens der empirisch begründeten Theoriebildung. 2., überarb. und erw. Aufl. Wiesbaden: VS Verl. für Sozialwiss. (Qualitative Sozialforschung, 15).

Stuve, Olaf: Intersektionale fallbezogene Pädagogik. Herausgegeben von Dissens e.V. (Intersektionale Gewaltprävention). Online verfügbar unter http:// dissens.de/isgp/docs/isgp-fallbezogene_intersektionale_paedagogik-20-07-2009.pdf, zuletzt geprüft am 12.11.2013.

Süssmuth, Rita; Sprink, Rolf (2010): Volkshochschule. In: Handbuch Erwachsenenbildung/Weiterbildung: Springer, S. 473-490.

Terkessidis, Mark (2004): Die Banalität des Rassismus. Migranten zweiter Generation entwickeln eine neue Perspektive. Bielefeld: transcript (Kultur und soziale Praxis).

Thürmer-Rohr, Christina (1987): Vagabundinnen. Feministische Essays. Berlin: Orlanda-Frauenverlag.

Thürmer-Rohr, Christina (1984): Der Chor der Opfer ist verstummt. Eine Kritik an Ansprüchen der Frauenforschung. In: Beiträge zur feministischen Theorie und Praxis (Hg.): Frauenforschung oder feministische Forschung. Köln: Eigenverlag des Vereins Beitäge zur Feministischen Theorie und Praxis, S. 71-84.

Timmermanns, Stefan (2003): Keine Angst, die beißen nicht! Evaluation schwullesbischer Aufklärungsprojekte in Schulen. Univ., Diss.--Köln, 2003. Norderstedt: Books on Demand.

Tippelt, Rudolf (Hg.) (1999): Handbuch Erwachsenenbildung/Weiterbildung. Opladen: Leske+Budrich.

Toprak, Ahmet (2007): Migration und Männlichkeit. Das Selbst- und Fremdbild der türkischen Männer in Deutschland. In: Munsch, Chantal; Gemende, Marion; Rotino, Steffi Weber-Unger (Hg.): Eva ist emanzipiert, Mehmet ist ein Macho. Zuschreibung, Ausgrenzung, Lebensbewältigung und Handlungsansätze im Kontext von Migration und Geschlecht. Weinheim: Juventa, S. 122-135.

Tröger, Annemarie (1981): Ich komme da mit den feministischen Gedanken nicht mit... In: Beiträge zur feministischen Theorie und Praxis (Hg.): Frauengeschichte. Dokumentation des 3. Historikerinnentreffens in Bielefeld, April 1981. Köln: Frauenoffensive, S. 39-50.

Trömel-Plötz, Senta (Hg.) (1997): Gewalt durch Sprache. Die Vergewaltigung von Frauen in Gesprächen. Orig.-Ausg., 77.-78. Tsd. Frankfurt am Main: Fischer-Taschenbuch-Verl.

Trumann, Jana (2010): Bürgerinitiativen als politischer Lern- und Handlungsraum. In: Zeuner, Christine (Hg.): Demokratie und Partizipation. Beiträge der Erwachsenenbildung. Hamburg: Lehrstuhl für Erwachsenenbildung Univ. Hamburg (Hamburger Hefte der Erwachsenenbildung, 2010,1), S. 29-40.

Truschkat, Inga; Kaiser, Manuela; Reinartz, Vera (2005): Forschen nach Rezept? Anregungen für den praktischen Umgang mit der Grounded Theory in Qualifikationsarbeiten. Forum Qualitative Sozialforschung. (Qualitative Social Research, 6(2) Art 22). Online verfügbar unter http://nbn-resolving.de/urn:nbn:de: 0114-fqs0502221, zuletzt geprüft am 12.12.2013.

Uttal, Lynet (1990): Inclusion without Influence. The Continuing Tokenism of Women of Color. In: Anzaldúa, Gloria (Hg.): Making Face, Making Soul: Haciendo Caras: Creative and Critical Perspectives by Feminists of Color. San Francisco: Aunt Lute Books, S. 42-45.

Vater, Stefan (2007): Lebenslanges Lernen und Ökonomisierung im Bildungsbereich. Gemeinnützige Erwachsenenbildung, Prekarisierung und Projektarbeit. In: Magazin Erwachsenenbildung.at. Online verfügbar unter http://erwachsenenbildung.at/magazin/07-0/meb-ausgabe07-0_05_vater.pdf, zuletzt geprüft am 12.12.2013.

Venth, Angela (2006): Gender-Porträt Erwachsenenbildung. Diskursanalytische Reflexionen zur Konstruktion des Geschlechterverhältnisses im Bildungsbereich. Bielefeld: Bertelsmann (Theorie und Praxis der Erwachsenenbildung).

Venth, Angela (2007): Gender-Kontraste: Das Lernen von Frauen und Männern. Deutsches Institut für Erwachsenenbildung (Hg.). Bonn: DIE.

Venth, Angela (2010): Männlichkeit und Lernen im Lebenszusammenhang. In: Kronauer, Martin (Hg.): Inklusion und Weiterbildung. Reflexionen zur gesellschaftlichen Teilhabe in der Gegenwart. Bielefeld: Bertelsmann (Forschung), S. 235-275.

Venth, Angela (2011): Was hat Männlichkeit mit Bildung zu tun? Studie zum Verhältnis zwischen dem hegemonialen Männerbild und einem lebensbegleitenden Lernen. Lernen: DIE Deutsches Institut für Erwachsenenbildung texte.online.

Villa, Paula-Irene (2011): Sexy Bodies. Eine soziologische Reise durch den Geschlechtskörper. 4. Aufl. Wiesbaden: VS Verl. für Sozialwiss.

Vinz, Dagmar: Kommentar zu Tove Soilands Beitrag. Die Verhältnisse gingen und die Kategorien kamen. Intersectionality oder Vom Unbehagen an der amerikanischen Theorie. In: querelles-net, Nr. 26 (2008).

Wagenknecht, Peter (2007): Was ist Heteronormativität? Zu Geschichte und Gehalt des Begriffs. In: Hartmann, Jutta; Klesse, Christian (Hg.): Heteronormativität. Empirische Studien zu Geschlecht, Sexualität und Macht. Wiesbaden: VS Verlag für Sozialwissenschaften /GWV Fachverlage GmbH Wiesbaden, S. 17-34.

Walgenbach, Katharina; Dietze, Gabriele; Hornscheidt, Antje, et al. (Hg.) (2007): Gender als interdependente Kategorie. Neue Perspektiven auf Intersektionalität, Diversität und Heterogenität. Opladen: Budrich.

Walter, Wolfgang (1994): Strategien der Politikberatung. Die Interpretation der Sachverständigen-Rolle im Lichte von Experteninterviews. In: Hitzler, Ronald (Hg.): Expertenwissen. Die institutionalisierte Kompetenz zur Konstruktion von Wirklichkeit. Opladen: Westdeutscher Verlag.

Warren, Carol A. B. (1988): Gender Issues in Field Research. Thousand Oaks Calif. u.a.: Sage Publications (Qualitative research methods, 9).

Weber, Martina (2003): Heterogenität im Schulalltag. Konstruktion ethnischer und geschlechtlicher Unterschiede. Univ., Diss. u.d.T.: Weber, Martina: Vergeschlechtlichende Ethnisierung, Hamburg, 2002. Opladen: Leske + Budrich (Reihe Schule und Gesellschaft, 30).

West, Candace; Fenstermaker, Sarah (1995): Doing Difference. In: Gender and Society, Jg. 9, H. 1, S. 8-37.

West, Candance; Zimmermann, Don H. (1987): Doing Gender. In: Gender and Society, H. 2, S. 125-151.

Wetterer, Angelika (1995): Dekonstruktion und Alltagshandeln. Die (möglichen) Grenzen der Vergeschlechtlichung von Berufsarbeit. In: Wetterer, Angelika (Hg.): Die soziale Konstruktion von Geschlecht in Professionalisierungsprozessen. Frankfurt/Main/New York: Campus Verlag, S. 223-246.

Wetterer, Angelika (2002): Arbeitsteilung und Geschlechterkonstruktion.»Gender at work« in theoretischer und historischer Perspektive. Konstanz: UVK-Verlags-Gesellschaft.

Wetterer, Angelika (2003): Rhetorische Modernisierung. Das Verschwinden der Ungleichheit aus dem zeitgenössischen Differenzwissen. In: Knapp, Gudrun-Axeli; Wetterer, Angelika (Hg.): Achsen der Differenz. Gesellschaftstheorie und feministische Kritik II. Münster: Westfälisches Dampfboot, S. 286-319.

Winker, Gabriele; Degele, Nina (2009): Intersektionalität. Zur Analyse sozialer Ungleichheiten. Bielefeld: Transcript Verlag.

Winkler, Michael (2011): Probleme der sozialen Identität. In: Mertens, Gerhard (Hg.): Handbuch der Erziehungswissenschaft /im Auftr. der Görres-Gesellschaft zur Pflege der Wissenschaft hrsg. von Gerhard Mertens ...1. Allgemeine Erziehungswissenschaft. Stuttgart: UTB, S. 331-340.

Witzel, Andreas (1982): Verfahren der qualitativen Sozialforschung. Überblick und Alternativen. Frankfurt am Main: Campus-Verlag.

Wohlrab-Sahr, Monika (1993): Empathie als methodisches Prinzip. Entdifferenzierung und Reflexivitätsverlust als problematisches Erbe der »methodischen Postulate zur Frauenforschung«. In: Jacobi, Juliane (Hg.): Kritik der Kategorie »Geschlecht«. Weinheim: Deutsche Studien-Verlag (Feministische Studien), S. 128-139.

Wünsch, Michaela (2005): Die Politik queerer Räume. In: Haschemi, Yekani Michaelis Beatrice (Hg.): Quer durch die Geisteswissenschaften. Perspektiven der Queer Theory. Berlin: Querverlag, S. 31-39.

Yalom, Irvin D. (1999): Die Liebe und ihr Henker. München: Bertelmann.

Zeuner, Christiane (2008): Kompetenzen als Zielsetzung von Weiterbildung. In: Hessische Blätter für Volksbildung - Zeitschrift für Erwachsenenbildung in Deutschland, H. 2, S. 136-144.

Zeuner, Christine (2009): Zur Bedeutung gesellschaftlicher Kompetenzen im Sinne eines kritischen bildungstheoretischen Ansatzes. In: Bolder, Axel (Hg.): EigenSinn und Widerstand. Kritische Beiträge zum Kompetenzentwicklungsdiskurs. Wiesbaden: VS Verlag für Sozialwissenschaften, S. 260-281.

Zeuner, Christine (2013): Erwachsenenbildung und Profession. In: Hufer, KlausPeter; Richter, Dagmar (Hg.): Politische Bildung als Profession. Verständnisse und Forschungen; Perspektiven politischer Bildung. Bonn: Bundeszentrale für Politische Bildung, S. 81-96.

Ziegler, Christl (2001): Reeducation und politische Frauenbildung nach 1945. Der Beitrag Magda Kelbers. In: Ciupke, Paul; Derichs-Kunstmann, Karin (Hg.): Zwischen Emanzipation und »besonderer Kulturaufgabe der Frau«. Frauenbildung in der Geschichte der Erwachsenenbildung. Essen: Klartext-Verlag, S. 215-226.

Pädagogik

Sarah Huch, Martin Lücke (Hg.)
Sexuelle Vielfalt im Handlungsfeld Schule
Konzepte aus Erziehungswissenschaft
und Fachdidaktik

November 2015, ca. 280 Seiten, kart., ca. 29,99 €,
ISBN 978-3-8376-2961-3

Monika Jäckle, Bettina Wuttig,
Christian Fuchs (Hg.)
Handbuch TraumaPädagogik und Schule

April 2016, ca. 400 Seiten, kart., ca. 29,99 €,
ISBN 978-3-8376-2594-3

Tobias Leonhard, Christine Schlickum (Hg.)
Wie Lehrer_innen und Schüler_innen
im Unterricht miteinander umgehen
Wiederentdeckungen jenseits von
Bildungsstandards und Kompetenzorientierung

2014, 208 Seiten, kart., 29,99 €,
ISBN 978-3-8376-2909-5

Leseproben, weitere Informationen und Bestellmöglichkeiten
finden Sie unter www.transcript-verlag.de

Pädagogik

Christin Sager
Das aufgeklärte Kind
Zur Geschichte der bundesrepublikanischen
Sexualaufklärung (1950-2010)

Juni 2015, 348 Seiten, kart., zahlr. Abb., 34,99 €,
ISBN 978-3-8376-2950-7

Gregor Schwering, Elisabeth Kampmann
Teaching Media Studies
Medienwissenschaft für den Schulunterricht –
Grundlagen, Beispiele, Perspektiven

Dezember 2016, ca. 200 Seiten, kart., zahlr. Abb., ca. 24,99 €,
ISBN 978-3-8376-3053-4

Juliette Wedl, Annette Bartsch (Hg.)
Teaching Gender?
Zum reflektierten Umgang mit Geschlecht im
Schulunterricht und in der Lehramtsausbildung

Juni 2015, 564 Seiten, kart., zahlr. z.T. farb. Abb., 34,99 €,
ISBN 978-3-8376-2822-7

**Leseproben, weitere Informationen und Bestellmöglichkeiten
finden Sie unter www.transcript-verlag.de**

Pädagogik

Christine Baur
Schule, Stadtteil, Bildungschancen
Wie ethnische und soziale Segregation
Schüler/-innen mit Migrations-
hintergrund benachteiligt
2012, 244 Seiten, kart., zahlr. Abb., 31,80 €,
ISBN 978-3-8376-2237-9

Anselm Böhmer
Diskrete Differenzen
Experimente zur asubjektiven
Bildungstheorie in einer
selbstkritischen Moderne
2013, 288 Seiten, kart., 34,99 €,
ISBN 978-3-8376-2571-4

Jan Erhorn, Jürgen Schwier (Hg.)
**Die Eroberung urbaner
Bewegungsräume**
SportBündnisse für Kinder
und Jugendliche
Juli 2015, 274 Seiten,
kart., zahlr. Abb., 34,99 €,
ISBN 978-3-8376-2919-4

Michael Geiss
Der Pädagogenstaat
Behördenkommunikation
und Organisationspraxis
in der badischen Unterrichts-
verwaltung, 1860-1912
2014, 290 Seiten, kart., 49,99 €,
ISBN 978-3-8376-2853-1

Diemut König
**Die pädagogische Konstruktion
von Elternautorität**
Eine Ethnographie der Familienhilfe
2014, 228 Seiten, kart., 29,99 €,
ISBN 978-3-8376-2925-5

Christine Kupfer
Bildung zum Weltmenschen
Rabindranath Tagores Philosophie
und Pädagogik
2013, 430 Seiten, kart., 36,99 €,
ISBN 978-3-8376-2544-8

*Barbara Lutz-Sterzenbach,
Ansgar Schnurr, Ernst Wagner (Hg.)*
Bildwelten remixed
Transkultur, Globalität, Diversity
in kunstpädagogischen Feldern
2013, 382 Seiten, kart., zahlr. Abb., 32,80 €,
ISBN 978-3-8376-2388-8

Stefanie Marr
Kunstpädagogik in der Praxis
Wie ist wirksame Kunstvermittlung
möglich? Eine Einladung
zum Gespräch
2014, 350 Seiten, kart., zahlr. Abb., 29,99 €,
ISBN 978-3-8376-2768-8

Carmen Schier, Elke Schwinger (Hg.)
**Interdisziplinarität
und Transdisziplinarität
als Herausforderung
akademischer Bildung**
Innovative Konzepte für die Lehre
an Hochschulen und Universitäten
2014, 326 Seiten, kart., 34,99 €,
ISBN 978-3-8376-2784-8

Peter Schlögl
Ästhetik der Unabgeschlossenheit
Das Subjekt des lebenslangen Lernens
2014, 236 Seiten, kart., 29,99 €,
ISBN 978-3-8376-2643-8

*Anja Tervooren, Nicolas Engel,
Michael Göhlich, Ingrid Miethe,
Sabine Reh (Hg.)*
**Ethnographie und Differenz
in pädagogischen Feldern**
Internationale Entwicklungen
erziehungswissenschaftlicher
Forschung
2014, 430 Seiten, kart., 39,99 €,
ISBN 978-3-8376-2245-4

**Leseproben, weitere Informationen und Bestellmöglichkeiten
finden Sie unter www.transcript-verlag.de**